Allgemeine moderne Psychologie

Der deutsche Philosoph und Psychologe August Messer (1867 – 1937) habilitierte sich 1899 an der Universität Gießen. 1908 bekam er einen Lehrauftrag für experimentelle Psychologie und Pädagogik. In den 1920er Jahren engagierte er sich für die Erwachsenenbildung an Volkshochschulen auf Basis einer modernen Pädagogik. Unter seinen viel gelesenen Werken finden sich Einführungen in die Psychologie, Darstellungen zur Philosophiegeschichte, zur Erkenntnistheorie und zum kritischen Realismus.

Der Naturwissenschaftler Dipl.-Math. Klaus-Dieter Sedlacek, Jahrgang 1948, studierte in Stuttgart neben Mathematik und Informatik auch Physik. Nach fünfundzwanzig Jahren Berufspraxis in der eigenen Firma widmet er sich nun seinen privaten Forschungsvorhaben und veröffentlicht die Ergebnisse in allgemein verständlicher Form. Darüber hinaus ist er der Herausgeber mehrerer Buchreihen unter anderem der Reihen „Wissenschaftliche Bibliothek" und „Wissenschaft gemeinverständlich".

August Messer

Allgemeine moderne Psychologie

Systematische Einführung in die Wissenschaft psychischer Prozesse

Neu bearbeitet vom Herausgeber
Klaus-Dieter Sedlacek

Wissenschaftliche Bibliothek Bd. 19

Bibliografische Information Der Deutschen Bibliothek:
Die Deutsche Bibliothek verzeichnet diese Publikation in der
Deutschen Nationalbibliografie; detaillierte
bibliografische Daten sind im Internet über
http://dnb.ddb.de
abrufbar.

Herstellung und Verlag: BoD – Books on Demand, Norderstedt.
ISBN: 9783743174481

Inhaltsverzeichnis

1 DIE ENTWICKLUNG DER MODERNEN WISSENSCHAFT PSYCHISCHER PROZESSE......13

1.1 Praktische Menschenkenntnis............13
1.2 Religiöser Seelenglaube............15
1.3 Biologische Lebenserklärung............16
1.4 Die englische Assoziationspsychologie............19
1.5 Entwicklung des experimentellen Verfahrens in der Psychologie............21
1.6 Empirisch-psychologische Disziplinen............22
1.7 Hauptrichtungen der Psychologie............27

2 DER GEGENSTAND DER PSYCHOLOGIE............33

2.1 Die Bewusstseinstatsachen als das erste Objekt der Psychologie............33
2.2 Das nur einem Subjekt erfahrbar Bewusste............33
2.3 Die Zugehörigkeit zum Ich............34
2.4 Die Anwendbarkeit des ersten Merkmals auf die sinnlichen Wahrnehmungen 34
2.5 Wundts Unterscheidung des Physischen und Psychischen............37
2.6 Bewusstseinstranszendenz und Immanenz............37
2.7 Recht der Unterscheidung zwischen dem Psychischen selbst und seiner „Erscheinung"............39
2.8 Das Problem des unbewusst Psychischen............40
2.9 Das physische Objekt der Psychologie............42

3 DIE AUFGABEN DER PSYCHOLOGIE............44

3.1 Die Beschreibung als erste Aufgabe der Psychologie............44
3.2 Analyse und Synthese bei der Beschreibung............44
3.3 Die Erklärung als zweite Aufgabe der Psychologie............45
3.4 Die kausale Erklärung: Voraussetzungen und Konsequenzen............45
3.5 Die wichtigsten psychologischen Disziplinen............48

4 DIE ERKENNTNISQUELLEN UND METHODEN DER PSYCHOLOGIE............50

4.1 Die Erkenntnisquellen und Methoden der Psychologie............50
4.2 Terminologie............50
4.3 Näheres über die Selbstwahrnehmung und -Beobachtung............51
4.4 Bedeutungen des Ausdrucks „bewusst"............54
4.5 „Evidenz" der Selbstwahrnehmung............56
4.6 Die psychologische Beobachtung anderer............57
4.7 Fragebogenmethode............58

4.8 Das experimentelle Verfahren im Allgemeinen...59
4.9 Die „Ausdrucksmethode"...60
4.10 Die „Eindrucksmethode"..60
4.11 Instruktion und Befragung der Versuchspersonen..62
4.12 Schranken des experimentellen Verfahrens..63
5 DIE HAUPTKLASSEN DER ERLEBNISSE...65
5.1 Geschichtlicher Rückblick..65
5.2 Die drei Hauptklassen der Erlebnisse...66
5.3 Die Klassen der Erlebnis-Elemente. Der „Sensualismus"..............................67
5.4 Kritik einer Ansicht Ratorps...68
6 DER BEGRIFF DER EMPFINDUNG...70
6.1 Der neue Empfindungsbegriff...70
6.2 Bestimmung des Empfindungsbegriffs von der Wahrnehmung her.......71
6.3 Empfindung und Gefühl..73
6.4 Empfindung und Gegenstandsbewusstsein...74
7 DIE EINTEILUNG UND BESCHREIBUNG DER EMPFINDUNGEN...................76
7.1 Die Zahl der Empfindungsklassen...76
7.2 Helligkeits- und Farbempfindungen..76
7.3 „Erscheinungsweisen" der Farben...77
7.4 Die „Einfachheit" der optischen Empfindungen..79
7.5 Beziehung von Qualität und Intensität bei den optischen Empfindungen........81
7.6 Gehörempfindungen..82
7.7 Geruchsempfindungen..84
7.8 Geschmacksempfindungen...85
7.9 Druck- und Temperaturempfindungen..85
7.10 Die übrigen Empfindungen...85
8 DIE ERKLÄRUNG DER EMPFINDUNGEN...86
8.1 Beziehungen zwischen Empfindungsqualitäten und Reizen beim Gesichtssinn...........86
8.2 Physiologische Tatsachen und Theorien in Beziehung auf den Gesichtssinn...90
8.3 Reize, nervöse Organe und deren Funktion bei den übrigen Empfindungsklassen...96
8.4 Das sogenannte Prinzip der „spezifischen Sinnesenergien".....................101
8.5 Die gesetzmäßigen Beziehungen zwischen der Intensität der Reize und den Empfindungen...........104
8.6 Das Problem der Messung des Psychischen...107
8.7 Das Webersche Gesetz..109

8.8 Die psycho-physischen Maßmethoden...........111
8.9 Verwertung der Ergebnisse der Empfindungsforschung...........113

9 DIE ZENTRAL ERREGTEN EMPFINDUNGEN UND DIE SYNÄSTHESIEN...........116

9.1 Allgemeines über die reproduzierten Empfindungen...........116
9.2 Vorstellungstypen...........118
9.3 Die „Synästhesien" oder „sekundären" Empfindungen...........119

10 DIE ANALYSE DER WAHRNEHMUNG...........124

10.1 Allgemeines über die Erlebnisse des Gegenstandsbewusstseins...........124
10.2 Wahrnehmung und Empfindung...........126
10.3 Analysierende Beschreibung einer Gesichtswahrnehmung...........127

11 DIE WAHRNEHMUNG DES RÄUMLICHEN UND DER BEWEGUNG...........132

11.1 Vorbegriffe...........132
11.2 Beschreibung des Sehraums...........134
11.3 Die räumlichen Eigenschaften und Beziehungen der gesehenen Dinge......136
11.4 „Nativistische" und „empiristische" Raumtheorien...........138
11.5 Aufgaben der erklärenden Psychologie hinsichtlich der Raumwahrnehmung
...........138
11.6 Sehschärfe und Augenmaß...........139
11.7 Das Sehen mit zwei Augen...........140
11.8 Die Anordnung der Dinge im Sehraum...........141
11.9 Die optische Wahrnehmung der Gestalten...........143
11.10 Die optische Wahrnehmung von Größen und Proportionen...........146
11.11 Die optische Wahrnehmung von Bewegungen...........148
11.12 Bedingungen der optischen Bewegungswahrnehmung...........149
11.13 Raum- und Bewegungswahrnehmung durch andere Sinne...........151
11.14 Raum- und Bewegungsbegriff...........153

12 DAS ZEITBEWUSSTSEIN...........154

12.1 Vorbegriffe...........154
12.2 Zeitanschauung und Zeitbegriff...........155
12.3 Bedingungen für die Zeitwahrnehmung...........156
12.4 Zeitschätzung...........157
12.5 Entwicklung des Zeitbewusstseins...........158

13 DIE ANSCHAULICHEN GRUNDLAGEN DER ALLGEMEINSTEN BEGRIFFE (KATEGORIEN)...........159

13.1 Bewusstsein von Verschiedenheit, Gleichheit und Ähnlichkeit...........159
13.2 Identitäts- und Dingbewusstsein...........160

13.3 Realitätsbewusstsein 162
13.4 Kausalitätsbewusstsein 163
13.5 Zahlbewusstsein 165
13.6 Allgemeines über das Relationsbewusstsein 166

14 VORSTELLUNG UND BEGRIFF 168

14.1 Erinnerungs- und Fantasievorstellung 168
14.2 Verhältnis der Erinnerungsvorstellung zur Wahrnehmung 169
14.3 Verschwommene Vorstellungen 169
14.4 Vorstellungen von funktioneller Unbestimmtheit als „Begriffe" 170
14.5 Relationsbegriffe 172
14.6 Entwicklung der Begriffe 173
14.7 Die wissenschaftlichen Begriffe 174
14.8 Wort und Begriff 175
14.9 Unanschauliche intentionale Akte 176
14.10 Nochmals: Wort und Begriff 178

15 DAS URTEIL 179

15.1 Das Urteil als zweigliedriger intentionaler Akt 179
15.2 Bejahung und Verneinung von Relationen im Urteil 181
15.3 Aufsuchen der Relationen durch Vergleichen 184
15.4 Bejahende und verneinende Urteile 184
15.5 Evidenzerlebnis und Erkenntnis 186
15.6 Theoretisch und Praktisch motivierte Urteile 188
15.7 Sicherheitsgrade des Urteils 189
15.8 Das Schließen 189
15.9 Annahme 190

16 DIE GEDÄCHTNISVORGÄNGE 191

16.1 Beschreibung der reproduzierten Inhalte 191
16.2 Die der Erklärung dienenden Begriffe 192
16.3 Methoden der Gedächtnisforschung: die Methode der Beschreibung 192
16.4 Die Hypothesen über „Assoziationsgesetze" 195
16.5 Das beobachtende Merken 197
16.6 Das eigentliche Lernen 199
16.7 Das Einprägen des „Sinnes" 205
16.8 Die assoziative Hemmung 205
16.9 Das Wiedererkennen des Reproduzierten und das Richtigkeitsbewusstsein 206
16.10 Mittelbare Erinnerung 208
16.11 Erinnerungstäuschungen 209

16.12 Erklärung der Reproduktionen im einzelnen Fall............211
16.13 Das Vergessen............212
16.14 Individuelle Verschiedenheiten............213
16.15 Die physiologische Gedächtnistheorie............215
16.16 Bedenken gegen die physiologische Gedächtnistheorie............215

17 DIE AUFMERKSAMKEIT............219

17.1 Verhältnis der Aufmerksamkeit zum Gegenstandsbewusstsein............219
17.2 Beschreibung der Aufmerksamkeit............220
17.3 Umfang der Aufmerksamkeit............221
17.4 Aufmerksamkeit und Abstraktion............222
17.5 Begleiterscheinungen der Aufmerksamkeit............223
17.6 Dauer der Aufmerksamkeit............224
17.7 Willkürliche und unwillkürliche Aufmerksamkeit............224
17.8 Äußere Bedingungen der Aufmerksamkeit............225
17.9 Innere Bedingungen............226
17.10 Die „Erwartung" oder „Einstellung"............227
17.11 Verhältnis der Aufmerksamkeit zu Reproduktionsvorgängen............228
17.12 Wirkungen der Aufmerksamkeit in Bezug auf ihren Gegenstand............229
17.13 Die Bedeutung von „Gesichtspunkten" bei der Aufmerksamkeit............230
17.14 Wirkungen der Aufmerksamkeit auf die Gedächtnisvorgänge............232
17.15 Beschleunigende Wirkungen der Aufmerksamkeit............233
17.16 „Negative" Wirkungen der Aufmerksamkeit............234
17.17 Theorie der Aufmerksamkeit............235

18 GEFÜHLE UND AFFEKTE............237

18.1 Lust und Unlust als Elementargefühle............237
18.2 Gefühl und Empfindung............238
18.3 Die Zahl der Gefühlsqualitäten............241
18.4 Die experimentelle Untersuchung der Gefühle, vermittelst der „Eindrucksmethode"............244
18.5 Verwendung der „Ausdrucksmethode"............246
18.6 Versuche einer teleologischen und kausalen Erklärung der Elementargefühle............247
18.7 Gemischte Gefühle............250
18.8 Stimmungen............251
18.9 Affekte und Leidenschaften............251
18.10 Die sinnlichen Gefühle............252
18.11 Die geistigen Gefühle............254

19 WERTGEFÜHLE UND WERTURTEILE............258

19.1 Werte und Wertträger...258
19.2 Die eigentlichen Wertungsvorgänge...259
19.3 Gefühlsmäßige und intellektuelle Wertungen..........................260
19.4 Das Vorziehen..261
19.5 Das Bewusstsein der Wertarten..262
19.6 Das Zustandekommen der Wertungen.....................................263

20 STREBEN UND WOLLEN..267

20.1 Streben und Wollen als Bewusstseinselemente.......................267
20.2 Die Unterschiede von Streben, Begehren und Wollen.............268
20.3 Beschreibung der Willenshandlung..269
20.4 Genauere Analyse des Willensaktes selbst...............................270
20.5 Die Motive des Wollens...273
20.6 Das Wählen..274
20.7 Bewusstsein der Freiheit und des Müssens..............................276
20.8 Die Handlung, phänomenologisch betrachtet..........................277
20.9 Wollen und Wünschen...278

21 DIE WIRKUNGEN DES WOLLENS...280

21.1 Allgemeines über die Wirkungen des Wollens.........................280
21.2 Die äußeren Wirkungen des Wollens..280
21.3 Die Frage nach der Bedeutung der Bewegungsvorstellungen.....283
21.4 Die inneren Wirkungen des Wollens; das Sichbesinnen..........285
21.5 Kompliziertere Denkvorgänge zur Lösung von Aufgaben.......287
21.6 Das Problem des Schöpferischen im Geistesleben..................294
21.7 Erlebnisse der Phantasie und die sogenannte „Intuition".......295
21.8 Begabungsunterschiede..297

22 TRAUM UND HYPNOSE...299

22.1 Der Schlaf...299
22.2 Das Traumbewusstsein...300
22.3 Die Hypnose...302
22.4 Traum und Hypnose in ihrer Beziehung zum Gegensatz des Intellektualismus und Voluntarismus..304

23 DAS PROBLEM DES ICH UND DES VERHÄLTNISSES VON SEELE UND LEIB............307

23.1 Die Bedeutungen des Wortes „Ich"..307
23.2 Das Ich in der deskriptiven Psychologie..................................307
23.3 Zugehörigkeit der Erlebnisse zum Ich......................................308
23.4 Das Selbstbewusstsein..309
23.5 Verschiedenheiten in der Beziehung der Erlebnisse zum Ich.......310

23.6 Das Ich in der erklärenden Psychologie..311
23.7 Das Verhältnis des Seelischen zu Gehirn und Nervensystem......................311
23.8 Der Materialismus...312
23.9 Aktualitäts- und Substanzialitätstheorie..312
23.10 Die Unsterblichkeitsfrage..313
23.11 Wechselwirkung oder psychophysischer Parallelismus............................314

24 PSYCHOLOGIE UND WELTBILD..318

24.1 Psychologie und Weltanschauung..318
24.2 Psychologie und Einzelwissenschaften..320
24.3 Psychologie und Persönlichkeit..323
24.4 Psychologie und Willensfreiheit...324

25 STICHWORTVERZEICHNIS..326

1 Die Entwicklung der modernen Wissenschaft psychischer Prozesse

1.1 Praktische Menschenkenntnis

Man hat mit Recht drei Hauptwurzeln der Psychologie unterschieden: die praktische Menschenkenntnis, den religiösen Seelenglauben und die biologische Lebenserklärung. Psychologie als praktische Menschenkenntnis treiben wir alle tagtäglich, wenn wir instinktiv die Gefühle und Stimmungen, die Wünsche und Absichten unserer Mitmenschen erraten, wenn wir ihr Benehmen und Handeln aus ihren Motiven heraus uns deuten, wenn wir uns Vorstellungen von ihrer Begabung und ihrem Charakter bilden. Diese Art Psychologie ist uns so notwendig wie der Umgang mit Menschen überhaupt. Je nach Veranlagung, Lebensumständen und Schicksal bringen wir es sehr verschieden weit in dieser praktischen Menschenkenntnis. Man kann ein Virtuose darin werden, ohne wissenschaftliche Psychologie zu studieren. Es wäre sonst auch schlimm bestellt um unsere Juristen und Offiziere, Ärzte und Seelsorger, Kaufleute und Industrielle, für die alle die Kunst, Menschen zu verstehen und zu behandeln, so wichtig ist, und die doch zumeist niemals Kenntnis nehmen von der wissenschaftlichen Psychologie. Dass aus dieser Wissenschaft für unsere praktische Menschenkenntnis Bereicherung, Vertiefung und Verfeinerung erwachse, ist sicher möglich. Aber die moderne wissenschaftlich-psychologische Literatur ist im Allgemeinen nicht dazu angetan, diese Möglichkeit auch zu verwirklichen. Erst in den letzten Jahren mehren sich die Anzeichen dafür, dass man bemüht ist, aus unserem Gebiet wissenschaftliche Einsicht den Aufgaben des praktischen Lebens dienstbar zu machen und überhaupt die Beziehungen zwischen der psychologischen Wissenschaft und der instinktiv-praktischen Seelenkenntnis wieder mehr zu pflegen. Die letztere braucht dabei durchaus nicht bloß der empfangende Teil zu sein. Ja, es ist unserer heutigen Fachpsychologie, die so sehr durchsetzt ist von naturwissenschaftlichen Betrachtungsweisen und Methoden, ganz besonders zu empfehlen, sich in der Grundauffassung des seelischen Geschehens an der vorwissenschaftlichen Psychologie des praktischen Lebens wieder zu orientieren. Ein erheblicher Vorteil ist dabei, dass der einzelne Forscher zu diesem Behufs nicht auf seine eigene Menschenkenntnis allein angewiesen ist; denn die praktische und die ihr wesensverwandte künstlerische Seelenkunde haben in einer reichen Fülle literarischer Erzeugnisse Ausdruck gefunden. Eine über Jahrtausende hinreichende Entwicklungsreihe bietet sich uns hier dar. Mit den Sinnsprüchen der griechischen Spruchdichter (Gnomiker) des 7. und 6. Jahrhunderts v. Chr. hebt sie an und führt bereits im Altertum zu nachhaltig wirkenden Schöpfungen wie Theophrasts „Charakteren" (3. Jahrhundert v. Chr.) und Galens Temperamentenlehre (2. Jahrhundert n. Chr.). Eine gewaltige Vertiefung und Verfeinerung der Selbstbeobachtung und Zergliederung und damit der Seelenkunde bringt das

1.1 Praktische Menschenkenntnis

Christentum. Das beweisen Augustins „Confessionen" (um 400) und die Mystiker des Mittelalters; nicht minder Schriften wie Ignatius von Loyolas „Anleitung zu geistlichen Übungen" („Exercitia Spiritualia" 1522) oder die Autobiografie der Frau de la Mothe Guyon (1720). Seit der Renaissance hatten sich auch in diesem Literaturzweig antike Überlieferungen wieder geltend gemacht, insbesondere Galens Temperamentenlehre, und dadurch bedingt eine stärkere Berücksichtigung der Wechselbeziehungen des Seelischen und Körperlichen, von denen die mittelalterlichen Christen lieber den Blick abgewandt hatten. Das zeigt sich besonders in des Spaniers Juan Huartes „Examen de ingenios" (1575 erschienen), das kein Geringerer als Lessing ins Deutsche übersetzte (1752). Die Schrift sucht nachzuweisen, dass die seelische Eigentümlichkeit des Einzelnen in seiner körperlichen Beschaffenheit und Erscheinung mit gesetzmäßiger Genauigkeit sich darstelle. Heidnischer Geist atmet auch aus den Schriften eines Montaigne (Essais 1580) und Charron (de la sagesse 1601). Der christliche Einschlag überwiegt wieder in dem „Landorakel" des spanischen Jesuiten Balthasar Gracian (1637), den Schopenhauer hoch schätzte und übersetzte, und in Pascals (gest. 1662) pessimistischer Menschenbeurteilung. Dagegen wird das Religiöse durch eine rein weltliche Betrachtungsweise ersetzt in La Chambres „Art de connaitre les hommes (1648; ins Deutsche übersetzt 1794 von C. C. E. Schmid) und in La Roche-foucaulds „Maximes morales" (1665; deutsch 1852), die auch heute noch ihre Leser finden, weil sie treffend die menschliche Eigenliebe und Leidenschaftlichkeit charakterisieren. Ähnlich „modern" gerichtete Vertreter praktischer Psychologie sind La Bruyère (gest. 1696), Vauvenargues (Introduction a la connaissance de l'esprit humain, 1746, Deutsch von Hafferberg 1899), Chamfort (Pensées, maximes et anecdotes, 1803) und Beyle (Pseudonym: Stendhal, gest. 1842). Vor allem ist es Nietzsche gewesen, der bei uns in Deutschland das Interesse wieder auf diese Franzosen gelenkt hat, und er selbst reiht sich ihnen als praktischer Kenner und Schilderer der Menschenseele würdig an. Was aber insbesondere seinen Begriff des dekadent betrifft, so hat zur Veranschaulichung dieses Typus schon die vorausgehende literarische Entwicklung wertvolles Material beigebracht. Adam Bernds „Eigene Lebensbeschreibung" (1738) enthüllt eine von Zwangsvorstellungen und Angstzuständen geplagte Seele. Gar manche pathologische Züge treten uns auch entgegen in Rousseaus „Confessions", in Goethes „Bekenntnissen einer schönen Seele" und in dem psychologischen Roman „Anton Reiser" von Goethes Freund K. Ph. Moritz. Doch wir wollen nicht weiter Namen und Titel häufen: die Zahl der psychologisch feinen Lebensbilder, Autobiografien, Romane und anderer Dichtungen aus den letzten anderthalb Jahrhunderten ist außerordentlich groß. Es wäre aber durchaus verfehlt, wollte der Psychologe vom Fach diese ganze Literatur als „unwissenschaftlich" zur Seite schieben. Wenn es für irgendeinen Zweig der Wissenschaft ratsam ist, sich mit der vor-wissenschaftlich-instinktiven Erkenntnis, der praktisch-künstlerischen Intuition des Lebens in enger Fühlung zu halten, so trifft dies ganz besonders für die Psychologie zu.

1 DIE ENTWICKLUNG DER MODERNEN WISSENSCHAFT PSYCHISCHER PROZESSE

1.2 Religiöser Seelenglaube

Wir haben als die zweite Wurzel dieser Wissenschaft den religiösen Seelenglauben namhaft gemacht. Dieser ist uralt. Erscheinungen Verstorbener im Traum, „Entrückung" der Seele bei den orgiastischen Kulten und sonstige ekstatische Zustände haben früh dazu geführt, in der Seele ein selbstständiges, vom Leibe trennbares, den Göttern verwandtes Wesen zu sehen. Im Zusammenhang damit steht auch der Glaube vieler primitiver Völker, dass die Seele zeitweilig oder dauernd in Tierkörper hinüberwandern könne; ferner die Lehre von der Präexistenz der Seele, von ihrer Einkerkerung in den Leib infolge eines Sündenfalles und von der Notwendigkeit ihrer Läuterung durch Askese und Buße, damit sie zu einer seligen Unsterblichkeit gelange. Hier ist endlich die Wurzel aller metaphysischen Lehren von der unsterblichen, Gott verwandten Seelensubstanz. In das griechische und damit in das abendländische Geistesleben ist besonders durch die Orphiker und Pythagoreer diese „Seelentheologie" eingeströmt. Stark beeinflusst ist von ihr Platos Metaphysik. Diese hat aber durch die Vermittlung der Neuplatoniker auf die christliche Theologie und Philosophie gewirkt; und auch für die moderne Philosophie bestehen noch als ernsthafte Probleme die Fragen fort: Gibt es eine vom Leibe verschiedene „Seelensubstanz"? Und kommt der Seele Unsterblichkeit zu? Fast alle unsere großen Denker haben dazu in ihren Schriften Stellung genommen.

Die Metaphysik hat diese Fragen vielfach unabhängig von Erfahrung (d. h. a priori) zu lösen versucht. Man wollte aus dem „Begriff" der Seele deren Substanzialität und Unvergänglichkeit zwingend ableiten, man übersah aber dabei, dass man diesen Begriff doch nur aus der Erfahrung haben konnte. Es ist aber durchaus verfehlt, einen solchen Begriff sozusagen als einen fertigen und für alle Zeit gültigen anzusehen; er muss durch Erweiterung und Vertiefung der Erfahrung bereichert und, wenn nötig, berichtigt werden; auch kann in ihm nicht mehr abgeleitet werden, als wir aufgrund der Erfahrung in ihn hineingelegt haben.

In unseren positivistisch gerichteten wissenschaftlichen Kreisen herrscht auch heute noch vielfach eine förmliche Scheu vor aller „Metaphysik". Man sieht darin von vornherein unwissenschaftliche fantastische Spekulation; man ist auch überzeugt, dass Kants Vernunftkritik die Unmöglichkeit der Metaphysik ein für alle Mal dargetan habe. Dabei übersieht man, dass Kants Kritik nur eine Apriori konstruierende Metaphysik trifft, die für ihre Ergebnisse die apodiktische Sicherheit mathematischer Erkenntnisse beansprucht. Nicht widerlegt wird durch sie eine auf die Erfahrungswissenschaften sich aufbauende Metaphysik, die deren Resultate zu einem umfassenden Weltbild zusammenzufassen und, wenn möglich, zu ergänzen sucht. Sie bedient sich keiner anderen Methoden als die empirischen Wissenschaften auch; sie wird ihren Sätzen keine größere Wahrscheinlichkeit zusprechen, als sie ihnen durch Gründe sichern kann, und sie wird bereit sein, den Fortschritten der Einzelwissenschaften stets Rechnung zu tragen.

1.2 Religiöser Seelenglaube

Dass für die Beantwortung der uralten Menschheitsfragen nach Natur und Schicksal der Seele insbesondere die Ergebnisse der empirischen Psychologie, Physiologie und überhaupt der Biologie in Betracht kommen, bedarf keines besonderen Nachweises. Zwar mag der einzelne Forscher auf diesen Gebieten die Behandlung jener metaphysischen Probleme resigniert oder verächtlich beiseitelassen, sie bleiben eben doch als sinnvolle Probleme bestehen. Und wenn wir überhaupt in der Lage sind, mit wissenschaftlichen Gründen für die eine oder die andere Lösung einzutreten, so sind die genannten Disziplinen in erster Linie berufen, uns solche Gründe an die Hand zu geben.

Freilich kommen dafür auch die sogenannten „okkulten" Wissenschaften in Frage. Es wäre wenigstens kein Zeichen vorurteilsloser Haltung, wie sie dem Forscher ziemt, wollte man von vornherein behaupten, all dem, was unter dem Namen spiritistischer, telepathischer und verwandter Erscheinungen berichtet wird, liege überhaupt nichts Tatsächliches zugrunde. Gewiss mag vielfach Aberglaube, Illusion und Trug die Quelle solcher Berichte sein, aber eine Sache, für die auch sehr ernsthafte, wissenschaftlich gebildete und wahrheitsliebende Menschen eintreten, dürfte wohl nicht ohne einigen Wahrheitsgehalt sein. Hat man ja doch auch in den hypnotischen Erscheinungen anfangs in vielen wissenschaftlichen Kreisen nur „Schwindel" sehen wollen. Bisher sind freilich von den offiziellen Vertretern der psychologischen Wissenschaft (wenigstens in Deutschland) die „okkulten" Phänomene im Allgemeinen ignoriert worden, und wir können sie darum auch nicht für diese Darstellung, die den Stand unserer wissenschaftlichen Psychologie skizzieren soll, berücksichtigen. Aber es wäre wünschenswert, wenn ihre Haltung sich änderte. Die Vermutung ist nicht abzuweisen, dass in jenen Phänomenen sich seelische Kräfte äußern, die unserer Wissenschaft noch unbekannt sind.

Jede Forschung setzt die Erkennbarkeit ihres Gegenstandes voraus. Man wird darum auch hier voraussetzen, dass es sich nicht um unberechenbare und launenhafte Eingriffe spukhafter Wesen, sondern um gesetzmäßige Erscheinungen handelt.

1.3 Biologische Lebenserklärung

Noch einer dritten Wurzel der Psychologie haben wir nachzugehen: der biologischen Lebenserklärung. Schon bei den Menschen primitiver Kultur zeigen sich Ansätze dazu, wenn sie im Menschen Lebenskräfte annehmen, die sich in allen Bewegungen und Lebensvorgängen (nicht etwa bloß in den Bewusstseinsvorgängen) äußern, und deren Sitz man in bestimmten Organen, wie im Zwerchfell (so bei Homer) oder im Herzen oder im Blut sucht. Nach den volkstümlichen Anschauungen, wie sie z. B. in den homerischen Gedichten sich spiegeln, hat diese Seele („Psyche" genannt) ihre volle Kraft nur, solange sie mit dem Leibe verbunden ist. Hat sie sich im Tode vom Leibe getrennt, so lebt sie zwar fort im Hades, aber sie fristet nur noch ein schattenhaftes Dasein ohne klares Bewusstsein und Erinnerung. Man stellte sich diese „Psyche" nicht schlechthin immateriell vor (dieser Gedanke war den primitiven Menschen unfassbar),

1 DIE ENTWICKLUNG DER MODERNEN WISSENSCHAFT PSYCHISCHER PROZESSE

sondern als eine Art „Astralleib", der ganz dem Verstorbenen gleiche. Es ist eine Fortbildung dieses Seelenbegriffs, wenn bei den meisten älteren Philosophen Griechenlands die leichten, feinen, beweglichen, warmen Stoffe als Träger des Lebens, auch des seelischen, gelten. Darauf fußend, haben Demokrit und die Epikureer, eine materialistisch-mechanistische Psychologie ausgebildet. Sie stellen sich dabei vor, dass die Seelenatome als die feinsten, zartesten und feurigsten durch eine Art Destillationsprozess im Leibe aus den gröberen herausgelöst werden.

Bei Plato mischt sich diese Seelenbiologie einigermaßen der von ihm vertretenen Seelentheologie zu; noch weit stärker zur Geltung kommt sie bei Aristoteles. Er fasst die Seele als „Entelechie" des Leibes, d. h. als Grund und Zweck der einheitlich wirkenden Lebenskräfte, als das regulierende Prinzip der biologischen Vorgänge, das mit dem Leibe selbst entsteht und vergeht. Aber über diese Seele, die der Träger der Lebensfunktionen und der „niederen" (uns mit den Tieren gemeinsamen) Bewusstseinsbetätigungen ist, nimmt Aristoteles noch eine „höhere", dem Göttlichen verwandte, ewige Seele an, die den Menschen auszeichnende „Vernunftseele" (Nus). In dieser Annahme macht sich auch bei Aristoteles der Einfluss der „Seelentheologie" geltend. Der „Seelendämon" der orphischen Theosophie ist darin zum philosophischen Begriff des „Geistes" abgeblasst. Ihm wird Unvergänglichkeit, aber nicht persönliche Unsterblichkeit zugesprochen; denn als das allen Menschen gemeinsame „Vernunftprinzip" trägt er keine individuellen Züge.

Es ist dem mächtigen Einfluss des Aristoteles auf die scholastische Philosophie, insbesondere auf deren Hauptvertreter, Thomas von Aquin, zuzuschreiben, dass diese biologische Auffassung des Seelenbegriffs niemals von der theologischen ganz verdrängt wurde. Eine Verstärkung erwuchs der Ersteren zudem aus der physiologischen Psychologie der Araber, eines Avicenna (gest. 1037) und eines Averroes (gest. 1198), die ja auf die christliche Philosophie des Mittelalters nicht ohne Wirkung geblieben sind. So vertritt denn auch die neuscholastische Philosophie in Übereinstimmung mit ihrem Meister Thomas von Aquin die Ansicht, dass die Seele zwar Träger der geistigen Funktionen sei, die sie zum Bilde des göttlichen Geistes machen, aber dass sie zugleich das Lebensprinzip darstelle.

In der außerkirchlichen, „modernen" Philosophie dagegen hat Descartes (gest. 1650) den Seelenbegriff auf jene erste Bedeutung beschränkt. Nach ihm sind ja die Lebensvorgänge im Menschen wie in allen organischen Wesen rein mechanisch, d. h. als Bewegungsvorgänge, restlos erklärlich. So bedarf er der Seele als eines Trägers des Lebens nicht mehr; sie wird für ihn lediglich Bewusstseinsprinzip, „denkende Substanz", während der Leib (wie alles Körperliche) als ausgedehnte Substanz charakterisiert wird.

Nunmehr erhob sich aber die Frage, wie zwischen so verschiedenartigen Substanzen die tausendfältige Wechselbeziehung möglich sein sollte, die doch die Erfahrung auszuweisen scheint. In einer doppelten Richtung suchte man die Lösung. Einmal in der Tätigkeit Gottes. Er bewirkt, so lehrten die „Okkasiona-

1.3 Biologische Lebenserklärung

listen" des 17. und 18. Jahrhunderts, bei Gelegenheit (occasio) eines psychischen Vorgangs, z. B. eines Willensaktes, einen entsprechenden physischen, z. B. eine Armbewegung; und umgekehrt lässt er einem körperlichen Prozess, etwa einem Sinneseindruck, ein Bewusstseinserlebnis (in diesem Falle: eine Wahrnehmung) korrespondieren. Oder man dachte sich — wofür Leibniz (gest. 1716) eintrat — Gott habe von vornherein eine „prästabilierte Harmonie" zwischen allem physischen und psychischen Geschehen eingerichtet.

Den zweiten Weg zur Lösung schlug Spinoza (gest. 1677) ein. Hatten schon die Okkasionalisten und Leibniz die Selbstständigkeit und Unabhängigkeit der körperlichen und der geistigen „Substanzen" zugunsten der göttlichen Wirksamkeit erheblich eingeschränkt, so gab er den Dualismus der Substanzen völlig auf und wandte sich dem Monismus zu. Es gibt, so lehrte er, nur ein selbstständiges Wesen, das eben darum allein den Namen „Substanz" verdient; das ist Gott (was für ihn gleichbedeutend ist mit „Natur"). Das Körperliche und das Geistige sind lediglich „Attribute" dieser einen Substanz, also ihre — streng miteinander korrespondierenden — Wirkungs- oder Erscheinungsweisen. Damit war das Prinzip des „psychophysischen Parallelismus" aufgestellt, das bis in die Gegenwart herein bedeutsam geblieben ist sowohl für die Metaphysik wie für die empirische Psychologie.

Als metaphysisches Prinzip ließ der parallelistische Monismus drei Hauptformen einer bestimmteren Fassung zu. Man konnte die beiden Erscheinungsweisen als gleich wichtige Äußerungsweisen des einen Weltwesens ansehen (wozu Spinoza neigt). Man konnte aber auch die körperliche Erscheinungsreihe als die wichtigere auffassen. Dies tut man, wenn man den Parallelismus nicht streng als einen universalen fasst, sondern lehrt, dass nur einem kleinen Teil der physischen Prozesse, nämlich gewissen Gehirn- und Nervenvorgängen, psychische Geschehnisse parallel gehen — eine Einschränkung, die notwendig ist, wenn man die Annahme eines unbewussten Psychischen ablehnt und „psychisch" und „bewusst" gleichsetzt. Ebenso verleiht es der körperlichen Daseinssphäre ein Übergewicht, wenn man in ihr allein die Vorgänge als durchweg kausal verknüpft und damit als wirksam auffasst, dagegen (unter Verzicht auf die Annahme einer psychischen Kausalität) in den Bewusstseinserscheinungen nur eine wirkungslose Nebenerscheinung, ein gleichgültiges „Epiphänomen" sieht.

Im Gegensatz zu einem solchen materialistisch ausgestalteten Monismus, der unter den modernen Psychologen und Medizinern gar manche Vertreter hat, steht endlich der spiritualistische Monismus, nach dem das Wesen der einen allumfassenden Weltsubstanz als geistig zu fassen ist. Diese metaphysische Richtung deutet also den Kern des Weltgeschehens nach der Analogie unseres eigenen Seelenlebens; die gesamte körperliche Sphäre aber gilt ihr als „Erscheinungsweise" von Psychischem. Diesen Standpunkt haben — natürlich in mannigfachen Modifikationen — fast alle bedeutenden Philosophen des 19. Jahrhunderts vertreten: Fichte und Hegel nicht minder ihr Antipode Schopenhauer; Fechner und sein Anhänger Paulsen ebenso wie v. Hartmann und Wundt.

1 DIE ENTWICKLUNG DER MODERNEN WISSENSCHAFT PSYCHISCHER PROZESSE

Aber nicht nur für die Metaphysik ist der Gedanke des psychophysischen Parallelismus von größter Tragweite gewesen, er hat sich auch in der empirischen Psychologie als fruchtbare Forschungsmaxime bewährt. Dass unsere heutige wissenschaftliche Psychologie im Allgemeinen auch als „physiologische" Psychologie charakterisiert werden kann, bedeutet ja nichts anderes, als dass sie sich von der Voraussetzung leiten lässt, den Bewusstseinsprozessen entsprächen durchweg Vorgänge in Gehirn und Nervensystem. Dabei kann freilich die empirische Forschung von der bestimmteren Ausdeutung dieser „Entsprechung" als gesetzmäßiger Wechselwirkung oder als Parallelismus im strengen Sinne noch absehen. Der parallelistische Gedanke lag auch der Phrenologie eines F. I. Gall (gest. 1828) zugrunde, insofern er eine gesetzmäßige Entsprechung zwischen der Gehirn- und weiterhin der Schädelbildung einerseits und der verschiedenen Ausbildung der einzelnen seelischen Vermögen andererseits annahm. In den neueren Lokalisationshypothesen ist der Grundgedanke Galls in vervollkommneter Gestalt wieder erstanden. Damit ist auch das an Descartes anknüpfende Bemühen, für die unräumliche Seele einen möglichst punktuellen „Sitz" im Gehirn zu suchen, grundsätzlich aufgegeben.

So ist die von Descartes eingeführte schroffe Scheidung des Körperlichen und Seelischen nicht bloß in der Metaphysik durch den parallelistischen Monismus in den Hintergrund gedrängt, sie hat auch für die heutige empirische Forschung kaum noch Bedeutung. In der gleichen Richtung wirkte, dass die Biologie die ihr von Descartes gestellte Aufgabe, die Lebenserscheinungen rein mechanistisch zu erklären, bis auf den heutigen Tag noch nicht zu lösen vermochte. Die Versuche der „Neovitalisten", den einheitlichen und zweckmäßigen Bau der Organismen und ihre Lebensfunktionen auf die Wirksamkeit psychischer Faktoren zurückzuführen, mussten ebenfalls im Gegensatz zu dem schroffen Descartesschen Dualismus sich setzen. Dagegen können sie sich anlehnen an den Monismus, wie auch an die aristotelische Auffassung der Seele als der „Entelechie" des belebten Leibes, die ja von der scholastischen Philosophie bis heute festgehalten worden ist.

So erkennt man in den Grundkonzeptionen vom Wesen der Seele und von ihrem Verhältnis zum Leibe eine relativ große Stabilität. Ebenso haben sich die beiden Wurzeln des Interesses an diesen Problemen, der religiöse Seelenglaube und das Bedürfnis nach der Erklärung des Lebens bis heute triebkräftig erhalten. Dass dies auch für die dritte Wurzel der Psychologie, die praktische Menschenkenntnis, gilt, haben wir bereits hervorgehoben.

1.4 Die englische Assoziationspsychologie

Entsprechend den drei Hauptinteressen, aus denen die Psychologie hervorgewachsen ist und aus denen sie dauernd ihre Nahrung zieht, mischt sich in ihr von früh an empirische Beobachtung und Forschung und metaphysische Spekulation. Das Interesse an praktischer Menschenkenntnis wies unmittelbar auf die Erfahrung als Erkenntnisquelle hin; das religiöse Interesse an dem Wesen und dem Schicksal der Seele führte zu Annahmen und Überzeugungen, die über die

1.4 Die Englische Assoziationspsychologie

Erfahrungstatsachen hinausgingen, ja bei denen man oft der Erfahrung ganz entraten zu können meinte.

Das Bemühen um biologische Lebenserklärung regte ebenso sehr die empirische Tatsachenforschung wie die Spekulation und die Bildung metaphysischer Hypothesen an.

Während in den früheren Jahrhunderten das Interesse an den metaphysischen Fragen im Allgemeinen überwog, hat seit der Mitte des 19. Jahrhunderts die Psychologie vorwiegend den Charakter einer empirischen Wissenschaft angenommen, die in steigendem Maße auch das experimentelle Verfahren in ihren Dienst stellte. Diese Wandlung vollzog sich im Einklang mit der Abwendung von der Metaphysik, die seit dem Zusammenbruch des spekulativen Idealismus in den vierziger Jahren eintrat; und die Entwicklung der Psychologie zu einer Erfahrungswissenschaft wurde begünstigt durch die positivistische Strömung, die in unseren Forscherkreisen zur gleichen Zeit sich ausbreitete. Je entschiedener insbesondere unsere Naturwissenschaft der spekulativen Naturphilosophie eines Schelling und seiner Schule den Rücken kehrte und durch empirische Forschung glänzende Erfolge errang, um so eifriger suchte man auch in die Psychologie eine naturwissenschaftliche Betrachtungs- und Forschungsweise einzuführen.

Ein Gebiet aber, auf dem am meisten das psychische Geschehen von Gesehen beherrscht schien, war das der Erinnerungsvorgänge. Hier hatte ja schon Aristoteles (nach Platos Vorgang) vier Beziehungen aufgefunden, nach denen Vorstellungen sich verknüpfen („assoziieren") und sich wieder ins Bewusstsein heben („reproduzieren"): Nämlich Ähnlichkeit, Kontrast, räumlichen oder zeitlichen Zusammenhang. Englische Forscher des 18. Jahrhunderts haben dieser Tatsache der Vorstellungsverknüpfung eine so weittragende Bedeutung beigemessen, dass man seitdem die „Assoziationspsychologie" als eine besondere, einflussreiche Richtung bezeichnen kann. Insbesondere war es Hume, der unseren Glauben an den substanziellen Charakter der Dinge und an die kausale Verknüpfung der Vorgänge auf „Assoziation" zurückführte. Hartley ferner wies ihre Bedeutung in komplexen Vorgängen, wie z. B. im Sprechen und Schreiben, nach, und er versuchte, die Assoziations- und Reproduktionserscheinungen physiologisch zu erklären, indem er Gehirneindrücke als Korrelate der Vorstellung annahm und deren Verbindung und Erneuerung durch die in den Gehirnbahnen stattfindenden „Vibrationen" erklärte.

Wenn schon die englische Assoziationspsychologie des 18. Jahrhunderts auf Deutschland herüberwirkte, so gilt dies in noch höherem Maße für deren Erneuerung im neunzehnten. Vor allem einflussreich war in dieser Hinsicht John Stuart Mills „System der deduktiven und induktiven Logik" (1843), dessen deutsche Übersetzung mehrere Auflagen erlebte, und zu dem lange Zeit deutsche Forscher, sofern sie philosophische Interessen hatten, als einem standard work mit Vorliebe zu greifen pflegten. Mill sah in der Assoziation eine fundamentale Gesetzmäßigkeit nicht bloß der Erinnerungen, sondern der seelischen Vorgänge überhaupt, und er maß ihr eine ähnliche Bedeutung für die innere

1 DIE ENTWICKLUNG DER MODERNEN WISSENSCHAFT PSYCHISCHER PROZESSE

Welt zu, wie der Gravitation für die äußere. Die starken Anregungen, die von der englischen Assoziationspsychologie auf die deutsche Forschung ausgegangen sind, können aber nicht durchweg als günstige bezeichnet werden. Einmal fassten jene englischen Psychologen, zumal die älteren, die seelischen Vorgänge zu sehr nach dem Muster physischer Geschehnisse auf; sodann unterschätzten sie die Mannigfaltigkeit des Seelenlebens und seiner Zusammenhänge.

Eine wirksame Vertretung und Weiterbildung fand die Assoziationspsychologie durch Alexander Bain (The Senses and the Intellekt 1855). Er reduzierte mit Recht die von Aristoteles unterschiedenen vier Assoziationsformen aus zwei: Ähnlichkeit und Berührung. In der Folgezeit suchte man sogar diese beiden Grundklassen auf eine einzige zurückzuführen. Dabei kam es zu einem — ziemlich fruchtlosen — Streit zweier nordischer Psychologen, Höffding und Lehmann, in dem der Erstere die Ähnlichkeits-, der andere die Berührungsassoziation als die eigentliche Grundform ansah.

Auch Herbert Spencer hat in seiner „Psychologie" (1870 ff.) der Assoziation außerordentlich weitgehende Bedeutung für die Bewusstseinsvorgänge zugesprochen. Er hat zugleich die „Seelensubstanz" für schlechterdings unerkennbar erklärt, andererseits hat er auch die Psychologie dadurch in die engste Beziehung zu den Naturwissenschaften versetzt, dass er den Beziehungen des Psychischen zum Physiologischen die größte Beachtung schenkte; dass er das Seelenleben im Lichte der Entwicklungsidee betrachtete und es in seiner biologischen Bedeutung als Organ der Erhaltung, Anpassung und Höherbildung der Lebewesen würdigte.

1.5 Entwicklung des experimentellen Verfahrens in der Psychologie

Diese leitenden Ideen der von England her wirkenden empirischen Psychologie fanden in der deutschen Gedankenwelt manche Anknüpfungspunkte. In der Philosophie eines Schelling und Hegel nahm der Entwicklungsgedanke eine zentrale Stellung ein. Schopenhauer hatte den Intellekt als dienstbares Organ des „Willens zum Leben" charakterisiert, ihn also damit unter den biologischen Gesichtspunkt gerückt. Endlich zeigte Herbarts Psychologie, obwohl durchaus metaphysisch orientiert, wichtige Übereinstimmungen mit der empirischen Assoziationspsychologie. Die einzige Grundform des seelischen Geschehens ist nach Herbart die Vorstellung, die er metaphysisch deutet als „Selbsterhaltung" der Seelensubstanz gegenüber drohenden „Störungen", d. h. als Reaktion gegenüber Eindrücken von außen. Die Seele erwirbt so im Laufe ihres Daseins eine Unmenge von Vorstellungen, die Herbart gleichsam als dauernde Objekte fasst. Soweit diese Vorstellungen untereinander gleichartig oder disparat sind, gehen sie Verbindungen miteinander ein; sofern sie ganz oder teilweise entgegengesetzt sind, hemmen sie sich entsprechend dem Grade ihres Gegensatzes. Nun können wegen der „Enge des Bewusstseins" immer nur relativ sehr wenige Vorstellungen über der „Schwelle des Bewusstseins" sich befinden. Es spielt sich gleichsam ein Kampf der Vorstellungen um den Platz in der Sonne des Be-

1.5 Entwicklung Des Experimentellen Verfahrens In Der Psychologie

wusstseins ab, wobei die verknüpften Vorstellungen sich gegenseitig helfen, die entgegengesetzten sich ins Unbewusste hinabzustoßen suchen.

An Herbarts Lehren über die Verbindung und Verschmelzung der Vorstellungen konnte die Assoziationspsychologie anknüpfen. Sein Versuch aber, das Getriebe der Vorstellungen und deren hemmende Wirkungen auseinander exakt zu berechnen, bereitet wenigstens den späteren Bemühungen, Mathematik in die Psychologie einzuführen, den Weg. Denn Herbarts Berechnungen selbst waren ganz unfruchtbar, weil sie auf völlig willkürlichen Grundannahmen beruhten. Aber er hatte wenigstens die exakte Erkenntnis der Naturwissenschaft auch für die Psychologie als Ideal aufgestellt.

Nicht minder nachhaltig wirkte es, dass Herbart die traditionelle Unterscheidung der „Seelenvermögen" — die ja unserer Popularpsychologie noch ganz geläufig ist — einer scharfen Kritik unterzog. Zwar kann auch die heutige Psychologie den Vermögensbegriff nicht entbehren, denn obwohl man heute eine gewisse Scheu vor dem Wort hat, so bedeutet doch der viel gebrauchte Ausdruck „Disposition" tatsächlich dasselbe. Aber man ist sich wenigstens im Allgemeinen darüber klar, dass mit der Zurückführung eines Vorgangs auch ein „Vermögen" (oder eine „Disposition") noch keine wirkliche Erklärung gegeben, sondern nur das Bedürfnis nach einer solchen ausgedrückt ist. Auch hatte die alte Vermögenslehre, indem sie ohne Weiteres ganz komplizierte Bewusstseinsvorgänge, wie Sinneswahrnehmungen, logische Operationen, Affekte, Willensakte, auf bestimmte Vermögen zurückführte und diese Vermögen aufeinander wirken ließ, die Einheitlichkeit des Seelenlebens verkannt und zugleich die bis zu den Bewusstseinselementen vordringende Analyse der Erlebnisse gehemmt. In dieser letzteren Beziehung hat besonders Friedrich Eduard Beneke (Lehrbuch der Psychologie als Naturwissenschaft, 1833), obwohl er den Vermögensbegriff beibehielt, doch die Schranken der alten Lehre durchbrochen, indem er seine „Urvermögen" viel elementarer fasste. Seine Psychologie trug dabei in weit höherem Maße einen empirischen Charakter als die Herbarts, aber das konnte nicht hindern, dass die Letztere zunächst einen weit stärkeren Einfluss übte.

M. W. Drobisch, Th. Waitz und W. F. Volkmar v. Volkmann haben die Psychologie im Geiste Herbarts bearbeitet, und ihre Werke haben zum Teil noch in den letzten Jahren des 19. Jahrhunderts neue Auflagen erlebt. Gewiss finden sich darin auch viele feine und brauchbare psychologische Beobachtungen, aber im Allgemeinen hat die heutige Psychologie die Lehren Herbarts über die Natur der substanziellen Seele, über die „Vorstellung" als einziges seelisches Grundphänomen, über deren „dinghaften" Charakter und das Maß ihrer Hemmungswirkung aufgegeben.

1.6 Empirisch-psychologische Disziplinen

Dagegen darf es als eine dauernd wertvolle Gebietserweiterung der psychologischen Forschung bezeichnet werden, dass zwei Herbartianer, Lazarus und Steinthal, 1860 die „Zeitschrift für Völkerpsychologie" begründeten. Die damit geschaffene neue Disziplin hat sich kräftig entwickelt, und ihr gegenwärtiger

1 DIE ENTWICKLUNG DER MODERNEN WISSENSCHAFT PSYCHISCHER PROZESSE

Stand ist von W. Wundt in einem monumentalen Werk zur Darstellung gebracht worden. Den Gegenstand dieses Forschungszweiges bilden bekanntlich diejenigen geistigen Produkte, die von den Menschen nicht als Einzelwesen, sondern sofern sie Glieder von Gemeinschaften sind, hervorgebracht werden: Sprache, mythisch religiöse Vorstellungen, Sitte, sittliche und rechtliche Anschauungen. Hier war begreiflicherweise mit apriorischen Konstruktionen nichts auszurichten, und so musste ganz von selbst die Hinwendung zu diesem neuen Forschungsgebiet die empirische Richtung in der Psychologie verstärken. Berührungen mit der von Laus empirischen englischen Richtung ergaben sich auch auf diesem Felde. Erwähnt seien nur die Untersuchungen Tylors über die Anfänge der Zivilisation (Early History of Mankind and Civilisation, 1865, 3. Aufl. 1878, deutsch 1866) und die Hubbocks über die vorgeschichtlichen Menschen (Origin of Civilisation and the primitive Condition of Man, 1881, 6. Aufl. 1902).

Derselbe Forscher hat sich mit Tierpsychologie eingehend beschäftigt; er hat insbesondere die seelischen Fähigkeiten der Ameisen, Bienen und Wespen untersucht. Auch in Deutschland hat die Tierpsychologie durch Forscher wie Wundt, Edinger u. a. Pflege gefunden. Sie hat neuerdings wiederholt in höherem Maße das allgemeine Interesse auf sich gezogen, einmal dadurch, dass der Jesuitenpater Wasmann auch gegenüber allen neueren Feststellungen und entwicklungsgeschichtlichen Theorien die wesenhafte Verschiedenheit der Menschen- und Tierseele energisch verteidigte, andererseits dadurch, dass die Nachrichten über staunenerregende Leistungen rechnender Pferde, selbst den allgemein zugestandenen Gradunterschied zwischen menschlicher und tierischer Psyche zu verwischen drohten.

Dass sich im 19. Jahrhundert auch die Kinderpsychologie reich entfaltete, stand gleichfalls mit dem herrschenden Einfluss der Entwicklungsidee und der durch sie bedingten vergleichenden und genetischen Betrachtung im besten Einklang, und es musste in demselben Maße der empirischen Richtung zugutekommen.

Im gleichen Sinne wirkte die kräftige Entfaltung der Gehirn- und Nervenphysiologie sowie der Sinnesphysiologie. Indem diese Disziplinen diejenigen Naturgebilde und -Prozesse, die mit dem Psychischen in allerengster Beziehung stehen, bearbeiteten, mussten sie ganz von selbst dazu kommen, die erprobten Methoden der Naturforschung auf die psychologischen Probleme zu übertragen. Dies brachte freilich zunächst die Gefahr mit sich, dass man die Unterschiede der beiderseitigen Forschungsobjekte übersah oder unterschätzte, so z. B., wenn man annahm, die Gedächtnisvorstellungen seien in Gehirnzellen „deponiert". Aber je eindringlicher und vielseitiger sich die Untersuchung gestaltete, umso mehr musste sie doch dazu führen, die Eigenart des Physischen und des Psychischen ins rechte Licht zu stellen, und auch einige Aufschlüsse über die Beziehungen beider zu geben.

So wurde insbesondere eine Ansicht über den „Sitz der Seele", die seit Descartes als selbstverständlich gegolten hatte, widerlegt. Man hatte sich nämlich

1.6 Empirisch-psychologische Disziplinen

gesagt: Da die zwei Netzhautbilder in der Regel nur eine Gesichtswahrnehmung auslösen, und da auch sonst verschiedene Eindrücke, die von einem Gegenstand herrühren, sich vereinigen, so muss ein unpaariges Gebilde im Gehirn der Sitz der Seele sein. Descartes hatte die Zirbeldrüse als solchen angesehen, andere entschieden sich für den „Balken", oder die „Varolsbrücke", oder das verlängerte Mark. Durch die Fortschritte der Gehirnanatomie gelangte man zu der Einsicht, dass es kein unpaariges Organ gebe, dem eine derartige zentrale Bedeutung zukomme. Die Nervenbahnen, die von den Sinnen und den übrigen Körperorganen Herkommen und zu diesen ausstrahlen, laufen nicht an einer Stelle zusammen, vielmehr kommen als ihre zentrale Vertretung verschiedene Partien der Großhirnrinde in Betracht. Man stellte zugleich fest, dass alle diese Gehirnzentren durch Fasern in der mannigfaltigsten Weise miteinander verbunden seien. Aufgrund dessen gelangte man zu der Einsicht, dass man als physisches Korrelat für die Einheit des Bewusstseins nicht ein unpaariges, möglichst kleines Gebilde im Gehirn, sondern die durchaus einheitliche Organisation der Großhirnrinde anzusehen habe.

Daneben bestätigte, ja übertraf die Erkenntnis der fast unübersehbar reichen Gehirnstruktur die weitgehendsten Vermutungen über die Kompliziertheit des seelischen Geschehens, zu denen man aufgrund psychologischer Analyse gelangt war. Es ergab sich, dass bei mehr oder minder bestimmt lokalisierten Gehirndefekten Funktionen wie Wahrnehmen, Lesen, Sprechen, Schreiben gleichsam in ihre Elemente zerlegt wurden, und so konnte die Psychologie der Gehirnforschung mancherlei Förderung danken. Freilich wurde sie deshalb von der Letzteren nicht abhängig, wie von mancher Seite vorschnell proklamiert wurde; denn wenn wir auch die Beschaffenheit und die innere Struktur des Gehirns noch so genau kennten, so vermöchten wir doch dieser rötlich-grauen breiigen Masse nicht anzusehen, dass sie ein Organ gerade für Bewusstseinsvorgänge sei. Wie wir die Konstruktion einer Maschine von ihrer Leistung her verstehen, so die Beschaffenheit eines Organs von seiner Funktion her. Nun müssen wir hier freilich die Frage offenlassen, ob die Bewusstseinsvorgänge ohne Weiteres als Gehirnfunktionen bezeichnet werden können; aber darüber ist man doch einig, dass sie zu solchen in gesetzmäßiger Beziehung stehen. Da uns aber die Bewusstseinsgeschehnisse viel besser bekannt sind als die Struktur und die Funktion des Gehirns, so wird der Psychologie im Allgemeinen in ihrem Verhältnis zur Gehirnforschung die führende Rolle zufallen. Das ist nicht so gemeint, dass der Psychologe als solcher über anatomische und physiologische Fragen a Apriori Bescheid geben könne, er wird aber vielfach in der Lage sein, solche Fragen sachgemäß zu formulieren. Darin liegt eine wertvolle Direktive, denn eine zweckmäßige Fragestellung ist oft ein bedeutender Schritt vorwärts in der wissenschaftlichen Erkenntnis.

Wie durch ein derartiges Zusammenarbeiten von Gehirnforschung und Psychologie die empirisch-naturwissenschaftliche Methode in der Letzteren gefördert worden ist, so hat im gleichen Sinne, aber noch kräftiger und nachhaltiger, die Entwicklung der Sinnesphysiologie im Laufe des 19. Jahrhunderts auf sie eingewirkt. Freilich sind die Begründer der modernen Sinnesphysiologie durch

1 DIE ENTWICKLUNG DER MODERNEN WISSENSCHAFT PSYCHISCHER PROZESSE

philosophische Spekulation mehrfach von der Bahn empirischer Forschung abgelenkt worden. So hat schon Johannes Müller („Zur vergleichenden Physiologie des Gesichtssinnes der Menschen und der Tiere", 1826) Kants Lehre von der Apriorität des Raumes, die gar nicht psychologisch-genetisch gemeint war, in die Behauptung umgedeutet, die Raumvorstellung sei dem Menschen angeboren („Nativismus"). Wenn nämlich Kant Nachweisen wollte, dass die Raumvorstellung a Apriori gelte, d. h. eine notwendige Voraussetzung für Mathematik und mathematische Naturwissenschaft sei, so war damit über das Zustandekommen dieser Vorstellung im Individuum noch nichts behauptet. Auch Joh. Müllers vielerörtertes „Prinzip der spezifischen Sinnesenergien" ist in seiner Allgemeinheit nicht sowohl eine empirische Feststellung psychophysiologischer Tatsachen, als vielmehr eine erkenntnistheoretisch-metaphysische Behauptung; denn dass die Qualität der Sinnesempfindung nicht einen Zustand des äußeren Körpers, sondern einen solchen des Sinnesnerven dem Bewusstsein übermitteln, interessiert den Psychologen als solchen nicht, da es ihm nicht auf die Bedeutung der Empfindung für die Erkenntnis der Außenwelt, sondern lediglich auf ihre Beschaffenheit und die Bedingungen ihres Auftretens ankommt.

Ebenso hat Hermann Helmholtz (gest. 1894), der im Gegensatz zu Müllers Nativismus den Empirismus vertrat, also das allmähliche Zustandekommen der Raumvorstellung aus an sich unräumlichen Elementen lehrte, der philosophischen Spekulation seinen Tribut gezahlt. Er stimmt mit Müller darin überein, dass die Empfindungen keine Abbilder, sondern nur Symbole der Beschaffenheiten der Dinge seien. Das war übrigens bereits gesagt in Lockes (gest. 1704) Unterscheidung der „primären" (d. h. den Dingen selbst zukommenden) und der „sekundären" (d. h. von uns ihnen beigelegten) Qualitäten, die ihrerseits schon bei Hobbes, Descartes, Galilei, ja bei dem alten Demokrit sich findet.

Auch stellte Helmholtz die Theorie auf, dass durch unbewusste Kausalschlüsse die Empfindungen auf äußere Ursachen zurückgeführt würden und so eine Außenwelt für uns konstruiert werde — eine Theorie, die mehr einen spekulierenden Metaphysiker als einen empirischen Forscher verrät; wie sie denn z. B. auch bei Fichte und Schopenhauer uns begegnet. Diese Theorie von den „unbewussten Schlüssen" und die damit gegebene Intellektualisierung der Wahrnehmungsprozesse konnte bei der gewaltigen Autorität von Helmholtz nur allmählich überwunden werden. Nicht beeinträchtigt wird allerdings dadurch der Wert der reichen empirischen Ergebnisse, die Helmholtz in seinen grundlegenden Werken: „Handbuch der physiologischen Optik" (1856—1866) und „Lehre von den Tonempfindungen" (1862) für die Sinnesphysiologie gewonnen hat. Besonders bedeutsam für die Entwicklung der Psychologie war dabei, dass Helmholtz das experimentelle Verfahren im weitesten Umfange in Anwendung brachte.

Das gleiche hatten bereits vor ihm die beiden Forscher getan, die recht eigentlich als die Begründer der experimentellen Psychologie bezeichnet werden dürfen: der Physiologe Ernst Heinrich Weber (gest. 1878) und der Physiker und Philosoph Gustav Theodor Fechner (gest. 1887).

1.6 Empirisch-psychologische Disziplinen

Weber hat, in der Absicht, die Feinheit unserer Sinnesorgane zu prüfen, massenhafte Experimente, besonders hinsichtlich des Orts- und Drucksinns der Haut, angestellt; er hat dabei auch psychologische Bedingungen für die Sicherheit des Vergleichens untersucht, z. B. den Unterschied der gleichzeitigen oder aufeinanderfolgenden Darbietung der Vergleichsobjekte, die Bedeutung der verschieden langen Zwischenzeit in letzterem Fall usw. Er hat insbesondere das Gesetz entdeckt, das seinen Namen trägt und das besagt, dass das Bewusstsein von Empfindungsunterschieden nicht von dem absoluten, sondern von dem relativen Unterschied der Reize abhängt.

Fechner aber, der in seltener Weise schwungvolle Fantasie mit nüchternem und geduldigem Forschersinn verband, kam von weltumspannenden metaphysischen Problemen her auf dasselbe Gebiet entsagender experimenteller Untersuchung. Beeinflusst von Schellings Naturphilosophie, war auch er überzeugt, dass die Natur verkörperter Geist sei. Er suchte nun das Weltgesetz, nach dem das psychische Innere und das physische Äußere in Beziehung stände. So schuf er seine „Elemente der Psychophysik" (1860), worin er die Abhängigkeit der psychischen von den physischen Vorgängen exakt zu ermitteln bestrebt war.

Fechners Nachfolger haben seine naturphilosophischen Konzeptionen meist aufgegeben und sich zunächst auf das Spezialproblem des Verhältnisses von Empfindungs- und Reizstärke beschränkt; aber allmählich kam man dazu, die von Fechner erdachten psychophysischen Methoden zu allgemeinen psychischen Maßen et Hoden zu erweitern. Anregungen dazu kamen von verschiedenen Seiten.

Schon am Ende des 18. Jahrhunderts war man auf gewisse Differenzen der Zeitauffassung bei astronomischen Beobachtungen aufmerksam geworden. Es gilt dabei die Frage zu beantworten: Wie steht der Stern, der das Gesichtsfeld des Fernrohrs passiert, zu den Fäden des Mikrometers zwischen zwei Schlägen der Sekundenuhr. Im Jahre 1795 hatte der Londoner Astronom Maskelyne seinen Assistenten Kinnebrook entlassen, weil dessen Registrierungen die auffallende Differenz von 0,8" gegenüber seinen eigenen zeigten. Der Astronom Bessel hat (1822) nachgewiesen, dass es sich hier um dauernde individuelle Verschiedenheiten in der Auffassung des Zeitverhältnisses von Sinneseindrücken handelt, die in sogenannten „persönlichen Zeitgleichungen" zu fixieren sind. Durch deren Berücksichtigung lassen sich dann die differierenden Angaben verschiedener Beobachter in Übereinstimmung bringen. Diese und ähnliche Feststellungen von Astronomen gaben Psychologen den Anstoß, Methoden auszubilden, um die Zeit möglichst genau zu messen, die zwischen der Einwirkung eines äußeren Eindrucks und der Ausführung einer daraufhin zu vollziehenden Bewegung verfließt. Die hierzu angestellten sogenannten „Reaktionsversuche" erwiesen sich auch geeignet, um die Geschwindigkeit und den Bewusstseinsverlauf bestimmter psychischer Akte wie Wiedererkennen, Erkennen, Unterscheiden, Reproduzieren, Urteilen zu untersuchen. Von hier aus kam man auf die Probleme des sogenannten „Zeitsinns", d. h. auf die Beziehungen subjektiver

Zeitvorstellungen zu den objektiven Zeitwerten; ferner auf die Probleme des Rhythmus, des Verlaufs von Gefühlen, Affekten, Willensvorgängen.

1.7 Hauptrichtungen der Psychologie

Alle die Ansätze zu einer experimentellen Psychologie, die der Gehirn- und Sinnesphysiologie, der Psychophysik und Astronomie ihr Dasein verdankten, hat Wilhelm Wundt (der ab 1875 in Leipzig wirkte) mächtig weiter gefördert und zusammengeschlossen. Durch seine zahlreichen Einzeluntersuchungen und zusammenfassenden Darstellungen hat er recht eigentlich die moderne empirische Psychologie als besondere und dabei zahlreiche Einzelgebiete umfassende Disziplin konstituiert. Sie ist zugleich physiologische Psychologie, sofern sie die Beziehungen der psychischen Vorgänge zu den Gehirn- und Nervenvorgängen untersucht; sie charakterisiert sich als experimentelle, sofern die zu untersuchenden psychischen Vorgänge willkürlich erzeugt und verändert werden. Neben den experimentellen Methoden, die sich ausschließlich auf das individuelle Bewusstsein beziehen, verwendet Wundt aber auch die völkerpsychologischen, die von den Erzeugnissen menschlicher Gemeinschaften: Sprache, Kunst, Mythus, allgemeinen Willensnormen, ausgehen und die ihnen zugrunde liegenden verwickelteren geistigen Vorgänge und deren Gesetzmäßigkeit daraus zu erschließen trachten.

Von Wundt und seiner Schule unterscheiden sich einige Vertreter der experimentellen und physiologischen Psychologie dadurch, dass sie eine wichtige Lehre der Wundtschen Psychologie, die Apperzeptionslehre, ablehnen. Das Wort „Apperzeption" bedeutet bei Wundt zunächst den Bewusstseinsvorgang, dass „ein psychischer Inhalt zu klarer Auffassung gebracht wird", anders ausgedrückt: Dass irgendein Gegenstand sozusagen in den „Blickpunkt" unseres Bewusstseins tritt, dadurch, dass sich ihm unsere Aufmerksamkeit zuwendet. Dass dieser Vorgang fortwährend in unserem Bewusstsein sich abspielt, kann nicht wohl geleugnet werden. So dreht sich denn auch der Streit nicht um die Tatsächlichkeit und Beschaffenheit dieses Vorgangs, sondern um seine Erklärung. Wundt verwendet nämlich den Begriff Apperzeption — und damit kommen wir auf die zweite Bedeutung des Wortes — auch als Erklärungsprinzip für die erwähnten Wanderungen der Aufmerksamkeit. Eine „passive" Apperzeption liegt nach ihm dann vor, wenn zufällig gegebene äußere Reize durch besondere Intensität oder andere Momente die Aufmerksamkeit erregen und von uns passiv hingenommen werden. „Aktive" Apperzeption und damit das Bewusstsein der Selbsttätigkeit ist dann vorhanden, „wenn weiter zurückliegende Anlagen des Bewusstseins, welche mit Vorerlebnissen Zusammenhängen, die ohne direkte Beziehung zu den unmittelbar gegebenen Eindrücken stehen, die Richtung der Aufmerksamkeit bedingen. Solche Apperzeptionen fassen wir dann als Landlungen des „Ich" auf, insofern uns eben dieses ein Ausdruck für jene Gesamtwirkung ist, die unsere früheren psychischen Erlebnisse, ohne deutlich bestimmte Sonderung der einzelnen, auf das ausüben, was in einem gegebenen Augenblicke in uns geschieht".

1.7 Hauptrichtungen Der Psychologie

Suchen wir dieser viel diskutierten Apperzeptionslehre eine etwas populärere Formulierung zu geben, so wäre zu sagen: „Apperzeption" in der ersten (beschreibenden) Bedeutung deckt sich etwa mit Aufmerksamkeit, in der zweiten (erklärenden) mit Wille (im weitesten Sinn). Der passive Apperzeptionsvorgang wäre dann eine Trieb Handlung, die unter Wirkung eines Motivs (z. B. eines unerwarteten Eindrucks) erfolgt und in der aufmerksamen Hingabe an den Eindruck besteht. Ein Erlebnis der aktiven Apperzeption wäre dagegen eine Willkür-(oder gar Wahlhandlung, in der das Ich aufgrund seiner Beschaffenheit, wie sie sich bis dahin entwickelt hat, aktiv bestimmt, welchen von verschiedenen möglichen Eindrücken (Vorstellungen, Gedanken usw.) es seine Aufmerksamkeit zuwendet; worin es also auf den Ablauf des seelischen Geschehens einen beherrschenden Einfluss ausübt.

Gegen diese Apperzeptionslehre Wundts wendeten sich hauptsächlich Münsterberg, Ebbinghaus, Ziehen, G. E. Müller u. a. Sie schließen sich an die englischen Assoziationspsychologen an und erklären, die Apperzeption sei eine „metaphysische" Voraussetzung, ein heimlich wieder eingeführtes „Seelenvermögen", womit Wundt zahlreiche Erklärungsschwierigkeiten nicht beseitige, sondern umgehe. „Wo ein schwer erklärbarer psychischer Vorgang vorliegt, wird er dieser Apperzeption zugeschoben. Damit ist jedoch zugleich auch auf jede psycho-physiologische Erklärung verzichtet" (Ziehen).

Diesen Einwänden gegenüber bemüht sich Wundt darzutun, dass die Apperzeption ein „empirisch-psychologischer" Begriff sei, kein metaphysischer. Soll dies heißen, dass sein Gegenstand unmittelbar im Bewusstsein aufweisbar sei, so gilt dies freilich nur für die Apperzeption in ihrer ersten Bedeutung (vgl. Kap. 1.7). Was aber die physiologische Seite betrifft, so sucht Wundt zu zeigen, wie man sich ein besonderes physiologisches Substrat der Apperzeption und seine Wirksamkeit hypothetisch denken könne. Im Unterschied von den Reflexvorgängen, in denen ein einfaches Verhältnis zwischen Reiz und Reaktion besteht, sollen bei den Apperzeptionsvorgängen „zahlreiche, unserer näheren Nachweisung entgehende Zwischenglieder auf das Endresultat den entscheidenden Einfluss üben." Die physiologische Natur dieser Zwischenglieder sei uns freilich ganz unbekannt, wir dürften nur voraussetzen, dass sie sich aufgrund der generellen und individuellen Entwicklung gebildet hätten.

Wir können diese wissenschaftliche Diskussion — in deren Verlauf sich die Parteien unverkennbar einander genähert haben — nicht weiter schildern. Im Grunde scheint sich hier — wenn auch den Streitenden nicht immer bewusst — der alte Gegensatz zwischen Indeterminismus und Determinismus wieder in einer neuen Form geltend zu machen (obwohl beide Parteien sich zum Determinismus bekennen). Bei Wundt zeigt sich wenigstens das Bestreben — das auch eine Haupttendenz der Indeterministen ist —, dem Wollen des Menschen und damit den vom Willen beeinflussbaren höheren geistigen Funktionen eine gewisse selbstständige Aktivität zu sichern. Bei seinen Gegnern überwiegt das — bei den Deterministen gewöhnlich vorwaltende — Interesse, den kausal-notwendigen Verlauf alles Physischen und psychischen Geschehens festzuhalten.

1 DIE ENTWICKLUNG DER MODERNEN WISSENSCHAFT PSYCHISCHER PROZESSE

Der „Wille" gilt ihnen als ein „mysteriöser Faktor" und wird als besonderes wirkendes Prinzip abgelehnt. Vielmehr legt man der Erklärung die Gesetze der Assoziation und Reproduktion zugrunde. Freilich hat man diese durch Berücksichtigung weiterer Umstände ergänzt. Von einem gegebenen Bewusstseinszustand aus können ja verschiedene Reproduktionstendenzen ausgehen. Dieser oder jener Gedanke, dieser oder jener Handlungsantrieb usw. kann sich aufdrängen. Wer entscheidet, welche Tendenz siegt? Nicht eine „Apperzeption" oder ein „Wille", sondern einmal „die Stärkegrade, welche den konkurrierenden Assoziationen gemäß der Zahl und Verteilungsweise der zugrunde liegenden Wiederholungen usw. an sich zukommen", und zweitens die „Konstellation", d. h. der verschiedene Grad von „Bereitschaft, in welche die den konkurrierenden Reproduktionstendenzen entsprechenden Vorstellungen durch die vorausgegangenen Erlebnisse versetzt sind." (G. E. Müller.) Endlich wird anerkannt, dass aufgrund der Reproduktionsgesetze und gemachter Erfahrungen Vorstellungen von Zielen (Aufgaben, Absichten usw.) auftreten und wirken. So sucht man auch vonseiten der neueren Assoziationspsychologen dem Bewusstseinsbestand der populär als „willkürlich" bezeichneten Erlebnisse gerecht zu werden und darzutun, dass selbst bei vollkommener Anerkennung des Determinismus der Mensch doch nicht als ein passiver Spielball äußerer Eindrücke und ererbter Reflexmechanismen erscheine, sondern dass seine Persönlichkeit und deren Vergangenheit in seinem Denken und Handeln ein gewichtiger Faktor sei.

Wenn auch über diese Streitfragen noch keine völlige Einigung erzielt ist, so darf man doch die genannten Anhänger der Apperzeptions- wie der Assoziationspsychologie zu der einen Hauptrichtung der heutigen Psychologie zusammenschließen, die durch Verwendung experimenteller Methoden und durch eingehende Berücksichtigung des Physiologischen charakterisiert ist.

Ihr steht eine andere gegenüber, deren Vertreter zwar die Bedeutung physiologischer Vorgänge für das Bewusstseinsgeschehen nicht bestreiten, aber die sich vor allem mit der Analyse und Beschreibung des Letzteren beschäftigen. Sie treiben mithin nicht sowohl physiologische, als vielmehr „reine" Psychologie. Damit hängt zusammen, dass sie sich mit Vorliebe den sogenannten höheren geistigen Vorgängen zuwenden, während sich die Vertreter der physiologischen Psychologie bis jetzt mehr mit den elementaren seelischen Geschehnissen beschäftigt haben, über deren physiologische Korrelate sich eher bestimmte Hypothesen gestalten lassen. Und während sie die experimentellen Methoden weitaus bevorzugen, überwiegt bei den Vertretern der reinen Psychologie die einfache Selbstbeobachtung (die „introspektive" Methode).

Als bedeutsam für diese Richtung ist (abgesehen von Theodor Lipps, Johannes Rehmke und Laus Cornelius) in erster Linie Franz Brentano zu nennen, der durch seine Lehrtätigkeit in Wien und durch sein Hauptwerk „Psychologie vom empirischen Standpunkt" (I. Teil 1874) sehr nachhaltig gewirkt hat. Von ihm abhängig sind vor allem eine Reihe österreichischer Psychologen wie Christian von Ehrenfels, Alexius Meinong, Alois Höfler, Stephan Witasek u. a., die mit Vorliebe die Untersuchung des Gegenstands-, insbesondere des Formenbewusst-

1.7 Hauptrichtungen Der Psychologie

seins gepflegt haben. Brentanos Einfluss zeigt auch Karl Stumpf, der in seiner „Tonpsychologie" (Bd. I 1883) die Erforschung des reinen Bewusstseinsbestands beim Hören wesentlich gefördert hat. Endlich ist von ihm angeregt Edmund Husserl, der neuerdings mit allem Nachdruck betonte, dass eine deskriptive Bewusstseinspsychologie die Voraussetzung der experimentellen sei. Denn es gilt zunächst, das unmittelbar im Bewusstsein Gegebene — die „Phänomene" nennt es Husserl nicht ganz zweckmäßig — nach seinem Wesen, d. h. seinem „Was", seiner Beschaffenheit zu untersuchen und mithilfe dieser Wesensanalyse die sprachüblichen psychologischen Ausdrücke in ihrer Bedeutung zu klären. Denn nicht selten sind diese Ausdrücke vieldeutig, oder wir haben nur ein vages Bewusstsein von dem, was sie bezeichnen. Nur wenn eine sorgfältige phänomenologische Analyse und, Land in Land mit ihr, eine Klärung der psychologischen Begriffe vorausgegangen ist, kann die experimentelle Forschung nach den Bedingungen der Bewusstseinserlebnisse, ihren Varietäten und psychophysischen Regelmäßigkeiten mit Aussicht auf Erfolg beginnen; denn nur dann kann sie wissen, was sie eigentlich zu erklären hat, wie sie ihre Probleme stellen und wie sie ihre Ergebnisse begrifflich fassen muss. In ähnlichem Sinne hat bereits 1894 Dilthey in einem bedeutsamen Aufsatz „Ideen zu einer beschreibenden und zergliedernden Psychologie" entwickelt, und hat neuerdings W. Schmied-Kowarzik in Anknüpfung an Dilthey den „Abriss einer analytischen Psychologie" entworfen und ihr Verhältnis zur empirisch-experimentellen dargelegt.

Es verrät Einseitigkeit, wenn manche Vertreter der experimentell-physiologischen Richtung diese reine Bewusstseinspsychologie als „Schreibtischpsychologie" verspotten, oder das Ausgehen von den psychologischen Ausdrücken der Sprache als „Verbalismus" und „Scholastizismus" ablehnen. Der wirklich „scholastische" Forscher ist dadurch charakterisiert, dass er aus den Wortbedeutungen analytische Urteile ableitet in der Meinung, damit Tatsachenerkenntnis gewonnen zu haben; der deskriptive Psychologe (d. i. der „Phänomenologie" im Sinne Husserls) zieht aus den Wortbegriffen überhaupt keine Urteile, sondern lebt sich in die Phänomene hinein, welche die betreffenden Worte bezeichnen und anregen, und sucht durch schlichtes Anschauen des im Bewusstsein unmittelbar Gegebenen sein Wesen zu fassen und durch Analyse und Beschreibung festzustellen.

Dass es freilich auch aufseiten der reinen Psychologen nicht an Verkennung und Unterschätzung der experimentell-physiologischen Richtung fehlt, soll um der Gerechtigkeit willen konstatiert werden.

Zum Gedeihen der Psychologie müssen jedoch beide Richtungen Zusammenwirken. Lediglich aus der eigenen Selbstbeobachtung schöpfend, ist der reine Psychologe in Gefahr, individuelle Eigentümlichkeiten seines Seelenlebens zu verallgemeinern oder Lücken der Beobachtung durch Konstruktionen auszufüllen. Der einseitige Vertreter der experimentellen und physiologischen Richtung übersieht leicht, dass er mit unzureichender Analyse des Bewusstseinsbestands und mit ungeklärten Begriffen arbeitet, und er kommt wohl auch dazu, das Psychische zu sehr nach dem Muster des Physischen aufzufassen und so in seiner Eigenart zu verkennen. Dass einer solchen Verkennung in neuerer Zeit gerade Henri Bergson gewandt und beredt entgegengetreten ist, soll nicht unerwähnt bleiben.

Eine gewisse Mittelstellung zwischen den skizzierten beiden Hauptrichtungen der heutigen Psychologie nimmt die sogenannte „Würzburger Schule" ein (eine Bezeichnung, die nicht ganz zutreffend ist, da das Schulhaupt Oswald Külpe (gest. 1915) nur bis 1909 in Würzburg gewirkt hat, sodann nach Bonn und 1913 nach München berufen wurde). Diese Forscher sind bestrebt, eine sorgfältige qualitative Analyse der Erlebnisse mit der Anwendung des experimentellen Verfahrens zu verbinden, durch das die gesetzmäßigen Beziehungen zwischen Erlebnissen und Reizen festgestellt werden sollen. Sie verkennen nicht die Wichtigkeit der Beziehungen des Psychischen zum Physiologischen, sie halten es aber nicht für richtig, mit der Untersuchung der sogenannten höheren Seelenvorgänge zu warten, bis uns die Hirnphysiologie ihre etwaigen Korrelate aufweisen kann. So haben sie insbesondere die Untersuchung der Denk- und Willensvorgänge, aber auch die der ästhetischen Erlebnisse in Angriff genommen. Dabei konnte der experimentelle Apparat meist sehr vereinfacht werden, dagegen siel der Hauptnachdruck auf eine — durch Fragen des Versuchsleiters unterstützte — systematische Selbstbeobachtung psychologisch geschulter Individuen.

Wundt hat freilich gegen diese „Ausfragemethode" (wie er sie nannte) und ihre „Scheinexperimente" scharf polemisiert; er hält an der von ihm schon vorher vertretenen Ansicht fest, dass zur Untersuchung der Denkgeschehnisse nur die völkerpsychologische Methode verwertbar sei, wobei auf das Denken aus seiner Verkörperung in der Sprache zurückgeschlossen wird. Indessen hat das reiche Beobachtungsmaterial, das die denkpsychologischen Untersuchungen ergeben haben, dieses Bedenken Wundts widerlegt und unsere Einsicht in vielen Punkten gefördert.

Mit Wundt einig sind dagegen diese Forscher in der Ansicht, dass die Gesetze des Reproduktionsmechanismus nicht ausreichen, die Erlebnisse des Wollens und Denkens zu erklären. Sie haben zwar Wundts Apperzeptionslehre nicht übernommen, stehen aber doch gleich ihm in einem Gegensatz zur „Assoziationspsychologie". Es ist darum begreiflich, dass ein Hauptvertreter der Letzteren, G. E. Müller, neuerdings scharf, allzu scharf, gegen die „Würzburger Schule" polemisiert hat. Worum es sich in diesem Streite hauptsächlich dreht, ist bereits bei Erörterung der Wundtschen Apperzeptionslehre angedeutet worden.

Als Verfasser von Lehrbüchern, die bemüht sind, sowohl der experimentell-physiologischen als der rein psychologisch beschreibenden Richtung Rechnung zu tragen, seien Jodl, Ebbinghaus-Dürr, Elsen-Hans genannt.

Man mag in diesem Nebeneinanderbestehen mannigfacher Richtungen und prinzipiell verschiedener Grundauffassungen auf unserem Gebiet ein Zeichen dafür sehen, dass die Psychologie als Erfahrungswissenschaft, verglichen mit Wissenschaften wie Physik und Chemie, eine noch sehr junge und unfertige Disziplin ist. Aber der Streit ist doch auch ein Symptom der regen und vielseiti-

1.7 Hauptrichtungen Der Psychologie

gen Forschungsarbeit. Und diese hat schon so zahlreiche, allseitig anerkannte Ergebnisse gezeitigt, dass über eines eigentlich kein Streit mehr herrscht: nämlich dass die Psychologie sich — allerdings auf der Grundlage einer sorgfältigen Analyse der Erlebnisse und der Klärung ihrer Begriffe — empirischer und womöglich experimenteller Methoden zu bedienen habe. Selbst diejenigen, die es nicht für aussichtslos halten, den alten metaphysischen Fragen nach dem Wesen der Seele, ihrem Verhältnis zum Leibe, ihrem Fortleben nach dem Tode usw. nachzugehen, glauben im Allgemeinen nicht mehr durch apriorische Spekulationen ihrem Ziele sich nähern zu können, sondern durch Rückschlüsse aus einer möglichst umfassenden und genauen empirischen Erkenntnis des Tatsachenmaterials. So finden wir auch neuthomistische Psychologen wie Gutberlet, Mercier, Geyser — deren Interesse stark auf jene metaphysischen Probleme geht — doch bemüht, der empirischen Psychologie in weitgehendstem Maße Berücksichtigung zu schenken.

2 Der Gegenstand der Psychologie

2.1 Die Bewusstseinstatsachen als das erste Objekt der Psychologie

Wenn Friedrich Albert Lange in seiner berühmten „Geschichte des Materialismus" gefordert hat, die wissenschaftliche Psychologie müsse eine „Psychologie ohne Seele" sein, so hat die moderne Gestaltung unserer Disziplin (wie der geschichtliche Rückblick zeigte), diese Forderung in weitem Umfange erfüllt. Wir erkennen sie freilich nur in dem Sinne als berechtigt an, dass die Frage nach der „Seele" in die Metaphysik zurückgeschoben werde, und dass die Psychologie als Einzelwissenschaft sich darauf beschränke, das in der Erfahrung sich bietende Psychische oder Seelische zu beschreiben und zu erklären.

Indem wir den Gegenstand der Psychologie in dieser Weise bezeichnen, vermeiden wir es auch, von vornherein uns in der Frage festzulegen, ob das Psychische mit dem Bewussten sich decke oder ob auch Unbewusst-Psychisches anzunehmen sei. Weil aber die Existenz des Letzteren umstritten ist, so muss die Psychologie ihren Ausgangspunkt sicherlich von dem Gebiet der Bewusstseinstatsachen nehmen und diese in erster Linie als ihr Objekt anerkennen. Wir werden uns dafür auch des Ausdrucks „Erlebnisse" bedienen, der wegen seines neutralen Charakters in der neueren psychologischen Literatur vielfach Aufnahme gefunden hat.

Aber was sind „Bewusstseinstatsachen"? Manche Psychologen begnügen sich, diese Frage durch Hinweis auf Beispiele zu beantworten; sie erklären: Wir meinen damit Erlebnisse wie Wahrnehmung, Erinnerung, Überlegung, Freude und Trauer, Wunsch und Entschluss.

Diese Art der Antwort kann jedoch nicht recht befriedigen. Wertvoller erscheint vom wissenschaftlichen Standpunkt aus eine Definition, die uns ermöglicht, ganz allgemein den Gegenstand der Psychologie zu kennzeichnen und ihn dadurch von den Gegenständen anderer Wissenschaften, insbesondere denen der Naturwissenschaft zu unterscheiden.

2.2 Das nur einem Subjekt erfahrbar Bewusste

Dass das Psychische zunächst als Bewusstes sich uns in der Erfahrung darbiete, haben wir bereits betont. Es handelt sich also für uns in erster Linie darum, das Psychische (in diesem Sinne) von dem Physischen abzugrenzen. Denn dem natürlichen Bewusstsein ist eine durchgehende Sonderung des Psychischen und Physischen fremd: Menschen und Tiere und ihre Lebensäußerungen sind für unsere gewöhnliche Auffassung durchaus als einheitliche Wesen gegeben, nicht als gleichsam zusammengesetzt aus zwei Wirklichkeitsarten. Mannigfache Vorschläge sind dafür gemacht worden. Auf ein besonders einleuchtendes Unterscheidungsmerkmal hat Hugo Münsterberg hingewiesen. „Psychisch ist (nach

2.2 Das Nur Einem Subjekt Erfahrbar Bewusste

ihm), was nur einem Subjekt unmittelbar erfahrbar ist, physisch, was mehreren Subjekten gemeinsam erfahrbar gedacht werden kann."

Wir setzen bei dieser Begriffsbestimmung freilich die Begriffe „Subjekt" (oder „Ich") und „erfahrbar" als bekannt und gültig voraus. Aber man kann im Anfang einer Wissenschaft nicht alle Ausdrücke definieren, sonst käme man schwerlich zum eigentlichen Gegenstand.

Wir setzen auch voraus, dass das eine Ich, dem das Psychische erfahrbar ist, eben dasselbe Subjekt ist, das dieses Psychische erlebt.

2.3 Die Zugehörigkeit zum Ich

Das führt uns auf ein weiteres durchgreifendes Merkmal des Psychischen (im Sinne des Bewussten), das besonders Theodor Lipps hervorgehoben hat. Alles Psychische ist einem Ich zugehörig. Sofern es also für mich erfahrbar ist, finde ich es auch durch die eigenartige, nicht weiter definierbare Mein-Beziehung mit mir verknüpft vor, es ist mein Erlebnis. Es gibt keine Erlebnisse, die sozusagen herrenlos in der Lust herumflögen. Sie kommen nur in einheitlichen Verbänden, in einem innigen Mit- und Nacheinander vor, wie ich es bei meinen Erlebnissen vorfinde und wie es mir meine Mitmenschen von den ihrigen bestätigen.

Diese Zugehörigkeit zu einem Ich bedeutet nicht, dass ich in jedem Moment des Erlebens mein Ich selbst vorfinde. Wenn ich, meiner selbst ganz vergessend, hingegeben bin dem Anhören eines Musikstücks oder der Lektüre eines interessanten Buches, so ist all das, was ich dabei an Gefühlen und Gedanken erlebe, mein Erlebnis, aber ein Ich werde ich bei ihrer Analyse nicht als durchgehenden Bestandteil entdecken. So können wir mit dem „Ich-Charakter", der „Mein-Beziehung" der Erlebnisse vielfach nur ihre Einheitlichkeit und Verschmolzenheit meinen. Diese Einheitlichkeit aber ist — wie uns die Erfahrung ohne Weiteres zeigt — nicht Einfachheit, sondern Einheit des Mannigfaltigen. In kontinuierlichem Fluss strömt das Erleben dahin, und das, was wir als einzelnes Erlebnis bezeichnen, ist meist noch weniger scharf von den anderen unterschieden wie eine Woge von der anderen. Auch so vorübergehende und flüchtige Bildungen sind die Erlebnisse zum großen Teil wie die Wellen. Sie sind Vorgänge, höchstens Zustände von relativer Dauer, aber keine beharrlichen Dinge. Manche mögen einander sehr ähnlich sein, doch keines kann wiederkommen, da es ja selbst als Bewusstseinsinhalt nicht weiter existiert, wenn es für das Ich verschwunden ist.

2.4 Die Anwendbarkeit des ersten Merkmals auf die sinnlichen Wahrnehmungen

Jedoch kehren wir zu dem an erster Stelle genannten Merkmal des (bewusst) Psychischen zurück, um zu prüfen, ob es wirklich allenthalben sich bewährt, und uns möglich macht, die Scheidung vom Physischen überall zu vollziehen. Bei den meisten Arten von Bewusstseinstatsachen wird es gar keines besonde-

2 DER GEGENSTAND DER PSYCHOLOGIE

ren Beweises dafür bedürfen, dass sie nur dem erlebenden Subjekt direkt erfahrbar sind. Das gilt für Gedanken und Erinnerungen so gut wie für Erlebnisse des Fühlens, Schätzens, Wünschens und Wollens.

Freilich wird man dem entgegenhalten, dass man jemand doch eine Verstimmung unmittelbar ansehen, einen Wunsch „an den Augen ablesen" kann, dass wir in seiner Rede unmittelbar seine Gedanken zu vernehmen glauben. Aber was hier wirklich einer Mehrheit von Beobachtern direkt wahrnehmbar ist, gewisse Veränderungen in den Mienen, in der Haltung, der Klang der Worte, das muss von einem jeden doch erst instinktiv, blitzartig gedeutet werden, damit wir es als Ausdruck eines Psychischen erfassen. Dieses Psychische ist auch hier für alle, außer dem einen, der es als Subjekt erlebt, nur erschlossen, nur indirekt erfahren. Darum auch die zahllosen Fälle von Verkennung, Missverständnis und Missdeutung unter den Menschen. Also gegenüber diesen Bedenken, die sich aus dem geistigen Wechselverkehr gegen unser Kriterium des Psychischen zu ergeben scheinen, lässt sich dies leicht als gültig dartun, wenn wir nur die Erfahrbarkeit für das eine Subjekt näher dahin bestimmen, dass es sich dabei nicht um ein Erfahren vermittelst Deuten, Erschließen und Vermuten handelt, sondern um ein direktes Vorfinden von unmittelbar Gegebenem.

Ein Gebiet gibt es freilich, wo es in der Tat nicht ganz leicht ist, unser Kriterium anzuwenden und mit seiner Hilfe das Psychische vom Physischen und damit das Gebiet der Psychologie von dem der Naturwissenschaft abzugrenzen: Das sind unsere Wahrnehmungen der Außenwelt. Ich bemerke jetzt z. B. zufällig die rote Blume, die daneben auf meinem Schreibtisch steht. Die Blume selbst kann doch offenbar von einer Mehrheit von Subjekten wahrgenommen werden. Demnach wäre sie zum Physischen zu rechnen, was ja auch der gewöhnlichen Auffassung entspricht. Was bleibt dann aber noch bei dieser Wahrnehmung das Psychische? — „Das Erlebnis der Wahrnehmung, der Akt des Sehens", antworten manche Psychologen, wie Ebbinghaus, Stumpf u. a. Jedoch charakterisiert es denn nicht dieses Erlebnis selbst, dass ich gerade die Blume ansehe; wird mein Wahrnehmungserlebnis nicht ein ganz anderes, wenn ich meinen Blick auf das vor mir liegende Blatt Papier richte? Man erwäge ferner: Wenn ich die Augen schließe und mir die Blume nur „vorstelle", wird man dann nicht allgemein zugeben, dass auch die vorgestellte Blume irgendwie zum Erlebnis selbst gehöre?! Sollte dagegen bei der Wahrnehmung der Gegenstand in keinem Sinne zum Erlebnis zu rechnen sein?

Freilich vom Standpunkt des naiven Realismus aus betrachtet — und diesen Standpunkt nehmen wir ja alle im praktischen Leben ein —, besteht kein Zweifel: Die Blume ist etwas Körperliches, Physisches, und ihre Form und ihre Farben sind ihre Eigenschaften, und dieses physische Ding mit seinen Eigenschaften kann von beliebig vielen wahrgenommen werden als das eine, identische Wirkliche. Das alles mag auch für die summarische Art, wie wir gewöhnlich urteilen, seine Berechtigung haben. Aber, genau genommen, ist doch die Erscheinungsweise der Blume, wie sie gerade mir jetzt sich darstellt, auch nur mir allein unmittelbar wahrnehmbar. Durch die Lage meiner Augen zu ihr ist es

2.4 Die Anwendbarkeit Des Ersten Merkmals Auf Die Sinnlichen Wahrnehmungen

bedingt, dass sich ihre Größe und Gestalt gerade so darstellt, dass ich diese Stellen belichtet, andere mehr oder minder beschattet sehe. Und wenn auch ein anderer nach mir genau meine Lage einnehmen könnte, bin ich sicher, dass er genau die gleiche Erscheinung der Blume hätte? Und wenn dies selbst der Fall wäre: Zwei gleiche Erscheinungen bleiben doch stets zwei, sie sind nicht das eine identische Ding, wenn wir auch überzeugt sind, dass eben dieses es ist, das sich uns beiden in den aufeinanderfolgenden Wahrnehmungen (von derselben Stelle aus) dargeboten hat. Denken wir nun noch an die Farben der Dinge und an die Anomalien des Farbensehens! Ein Rotgrünblinder wird das Rot und Grün der vor mir stehenden Blume anders empfinden als ich, nämlich als Graunuancen. Das weiß ich nun freilich nicht daher, dass ich die von ihm empfundene Farbe direkt wahrnehme, sondern daher, dass er die Farben der Blume als übereinstimmend beurteilt mit solchen, die ich als Grau sehe. Aber eben die Tatsache, dass nur er selbst darüber Auskunft geben kann, welche Farben er erlebt (weil diese direkt nur für ihn allein vorfindbar sind), ist für unsere Betrachtung von besonderer Bedeutung. Sie zeigt ebenfalls, dass nach unserem Kennzeichen des Psychischen nicht bloß der Akt des Wahrnehmens, sondern die darin gegebene Selbstdarstellung des Gegenstands zum Bewusstseinserlebnis zu rechnen ist. Mit gutem Grund haben demnach die Psychologen fast durchweg bisher die Lehre von den Empfindungen, d. h. jenen relativ einfachen, anschaulichen Bestandteilen unserer Wahrnehmungen für ihre Disziplin in Anspruch genommen. Was nämlich für das Rot und Grün gilt, das gilt nicht nur für die anderen Gesichtsempfindungen ebenfalls, sondern auch für alle analogen Eindrücke der anderen Sinne wie warm, kalt, süß, bitter, hart, weich, hohe und tiefe Töne.

An dieser Stelle wollen wir uns auch daran erinnern, dass bereits im Altertum Demokrit, in der Neuzeit Galilei, Hobbes, Descartes, Locke die Scheidung zwischen den sogenannten primären und sekundären Qualitäten der Dinge aufgestellt haben. Die Letzteren, d. h. eben das, was wir als Empfindungen bezeichneten, kommen nach der Lehre dieser Philosophen nicht den Dingen zu, wie sie an sich sind, d. h. losgelöst von unserer Wahrnehmung. Die moderne Physik hat diese Auffassung bestätigt. Nach ihr sind jene von uns empfundenen Eigenschaften der Dinge, wenn man sie bestimmen will, wie sie „an sich" oder „außer uns" sind, als elektromagnetische Wellen, Luftschwingungen, Molekularbewegungen usw. zu denken.

Nunmehr löst sich unser Bedenken gegen die Zuteilung der wahrnehmbaren Eigenschaften der Dinge zur Psychologie. Es besteht nur für die Betrachtungsweise des praktischen Lebens zu Recht. Für diese gehört eben das Rot und Grün, hart und weich dem Ding an und nicht meinem Bewusstsein. Und wir können bei dieser Auffassung auch für gewöhnlich verbleiben, weil die Organisation der menschlichen Sinne ja meist miteinander übereinstimmt, und infolgedessen die Dinge uns in übereinstimmender Weise erscheinen. Wir haben selbst in einer Reihe von wissenschaftlichen Disziplinen, z. B. in den beschreibenden Naturwissenschaften, keine Veranlassung, von dem naiv-realistischen Standpunkt uns zu entfernen. Anders, wenn es daraus ankommt, genau zu bestimmen,

2 DER GEGENSTAND DER PSYCHOLOGIE

wie die Dinge an sich zu denken sind, abgelöst von den wahrnehmenden Individuen. Diese Loslösung (wie sie in der Physik erfolgt) entspricht aber nicht nur einem rein theoretischen Interesse, sondern auch einem eminent praktischen: Sie lässt uns erkennen, was wir von den Dingen selbst und ihrer Wirkungsweise zu erwarten haben, wenn wir sie gewissermaßen sich selbst überlassen, sie möglichst objektiv erkennen und von den individuell variierenden subjektiven Auffassungen abstrahieren.

Aber diese Auffassungen sind doch selbst etwas Wirkliches; auch sie verdienen wissenschaftliche Untersuchung; und die Disziplin, die diese zu leisten hat, ist eben die Psychologie.

2.5 Wundts Unterscheidung des Physischen und Psychischen

Nach diesen Erwägungen verstehen wir, wie Wundt zu der Ansicht gelangt ist, Psychologie und Naturwissenschaft unterschieden sich nicht dadurch, dass sie verschiedene Gegenstände bearbeiteten, sondern dadurch, dass sie von verschiedenen Gesichtspunkten aus an „die an ich einheitliche Erfahrung" heranträten. Die Naturwissenschaft „betrachtet die Objekte der Erfahrung in ihrer vom Subjekt unabhängig gedachten Beschaffenheit". Die Psychologie dagegen „untersucht den gesamten Inhalt der Erfahrung in seinen Beziehungen zum Subjekt und in den ihm von diesem unmittelbar beigelegten Eigenschaften". Allerdings ist diese Unterscheidung einseitig von dem Gebiet der Sinneswahrnehmung her orientiert, das uns ja auch besondere Schwierigkeiten bot in der Anwendung unseres Kriteriums des Psychischen. Die Wundtsche Bestimmung deckt sich aber für dieses Gebiet im Grunde mit der unsrigen; denn die „Beziehung zum Subjekt" ist es eben, die das Erfahrene in seinem unmittelbar gegebenen Bestand streng genommen nur dem einen Subjekt vorfindbar macht.

Unser Kriterium hat aber noch einen Vorzug vor der Wundtschen Unterscheidung. Denn es lässt ohne Weiteres erkennen, dass doch nicht alle Gegenstände der Naturwissenschaft und der Psychologie gemeinsam sind, und dass nicht nur die Gesichtspunkte der Bearbeitung differieren. Psychische Vorgänge nämlich, wie Akte der Erinnerung, des Nachdenkens, des Fühlens und Wollens wird man doch schwerlich zu den Gegenständen der Naturwissenschaften rechnen, sondern sie von vornherein nur der Psychologie zuweisen. Es gehören hierher aber die meisten und wichtigsten Bewusstseins-Tatsachen. Und es sind dies gerade diejenigen, die auch nach unserem Unterscheidungskriterium ohne jedes Bedenken als psychisch zu charakterisieren sind (unbeschadet physischer Bedingungen).

Anwendbar erwies sich dieses Kriterium ebenfalls auf den Bereich der äußeren (sinnlichen) Wahrnehmung.

2.6 Bewusstseinstranszendenz und Immanenz

Aus dem hierüber Gesagten lässt sich aber noch ein wichtiger Unterschied zwischen der uns zugehörigen Bewusstseinssphäre und dem physisch Realen

2.6 Bewusstseinstranszendenz Und Immanenz

ableiten (auf den besonders Husserl hingewiesen hat). Von jedem körperlichen Ding können wir eine unbeschränkte Vielheit von Wahrnehmungen haben. Seine Farben erscheinen — z. B. wenn wir es drehen — in einer kontinuierlichen Mannigfaltigkeit von Farbenabschattungen; Ähnliches gilt für seine Gestalt und andere Eigentümlichkeiten. Der Wahrnehmungsinhalt ist also wechselnd, das Ding aber, das wir in all diesen Wahrnehmungserlebnissen erfassen, ist identisch. Mithin kann das Ding selbst nicht ein Bestandteil der Wahrnehmung sein, es ist ihr „transzendent". Und zwar gilt diese Transzendenz des Physischen gegenüber allem Psychischen wesensnotwendig. Wir sehen diesen Sachverhalt mit Evidenz ein, wenn wir auch nur einen Fall der Dingwahrnehmung seinem Wesen nach erfassen und analysieren.

Mit dieser Transzendenz des Physischen soll nicht behauptet werden, dass die Wahrnehmung nicht an das Ding herankomme, dass dieses ewig unergriffen außerhalb ihrer bleibe, oder dass wir nur Bilder oder Zeichen der Dinge beim Wahrnehmen erfassen. Das hieße den schlichten Sinn unseres Wahrnehmens völlig verkennen. Das Ding im Raum, obwohl unserem Wahrnehmungserlebnis transzendent, ist dennoch selbst wahrgenommen, in seiner Leibhaftigkeit bewusstseinsmäßig gegeben. Zwar gilt das in erster Linie für das Ding der natürlichen, naiven Wahrnehmung des praktischen Lebens, aber es gilt auch für das der sekundären Qualitäten entkleidete Ding im Sinne der Physik; denn zu diesem gelangen wir ja nur durch genauere theoretische Bestimmung des schlicht wahrgenommenen Dings nach seinem von unserer sinnlichen Auffassung unabhängigen Bestand. Dass wir dieses physikalische Ding nur noch „denkend" erfassen, nicht mehr „anschaulich" vorstellen können, schließt nicht aus, dass wir auch in der wissenschaftlichen Untersuchung mit ihm selbst zu tun haben.

Ferner ist zu beachten, dass die Transzendenz als unterscheidendes Merkmal des Physischen nur insoweit in Betracht kommt, als sie ihm wesensnotwendig zugehört. Denn auch das fremde Psychische, ja sogar unser eigenes vergangenes Erleben ist unserem Bewusstsein transzendent, aber das gilt nur faktisch, und für das Letztere nur in Beziehung auf unseren jetzigen Bewusstseinszustand. Alles Psychische war und ist doch irgendeinem Subjekt zugehörig, seinem Bewusstsein immanent. Wir stehen hier somit vor dem grundlegenden Unterschied zweier Seinsarten: des Bewusstseins (der „Bewusstseinswirklichkeit") und der „Realität". — Damit soll freilich nicht gesagt sein, dass das Bewusstsein und die Bewusstseinserlebnisse etwas Unreales seien. Sofern man nämlich, dem gewöhnlichen Sprachgebrauch entsprechend, „real" und „wirklich" in demselben Sinne verwendet — was wir auch tun —, kommen der Bewusstseinswelt diese beiden Bezeichnungen mit dem gleichen Recht zu wie der Körperwelt: Nur das darf gesagt werden, dass, vom Standpunkt des Subjekts aus beurteilt, die Existenzweise in Beziehung auf es eine verschiedene ist.

2 DER GEGENSTAND DER PSYCHOLOGIE

2.7 Recht der Unterscheidung zwischen dem Psychischen selbst und seiner „Erscheinung"

In der Verschiedenheit des Physischen und Psychischen, des uns Transzendenten und Immanenten, ist es aber auch begründet, dass beides in verschiedener Weise unserer Wahrnehmung gegeben ist. Den physischen Gegenstand, das „Ding", nehmen wir wahr dadurch, dass es uns so oder so „erscheint", dass es sich nach allen seinen wahrnehmbaren Bestimmtheiten in verschiedener Weise „abschattet". Hier ist es sinnvoll und notwendig, zwischen den Dingen selbst und ihren Erscheinungen und Abschattungen zu trennen. Wo es sich aber nicht um räumliche Dinge handelt, da hat es keinen Sinn, von verschieden orientierten Standpunkten der Betrachtung, von verschiedenen Seiten, Erscheinungsweisen usw. zu reden. Die Wahrnehmung von Erlebnissen ist also ein schlichtes Schauen von etwas, das in der Wahrnehmung als Absolutes gegeben ist. Keine Erscheinungsweise eines Dings hat den Anspruch, es in seiner Absolutheit darzustellen, also eine völlig „adäquate" zu sein; nur aus praktischen Interessen geben wir (worauf später noch einzugehen ist) gewissen Erscheinungsweisen als den „normalen" den Vorzug, indem wir in ihnen die „wahre" Farbe, die „wirkliche" Gestalt usw. des Dings zu erfassen meinen. Dagegen bei einem Erlebnis, etwa einem Gefühl oder einem Entschluss, kann man nicht in dem gleichen Sinne zwischen der Sache selbst und ihren Erscheinungen unterscheiden. Damit ist freilich nicht gesagt, dass wir es je vollständig und adäquat wahrnehmen, und dass Irrtümer hierbei ausgeschlossen seien; das verhindert sein fließender, flüchtiger Charakter. Aber diese Unvollständigkeit und Ungenauigkeit der Erlebniswahrnehmung ist eine prinzipiell andere als die der äußeren Wahrnehmung; denn nur die Letztere geht auf Bewusstseinstranszendentes, das im Bewusstsein lediglich in wechselnder Weise sich darstellt.

Man hat die Tatsache, dass oft bei der Auffassung unserer Erlebnisse Zweifel und Irrtum sich einschleichen, geltend gemacht, um auch für die Psychologie, ebenso wie für die Naturwissenschaft, die Unterscheidung von „Erscheinung" und „Realität" als berechtigt darzutun. Denn da es häufig möglich und notwendig ist, eine anfängliche Erlebniswahrnehmung bzw. die damit verknüpfte Auffassung zu berichtigen, so hat man daraus die Folgerung abgeleitet: Es muss das real Psychische (d. h. der wirkliche Bewusstseinsvorgang) unterschieden werden von den mannigfachen Auffassungseinflüssen, die es so oder so erscheinen lassen. Gewiss ist diese Formulierung weder sprach- noch sinnwidrig; aber wir wollen sie doch lieber vermeiden, weil sie geeignet ist, den früher (Kap. 2.6) dargelegten Unterschied zwischen der notwendigen Immanenz des Psychischen und der Transzendenz des Physischen zu verwischen. Bei Letzterem ist es im Wesen der Sache gegründet, dass es uns so oder so „erscheint". Auch bei irrtumsfreier, genauer und vollständiger Auffassung ist hier die (anschauliche) „Erscheinung" des Dings vorhanden und von seinem (nur unanschaulich, d. h. begrifflich denkbaren) „realen" Bestand zu unterscheiden. Bei den Bewusstseinsvorgängen dagegen ist es nicht wesensnotwendig, dass sie uns anders „erscheinen", als sie an sich sind; nur durch zufällige, individuell wech-

2.7 Recht Der Unterscheidung Zwischen Dem Psychischen Selbst Und Seiner „Erscheinung"

selnde Einflüsse (vorgefasste Meinungen, Ermüdung, verschiedene Einstellung usw.) kommt es häufig zu irrigen und unzulänglichen Auffassungen; eine adäquate Erfassung der Sache selbst ist hier durchaus möglich.

Die Unterscheidung zwischen dem Realpsychischen und seinen Erscheinungen ist auch nicht notwendig, um der Psychologie den Charakter einer Realwissenschaft zuzusprechen. Dies ist sie nach unserer Ansicht ebenfalls; denn wir setzen ja voraus, dass Psychisches, d. h. Bewusstseinsvorgänge, sich auch abspielen, wenn sie nicht besonders „bemerkt" oder gar wissenschaftlich aufgefasst und bestimmt werden. Mithin bringt die Psychologie ihren Gegenstand, das Psychische, nicht erst hervor (wie etwa die Mathematik ihre idealen Objekte: Die Zahlen und Raumgebilde, erzeugt), sondern sie findet es als real Existierendes vor und sucht es zu bestimmen, genauso wie die Naturwissenschaft die reale Natur nicht erst schafft, sondern lediglich zu erkennen sucht. Beide sind mithin Realwissenschaften.

Die nähere Begründung dieser erkenntnistheoretischen Ansichten über den Charakter unserer Wissenschaft würde aber über den Rahmen der Psychologie selbst hinausführen. Nur ein Punkt sei noch hervorgehoben.

Wenn wir (im Einklang mit Husserl) die Ansicht vertreten, dass die Unterscheidung des Realen und der „Erscheinung" für das Psychische nicht in der Sache begründet sei, so ist dabei das Psychische im Sinne des Bewussten, der „Erlebnisse", gemeint. Falls man 'jedoch zu der Annahme sich getrieben fühlt, dass den Bewusstseinserlebnissen unbewusst psychische — von den physiologischen verschiedene — Vorgänge zugrunde liegen, so wäre über die Frage freilich anders zu urteilen. Dann könnte man daran denken, das Verhältnis des bewusst Psychischen zu Unbewusstem so zu fassen, dass jenes die „Erscheinung", dieses das „Reale" wäre.

2.8 Das Problem des unbewusst Psychischen

Die Frage nach dem unbewusst Psychischen kann nicht dadurch zu einer befriedigenden Lösung gebracht werden, dass man einfach — wie manche Psychologen dies tun — durch Definition festsetzt, „psychisch" sei eben identisch mit „bewusst", und der Begriff des „unbewusst Psychischen" sei genauso widerspruchsvoll wie der eines hölzernen Eisens. Denn damit bestimmt man eigentlich nur den eigenen Sprachgebrauch, fördert aber nicht die Erkenntnis des Sachverhalts. Die sachliche Frage ist eben die, ob wir nicht zur Erklärung von Bewusstseinsvorgängen Unbewusstes annehmen müssen, das vom Materiellen zu unterscheiden und nach Analogie des Bewussten zu denken ist. Sprechen wirklich Gründe dafür, dann wäre für jenes hypothetisch Anzunehmende der Ausdruck „Unbewusst-Psychisches" am Platze. Natürlich rechtfertigt dieser noch nicht Ausdrücke wie unbewusste Vorstellungen, Schlüsse, Willensakte. Denn solche Namen beziehen sich auf bestimmte Arten von Erlebnissen, also Bewusstseinsvorgängen. Vollziehen sich diese, ohne dass wir sie tatsächlich wahrnehmen, so bezeichnen wir sie als „unbemerkt". Wollte man aber behaup-

2 DER GEGENSTAND DER PSYCHOLOGIE

ten, dass sie als „unbewusste" im eigentlichen Sinne vorkommen, so müsste diese Behauptung jedenfalls besonders begründet werden; denn mit dem Prädikat „unbewusst" wäre eben gesagt, dass diese Vorgänge auch bei günstigsten Beobachtungsbedingungen doch nicht als unmittelbar gegebene Erlebnisse wahrgenommen werden könnten.

Die Annahme eines solchen unbewusst Psychischen wird erleichtert durch die Erwägung, dass tatsächlich beim natürlichen Verhalten zahlreiche Erlebnisse sich abspielen, die nicht zum Gegenstand einer auch nur flüchtigen Selbstwahrnehmung werden. Wie vieles bemerken wir nämlich bei psychologischen Untersuchungen an ganz gewöhnlichen, vorher hundertfach erlebten Vorgängen, was uns bis dahin nie zum Bewusstsein gekommen war!

Es darf ferner in diesem Zusammenhang auf die Tatsache hingewiesen werden, dass gar häufig Erlebnisse durch vielfältige Wiederholung immer „mechanischer" und „automatischer" werden, sodass schließlich das, was wir bei absichtlicher Beobachtung von ihnen noch im Bewusstsein antreffen, sehr dürftig geworden ist. Es kann aber mindestens bezweifelt werden, ob sie durch dieses Unbewusstwerden ihre psychische Natur mit einem Male verlieren.

Sind wir aber berechtigt, den Begriff des „Unbewusst-Psychischen" einzuführen in Beziehung auf Vorgänge, die allerdings bewusst werden können (wie das für die „Erlebnisse" gilt), so dürfte es nicht unerlaubt sein, auch solches Unbewusst-Psychisches anzunehmen, das sich für immer dem Bewusstwerden entzieht, wenn anders Gründe für diese Annahme vorliegen. Solche bieten sich in der Tat, wenn wir von der Beschreibung der Erlebnisse zu ihrer Erklärung übergehen. Das Auftauchen von Erinnerungen z. B. wäre ganz unbegreiflich, wenn wir nicht annehmen wollten, dass von den entsprechenden früheren Erlebnissen irgendeine „Spur" im Unbewussten geblieben sei. Wenn wir ferner finden, dass die einzelnen Individuen sich dauernd in bestimmten psychischen Leistungen unterscheiden, so legt das doch die Annahme nahe, dass dies aus der Verschiedenheit gewisser bleibender „Dispositionen" hervorgehe. In der vorwissenschaftlichen wie in der wissenschaftlichen Psychologie sind tatsächliche Begriffe für psychische Dispositionen geläufig, ja unentbehrlich. Man denke an Begriffe wie Verstand, Gedächtnis, Fantasie, Wille, Gemüt, Talent usw. Wenn man endlich das unbewusst Psychisch-Reale, dem diese Dispositionen zukommen, als „Seele" bezeichnet, so erscheint die Annahme einer solchen nicht als antiquiertes Vorurteil oder fantastische Spekulation.

Freilich gibt es zahlreiche Psychologen, die alles Unbewusste, was zur Erklärung der Erlebnisse anzunehmen ist, ohne Weiteres mit Beschaffenheiten und Vorgängen des Gehirns und Nervensystems identifizieren. Aber selbstverständlich ist dies durchaus nicht. Vielmehr muss es von vornherein höchst zweifelhaft erscheinen, ob die Begriffe, mittels deren wir die physischen Realitäten bestimmen (und solche sind ja auch Gehirn und Nerven), also die physikalischen, chemischen und physiologischen Begriffe, auch geeignet sind, das psychisch Reale zu fassen; denn die physischen Realitäten haben wir ja zu bestimmen unternommen, indem wir über alle Bewusstseinstatsachen hinausstrebten zu dem unab-

2.8 Das Problem Des Unbewusst Psychischen

hängig vom Bewusstsein Bestehenden. Und nun sollen die dazu geschaffenen Begriffe auch noch das Prinzip des Bewusstseins selbst fassen! Man erwäge, dass die Physik als fundamentale Merkmale der „Materie" nichts weiter braucht als Raumerfüllung, Undurchdringlichkeit und Beweglichkeit, und dass die noch so verbreitete mechanistische Naturauffassung auch die physiologischen Prozesse als rein materielle ansieht. Nun zeigt uns aber die psychologische Forschung zahlreiche Fälle auf, in denen z. B. Leistungen logischer Art, wie die Anwendung eines Wissens auf den vorliegenden Fall oder das Finden des Abstraktums zum Konkretum und ähnliche, auf unbewusste Prozesse zurückgeführt werden müssen, oder wo Erlebnisse, wie Befriedigung oder Enttäuschung, nur erklärlich werden, wenn wir im Unbewussten Vorgänge annehmen dürfen, die dem analog sind, was wir im Bewussten Streben oder Erwartung nennen. Sollten rein materielle Prozesse derartiges leisten können!

Der Annahme eines unbewusst Psychischen steht freilich bei vielen das Bedenken entgegen, dass wir schwerlich in der Lage sind, näheres darüber auszusagen. Es bleibt kaum ein anderer Ausweg, als es nach Analogie des bewusst Psychischen zu denken, wobei man zur Unterstützung auf die Tatsache Hinweisen kann, dass auch die bewussten Erlebnisse sehr mannigfache Bewusstheitsgrade zeigen. Von denen, die wir mit aller Klarheit und Deutlichkeit bemerken, führt sozusagen eine kontinuierliche Stufenreihe hinab zu denen, die wir kaum noch im Bewusstsein konstatieren können. Und diese Stufenreihe müsste man sich noch weiter hinab verlängert denken bis zum völlig Unbewussten. Freilich erhebt sich hier noch ein weiteres Bedenken: Das bewusst Psychische erleben wir überwiegend — wenn wir von relativ dauernden Stimmungen absehen (die übrigens auch manche Schwankungen zeigen) — als vorübergehendes Geschehnis; als unbewusst psychisch aber haben wir nicht nur Prozesse zu denken, sondern auch relativ dauernde Dispositionen, wie angeborene oder anerzogene Fähigkeiten, Charakterzüge, Gedächtnisresiduen usw.

Alle diese Bedenken gegen das unbewusst Psychische werden aber überwunden werden müssen, wenn sich mit Bestimmtheit ergeben sollte, dass zur Erklärung des bewusst Psychischen Hypothesen über Zustände und Vorgänge des Gehirns nicht ausreichen. Mit Gewissheit kann das freilich heute noch nicht gesagt werden; aber wie unzulänglich noch die physiologischen Erklärungsversuche sind, das wird sich uns insbesondere bei den Hypothesen bezüglich des Gedächtnisses zeigen.

2.9 Das physische Objekt der Psychologie

Das Psychische bildet den Gegenstand der Psychologie nur im Sinne des eigentlichen und wesentlichsten Untersuchungsobjekts. Schon dass es so schwierig ist, allenthalben das Psychische aus seiner Verschmelzung mit dem Physischen — wie sie für die natürliche Auffassung besteht — herauszulösen, lässt erkennen, dass die Psychologie in weiter Entfernung von der Wirklichkeit des praktischen Lebens sich halten müsste, wenn sie ihre Forschung lediglich auf das Psychische beschränken wollte. So notwendig dessen Isolierung für seine wissenschaftliche Behandlung ist, so notwendig bleibt doch auch wieder die Berücksichtigung der Beziehungen des Psychischen zum Physischen, um die wissenschaftliche Erkenntnis wieder da einmünden zu lassen, wo sie ihren Ausgangspunkt hat — in das Leben. Ja, schon für die theoretische Erfassung des Psychischen selbst sind wir auf Schritt und Tritt genötigt, das Physische mit zu berücksichtigen, falls wir nämlich das Psychische nicht einfach nur beschreiben wollen, sondern auch Erklärungen suchen, und falls wir weiterhin berücksichtigen, dass die psychischen Vorgänge sich innerhalb der physischen Welt in tausendfacher Gestalt bekunden, sei es flüchtig wie in einem Lächeln oder in einem gesprochenen Wort, sei es so dauernd wie in Monumenten, die für die Ewigkeit gebaut scheinen.

3 Die Aufgaben der Psychologie

3.1 Die Beschreibung als erste Aufgabe der Psychologie

Der Gegenstand einer Wissenschaft ist es nicht allein, der für ihren Charakter und ihre Stellung in der Gesamtheit der Wissenschaften maßgebend ist, nicht minder kommt in Betracht, welche Aufgaben sie sich bei der Erforschung ihres Gegenstandes stellt.

Die Aufgaben der Psychologie sind die Beschreibung und Erklärung des Psychischen. Insofern kann man eine beschreibende (deskriptive) Psychologie — auch Phänomenologie genannt — und eine erklärende (explikative) Psychologie unterscheiden. So eng diese auch Zusammenhängen, so ist es doch wichtig, die beiden Aufgaben reinlich auseinanderzuhalten.

Die Beschreibung beschränkt sich auf die Bewusstseinstatsachen, die Erlebnisse, also auf das, was bei der Selbstwahrnehmung und Beobachtung unmittelbar vorgefunden werden kann. Man setzt dabei voraus, dass der Bewusstseinsstrom nicht immerfort nur Neues, nie Dagewesenes und nie sich Wiederholendes mit sich führe, sondern dass gewisse Regelmäßigkeiten in der Beschaffenheit der Erlebnisse und in ihrem Zusammenhang und Aufeinanderfolge bestehen. Den Erlebnissen fehlt zwar der substanzielle Charakter der physischen Dinge; nie kann dasselbe, numerisch identische, zwei- oder mehrmals für uns wiederkehren, aber wenn Gleichförmigkeiten in den Erlebnissen selbst und in ihren Beziehungen sich aufweisen lassen, so ist damit die Möglichkeit geboten, Überblick zu gewinnen über ihre verwirrende Mannigfaltigkeit.

3.2 Analyse und Synthese bei der Beschreibung

Dabei ist zu beachten, dass das, was wir als relativ selbstständiges „Erlebnis" wahrnehmen, sich als mehr oder minder kompliziertes Gebilde darstellt, dessen Beschreibung nicht anders möglich ist als durch Analyse und Synthese; d. h. es gilt, die einfachen, nicht weiter zerlegbaren Bestandteile, die Elemente, festzustellen und zugleich deren Beziehungen zueinander zu beachten, um die Struktur des Ganzen synthetisch wiederherstellen zu können.

Zu wie viel Arten von Elementen man gelangt, kann nur die Untersuchung selbst ergeben, durch die analytische Methode ist darüber nichts festgelegt. Diese Methode zerstückelt und isoliert künstlich und gewaltsam, was zusammengehört, aber sie muss deshalb nicht zu einer Verfälschung unserer Auffassung vom Psychischen führen, wenn wir nur dessen organischen Charakter und kontinuierlichen Fluss darüber nicht vergessen. Auch die Anatomie und Physiologie der Pflanzen und Tiere muss sich dieser analysierenden Methode bedienen. Wenn dabei Muskeln, Nerven oder Zellen für sich untersucht werden, so glaubt doch kein Vernünftiger, dass diese Elemente auch für sich in Wirklichkeit Vorkommen. Der Vorwurf, die Psychologie „atomisiere" das Seelische, ist also unberechtigt, besonders wenn diese sich bewusst bleibt, dass die komplizierteren „Erlebnisse" nicht einfach aus mechanisch angehäuften Aggregaten von Elementen bestehen, sondern eigenartige und mannigfaltige Einheitsformen aufweisen. Das Erlebnis der Verschiedenheit zweier Töne z. B. besteht nicht einfach darin, dass zwei verschiedene Tonempfindungen gleichzeitig oder sukzessive im Bewusstsein sind; das Bewusstsein eines Satzsinnes deckt sich nicht mit dem Nacheinander mehrerer Vorstellungen. So sind diese vereinheitlichenden Strukturen bis hinauf zu dem Ichbewusstsein ebenfalls bei der Beschreibung zu beachten, und sie hat in gegenseitiger Ergänzung von Analyse und Synthese sich zu vollziehen. Das Ziel der deskriptiven Psychologie bleibt dabei die Feststellung der Elemente und der Regelmäßigkeiten in der Struktur der Erlebnisse und in ihrer Aufeinanderfolge. Jene finden in „Klassenbegriffen", diese in „Gesetzen" ihre Wiedergabe.

3.3 Die Erklärung als zweite Aufgabe der Psychologie

Was mit der Aufgabe des Erklärens gemeint ist, lässt sich nicht mit zwei Worten sagen, da der Ausdruck verschiedene Bedeutungsnuancen zeigt.

Eine Art des Erklärens besteht darin, dass wir den einzelnen Fall unter die allgemeine Regel unterordnen. Das ist nicht Sache der Psychologie als rein theoretischer Wissenschaft, wie wir sie hier verstehen, da sie lediglich auf allgemeine Erkenntnisse, Begriffe und Gesetze ausgeht. Die Erklärung des Einzelnen überlässt sie der angewandten Psychologie.

Von „Erklären" spricht man ferner, wenn es gelingt, Unbekanntes auf Bekanntes zurückzuführen: So war es eine Erklärung der Verdauung, als man in ihr eine Art Verbrennungsvorgang zu erblicken begann. So wird man auch geneigt sein, es als eine psychologische „Erklärung" zu bezeichnen, wenn es gelingt, in einer noch „unbekannten", weil unanalysierten Art von Erlebnissen bekannte Bewusstseinselemente aufzuweisen. Indessen scheint mir hier diese Bezeichnung nicht passend, weil es sich im Grunde hierbei um „Beschreibung" handelt.

Als eine dritte Bedeutung von Erklären bleibt diejenige, die für uns allein in der Folge in Betracht kommen soll: die kausale Erklärung, der Nachweis der ursächlichen Bedingungen für das Zustandekommen der Erlebnisse.

3.4 Die kausale Erklärung: Voraussetzungen und Konsequenzen

Es ist nun bekannt, dass wir gewisse regelmäßige Folgen von Erlebnissen als kausale Zusammenhänge unmittelbar er-40 leben: so die Folge von Eindruck und Reaktion, von Motiv und Entschluss, von Willensakt und Handlung, von Sichbesinnen und eintretender Erinnerung.

Solche Regelmäßigkeiten der Sukzession festzustellen, fällt aber bereits der beschreibenden Psychologie zu; soweit nun diese regelmäßigen Antezedenzien im Bewusstsein ausreichend erscheinen, um das Auftreten gewisser Erlebnisse

3.4 Die Kausale Erklärung: Voraussetzungen Und Konsequenzen

verständlich zu machen, ist mithin die deskriptive Psychologie in der Lage, auch die Aufgabe der Erklärung zu übernehmen.

Indessen ist dies sehr häufig nicht der Fall, und hier beginnt recht eigentlich die Aufgabe, die wir der „erklärenden" Psychologie im Unterschied von der „beschreibenden" zuweisen. Denn während die Letztere sich streng im Bereich der Bewusstseinstatsachen zu halten hat, ist die „erklärende" Psychologie (im engeren und eigentlichen Sinne) genötigt, nach ursächlichen Bedingungen für das Auftreten von Erlebnissen außerhalb des Bewusstseins zu suchen oder solche hypothetisch anzunehmen.

Sie macht dabei freilich die Voraussetzung, dass Erlebnisse nicht aus nichts entstehen und zu nichts werden, sondern dass auch hier wie in der äußeren Natur alles Geschehen unter dem Kausalgesetz steht, also seine regelmäßigen Ursachen und Wirkungen hat. Diele Voraussetzung als berechtigt darzutun, ist nicht Sache der Psychologie selbst, sondern der Erkenntnistheorie. Nur so viel sei darüber bemerkt: Ohne diese Voraussetzung müssten wir das Auftreten der meisten Erlebnisse als völlig rätselhaft einfach hinnehmen: so das aller äußeren Wahrnehmungen, der meisten Erinnerungen, Gefühle und Begehrungen. Ja, es kann die Frage aufgeworfen werden, ob die erlebten Zusammenhänge ohne Weiteres als realer Kausalnexus hingenommen werden dürfen. Handelt es sich z. B. um einen solchen, wenn die Wahl eines Mittels uns aus dem Streben nach dem Zweck verständlich ist oder wenn ein Gedanke aus einem anderen als seinem Grunde für uns sich ableitet? Kurz, ist der Zusammenhang des Sinns unserer Erlebnisse als realer Zusammenhang von Ursache und Wirkung anzusehen?

Mit der Anerkennung des Kausalsatzes für das seelische Geschehen ist aber noch nicht gegeben, dass der Begriff der Kausalität hier genau in dem gleichen Sinne verwendet werde wie in der Naturwissenschaft, besonders wie in der Physik, soweit sie noch von der Hypothese beherrscht ist, dass alles Geschehen der Außenwelt mechanisch konstruierbar sein müsse. Danach gilt alles, was als Ursache und Wirkung in Beziehung gesetzt wird, als etwas quantitativ und qualitativ Gleiches; man sucht darzutun, dass der Effekt seiner Beschaffenheit nach eigentlich gar nichts andres sei als die Ursache, und dass er, vermittelst der gleichen Einheit gemessen, auch der Größe nach ganz mit dieser übereinstimme, sodass das Hervorgehen der Wirkung aus der Ursache als etwas ganz Durchsichtiges und Verständliches sich darstellt.

Allein diese Fassung des Kausalgedankens ist für das Psychische schon deshalb unzulässig, weil es — wie sich uns noch zeigen wird — nicht in dem nämlichen Sinne „gemessen" werden kann wie das Physische; ebenso wenig ist Aussicht vorhanden, alle Bewusstseinsvorgänge auf eine Art des Geschehens zurückzuführen, wie es die mechanistische Hypothese versucht, indem sie alle Naturvorgänge als Bewegungen fasst. Mithin kann von einem Enthaltensein der Wirkung in der Ursache oder von einer qualitativen und quantitativen Gleichheit beider beim Psychischen nicht die Rede sein, und es muss der Inhalt des Kausalgedankens hier beschränkt werden aus die 'gesetzmäßige Aufeinanderfolge.

3 DIE AUFGABEN DER PSYCHOLOGIE

Aber auch in dieser Einschränkung ist seine schlechthin allgemeine Geltung für alles seelische Geschehen sehr umstritten. Man sieht in der Annahme, es sei durchgängig kausal determiniert, eine Verkennung der Eigenart des Geistigen, frei schöpferisch sich zu entfalten, wirklich Neues, nicht vorher Berechenbares aus sich hervorzubringen. Man sieht darin auch einen verwerflichen Naturalismus, der mit der Leugnung einer indeterministischen Freiheit des Wollens die sittliche und rechtliche Verantwortlichkeit des Menschen bestreite und so die verderblichsten Folgen für die menschliche Kultur mit sich führe.

Indessen, wir sahen bereits: Die Psychologie würde ihre Existenzberechtigung als erklärende Wissenschaft selbst aufheben, wenn sie auf die Voraussetzung durchgängiger Gesetzmäßigkeit, d. h. kausaler Determiniertheit des psychischen Geschehens, verzichten wollte; diese Voraussetzung aber im Allgemeinen festzuhalten und nur für besondere Arten des Geschehens, wie etwa überlegte Willensentscheidungen, sie aufzugeben, muss zum mindesten höchst bedenklich erscheinen, solange nicht zwingende Gründe dafür beigebracht sind, und eine scharfe Abgrenzung jener freien Akte von den kausal determinierten vorgenommen ist. Ob aber die deterministische Voraussetzung wirklich zu praktisch bedenklichen Folgen führe oder nicht, darüber mag Ethik, Pädagogik und Rechtsphilosophie befinden: Die Psychologie als theoretische Wissenschaft hat lediglich Erkenntnis zum Ziel, und sie hält darum eine Voraussetzung, ohne die Erkenntnis von vornherein unmöglich scheint, fest, solange sie nicht klar als grundlos oder irrig dargetan ist.

Will nun aber die Psychologie mit der Voraussetzung, dass für alles psychische Geschehen das Kausalgesetz durchweg gelte, ernst machen, so darf sie sich nicht scheuen, mit ihren Annahmen von Bedingungen und Wirkungen der Bewusstseinsvorgänge über deren Bereich hinauszugehen: nur so lässt sich ihr Auftreten und Verschwinden begreiflich machen, nur so ihre Lücken ausfüllen. Ob dabei lediglich auf physiologische Vorgänge zurückzugreifen oder ein Unbewusst-Psychisches hypothetisch anzunehmen ist, oder ob beide Faktoren nebeneinander in Betracht kommen, darüber ist schon oben Kap. 2.8 einiges gesagt worden. Eine methodisch bedeutsame Forderung ist es jedoch, dass Begriffe, welche lediglich der Beschreibung dienen, deren Objekte also im Bewusstsein unmittelbar vorfindbar sind, auseinandergehalten werden von solchen Begriffen, die sich auf Faktoren beziehen, die zur Erklärung hypothetisch angenommen werden. So sind Empfindung, Gefühl, Willensakt für uns Deskriptionsbegriffe, Spur, Assoziation, Reproduktion usw. erklärende Begriffe. Wo es sich aber nicht gut vermeiden lässt, dasselbe Wort in dieser zweifachen Bedeutung zu verwenden, da muss der jeweilige Sinn aus dem Zusammenhang unzweideutig hervorgehen, überhaupt ist vor aller psychologischen Untersuchung eine möglichste Klärung der Begriffe, eine Feststellung ihres eigentlichen Sinnes dringend wünschenswert.

Nicht minder wichtig wie die Klärung der Begriffe wäre allerdings auch eine Verständigung über die Terminologie. Denn was hilft für den Wissenschaftsbetrieb alle Klärung, wenn die einzelnen Forscher mit demselben Worte ganz verschiedene Begriffe verbinden. Hier Übereinstimmung zu schaffen wäre vor allem für Psychologenkongresse eine dankenswerte Aufgabe, die man ja auch bereits in ihrer Bedeutung erkannt hat. Solange sie nicht gelöst ist, darf der einzelne Psychologe es nicht unterlassen, genau anzugeben, in welchem Sinne er die einzelnen psychologischen Ausdrücke verwendet; und der Leser muss in erster Linie darüber sich zu unterrichten suchen.

3.5 Die wichtigsten psychologischen Disziplinen

Durch verschiedene Abgrenzung und nähere Bestimmung des Gegenstandes wie der Aufgabe ergeben sich verschiedene psychologische Disziplinen, die noch von der Psychologie, wie wir sie in diesem Buche verstehen, gesondert werden müssen.

Wir beschäftigen uns mit Normalpsychologie, nicht mit Pathopsychologie. Die Letztere ist eine psychologische Diszipln, welche die abnormen seelischen Vorgänge studiert als Variationen des seelischen Geschehens. Sie dient der Normalpsychologie insofern als Hilfsdisziplin, als das kranke Seelenleben herangezogen werden kann, um das gesunde zu verstehen. Lenes zeigt oft in grotesker Verstärkung, was hier nur wenig merklich ist, oder es enthält den Zerfall von Funktionen, die beim Normalen nur in innigster Verschmelzung Vorkommen.

Nicht zu verwechseln mit der Pathopsychologie ist die Psychopathologie, die als ein Teil der Pathologie das Verständnis der Krankheiten anstrebt und die psychischen Störungen lediglich als Krankheitssymptome würdigt.

Wir betreiben ferner die Psychologie der erwachsenen Kulturmenschen; daneben ist es natürlich eine wichtige Aufgabe, das seelische Leben in seiner Entwicklung beim Kinde und beim jugendlichen Menschen und in seiner Rückbildung beim Greise zu untersuchen; nicht minder bedeutsam ist die Erforschung niederer Entwicklungsstufen des seelischen Lebens bei Naturvölkern, bei den Tieren, vielleicht gar bei den Pflanzen.

Weiterhin lässt sich die Psychologie in unserem Sinne charakterisieren als Individualpsychologie, ihre notwendige Ergänzung bildet die soziologische Psychologie. Der dafür noch überwiegend übliche Name „Völkerpsychologie", der von den Begründern dieser Disziplin, Lazarus und Steinthal, herstammt, lässt nicht erkennen, dass nicht bloß das seelische Leben und seine Produkte in Volksgemeinschaften, sondern auch in anderen menschlichen Gemeinschaften ein bedeutsames Untersuchungsobjekt bildet: man denke an die Psychologie von wirtschaftlichen und gesellschaftlichen Klassen. Als die Hauptgegenstände der Völkerpsychologie hat Wundt in seinem umfassenden Werke Sprache, Sitte und Mythos behandelt.

Unsere Aufgabe sehen wir ferner in der Feststellung des Durchschnittlichen, also allgemeiner Gesetze der psychischen Bildungen und des psychischen Geschehens; die Variationen des Psychischen bei den Individuen und Gruppen von Individuen zu erforschen, überlasten wir der differenziellen Psychologie; sie hat auch die Korrelationen zu untersuchen, die zwischen den einzelnen psychischen

3 DIE AUFGABEN DER PSYCHOLOGIE

Eigenschaften desselben Individuums und verschiedener Individuen bestehen und das Problem der Individualität zu bearbeiten.

Indem wir die Aufgabe der Psychologie nicht bloß in der Beschreibung, sondern zugleich in der Erklärung sehen, sind wir genötigt, nicht lediglich „reine", d. h. auf die Bewusstseinstatsachen sich beschränkende, sondern „physiologische Psychologie" zu pflegen; nur so ist es zugleich möglich, das Psychische unter biologischem Gesichtspunkt als Funktion eines Lebewesens, das sich in seinem Milieu erhält, entwickelt, betätigt, aufzufassen und zu würdigen.

So sehr sich endlich auch gerade in der letzten Zeit die angewandte Psychologie entwickelt hat, so müssen wir uns hier doch in den uns gesteckten engen Grenzen im Wesentlichen auf die rein theoretische Psychologie beschränken, und wir können der Verwertung ihrer Ergebnisse für Pädagogik, Jurisprudenz, Nationalökonomie, Medizin (besonders Psychiatrie), Kunst-, Sprach-, Religionswissenschaft usw. hier nicht nachgehen, wenn wir uns auch vereinzelte Ausblicke auf diese Gebiete nicht versagen wollen.

4 Die Erkenntnisquellen und Methoden der Psychologie

4.1 Die Erkenntnisquellen und Methoden der Psychologie

Aus der Eigentümlichkeit des Psychischen, nur für das es erlebende Subjekt unmittelbar vorfindbar zu sein, versteht man, warum dieses Vorfinden als innere Wahrnehmung bezeichnet wird, die man der äußeren Wahrnehmung gegenüberstellt. Freilich ist dabei zu beachten, dass wo immer äußere Wahrnehmung stattfindet, bei veränderter Auffassung auch innere Wahrnehmung möglich ist; denn die Akte der äußeren Wahrnehmung müssen ja als Erlebnisse des Subjekts zum Psychischen gehören und insofern der inneren Wahrnehmung zugänglich sein. Es kommt eben auf den Gesichtspunkt an, von dem aus die Auffassung vollzogen wird; anders ausgedrückt: Auf die Begriffe, unter die wir das Erlebte subsumieren, um es zu verstehen. Wie das gemeint ist, soll an einigen Beispielen gezeigt werden.

Will ich erkennen, ob ein dunkler Gegenstand, den ich in einiger Entfernung bei der Dämmerung wahrnehme, ein Stein oder ein Rabe ist, so ist das „äußere" Wahrnehmung. Frage ich mich dagegen, was ist bei dieser Wahrnehmung anschaulich gegeben (z. B. die Empfindung von Schwarz, eine gewisse Form) und was kommt an deutenden Vorstellungen hinzu (Stein, Rabe), in welcher Weise treten diese auf usw., so bin ich bei dieser Analyse nicht auf das äußere Ding als solches eingestellt, sondern auf meine Wahrnehmung, des Dinges (die nur ich erlebe, kein anderer); es handelt sich um „innere" Wahrnehmung.

Suche ich durch meinen Geschmack einen Stoff zu erkennen, so ist das „äußere" Wahrnehmung; „innere" dagegen liegt vor, wenn ich festzustellen suche, inwieweit bei dem Geschmack der Substanz, außer den eigentlichen Geschmacksempfindungen auch Geruchs- und Tastempfindungen beteiligt sind.

Eine „äußere" Wahrnehmung unterrichtet mich darüber, dass auf einem vor mir liegenden Blatt einige Worte stehen. „Innere" Wahrnehmung kommt in Betracht, wenn ich untersuche, ob ich diese Worte als Ganzes oder Buchstabe nach Buchstabe lese, und in welcher Weise das Verstehen der Worte sich vollzieht.

So liegt überhaupt „innere" Wahrnehmung vor, wenn ich die Farben und Töne, die Gerüche und Drucke, kurz die sogenannten Sinneseindrücke zu Gegenständen der Wahrnehmung mache, ohne sie realistisch als Eigenschaften von wirklich existierenden Dingen zu deuten.

4.2 Terminologie

Gerade solche Fälle zeigen aber auch, dass der Ausdruck „innere Wahrnehmung" nicht recht zweckmäßig ist. Denn bei der auf angeblich „innerer Wahrnehmung" beruhenden Analyse äußerer Wahrnehmung kommen doch auch die

4 DIE ERKENNTNISQUELLEN UND METHODEN DER PSYCHOLOGIE

Erscheinungsweisen der äußeren Gegenstände in Betracht oder die Art, Zahl und Reihenfolge der äußeren Wahrnehmungen. Ferner verführt der Ausdruck „innere" Wahrnehmung immer wieder zu der Auffassung, alle Bewusstseinstatsachen, insbesondere auch alle Empfindungen, seien „in unserem Kopf lokalisiert". Man müht sich dann wohl mit dem Scheinproblem ab, wie die angeblich ausdehnungslosen Empfindungen aus unserem Kopf hinaus in den Raum „projiziert" würden.

Selbstverständlich ist aber die Frage, ob das Auftreten von Bewusstseinserlebnissen mit Vorgängen im Gehirn Zusammenhänge, völlig auseinanderzuhalten von der anderen, ob und wo die Inhalte oder Gegenstände solcher Erlebnisse lokalisiert sind. Diese Lokalisation hat die psychologische Beschreibung so hinzunehmen, wie sie unmittelbar vorgefunden wird, z. B. die Empfindung Grau, die ich bei der Wahrnehmung jenes ca. 200 Meter von mir entfernten Daches erlebe, ist dort drüben, weit von meinem Kopf, aber natürlich nicht in diesem. (Näheres darüber in Kap. 6.)

Nicht ganz unbedenklich ist darum aber auch die Verwendung des Ausdrucks „Selbstwahrnehmung", den G. E. Müller statt des missverständlichen Wortes „innere Wahrnehmung" vorschlägt; denn es wird immer Widerstreben Hervorrufen, will man einen weit weg von uns lokalisierten Inhalt, etwa das Wahrnehmungsbild von Sonne oder Mond, zu unserem „Selbst" rechnen. Immerhin wird man bei einiger Eingewöhnung in die psychologische Denkweise sich in den Gedanken hineinfinden, dass meine ganze Weltvorstellung auch zu meinem Selbst gehört und, wie diese, einzigartig und nur mir unmittelbar wahrnehmbar ist. So wollen wir den Ausdruck „Selbstwahrnehmung" auch unsererseits verwenden und daneben den von Koffka empfohlenen „Erlebniswahrnehmung", dessen ausschließliche Benutzung dann vorzuziehen sein wird, wenn einmal der Ausdruck „Erlebnis" als allgemeinste Bezeichnung für alles bewusst Psychische durchgedrungen ist.

Der Ausdruck deckt sich mit dem der Selbstwahrnehmung sachlich deshalb, weil wir ja nur solche Erlebnisse unmittelbar und im eigentlichen Sinne wahrnehmen können, die zu unserem eigenen Erlebnisstrom, mithin zu unserem Ich (Selbst) gehören, weshalb auch der Ausdruck „immanente Wahrnehmung" passend erscheint.

Von „innerer Wahrnehmung" wollen wir dagegen nicht reden; ebenso wenig von „innerem Sinn" (wie Locke und viele Späteren getan), weil von einem besonderen Sinnesorgan, das die Selbstwahrnehmung vermittelte, nicht die Rede sein kann. —

4.3 Näheres über die Selbstwahrnehmung und -Beobachtung

Welcher Art ist nun aber die Selbstwahrnehmung, der wir die Kenntnis unserer Erlebnisse verdanken? In die Erörterung dieser Frage wollen wir zugleich die der Selbst- bzw. Erlebnisbeobachtung einbeziehen. Während die „Wahrnehmung" als solche vereinzelt, zufällig, flüchtig sein kann, meinen wir mit „Beob-

4.3 Näheres Über Die Selbstwahrnehmung Und -Beobachtung

achten" ein zusammenhängendes, absichtliches, planmäßiges Wahrnehmen, bei dem es uns auf ausdrückliche Konstatierung und Unterordnung des Wahrgenommenen unter allgemeine Begriffe und Gesetze, somit auf wissenschaftliche Erfahrung ankommt. Um eine solche ist es uns aber in der Psychologie zu tun.

Es scheint übrigens, dass es bei manchen Individuen eine gewisse natürliche Tendenz und Einstellung auf Selbstbeobachtung gibt (wie ja auch das Interesse und die Beobachtungsgabe für verschiedene Gebiete der äußeren Wirklichkeit von Natur bei den Einzelnen recht verschieden sein kann). Ohne starke Neigung und Fähigkeit der Selbstbeobachtung wird wohl niemand ein bedeutender Romanschriftsteller oder — Psychologe.

Was nun die Art der Selbstwahrnehmung und -beobachtung betrifft, so stimmen die meisten heute in der Ansicht überein, dass sie nicht streng gleichzeitig mit dem Erlebnis, das sie zu ihrem Objekt macht, stattfinden kann. Das gilt auch für das Erlebnis der äußeren Wahrnehmung. Zwar wird das durch sie erfasste Ding ruhig vor meiner Anschauung verharren, wenn ich auch meine Aufmerksamkeit nicht mehr auf das Ding als solches, sondern auf meine Wahrnehmung richte und somit zur Selbstbeobachtung übergehe, aber dieser Wechsel der Aufmerksamkeitsrichtung und damit der Auffassung (als Ding oder als Erlebnis mit Inhalt) wird doch nur in einem zeitlichen Nacheinander erfolgen können.

Dasselbe gilt für die Teilinhalte der Wahrnehmung: Auch sie können nur sukzessiv einerseits als Eigenschaften des Dings, andererseits als Erlebniselemente, als Empfindungen, aufgefasst werden. Als solche haben sie freilich unter den Erlebnissen und deren Bestandteilen insofern eine Sonderstellung, als sie während ihres Vorhandenseins auch beobachtet werden können. Solange ich z. B. das Blatt vor mir ansehe, erlebe ich eine Weißempfindung, und auf diese vermag ich meine Aufmerksamkeit zu richten. Bei den Empfindungen also ist Erleben und Erlebniswahrnehmung (bzw. -beobachtung) gleichzeitig möglich. Ähnliches gilt für die Reproduktionen von Empfindungen, also das anschaulich vorgestellte Weiß usw. Freilich ist die Fähigkeit zu solchen anschaulichen Reproduktionen je nach Individuum und Sinnesgebieten außerordentlich verschieden.

Endlich dürfte wohl allgemein zugegeben werden, dass Lust-und Unlustgefühle, die eng mit Empfindungen verknüpft und insofern nicht unser Ich im Innersten berühren, sondern einen mehr peripheren Charakter tragen, ähnlich wie Empfindungen während ihres Vorhandenseins beobachtet werden können. Für unwillkürliche Strebungen und Widerstrebungen, besonders auf sinnlich wahrnehmbare Objekte gerichtete, dürfte ein gleiches gelten.

Je mehr aber Erlebnisse uns innerlich ganz in Anspruch nehmen, umso weniger wird eine gleichzeitige Selbstbeobachtung möglich sein. Es ist freilich denkbar, dass jemand aufgrund günstiger Veranlagung und Übung auch hierin eine gewisse Fertigkeit erlange. Aber im Allgemeinen finde ich bei den übrigen Psychologen das Zugeständnis, dass sie diese Fertigkeit nicht besitzen (was auch von mir gilt). Wären übrigens die Erlebnisse stetig von einem auf sie gerichteten Bewusstsein begleitet, so wäre kaum zu begreifen, dass bei ihrer psychologischen Beobachtung so viel Unsicherheit und Irrtum unterläuft.

4 DIE ERKENNTNISQUELLEN UND METHODEN DER PSYCHOLOGIE

Ich denke z. B. nach über ein mathematisches Problem. Will ich nun dies Erlebnis des Nachdenkens beobachten, so werde ich jedenfalls in meinem mathematischen Denken nicht weiter kommen, sondern die Absicht der Selbstbeobachtung wird mich darin stören. Oder ich erlebe einen Affekt. Wenn ich dabei überhaupt imstande bin, zur Selbstbeobachtung überzugehen, so werden vielleicht gewisse Spannungs- und Organempfindungen, die Begleitvorgänge des Affekts bilden, der Beobachtung standhalten: Die Gemütsbewegung selbst aber wird sich verflüchtigen.

Ist so gegenüber den Erlebnissen (abgesehen von den oben genannten) eine streng gleichzeitige Selbstbeobachtung nicht möglich, so fragt es sich, wie diese überhaupt zustande kommt. Sie geschieht durch Zurückwendung der Aufmerksamkeit auf die Erlebnisse, durch „Reflexion".

Falls das Erlebnis schon einige Zeit vergangen ist, so wird in der Regel notwendig sein, es zu reproduzieren (so gut oder so schlecht dies geht), wenn es zum Gegenstand der Beobachtung gemacht werden soll. Dabei ist freilich nicht zu vermeiden, dass die Reproduktion bei wachsender Zwischenzeit immer unsicherer und von Fantasiezutaten getrübt wird. Für die Psychologie hat darum die Beobachtung längst entschwundener Erlebnisse aufgrund ihrer Reproduktion in der Regel nur dann Wert, wenn es sich um seltene Vorgänge handelt, die man nicht beliebig neu hervorzurufen vermag.

Viel fruchtbarer wird es gewöhnlich sein, Erlebnisse, insbesondere solche von wenigen Sekunden Dauer, sofort nach ihrem Ablauf zum Gegenstand der Beobachtung zu machen. Das Erlebnis braucht dann nicht reproduziert zu werden, damit wir in der Lage sind, Aussagen darüber zu machen. Es ist zwar vergangen, aber doch in ganz eigenartiger Weise noch da. Man hat das als „unmittelbare Erinnerung" bezeichnet im Unterschied von der auf Reproduktion beruhenden „mittelbaren". Der Ertrag der Selbstbeobachtung pflegt reicher zu sein, wenn wir schon vor einem Erlebnis die Absicht haben, nach dessen Ablauf es zu beobachten. Diese vorgängige Absicht können wir aber in der Regel nur dann haben, wenn wir das Erlebnis selbst herbeiführen oder durch andere herbeiführen lassen. In diesem Fall bedienen wir uns des Experiments als Hilfsmittel; denn ein solches liegt immer vor, wenn wir nicht einfach warten, bis der Lauf der Dinge den uns interessierenden Vorgang mit sich bringt, sondern wenn wir ihn selbst absichtlich und planmäßig herbeiführen. Durch das Experiment ist es uns auch möglich, unsere Beobachtungen unter gleichen oder sinnvoll abgeänderten Bedingungen zu wiederholen. Das dient der Kontrolle unserer Feststellungen, der Analyse unserer Erlebnisse und der Erkenntnis ihrer gesetzmäßigen Bedingungen. Man sieht sofort: Das Experiment in diesem Sinne bildet keinen Gegensatz, auch kein Surrogat der Selbstbeobachtung, sondern steht in ihrem Dienst.

Ein Bedenken regt sich nun freilich, das geeignet ist, den ganzen Wert der Erlebniswahrnehmung und Beobachtung infrage zu stellen: Werden dadurch die Erlebnisse nicht selbst geändert, sodass wir sie gar nicht in ihrer natürlichen, un-

4.3 Näheres Über Die Selbstwahrnehmung Und -Beobachtung

mittelbar gegebenen Beschaffenheit erfassen, sondern unser Beobachtungsergebnis getrübt und gefälscht ist?

Dieses Bedenken dürfte sich am besten heben lassen durch Erwägung analoger Verhältnisse bei der äußeren Wahrnehmung.

Vielfach bleiben Dinge unserer Umgebung (besonders der gewohnten), die nach Lage und Größe wohl von uns wahrgenommen werden könnten, ganz unbemerkt, oder sie werden nur ganz verschwommen wahrgenommen. Dass aber auch die unbemerkten irgendwie zum Bewusstsein kommen, lässt sich daraus vermuten, dass Veränderungen in diesen unbemerkten Teilen des Milieus auffallen. Wenden wir nun diesen gar nicht oder nur verschwommen wahrgenommenen Dingen unsere Aufmerksamkeit zu, so verändern sie sich allerdings in gewissem Sinne für unser Bewusstsein: Sie heben sich deutlicher von ihrer Umgebung ab, und ihre Teile und Beschaffenheiten treten klarer hervor; doch wir sind zugleich überzeugt, dass diese Veränderung keine Verfälschung ist, dass nur unsere Wahrnehmung bestimmter und vollständiger wird, dass sie sich aber auf dasselbe Ding bezieht und dieses sich nicht geändert hat.

Entsprechendes dürfte für die Erlebniswahrnehmung und -beobachtung gelten. Auch hier wird die Zuwendung der Aufmerksamkeit an ihrem Objekt, dem Erlebnis, nichts Neues schaffen, sondern nur zum Bewusstsein bringen oder klarer und deutlicher hervortreten lassen, was schon vorher vorhanden war, ehe die „Reflexion" sich seiner bemächtigte.

Wichtig ist es, jedenfalls zu beachten, dass wir Bewusstseinsvorgänge sehr wohl erleben können, ohne sie wahrzunehmen oder über sie zu reflektieren. In der Regel sind wir auch durch unsere Um- und Mitwelt, durch die praktischen Interessen des Tages oder die theoretische Beschäftigung mit den verschiedensten Objekten so in Anspruch genommen, dass wir gar nicht daran denken, uns selbst und unsere Erlebnisse zu beobachten. Wir verhalten uns insofern „unreflektiert". Alles mögliche andere ist uns meist derart bewusst, dass wir darüber uns selbst vergessen — theoretisch wenigstens; denn dass wir im Kampf der Interessen an uns selbst denken, bedeutet natürlich keine Selbstbeobachtung zu Erkenntniszwecken.

4.4 Bedeutungen des Ausdrucks „bewusst"

Die Tatsache, dass unsere Erlebnisse meist nicht Objekt unseres Bewusstseins, also in diesem Sinne nicht „bewusst" werden, drängt die Frage auf, mit welchem Recht wir sie gleichwohl allesamt als „Bewusstseinstatsachen", als „bewusste" Vorgänge bezeichnen?

Gegenüber dieser Frage gehen die Ansichten der Psychologen auseinander. Manche sind mit Brentano überzeugt, dass „jede psychische Erscheinung von einem inneren Bewusstsein begleitet sei". Es ist dabei möglich, diesem „inneren Bewusstsein" sehr verschiedene Grade der Klarheit und Deutlichkeit zuzuschreiben. Man kann so die Erlebnisse, denen sich die Aufmerksamkeit zuwendet, „eigentlich bewusst", die, bei denen dies nicht der Fall, „uneigentlich bewusst" nennen.

Bestreitet man dagegen die Lehre, dass ein „inneres Bewusstsein" bei allen Erlebnissen vorhanden sei, und will man die Bezeichnung „bewusst" dennoch für alle festhalten, so kann man sie nur so rechtfertigen, dass die seelischen Vorgänge — im allgemeinen wenigstens — Gegenstand eines darauf gerichteten Bewusstseinsaktes werden können, dass sie gewissermaßen in Bereitschaft sind, wahrgenommen und dadurch „bewusst" zu werden. Voll befriedigend dürfte diese Rechtfertigung des Sprachgebrauchs freilich nicht sein. Auch bringt er den Nachteil mit sich, dass „bewusst" sowohl als Prädikat aller Erlebnisse auftreten kann, in prägnantem Sinne sich aber nur auf diejenigen bezieht, die wirklich Objekt unserer Selbst-Wahrnehmung werden. Wo es von Wichtigkeit ist, diese Unterscheidung vorzunehmen, soll „bewusst" in diesem letzteren Sinne von uns durch „bemerkt" oder „beachtet" ersetzt werden.

Das sei übrigens noch betont, dass der sachliche Unterschied zwischen der Ansicht Brentanos und der anderen nicht beträchtlich ist; denn auch die Anhänger Brentanos werden zugeben müssen, dass vielfach Erlebnisse so außerordentlich verschwommen bewusst sind, dass sozusagen ein kontinuierlicher Übergang ins Unbewusste vorliegt. Man ist hier in ähnlicher Unsicherheit wie gegenüber den Dingen der äußeren Umgebung, wo auch schwer, ja oft gar nicht zu entscheiden ist: Was war — ehe die Aufmerksamkeit sich darauf richtete — verschwommen und was war uns gar nicht bewusst.

Die Hauptsache ist, dass auch dies unreflektiert Erlebte, wenn die Aufmerksamkeit sich ihm zuwendet, als wirklich vorher vorhanden sich darstellt, mag es nun unbewusst oder uneigentlich (d. i. verschwommen) bewusst gewesen sein.

Man kann nun freilich daran denken, „bewusst" noch in einer zweiten Hauptbedeutung zu fassen. Die beiden Nuancen der bis jetzt beachteten Bedeutung hatten das Gemeinsame, dass darin „bewusst" so viel sagte wie „Objekt eines Bewusstseins", (wirklich oder möglicherweise) „gewusst". Nun wird aber auch das Subjekt eines Bewusstseins mit diesem Worte bezeichnet, sodass „bewusst" so viel bedeutet wie „wissend". Man denke an Ausdrücke wie: „Bewusst hat er mich gekränkt"; „Ich bin mir keiner Schuld bewusst". Eine Analyse der mannigfachsten Erlebnisse zeigt nämlich, dass in ihnen zumeist ein (wenn auch oft unbestimmtes) Wissen um einen Gegenstand vorhanden ist. „Gegenstand" bedeutet dabei natürlich nicht nur „physisches Ding", sondern bezeichnet schlechterdings alles, was überhaupt Objekt eines Bewusstseins werden kann. Also auch Seelisches, ferner bloß Gedachtes, endlich bloße Beziehungen, Verhältnisse, kurzum alles Denkbare kann „Gegenstand" des Bewusstseins sein. Ein derartiges „Meinen" oder „Wissen" von Gegenständen liegt aber nicht nur dann vor, wenn wir uns theoretisch verhalten, also bei allem Wahrnehmen, Erinnern, fantasieren, Nachdenken, Erkennen, sondern auch bei Gefühlen, Affekten, Willensakten. Wir sind froh oder traurig, zornig oder enttäuscht über etwas, wir wünschen und wollen, verabscheuen und verwerfen — etwas. In allen derartigen Fällen also sind wir uns eines Objektes irgendwie bewusst. Ich betone „ir-

4.4 Bedeutungen Des Ausdrucks „bewusst"

gendwie"; denn auch hier müssen wir die zahllosen Gradabstufungen des klar und deutlich und des „verschwommenen" Bewusstseins beachten. Aber auch, wenn z. B. ein Wunsch oder ein Missfallen leise im Hintergrund unseres Bewusstseins sich regt, so wird doch diese Beziehung auf etwas, was wir wünschen oder was uns missfällt, nicht fehlen. Hier liegt ebenfalls — wie man es genannt hat — die „Intention" auf ein Objekt vor.

(Beiläufig sei bemerkt, dass wir die von Husserl eingeführte Bezeichnung „Akt" für alle „intentionalen" Erlebnisse auch unsererseits benutzen werden.)

Weil aber so das „Gegenstandsbewusstsein" (die „Intentionalität") bei allen Hauptarten von Erlebnissen mindestens ein bedeutsames Moment darstellt, so kann man daran denken, von hier aus die Bezeichnung der Erlebnisse als „bewusst" zu begründen. Freilich muss dabei ein Vorbehalt gemacht werden. Es ist üblich, auch die bei der psychologischen Analyse sich ergebenden Elemente der Erlebnisse als „bewusst" zu bezeichnen. Aber Bewusstseinselemente, wie Empfindungen, sinnliche Gefühle usw. — isoliert betrachtet — würden ein Gegenstandsbewusstsein nicht enthalten, so innig sie auch in der Regel mit einem solchen verknüpft sind, insofern sie Bestandteile von intentionalen Erlebnissen bilden. Sie würden also — für sich genommen — die Bezeichnung „bewusst" in dieser zweiten Hauptbedeutung (gleich: „wissend") nicht verdienen. Übrigens werden wir uns des Terminus „bewusst" in diesem zweiten Sinne nicht bedienen: Wir werden hierfür die Ausdrücke „Gegenstands- (oder Objekts-) Bewusstsein", „Intentionalität", „intentional" gebrauchen.

Man könnte überhaupt die Frage aufwerfen, ob es nicht rötlich wäre, den Ausdruck „bewusst" wegen seiner Vieldeutigkeit ganz zu meiden, allein er ist derart in der Psychologie eingebürgert, dass er — zurzeit wenigstens — nicht vermieden werden kann. Immerhin schien es angebracht, seine Bedeutungsverschiedenheiten und die Bedenken gegen seine Verwendung genauer zu besprechen, als es bei den Psychologen meist üblich ist. Diese terminologischen Erörterungen sind ja auch keine rein formalen, sondern sie fördern zugleich das Verständnis dafür, was eigentlich Gegenstand der psychologischen Wissenschaft ist.

4.5 „Evidenz" der Selbstwahrnehmung

Noch auf eine vielerörterte Frage müssen wir hier eingehen, auf die sogenannte „Evidenz" der Selbstwahrnehmung. Man hat nämlich dieser (im Unterschied von der äußeren Wahrnehmung) Evidenz in dem doppelten Sinne der subjektiven Gewissheit und der objektiven Richtigkeit zugeschrieben. Man hat dies begründet mit der realen Einheit des Wahrnehmenden und Wahrgenommenen. Ich, der ich etwas erlebe, und ich, der ich dies Erlebnis wahrnehme, sind ein und derselbe. Aber die psychologischen Untersuchungen zeigen auf Schritt und Tritt, dass die Versuchspersonen über ihre Erlebnisse mit sehr verschiedenen Graden subjektiver Gewissheit und objektiver Richtigkeit Aussagen machen. Dass gewisse Erlebnisse vorhanden waren oder sind, darüber besteht zwar in der Regel Sicherheit, aber sobald sie nicht bloß ganz allgemein bezeichnet, sondern näher beschrieben werden sollen, stellen sich sehr häufig Zweifel ein.

4 DIE ERKENNTNISQUELLEN UND METHODEN DER PSYCHOLOGIE

Es werden nur Vermutungen aufgestellt oder das Urteil wird ganz zurückgehalten (wobei individuelle Unterschiede in größerer Vorsicht oder Bestimmtheit der Aussagen sich geltend machen). Ferner kann gelegentlich gezeigt werden, dass Irrtümer unterlaufen, selbst wenn mit höchster subjektiver Gewissheit Erlebnisse, als eben vergangen, konstatiert werden. Schon im täglichen Leben geht es uns bisweilen so, dass wir glauben „schwören" zu können, etwas soeben getan oder nicht getan zu haben, und dass sich diese subjektive Evidenz dann doch als ein Irrtum herausstellt. Noch häufiger ist man solchen Irrtümern (selbst bei subjektiver Evidenz) ausgesetzt, wenn es sich um die genauere Bestimmung der Beschaffenheit der Erlebnisse handelt, zumal da hier selbst den geschulten Psychologen (und oft gerade ihn) gewisse Annahmen, Theorien, Lieblingsmeinungen zu falschen Auffassungen des Erlebten führen können.

Mithin werden wir die Selbstwahrnehmung und -beobachtung, selbst wenn sie mit subjektiver Evidenz sich verbindet, doch nicht ohne Weiteres als schlechthin richtig gelten lassen; wir werden fragen müssen, ob das Beobachtete auch nach unseren psychologischen Kenntnissen und nach dem objektiven Sachverhalt wahrscheinlich ist, ob es insbesondere mit anderen gleichartigen Beobachtungen desselben und anderer Subjekte übereinstimmt.

Dass aber doch die Erlebniswahrnehmung einen gewissen Vorzug vor der äußeren besitzt, soll deshalb nicht bestritten werden. Labe ich ein Erlebnis erfasst, so können vielleicht noch über seine Beschaffenheit, seine Charakterisierung vermittelst psychologischer Begriffe Zweifel bestehen, aber ein Zweifel an seiner Existenz ist unmöglich. Selbst wenn alle unsere Erlebnisse aus Fantasiegebilden bestünden, so wäre doch das Erleben dieser Fantasie selbst keine Einbildung, sondern eine unbezweifelbare Tatsache. An allem dagegen, was außerhalb, d. h. unabhängig von meinem Bewusstsein, real existiert, ist ein Zweifel wenigstens möglich, er ist nicht von vornherein widersinnig; wenn er auch vielleicht wegen mangelnder Gründe unvernünftig ist.

Dieser Unterschied geht zurück auf den immanenten Charakter der Erlebniswahrnehmung und den transzendenten der äußeren. Dort erfassen wir lediglich das unmittelbar Gegebene, dessen Dasein uns evident ist; hier dagegen gilt das Gegebene nur als Erscheinung eines Realen, das uns nicht selbst gegeben ist, sondern durch Deutung des Gegebenen erkannt wird. Neue, widersprechende Erscheinungen können hier frühere, als gewiss geltende Deutungen umstoßen; auch die Einrede, das Wahrgenommene sei nur Traum, Illusion, Halluzination gewesen, ist nicht widersinnig.

4.6 Die psychologische Beobachtung anderer

Der Psychologe würde aber das Objekt seiner Wissenschaft nur einseitig und unvollkommen erfassen, wenn er als Beobachtungsmaterial lediglich die eigenen Erlebnisse verwenden wollte. Zwar sind diese allein unmittelbar seiner Wahrnehmung und Beobachtung zugänglich. Darum bleibt die Selbstbeobachtung die schlechthin unentbehrliche und die wichtigste Quelle psychologischer Erkenntnis. Nur durch sie können wir die aus der Umgangssprache und aus der

4.6 Die Psychologische Beobachtung Anderer

wissenschaftlichen Terminologie entnommenen psychologischen Ausdrücke in ihrem vollen Sinn und in ihren Bedeutungsnuancen verstehen. Ohne sie vermöchten wir nicht mit Hilfe dieser psychologischen Begriffe unsere eigenen Erlebnisse zu analysieren und zu beschreiben. Ohne sie würden wir endlich von fremdem Seelenleben überhaupt keine Erkenntnis haben. Da wir dieses nur in seinen physischen Äußerungen wahrnehmen, so können wir es nur erfassen durch Deutung nach Analogie unserer eigenen Erlebnisse. Dabei vermögen wir auch solche Bewusstseinstatsachen durch Vermutung und „Einfühlung" in der Fantasie nachzubilden, die wir selbst nicht in gleicher oder sehr ähnlicher Beschaffenheit erlebt haben. Freilich hat das seine Grenzen, und die Fähigkeit zum Nacherleben fremder Bewusstseinsvorgänge dürfte auch individuell sehr verschieden sein. Der von Geburt Blinde kann Gesichtswahrnehmungen nicht adäquat sich vorstellen, und eine Philisterseele vermag weder die Seelentragödie noch die überschwängliche Schaffenslust eines Genies wirklich nachzufühlen. Insofern begreifen wir nur den Geist, dem wir gleichen. Aber da doch in allen wesentlichen Zügen das Seelenleben der Menschen übereinstimmt, so wird demjenigen, der die Fähigkeit deutenden Verständnisses in höherem Maße besitzt, sich ein gewaltiges psychologisches Beobachtungsmaterial an den anderen darbieten. Nicht nur die mit uns Lebenden gewähren uns solches in unerschöpflicher Fülle, auch das Geistesleben der Vergangenheit erschließt sich uns. Dabei dürfen auch die unentwickelten und krankhaft entarteten Formen des Seelischen nicht unbeachtet bleiben. Kindespsychologie (und überhaupt Jugendkunde), Tierpsychologie und Pathopsychologie liefern bedeutsame Beiträge für die Erkenntnis des Seelenlebens des normalen Erwachsenen (worin man ja in der Regel das eigentliche Objekt der Psychologie erblickt).

Die Deutung des fremden Seelenlebens wird freilich umso schwieriger und unsicherer, je mehr es sich von dem unseren unterscheidet. So erklären sich die starken Gegensätze der Ansichten auf dem Gebiet der Tierpsychologie, die zum Teil freilich auch in religiösen Überzeugungen wurzeln.

Die Benutzung dieser weiteren Quellen psychologischen Wissens, insbesondere die Beobachtung anderer und die Verwertung ihrer Mitteilungen über ihre eigenen Erlebnisse ist aber deshalb unerlässlich, weil die Schwierigkeiten der Selbstbeobachtung eine Kontrolle ihrer Ergebnisse nötig machen, und weil der Reichtum an individuellen Ausgestaltungen und Bildungen des menschlichen Seelenlebens vom Einzelnen nicht erlebt, ja nicht einmal von der üppigsten Fantasie geahnt und konstruiert werden kann. Endlich erzeugt die Erwartung, bestimmte Ergebnisse bei der Selbstbeobachtung zu finden, leicht gewisse Fälschungen der Resultate im Sinn dieser Erwartung.

4.7 Fragebogenmethode

Die Kenntnis fremden Seelenlebens lässt sich zunächst erwerben durch einfache Befragung anderer über solche Erlebnisse, die uns gerade interessieren. Man kann den Kreis der Befragten erweitern durch Versendung von Fragebogen. Besonders in Amerika hat man diese „Fragebogenmethode" sehr ausgiebig benutzt. Dass sie viele Mängel hat, liegt auf der Hand. Auch bei sorgfältiger Formulierung der Fragen ist man nicht sicher, ob sie genau in dem gewollten Sinn verstanden werden. Die Antworten werden je nach der psychologischen Bildung, der Beobachtungsfähigkeit, der Selbstkritik, dem Interesse und der Gewissenhaftigkeit der Befragten, sehr verschiedenen Wert haben.

Immerhin wird die Mitteilung anderer aufgrund ihrer Selbstbeobachtung in mannigfacher Weise das psychologische Wissen bereichern und korrigieren, das wir durch instinktive oder absichtliche Deutung der Ausdruckssymptome des Verhaltens und der Leistungen unserer Mitmenschen von fremdem Seelenleben gewinnen.

4.8 Das experimentelle Verfahren im Allgemeinen

Noch fruchtbarer wird es sein, wenn wir dieses planmäßig und systematisch in der Weise der Untersuchung unterziehen, dass wir auf dem Wege des Experimentes bestimmte seelische Vorgänge in anderen herbeizuführen und durch Abänderung der Bedingungen zu variieren suchen. Das experimentelle Verfahren bietet ja, abgesehen von anderen, den großen Vorzug, dass es ein wirkliches Zusammenarbeiten zahlreicher Forscher und eine wirkliche Kontinuität der Forschungsarbeit ermöglicht. Denn werden mit den Ergebnissen der Untersuchung auch alle Versuchsbedingungen genau veröffentlicht, so ist eine Nachprüfung und eine systematische Weiterführung der Versuche durch andere möglich.

Wundt hat vier Forderungen aufgestellt, denen psychologische Untersuchungsverfahren genügen müssten, um als „experimentelle" anerkannt zu werden:

1. Dass der Beobachter (also die Versuchsperson) den Eintritt des zu untersuchenden Phänomens bestimme;
2. Dass er es mit gespannter Aufmerksamkeit müsse auffassen können;
3. Dass jede Beobachtung beliebig oft unter gleichen Umständen müsse wiederholt werden können;
4. Dass die Bedingungen, unter denen die Erscheinung eintritt, durch Variation der begleitenden Umstände ermittelt und sodann planmäßig verändert werden, indem man sie teils ganz ausschaltet, teils in ihrer Stärke oder Qualität abstuft.

Da indessen von allen Erlebnissen sozusagen ein Niederschlag verbleibt, so wird das erlebende Ich bei Wiederholung der gleichen Eindrücke oder Leistungen schon nicht mehr ganz das Gleiche sein. Wie will man ferner bei Untersuchung z. B. von Denk-, Willens- und Wertungsvorgängen die Begleitumstände nach ihrer „Stärke" abstufen?

Es erscheint darum sachlich nicht begründet, dass man allen den Experimenten den Namen des Experiments absprechen will, die einem Ideal nicht genügen, das in der Naturwissenschaft entstanden und in der Psychologie nur aus einzelnen (wenn auch weitausgedehnten) Gebieten realisierbar ist.

4.8 Das Experimentelle Verfahren Im Allgemeinen

Übrigens gibt Wundt selbst zu, dass man sich oft mit „unvollkommenen" Experimenten begnügen müsse, bei denen einzelne der vier Regeln vermöge der Bedingungen der psychologischen Beobachtung unberücksichtigt bleiben mussten. In Wahrheit wird den „unvollkommenen" Experimenten aber ein weit größerer Spielraum in der Psychologie dauernd zukommen, als ihnen Wundt, der darin möglichst zu meidende Notbehelfe sieht, zugestehen will. Denn Wundts Forderungen lassen sich im Allgemeinen nur auf dem Gebiet der Sinnespsychologie verwirklichen. Bei der Eigenart des seelischen Lebens, sich beständig zu wandeln und zu entwickeln, wird die Wiederholbarkeit „unter gleichen Umständen" sogar auf diesem Gebiet schwer durchführbar sein.

4.9 Die „Ausdrucksmethode"

Hinsichtlich der Unterscheidung und Bezeichnung der experimentellen Methoden, die bei der Untersuchung fremden Seelenlebens angewendet werden, besteht noch keine durchgehende Übereinstimmung unter den Psychologen. Ein kurzer Überblick soll hier im freien Anschluss an Wundt gegeben werden.

Die psychischen Vorgänge pflegen von Bewegungen äußerer und innerer körperlicher Organe begleitet zu sein. Dahin gehören die mimischen und pantomimischen Bewegungen; Veränderungen von Puls, Atmung und im Blutzufluss zu einzelnen Organen (Erröten, Erblassen usw.). Wir können uns nun darauf beschränken, diese Veränderungen, in denen die psychischen Vorgänge sozusagen ihren physischen Ausdruck finden, möglichst genau zu registrieren und sie als Symptome der Beschaffenheit und Stärke der psychischen Vorgänge zu deuten. Dieser „Ausdrucksmethode" dienen komplizierte Apparate wie Pneumograf (für die Atmung), Sphygmograf (für den Puls), Plethysmograf (für Volumschwankungen eines Körperteils infolge Änderungen des Blutzuflusses), der Sommersche Apparat für Aufzeichnung kleiner unwillkürlicher Bewegungsvorgänge.

Als Prüfungsmittel für psychische Zustände können auch gewisse länger dauernde physische oder psychophysische Leistungen dienen. So kann beim fortgesetzten Heben eines Gewichtes (vermittelst des Ergografen) registriert werden, welchen Einfluss Übung, Ermüdung, gewisse Stimmungen, Alkoholgenuss usw. auf diese Leistung haben. Auch einfache geistige Arbeiten (die aber sichtbaren Ausdruck finden müssen), wie Addieren, Auswendiglernen, Durchstreichen bestimmter Buchstaben in einem Text usw., können zu gleichem Zwecke verwendet werden. Der Psychiater Kraepelin hat sich besonders dieser Untersuchungsweisen bedient. Sie alle können noch der „Ausdrucksmethode" zugezählt werden.

4.10 Die „Eindrucksmethode"

Ihr stellt man die „Eindrucks-(oder Reiz-)Methode" gegenüber. Sie ist ebenso wie der Begriff des „Reizes" der Physiologie entnommen worden, in der man ja längst durch physikalische oder chemische Reize Nervenerregungen, Muskelzuckungen, Drüsenabsonderungen, die man untersuchen wollte, künstlich her-

4 DIE ERKENNTNISQUELLEN UND METHODEN DER PSYCHOLOGIE

vorbrachte. In der experimentellen Psychologie hat man sich der Eindrucksmethode bedient, um durch Reize Empfindungen, Wahrnehmungen, Gefühle, besonders solche ästhetischer Art, Denk- und Willensvorgänge auszulösen. Die Ergebnisse werden umso sicherer sein, je regelmäßiger und eindeutiger die Beziehungen sind, die zwischen Reiz und psychischem Vorgang bestehen. Dies ist besonders bei Sinneswahrnehmungen einfachster Art der Fall. Man hat darum auch in erster Linie aus diesem Gebiet die Stufe wirklich „exakter" Feststellungen durch Ausbildung psychischer Messmethoden zu erreichen gesucht. Man stuft die Reize quantitativ genau ab (wozu oft sehr komplizierte Apparate und Versuchsanordnungen nötig sind) und beobachtet, inwiefern sich dabei die intensiven Verhältnisse der Empfindungen und die extensiven der Raum- und Zeitwahrnehmungen ändern. Ob und in welchem Sinne dadurch eine Messung des Psychischen selbst möglich ist, werden wir später betrachten.

Fechner war bei seinen psychophysischen Versuchen im Bereich der Sinnespsychologie noch der Ansicht gewesen, äußere Reize und Empfindungen seien einander konstant und kontinuierlich zugeordnet, sodass einer objektiv kontrollierbaren Variation der Reize eine analoge der psychischen Erlebnisse mit Notwendigkeit entspräche. Man hat aber allmählich erkannt, dass mancherlei Faktoren hier mitspielen, wie der Gesamtzustand der Versuchsperson (Ermüdung, Frische usw.), der Einfluss der Instruktion auf sie und ihre dadurch bedingte „Einstellung" u. dgl. Es kann sich also höchstens um eine relativ konstante Zuordnung von Reiz und Erlebnis handeln. Das psychophysische Experiment ist mithin schon aus diesem Grunde dem naturwissenschaftlichen nicht gleichwertig, zumal wenn es sich um kompliziertere Erlebnisse handelt.

Welche Änderungen des Psychischen durch die Variation der Reize hervorgerufen werden, darüber können den Versuchsleiter in der Regel nur Aussagen der Versuchspersonen belehren. Diese müssen zum Zwecke solcher Aussagen ihre Erlebnisse beobachten.

Selbstbeobachtung kann aber auch bei der Ausdrucksmethode herangezogen werden. Denn die Deutung der unwillkürlichen Ausdruckssymptome wird vielfach mit Nutzen Aussagen der Versuchspersonen über ihre Erlebnisse zur Kontrolle verwenden. Dass die Aussagen selbst gleichzeitig Symptomwert haben können, wird ohne Weiteres verständlich sein.

Eindrucks- und Ausdrucksmethode lassen sich kombinieren und in mannigfacher Weise den speziellen Untersuchungszwecken entsprechend ausgestalten. Eine besonders häufig angewendete Form stellt die „Reaktionsmethode" dar. Man kann so jedes Verfahren bezeichnen, das mit der Einwirkung eines Reizes beginnt und mit irgendeinem Ausdruckssymptom endet. Insofern dürfte sie als einfache Verbindung von Ein- und Ausdrucksmethode erscheinen. Jedoch trifft diese Charakterisierung in den zahlreichen Fällen nicht zu, wo das Ausdruckssymptom kein unwillkürliches, sondern eine vorher vereinbarte Bewegung ist. Durch genaue Registrierung der Zeitpunkte des Reizes und der Reaktion wird auch die Dauer der dazwischen verfließenden Vorgänge einer Messung zugänglich.

4.11 Instruktion und Befragung der Versuchspersonen

Bei allen Arten von Versuchen ist eine Instruktion der Versuchsperson über ihr inneres und äußeres Verhalten nötig. Diese kann unter Umständen relativ allgemein gehalten sein; sie braucht auch nicht das „unwissentliche" Verhalten der Versuchsperson in Bezug auf den eigentlichen Versuchszweck auszuschließen. Ob die Instruktion richtig aufgefasst ist, das zeigen Vorversuche; solche finden — abgesehen von anderen Gründen — auch deshalb meist Anwendung, damit die Versuchsperson in die ihr ungewohnte Situation sich etwas hineinfinde.

Soweit Aussagen der Versuchspersonen über ihre Erlebnisse überhaupt in Betracht kommen, werden diese protokolliert. Dass sie nicht ohne Weiteres als zuverlässig gelten dürfen, ist allgemein anerkannt. Abgesehen von den schon erwähnten Schwierigkeiten der Selbstbeobachtung kommt in Betracht, dass die Versuchspersonen oft mit gewissen Voraussetzungen oder Theorien an ihre Aufgabe herantreten; dass die eitle Regung, viel und genau auszusagen, manche beeinflusst; dass ihr psychologischer Sprachgebrauch häufig mit dem des Versuchsleiters nicht übereinstimmt; dass sie nicht selten Reflexionen über ihre Erlebnisse, insbesondere Erklärungsversuche so mitteilen statt getreuer Beschreibungen usw. Von besonderer Wichtigkeit ist es darum, zwischen solchen Äußerungen der Versuchspersonen zu scheiden, die als unmittelbarer Ausdruck, als reflexionslose Kundgabe ihrer Erlebnisse gelten dürfen, und solchen, in denen sie Ergebnisse ihrer Beobachtung des Erlebten mitteilen. Jene unreflektierten Äußerungen sind zu der Kategorie der Ausdruckssymptome zu rechnen, die einer Deutung durch den Versuchsleiter unterliegen. Wenn sie auch die Erlebnisse der Versuchspersonen unmittelbar widerspiegeln, so unterliegt doch die Deutung durch den Versuchsleiter einer gewissen Unsicherheit. Man wird darum die Aussagen, die auf Grund der Selbstbeobachtung gemacht werden, ebenfalls in weitgehendem Maße 'berücksichtigen müssen. Ihr Wert lässt sich steigern durch sorgfältige Auswahl geeigneter Versuchspersonen, durch Heranziehung einer größeren Zahl (gewissermaßen zu gegenseitiger Kontrolle), durch Wiederholung und planmäßige Variation der Versuche, durch möglichste Anwendung des „unwissentlichen" Verfahrens, damit die Versuchsperson nicht durch Kenntnis der Beobachtungsabsichten und Hypothesen des Versuchsleiters in ihrer Unbefangenheit beeinträchtigt werde; durch die Forderung, dass die Versuchspersonen über gelegentliche Unsicherheit ihres Urteils oder ihrer Erinnerung, über Schwankungen ihrer Disposition, über besondere Nebenumstände, Ablenkungen usw. Angaben machen. Man wird ihnen auch nicht zumuten dürfen, dass sie über alle Einzelheiten eines vielleicht 5, 10 oder noch mehr Sekunden dauernden Erlebnisses Auskunft geben können. Bei schwierigeren Protokollabgaben empfiehlt es sich, der Versuchsperson vorher eine kurze Zeit der Besinnung zu lassen.

Durch Befragen der Versuchsperson kann der Versuchsleiter manchen Aufschluss erhalten, den er ihren spontanen Äußerungen nicht hätte entnehmen können. Freilich ist es nicht leicht, bei der Befragung eine suggestive Beeinflussung des Befragten zu vermeiden. Auch wird, wenn sich die Befragung über eine Zeit von wenigen Minuten hinaus ausdehnt, die Erinnerung an das Erlebnis leicht unsicher, und der Wert der Antworten dadurch geringer. Eine Vereinfachung der Beobachtungsaufgabe der Versuchsperson ist dadurch zu erzielen, dass sie nicht immer wieder über alle Einzelheiten ihrer Erlebnisse Auskunft zu geben hat, sondern nur über bestimmte Momente, hinsichtlich deren ja der Versuchsleiter wechseln kann.

4.12 Schranken des experimentellen Verfahrens

Je komplizierter oder je flüchtiger die Vorgänge sind, über die Mitteilung verlangt wird, umso mehr Übung in der Selbstbeobachtung und umso mehr psychologisches Wissen wird im Allgemeinen bei den Versuchspersonen nötig sein. Es gilt ja auch für die Beobachtung äußerer Objekte, dass der Fachmann an ihnen gewöhnlich weit mehr fleht als der Laie, auch zutreffender das, worauf es gerade ankommt, bemerkt. Freilich ist beim geschulten Psychologen die Gefahr einer gewissen theoretischen Voreingenommenheit größer. Nicht minder muss betont werden, dass gegenüber den verwickelteren seelischen Vorgängen die experimentellen Methoden in steigendem Maße versagen: Die „Eindrucksmethode", weil es sich hier nicht mehr um relativ einfache Beziehungen zwischen Physischem und Psychischen handelt — wie verschiedenartige geistige Operationen können z. B. ausgelöst werden, wenn der „Reiz" in einer Frage besteht. — Ebenso wird die „Ausdrucksmethode" unanwendbar, wenn die unwillkürlich eintretenden Ausdruckssymptome gar nicht mehr genügen, die seelischen Prozesse in ihrem Reichtum, ihrer konkreten Bestimmtheit, ihren individuell wechselnden Gestaltungen daraus zu erschließen.

Vielfach dauern auch die sogenannten höheren geistigen Vorgänge, weil sie sich oft aus einer Menge von unterscheidbaren Einzelakten zusammensetzen, viel zu lang, als dass wir sie in all ihren Entwicklungsstadien noch getreu in Erinnerung behalten und wiedergeben könnten. Endlich lassen sich gerade die für uns bedeutsamsten Erlebnisse deshalb nicht zum Gegenstand experimenteller Untersuchung machen, weil sie in ihrer wahren Gestalt nur im Ernst des Lebens, nicht im psychologischen Institut vorkommen können. Man denke an wirklich bedeutsame wissenschaftliche oder künstlerische Leistungen, an ethisch oder praktisch wichtige Entscheidungen, an Ereignisse, die unser ganzes Wesen freudig aufjubeln oder in lähmender Trauer erstarren lassen, an die Andacht, die Sehnsucht oder die Zerknirschung und Neue des religiös-gläubigen Gemüts.

Man kann nach alledem nur davor warnen, auf die Verwendung des experimentellen Verfahrens allzu kühne Hoffnungen für die Psychologie aufzubauen und zu erwarten, dass es uns in wesentlichen Punkten ganz neue Ausschlüsse über das Seelenleben vermitteln werde. Der Überblick über die experimentellen Methoden hat bestätigt, dass sie niemals die Selbstbeobachtung des eigenen Seelenlebens und das deutende Erraten des fremden ersetzen können, sondern dass sie diese zwei psychologischen Erkenntnismittel ihrerseits voraussetzen und nur ihre Anwendung unterstützen. Diese beiden Erkenntnisquellen standen der Psychologie aber auch schon vor der Einführung des experimentellen Ver-

4.12 Schranken Des Experimentellen Verfahrens

fahrens zur Verfügung, ja sie sind nicht der psychologischen Wissenschaft eigentümlich. Welche Feinheit der psychologischen Beobachtung, welche umfassende Menschenkenntnis begegnet uns oft bei Romanschriftstellern oder Historikern, die niemals mit psychologischer Wissenschaft sich befasst haben! Und finden wir nicht oft ähnliches bei Männern des praktischen Lebens, für die das gleiche gilt. Und wie oft haben wir gegenüber mühsam erzielten Versuchsergebnissen experimenteller Forschung den Eindruck, dass sie uns eigentlich nichts bieten, was wir nicht schon instinktiv aufgrund vorwissenschaftlicher Erfahrung gewusst hätten.

Wir wollen darüber freilich nicht übersehen, dass die experimentelle Untersuchung doch gar manche populär-psychologischen „Überzeugungen" widerlegt oder berichtigt und in sehr vielen Fällen unser Wissen bestimmter und zuverlässiger gemacht hat. Aber die Exaktheit naturwissenschaftlicher Erkenntnis wird die experimentelle Psychologie im Allgemeinen nicht erreichen können. Dem steht im Wege, dass — wie wir noch sehen werden — die Objekte der Psychologie nicht in gleichem Sinne der mathematischen Bestimmung zugänglich sind wie die der Naturwissenschaft; ferner, dass sie sich nicht entfernt in demselben Maße isolieren und einer wiederholten Beobachtung unter gleichen Umständen unterwerfen lassen. Erlebnisse sind ja keine beharrenden Dinge, sie sind mehr oder minder flüchtige Vorgänge, aufs innigste verwoben in das gesamte Seelenleben des Individuums, abhängig von dessen Vergangenheit, dessen dauernden und vorübergehenden Dispositionen.

Der Psychologe wird darum auch schwerlich je in der Lage sein, aufgrund der Beobachtung in einem oder in wenigen Fällen ein „Gesetz" des Geschehens zu formulieren. Der Physiker kann das, falls er die Bedingungen des Vorgangs ausreichend kennt. Dazu gelangt aber der Psychologe in der Regel nicht, und deshalb muss er bemüht sein, möglichst zahlreiche Beobachtungen zu sammeln, wenn er allgemeine Sätze über das psychische Geschehen auf empirischer Grundlage aufstellen will.

5 Die Hauptklassen der Erlebnisse

5.1 Geschichtlicher Rückblick

Da alle Beschreibung Einordnung in Klassen voraussetzt, so wurde es von jeher als wissenschaftliches Erfordernis der Psychologie empfunden, zunächst einmal eine systematische Übersicht über die Hauptkassen der Erlebnisse zu erreichen.

Bis ins 18. Jahrhundert war eine Zweiteilung im „Erkennen" (oder „Vorstellen") und im „Begehren" üblich. Sie ist noch von Leibniz, Chr. Wolff und den meisten ihrer Anhänger vertreten worden. In der zweiten Hälfte des 18. Jahrhunderts kommt eine Dreiteilung auf. Da es damals üblich war, die Erlebnisarten sofort auf entsprechende „Seelenvermögen" zurückzuführen, kleidete sich diese Neuerung in die Lehre von einem dritten Seelenvermögen. So nahm Sulzer (neben dem Erkenntnis- und Begehrungsvermögen) ein Vermögen der Seele an, ihren eigenen Zustand dunkel zu empfinden; dabei meinte er sowohl die Erlebnisse der Selbstwahrnehmung wie auch die Lust- und Unlustgefühle. Mendelssohn hatte insbesondere diese Gefühle und die mit ihnen eng zusammenhängenden Wertschätzungen im Auge, wenn er dieses „Empfindungsvermögen" auch „Billigungsvermögen" nannte. Der von Kant hochgeschätzte Psychologe Tetens, der ebenfalls die Dreiteilung übernahm, hat zuerst die noch jetzt im populären Sprachgebrauch ineinanderfließenden Ausdrücke „Empfinden" und „Fühlen" in der Richtung, die heute in der wissenschaftlichen Terminologie sich durchgesetzt hat, unterschieden, indem er dem Empfinden das Erfassen äußerer Gegenstände, dem Fühlen das Erfassen „einer Veränderung in mir selbst", das ist Lust und Unlust zuschrieb. Freilich können wir heute „Empfinden" nicht mehr mit dem Erfassen äußerer Gegenstände identifizieren, doch spielt es dabei eine wichtige Rolle, wie sich später zeigen wird. Vorläufig mag zur Orientierung genügen, dass wir heute unter „Empfindungen" relativ einfache Inhalte der Sinneswahrnehmung verstehen. So bezeichnet man das Bewusstsein von Farben, Tönen, Gerüchen, Geschmäcker, von Bewegung, Frische, Müdigkeit, Hunger, Durst, Schmerz, Wollust usw. als Empfindung. Als Hauptarten des „Fühlens" sehen auch wir das Erlebnis von Lust und Unlust an. Allerdings hat Tetens dann doch wieder diese so verschiedenen Erlebnisarten dem einen „Gefühls-" oder „Empfindungsvermögen" beigelegt. Dagegen hat Kant, der gleichfalls Erkennungs-, Gefühls- und Begehrungsvermögen unterschied, die Empfindungen dem „Erkennungsvermögen" zugewiesen. Er teilte dabei das Letztere ein in „Sinnlichkeit" (a. Empfinden, b. reine Anschauungen: Raum und Zeit) und Verstand (bzw. Urteilskraft) und Vernunft.

5.2 Die drei Hauptklassen der Erlebnisse

Es würde hier zu weit führen, über die mannigfachen Umgestaltungen, die an dieser Kantischen Einteilung im Laufe des 19. Jahrhunderts vorgenommen worden sind, auch nur einen flüchtigen Überblick zu geben. Als eine vorläufige Orientierung erscheint die darin enthaltene Dreiteilung der Erlebnisse in solche des Erkennens, Fühlens und Wollens auch heute noch als brauchbar, und sie wird von einer Reihe von Psychologen festgehalten. Sie lässt sich in Beziehung setzen zu der dreifachen biologischen Bedeutung des Seelenlebens für das Individuum. Es muss sich, um zu leben, erkennend in der Umwelt orientieren, es muss seine Erkenntnisse fühlend bewerten und daraufhin wollend sein Verhalten einrichten.

Auch die wichtigsten Kulturleistungen des Menschen können diesen drei geistigen Funktionen zugeordnet werden, und sie haben bei ihrer Unterscheidung vermutlich einen maßgebenden Einfluss geübt. Dem Erkennen entspricht die Wissenschaft, dem Wollen Recht, Sittlichkeit und Wirtschaft, dem Fühlen Religion und Kunst.

Für die rein theoretische Psychologie ist es freilich kein Vorzug, dass praktische Motive bei dieser Dreiteilung mitgewirkt haben, denn sie hat die Bewusstseinstatsachen lediglich nach den Übereinstimmungen und Verschiedenheiten zu klassifizieren, die sie bei der Selbstbeobachtung unmittelbar zeigen. Aber andererseits erscheint es doch wünschenswert, dass auch die theoretische Psychologie den Zusammenhang mit dem praktischen Leben und den großen geistigen Kulturleistungen nicht verliere; vielmehr soll sie gerade deren Verständnis fördern. Wenn wir darum von der praktischen Bedeutung der psychischen Funktionen unseren Ausgangspunkt nehmen, so mag es uns dadurch erleichtert werden, die theoretische Psychologie wieder aus das Leben anzuwenden. Sie selbst ist dabei gar nicht gehemmt, jene zum Teil von praktischen Gesichtspunkten aus bestimmte Einteilung so weit umzugestalten, als dies für ihre Erkenntniszwecke wünschenswert erscheint. Wir werden diesem Erfordernis im Verkauf unserer Darstellung Rechnung tragen.

Man hat die drei Grundfunktionen als die Erlebnisse des Gegenstands-, Zustands- und Ursachenbewusstseins bezeichnet. Wir erkennen diese Bezeichnung als zutreffend an, möchten aber auch hier (wie schon Kap. 4.4) hervorheben, dass alles Bewusstsein Bewusstsein „von etwas", insofern Gegenstands-Bewusstsein ist. Erst durch diesen „intentionalen" Charakter bildet der Strom der Erlebnisse ein sinnvolles Geschehen. Denn die Frage, welchen Sinn denn eine Wahrnehmung oder ein Gedanke, aber auch eine Freude oder ein Begehren habe, findet ihre Beantwortung durch Angabe des Gegenstandes, auf den diese Erlebnisse gerichtet sind. Mithin hat das Gegenstandsbewusstsein eine allgemeinere und grundlegendere Bedeutung für die Beschreibung als die beiden anderen Hauptmassen der Erlebnisse, sofern diese ja schon irgendwie Gegenstandsbewusstsein enthalten oder voraussetzen. Das ist freilich nicht so zu denken, als ob zu Akten des Gegenstandsbewusstseins (die ja auch in relativer Selbstständigkeit Vorkommen können) Akte des Zustands- oder Ursachenbewusstseins einfach hinzuträten: Richtet sich etwa mein Begehren auf ein Objekt, auf das zufällig mein Blick fällt, so wäre es die Methode einer falschen „atomistischen" Psychologie, wollte ich dieses Erlebnis zusammengesetzt denken aus einer — sozusagen in sich kompletten, kühl theoretischen — Wahrnehmung und einem (ebenso relativ selbstständigen) Akt des Begehrens. Aber immerhin wird zur Beschreibung des Begehrens der Hinweis auf seine Intentionalität unentbehrlich sein. Ähnliches gilt für die Erlebnisse des Zustandsbewusstseins; denn auch bei Freude und Trauer, Gefallen und Missfallen ist die Beziehung auf irgendein Objekt (wenn auch noch so undeutlich) in der Regel im Bewusstsein.

Auf die feineren Analysen kann hier noch nicht eingegangen werden, nur das sei schon jetzt betont, dass wir die Empfindungen nicht ausschließlich dem Gegenstandsbewusstsein zuweisen können (wie das in der Kantischen Einteilung und noch heute vielfach der Fall ist); denn so wichtig gewisse Empfindungsklassen (besonders die Gesichts-, Tast- und Gehörempfindungen) für die anschauliche Auffassung der äußeren Gegenstände sind: Andere Empfindungen (zumal Muskel- und Organempfindungen) spielen auch bei Gefühls- und Willenserlebnissen eine so bedeutsame Rolle, dass sogar manche Psychologen sie als die einzigen Bestandteile derselben ansehen wollten.

5.3 Die Klassen der Erlebnis-Elemente. Der „Sensualismus"

Mit der Erwähnung dieser Frage sind wir aber an eine weitere wichtige Aufgabe der deskriptiven Psychologie gelangt. Sie hat die Erlebnisse nicht nur vorläufig in große Klassen zu verteilen, sie hat sie auch in ihre einfachen Bestandteile zu zerlegen. Diese Analyse, die aus die Elemente der Erlebnisse ausgeht, dient dann natürlich auch ihrerseits wieder der Fortführung und feineren Ausgestaltung der Klassifikation.

Analytische Arbeit, künstliche Abstraktion liegt übrigens schon vor, wenn wir einzelne Erlebnisse, als solche des Erkennens, Fühlens oder Wollens, aus der innig verwebten Gesamtheit der Bewusstseinstatsachen herausheben; doch es handelt sich dabei noch um Erlebnisse, die eine gewisse relative Besonderheit haben, die — wie die einzelnen Wellen im Strome — wenigstens vorübergehend von den übrigen sich abheben.

Nun gilt es aber die Analyse weiter zu treiben; die Aufgabe ist, die einfachen, nicht weiter zerlegbaren Elemente der Erlebnisse aufzufinden. Auch in dieser Frage ist man von einer Einigung noch weit entfernt. Nur das ist ziemlich allgemein zugegeben, dass die Empfindungen als solche Elemente anzusehen seien. Ja, es gibt eine aus der englisch-französischen Psychologie des 18. Jahrhunderts stammende Richtung, die „sensualistische", die in den Empfindungen die einzige Art von Bewusstseinselementen erblickt und somit die große Mannigfaltigkeit der Bewusstseinsphänomene als Kombinationen von Empfindungen und deren Reproduktionen zu beschreiben bemüht ist. Es entspringt diese Tendenz vermutlich aus der mechanistischen Richtung der Naturauffassung. Wie man die äußere Welt aus Atomen, so denkt man die innere sich aus Empfindungen aufgebaut. Dass man dabei der inneren Einheitlichkeit und dem konti-

5.3 Die Klassen Der Erlebnis-Elemente. Der „Sensualismus"

nuierlichen und fließenden Charakter des Bewusstseinsgeschehens nicht gerecht wird, ist leicht zu erkennen. Die genauere Analyse hat aber weiterhin gezeigt, dass neben den Empfindungen noch andere „Elemente" anzunehmen sind. Und zwar genügt es nicht, außer den Empfindungen noch die Gefühle als Elementarerscheinungen anzuerkennen, wie das z. B. Wundt tut. Wenn auch die übrigen Elemente in verständlicher Weise sich zumeist erst im weiteren Verlauf unserer deskriptiv-analytischen Arbeit darstellen lassen, so mögen hier doch schon einige Hinweise gegeben werden. Jene sensualistisch-atomistische Psychologie hat die Empfindungen in ihrer ursprünglichen Gestalt als unräumliche und unzeitliche zu fassen sich bemüht und war bestrebt, Raum- und Zeitbewusstsein erst aus ihnen abzuleiten. Aber jene angenommenen Urempfindungen sind schon eine unvorstellbare Fiktion, und es will auch nicht glücken, den kontinuierlichen Charakter von Raum und Zeit und ihre eigentümlichen Formen des Neben- und Nacheinander aus gesonderten Elementen zusammenzusetzen, denen diese Merkmale fehlen sollen. Ähnlich aussichtslos erscheint es heute zahlreichen Psychologen, Erlebnisse, wie Aufmerken, Urteilen, Wertschätzen, Wollen usw., auf Empfindungen zurückzuführen, sie als Empfindungskomplexe erscheinen zu lassen. Auch Wundt gibt im Grunde das Unzulängliche seiner Versuche, die sogenannten höheren seelischen Gebilde aus Empfindungen (und Gefühlen) synthetisch aufzubauen, zu, indem er im Seelenleben ein Prinzip „schöpferischer" Synthese annimmt. Damit ist ein mystischer Faktor eingeführt, der die einheitliche und eigenartige Form jener Gebilde verständlich machen soll, aber damit ist zugleich eingeräumt, dass die von ihm angenommenen „Elemente" nicht ausreichen, die komplexen Erlebnisse wirklich zu „erklären".

Mit der Anerkennung einer größeren Zahl von Elementen ist freilich noch nicht der Gefahr vorgebeugt, diese sozusagen zu verdinglichen und zu verselbstständigen und das Bewusstseinsganze gleichsam als ein Aggregat synthetisch aus ihnen aufzubauen. Gegenüber diesem psychologischen Irrweg, vor dem besonders Dilthey gewarnt hat, ist daran festzuhalten, dass alles Herausheben von Elementen immer ein künstliches Isolieren bedeutet; dass psychische Elemente und auch kompliziertere Gebilde niemals für sich Vorkommen, sondern nur durch die Aufmerksamkeit sich abstrahieren lassen aus dem organischen Zusammenhang des Bewusstseinsgeschehens eines Ich, dessen psychische Erscheinungen in die Gesamtheit seiner Lebenserscheinungen eingegliedert sind und nur von dieser biologischen Grundlage aus für uns verständlich werden können.

5.4 Kritik einer Ansicht Ratorps

Ehe wir aber an die Analyse Herangehen, ist noch einer Ansicht zu gedenken, die mir ihren Bereich zu sehr einzuschränken scheint. Ratorp hat in seiner „Allgemeinen Psychologie" (1912) ausgeführt, im Bewusstsein seien drei Momente zu unterscheiden,

1. das Etwas, das einem bewusst ist: der Inhalt, der Gegenstand;
2. das, welchem etwas bewusst ist: das Ich;

5 DIE HAUPTKLASSEN DER ERLEBNISSE

3. die Beziehung zwischen beiden: die Bewusstheit.

Das Ich wie auch die Bewusstheit erklärt er nun für ein unreduzierbar Letztes, das einer weiteren Analyse, Beschreibung oder Erklärung nicht fähig sei, beide seien darum keine Probleme für die Psychologie, sondern lediglich Problemgrund. Alle psychologische Untersuchung hat sich demnach lediglich auf den Inhalt, den Gegenstand des Bewusstseins, zu erstrecken. Eben darum wird die Annahme von „Akten" oder „Tätigkeiten" des Bewusstseins von vornherein verworfen; es könne sich dabei nur um Modifikationen des Inhalts handeln.

Nun haben wir bisher als Gegenstand der Psychologie die Erlebnisse bezeichnet. Ist es wirklich eine zutreffende allgemeine Charakterisierung derselben, dass sie sämtlich als Inhalte (d. i. Gegenstände) dem Ich bewusst seien? Steht etwa eine Lust, die ich erlebe, ein Willensakt, den ich vollziehe, meinem Ich als Gegenstand gegenüber, durch die Beziehung der Bewusstheit mit ihm verbunden? Das gilt doch nur, wenn ich in rückschauender Betrachtung ein solches Erlebnis zum Gegenstand meiner Aufmerksamkeit mache. Dann aber muss ich mir gerade (auf Grund dieser Selbstbeobachtung) sagen, dass im Erleben selbst das Verhältnis nicht so war: Dass das Ich die Lust als seinen Zustand, nicht als seinen Gegenstand, das Wollen als seine Betätigung, nicht als einen ihm gegenüberstehenden Inhalt erlebte.

Die Beschreibung Ratorps mag in gewissem Sinne zutreffend sein für die Erlebnisse des Gegenstandsbewusstseins, obwohl wir sie selbst für diese mannigfach umgestalten müssen: Für das Fühlen und Wollen trifft sie sicher nicht zu. Lind zwar besteht ihr Irrtum darin, dass sie das Verhältnis des Ich zu seinen Erlebnissen bei der Selbstbeobachtung auch in den Erlebnissen selbst voraussetzt; dass sie nicht scheidet zwischen „naivem" und „reflektiertem" Verhalten, zwischen „bewusst" gleich „bemerkt" und „bewusst" gleich „erlebt".

6 Der Begriff der Empfindung

6.1 Der neue Empfindungsbegriff

Die Lehre von den Empfindungen ist einer der ältesten und entwickelten Teile der modernen Psychologie, und doch besitzen wir noch keine allgemein anerkannte Definition des Empfindungsbegriffs. Ich habe eine solche in meinem Buch „Empfindung und Denken" (1908) zu formulieren gesucht; noch eingehender ist neuerdings die Frage von einem Schüler Husserls, A. Hofmann, behandelt worden in seinen „Untersuchungen über den Empfindungsbegriff" (1912).

Vielfach begnügen sich die Psychologen, den Begriff der Empfindung einfach als bekannt vorauszusetzen oder durch ein paar Beispiele zu verdeutlichen. Gibt man Definitionen, so sind diese meist nicht rein deskriptiv-psychologischer Natur.

So erklärt z. B. Jodl: „Unter Empfindung verstehen wir einen im Zentralorgan auf Veranlassung eines ihm von den peripheren Organen zugeführten Nervenreizes entwickelten Bewusstseinszustand, in welchem ein qualitativ und quantitativ bestimmtes Etwas (Inhalt, Aliquid) zur innerlichen Erscheinung kommt. Dieser wird in der englischen und französischen Psychologie auch als das präsentative oder perzeptive Element in der Empfindung bezeichnet." Augenscheinlich geht diese Definition über den Bereich der rein psychologischen Beschreibung hinaus, indem sie den Reiz und das Zentralorgan herbeizieht, die erst für die Erklärung des Auftretens der Empfindungen in Betracht kommen. Außerdem ist zu beanstanden, dass der Ausdruck „im Zentralorgan" dem Irrtum Vorschub leisten kann, die Empfindungen seien „eigentlich" im Gehirn und würden durch irgendeinen geheimnisvollen Vorgang „hinausprojiziert".

Immerhin enthält Jodls Definition auch deskriptive Merkmale, die für uns brauchbar sind. Er erklärt, dass in der Empfindung ein „qualitativ und quantitativ bestimmtes Etwas" (Inhalt, „präsentatives Element") zur Erscheinung komme. Wir dürfen diese Bestimmungen wohl auf den relativ anschaulichen Charakter der Empfindungen beziehen, der uns ihr wesentliches Kennzeichen zu sein scheint.

Gar nicht beschreibend, sondern rein erklärend ist dagegen die Begriffsbestimmung von Ebbinghaus, wenn er die Empfindungen als diejenigen Bewusstseinsgebilde bezeichnet, „die in der Seele unmittelbar durch die äußeren Reize hervorgerufen werden, ohne angebbare Mittelglieder, wie namentlich Erfahrungen, lediglich vermöge der angeborenen Struktur der materiellen Organe einerseits und der ursprünglichen Reaktionsweise der Seele auf die nervösen Erregungen andererseits".

Bemerkenswert ist in dieser Definition (im Unterschied von der Jodls), dass Ebbinghaus nur solche Bewusstseinsinhalte als Empfindungen anerkennen will,

6 DER BEGRIFF DER EMPFINDUNG

die rein sind von allen Erfahrungen. Wir machen nun aber von unserer Geburt an „Erfahrungen" (im weitesten Sinne des Wortes), wir haben auch Grund zu der Annahme, dass diese Erfahrungen nicht spurlos verschwinden, sondern in unseren späteren Erlebnissen irgendwie zur Geltung kommen. Damit ist gesagt, dass die von Erfahrungseinflüssen reinen Empfindungen höchstens im Bewusstsein von Neugeborenen anzutreffen seien. So mag dieser Begriff der „reinen" Empfindung ein bedeutsames Ziel der Kindespsychologie bezeichnen, für die allgemeine Psychologie, die sich ja auf das Seelenleben der Erwachsenen bezieht, ist er eben darum nicht geeignet.

6.2 Bestimmung des Empfindungsbegriffs von der Wahrnehmung her

Zweckmäßiger erscheint es (wie das z. B. Wundt tut), von der Wahrnehmung ausgehend, nach einer Bestimmung des Empfindungsbegriffes zu suchen.

Wir setzen dabei freilich den Begriff der Wahrnehmung (und zwar im Unterschied von der Erlebnis- oder Selbstwahrnehmung, die wir bereits kennengelernt haben) den der äußeren oder sinnlichen Wahrnehmung aus der Umgangssprache als bekannt voraus. Aber wie wir überhaupt für den Zusammenhang von Wissenschaft und Leben eintreten, so erscheint es uns auch methodisch ganz unbedenklich, bei unseren wissenschaftlich-psychologischen Begriffsbestimmungen an den vorwissenschaftlichen Sprachgebrauch und an die darin sich ausdrückenden vulgär-psychologischen Ansichten und Einsichten anzuknüpfen (zumal darin vielfach der Niederschlag älterer Wissenschaft steckt). Aufgabe der Wissenschaft wird es freilich sein, diese Begriffe sorgfältiger zu scheiden, ihre Merkmale feiner und vielseitiger zu bestimmen. Und so wird auch der Begriff der Wahrnehmung noch im Verlauf unserer Untersuchung genauere Bestimmung finden. Das braucht uns aber nicht zu hindern, ihn so, wie ihn die Umgangssprache kennt, als vorläufigen Ausgangspunkt für eine Empfindungsdefinition zu benutzen.

Wir gehen aus von den Gesichtswahrnehmungen, weil diese für den Normalsinnigen ja die größte praktische Bedeutung haben. Ich richte meinen Blick ruhig geradeaus und nehme ein auf dem Tisch vor mir liegendes weißes Blatt Papier wahr. Ich beginne nun dieses Erlebnis des Gegenstandsbewusstseins zu analysieren, indem ich meine Aufmerksamkeit auf das richte, was ich als Empfindung bezeichnen möchte und von allem anderen nach Möglichkeit abstrahiere. So kann ich zunächst absehen von all den anderen Dingen, die mehr oder minder deutlich bei ruhendem Blick noch gleichzeitig von mir wahrgenommen werden. Ich kann auch davon abstrahieren, dass dieses Weiß die Eigenschaft eines wirklichen Dings ist, auch dass es sich gerade in dieser Form, Ausdehnung und Entfernung und während dieser Zeitspanne mir darbietet. Was mir dann bleibt als Gegenstand meiner Aufmerksamkeit, das ist lediglich dieses anschauliche Etwas, das ich als „Weiß" bezeichne, und daran eben habe ich das Beispiel einer Empfindung. Es gehört natürlich nicht zu deren Begriff, dass meine Aufmerksamkeit darauf gerichtet ist, ich kann auch derartig Anschauliches erleben,

6.2 Bestimmung Des Empfindungsbegriffs Von Der Wahrnehmung Her

ohne dass ich gerade darauf achte. Auch hat diese Konzentration der Aufmerksamkeit, die ich vornahm, um von den gleichzeitig gegebenen Bewusstseinsinhalten zu abstrahieren, nicht die Folge, dass diese anderen Inhalte aus meinem Bewusstsein verschwinden; das Weiß wird nur durch die Aufmerksamkeit gewissermaßen betont (pointiert) oder isoliert. Dass aber solche Abstraktion und Beachtung nötig ist, um Empfindungen relativ zu isolieren, zeigt auch, dass diese nicht von selbst als selbstständige Bewusstseinsgebilde Vorkommen, sondern dass erst unser Bestreben, zu analysieren, dazu führt, sie zu sondern.

Wir sind bei unserer Analyse von der Wahrnehmung eines äußeren Dings ausgegangen, wir sahen aber ganz davon ab, dass das Weiß Eigenschaft eines realen Dings und damit auch für andere wahrnehmbar sei, wir betrachteten es lediglich als nur uns bewusst, eben damit sind wir zur immanenten, zur Erlebniswahrnehmung übergegangen; eben damit meinen wir das Weiß als unseren Bewusstseinsinhalt, als unsere Empfindung.

In ähnlicher Weise können wir das Glatt, das wir beim Betasten des Blattes erleben, als Empfindung bezeichnen. Töne, Gerüche, Geschmäcker, sofern wir sie lediglich als unseren Bewusstseinsinhalt auffassen, seien als weitere Beispiele genannt.

Wir dürfen also nach dem Gesagten die Empfindungen als relativ einfache Wahrnehmungsinhalte definieren. Der Zusatz „relativ" zu einfach erscheint deshalb gefordert, weil tatsächlich die abstraktive Analyse noch weiter getrieben wird. Man unterscheidet nämlich an der Empfindung noch Qualität und Intensität, so an der Farbempfindung die Farbigkeit und Helligkeit, an der Tonempfindung die Höhe (bzw. den Vokalcharakter) und die Stärke usw. Dass man gleichwohl die Empfindungen als einfach, als Elemente ansieht, ist aber doch nicht rein konventionell. Zwar können wir ja auch die Farbe von ihrer Fläche nicht in anschaulicher Weise trennen, wir können nur von ihrem Raumcharakter denkend abstrahieren, aber diese abstraktive Sonderung vollzieht sich doch viel leichter als die von Qualität und Intensität.

Immerhin muss es als ein noch nicht genug beachtetes Problem bezeichnet werden, festzustellen, durch welche Auffassungen wir zur Unterscheidung der verschiedenen Seiten der Empfindung kommen und warum wir gleichwohl die Empfindung als einfach bezeichnen dürfen; weiterhin, ob nicht die Intensität auch als eine Qualität sich fassen lässt.

Wenn wir ferner von den Empfindungen als Wahrnehmungsinhalten schlechthin reden, so geschieht das in didaktischem Interesse; denn die Scheidung von äußerer und immanenter Wahrnehmung ist (wie wir im Kap. 2.4 sahen) gerade in diesem Bereich nicht leicht zu vollziehen. So mag der Laie bei dieser Empfindungsdefinition immerhin an die äußere Wahrnehmung denken. Wenn er einmal den Begriff der „immanenten" oder „Erlebniswahrnehmung" erfasst hat, so wird er freilich erkennen, dass eigentlich die Letztere hier gemeint ist, da diese Inhalte nicht als Eigenschaften wirklicher Dinge, sondern als Elemente des (nur ihm zugänglichen) Bewusstseinsbestands gemeint sind. Es ist übrigens zu vermuten, dass bei den so zahlreichen experimentellen Untersuchungen auf dem Empfindungsgebiet die Versuchspersonen wohl nur ausnahmsweise der gerade hier so schwierigen Unterscheidung zwischen „äußerer" und „immanenter" Wahrnehmung sich bewusst waren, und dass sie nicht in „psychologischer Einstellung" ihre Beobachtungen machten, sondern in der „natürlichen" Einstellung auf äußere Dinge und Vorgänge. Ist diese Vermutung richtig, so waren das, worüber sie aussagten, streng genommen nicht Empfindungen, sondern (relativ einfache) Wahrnehmungen. Auch unter diesem Gesichtspunkt erscheint somit deren Gleichsetzung nicht unbegründet.

Unsere Definition ist aber insofern noch ergänzungsbedürftig, als ja (wie schon unsere flüchtige Analyse gezeigt hat) neben den Empfindungen noch andere relativ einfache Inhalte zur Wahrnehmung gehören. Wollen wir nun in die Empfindungsdefinition ein unterscheidendes Merkmal hineinbringen, so können wir dies nur so, dass wir bereits jetzt andere Elemente berücksichtigen, um sie mit den Empfindungen zu vergleichen. An dieser Stelle ist es freilich eine bloße Behauptung, die das Ergebnis weiterer Analyse vorwegnimmt, wenn wir sagen: Den Empfindungen kommt im Unterschied zu den anderen Bewusstseinselementen ein sozusagen anschaulicher, greifbarer Charakter zu (freilich nicht allen in gleichem Maße). Wir verstehen hierunter dasselbe, was Jodl bei seinem Ausdruck „präsentatives" Element im Auge hat. Damit hängt zusammen (worauf wir schon im Kap. 4.3 hinwiesen), dass wir im Allgemeinen die Empfindungen „erleben" und gleichzeitig zum „Objekt" unserer Aufmerksamkeit machen können; während sich die anderen Elemente sozusagen verflüchtigen, sobald wir unsere Wahrnehmung darauf richten. Wenn es aber zutreffen sollte, dass dieser „anschauliche" Charakter die Empfindungen von allen anderen Bewusstseinselementen unterscheidet, so können wir in der Definition auch die Beziehung auf die Wahrnehmung jetzt fallen lassen und die Empfindungen als die relativ einfachen, anschaulichen Erlebniselemente bezeichnen, an denen wir im Allgemeinen noch Qualität und Intensität unterscheiden.

Der Zusatz ist deshalb erforderlich, weil auch dem Räumlichen und Zeitlichen und vielen Relationen dieser anschauliche Charakter zukommen kann, dagegen können wir ihm verschiedene Intensität nicht zuschreiben; auch sind sie (wie wir noch sehen werden) in anschaulicher Weise nur mit und an Empfindungen gegeben.

6.3 Empfindung und Gefühl

Was nun insbesondere die Unterscheidung der Empfindungen von den Gefühlen betrifft, so ist es vielfach üblich, die Ersteren als gegenständliche (objektive), die letzteren als zuständliche (subjektive) Inhalte zu bezeichnen. So erklärt z. B. Lipps (in Übereinstimmung mit Wundt u. a.): „Empfindungsinhalte werden erlebt als schlechthin von mir Unterschiedenes und mir Gegenüberstehendes. Sie sind absolut „gegenständliche" Inhalte. Gefühle dagegen sind unmittelbar erlebte Qualitäten oder Bestimmtheiten des Ich. Ich fühle mich erfreut, einer Sache gewiss, strebend, widerstrebend, aber ich fühle mich nicht blau, süß; vielmehr ich empfinde so von mir unterschiedene Objekte."

6.3 Empfindung Und Gefühl

Damit werden also die Empfindungen ausschließlich dem Gegenstandsbewusstsein zugewiesen. Dass sie — zumal die Gesichtsempfindungen — meist diesen gegenständlichen (objektiven) Charakter tragen, ist unbestreitbar. Aber so einfach ist die Scheidung doch nicht, wie Lipps denkt. Schon z. B., dass Zucker süß ist, bedeutet selbst für die naive Auffassung, dass er süß schmeckt. Die Empfindung „süß" wird nicht stets schlechthin objektiviert und als Eigenschaft des Zuckers aufgefasst wie etwa die Empfindung weiß; vielmehr meint man in ihr lediglich eine Beziehung zwischen Subjekt und Gegenstand zu erleben. Bei den Temperaturempfindungen unterscheiden wir meist sicher, ob es uns heiß ist oder friert, und ob der Raum, in dem wir uns befinden, warm oder kalt ist. Andere Empfindungen, wie z. B. die Organempfindungen, werden aber geradezu dem Ich als Eigenschaft beigelegt, oder richtiger als Zustände des Ich unmittelbar erlebt, mithin subjektiviert: Ich fühle mich hungrig, durstig, frisch, müde. Es ist sogar unverkennbar, dass gerade diese im Leib und seinen Organen mehr oder minder bestimmt lokalisierten Organempfindungen von der gewöhnlichen Sprache fast ausschließlich als „Empfindungen" bezeichnet werden. Mit diesem Begriff ist in dem allgemeinen Sprachbewusstsein das Merkmal des Subjektiven, der Ichzugehörigkeit so innig verbunden, dass es uns zunächst schwer ankommt, etwas so Objektives wie Farben oder Töne gleichfalls als Empfindungen zu fassen. Eine Brücke hierzu wird dadurch geschlagen, dass auch diese sozusagen objektiven Empfindungen in ihrem Kommen und Gehen und in ihren Änderungen meist mit leiblichen Änderungen (Bewegungen, Öffnen oder Schließen der Augen usw.) und infolgedessen mit Bewegungs- bzw. Organempfindungen verknüpft sind.

Wenn wir übrigens hier manche Empfindungen „subjektiv" nennen, weil sie ichhafter Natur sind, andere (und zwar die meisten), weil sie als etwas vom Ich Verschiedenes, ihm Gegenständliches erlebt werden, „objektiv" heißen, so ist das lediglich im Sinne psychologischer Beschreibung gemeint. Vom erkenntnistheoretischen Standpunkt aus sind alle Empfindungen „subjektiv", sofern sie nur als Bewusstseinsinhalte, nicht als etwas unabhängig vom Bewusstsein real Existierendes vorkommen.

6.4 Empfindung und Gegenstandsbewusstsein

Der Empfindungsbegriff von Lipps gibt aber auch noch in anderer Hinsicht zur Erörterung Anlass. Lipps bezeichnet es nämlich als überaus wichtig, dass zwischen „Empfindung" und „Empfindungsinhalt" unterschieden werde. „Der empfundene Ton ist ein Empfindungsinhalt. Die Empfindung des Tones ist, phänomenologisch gefasst (d. i. deskriptiv-psychologisch), die unmittelbar erlebte Beziehung zwischen mir und dem Ton, und sie ist für die über die phänomenologische Betrachtung hinausgehende Betrachtung der reale Empfindungsvorgang."

Aber wird „die Beziehung zwischen mir und dem Ton" bei unserem gewöhnlichen naiven Verhalten (das wir doch beschreiben wollen) wirklich erlebt? „Der Ton ist da", so etwa muss ich das Erlebnis schildern; wenn ich hinzusetze "für mich", so geschieht das schon aufgrund der Reflexion, dass eben alle diese Inhalte meine Bewusstseinsinhalte sind. Lipps aber trägt dieses Reflexionsergebnis in die Schilderung des naiven Verhaltens hinein. Für ihn stellt sich darum jedes Bewusstseinserlebnis sozusagen als eine Linie mit zwei Endpunkten dar. „Der eine Endpunkt ist der so oder so beschaffene Inhalt, der andere Endpunkt, besser der Anfangspunkt, ist das Ich." Es scheint mir das ein lehrreiches Beispiel dafür zu sein, wie die Auffassung und Beschreibung des Erlebens durch gewisse Theorien irregeleitet werden kann. Aus Lipps Ansicht hat übrigens einer seiner Schüler, Pfänder, die Folgerung gezogen, die Empfindungsinhalte (das Empfundene) seien als „physisch" ganz aus der Psychologie hinauszuweisen; nur die Empfindung als das „wissende Erfassen" dieser Inhalte, also als eine Art „Gegenstandsbewusstsein", sei etwas Psychisches. Wir führen diese Ansicht nur an, um im Gegensatz zu ihr nochmals zu betonen, dass wir mit Empfindung eben das meinen, was Lipps Empfindungsinhalt nennt. Selbstverständlich ist die Empfindung als Erlebniselement und insofern als „bewusste" gemeint; aber dass außer diesem anschaulichen Inhalt auch das Ich und die Beziehung des Inhalts zu ihm bewusst sei — das ist Reflexionsprodukt. Akt des Gegenstandsbewusstseins ist aber die Empfindung nach unserer Auffassung nicht.

Wollen wir die Empfindungen nicht nur beschreiben, sondern auch erklären, bzw. die Bedingungen ihres Auftretens feststellen, so müssen wir noch die Reizvorgänge und die psychologischen Geschehnisse in den Sinnesorganen, Nerven und im Gehirn berücksichtigen. Ob Veranlassung vorliegt, auch unbewusst psychische Empfindungsvorgänge anzunehmen, kann hier noch unentschieden bleiben. Nur das sei noch gegenüber dem laxen oder bewusst-materialistischen Sprachgebrauch mancher Physiologen betont, dass wir selbstredend mit dem Ausdruck „Empfindung" etwas Psychisches, nicht Gehirnprozesse meinen.

7 Die Einteilung und Beschreibung der Empfindungen

7.1 Die Zahl der Empfindungsklassen

Aristoteles hatte einst zu beweisen gesucht, dass es nicht mehr als fünf „Sinne" geben könne, und die Vulgärpsychologie kommt noch heute mit „fünf Sinnen" aus. In der wissenschaftlichen Psychologie unterscheidet man gegenwärtig ziemlich übereinstimmend zehn Hauptklassen von Empfindungen. So muss man die Zahl der „Sinne" verdoppeln, wenn man nicht auf den Ausdruck „Sinne" hier lieber ganz verzichten will. Dabei sehen wir noch davon ab, dass innerhalb der Hauptklassen mehrfach verschiedene Arten sich deutlich voneinander abheben.

Die populäre Fünfteilung ist dabei hinsichtlich ihrer Unterscheidung von Gesichts-, Gehörs-, Geruchs- und Geschmacks-Empfindungen von der Wissenschaft anerkannt worden. Wenn aber in der vorwissenschaftlichen Psychologie alle übrigen Empfindungsarten dem „Gefühl" zugeschrieben werden, so hat weder dieser Name noch die durch ihn bezeichnet Zusammenfassung von Erlebniselementen vor der wissenschaftlichen Kritik bestehen können. Der Name ist von ihr auf die Lust- und Unlusterlebnisse beschränkt worden, die man als qualitativ verschieden von den Empfindungen betrachtet. Die dem „Gefühlssinn" zugeschriebenen Empfindungen aber werden gewöhnlich in sechs Klassen zerlegt, in deren Abgrenzung und Bezeichnung freilich noch keine vollständige Übereinstimmung erzielt worden ist. Es sind dies...

1. die Druck- und Berührungsempfindungen der Haut (auch Tastempfindungen genannt),
2. die Temperaturempfindungen,
3. die Spannungsempfindungen der Muskeln, Sehnen, Gelenke (die auch „kinästhetische" Empfindungen heißen),
4. die Gleichgewichts- und Bewegungsempfindungen des Kopfes,
5. die Schmerzempfindungen,
6. die Vital- (oder Organ- oder Gemein-) Empfindungen.

Es sollen nun die einzelnen Empfindungsklassen kurz erörtert werden, um einen Überblick über diese ganze Gattung von Bewusstseinselementen zu geben.

7.2 Helligkeits- und Farbempfindungen

Die Gesichtsempfindungen zerlegen sich zunächst deutlich in zwei Gruppen:

7 DIE EINTEILUNG UND BESCHREIBUNG DER EMPFINDUNGEN

1. die neutralen Farb- oder Helligkeitsempfindungen: Weiß, die zahlreichen Nuancen des Grau und Schwarz;
2. die Empfindungen der „eigentlichen" oder „bunten" Farben.

Die Ersteren lassen sich nach ihrer qualitativen Ähnlichkeit in eine gerade Strecke ordnen, deren Enden das hellste Weiß und das tiefste Schwarz bilden.

Bei den bunten Farben ist zunächst zu beachten, dass sie den Charakter der Buntheit in sehr verschiedenem Grade zeigen. Beschränken wir uns vorerst auf diejenigen, bei denen dieser Charakter am ausgeprägtesten vorhanden ist, die sogenannten „satten" Farben! Wir versuchen, auch sie ihrer Ähnlichkeit nach räumlich zu ordnen. Beginnt man z. B. mit dem Rot, so kann man in gerader Richtung die Nuancen des Zinnoberrot, Orange, Goldgelb, Gelb daneben legen. Die Ähnlichkeit mit Rot nimmt dann immer ab, bei Gelb hört sie ganz auf. Geht man nun weiter zu den gelbgrünen Farben, so tritt eine Ähnlichkeit mit Grün dafür ein. Von Grün führt dann die Ähnlichkeitsreihe zu Blau und von hier zurück zu Rot. Will man die Verwandtschaftsverhältnisse symbolisch darstellen, so kann man hier ein Viereck wählen, dessen Ecken die sogenannten vier „Hauptfarben" Rot, Gelb, Grün, Blau repräsentieren.

Nunmehr müssen wir noch die bunten Farbempfindungen berücksichtigen, die nicht den höchsten Grad der Sättigung aufweisen. Sie zeigen, je geringer ihre Sättigung ist, in steigendem Maße eine Ähnlichkeit mit den neutralen Empfindungen von entsprechender Helligkeit.

Die Gesamtheit der Farbempfindungen lässt sich somit nach ihren Verwandtschaftsverhältnissen durch das sogenannte „Farbenoktaeder" symbolisch darstellen (das freilich nicht als ein ganz regelmäßiges zu denken ist, da die Ecke des Gelb dem Weiß, die des Blau dem Schwarz näher liegt). Durch die Oberfläche des Oktaeders sind die sattesten Farbempfindungen repräsentiert, und zwar liegen nach dem Weiß hin die helleren wie Rosa, Himmelblau, Lila; nach dem Schwarz hin die dunkleren, wie Bordeauxrot, Marineblau, sattes Braun; nach innen zu liegen die Empfindungen der minder satten oder stumpfen Farben, in der Achse die der neutralen Farben.

Diese außerordentlich große Mannigfaltigkeit der Farbempfindungen ist eine kontinuierliche, d. h. man kann von jeder zu jeder anderen durch mehr oder minder viele Zwischenglieder übergehen, von denen je zwei benachbarte gar nicht mehr unterschieden werden können. Die Mannigfaltigkeit ist ferner eine dreidimensionale, denn die Farben können sich unterscheiden nach Farbenton, nach Helligkeit und nach Sättigung.

7.3 „Erscheinungsweisen" der Farben

Bis vor Kurzem glaubte man, an dem Farbenoktaeder ein befriedigendes Symbol für die ganze Fülle der optischen Empfindungen zu besitzen. Besonders die Untersuchungen von David Katz („Die Erscheinungsweisen der Farben", 1911) haben jedoch darauf aufmerksam gemacht, dass der Reichtum des visuellen Gebiets noch beträchtlich größer ist. Es sind nämlich — wovon sich jeder

7.3 „Erscheinungsweisen" Der Farben

durch eigene Beobachtung leicht überzeugen kann — verschiedene „Erscheinungsweisen" der Farben zu unterscheiden. Die beiden wichtigsten nennt Katz (vielleicht nicht ganz zweckmäßig) „Flächenfärben" und „Oberflächenfarben".

Flächenfarben bieten sich uns dar, wenn man Spektralfarben durch das Okular des Spektralapparats betrachtet, ferner wenn man Dinge durch einen gelochten Schirm ansieht, der diese außer der gesehenen Stelle vollständig verdeckt und der eine etwa vorhandene Struktur und nicht frontal-parallele Lage des wahrgenommenen Oberflächenstücks unerkennbar macht. (Es ist darum zweckmäßig, dem Loch des Schirmes nur einen Durchmesser von 1 bis 2 Zentimetern zu geben und die geeignete Entfernung des Schirms vom Auge auszuprobieren.)

Oberflächenfarben sind die uns geläufigen Farben, die an den Dingen mit natürlicher oder künstlicher Färbung unter den gewöhnlichen Verhältnissen uns entgegentreten. Die wichtigste psychologische Bedingung für den Eindruck der Oberflächenfarben ist das Bewusstsein, ein Ding (d. h. einen körperlichen Gegenstand) vor sich zu haben.

Die bedeutsamsten Unterschiede zwischen diesen beiden Erscheinungsweisen der Farben sind folgende: Die Flächenfarben sind nicht bestimmt lokalisiert, sie haben ein lockeres Gefüge (d. h. man hat das Bewusstsein, mit dem Blick gewissermaßen in sie eindringen zu können, ohne dass sie doch deutlich „raumhaft" aussehen), sie erscheinen nur in frontal-paralleler Lage zu uns, sind zarter und wohlgefälliger. Vor allem verbindet sich mit der Flächenfarbe nicht der Eindruck, dass sie ein Ding zu ihrem Träger habe, dessen Eigenschaft sie sei.

Dagegen bedeuten uns Oberflächenfarben Qualitäten von Dingen; sie sind an deren Oberflächen (also bestimmt) lokalisiert, zeigen einen strafferen Zusammenhalt und tragen einen kräftigeren, energischeren Charakter. „Spiegelung" und „Glanz" treten nur bei Oberflächenfarben auf, und zwar wird der Glanz — die Farbe des Dings an Helligkeit übertreffend — als Licht aufgefasst, das nicht eigentlich zur Farbe des Gegenstands gehört.

Weitere „Erscheinungsweisen" der Farben sind durchsichtige Flächenfarben (so bei Gelatineplatten), Raumfarben (in ihnen erscheinen farbige Flüssigkeiten, wenn Dinge durch sie hindurch gesehen werden); endlich „leuchtende" und „glühende" Farben.

Hat man bisher nur von einem System der Farbempfindungen gesprochen, so ergibt sich bei Berücksichtigung dieser verschiedenen „Erscheinungsweisen" die Notwendigkeit, verschiedene (heterogene) Systeme zu unterscheiden: das der Empfindungen von Flächen-, von Oberflächen-, von Raumfarben usw. Alle Farbeindrücke lassen sich übrigens in die Empfindungen von Flächenfarben überführen, indem wir sie durch den gelochten Schirm betrachten. (Katz nennt diese Überführung „vollständige Reduktion der Farbeindrücke".)

Auch insofern haben die Empfindungen der Flächenfarben eine besondere Stellung, als sie allein unter den verschiedenen „Erscheinungsweisen der Farben" nach unserer früher gegebenen Begriffsbestimmung als „Empfindungen" anzusprechen sind; bei den anderen liegen tatsächlich äußere Wahrnehmungen

7 DIE EINTEILUNG UND BESCHREIBUNG DER EMPFINDUNGEN

vor, in denen der Empfindungsbestand schon durch intellektuelle Prozesse eine gewisse Deutung erfahren hat, nämlich als Eigenschaften von Dingen. Dass man aber so spät diese Flächenfarben in ihrer Besonderheit entdeckte, ist auch eine Bestätigung für die oben (Kap. 6.2) ausgesprochene Vermutung, dass diese „Empfindungsforschung" im Grunde bisher zumeist „Wahrnehmungsforschung" gewesen ist.

Während man ferner bisher angenommen hat, dass der ganze Reichtum der Farbempfindungen sich durch das Farbenoktaeder anschaulich und adäquat verbildlichen lasse, hat sich nunmehr gezeigt, dass dies nur für das System der Flächenfarben, nicht für das der Oberflächenfarben gilt.

So ergab sich zunächst, dass die Empfindungen von neutralen Oberflächenfarben nicht alle in eine Strecke nebeneinander geordnet werden können. Betrachtet man z. B. zwei tonfreie weiße Papiere, die in verschiedener Entfernung (etwa von 1 und 5 Metern) vom Beobachter und von der Lichtquelle sich befinden, so zeigt sich zwischen ihnen eine Verschiedenheit, wenn sie auch als qualitativ von gleicher Weißheit empfunden werden. Das Nähere erscheint uns als ein Weiß von größerer „Ausgeprägtheit", während man dem entfernteren Weiß eine ganz spezifische „Verhüllung mit Dunkelheit" beilegen kann (was sich aber nicht deckt mit dem Eindruck der „Beschattung"). Für die Empfindungen der hellgrauen Farben gilt Ähnliches; die dunkelgrauen und Schwarz erscheinen „ausgeprägter", wenn sie entfernter sind. Bunte Farben zeigen ebenfalls bei verschiedener Entfernung verschiedenen Grad von „Ausgeprägtheit", bzw. von „Verhüllung mit Grau".

Neben die — bisher allein beachteten — Änderungen nach Farbqualität, Helligkeit und Sättigung treten somit bei den Oberflächenfarben die Änderungen nach „Ausgeprägtheit", die bei verschiedener Beleuchtungsstärke sich bemerkbar machen.

„Flächenfarben" werden dagegen nur in einer Stufe der „Ausgeprägtheit" empfunden. Für ihre symbolische Darstellung genügt also das Oktaeder, aber für die der Oberflächenfarben müsste man eigentlich ein vierdimensionales Gebilde haben, da sie sich ja nach vier verschiedenen Richtungen ändern lassen. Das gebräuchliche Farbenoktaeder veranschaulicht die Gesamtheit der Oberflächenfarben nur bei einer bestimmten Beleuchtungsstärke, d. h. auf einer Stufe der „Ausgeprägtheit".

7.4 Die „Einfachheit" der optischen Empfindungen

Es bleibt jetzt noch die Frage zu erörtern, ob wirklich die ganze Fülle der optischen Eindrücke, die wir nunmehr überblicken, einfacher Natur sei; ob sie also im strengen Sinne den Namen „Empfindungen" verdienen. Es handelt sich dabei weder um Physikalische noch um physiologische Fragen, sondern um rein psychologische Analysen. Dass der Maler z. B. Grün nicht als einfach ansieht, weil er es aus gelbem und blauem Pigment durch Mischung herzustellen vermag, kommt für uns gar nicht in Betracht; ebenso dass man aus Rot, Grün und

7.4 Die „Einfachheit" Der Optischen Empfindungen

bläulichem Violett alle, übrigen Spektralfarben (ihrem Ton nach) Herstellen kann. Mag darum der Physiker nur diese drei als einfache oder Grundfarben bezeichnen: Das hat für die Analyse des Psychologen keine Bedeutung. Das Gleiche gilt von physiologischen Theorien, in denen festgestellt werden soll, welche Farbempfindungen durch einfache und welche durch zusammengesetzte physiologische Prozesse bedingt seien. Für die psychologische Analyse kommt es vielmehr darauf an, ob die Gesichtsempfindungen wirklich alle einfach, oder ob sie zum Teil noch weiter in Bewusstseinselemente zerlegbar sind (wie wir das bei den Klangempfindungen feststellen werden).

Hierüber ist nun noch keine Einigkeit erzielt. Darin stimmen die meisten Psychologen freilich überein, dass die Empfindungen der sechs Hauptfarben, Schwarz, Weiß, Rot, Grün, Blau, Gelb wirklich einfach seien. Die Ansicht Brentanos, die Empfindung des reinen Grün sei aus der von Gelb und Blau zusammengesetzt, hat überwiegend Ablehnung gefunden.

Größer ist die Unsicherheit über die Frage, ob die zwischen den vier bunten Hauptfarben liegenden (satten) Farbempfindungen in gleichem Sinne wie jene vier als einfach anzusehen seien. Manche Psychologen verneinen diese Fragen; sie sind also der Ansicht, dass man z. B. in der Empfindung Orange bei schärferer Analyse eine Gelb- und eine Rotempfindung, in der Empfindung Violett die von Rot und Blau entdecken könne, kurz, dass sich alle jene Zwischenfarben als Mischfarben herausstellten. Daraus erklären sie auch den hervorstechenden Charakter der vier Hauptfarben.

Die Mehrzahl vertritt aber den einfachen Charakter der Zwischenfarben. Jede Farbe zeige zwar nach verschiedenen Seiten Ähnlichkeiten, aber wenn sie an andere erinnere, so bedeute das nicht, dass sie in diese auflösbar sei. Die ausgezeichnete Stellung der Hauptfarben für das Bewusstsein sei darin begründet, dass hier ein Richtungswechsel der Ähnlichkeiten stattfinde.

Bezüglich der ungesättigten Farben erkennt man meist an, dass durch aufmerksame Analyse die farbigen und die farblosen Bestandteile abgesondert werden könnten, dass es sich also hier um Mischempfindungen handle. Aber recht zweifelhaft ist es wieder, ob in gleicher Weise auch die Grauempfindungen in Schwarz- und Weißempfindungen zerlegt werden können; ferner wie es mit der Analysierbarkeit der Braunempfindungen steht.

Es ist schwer abzusehen, wie in solchen Fragen allseitige Übereinstimmung hergestellt werden soll. Hier zeigt sich wieder jene Grundeigentümlichkeit des Psychischen, dass es unmittelbar nur dem es erlebenden Subjekt beobachtbar ist. Wie will man dem, der deutlich sein Grün als Mischempfindung erlebt, beweisen, dass er sich täusche? Auch ist es ja gar nicht ausgeschlossen, dass hier wirklich individuelle Differenzen vorliegen? Wenn Maler so bestimmt versichern, dass sie in den Farben der Dinge die Pigmente sehen die sie zur Wiedergabe zweier Farben auf der Palette mischen, sollte das nicht darauf hindeuten, dass durch die massenhafte Erfahrung, die sie beim Farbenmischen machten, ihr Empfinden selbst modifiziert ist? Zeigt ja doch auch der Unterschied der Flächenfarben und der Oberflächenfarben, dass die Empfindungen der Letzteren in ihrem Bestand durch andere psychische Faktoren: Die Lokalisation und die Auffassung als Eigenschaften von Dingen, einen besonderen Charakter erhalten haben!

7.5 Beziehung von Qualität und Intensität bei den optischen Empfindungen

Schwierige Aufgaben sind auch der psychologischen Analyse der Gesichtsempfindungen gestellt durch die eigenartigen Beziehungen, die hier zwischen Qualität und Intensität bestehen.

Von manchen Psychologen wird überhaupt in Abrede gestellt, dass bei den optischen Empfindungen das Merkmal der Intensität anwendbar sei. Intensität sei nur da vorhanden, wo fortgesetzte Verminderung auf einen Nullpunkt führe. So könne z. B. eine Tonempfindung immer schwächer werden und schließlich verschwinden, d. h. der Stille weichen. Aber auf dem Gebiet des Gesichtssinnes gäbe es keinen Nullpunkt, kein Analogon zur Stille. Der Eindruck der Finsternis sei nicht das Fehlen eines Bewusstseinsinhalts, sondern ein durchaus wirklicher, positiver Inhalt. Wenn ein anfangs hell beleuchtetes weißes Blatt bei Verminderung der Belichtung immer dunkler und dunkler werde und endlich im allgemeinen Schwarz untergehe, so sei dies kein Übergang von einer anfangs starke Empfindung zu immer schwächeren Intensitätsgraden und schließlich zur Null, sondern ein Übergang von einer Qualität zu einer anderen, in gewissem Sinne entgegengesetzten. Dass dieser rein qualitative Übergang auf Intensitätsänderungen des Reizvorganges beruhe, komme für die rein psychologische Analyse nicht in Betracht. Dabei könne gleichwohl zugegeben werden, dass sehr starke Lichtreize Empfindungen hervorriefen, die sehr intensiven Empfindungen anderer Sinne, z. B. des Gehörs, insofern verwandt erschienen, als sie von ähnlichen unangenehmen Gefühlen begleitet seien.

Die Mehrzahl der Psychologen lässt sich durch das Fehlen eines Nullpunktes nicht bestimmen, von der Verwendung des Intensitätsbegriffs auf die Farbempfindungen zu verzichten, da doch auch hier Verschiedenheiten erlebt werden, die deutlich den Eindruck des Mehr und Minder machen; freilich ist ohne Weiteres zuzugeben, dass nicht jede Qualität in beliebiger Intensität Vorkommen kann, z. B. ein schwarzes Licht kann es nicht geben, d. h. die Qualität Schwarz kann nicht zu solchen Intensitätsgraden gesteigert werden, dass wir den Namen Licht darauf anwenden; ebenso wenig gibt es eine weiße oder gelbe Finsternis. Freilich sind innerhalb gewisser Grenzen die Intensitäten bei gleichbleibender Qualität veränderlich: Das blasse Gelb (z. B. eines Seidenstoffes) kann bei sehr gesteigerter Helligkeit auch als Farbe einer starken Lichtquelle erscheinen.

Weiter ist bemerkenswert, dass die Reihe der neutralen Farbempfindungen gleichzeitig ein Qualitäts- und ein Intensitätssystem ist; denn jede Änderung der Qualität nach Weiß hin wird zugleich als Intensitätssteigerung, jede qualitative Änderung in der umgekehrten Richtung als Intensitätsabnahme empfunden.

7.5 Beziehung Von Qualität Und Intensität Bei Den Optischen Empfindungen

Den bunten Farbempfindungen kommt weder die Helligkeit des Weiß noch die Dunkelheit des Schwarz zu. Sie sind aber auch untereinander nicht von gleicher Helligkeit (was natürlich nicht mit „Weißheit" verwechselt werden darf). Nach dieser ihrer spezifischen Intensität lassen sich z. B. die Hauptfarben in folgende Reihe ordnen: schwarz, blau, grün, rot, gelb, weiß. Jedoch bestehen auch hierüber Meinungsverschiedenheiten.

Nicht identisch mit den Merkmalen des Dunkeln und Hellen sind die des Düsteren und Blassen. Die Letzteren bedeuten nämlich eine nach Schwarz oder Weiß hin sich bewegende Minderung des Sättigungsgrades der bunten Farben. Allerdings ist jede Verdüsterung auch eine Verdunkelung und jedes blasser werden auch ein Heller werden, andererseits aber gibt es Erhellung oder Verdunkelung ohne eine Änderung des Sättigungsgrades ins Blasse oder Düstere.

7.6 Gehörempfindungen

Die Gehörempfindungen pflegt man einzuteilen in Geräusch- und in Tonempfindungen. Die Ersteren haben im Unterschied von den Letzteren etwas Unruhiges, Raues, Unklares. Man unterscheidet Momentan- und Dauergeräusche (Knall, Schlag, andererseits: Brausen, Rauschen, Zischen, Wehen). Wir haben auch Ausdrücke für Reihen von Momentangeräuschen: Knattern, Donnern, Klirren, Knistern, Plätschern; und für Mischungen von Momentan- und Dauergeräuschen: Kratzen, Schwirren, Zischen. Dass wir vielfach in engster Verbindung mit Geräuschen auch Töne vernehmen, dafür bietet ja jedes Anhören gesprochener Worte einen Beleg.

Die Tonempfindungen lassen sich nach Qualität, Intensität und Klangfarbe charakterisieren.

Als Qualität der Tonempfindungen pflegt man ihre „Höhe" und „Tiefe" aufzufassen. Danach bilden sie eine eindimensionale, kontinuierliche Mannigfaltigkeit. Diese ist freilich nicht in sich geschlossen wie die Reihe der bunten Farben, sondern sie stellt eine Reihe mit zwei Enden dar. Zur Symbolisierung ist aber eine gerade Linie nicht geeignet, da diese die starke Ähnlichkeit, welche die Quinte und noch mehr die Oktave mit einem beliebigen Ausgangston besitzt, nicht ausdrücken kann. Eine Schraubenlinie vermag wenigstens die Verwandtschaft der um eine Oktave voneinander entfernten Tonempfindungen zur Darstellung zu bringen.

Die übliche Identifizierung von Qualität der Tonempfindung und Tonhöhe ist neuerdings durch Untersuchungen von Wolfgang Köhler in Zweifel gezogen worden. Er kommt zu dem Ergebnis: nicht die Tonhöhe mache die Qualität der Töne aus, sondern ein gewisser Vokalcharakter. „Wie im Farbengebiet eine Reihe psychischer Qualitäten von Rot durch die Nuancen des Orange zum Gelb, von diesem zum Grün führt usf., so verläuft eine Ähnlichkeitsreihe im phänomenalen Tonsystem vom u über die Abstufungen des u—o und o—u zum o, von diesem eine neue zum a und eine weitere zum e und i." Diese Qualitätenreihe erstreckt sich also zwischen festen, empfindungsmäßig ausgezeichneten Punk-

7 DIE EINTEILUNG UND BESCHREIBUNG DER EMPFINDUNGEN

ten. Immer im Intervall von einer Oktave folgen von unten nach oben: 1. der Halbvokal m, 2. u, 3. o, 4. a, 5. e, 6. i, 7. s (?), 8. ch (?). Und zwar fallen die reinen Vokale fast genau auf die Noten c, das o auf c^1, das a auf c^2 usw. Das ganze Problem bedarf noch weiterer Klärung. Es erhebt sich z. B. die Frage, warum die Oktaven und Quinten, die nach Köhler größere Verschiedenheit aufweisen müssten wie etwa die Sekunden, doch so ähnlich anmuten, und warum bisher lediglich die Tonhöhe, nicht der Vokalcharakter der Töne in der Musik Berücksichtigung gefunden hat. Mir will scheinen, als ob die Tonhöhe sehr wohl auch weiterhin zur Charakterisierung der Qualität verwendet werden kann; dass aber daneben auch der Vokalcharakter beachtet werden muss.

Übrigens ist die — schon längst beachtete — Verschiedenheit der Klangfarbe auch ein Moment, in dem Tonempfindungen, die nach Höhe (und Intensität) übereinstimmen, doch sich unterscheiden können. Sie dient also ebenfalls der Charakterisierung der Qualität der Tonempfindung. Gemeint ist mit der Klangfarbe dasjenige, was Töne von gleicher Höhe und Stärke für unsere Empfindung noch unterscheidet, wenn sie von verschiedenen Stimmen oder Instrumenten hervorgebracht werden. Im weiteren Sinne umfasst der Ausdruck auch gewisse Nebengeräusche, wie das Reiben und Kratzen bei Geigen- oder Grammophontönen, das Sausen und Blasen bei Pfeifen- und Trompetentönen; oder gewisse zeitliche Eigentümlichkeiten im Verlauf des Tones: Ob er einige Zeit in gleicher Stärke andauert oder mehr oder minder rasch verklingt. Aber abgesehen von alledem bleibt doch noch eine gewisse Verschiedenheit, die Klangfarbe im engeren Sinne. Helmholtz, der diese als „musikalische" Klangfarbe bezeichnet, hat nachgewiesen, dass sie auf den sogenannten Obertönen beruht, die von den einzelnen Tonquellen in verschiedener Weise hervorgebracht werden. Durch seine für die psychologische Analyse hochbedeutsamen Untersuchungen wurde offenbar, dass die Gehörempfindungen, die wir beim Anhören des Gesangs und unserer Instrumente erleben, in der Regel gar nicht einfache sind, sondern Mischungen verschiedener Empfindungen darstellen, von denen nur die tiefsten an Stärke derart vorwiegen, dass sie die übrigen übertönen und nur in einer gewissen Nuancierung ihrer eigenen Qualität zur Geltung kommen lassen. Bei einiger Übung wird man aber durch aufmerksame Analyse einzelne Obertöne heraushören, besonders mithilfe der Helmholtzschen Resonatoren (metallener Hohlkugeln mit Öffnungen für Auffangen und Abgabe des Schalles), die auf einzelne Töne abgestimmt sind. Besonders innig verschmelzen die sogenannten harmonischen Obertöne mit dem Grundton und untereinander. Es sind dies die Oktave des Grundtons, die Quinte der Oktave, die zweite Oktave, die große Terz und Quinte derselben usw. Je nach der Zahl der Obertöne und ihrer relativen Stärke ist nun die Klangfarbe verschieden. Stimmgabeln und Flöten (die wenig Obertöne haben) klingen weich und mild, die Klarinette hohl, näselnd, die Trompete schmetternd, ein guter Flügel voll und reich. Will man ausdrücken, dass die gewöhnlich gehörten sogenannten Töne eigentlich Tonkomplexe sind, so bezeichnet man sie als „Klänge".

7.6 Gehörempfindungen

Während die in ihnen verschmolzenen Töne von sehr ungleicher Intensität sind, ergibt das gleichzeitige Erklingen von annähernd gleichstarken Klängen die sogenannten Akkorde. Die bei ihrem Hören erlebte Empfindungsverschmelzung ist je nach den Intervallen zwischen den Komponenten eine sehr verschieden innige. Sie ist bei Oktaven und Quinten so weitgehend, dass diese von musikalisch Ungeübten vielfach gar nicht als Akkorde, sondern als einfache Klänge aufgefasst werden. In der Musiklehre heißen Oktaven, Quinten, Quarten vollkommene Konsonanzen; Terzen, Sexten unvollkommene Konsonanzen; Sekunden, Septimen und alle übrigen Intervalle Dissonanzen. Tatsächlich handelt es sich in unserer Empfindung dieser Intervalle nicht um Gegensätze, sondern um verschiedene Stufen der Verschmelzung.

7.7 Geruchsempfindungen

In der am meisten verbreiteten Einteilung der Geruchsempfindungen (von Linné 1759 und Zwaardemaker 1895 herrührend) werden unterschieden:

1. Ätherische Gerüche (Äpfel, Birnen, Wein, Äther usw.).
2. Aromatische oder Spezereigerüche (Kampfer, Lorbeer, Terpentin, Nelken, Ingwer, Pfeffer, Zimt, Anis, Pfefferminz, Lavendel, Menthol usw.).
3. Balsamische oder Blumengerüche (Jasmin, Orange, Hyazinthe, Linde, Nelke, Veilchen, Reseda, Tee, Vanille, Heliotrop, Waldmeister usw.).
4. Moschusartige Gerüche (Ambra, Moschus, Patschuli).
5. Zwiebelartige oder Lauchgerüche (Zwiebel, Knoblauch, Schwefelkohlenstoff, Kautschuk, Fischgerüche, Chlor, Jod).
6. Brenzlige Gerüche (Tabak, gebrannter Kaffee, Rauch, Teer, Karbol usw.).
7. Kaprylgerüche (Schweiß, Käse, Bocksgeruch).
8. Widerliche und betäubende Gerüche (Opium, Wanzen).
9. Ekelerregende Gerüche oder Gestänke (Fäulnis, Fäzes).

H. Henning (Der Geruch 1916) nimmt sechs Hauptgerüche an. Man kann sie sich an den Ecken eines regelmäßigen dreieckigen Prismas angeordnet denken: oben: blumig (wie z. B. Veilchen), faulig (Schwefelwasserstoff), fruchtig (Zitrone); unten: würzig (Muskat), brenzlig (Teer), harzig (Räucherwerk). An der Oberfläche dieses Prismas sollen sich alle anderen einfachen Gerüche anordnen lassen, wobei die verschiedene Ähnlichkeit mit den Hauptgerüchen durch die verschiedene Entfernung zum Ausdruck kommt.

Die Analyse und Klassifikation ist dadurch sehr erschwert, dass die riechenden Stoffe meist außer den spezifischen Geruchsempfindungen noch Reizung der Schleimhaut oder Tränenabsonderung bedingen oder auf das Atmungssystem wirken, wodurch mannigfache Organempfindungen, zugleich aber auch Gefühle ausgelöst werden, die aufs innigste mit den Geruchsempfindungen verschmelzen. Dazu kommen auch Mischgerüche vor, die fast den Eindruck einfacher Qualitäten machen.

7.8 Geschmacksempfindungen

Die Feststellung der Qualitäten der Geschmacksempfindungen hat mit ähnlichen Schwierigkeiten zu kämpfen wie die der Geruchsempfindungen. Was wir gewöhnlich den Geschmack eines Nahrungsmittels nennen, das ist zum größten Teil auch durch Geruchsempfindungen bedingt, ferner durch Berührungs- und Temperaturempfindungen (hart oder weich, brennend oder kühlend usw.). Dazu kommen noch Vitalempfindungen (erfrischend, widerlich). Noch jetzt ist über die eigentlichen Grundqualitäten des Geruchssinns keine volle Übereinstimmung erzielt. Allgemein sind als solche anerkannt: Süß, sauer, salzig, bitter; vielleicht sind noch hinzuzufügen: laugenhaft metallisch u. a. Diese Geschmacksqualitäten sind nicht durch kontinuierliche Übergänge verbunden; auch haben sie keine Unterarten. Die Empfindung sauer ist die gleiche, von welchen Substanzen sie auch herrühren mag; die begleitenden und darauf folgenden Empfindungen können allerdings sehr verschieden sein.

7.9 Druck- und Temperaturempfindungen

Die Druck- oder Tastempfindungen scheinen nur eine einzige Qualität aufzuweisen, die man bei geringerer Intensität als Berührung, bei höherer als Druck bezeichnet; auch als Hautspannungsempfindung lässt sie sich charakterisieren. Meist vergegenständlichen wir instinktiv diese Sinnesempfindungen zu Eigenschaften der Dinge (wie dies auch bei den Farbempfindungen geschieht). Hart und weich, glatt und rau, nass und trocken, stumpf und spitz sind solche Eigenschaften; doch kommen dabei zum Teil auch Temperaturempfindungen in Betracht.

Diese selbst zeigen zwei Qualitäten: Warm und kalt; ihre verschiedenen Intensitäten sind es, die als lau, warm, heiß, kühl, kalt, eisig bezeichnet werden.

7.10 Die übrigen Empfindungen

Die unter dem —freilich unzulänglichen —Namen „kinästhetisch" zusammengefassten Empfindungen sind die der Bewegung, Lage, Spannung, Kraft und Schwere. Auch sie sind schwer von Berührungsempfindungen zu isolieren.

Besondere Empfindungen (deren Vermittlung das Vestibularorgan im Ohr dient) scheinen vorhanden zu sein bei Bewegungen in einer Kurve (im Bewusstsein, nach außen geneigt zu sein), bei Beschleunigung oder plötzlichem Anhalten gradliniger Fortbewegung (z. B. beim Schaukeln, beim Auf- und Absteigen in einem Fahrstuhl usw.), endlich als Komponente des Drehschwindels.

Die Schmerzempfindungen (die wohl zu unterscheiden sind von dem „Gefühl" der Unlust) werden teils durch die Haut, teils durch innere Organe vermittelt. Man neigt dazu, als Grundqualität der Ersteren die Stichempfindung anzu-

7.10 Die Übrigen Empfindungen

sehen. Die Schnittempfindung wäre dann als linear ausgedehnte Stichempfindung zu fassen, die des Brennens als diffus ausgedehnte Stichempfindung, verbunden mit Wärmeempfindung, die des Juckens als schwache Stichempfindung (während Kitzelempfindungen wohl als schwache Tastempfindungen aufzufassen sind).

Bei den durch innere Organe ausgelösten Schmerzen kommt noch eine zweite Grundqualität vor, die man als die des „dumpfen Schmerzes" bezeichnet. Ein Wissen um das beteiligte Organ ist in der Empfindung selbst natürlich nicht enthalten.

Die Vitalempfindungen umfassen verschiedene Gruppen, die an die wichtigsten Lebensfunktionen gebunden sind. Durch die Organe des Ernährungssystems werden vermittelt die Empfindungen von Hunger und Durst, Sättigung und gelöschtem Durst; ferner die der Übersättigung, der Übelkeit und des Ekels. Die Bewegungsorgane lösen die Empfindung der Ermüdung, des ausgeruht seins und der körperlichen Kraft aus. Mit der Tätigkeit der Atmungsorgane verknüpfen sich Empfindungen der Beklemmung, Erstickung oder der Freiheit und Leichtigkeit. In wieder andersartigen Empfindungen kommt das geschlechtliche Bedürfnis und seine Befriedigung zum Bewusstsein. Die Tätigkeit der Absonderungsorgane liefert Empfindungen bei ausbrechenden Tränen, Urindrang, Reiz zum Husten und Niesen; Störungen der Herztätigkeit sind oft von Angstempfindungen begleitet (die von dem Angstaffekt, der außerdem Gefühl und Vorstellungen enthält, zu scheiden ist). Endlich dürfte das Bewusstsein von Aufregung, innerer Unruhe oder von Beruhigung, Abspannung zu den Vitalempfindungen zu rechnen sein; nicht minder das der Frische und Aufgelegtheit wie andererseits das der Mattigkeit, Stumpfheit, Schläfrigkeit.

Man bezeichnet diese Vitalempfindungen auch als Organempfindungen, weil sie instinktiv nicht auf äußere Dinge, sondern auf den eigenen Körper und seine Organe bezogen werden. Unter diesem Gesichtspunkt wären die kinästhetischen, die Schmerz- und die Vestibularempfindungen ebenfalls zu den Organempfindungen zu rechnen. Einen ähnlichen Sinn hat der Name „Gemeinempfindungen" (den Ausdruck „Gemeingefühle" schränkt man besser auf die — meist eng damit verknüpften — Lust- und Unlusterlebnisse ein). In ihm kommt aber auch der vage, diffuse Charakter einigermaßen zum Ausdruck, der vielen dieser Vitalempfindungen eignet, und vermöge dessen sie meist einen gewissen verschwommenen Hintergrund unseres Bewusstseinslebens ausmachen.

8 Die Erklärung der Empfindungen

8.1 Beziehungen zwischen Empfindungsqualitäten und Reizen beim Gesichtssinn

Schon unsere kurzen Andeutungen lassen die wahrhaft erstaunliche Fülle der Empfindungsqualitäten erkennen. Wir sehen auch, dass für die psychologische Analyse hier noch bedeutsame Aufgaben bestehen. Methodisch von Wichtigkeit aber ist es hervorzuheben, dass die Unterscheidung und Klassifizierung der Empfindungen lediglich Sache der „reinen", der „deskriptiven" Psychologie ist. Wenn wir uns zur Bezeichnung mancher Empfindungsklassen des Namens der sie vermittelnden Organe bedienen, so ist das nur Sache der Gewohnheit, von der man nicht gut abgehen kann, ohne missverstanden zu werden. In dem Bewusstseinsinhalt der Empfindungen selbst ist keinerlei Wissen um diese Organe enthalten. Dieses Wissen beruht vielmehr auf naheliegenden Erfahrungen mannigfacher Art.

Nun pflegt freilich die heutige Psychologie als „physiologische" auch die mit den Empfindungen in gesetzmäßiger Beziehung stehenden Reize und physiologischen Prozesse in Sinnesorganen, Nerven und Gehirn mit zu berücksichtigen. Es würde aber den uns zu Gebote stehenden Raum überschreiten, wollten wir eine umfassende Darstellung auch nur der wichtigeren hierher gehörigen Feststellungen und Untersuchungsprobleme geben. Da es uns hier wesentlich auf das Methodische ankommt und auf die Klärung des Verhältnisses der „reinen" Psychologie zu ihren Hilfsdisziplinen, so beschränken wir uns darauf, nur an der Lehre vom Gesichtssinn (der ja für das Zustandekommen unseres Weltbildes der Wichtigste ist) genauer zu zeigen, wie Physik, Chemie, Anatomie und Physiologie mit der Psychologie Zusammenwirken, und wie ihre Forschungsgebiete zu scheiden sind. Vielfach lässt eine, auch in der Wissenschaft übliche, lässige Ausdrucksweise die Grenzen der Disziplinen verschwimmen.

Die realen Vorgänge oder Stoffe zu untersuchen, die als „Reize" für die Sinnesorgane in Betracht kommen, ist Sache der Physik oder Chemie. Als den normalen „Reiz" für den Gesichtssinn sieht man bekanntlich transversale Schwingungen des hypothetisch angenommenen Äthers an (dem wir selbst keinerlei Färbung oder Helligkeit beilegen). Drei Eigentümlichkeiten dieser Schwingungen: Wellenlänge, Intensität und Reinheit stehen in gesetzmäßiger Beziehung zu Farbenton, Helligkeit und Sättigung der Empfindungen.

Die längsten Wellen (von ca. 700 µµ, d. i. millionstel Millimeter) lösen die Empfindung Rot aus; die kürzesten (von ca. 400 µµ) die Empfindung Violett, die Wellen mittlerer Länge Orange, Gelb, Grün, Blau. (Es ist also irreführend, wenn man von „blauem Licht" oder „gelben Strahlen" spricht.)

Je größer die Intensität der Wellen ist, d. h. je stärkere Bewegungsimpulse die physikalischen Felder bzw. Teilchen erhalten, umso mehr steigert sich die Helligkeit an den Empfindungen.

Unter der Reinheit der Wellen ist verstanden, dass sie nur aus Wellen einer Länge bestehen. Derartiges „homogenes" Licht bewirkt die „satten" Farbenempfindungen. Durch Beimischung anderer Wellenlängen verlieren die Empfindungen an Sättigung. Den Empfindungen Weiß und Grau entsprechen gewöhnlich Strahlen, die aus allen überhaupt sichtbaren Wellenlängen gemischt sind. Das physikalisch Gemischte steht also hier in Beziehung zu einem, psychologisch betrachtet, einfachen Bewusstseinsinhalt. Noch auffälliger ist, dass bei der

8.1 Beziehungen Zwischen Empfindungsqualitäten Und Reizen Beim Gesichts-Sinn

Empfindung des Schwarz (bzw. des Augengrau) ein äußerer Reiz überhaupt fehlt.

Die genauere Untersuchung zeigt übrigens, dass die oben angegebenen drei Momente der Reize und der Empfindungen nicht in so einfachen Beziehungen stehen, wie wir sie der Übersichtlichkeit halber zunächst skizziert haben. Unterschiede der Wellenlänge bedingen nicht nur Verschiedenheiten des Farbentons, sondern auch solche der Sättigung und der Helligkeit.

Änderungen der Intensität bedingen nicht nur Helligkeitsänderungen der Empfindungen, sondern gelegentlich auch Änderungen des Farbentons und der Sättigung.

Endlich können Schwingungen, die in gleicher Weise homogen sind, doch Empfindungen von verschiedenem Sättigungsgrad auslösen.

In diesem Zusammenhang ist auch des purkinjeschen Phänomens zu gedenken. Wird die objektive Lichtintensität eines Spektrums stark herabgesetzt, so tritt natürlich eine Verdunkelung aller Farbempfindungen ein, aber diese ist für die Empfindungen Rot und Gelb (die durch die längsten Wellen ausgelöst werden) relativ viel beträchtlicher als für die übrigen, sodass schließlich Grün Heller empfunden wird als Gelb und Blau bedeutend Heller als Rot.

Wird die Intensität des Lichtes soweit als nur möglich vermindert, und hat sich das Auge zugleich an die Dunkelheit gewöhnt, so verlieren die Farbempfindungen ihre Buntheit; das Spektrum erscheint als ein farbloser Streifen, aber die hellste Stelle liegt jetzt nicht mehr (wie bei der gewöhnlichen Tagesbeleuchtung) in der Region des Gelb, sondern in der des Grün.

Von besonderer praktischer Wichtigkeit ist es, im Einzelnen festzustellen, inwiefern die Beschaffenheit der Empfindungen (und damit der von uns wahrgenommenen Farben der Dinge) von der Zusammensetzung der Ätherwellen abhängt; denn die meisten der gewöhnlich vorkommenden Farben sind, physikalisch betrachtet, stark gemischt. Mehrere Gesetze der Farbenmischung sind mit ausreichender Sicherheit nachgewiesen. Die wichtigsten sind:

Gemischtes Licht ergibt eine ebenso einfache Empfindung wie homogenes.

Rot und Violett gemischt bedingen die Empfindung Purpur (für die es überhaupt kein einfaches Licht als Reiz gibt).

Die übrigen durch Mischung von Lichtern verschiedener Wellenlänge bedingten Empfindungen stimmen zwar im Farbenton mit einer der Empfindungen überein, die durch einfaches Licht erzeugbar sind, aber ihre Sättigung ist meist geringer. Freilich ist diese Abnahme der Sättigung noch unbedeutend, wenn die Komponenten benachbart sind. Insbesondere ergibt die Mischung der langwelligen Lichter (Rot und Gelb), je nach der Menge der Bestandteile, Zinnoberrot, Orange, Goldgelb von ziemlich hohem Sättigungsgrad. Wenn man aber dem „roten Licht" eine über dem Gelb hinaus (gegen Grün hin) liegende Komponente zumischt, so wird die entsprechende Empfindung immer ungesättigter. Schließlich gelangt man zu einer Grünnuance, die mit rotem Licht gemischt die Empfindung eines Grau oder (bei genügender Helligkeit) eines Weiß ergibt. Es existiert aber zu dem Licht jeglicher Wellenlänge ein anderes, das mit ihr (in bestimmtem Verhältnis) gemischt, eine Grauempfindung oder — bei größerer Intensität — eine Weißempfindung auslöst. Solche Farben (richtiger: Lichtwellen) heißen in ihrem Verhältnis zueinander „Komplementärfarben". Sie liegen im Spektrum um ein Drittel bis zur Hälfte des Gesamtbereichs voneinander entfernt; ein einfaches numerisches Verhältnis zwischen den Wellenlängen (bzw. Schwingungszahlen) der komplementären Lichter besteht nicht.

Ferner hat man festgestellt: Gleich aussehende Farben (bzw. Lichter) gemischt ergeben Empfindungen von gleicher Qualität. Es kommt also für die Empfindung nicht darauf an, welche Kombination von Ätherwellen den Bestandteilen der Mischung zugrunde liegt, sondern wie diese aussehen.

Endlich sei erwähnt, dass man aus Rot, Grün und bläulichem Violett alle Farben mischen kann.

Zur symbolischen Darstellung dieser Mischungsverhältnisse dient das sogenannte „Farbendreieck", an dessen Eckpunkten die drei eben genannten Farben ihre Stelle haben. Wenn man diese als „Grundfarben" bezeichnet, so hat dies gar nichts zu tun mit den im Kap. 7.2 erwähnten „Hauptfarben". Jene haben physikalische, diese psychologische Bedeutung; zu Letzteren gelangt man durch deskriptiv-psychologische Anordnung der Empfindungen nach ihrer Ähnlichkeit, zu jenen durch physikalische Untersuchung der Reizmischungen. —

Aber nicht nur von der Beschaffenheit der Reize, die wir bisher allein berücksichtigten, hängt die Qualität der Empfindungen ab, sondern es kommt auch auf die räumlichen und zeitlichen Bestimmtheiten der Reize an. Über die optische Wahrnehmung des Räumlichen überhaupt kann erst in anderem Zusammenhang gesprochen werden; ebenso über die Erlebnisse des Zeitbewusstseins: Hier ziehen wir nur Fälle in Betracht, bei denen die Beschaffenheit der Empfindungen abhängig sich zeigt von räumlichen und zeitlichen Momenten an den Reizen. In Frage kommen dabei vor allem die Kontrasterscheinungen, die Adaptationsvorgänge und die Nachbilder.

Die Kontrasterscheinungen drängen sich schon dem vorwissenschaftlichen Bewusstsein auf. Legt man ein Stückchen Papier von mittlerem Grau auf eine weiße Unterlage, so wird es dunkler als vorher erscheinen; auf dunklem Grund wird es heller aussehen. Ist der Grund bunt gefärbt, so erhält das graue Stückchen einen Stich in die betreffende Komplementärfarbe; also auf Rot wird es grünlich, auf Grün rötlich aussehen. Besonders deutlich zeigen sich diese Erscheinungen des Helligkeit- und Farbenkontrasts, wenn man beide Farbflächen mit weißem, durchschimmerndem Seidenpapier bedeckt (Flor-Kontrast); vermutlich weil dann die Konturen verschwimmen.

Beachten wir wieder die Divergenz zwischen Reizen und Empfindungen! Physikalisch betrachtet, beeinflussen sich die Reize nicht; es ist also gleichgültig, ob sie einzeln oder simultan wirken. Für das Psychische, die Empfindungen, ist das jedoch nicht gleichgültig.

8.1 Beziehungen Zwischen Empfindungsqualitäten Und Reizen Beim Gesichts-Sinn

Die Erscheinungen der „Adaptation" und der „Nachbilder" sind ebenfalls leicht zu beobachten. Betrachten wir z. B. den leicht bewölkten Himmel durch ein gelbes Glas (sodass alles Licht, das in unser Auge fällt, durch das Glas geht), so erscheint er zunächst gelblich gefärbt, aber nach einigen Minuten hat sich diese Färbung verloren, der Himmel sieht wieder so weißlich aus wie vorher.

Wenn wir am Abend eine Petroleumlampe anzünden, so können wir deutlich die gelbliche Färbung des Lichtes wahrnehmen, aber nach kurzer Zeit hat sich diese verloren. Unser Auge hat sich, wie man zu sagen pflegt, „daran gewöhnt". Deshalb spricht man von „Adaptation" (d. i. „Anpassung"). Diese kann auch räumlich begrenzt als „lokale" auftreten. Fixiert man etwa 1 bis 2 Minuten lang ein buntfarbiges Papier, so bleibt unsere Farbempfindung sich nicht gleich, sondern sie verliert bald merklich an Sättigung, verschiebt sich also gegen Grau hin.

Im Anschluss an die lokale Adaptation tritt die Erscheinung des „negativen Nachbildes" auf. Richte ich nämlich von der fixierten bunten Fläche den Blick auf ein weißes oder neutrales Feld, z. B. die Zimmerdecke (oder schiebe ich ein solches Feld vor die bunte Fläche), so sehe ich dort die betreffende Komplementärfarbe.

Bei der Adaptation ist also die auffällige, Erklärung heischende, Tatsache die, dass sich die Reize gleichbleiben, die Empfindungen dagegen sich ändern. Beim negativen Nachbild tritt eine Empfindung ein, die dem gerade gebotenen Reize gar nicht entspricht, wohl aber zu der durch den vorangegangenen Reiz bedingten Empfindung im Verhältnis der Komplementärfarbe steht.

Die erwähnten Tatsachen (wie noch zahlreiche andere) zeigen, dass eine feste, gesetzmäßige Beziehung zwischen bestimmten Reizen und Empfindungen nur sozusagen in abstracto besteht. Im einzelnen konkreten Falle können durch gleichzeitige oder vorhergehende Reize und durch den jeweiligen psychologischen Zustand des Individuums die Empfindungen, die durch bestimmte Reize ausgelöst werden, mannigfachen Modifikationen unterliegen.

8.2 Physiologische Tatsachen und Theorien in Beziehung auf den Gesichtssinn

Wir überblicken jetzt eine Reihe von allgemeinen Tatsachen hinsichtlich des Zusammenhangs von physikalischen Reizen und Empfindungen. Die Frage, wie dieser Zusammenhang näherhin zu denken sei, müssen wir hier zurückstellen. Sie gehört zu dem allgemeinen Problem des Verhältnisses von Physischem und Psychischem und muss mit diesem zusammen erörtert werden. Wenn wir aber auch diese große Rätselfrage ganz offenlassen, so wird doch schon hier unser Bedürfnis nach Erklärung ganz besonders durch einige der festgestellten Tatsachen gereizt. Wäre es nämlich so, dass eine einfache Korrelation bestünde zwischen Wellenlänge, Intensität und Reinheit der elektromagnetischen Wellen einerseits und Farbenton, Helligkeit und Sättigung der Empfindungen anderer-

8 DIE ERKLÄRUNG DER EMPFINDUNGEN

seits, so wäre zwar der tiefere Grund dieser Korrelation uns noch verborgen, aber unser natürliches Verlangen nach Erkenntnis eines einfachen gesetzlichen Zusammenhangs wäre befriedigt. Nun haben wir jedoch gesehen, dass eine Reihe von auffälligen Abweichungen zwischen physischen Reizen und den psychischen Empfindungen bestehen. Liegt es unter diesen Umständen nicht nahe, eine Erklärung hierfür auf dem Gebiet zu suchen, das — bildlich gesprochen — zwischen dem der Reize und dem der Empfindungen eingeschoben ist: Dem Gebiet der physiologischen Erregungsvorgänge in Sinnesorgan, Sinnesnerven und Gehirn? Es darf ja hier als bekannt vorausgesetzt werden, dass der Reiz nicht die einzige Bedingung für das Zustandekommen der Empfindung ist, sondern dass ein physiologischer Prozess in den genannten Organen ebenfalls dazu gehört. Die Struktur dieser Organe und die Beschaffenheit ihrer Funktion festzustellen, ist Sache der Anatomie und Physiologie. Darauf näher einzugehen müssen wir uns hier versagen; nur soll zur Veranschaulichung des methodischen Verfahrens gezeigt werden, in welcher Weise man durch physiologische Hypothesen die auffälligen Verschiedenheiten zwischen den Feststellungen der Physik und denen der reinen Psychologie auszugleichen sucht.

Ehe wir dazu übergehen, müssen wir freilich noch berücksichtigen, dass die erwähnten Verschiedenheiten nicht allein es sind, die durch diese Theorie ihre Erklärung finden sollen. Unser Gebiet gehört nämlich zu denjenigen, wo die Pathopsychologie für die Normalpsychologie wichtig wird. Sie weist auf eine Reihe von Anomalien des Sehens hin, denen jene Hypothesen gleichfalls Rechnung tragen müssen. Es sind die bekannten Erscheinungen der

Farbenblindheit. Ihre häufigste Form ist die „partielle" Farbenblindheit oder Rotgrünblindheit. Die damit behafteten Personen haben nur die Empfindungen der neutralen Farben und die von Blau und Gelb, während sie Rot und Grün und alle Zwischenfarben zwischen diesen und Blau und Gelb nicht zu empfinden vermögen. Alle roten, gelben und grünen Farben erscheinen ihnen gelb, jedoch in verschiedener Sättigung und Helligkeit (weshalb sie auch nicht in allen Fällen Rot und Grün verwechseln). Die blauen und violetten Farbennuancen kommen ihnen blau vor; ein gewisses Blaugrün und ein gewisses Purpurrot sehen für sie grau aus.

Bei der — sehr seltenen — „totalen" Farbenblindheit fehlen überhaupt die Empfindungen der bunten Farben gänzlich; nur Weiß, die Nuancen des Grau und Schwarz werden empfunden. Das Spektrum erscheint wie ein farbloser Streifen mit heller Mitte und dunklen Enden.

Man hat nun aber auch bei den Normalsichtigen (den sogenannten „Farbentüchtigen") festgestellt, dass Lichtstrahlen, die lediglich die äußerste Peripherie der Netzhaut treffen, ebenso wenig Farbempfindungen auszulösen vermögen wie bei den total Farbenblinden überhaupt. Ferner dass sie sich, wenn die Reize nur auf einen Streifen zwischen jener Randzone und der zentralen Netzhautpartie treffen, verhalten wie die Rotgrünblinden; endlich dass die ganze Buntheit der Farbenwelt nur bei Reizung einer mäßig großen mittleren Stelle der Netzhaut empfunden wird.

8.2 Physiologische Tatsachen Und Theorien In Beziehung Auf Den Gesichtssinn

Die zu erklärende Tatsache ist hier die: Die gleichen Reize lösen bei verschiedenen Individuen (den Farbentüchtigen und Farbenblinden) verschiedene Empfindungen aus, und ebenso bei demselben Individuum, wenn sie auf verschiedene Zonen der Netzhaut treffen.

Gerade der letzte Fall muss ganz besonders die Vermutung nahelegen, dass die Erklärung für diese (wie auch die anderen) Diskrepanzen auf dem physiologischen Gebiete zu suchen sei. Denknotwendig ist dies freilich nicht. Man hat bei einzelnen der erwähnten Erscheinungen auch an psychologische Erklärungen gedacht. So war z. B. Helmholtz der Ansicht, die Kontrasterscheinungen beruhten nicht auf einer Veränderung der Empfindungen selbst, sondern auf einer irrigen Beurteilung der Empfindungen. Diese Erklärung ist heute freilich allgemein aufgegeben, nicht weil sie eine psychologische war, sondern weil sie manche Seiten der Erscheinung tatsächlich nicht verständlich machen konnte, z. B. warum die Veränderung des vom bunten Felde umgebenen Grau gerade in der Richtung der Komplementärfarbe der Felder erfolge.

Übrigens hatte Helmholtz selbst für die Tatsachen der Farbenmischung im Anschluss an den Engländer Th. Young eine physiologische Theorie aufgestellt. Aber da auch diese von den meisten Forschern als unzulänglich erkannt ist, so wollen wir gleich auf diejenige physiologische Theorie übergehen, die heute das größte Ansehen genießt. Es ist die Hypothese Herings.

Dieser nimmt an, dass im Sehorgan durch die physikalischen Reize sechs qualitativ verschiedene physiologische Prozesse ausgelöst werden. (Genauere Angaben über deren Beschaffenheit zu machen, hält er mit Recht noch nicht für angängig.) Für sich einzeln vorkommend würden diesen Prozessen sechs Grundempfindungen entsprechen: Weiß, Schwarz, Gelb, Blau, Rot, Grün. Tatsächlich aber, so besagt weiterhin Herings Hypothese, kommen sie nicht isoliert vor. Denn zwei von ihnen vollziehen sich an derselben Sehsubstanz, nämlich als Zersetzung („Dissimilierung"), oder als Wiederherstellung („Assimilierung"). Und zwar sollen die Empfindungen Weiß, Gelb und Rot die Korrelate der Dissimilierungsprozesse, Schwarz, Blau und Grün die der Assimilierungsprozesse sein. Die Strahlen verschiedener Wellenlänge sollen nun verschiedenen Reizwert (Valenz) für die drei Substanzen haben. Auf die Schwarzweißsubstanz sollen alle Strahlengattungen nur dissimilierend wirken, während die Assimilierung durch den Stoffwechsel selbst sich vollzieht. Da hier also beim Fehlen äußerer Reize ein Assimilierungs-Prozess stattfindet, so würde dadurch die paradoxe Tatsache verständlich, dass wir positive Empfindungen: Schwarz bzw. Augengrau erleben, ohne dass gerade Reize unser Organ treffen.

Auf die Blaugelbsubstanz sollen dissimilierend wirken die Strahlen größerer, assimilierend diejenigen kürzerer Wellenlänge. Die Rotgrünsubstanz soll zersetzt werden durch die Strahlen größter und geringster Wellenlänge, assimiliert durch diejenigen mittlerer Länge. Wird durch Mischung von verschiedenem Licht Zersetzung und Wiederherstellung derselben Sehsubstanz herbeigeführt, so heben sich diese Wirkungen gegenseitig auf. Mischen sich Strahlen, deren zugehörige Empfindungen in „komplementärem" Verhältnis stehen, so heben sich die Wirkungen auf die Rotgrün- und die Blaugelbsubstanz völlig aus; es kommt nur die Wirkung auf die Schwarzweißsubstanz zur Geltung, und es tritt die Empfindung Weiß ein.

Die totale Farbenblindheit findet ihre Erklärung durch die Annahme, dass solchen Individuen die beiden chromatischen Substanzen fehlen; den partiell Farbenblinden fehlt die Rotgrünsubstanz. Durch die Hypothese einer verschiedenen Verteilung der Sehstoffe auf der Netzhaut wird auch verständlich, warum nur durch Reizung der mittleren Bezirke alle Arten Farbempfindungen ausgelöst werden können.

Zur Erklärung der Kontrasterscheinungen dient die naheliegende Annahme, dass ein Reiz, der an der direkt von ihm getroffenen Netzhautstelle z. B. eine dissimilierende Wirkung hervorruft, in der Umgebung einen Assimilationsprozess bedingt. Da diesem die komplementäre Empfindung entspricht, so erklärt sich die Verschiebung in der Richtung der Komplementärfarbe.

Die Adaptation findet dadurch ihre Erklärung, dass die Sehsubstanzen in begrenzter Menge vorhanden sind. Durch längere Einwirkung gleicher Reize werden demnach die dadurch bedingten Prozesse und die ihnen korrelaten Empfindungen schwächer. Dass bei der lokalen Adaptation die Buntheit der fixierten Felder sich abschwächt und mehr und mehr nach Grau übergeht, dieser Tatsache wird die Hilfsannahme gerecht, die Schwarzweißsubstanz sei in wesentlich reicherem Maße vorhanden als die chromatischen. Der an ihr stattfindende Dissimilierungsprozess, bzw. die ihm korrelate Grauempfindung, wird sich also immer mehr zur Geltung bringen.

Damit aber, dass sich an einer Netzhautstelle durch Zersetzung unter dem Einfluss des betreffenden Lichtes das Dissimilierungsmaterial vermindert, steigert sich das Assimilierungsmaterial. Hört nun die Einwirkung des Reizes auf, so setzt infolge des Stoffwechsels ein Assimilierungsvorgang ein. Die ihm entsprechende Empfindung ist aber nichts anderes als das negative Nachbild.

So finden die wichtigsten der oben angeführten Verschiedenheiten zwischen dem physikalischen und dem psychologischen Gebiet durch Herings physiologische Theorie eine ausreichende Erklärung. Freilich, je mehr sich die Forschung in die Einzelheiten vertieft hat, umso mehr hat sich herausgestellt, wie verwickelt die Verhältnisse liegen, und dass auch die heringsche Theorie in ihrer ursprünglichen Form nicht allen Anforderungen gerecht wird. So sind schon manche Modifikationen (z. B. von G. E. Müller) und unterstützende physiologische Hypothesen ersonnen worden. Unter den Letzteren ist am wichtigsten die von v. Kries aufgestellte sogenannte „Duplizitätstheorie". Sie betrifft die Funktion der Endapparate der Sehnerven: Die Zapfen- und Stäbchenzellen, welche die äußerste Schicht der so überaus komplizierten Netzhaut bilden. Beide Arten dieser Zellen sind so fein gebaut, dass von den Stäbchen (langen zylindrischen Gebilden) etwa 500, von den Zapfen (flaschenförmigen Gebilden) etwa 200 auf einen Quadrat-Millimeter gehen. Nach dem Zentrum der Netzhaut hin überwiegen die Zapfen, sodass diese in der „Zentralgrube", d. h. der Stelle des schärfsten Sehens, schließlich allein vorhanden sind. v. Kries nimmt nun an, dass Stäb-

8.2 Physiologische Tatsachen Und Theorien In Beziehung Auf Den Gesichtssinn

chen und Zapfen in verschiedener Weise funktionieren. Auf die Ersteren sollen die Strahlen mittlerer Wellenlänge relativ am stärksten wirken, auf die Zapfen diejenigen größter Wellenlänge. Ferner sollen bei starkem Licht die Stäbchen rasch außer Tätigkeit treten, während sehr schwaches Licht zwar die Stäbchen, aber nicht die Zapfen erregt. Die Ersteren bilden also sozusagen den „Dunkelapparat" des Auges, dessen es sich beim Sehen in der Dämmerung bedient, die Letzteren den „Hellapparat". Auch das purkinjesche Phänomen findet durch v. Kries' Annahme seine Aufklärung. Dies besteht, wie wir uns erinnern, darin, dass bei starker Beleuchtung die Stelle größter Helligkeit des Spektrums im Gelb liegt (was langwelligem Licht entspricht); in der Dämmerung verschiebt sich diese hellste Stelle allmählich nach dem Grün (was den Wellen mittlerer Größe entspricht). Bei stärkster Verminderung der Beleuchtung verschwinden alle bunten Farben, und das Spektrum wird zum farblosen Streifen. Jetzt funktionieren eben die Stäbchen allein. Bestätigende Momente für v. Kries' Hypothese liegen darin, dass einerseits für die Zentralgrube (wo ja Stäbchen nicht vorhanden sind), das purkinjesche Phänomen nicht gilt, dass andererseits mit den peripheren Netzhautpartien (wo die Stäbchen überwiegen) ganz schwache Helligkeiten besser wahrgenommen werden können als mit der Zentralgrube. Endlich erklärt sich die totale Farbenblindheit durch die Annahme, dass sie auf einer Funktionsunfähigkeit der Zapfen beruht.

Zu einer physiologischen Erklärung greift man auch, um gewisse zeitliche Differenzen zwischen der Wirksamkeit der physikalischen Reize und der der Empfindungen zu erklären. Die Annahme liegt ja nahe, dass der physiologische Prozess im Sinnesorgan, Nerv und Gehirn eine gewisse Zeit braucht, um seine maximale Stärke zu erreichen, und dass er nicht sofort mit dem Aufhören des Reizes verschwindet. Analoges ist dann auch bezüglich des psychischen Prozesses, d. h. der Empfindung, zu erwarten. In der Tat zeigt die Erfahrung mehrere Tatsachen, die eben durch diese physiologische Hypothese ihre Aufklärung finden. Dahin gehört zunächst das sogenannte „An klingen" der Empfindung, d. h. die Erscheinung, dass die optischen Empfindungen erst im Verlauf einer kurzen Zeit — die Untersuchungsergebnisse schwanken zwischen $1/80$ und $1/4$ Sekunde — diejenige Helligkeit und Sättigung erreichen, die der jeweilige Reiz überhaupt seiner Art und Stärke nach auslösen kann. Ein weißer Streifen auf dunklem Grund, nur einen Moment sichtbar, wird als grau empfunden, und zwar umso dunkler, je kürzer er exponiert ist. Bunte Farben erscheinen bei dieser momentanen Betrachtungsweise nicht bloß dunkler, sondern auch ungesättigter — bei den kürzesten Fristen — sogar zumeist als farblos.

Praktisch bedeutsamer sind die Erscheinungen des „Abklingens" der Empfindungen. Nach dem Aufhören des Reizes dauert die Empfindung noch ca. $1/10$ Sekunde fort, zunächst fast in gleicher Stärke, dann rasch abnehmend. Wird nun der objektive Reiz vor Ablauf dieses Intervalls wiederholt, so wird die Unterbrechung überhaupt nicht empfunden. Die Divergenz des Physikalischen und des Psychologischen liegt wieder auf der Hand: Dort konstatieren wir einen intermittierenden Prozess, hier erleben wir eine kontinuierliche Empfindung. Die Kluft wird überbrückt durch die angedeutete Hypothese über den physiologischen Vorgang. Auf diesem „Abklingen" der optischen Empfindungen beruht es, dass eine rasch geschwungene glühende Kohle wie ein feuriger Kreis erscheint, dass eine Sternschnuppe als ein heller Strich gesehen wird. Auch kommt das „Abklingen" der Empfindung mit in Betracht bei Erklärung der Erscheinungen am sogenannten Stroboskop und beim Kinematografen: Eine rasche Folge diskontinuierlicher Momentaneindrücke gleicher Gegenstände in verschiedenen Stellungen und Situationen erzeugt im Bewusstsein den Eindruck kontinuierlicher Änderungen oder Bewegungen identischer Objekte. Endlich gehören hierher die als **Talbot-Plateausches Gesetz** zusammengefassten Tatsachen, die gerade für gewisse experimentell-psychologische Untersuchungen von besonderer Wichtigkeit sind. Fixiert man z. B. einen Punkt einer aus weißen und schwarzen Sektoren bestehenden Scheibe und versetzt sie in Drehung, so erweckt sie bei genügend rascher Rotation den Eindruck einer still stehenden grauen Scheibe. Es erklärt sich dies so: Geht ein weißer Sektor an dem Auge vorüber, so klingt die Empfindung an, sie erreicht aber wegen des sofortigen Wiederverschwindens des Reizes nicht ihre intensivste Ausprägung (Weiß), sondern es kommt nur zu einer Grauempfindung. Wegen des Abklingens aber ändert sich diese nicht merklich, während der folgende schwarze Sektor am Auge vorbeigeht, dieses also von keinem Reiz getroffen wird. Ehe nun die Empfindung aufhört oder sich merkbar ändert, ist schon wieder ein weißer Sektor an dem Fixationspunkt, der erneut die Grauempfindung auslöst. Ist die Drehung der Scheibe nicht rasch genug, so verrät sich dies in dem Eindruck des „Flimmerns", d. h. einer Sukzession von kurz dauernden Grau- und Schwarzempfindungen. Damit das Flimmern nicht mehr eintritt, muss die Scheibe bei Tageslicht ca. 50, bei Dämmerung ca. 20 Umdrehungen in der Sekunde machen.

Genauere Untersuchungen haben ergeben: Die Helligkeit des Grau, das durch die Rotation der weißschwarzen Scheibe zum Bewusstsein kommt, ist gerade so intensiv, als wenn die objektive Lichtintensität der weißen Sektoren gleichmäßig über die ganze Fläche der Scheibe ausgebreitet würde.

Entsprechende Erscheinungen treten auf, wenn man statt der Scheibe mit schwarzen und weißen Sektoren solche mit buntfarbigen wählt. Bei genügend rascher Drehung der Scheibe ergibt sich eine gleichbleibende Empfindung, wie sie auch dann ausgelöst würde, wenn das objektive Licht der einzelnen Sektoren gleichmäßig über die ganze Scheibe verteilt wäre, und wenn nun diese Lichter nach den allgemeinen Mischungsgesetzen zusammenwirkten. Darauf beruht es denn auch, dass man diese Mischungsgesetze — deren wichtigste wir oben (Kap. 8.1) mitgeteilt haben — an rotierenden Scheiben in einfachster Weise untersuchen konnte. —

Wir sind auf die Erforschung der optischen Empfindungen, der zugehörigen physikalischen Reize und physiologischen Prozesse näher eingegangen, um sowohl die Verschiedenheit wie das Zusammenarbeiten der drei hier in Betracht kommenden Wissenschaften an besonders anschaulichen Beispielen zu illustrieren. Entsprechend aber ist die Problemstellung wie auch die Methode der Problemlösung auf den anderen Sinnesgebieten.

8.3 Reize, nervöse Organe und deren Funktion bei den übrigen Empfindungsklassen

Der physikalische Vorgang, der als Reiz für die Gehörempfindungen in Betracht kommt, besteht in Schwingungen der dem Gehörorgan benachbarten Massenteilchen. Die tönenden Körper befinden sich (wie man z. B. an einer tönenden Saite sehen oder an einer Stimmgabel durch Tasten feststellen kann) in schwingender Bewegung. Dadurch wird die umgebende Luft abwechselnd verdichtet und verdünnt. So entstehen „longitudinale" Luftwellen, d. h. solche, bei denen die Teilchen in der Fortpflanzungsrichtung der ganzen Bewegung schwingen. Diese Wellen schreiten nach allen Seiten mit einer Geschwindigkeit von 330 Metern in der Sekunde fort, soweit nicht Hindernisse im Wege stehen. Die einfachste Schwingungsform ist die Pendel- oder Sinusschwingung, die sich in Wellenlinien veranschaulichen lässt, die gleichmäßig an- und abschwellen. Nur wenige tönende Körper erzeugen solche einfache Schwingungen; die meisten verursachen verwickeltere Schwingungsformen, die sich aber als Zusammensetzungen von mehr oder weniger einfachen Wellenbewegungen auffassen lassen. Das hat nicht nur theoretische Bedeutung für die mathematische Berechnung; vielmehr entsprechen den Sinusschwingungen die Tonempfindungen im engeren Sinne, den verwickelteren die Klangempfindungen.

Von der Schwingungsweite ist Intensität der Gehörempfindung, von der Schwingungszahl ihre Qualität, d. i. die Tonhöhe, und der Vokalcharakter abhängig. Die Untersuchungen der Reize, welche die Empfindungen der tiefsten und höchsten Töne in uns auslösen, sind noch nicht zu allgemein anerkannten Ergebnissen gelangt: Man schwankt zwischen 9 und 16 Schwingungen in der Sekunde als Reize für die tiefsten, zwischen 16.000 und 50.000 als Reiz für die höchsten Töne. Physikalisch lassen sich noch raschere Luftschwingungen Herstellen: mit der galtonschen Pfeife bis zu 170.000 in der Sekunde. Aber diese Steigerung der Schwingungszahl löst kein merkbares Höherwerden der Tonempfindung mehr aus. Die Töne, die in der Musik Verwendung finden, reichen nur von 16 bis ca. 30000 Schwingungen. Die internationale Stimmtonkonferenz zu Wien von 1885 hat festgesetzt, dass der Ton von 435 Schwingungen der „Kammerton" 3^1 sein solle, nach dem die Instrumente gestimmt werden.

Dass wir auch die Reize selbst Töne oder Klänge nennen, entspricht der naiv-realistischen Ansicht und hat nicht mehr, freilich auch nicht weniger Berechtigung, wie dass wir den Körpern selbst Farbe zuschreiben.

Die Schwingungszahlen der beiden Töne einer Oktave verhalten sich wie 1:2, die der Quinte wie 2:3, die der Quarte wie 3:4, der großen Terz wie 4:5, der großen Sext wie 5:6, der großen Sekunde wie 8:9 usw. Man erkennt daraus, dass den vollkommenen Konsonanzen (vgl. Kap. 7.6) in der psychischen Sphäre die einfachsten Zahlenverhältnisse bei den Schwingungen entsprechen (deren Untersuchung der Physik zufällt). Sehr einfach ist auch in Klängen das Verhältnis der harmonischen Obertöne zu dem Grundton. Setzt man dessen Schwingungszahl gleich 1, so wäre das Verhältnis wiedergegeben durch die Reihe

8 DIE ERKLÄRUNG DER EMPFINDUNGEN

1:2:3:4:5:6:7 usw. Bedingt sind diese Obertöne dadurch, dass die tönenden Körper, z. B. Saiten, nicht nur als Ganzes schwingen, sondern auch in ihren Teilen entsprechend raschere Schwingungen ausführen.

Den Empfindungen der Dauergeräusche entsprechen (nach Helmholtz) zahlreiche gleichzeitige Schwingungen von wenig verschiedener Schwingungszahl; den Momentangeräuschen solche, die an Stärke ganz rasch abnehmen.

Den Geräuschen kommt neben den Klängen insbesondere beim Sprechen eine große Bedeutung zu: Bei den Vokalen und Halbvokalen (m, n usw.) dominieren die Klänge; die R- und S-Laute sind Dauergeräusche; die sogenannten „Explosivlaute" (wie p, t, k) sind Momentangeräusche. Neuerdings sind mehrere Verfahrensweisen erfunden worden, um die Sprachlaute in ihre Komponenten zu zerlegen und diese dem Auge sichtbar und damit einer exakten Bestimmung zugänglich zu machen. Man verwendet dazu den Phonographen, indem man die darin gewonnenen Eindrücke vergrößert; man lässt die Schwingungen der Stimmbänder, soweit diese sich beim Sprechen und Singen auf den Schildknorpel des Kehlkopfs übertragen, durch den von Krüger und Wirth konstruierten Kehltonschreiber auf einer berußten, rotierenden Trommel aufzeichnen; man lässt endlich durch eine rußende Flamme, die durch die Stimme in Schwingungen versetzt wird, die Letzteren in Gestalt von Nussringen auf Papierstreifen übertragen (K. Marke). Indessen stehen die Untersuchungen mit diesen Hilfsmitteln noch in den Anfängen.

Die Schwingungen können auf zwei Wegen dem Gehörorgan zugeführt werden: Entweder durch unmittelbare Übertragung auf den Schädelknochen (wenn man z. B. eine schwingende Stimmgabel auf die Stirn aufsetzt) oder durch Vermittlung der Luft, was das Gewöhnliche ist. In einem luftleeren Raum findet natürlich keine solche Schallübertragung statt.

Das Trommelfell eignet sich als eine gespannte Membran zur Aufnahme von Schwingungen; man denke nur an die analogen Einrichtungen im Telefon und Phonographen. Um Töne von beliebiger Höhe (genauer: Schwingungen von beliebiger Geschwindigkeit) aufzunehmen und zu übertragen, eignen sich nicht glatt gespannte Membranen, da sie sozusagen nur auf bestimmte Tonhöhen abgestimmt sind und nur bei diesen kräftig Mitschwingen. Dagegen sind wohl geeignet dafür Membranen, die (wie das Trommelfell) trichter- oder kegelförmig gestaltet sind und durch Verbindung mit einem festen Körper eine Dämpfung erhalten.

Das Trommelfell überträgt durch Vermittlung der mit ihm verwachsenen Gehörknöchelchen („Hämmer", „Amboss", „Steigbügel") seine Schwingungen in verkleinertem Maßstab auf die Membranen, welche die beiden „Fenster" des inneren Ohres, des sogenannten Labyrinths, abschließen. Durch sie pflanzen sich die Schwingungen auf das Wasser (die „Lymphe") des Labyrinths fort und weiterhin auf die Fasern der in der „Schnecke" ausgespannten „Basilarmembran". Sie enthält 15.000—20.000 Fäserchen von ca. $1/500$ Millimeter Durchmesser und einer Länge, die allmählich zunimmt, unten etwa $1/20$, oben $1/2$ Millimeter beträgt. Man hat sie mit einer nach bestimmten Tonschritten abgestuften Kla-

8.3 Reize, Nervöse Organe Und Deren Funktion Bei Den Übrigen Empfindungs-Klassen

viatur verglichen. Sie tragen komplizierte Gebilde (die sogenannten cortischen Bögen); durch deren Vermittlung wird endlich der Reiz in eine Erregung der Fasern des Gehörnerven umgesetzt.

Infolge ihrer verschiedenen Länge sind die Fäserchen der Basilarmembran auf Schwingungen bestimmter Zahl sozusagen abgestimmt. Dadurch werden die Komponenten der Schwingungen von mehr oder minder verwickelter Form gesondert, indem sie verschiedene getrennte Partien dieser Fäserchen in Mitschwingung versetzen. So erscheint es auch begreiflich, dass wir die einzelnen Töne eines Akkords, bzw. die Obertöne eines Klangs, herauszuhören vermögen.

Diese Hypothese über die physiologische Funktion der Fäserchen findet eine Bestätigung durch pathologische Erscheinungen. Bei Erkrankungen des inneren Ohrs ist die Empfindungsfähigkeit für Tonqualitäten bisweilen eingeschränkt oder weist Lücken auf.

Den Reiz für die Geruchsempfindungen bilden Substanzen, die in gas- oder dampfförmigem Zustand auf das Riechorgan wirken. Es ist übrigens nicht ausgeschlossen, dass dieses auch durch Flüssigkeiten direkt erregt werden könne. Das Organ liegt in einer kleinen Region der Nasenschleimhaut, in der obersten, sehr schwer zugänglichen der drei Nasenmuscheln. Es umfasst auf der Nasenscheidewand und zu beiden Seiten derselben eine Fläche von etwa 6 Quadratzentimetern. Hier ist die gewöhnliche Struktur der Nasenschleimhaut ersetzt durch zylindrische Epithelzellen von ca. 0,1 Millimeter Dicke, zwischen denen sich die Ursprungszellen des Riechnerven befinden, dessen Fasern, zu mehreren Strängen vereint, nach einem subkortikalen Zentrum, dem sogenannten Riechkolben, sich hinziehen. Sowohl das periphere Organ wie das zugehörige Zentrum sind beim Menschen im Vergleich mit den meisten Säugetieren (besonders den Fleischfressern) sozusagen verkümmert. Wenn gleichwohl die Feinheit des menschlichen Geruchs noch eine ganz erstaunliche ist, wie außerordentlich mögen dann erst die Geruchsleistungen jener Tiere sein! Es ist ja auch unverkennbar, dass im Leben der Tiere der Geruch eine weit größere Bedeutung hat als im menschlichen.

Die Untersuchung der gesetzmäßigen Beziehungen zwischen Reizen und Empfindungen ist auf diesem Gebiet sehr erschwert durch die schwer zugängliche Lage des Organs, die Feinheit seiner Reaktion auf die winzigsten Mengen von riechenden Stoffen und deren verwickelte Struktur. Immerhin kann man mit großer Wahrscheinlichkeit behaupten, dass Beziehungen bestehen zwischen der chemischen Konstitution der Stoffe einerseits und der Riechbarkeit überhaupt, der Qualität und der Intensität der Geruchsempfindungen andererseits. So haben z. B. die Fettsäuren übereinstimmen einen ranzigen Geruch; ähnliche Übereinstimmung gilt für die alkoholischen, ätherischen und für andere Stoffe. Alle Sulfide (d. h. Verbindungen, deren Moleküle Schwefelatome enthalten) haben einen dem Schwefelwasserstoff ähnlichen, faulig-lauchartigen Geruch, zum Teil von außerordentlicher Stärke. Geruchsreich sind die organischen Verbindungen.

8 DIE ERKLÄRUNG DER EMPFINDUNGEN

Reize für die Geschmacksempfindungen können nur solche Stoffe sein, die im Wasser, bzw. Speichel, löslich sind. Die Organe, die Endgebilde der Geschmacksnerven, sind die sogenannten „Geschmacksknospen" oder „Schmeckbecher", die sich besonders an der Spitze, an den Seiten und am hinteren Teil der Zunge, vereinzelt auch in der Schleimhaut der Mund- und Rachenhöhle, finden. Es sind ca. 0,08 Millimeter lange, 0,04 Millimeter dicke, knotenförmige Anhäufungen von Zellen. Da die Reize meist Stoffe sind, die äußerst schwer oder gar nicht in Zellen eindringen, wie die Alkalisalze oder Rohrzucker, so ist es noch unbekannt, in welcher Weise die Erregung dieser Organe durch die Reize sich vollzieht. Vielleicht genügt schon dazu, dass sie die Lärchen des Neuroepithels berühren.

Wahrscheinlich haben nicht alle Geschmacksknospen die gleiche Struktur und Funktion; denn die vier Hauptqualitäten der Geschmacksempfindungen können nicht gleich gut an allen Teilen der schmeckenden Fläche ausgelöst werden: bitter am besten am Zungengrund, süß an der Zungenspitze, sauer an den Rändern, salzig an der Spitze und an den Rändern. Auch kann durch manche Stoffe die Empfänglichkeit für einzelne Geschmäcker zeitweise ausgehoben werden, so durch Kokain für bitter, durch Bromammonium und andere Salze für süß.

Der äußere Reiz für die Druckempfindung besteht in dem Zusammentreffen eines Körpers mit der Haut. Zur genaueren Untersuchung bedient man sich quergeschnittener Borsten oder Haare, die man senkrecht auf die Haut setzt. Je nach ihrem Querschnitt und ihrer Länge kann man mit diesen „Reizhaaren" einen verschiedenen Druck ausüben, den man mithilfe der Waage bestimmt. Durch Untersuchung mit schwachen Reizen hat man gefunden, dass die Haut nicht durchweg, sondern nur an einzelnen Stellen, den sogenannten Druck- oder Tastpunkten, empfindlich ist. An den behaarten Hautstellen liegt an jedem Haar ein Druckpunkt, und zwar über dem Balg des stets schräg in der Haut steckenden Haares. An den nicht behaarten Stellen (ca. 5 % der Körperoberfläche) ist die Verteilung ähnlich, aber meist dichter. An Druckpunkten gehen auf den Quadratzentimeter z. B. am Unterschenkel 9—10, am Handgelenk 12—44, am Daumenballen 111—135, an der Kopfhaut 115—300.

Durch Vermittlung der Haare können Reize noch wirksam werden, die, wie z. B. ein Luftzug, an unbehaarten Stellen keine Empfindung auslösen.

Da derselbe Druck bei kleinerer Fläche intensivere Empfindungen bewirkt als bei größerer, so ist es wahrscheinlich, dass nicht der Druck selbst die Reizung der in der Haut eingebetteten Organe bewirkt, sondern die durch den äußeren Reiz bedingte Zerrung der Haut bzw. die damit gegebenen Zug- und Druckspannungen im Gewebe können auch elektrische Reize Erregungen verursachen.

Neben den von Nervenfasern umsponnenen Haarbälgen kommen noch andere, verschieden gestaltete Endapparate von Nervenfasern und frei endende Fasern als Organe des Drucksinns in Betracht. Doch wissen wir darüber nichts Genaueres; ebenso wenig über die physiologische Natur der Erregungsvorgänge.

8.3 Reize, Nervöse Organe Und Deren Funktion Bei Den Übrigen Empfindungs-Klassen

Unter diesen in der Haut endenden Nerven sind auch die Organe für die Temperaturempfindungen zu suchen. Ihre Erregung ist ebenfalls an einzelne Punkte gebunden, von denen die einen nur Wärme-, die anderen nur Kälteempfindungen vermitteln. Im Durchschnitt gehen von den Ersteren 1,5, von den letzteren 13 auf den Quadratzentimeter, was für die ganze Körperoberfläche etwa 30.000 Wärmepunkte und 250.000 Kältepunkte ergibt. Dass wir so für die Kälte empfindlicher sind, mag unangenehm sein, ist aber biologisch zweckmäßig.

Die Temperaturpunkte lassen sich nicht nur durch thermische, sondern auch durch elektrische und mechanische Reize erregen, wobei doch die ihnen eigentümliche Temperaturempfindung eintritt. Ja, an Kältepunkten lässt sich sogar durch Temperaturen von über 45 °C die sogenannte „paradoxe Kälteempfindung" auslösen.

Für die physikalische Temperaturbestimmung hat der Gegensatz von Kälte und Wärme eigentlich keine Bedeutung. Dies zeigt sich auch in der rein konventionellen Festsetzung des physikalischen Nullpunkts, den man entweder auf die Schmelztemperatur des Eises oder 17,8 bzw. 273 °C tiefer gelegt hat. Ganz verschieden davon ist der sogenannte physiologische Null- oder Differenzpunkt (richtiger eine 0,2° betragende Differenzstrecke), d. h. jene Temperatur, die an der betreffenden Hautstelle weder Wärme- noch Kälteempfindung auslöst. Sie variiert für verschiedene Stellen und für dieselbe zu verschiedenen Zeiten von 10° bis 39° L. Dies zeigt, dass unsere Temperaturorgane in hohem Maße der Anpassung an die äußeren Reize fähig sind. Schön die gewöhnliche Erfahrung bestätigt das. Halten wir z. B. nur eine Minute lang die eine Land in kaltes, die andere in warmes Wasser und bringen sie dann beide in laues, so wird dieses in der Ersteren Wärme-, in der anderen Kälteempfindung auslösen.

Man kann als festgestellt betrachten, dass alle Herabsetzungen der Hauttemperatur (durch Sinken der Außentemperatur, Abnahme des Blutstroms in der Haut, Verdunstung von ihr aus) Kälteempfindung, die entgegengesetzte Änderung Wärmeempfindung auslöst. Mit Rücksicht darauf hat schon E. H. Weber die Hypothese aufgestellt, dass nicht die absolute Temperatur, auf die das Organ durch äußere oder innere Reize gebracht wird, sondern lediglich das Steigen oder Sinken der Hauttemperatur als adäquater Reiz für die Temperaturempfindungen anzusehen sei. Aber dazu stimmt wieder nicht, dass wir z. B. stundenlang Kälteempfindungen an der Nase oder an den Füßen erleben können, während doch die Hauttemperatur relativ rasch wieder konstant wird. So fehlt es noch an einer befriedigenden Theorie für die Erregung dieser Empfindungen.

Wenn auch sehr intensive Druck- und Temperaturreize imstande sind, Schmerzempfindungen auszulösen, so hat man doch festgestellt, dass diese nicht an die Druck- und Temperaturpunkte, sondern an besondere Schmerzpunkte gebunden sind. Sie liegen viel dichter als jene (ca. 150 auf einen Quadratzentimeter) und durch ihre isolierte Reizung kann die spezifische Schmerzempfindung der Haut (die Stichempfindung) ausgelöst werden, ohne dass dabei

8 DIE ERKLÄRUNG DER EMPFINDUNGEN

Berührungs- oder Temperaturempfindungen eintreten. Dass sie langsamer an- und abklingen als die Letzteren, beruht wohl darauf, dass die ihnen dienenden Nervenfasern tiefer unter der Hautoberfläche liegen. So erklärt es sich, dass wir z. B. beim Anfassen eines sehr heißen Gegenstands eher die Berührung als den Schmerz empfinden, der dann freilich auch noch anhält, wenn die Berührungsempfindung längst aufgehört hat.

Als Organe für die kinästhetischen Empfindungen dienen Nervenfasern, die wohl an Gelenkflächen und in den Muskeln und Sehnen endigen, und die zum Teil mit besonderen Endapparaten ausgestattet sind. Bewegen sich die Gelenke, oder werden ihre Flächen bei Belastung der Glieder fester aneinandergepresst, spannen oder entspannen sich die Muskeln oder Sehnen, so werden eben dadurch Reize ausgeübt.

Besonders interessant und kompliziert gestaltet ist das Organ der sogenannten Vestibularempfindungen. In den Säckchen des zum Ohrlabyrinth gehörigen Vorhofs („Vestibulum") ruhen auf feinen Lärchen winzige Steinchen (Otolithe). Diese üben je nach der Neigung des Kopfes einen verschiedenen Druck auf ihre Unterlage aus, in der Nervenfasern des Vestibularnerven endigen. Solche finden sich auch in den drei (rechtwinklig zueinander gestellten) Bogengängen des Labyrinths. Die in diesen Kanälchen enthaltene Flüssigkeit gerät bei Bewegungen des Kopfes in Strömung und übt dadurch auf feine Lärchen, die in sie hineinragen, einen Druck aus, durch den jene Nervenfasern erregt werden.

Dass diese Organe Empfindungen dienen, die geeignet sind, uns über Lage und Bewegung des Kopfes zu orientieren und die auch in dem (recht komplizierten) Erlebnis des Drehschwindels beteiligt sind, hat man vor allem an pathologischen Fällen festgestellt. Bei Taubstummen findet sich ein großer Prozentsatz, denen die Krankheit des Ohrs auch diese Organe funktionsuntüchtig gemacht hat. Nun gibt es aber gerade bei den Taubstummen viele, die beim Tauchen unter Wasser alle Orientierung verlieren und die durch Drehen nicht schwindlig gemacht werden können. Versuche an Tieren haben die Vermutung über die Bedeutung dieser Organe bestätigt.

Die Organempfindungen endlich werden durch Nerven vermittelt, die in den verschiedensten Teilen des Organismus endigen. Die Reize bilden hier die sich im Innern abspielenden physiologischen Vorgänge. Wie weit die inneren Organe selbst, z. B. Speiseröhre, Magen usw., empfindungsfähig sind, darüber hat man in den letzten Jahren mannigfache mühselige Untersuchungen angestellt, die jedoch noch manche Frage offenlassen.

8.4 Das sogenannte Prinzip der „spezifischen Sinnesenergien"

Es ist jetzt noch einer Lehre zu gedenken, die geeignet ist, die Bedeutung des Physiologischen für die Beschaffenheit der Empfindung weit größer erscheinen zu lassen, als wir bisher in unserer Erörterung annahmen. Zu diesem Zwecke muss der prinzipielle Standpunkt unserer vorangehenden Darlegungen noch einmal scharf ins Auge gefasst werden. Wir anerkannten stets die wesentli-

8.4 Das Sogenannte Prinzip Der „spezifischen Sinnesenergien"

che Verschiedenheit zwischen dem Physischen und Psychischen, zwischen dem physikalischen oder chemischen „Reiz" und der dadurch bedingten physiologischen „Erregung" einerseits und der „Empfindung" andererseits, wir glaubten aber aufgrund der Erfahrung, es als allgemeine Tatsache ansehen zu dürfen, dass eine gesetzmäßige Zuordnung zwischen der Beschaffenheit der Reize und der der Empfindungen bestehe, sodass Verschiedenheiten oder Änderungen der Reize auch Verschiedenheiten oder Änderungen der Empfindungen korrespondierten. Nur dann nahmen wir zu besonderen physiologischen Hypothesen unsere Zuflucht, wenn in Ausnahmefällen diese Entsprechung zwischen Reizen und Empfindungen nicht vorzuliegen schien.

Viel größeren Anteil an dem Zustandekommen der Empfindungen hat dem Physiologischen die vielerörterte Lehre Johannes Müllers (1826) von den „spezifischen Sinnesenergien" zugewiesen. Dass sie auch für die Erkenntnistheorie von großer Wichtigkeit ist, sei hier nur erwähnt; es muss dies aber aus methodischen Gründen für uns außer Betracht bleiben.

Joh. Müller also lehrte: „Dieselbe äußere Ursache erregt in den verschiedenen Sinnen verschiedene Empfindungen, nach der Natur jedes Sinnes, nämlich das Empfindbare des betreffenden Sinnesnerven." „Die Sinnesempfindung ist nicht die Leitung einer Qualität oder eines Zustands der äußeren Körper zum Bewusstsein, sondern die Leitung einer Qualität, eines Zustands eines Sinnesnerven zum Bewusstsein, veranlasst durch eine äußere Ursache, und diese Qualitäten sind in den verschiedenen Sinnesnerven verschiedene Sinnesenergien."

In einem gewissen Sinne wird man ja manches aus diesen Sätzen ohne Weiteres anerkennen können. Dass nicht Qualitäten oder Zustände äußerer Körper einfach ins Bewusstsein geleitet werden, das ist ja bereits in der lange vor Müller aufgestellten Unterscheidung der „primären" und der „sekundären" Qualitäten der Dinge ausgesprochen worden. Darum werden wir aber auch die These, dass in der Empfindung die Leitung „einer Qualität, eines Zustandes des Sinnesnerven zum Bewusstsein" stattfinde, nicht im wörtlichen Sinne anerkennen können. Wenn wir überhaupt von der spezifischen Verschiedenheit, ja Unvergleichbarkeit des Physischen (zu dem auch das Physiologische gehört) und des Psychischen überzeugt sind, so kann die „Leitung von Qualitäten" nur den oben betonten Sinn einer gesetzmäßigen Entsprechung haben. Bisher neigten wir nun aber zu der Ansicht, diese Entsprechung finde im Allgemeinen zwischen der Region der physikalisch-chemischen Reize und der Empfindungen statt, und die physiologischen Prozesse hätten in der Regel nur die Bedeutung einer Vermittlung. Aus der Lehre Johannes Müllers hat man jedoch eine ganz andere Folgerung gezogen. Danach ist ja der Reiz nur ein auslösendes Moment, nur die Veranlassung dafür, dass „eine Qualität oder ein Zustand eines Sinnesnerven" (wenn auch nicht im wörtlichen Sinne „hinübergeleitet", so doch) in die Sprache des Bewusstseins gleichsam übersetzt werde. Nur die Tatsache, dass ein Reiz wirkt, ist danach für das Zustandekommen der Empfindung von Belang, nicht aber seine verschiedene Beschaffenheit.

8 DIE ERKLÄRUNG DER EMPFINDUNGEN

Zur Begründung dieser Behauptung weist man auf zwei Gruppen von Erscheinungen hin:

a) Der gleiche Reiz, auf verschiedene Sinne einwirkend, erregt ganz verschiedene Empfindungen. Z. B. Chloroform löst in der Nase eine eigentümliche Geruchsempfindung aus, auf der Zunge eine intensive Süßempfindung, auf der Haut eine lang anhaltende Empfindung des Brennens. Durch die gleiche galvanische Reizung verschiedener Sinnesapparate können so ganz verschiedene Empfindungen, wie Schmerz-, Berührungs-, Geschmacks-, Gehörs- und Gesichtsempfindungen, ausgelöst werden.

b) Verschiedenartige Reize, auf denselben Sinn wirkend, erregen gleichartige Empfindungen. So können Lichtempfindungen im Auge ausgelöst werden durch Belichtung, Druck, Stoß, operative Durchschneidung des Sehnervs, elektrische Reizung desselben.

Aus derartigen Tatsachen darf man aber nicht den allgemeinen Satz ableiten, dass es gar nicht auf den Reiz, sondern nur auf den Sinn ankomme, welche Empfindung auftrete; dass die Art des Reizvorgangs dafür ganz gleichgültig sei.

Zunächst ist nämlich die Tatsache unverkennbar, dass die Endapparate der Sinnesorgane nur der Aufnahme bestimmter Reizarten sozusagen angepasst sind: das Auge für Äther-, das Ohr für Luftschwingungen usw. Auch wirken diese sogenannten „adäquaten" Reize lediglich innerhalb gewisser Grenzen, Luftschwingungen nur bei einer Schwingungszahl von ca. 10 bis ca. 50.000, Ätherschwingungen bei einer solchen von ca. 450 bis ca. 790 Billionen in der Sekunde. Nicht minder zeigt eine Fülle von Tatsachen, dass im Allgemeinen Verschiedenheiten und Änderungen der Reize Verschiedenheiten und Änderungen der Empfindungen bedingen.

Was man für jene Behauptung, dass es nur aus die Tatsache, nicht auf die Beschaffenheit des Reizes ankomme, ins Feld führen kann, beschränkt sich wesentlich auf die Erscheinung bei der Einwirkung „inadäquater" Reize auf Sinnesorgan oder den zugehörigen Nerv. Dabei ist aber zu beachten, dass die dadurch ausgelösten Empfindungen im allgemeinen einen unbestimmten, diffusen Charakter tragen (ganz verschieden von den durch adäquate Reize bedingten); ferner dass ein vorangegangenes normales Funktionieren aus Grund adäquater Reizung in der Regel die Voraussetzung für ihre (spezifische) Reaktion auf inadäquate Reize zu sein scheint. Wundt wenigstens vertritt die Ansicht, dass — vielleicht mit Ausnahme der durch Reizung sensibler Hautnerven entstehenden Empfindungen — „die einzelnen Sinnesenergien zu ihrer Entstehung der normalen, durch den adäquaten Reiz eingeleiteten Funktion der peripheren Sinneselemente bedürfen, dass aber dann allmählich durch die fortwährende Einwirkung der peripheren Reize teils in den Nerven selbst, teils in den zentralen Endgebilden derselben molekulare Änderungen hervorgebracht werden, vermöge deren sie auf jeden zureichend starken Reiz in der gleichen Weise wie ursprünglich auf die spezifischen Sinnesreize der peripheren Elemente reagieren."

Nach alledem erscheint es unberechtigt, die Tatsachen der inadäquaten Reizung derart in den Vordergrund zu schieben, wie es von den Anhängern des

8.4 Das Sogenannte Prinzip Der „spezifischen Sinnesenergien"

„Prinzips der spezifischen Sinnesenergien" zumeist geschieht. Vielmehr dürfen die Erscheinungen bei der adäquaten Reizung als ausschlaggebende gelten für die Beurteilung der Bedeutung von Reiz einerseits, von physiologischem Vorgang andererseits für die Empfindung.

Die von uns vertretene, relativ hohe Bedeutung der Reize würde eine weitere Stütze erhalten, wenn sich die entwicklungsgeschichtliche Hypothese bewähren sollte, dass die einzelnen Sinne sich unter der Einwirkung der verschiedenen äußeren Reizarten aus einem allgemeinen Hautsinn erst allmählich herausdifferenziert hätten. Danach würden sich die Hauptgattungen der Reize die ihnen angepassten Sinne sozusagen erst geschaffen haben; und es wäre wohl begreiflich, dass diese Sinne in erster Linie dazu geeignet seien, die Beschaffenheiten der Reize dem Bewusstsein zu übermitteln — soweit eben hier von einer Übermittlung gesprochen werden kann. Wundt, der diese Entwicklungshypothese vertritt, will darum den Ausdruck „Gesetz der spezifischen Sinnesenergie" lieber durch die Formel „Prinzip der Anpassung der Sinneselemente an die Reize" ersetzen.

Damit in Übereinstimmung steht (worauf neuerdings M. Ettlinger hingewiesen hat), dass die Sinnesorgane beim Menschen gegen inadäquate Reize durch besondere Schutzvorrichtungen fast ganz abgeschlossen sind, während den adäquaten Reizen der Zugang durch Hilfsapparate erleichtert ist, und zwar gilt beides für die sogenannten höheren Sinne mehr wie für die niederen. Diese Schutz- und Hilfsvorrichtungen kommen aber immer mehr in Wegfall, je tiefer man in der Tierreihe hinabsteigt. Die Sinnesorgane werden immer einfacher und immer mehr allen Reizarten zugänglich. Schließlich gelangt man zu einem allgemeinen Hautsinnesorgan. Auch werden gelegentlich höhere Sinnesorgane durch einfachere ersetzt, so wenn z. B. dem Krebs statt eines Auges ein Fühler nachwächst.

Endlich sei folgendes nicht übersehen: Wenn auch jenes Müllersche Gesetz in den Tatsachen allseitige Bestätigung fände: Durch die Annahme einer „spezifischen Sinnesenergie würde in keiner Weise wirklich „erklärt", warum nun — auf den Anstoß der Reize hin — die Vorgänge in den Sinnesorganen gerade diese und diese Empfindungen bedingten. Der Ausdruck „spezifische Sinnesenergie" würde lediglich ein Problem bezeichnen, aber es nicht lösen: Denn eben diese „Energie" wäre für uns eine „Qualitas occulta" (in der Sprache der Scholastik), d. h. etwas uns ganz Unbekanntes. Hier mündet unser Problem in die allgemeine Frage nach dem Verhältnis des Psychischen und Physischen. Diese bleibt aber ungelöst, mag nun das Physikalische oder das Physiologische für die Empfindungen bedeutsamer sein.

8.5 Die gesetzmäßigen Beziehungen zwischen der Intensität der Reize und den Empfindungen

Wie zwischen den Qualitäten von Reiz und Empfindungen gesetzmäßige Beziehungen unverkennbar sind, so bestehen solche auch zwischen den Intensitäten beider. Aber wie nicht jede Art von Reizen Empfindungen auslöst, so ist

8 DIE ERKLÄRUNG DER EMPFINDUNGEN

auch nicht jeder Grad dazu geeignet. Selbst die adäquaten Reize müssen schon eine gewisse Stärke erreichen (die sogenannte „Reizschwelle"), damit überhaupt eine Empfindung eintritt. Andererseits darf eine gewisse „Reizhöhe" nicht überschritten werden, sonst ist eine Schädigung der Sinnesorgane unvermeidlich.

Auch die Verschiedenheit zweier Reizintensitäten muss eine gewisse Größe erreichen, damit ein Unterschied in den Empfindungsintensitäten merklich wird. Man nennt den dazu nötigen Reizunterschied die „Unterschiedsschwelle" (genauer: „Unterscheidungsschwelle"). Je kleiner die Unterschiedsschwelle ist, umso größer ist die Unterschiedsempfindlichkeit des betreffenden Individuums für die in Betracht kommende Gattung von Reizen. Empfindungsunterschiede, die größer sind als die ebenmerklichen, nennt man „übermerkliche".

Man hat auf allen Sinnesgebieten subtile Untersuchungen über die Empfindlichkeit und Unterschiedsempfindlichkeit vorgenommen. Einige Angaben über deren Ergebnisse mögen hier folgen, weil sie geeignet sind, die Leistungsfähigkeit unserer Sinne zu veranschaulichen.

Für die Gesichtsempfindungen gestaltet sich die Feststellung der Reizschwelle sehr kompliziert. Sie muss für die Strahlen der verschiedenen Wellenlängen besonders durchgeführt werden. Dabei kommt es auch auf die Dauer und die Ausdehnung des Reizes an, auf die Adaptation der Netzhaut und die Stelle, wo der Reiz sie trifft. Ferner ist zu beachten, dass gerade beim Gesichtssinn stets eine Empfindung vorhanden ist (Schwarz bzw. Augengrau), auch beim Fehlen eines äußeren Reizes. Der (physikalischen) Reizschwelle entspricht hier also psychologisch nicht eine Minimalempfindung, sondern ein Empfindungsunterschied. Endlich hat man konstatiert, dass Lichtreize, die bei größerer Intensität Farbempfindungen auslösen, bei sehr geringer Stärke (wie auch bei sehr kurzer Dauer) nur Grauempfindungen bedingen, sodass die spezifische Farbenschwelle im allgemeinen höher liegt als die Reizschwelle für Helligkeit — und zwar wieder verschieden hoch für die Strahlen verschiedener Wellenlänge. Bei diesen verwickelten Verhältnissen ist es begreiflich, dass die Unsicherheit der Untersuchungsergebnisse eine sehr große ist. Die folgenden Angaben sind darum nur mit einiger Vorsicht aufzunehmen.

Ein amerikanischer Forscher, Langley, unternahm es, die Intensität der schwächsten Lichtreize, die noch eine Helligkeitsempfindung auslösen, in „absolutem" Maße zu bestimmen; d. h. er versuchte, die in dem Reiz enthaltene Energie zu messen durch ihre Fähigkeit, ein kleines Gewicht zu heben. Er verfuhr folgendermaßen: „Er ließ das Auge nach längerer Dunkeladaptation aus 1 Meter Entfernung einen schmalen, 1 Millimeter breiten Spalt betrachten, der zu wiederholten Malen etwa eine halbe Sekunde lang erhellt und dann wieder verdunkelt wurde, und bestimmte das mechanische Äquivalent der geringsten Lichtmenge, die diesen Wechsel eben sicher zu erkennen erlaubte. Bei Belichtung mit Strahlen mittlerer Wellenlänge ergab sich, dass man mit der während jener halben Sekunde dem Auge zugeführten Energie nicht mehr leisten könne, als den 35. Teil eines Milligramms, um den millionsten Teil eines Millimeters zu

8.5 Die Gesetzmäßigen Beziehungen Zwischen Der Intensität Der Reize Und Den Empfindungen

heben ($1/_{35}$ mg μμ), oder auch nicht mehr, als den 15. Teil eines Milligramms Wasser, um ein billionstel Grad Celsius zu erwärmen ($15^{-1} \cdot 10^{-15}$ cal.). Ferner glaubt Langley, festgestellt zu haben, dass die lichtschwächsten Sterne während Sekunde dem Auge nur soviel Energie zuführen als erforderlich ist, um ein Milligramm $4/_{100.000}$ mm hochzuheben.

Was die Unterschiedsempfindlichkeit betrifft, so erkennt man geringe Helligkeit- und Farbunterschiede am besten, wenn die zu vergleichenden Flächen nicht zu klein sind und unmittelbar in derselben Ebene aneinanderstoßen; auch dürfen sie keine Unterschiede der Oberflächenstruktur usw. bieten. Die günstigsten Vergleichsbedingungen lassen sich schaffen, wenn man den Versuchspersonen die Farben aus schnell rotierenden dünnen Papierstreifen darbietet. Dabei erkennt man in der Gegend schärfster Empfindlichkeit noch Unterschiede von $1/_{120}$ objektiver Lichtstärke ganz deutlich; bei längerer Übung sogar Unterschiede von $1/_{2000}$ und noch geringere. Unter weniger günstigen Vergleichsbedingungen, wie sie im praktischen Leben gewöhnlich vorliegen, muss der Unterschied viel größer sein, nämlich etwa $1/_{30}$ betragen.

Grenzt die Empfindlichkeit des Auges schon an das Märchenhafte, so wird sie noch übertroffen durch diejenige des Ohrs. Nach den Untersuchungen des Physikers Wien ist die Arbeit, die am Trommelfell geschieht bei der Empfindung von zwei Schwingungen eines in größter Stille eben noch wahrnehmbaren intermittierenden Tones von 3200 Schwingungen gleich der Hebung von $1/_{200}$ millionstel Milligramm um ein millionstel Millimeter ($5 \cdot 10^{-9}$ mg μμ).

Die Unterschiedsempfindlichkeit des Ohres für Intensitätsverschiedenheiten ist dagegen relativ gering. Bei dem Ton a^1 (von 435 Schwingungen in der Sekunde) fand man für mittlere Stärkegrade als Unterschiedsschwelle $1/_8$ der gerade vorhandenen objektiven Energie, bei e^1 (337 Schwingungen) etwa $1/_6$, bei a (218 Schwingungen) $1/_5$.

Feiner ist, beiläufig bemerkt, die Unterschiedsempfindlichkeit für Qualitätsänderungen. Bei den Tönen von 100 bis 1000 Schwingungen, d. h. im Bereich der drei bis vier mittleren Oktaven des Klaviers, können geübte Beobachter unter günstigen Bedingungen noch Unterschiede von $1/_4$ Einzelschwingung in der Sekunde wahrnehmen. In der sogenannten eingestrichenen Oktave (von 256 bis 512 Schwingungen) können danach über 1000 qualitativ verschiedene Töne empfunden werden. Doch vermögen bei diesen geringsten Unterschieden die Beobachter oft nicht anzugeben, welcher von den Tönen der höhere und welcher der tiefere ist.

Von außerordentlicher Feinheit ist das Geruchsorgan. Von Merkaptan (C_2H_5SH) „genügte $1/_{100}$ mg, gleichmäßig verdampft in einem Saal von 230 cbm Inhalt, um eine schwache, aber deutliche Geruchsempfindung hervorzurufen: Auf 1 ccm Luft entfiel mithin nur $1/_{23.000.000.000}$ Merkaptan." „Nimmt man an, dass bei forciertem Einziehen der Luft etwa 50 ccm die enge und abgelegene Riechspalte passieren (wobei noch nicht einmal der ganze Gehalt an Riechstoff zur Einwirkung auf das Sinnesorgan gelangen wird), so berechnet sich die absolute, eben wahrnehmbare Gewichtsmenge Merkaptan auf $^1/_{460.000.000}$ mg." Für künstlichen Moschus glaubt man, einen noch erheblich geringeren Schwellenwert festgestellt zu haben. Infolge dieser außerordentlichen Feinheit leistet der Geruchssinn für die Wahrnehmung objektiver Substanzen noch mehr als das Auge. „Die kleinste Menge Natrium z. B., die spektralanalytisch noch eben gesehen werden kann, wird auf etwa $^1/_{1.800.000}$ geschätzt, also rund auf das 250-fache der eben riechbaren Merkaptanmenge."

8.6 Das Problem der Messung des Psychischen

Wir müssen es uns hier versagen, für alle Sinne die Ergebnisse der Untersuchungen über Empfindlichkeit und Unterschiedsempfindlichkeit festzustellen. Ans genügt, an Beispielen gezeigt zu haben, dass man Messungen, höchst genaue Messungen, bei der Bearbeitung psychologischer Fragen anstellt. Dies führt uns auf das allgemeine und methodisch höchst bedeutsame Problem, ob Größenbestimmungen auf Psychisches, auf Bewusstseinstatsachen überhaupt anwendbar sind; ferner ob, in welchem Sinne und durch welche Methoden eine eigentliche Messung, d. h. eine exakte Größenbestimmung durch Maß und Zahl, in Beziehung auf das Psychische, stattfinden kann.

Die Anwendung des Größenbegriffs und damit quantitativer Bestimmungen dürfte überall da sinnvoll sein, wo wir uns der Begriffe „mehr" und „weniger" („minder") bedienen. Nun tun wir das aber schon im gewöhnlichen Leben sehr vielfach in Bezug auf Bewusstseinstatsachen. Wir lieben einen Menschen mehr als andere; wir merken, dass ein Schmerz sich vermindert. Wir können Freude und Trauer, Wunsch und Abscheu in höheren oder niederen Graden erleben; wir strengen uns mehr oder minder an usw. Insbesondere die Empfindungen zeigen sich quantitativer Bestimmungen zugänglich; und zwar können wir hier sowohl extensive wie intensive Größen konstatieren. Bei der Definition dieser Begriffe wollen wir uns an Kant anschließen. Eine extensive Größe nennt er „diejenige, in welcher die Vorstellung der Teile die Vorstellung des Ganzen möglich macht (und also notwendig vor dieser vorhergeht)"; eine intensive „diejenige, die nur als Einheit apprehendiert (d. h. aufgefasst wird), und in welcher die Vielheit nur durch Annäherung zur Negation —0 vorgestellt werden kann."

Sofern sich also Empfindungen in Raum und Zeit ausdehnen, sind sie „extensiv", sofern sie durch ihre Stärke in verschiedenem Maße von der Null entfernt sind, „intensive" Größen.

Wie steht es nun aber mit der Messbarkeit des Psychischen, speziell der Empfindungsintensitäten (auf die wir uns zunächst beschränken wollen)?

„Messen" heißt eine irgendwie bestimmte Einheit mit einer Größe vergleichen und abzählen, wie oft sie in ihr enthalten ist. Eine Messung kann direkt und indirekt erfolgen. Das Erstere ist dann der Fall, wenn die Maßeinheit von derselben Gattung ist wie die zu messende Größe, so z. B. wenn wir Längen von Körpern oder Strecken mit dem Längenmaß messen. Indirekt messen wir dann, wenn die Maßeinheit einer anderen Gattung angehört. Natürlich muss sie dann

8.6 Das Problem Der Messung Des Psychischen

aber zu der zu messenden Größe in einem einfachen gesetzlichen Verhältnis stehen. So messen wir z. B. die Zeit indirekt durch Raumgrößen, nämlich durch die Strecken, die die Uhrzeiger zurücklegen; die Temperatur durch das Steigen und Fallen der Quecksilbersäule des Thermometers.

Damit die Ergebnisse unserer Messungen allgemeine Bedeutung haben — in der Wissenschaft streben wir doch Allgemeingültigkeit an —, muss es möglich sein, die als Maß benutzte Einheit aufzubewahren oder jederzeit wieder genau übereinstimmend herzustellen. Das kann aber bei Empfindungen wie überhaupt im Psychischen nicht geschehen. Der fließende Charakter des Psychischen und seine Zugehörigkeit zu jeweils einem Subjekt machen es unmöglich, dass irgendein psychisches Gebilde als Maßeinheit von beliebig vielen Individuen benutzt werden könne, dass also eine direkte Messung hier stattfinde. Dazu kommt, dass Psychisches, insbesondere Empfindungsintensitäten, sich wohl als Größen auffassen lassen, dass sie aber keine teilbaren Größen sind, die zusammengezählt, abgezogen oder vervielfältigt werden können. Man darf zwar sagen, dass eine Tonempfindung stärker ist als eine andere, aber es hat keinen Sinn, zu behaupten, dass sie die schwächere dreimal oder fünfmal in sich enthalte.

Ebendarum können wir auch von einer indirekten Messung vermittelst der den Empfindungen entsprechenden Reize nur mit erheblichen Einschränkungen Gebrauch machen. Wir können aus dem eben angeführten Grund nicht etwa die einer bestimmten Empfindung entsprechende Reizgröße als Einheit benutzen und vermittelst dieser Reizeinheit indirekt die Empfindungsstärke messen wollen; denn damit würde ja doch die Teilbarkeit der Reize auf die Empfindungsintensitäten übertragen, also jener wesentliche Unterschied zwischen dem Physischen und Psychischen verkannt.

Wir müssen uns bei der indirekten Messung vermittelst der Reize auf die Beantwortung folgender Fragen beschränken:

1. Ist eine Empfindung vorhanden oder nicht vorhanden?
2. Ist ein Empfindungsunterschied vorhanden oder nicht vorhanden?
3. Sind zwei Empfindungsunterschiede gleich oder ungleich?

Beiläufig sei bemerkt, dass die Beantwortung dieser Fragen noch andere psychische Erlebnisse voraussetzt als Empfindungen; denn diese Letzteren müssen ja beobachtet, verglichen und beurteilt werden. Auch können solche Urteile mehr oder weniger sicher, wahr oder falsch sein.

Die Beantwortung der ersten Frage führt, wie wir bereits gesehen haben, zur Bestimmung der „Reizschwelle". Wenn dabei exakte Messungen erfolgen, so beziehen sich diese auf die Reize, nicht auf die Empfindungen selbst.

Ebenso können wir bei der Beantwortung der zweiten Frage zwar den Reizunterschied genau zu messen suchen, bei dem eine Verschiedenheit der Empfindungen gerade merklich wird, aber wir können diesen Empfindungsunterschied selbst nicht messen, ja, wir können nicht einmal behaupten, dass alle eben merklich verschiedenen Empfindungsunterschiede (derselben Qualität) gleich seien.

Auch bei diesen Messungen der Unterschiedsempfindlichkeit ist beachtenswert, dass wir genau genommen nur das mit Bestimmtheit feststellen können, dass zwei Empfindungen uns gleich erscheinen, nicht dass sie gleich sind; denn es könnten ja an ihnen bereits Verschiedenheiten vorhanden sein, die wir nicht zu bemerken vermögen.

8.7 Das Webersche Gesetz

Die Beantwortung unserer dritten Frage kann sich sowohl auf ebenmerkliche, als auch auf übermerkliche Empfindungsunterschiede beziehen.

In diesen Zusammenhang gehören die Untersuchungen über Empfindungsintensitäten, durch die Weber und Fechner die experimentelle Psychologie begründeten, und durch die sie zuerst dazu gelangten, eine psychische Gesetzmäßigkeit exakt zu formulieren. Weber stellte nämlich aufgrund von Gewichtsvergleichungen und Augenmaßversuchen den Satz auf, dass derjenige Reizzuwachs, der als solcher eben bemerkt werde, für das betreffende Sinnesgebiet stets ein gleicher Bruchteil des Reizes sei, zu dem er hinzutrete. Fechner hat durch massenhafte und sorgfältige Untersuchungen auf diesem wie auf anderen Sinnesgebieten jenen Satz, den er das „Webersche Gesetz" nannte, bestätigt gefunden, freilich nur für ein großes mittleres Gebiet von Reizen, während er für ganz schwache und sehr starke Reize lediglich mit gewissen Einschränkungen gelte.

Das Gesetz besagt also, dass es, um zwei Empfindungen ebenmerklich verschieden zu finden, auf den relativen und nicht auf den absoluten Unterschied der Reize ankomme, und dass die relative Unterschiedsschwelle konstant bleibt.

Wenn z. B. ein geübter Postbeamter durch Abwägen mit der Hand eben noch erkennen kann, dass ein Brief von 21 Gramm schwerer ist als das Normalgewicht (20 Gramm), so würde bei einem Brief von 250 Gramm Gewicht der gleiche absolute Unterschied von 1 Gramm zur Unterscheidung nicht genügen, vielmehr müsste derselbe relative Unterschied (nämlich $1/20$) vorliegen; der zweite Brief müsste also 12,5 Gramm schwerer sein als 250 Gramm.

Spätere Untersuchungen haben gezeigt, dass das Webersche Gesetz nicht bloß für eben merkliche, sondern in ziemlich gleichem Umfang auch für übermerkliche Empfindungsunterschiede gilt; ferner, dass es auch auf extensive Empfindungsgrößen (z. B. Auffassung von Raum- und Zeitstrecken) und für qualitative Empfindungsunterschiede gilt, sofern diese zu quantitativ abstufbaren Reizen in gesetzmäßiger Beziehung stehen.

Andererseits hat man erkannt, dass auch für die mittlere Region der Reize das Webersche Gesetz nicht ganz genau gilt. Fechners Versuch aber, aufgrund des Weberschen Gesetzes eine „Maßformel" für die Messung der Empfindungsintensitäten abzuleiten, ist jetzt ziemlich allseitig als prinzipiell verfehlt erkannt,

8.7 Das Webersche Gesetz

weil er auf der unhaltbaren Voraussetzung ruht, Empfindungen seien gerade so wie Reize teilbare Größen.

Ja, man fängt an, in der Empfindungsintensität nicht mehr etwas von der Qualität völlig Verschiedenes zu erblicken. In der Tat ist es nach unseren früheren Ausführungen sachlich begründet, wenn man die sogenannten Intensitäten der Empfindung als diejenigen Verschiedenheiten der Qualität ansieht, welche zu den Intensitätsgraden der Reize in gesetzmäßiger Beziehung stehen. Das Webersche Gesetz besagt dann lediglich, dass die Unterschiedsempfindlichkeit für diese Art qualitativer Verschiedenheit innerhalb gewisser Grenzen der Reizunterschiede konstant ist.

Die im Weberschen Gesetz zusammengefassten Tatsachen kann man auch unter den Gesichtspunkt der Divergenz zwischen dem Physischen und Psychischen bringen: Der (absolut genommen) gleiche Reizzuwachs hat nicht bei allen Reizhöhen das gleiche psychische Korrelat: den Eindruck einer ebenmerklichen Verschiedenheit. Die Erklärung hierfür kann nur an drei verschiedenen Stellen gesucht werden: 1. im Verhältnis der Nervenerregung zum Reiz; das wäre eine physiologische Hypothese; 2. im Verhältnis von Nervenerregung zur Empfindung; das wäre eine psycho-physische Hypothese; 3. im Verhältnis von Empfindung zu ihrer Beurteilung; das wäre eine psychologische Erklärung.

Die Letztere wird — im Anschluss an Weber— gegenwärtig hauptsächlich von Wundt vertreten. Er sieht in dem Weberschen Gesetz einen „Spezialfall eines allgemeineren Gesetzes der Beziehung oder der Relativität unserer inneren Zustände". Wir messen nach ihm jeden Bewusstseinsinhalt an einem anderen, „mit dem wir ihn zunächst zu vergleichen veranlasst sind". Darum vermögen wir auch die Intensität der Empfindungen nicht ihrer absoluten, sondern nur ihrer relativen Größe nach abzuschätzen.

Für diese Hypothese spricht manches, jedoch würden sich daraus nicht die zahlreichen Fälle erklären, wo das Webersche Gesetz nickt oder nur ungenau zutrifft.

Dieses Bedenken gilt auch für die psycho-physische Deutung Fechners. Dieser meinte nämlich, in dem Weberschen Gesetz sozusagen eine allgemeine Weltformel gefunden zu haben. Er war überzeugt, dass alles Wirkliche aus einer physischen Außen- und einer psychischen Innenseite bestehe. Das Webersche Gesetz sollte nun ganz allgemein das quantitative Verhältnis des Psychischen und Physischen ausdrücken.

Dabei setzt er auch voraus, dass der Gehirnvorgang, der das unmittelbare Korrelat der Empfindung bildet, dem Reiz vollkommen proportional sei. Diese Voraussetzung wird man aber nicht für selbstverständlich oder auch nur für wahrscheinlich halten, wenn man bedenkt, dass die nervöse Erregung ein sehr komplizierter Prozess ist, der in den Sinnesorganen anhebt, durch die Nerven im Allgemeinen erst zu subkortikalen Zentren und dann erst zur Großhirnrinde fortgeleitet wird. Manche Tatsachen deuten darauf hin, dass bei dieser Fortleitung vielfache Widerstände zu überwinden sind, und dass eine gewisse Ausstrahlung („Irradiation") in andere als die betreffenden sensorischen Gehirnzentren stattfinden. So löst z. B. ein plötzlicher starker Knall nicht bloß die Geräuschempfindung aus, sondern noch motorische Vorgänge (ein Zusammenfahren); ein starker optischer Reiz veranlasst uns zum Blinzeln usw. Daher liegt die Annahme nahe, dass jeweils ein Bruchteil der von außen herkommenden Erregung nicht für die Auslösung der Empfindung, sondern anderweitig (für verschiedene Begleiterscheinungen) verbraucht wird. Damit hätten wir eine physiologische Deutung des Weberschen Gesetzes, wie sie z. B. G. E. Müller, Ebbinghaus und andere vertreten. Es würde demnach bezüglich der Empfindungsintensitäten (ebenso wie bezüglich ihrer Qualitäten) die Divergenz zwischen dem Physikalischen und Psychologischen durch eine Hypothese über den dazwischen liegenden physiologischen Vorgang erklärt. Und zwar lässt es diese Erklärung auch sehr wohl begreiflich erscheinen, dass das „Webersche Gesetz" nicht genau die Tatsachen wiedergibt; denn bei der verwickelten Natur der physiologischen Erregung ist es an sich wahrscheinlich, dass der Bruchteil nervöser Energie, dem sozusagen kein Nutzeffekt (in der Empfindung) entspricht, nicht stets der Gleiche ist. Bei dieser physiologischen Hypothese besteht auch die Möglichkeit, dass sie durch Spezialuntersuchungen (besonders an Tieren) vielleicht noch genauere Fassung und Bestätigung finde.

Dass das Webersche Gesetz nicht nur theoretische, sondern auch praktische Bedeutung hat, dafür mögen einige Erscheinungen aus den alltäglichen Erfahrungen zum Beleg dienen.

Die Beleuchtung, in der wir die Dinge sehen, ist, je nach dem Zustand des Himmels, außerordentlich starken Schwankungen unterworfen. Dabei bleiben aber ihre Lichtintensitäten in ihrem Verhältnis zueinander gleich, und so wird unser Wiedererkennen der Dinge nicht wesentlich gestört, da hierfür weniger ihr absolutes Hell- oder Dunkelsein in Frage kommt als die Beleuchtungsunterschiede, durch die sie sich sondern, und durch die ihre Teile sich voneinander abheben.

Dass es nicht auf die absoluten Helligkeiten der Dinge, sondern auf die Helligkeitsverhältnisse ankommt, ermöglicht es auch dem Maler, die Außenwelt einigermaßen naturwahr darzustellen, obwohl sein hellstes Weiß höchstens hundertmal Heller ist wie sein Schwarz, während die objektiven Fälligkeiten weit größere Unterschiede aufweisen.

8.8 Die psycho-physischen Maßmethoden

Zum Abschluss dieser den Empfindungsintensitäten gewidmeten Erörterung soll noch kurz auf die Methoden der Messung eingegangen werden, die man gerade bei der Untersuchung der hier vorliegenden Probleme in Theorie und Praxis zu bewunderungswürdiger Genauigkeit entwickelt hat.

Wir knüpfen dabei wieder an die drei Fragen an, auf deren Beantwortung sich diese quantitativen psychologischen Untersuchungen beschränken müssen: Ist erstens eine Empfindung oder zweitens ein Empfindungsunterschied eben merklich? Und sind drittens zwei Empfindungsunterschiede gleich?

8.8 Die Psycho-physischen Maßmethoden

Nun kann der Fall so liegen, dass wir die hier in Frage kommenden Urteilsprädikate, nämlich die Begriffe „ebenmerklich" und „gleich" schon innerlich in Bereitschaft haben, und dass die Reize bzw. Reizunterschiede so lange abgeändert werden, bis der durch sie bedingte Eindruck einem dieser Begriffe entspricht. Oder man betrachtet gewissermaßen die Reize bzw. Reizpaare als das fertig Vorliegende; sie werden der Versuchsperson dargeboten und sie hat das auf sie passende Urteilsprädikat erst zu bilden. Das erste Verfahren nennt Ebbinghaus das Verfahren mit Reizfindung, das zweite das mit Urteilsfindung.

Die Einteilung dürfte im Wesentlichen entsprechen der von Wundt gewählten in Abstufungs- und Abzählungsmethoden. Denn bei der Methode mit Reizfindung kommt es ja darauf an, den Reiz oder das Reizpaar so weit abzustufen, dass das Urteil „ebenmerklich" oder „gleich" gefällt werden kann. Dabei ist die Nächstliegende konkrete Verwirklichung dieses Verfahrens die „Methode der Minimaländerungen" (Wundt). Man beginnt, wenn es sich z. B. um die Feststellung der Reizschwelle handelt, mit einem Reiz, der sicher zu schwach ist, um eine Empfindung auszulösen; steigert ihn allmählich und gleichmäßig, bis er ebenmerklich wird, d.h., gerade eine Empfindung hervorruft. Dieser Reizwert muss notiert werden. Alsdann beginnt man mit einem stärkeren Reiz und vermindert diesen in entsprechender Weise, bis er eben u n merklich wird. Auch dieser Reizwert ist zu fixieren, und dann ist von beiden das Mittel zu nehmen. Natürlich ist diese Feststellung bei demselben Individuum wie bei anderen vielfach zu wiederholen.

Ein analoges Verfahren kann man anwenden, um die Unterschiedsschwelle zu finden, indem man einerseits von einem Reizpaar ausgeht, dessen Verschiedenheit sicher untermerklich, und sodann von einem solchen, dessen Verschiedenheit deutlich übermerklich ist („Methode der eben merklichen Unterschiede" nach Ebbinghaus).

Endlich kann man in dieser Weise auch Reizpaare zu finden suchen, die einen gleichen übermerklichen Unterschied aufweisen („Methode der übermerklichen Unterschiede" nach Ebbinghaus).

Es kann für uns auch von Interesse sein, festzustellen, wie viel Reize oder Reizunterschiede, die uns gleich erscheinen, objektiv im Durchschnitt verschieden sein können. Man wird dabei wiederholt in dem geschilderten abstufenden Verfahren zwei Reize oder Reizpaare der Beurteilung darbieten, alle Fälle, in denen das Urteil „gleich" gefällt wird, notieren, alle die Einzelwerte mit dem sich ergebenden Mittelwert vergleichen und von allen diesen Differenzen selbst wieder das arithmetische Mittel bilden. Dies stellt dann den durchschnittlichen Fehler dar, den man bei der Beurteilung von Reizen oder Reizunterschieden als „gleich" zu machen pflegt. Diese Methode „der mittleren Fehler" (Ebbinghaus) gehört auch noch zu den Methoden mit Reizfindung, bzw. den Abstufungsmethoden.

Bei der zweiten Gruppe der Methoden, denjenigen mit Urteilsfindung, geht man von Reizen, bzw. Reizpaaren, aus, die man für die betreffende Untersuchung von vornherein festgestellt hat. Man bietet sie wiederholt der Beurteilung dar und notiert sämtliche Urteile. Man nehme z. B. an: Ein Paar Gewichte sei im Verlauf einer Untersuchung Fünfzigmal beurteilt worden — natürlich im „unwissentlichen" Verfahren, sodass also die Versuchspersonen nicht wussten, dass es sich um dasselbe Paar handle. Es lauteten ferner von diesen Urteilen 42 auf „gleich"; bei einem anderen Paar aber lauteten nur 12 unter 50 Urteilen auf gleich, so ist dieses Ergebnis doch bedeutsam für den subjektiven Eindruck der zwei Reizpaare. Da die verschiedenen Urteile hier abzuzählen und zu vergleichen sind, so gebraucht Wundt für derartige Verfahren den Namen „Abzählungsmethoden".

Es ist leicht ersichtlich, dass die beiden Hauptmethoden zahlreiche konkrete Ausgestaltungen zulassen. Da sie alle gewisse Mängel haben, so empfiehlt es sich auch, wenn möglich, durch Anwendung verschiedener Methoden bei derselben Untersuchung die Ergebnisse einer Kontrolle zu unterwerfen.

Es ist z. B. verständlich, dass bei der Methode der Minimaländerungen das — kaum vermeidbare — Wissen der Versuchsperson um den auf- oder absteigenden Gang der Reizänderungen leicht gewisse Einflüsse auf ihr Urteil ausübt. Man kann darum lieber die dargebotenen Reize in unregelmäßiger Weise variieren usw.

Auch die Fragen, die sich auf die Berechnung der Ergebnisse beziehen, haben zu ausgedehnten theoretischen Diskussionen geführt. So hat die Lehre von den psycho-physischen Maßmethoden seit ihrer Begründung durch Fechner eifrige Pflege gefunden. Die gründlichsten neueren Darstellungen sind die von G.E. Müller, „Die Gesichtspunkte und Tatsachen der psycho-physischen Methodik" (1904); G. F. Lipps, „Die psychischen Maßmethoden" (1906); W. Wirth, „Psychophysik" (1912), G.F. Lipps, Psychophysik (1913), Grundriss d. Ps. (1914).

8.9 Verwertung der Ergebnisse der Empfindungsforschung

Wenn es sich darum handelt, die Ergebnisse der Empfindungsforschung für die Erkenntnis zusammengesetzter Vorgänge, vor allem der Wahrnehmung unserer gewöhnlichen Umgebung, zu verwerten, so muss man beachten, dass bei der Empfindungsforschung eine künstliche Vereinfachung der Verhältnisse vorliegt. Die dargebotenen Objekte oder sonstigen Eindrücke sind möglichst einfach gewählt, die Versuchsperson ist mit ihrer Aufmerksamkeit völlig auf diese Reize konzentriert.

Man hat nun bisher meist ohne Weiteres vorausgesetzt, dass die gesetzmäßigen Beziehungen zwischen Reiz und Empfindung, die man bei diesen — künstlich isolierenden — Untersuchungen festgestellt hatte, auch in allen verwickelteren Wahrnehmungserlebnissen obwalten müssten, vor allem dann, wenn eine Vielheit von Reizen desselben Sinnesgebietes einwirke. Ließen sich aber die zu erwartenden Empfindungen nicht alle tatsächlich konstatieren, so half man sich mit der weiteren Annahme, sie seien zwar da gewesen, uns aber „unbemerkt"; oder man habe sich in seiner Beurteilung der Empfindungen getäuscht (wobei

8.9 Verwertung Der Ergebnisse Der Empfindungsforschung

solche Urteile sich ebenfalls „unbemerkt" abspielen sollten). Oder aber man unterscheidet zwischen den „realen" Empfindungen und ihren wechselnden Erscheinungen im Bewusstsein, die von mannigfachen Einflüssen: Auffassung, Verschmelzung mit reproduzierten Elementen, Verhalten der Aufmerksamkeit, Abstufung, Übung, Suggestion usw. herrührten.

Auch hierbei wird vorausgesetzt, dass die Empfindungen, wie sie bei den künstlich vereinfachten Verhältnissen der speziellen Empfindungsforschung erlebt werden, gleichsam als unwandelbare Atome in alle komplizierteren Erlebnisse eingingen und sich in ihnen als real-psychische Elemente erhielten, wenn gleich sie als solche nicht im Bewusstsein vorgefunden werden könnten.

Mit Recht hat aber W. Köhler gegen diese Voraussetzung polemisiert. Zunächst kann ihre Gültigkeit nicht erwiesen werden. Man hat zwar gelegentlich geltend gemacht, dass nach solchen Fällen, wo die erwartete Empfindung nicht konstatiert wurde, diese ohne Reizänderung im Wiederholungsfall durch schärfere Aufmerksamkeit zum Bewusstsein kommt. Aber hier ist doch der einfache Tatbestand der, dass im ersten Fall die Empfindung nicht erlebt wurde, wohl aber im zweiten Fall; daraus folgt indessen nicht, dass sie schon im ersten „unbemerkt" vorhanden gewesen sei; man müsste sie dann für etwas Substantielles nach Art eines physischen Atoms halten.

Weiterhin aber führt jene unbewiesene Voraussetzung von der ausnahmslos konstanten Beziehung zwischen Reiz und Empfindung leicht dazu, bei Experimenten dem wirklich konstatierbaren Empfindungsbestand zu misstrauen, wenn er nicht jener Voraussetzung entspricht oder Suggestionen auf die Versuchsperson auszuüben. Die — nicht weiter kontrollierbare — Annahme von unbemerkten Empfindungen und Urteilstäuschungen verhindert schließlich leicht das Erkennen neuer Probleme.

In Beziehung auf das bewusste Psychische zwischen dem „Realen" und der „Erscheinung" zu unterscheiden, ist nach den früher (Kap. 2.7) dargelegten prinzipiellen Erwägungen unangebracht. Wohl kann die Auffassung von Erlebnissen oft mangelhaft und irrig sein, aber das berechtigt nicht zu jener durchgehenden Unterscheidung zwischen Realität und Erscheinung, wie sie am Physischen — auch bei genauester, völlig irrtumsfreier Auffassung — notwendig ist. Wenn sich also die Empfindungen als Bestandteile komplizierterer Erlebnisse für eine sorgfältige immanente Wahrnehmung anders darstellen als bei ihrer künstlichen Isolierung, so sind sie eben auch als wirklich anders hinzunehmen.

Man hat sich eben hier, wie so oft, den Tatbestand einfacher gedacht, als er ist, indem man voraussetzte, dass die gegebene Empfindung stets ausschließlich oder wenigstens fast ausschließlich von dem Reiz und seiner Aufnahme im Sinnesorgan abhängig sei.

Die zahlreichen Tatsachen, die dieser Voraussetzung nicht entsprechen, finden eine viel unbefangenere Würdigung, wenn man annimmt, dass im Allgemeinen bei dem Zustandekommen dessen, was uns in der sinnlichen Wahrnehmung anschaulich gegeben ist, außer den Reizen und den bisher bekannten peripheren Bedingungen noch eine Reihe anderer psycho-physischer Faktoren, vor

8 DIE ERKLÄRUNG DER EMPFINDUNGEN

allem solche zentraler Natur (wie Aufmerksamkeit, Interesse), von wesentlicher Bedeutung sind. Dabei werden natürlich die von der Empfindungsforschung festgestellten relativ einfachen Beziehungen zwischen Reiz und Empfindung nicht bestritten; es wird nur berücksichtigt, dass sie „durch Isolierung gewonnene Grenzfälle" bedeuten, „in denen der Einfluss der Reize und der peripheren Bedingungen völlig ausschlaggebend werden kann, weil die übrigen, sonst auf die Empfindungsprozesse einwirkenden Faktoren entweder fortfallen oder invariabel und damit für die Gesetze relativ gleichgültig werden".

Diese für die rein theoretische Forschung durchaus berechtigte Methode lehrt aber freilich wenig darüber, was wir in jedem Augenblick und in jeder Situation des wirklichen Lebens tatsächlich empfinden, oder richtiger: Welche Empfindungen in unseren Wahrnehmungen und sonstigen Erlebnissen als Bestandteile enthalten sind; denn dass isolierte Empfindungen unter unseren gewöhnlichen Erlebnissen sozusagen nicht vorkommen, muss immer wieder betont werden. Es wäre eine durchaus Welt- und lebensfremde Ansicht, wollte man annehmen, dass alle die physikalischen Vorgänge, die unseren Körper treffen oder durchkreuzen, auch „Reize" für uns wären, d. h. die Zustände unseres Leibes veränderten oder variierte Reaktionen auslösten. Nicht minder irrig wäre die Voraussetzung, dass alle die Einwirkungen, die — nach den Feststellungen der Empfindungsforschung — die „Reizschwelle" erreichen oder übersteigen, notwendig Empfindungen auslösen müssten.

Unsere Umwelt, d. h. die Welt, die für uns im praktischen Leben da ist, darf ja nicht ohne Weiteres für die psychologische Betrachtung ersetzt werden durch die „physikalische Welt", d. h. durch alles, was der Naturforscher als real anerkennt. Nur das ist jeweils für unser Bewusstsein da und wird wahrgenommen, was unseren Bedürfnissen, Interessen, Bestrebungen entspricht oder geeignet ist, sonst unsere Aufmerksamkeit zu erregen. Die Ergebnisse der Empfindungsforschung müssen also ihre Korrektur und Würdigung finden unter dem Gesichtspunkt, dass unsere Sinne nicht isoliert existierende Organe sind, bestimmt, Empfindungen zu produzieren, sondern dass ihre Funktion im Dienste unseres ganzen psycho-physischen Organismus und damit unseres Lebens und Handelns steht. Von hier aus betrachtet, ordnen sich die Empfindungen den vitalen Reaktionen des Organismus unter, und es erscheint die Verwendung des Begriffs „Reiz" nicht bloß in Beziehung auf die Empfindungen, sondern auch auf alle Reaktionen sachlich geboten.

9 Die zentral erregten Empfindungen und die Synästhesien

9.1 Allgemeines über die reproduzierten Empfindungen

Den Erlebniselementen, die wir Empfindungen nennen, nächstverwandt sind diejenigen, die wir als reproduzierte Empfindungen bezeichnen können. Mit Rücksicht auf die Bedingung ihrer Entstehung kann man die bisher betrachteten Empfindungen als „peripher erregt", die reproduzierten als „zentral erregt" charakterisieren. Der Name „Vorstellungen", der für die Letzteren auch vielfach verwendet wird, empfiehlt sich nicht, weil das Wort sehr vieldeutig ist, und sein Gebrauch in anderem Sinne nicht gut entbehrt werden kann. (Vgl. Kap. 10, 1.) Dagegen lässt sich das Verbum „vorstellen" in unserem Zusammenhang nicht missen.

Vielleicht ist es nicht überflüssig, zunächst an Beispielen zu erläutern, was wir mit den „zentral erregten" oder „reproduzierten" Empfindungen meinen.

Man schließe die Augen und suche sich eine Farbe möglichst anschaulich vorzustellen, den analogen Versuch mache man mit Tönen, Geschmäckern, Gerüchen, Berührungen, Temperaturen usw. Wenn es dann gelingt, Bewusstseinsinhalte hervorzurufen, die den entsprechenden Empfindungen mehr oder minder ähnlich erscheinen, so erlebt man zentral erregte Empfindungen. Es genügt also nicht, dass wir an früher empfundene Farben, Töne usw. bloß „denken"; dass wir also z. B. das Wort Grün im Bewusstsein haben und wissen, dass wir damit eine Farbe meinen; sondern diese Farbe muss uns in gewissem Sinne anschaulich, bildhaft vorschweben.

Dass wir uns hier nur mit einiger Anstrengung verständlich machen können, beruht wieder auf der Grundeigentümlichkeit des Psychischen, nur für das erlebende Subjekt direkt wahrnehmbar zu sein. Wir können also nur hoffen, dass die Charakterisierung, die wir von unseren Erlebnissen entwerfen, bei anderen Zustimmung finde. Für meine Person kann ich konstatieren, dass die Merkmale, die z. B. Ebbinghaus von den zentral erregten Empfindungen angibt, vollständig zutreffen. Auch ich erlebe sie im Vergleich mit den Empfindungen als etwas Blasses und Körperloses, Unbestimmtes und Flüchtiges, wenig Lebhaftes.

Ebenso trifft bei mir zu, dass unter gewissen Umständen die Ähnlichkeit mit den Empfindungen sich beträchtlich steigern kann. So im Traum, und wenn die zentral erregten Empfindungen zur Ergänzung von peripher erregten dienen und mit diesen sozusagen verschmelzen; so wenn man beim Anblick einer dampfenden Suppe ihre Litze, beim Anblick eines großen eisernen Gewichts seine Schwere unmittelbar mit zu „empfinden" meint. Eine ähnliche Steigerung der Lebhaftigkeit zentral erregter Empfindungen findet nach übereinstimmenden Angaben von Psychologen und Psychiatern statt bei den sogenannten „Phantasmen" oder „Schlafbildern", die im Zustand großer geistiger Erregung bei

9 DIE ZENTRAL ERREGTEN EMPFINDUNGEN UND DIE SYNÄSTHESIEN

gleichzeitiger körperlicher Erschöpfung eintreten; ferner bei Halluzinationen, d. h. bei Erlebnissen von Wahrnehmungscharakter, bei denen aber die äußeren Reize fehlen, und den Illusionen, d. h. „sinnlich lebhaften Vorstellungsausdeutungen peripher bedingter Empfindungen".

Wenn in diesen pathologischen Fällen der Unterschied zwischen peripher und zentral erregten Empfindungen völlig fließend und unsicher wird, so haben neuere Forschungen gezeigt, dass dies in gewissem Umfang auch innerhalb der Grenzen des normalen Seelenlebens gilt. Schon der englische Psychologe Galton, der 1883 zuerst genauere Untersuchungen über unser Problem vermittelst der Fragebogenmethode anstellte, konstatiert, dass die Fähigkeit, visuelle Empfindungen zu reproduzieren, hinsichtlich der Lebhaftigkeit außerordentlich verschieden ist. Der Amerikaner Perky fand neuerdings, dass Versuchspersonen, welche die Aufgabe hatten, Empfindungen zu reproduzieren, peripher erregte, deutlich bemerkbare Empfindungen für reproduzierte hielten. Auch Koffka stellte auf visuellem Gebiete Fälle fest, „wo Vorstellungen direkt die Merkmale von Empfindungen trugen".

Auf der anderen Seite äußert sich Müller-Freienfels sehr skeptisch über die Möglichkeit, anschaulich zu reproduzieren. Er vertritt die Ansicht, dass die zentral erregten Empfindungen nicht bloß quantitativ (d. h. in ihrer Intensität), sondern auch qualitativ wesentlich von den peripher erregten verschieden seien. Was zunächst die Intensität betrifft, so liegen die Intensitäten beider Arten von Empfindungen nicht in einer Linie, sodass die Intensität des stärksten vorgestellten Geräuschs da begänne, wo die Intensität der schwächsten empfundenen Geräusche aufhörte; vielmehr liegen die beiden Intensitäten — wenigstens für diejenigen Individuen, bei denen zentral und peripher erregte Empfindungen deutlich verschieden sind — sozusagen in verschiedenen Dimensionen. Intensität ist dabei übrigens nicht mit Lebhaftigkeit zu verwechseln. Es kann z. B. ein ganz schwaches Geräusch doch mit der größten Lebhaftigkeit vorgestellt werden.

Hinsichtlich der Qualitäten meint Müller-Freienfels, dass es sich auf den meisten (besonders den sogenannten niederen) Sinnesgebieten gar nicht um bildmäßige Reproduktionen, sondern um einen heterogenen Ersatz handle. So glaubt er z. B., dass die sogenannten Geruchs-„Vorstellungen" sich zerlegen lassen in gewisse peripher erregte Haut- und Bewegungsempfindungen, die beim Schnüffeln entstehen, in Lust- und Unlustgefühle und in ein (unanschauliches) Denken an den betreffenden Geruch. Derartige Ersatzerlebnisse genügten auch vollkommen, um dieselbe Funktion zu erfüllen, wie zentral erregte Empfindungen.

Bei den motorischen Empfindungen ist besonders beachtenswert, dass der Versuch, solche zu reproduzieren, in der Regel leichte Bewegungen herbeiführt, welche ihrerseits Empfindungen bedingen, die dann natürlich peripher erregte sind. Den Vorstellungen" hat man früher eine wesentliche Bedeutung für das Zustandekommen unserer willkürlichen Bewegungen zugeschrieben. Neuerdings ist man (wie wir noch sehen werden) davon völlig zurückgekommen. Ja,

9.1 Allgemeines Über Die Reproduzierten Empfindungen

bei vielen Individuen scheinen motorische „Vorstellungen" gar nicht wahrnehmbar zu sein.

Dass auf dem optischen und akustischen Gebiet die meisten die Fähigkeit anschaulicher Reproduktion besitzen, bestreitet auch Müller-Freienfels nicht.

9.2 Vorstellungstypen

Gerade bezüglich dieser „höheren" Sinne hat man nun nicht bloß eine sehr verschiedene Lebhaftigkeit der zentral erregten Empfindungen bei den einzelnen Individuen gefunden, sondern man hat auch festgestellt, dass bei den intellektuellen Vorgängen verschiedene Arten dieser Empfindungen in den einzelnen Individuen eine verschiedene Rolle spielen. Man hat danach einen visuellen, einen akustischen und einen kinästhetischen Typus unterschieden. Früher nahm man nun ohne Weiteres an, dass sozusagen das ganze Seelenleben des Individuums durch die Zugehörigkeit zu einem solchen Typus charakterisiert sei; dass also in den verschiedensten geistigen Funktionen der Einzelne immer wieder denselben Typus zeige. So hatte z. B. W. Stern in seiner im Jahre 1900 erschienenen Schrift „Über die Psychologie der individuellen Differenzen" die „Visuellen" folgendermaßen charakterisiert: „Sie fantasieren und träumen in den lebhaftesten optischen Bildern, sie beobachten und behalten besonders leicht Farben, Formen, Gesichter; sie reproduzieren Sprachliches vorwiegend mit Hilfe der Schriftbilder, ja sie bauen sich überhaupt ihre Vorstellungswelt hauptsächlich aus optischen Elementen auf."

Man hatte aus derartigen Ansichten bereits weitgehende pädagogische Folgerungen gezogen. Man hatte z. B. verlangt, dass die Schulen nach besonderen Vorstellungstypen-Klassen gegliedert würden.

Durch neuere Untersuchungen ist man aber zu der Erkenntnis gelangt, dass man den Bereich des Typus viel weiter erstreckt hatte, als zulässig ist. Es gibt Individuen, die lediglich in Bezug auf Sprachvorstellungen visuell sind, was sich darin zeigt, dass sie sich besonders die Wortbilder oder die Stellen, wo etwas zu Erlernendes steht, einprägen. Dieselben Individuen sind vielleicht in Bezug auf Sachvorstellungen gar nicht visuell, d. h. sie haben bei Erinnerungen, im Traum und im Fantasieleben durchaus nicht besonders zahlreiche und lebhafte Vorstellungen von Gegenständen. Auch das Umgekehrte findet statt: Visueller Typus in Bezug auf die Gegenstandsvorstellungen, dagegen akustischer (oder akustisch-motorischer) in Bezug auf Sprachvorstellungen, und zwar ist dieser Sachverhalt ein sehr häufiger.

Aber die spezielle Gestaltung der Typen ist sogar vielfach noch eine feiner differenzierte. Es ergab sich zum Beispiel, dass auf dem sprachlichen Gebiet nicht stets derselbe Typus sich zeigt, sondern dass dies von der Art und Schwierigkeit der jeweiligen Leistung und anderen Bedingungen abhängt. Auch bezüglich der Sachvorstellungen ist Ähnliches zu vermuten. Es ist sehr wohl möglich, dass ein bestimmter Typus bei Prozessen des Traumlebens oder der freien Fantasietätigkeit vorherrscht, während er etwa beim wissenschaftlichen Nachdenken nicht konstatierbar ist.

Treffend fasst Stern in seiner 1912 erschienenen „Differentiellen Psychologie" die neueren Wandlungen auf dem Gebiet der Typenlehre folgendermaßen zusammen: „An die Stelle der schönen, umfassenden Einheiten, mit denen man vor einem Jahrzehnt die gesamte Vorstellungseigenart der Menschen glaubte typisieren zu können, ist jetzt eine ungeordnete Zahl von Spezialtypen getreten, deren jeder einen noch nicht im Einzelnen festgestellten, sicher aber relativ engen Typenbereich besitzt, und über deren Korrelation untereinander ebenfalls erst die Zukunft Aufschluss verschaffen muss."

Aus diesem Ergebnis aber folgt, dass die experimentellen Prüfungsmethoden, vermittelst deren man die einzelnen Individuen den verschiedenen Vorstellungstypen glaubte einreihen zu können, außerordentlich verfeinert werden müssen. Man hat es z. B. seither ohne Weiteres als Symptom des akustischen Typus angesehen, wenn jemand beim Reproduzieren von Worten sich leichter an die Vokale als an die Konsonanten erinnerte; denn nicht im Schriftbild für das Auge, sondern durch ihren volleren Klang für das Ohr sind die Vokale bevorzugt. Auf denselben Typus schloss man, wenn jemand ähnlich klingende, aber ganz verschieden geschriebene Worte verwechselte (wie z. B. jener französische Arzt, der statt „poumon droit" einmal „poumon 3" niederschrieb). Aber wenngleich die Verwendung solcher Symptome zulässig bleibt, so ist man doch aufgrund ihres Vorhandenseins allein nicht schon berechtigt, das betreffende Individuum überhaupt (z. B. auch in Bezug auf seine Sachvorstellungen) dem akustischen Typus zuzuweisen.

Jedenfalls haben die neueren Untersuchungen auf dem Gebiet der sogenannten „Vorstellungstypen" gezeigt, dass die Verhältnisse viel verwickelter liegen und, die individuellen Differenzen viel feiner und vielfältiger sind, als man früher annahm. Auch das hat sich freilich herausgestellt, dass viele Menschen einem sozusagen „gemischten" Typus angehören, bei dem zwar bezüglich der Sachvorstellungen das Visuelle einigermaßen vorherrscht, aber reproduzierte Empfindungen anderer Sinne ebenfalls Vorkommen, ja gelegentlich in den Vordergrund treten. '

Die Erfahrungen, die man bei diesen (wie bei manchen anderen) psychologischen Untersuchungen gemacht hat, haben die Mahnung nahegelegt, dass man sich vor unzulässigen Verallgemeinerungen hüte und nicht voreilig praktische Konsequenzen aus gewissen, noch nicht ausreichend nachgeprüften Versuchsergebnissen ziehe.

9.3 Die „Synästhesien" oder „sekundären" Empfindungen

Eine zwar nicht bei allen Individuen konstatierbare, aber doch noch zum Bereich des Normalen (d. h. Nichtpathologischen) zu rechnende Tatsache bilden die sogenannten „Synästhesien" oder „sekundären" Empfindungen, die schon Goethe und Fechner bemerkten. Sie sind gerade in neuerer Zeit zum Gegen-

9.3 Die „Synästhesien" oder „sekundären" Empfindungen

stand vielfältiger Untersuchung gemacht worden. Man versteht darunter die Erscheinung, dass durch Reizung eines Sinnes zugleich auch Empfindungen eines anderen Sinnesgebietes ausgelöst werden. Synästhesien können vermutlich zwischen fast allen Empfindungsklassen auftreten, jedoch sind sie besonders häufig von der Art, dass die peripher erregten Empfindungen von sekundären Lichtphänomenen begleitet sind („Photismen" oder „Synopsien"). Treten solche Photismen bei akustischen Empfindungen auf (was am häufigsten der Fall ist), so nennt man dies „Phonopsien", oder man spricht von Farbenhören (*audition colorée*). Dass Farbenwahrnehmungen Tonphänomene auslösen (Phonismen), ist weit seltener. Man vermutet aufgrund der bisherigen Beobachtungen, dass etwa bei 12 % der Individuen Sekundärempfindungen auftreten, darunter bei 4 % Farbenhören. Bei Blinden scheint der Prozentsatz weit höher zu sein; auf 150 Blinde kamen 30 Farbenhörer.

Am häufigsten werden die Vokale mit Farbeneindrücken vernommen. Im Allgemeinen erwecken i und e die hellsten, a und o mittlere, u die dunkelsten Farben. Dass die Helligkeitsstufe der Photismen in erster Linie vom qualitativen Klang des Vokals, erst in zweiter von der Höhe des gesungenen Tons abhängt, darf wohl in Beziehung gesetzt werden zu den Beobachtungen Köhlers über die Bedeutung des Vokalcharakters der Töne (vgl. Kap. 7.6). Die Konsonanten werden im Allgemeinen wenig oder gar nicht gefärbt empfunden.

Wichtig sind auch die musikalischen Phonopsien, zu denen ja bereits die Erscheinungen bei der gesungenen Sprache gehören. Dass wir allgemein von „Klangfarbe" und „Farbenton" reden, zeigt, dass schon für das gewöhnliche Bewusstsein Klang und Farbe als verwandt erscheinen. Speziellere Beziehungen zeigen sich bei den Farbenhörern. So werden den Tönen bestimmter Instrumente durchgehend gewisse Farben zugeschrieben, z. B. der Flöte häufig blau, der Trompete rot; nicht minder haben Tonarten ihre Farben (z. B. A-Dur grün); ja sogar die gesamte Musik einzelner Komponisten. Für eine Dame mit ausgeprägten Phonopsien besaß die Musik von Haydn ein angenehmes Grün, die von Mozart erschien im allgemeinen Blau, Chopin näherte sich dem Rot, und Wagner machte ihr den Eindruck einer leuchtenden Wolke, die allmählich ihre Farbe ändert.

Ein anderer Farbenhörer berichtet, er empfinde nicht zuerst, ob eine Stimme angenehm oder unangenehm, stark oder schwach klinge, sondern seine erste Wahrnehmung gelte der Farbe. Er kenne blaue, gelbe, rote, grüne Stimmen; auch deren Nuancen seien mannigfaltig abgestuft. Friedrich Wehofer (dessen Abhandlung über Farbenhören bei Musik die angeführten Beispiele entnommen sind), erzählt von sich, dass er einmal beim Anhören der g-Moll-Symphonie folgendes Erlebnis hatte: „Kaum hatten mich die ersten vollen Akkorde begrüßt und in Mozartstimmung versetzt, so begann sich vor mir ein Schauspiel zu entwickeln, dem ich mit Staunen und Entzücken folgte. Im Saale wurde es lebendig; ein silberweißer Himmel schien sich zu bilden, an dem bewegte Wolken schwebten — rosige und blaue, manchmal goldrote, dann smaragdgrün schimmernde. An einer sanften schmeichelnden Stelle zogen Silberfäden durch den

9 DIE ZENTRAL ERREGTEN EMPFINDUNGEN UND DIE SYNÄSTHESIEN

Kranz von Schäfchenwolken; als die Töne schwollen, wuchs zugleich das Farbenlicht an zu gigantischen Gebilden voll Bewegung und voll Leben; ein Farbenspiel, das unvergleichlich schöner und reicher war als im kunstvollsten Kaleidoskop."

Über ein Anhören von Beethovens Eroica berichtet er: „An den wuchtigen Stellen der Symphonie schien es sich wie Gewitterwolken zusammenzuballen, drohende breite Blitze schossen durch den Saal, während überm Orchester der Groll und die Trauer der Leiden sich in grauvioletten, düsteren Massen wälzte, die ab und zu von einem scharlachroten Zickzackstreifen durchrissen wurden." Auch glaubt er, allgemein beobachtet zu haben, dass der musikalische Bau des Tongefüges (Rhythmus, Harmonie und Melodie) in konstanter gesetzmäßiger Beziehung zum geometrischen Aufbau der Farbenerscheinungen für ihn stehe.

Die Fülle der Phänomene und der individuellen Verschiedenheiten auf diesem Gebiete ist außerordentlich groß, jedoch müssen wir uns zur Veranschaulichung mit diesen wenigen Beispielen begnügen. Als bedeutsam sei nur noch die Tatsache hervorgehoben, dass die Koordination der einzelnen Farben zu den Tonempfindungen bei den Individuen zwar verschieden, aber bei jedem (wahrscheinlich während des ganzen Lebens) konstant ist.

Eine notwendige Voraussetzung für den Versuch, diese seltsamen Erscheinungen zu erklären, bildet auch hier eine genaue Beschreibung. Dafür ist es nun vor allem wichtig, festzustellen (was aus den Berichten meist nicht klar hervorgeht), ob es sich bei den Synästhesien um wirkliche Empfindungen oder um Erlebnisse von der Art reproduzierter Empfindungen (sog. „Vorstellungen") oder um beides handelt. Viele Schilderungen scheinen für das Zweite zu sprechen. Bleuler dagegen, einer der gründlichsten Forscher auf diesem Gebiet, erklärt, die Photismen seien überhaupt etwas ganz Eigenartiges.

Wenn sie auch mit optischen Empfindungen und Vorstellungen Farbe und Helligkeit gemein hatten, so zeigten sie doch schon hierin ein abweichendes Timbre. Es gäbe auch Photismen, die optisch geradezu unmöglich seien, wie er von seiner Ü-Farbe sagen könne, die im Hellen Rötlichen, etwas Gelbliches und etwas Bläuliches, aber dennoch keine Spur von Grünlich habe. Wenn es schon ein Notbehelf sei, dass wir auf die Photismen Farbennamen anwendeten, so entspräche deren Durchsichtigkeit, Oberflächenbeschaffenheit und Begrenzung vollends nicht den so benannten Eigenschaften des Gesehenen. Jede optische Farbe habe etwas Körperliches, die Photismen seien in Bezug auf ihre Körperlichkeit am ehesten mit den Farben am klaren Himmel, auch mit den Regenbogenfarben vergleichbar. (Das würde besagen, dass die Photismen den Charakter von Flächenfarben tragen; vgl. Kap. 7.3.)

Die Photismen werden ferner (nach Bleuler) räumlich nicht in die Gesichtswahrnehmungen und -Vorstellungen eingeordnet. Unter 76 von ihm beobachteten Farbenhörern lokalisierte nur ein einziger die Photismen „in die Stirne", während alle anderen sie an die primäre Empfindung knüpften. Das Photisma eines Tones wird in fast allen Fällen nicht ins Gesichtsfeld, sondern ins Hörfeld, genau wie die Schallempfindung, verlegt, an den nämlichen Ort, in die nämliche

9.3 Die „Synästhesien" Oder „sekundären" Empfindungen

Ausdehnung und mit dem nämlichen Grad von Bestimmtheit oder Unbestimmtheit (deutlicher ist natürlich Gestalt und Größe von Tast- und Schmerzphotismen; sie stimmen darin genau mit den primären Empfindungen überein). Dass die Photismen nicht den Charakter von Halluzinationen haben, zeigt ebenfalls, dass sie sich von den Empfindungen unterscheiden. Dass sie auch nicht den „Vorstellungen" gleichen, sucht Bleuler durch den Hinweis darauf wahrscheinlich zu machen, dass sie durch Reize von außen erregt werden und gerade so lang dauern wie der Reiz.

Von den eigentlichen Photismen unterscheidet er deren Reproduktionen. Viele Untersuchungen hätten es überhaupt nur mit diesen zu tun. Wenn man fragt: „Was für eine Farbe haben die Flötentöne, der Pfiff der Lokomotive?" So erlebt der Farbenhörer nicht das Photisma selbst, sondern das Erinnerungsbild, die Vorstellung desselben.

Sind aber auf dem Gebiet der Photismen analoge Unterschiede zu konstatieren, wie sie zwischen peripher und zentral erregten Empfindungen bestehen, und sind ferner die eigentlichen Photismen von den Reizen geradeso abhängig wie die Empfindungen, so dürfte es sich doch empfehlen, sie trotz gewisser Unterschiede dem Empfindungsbegriff unterzuordnen, zumal ja rein deskriptiv die Unterscheidung zwischen Empfindung und „Vorstellung" im Sinne der reproduzierten Empfindung nicht in allen Fällen sicher vorzunehmen ist. Der Name Sekundärempfindungen würde also zu Recht bestehen. Freilich ist zuzugeben, dass dieser Charakterisierung der Photismen als Empfindungen auch Bedenken entgegenstehen, und dass es — bei der Fülle der individuellen Unterschiede auf diesem Gebiet — zum mindesten fraglich ist, ob sie für alle Fälle gilt. Insbesondere ist es einem Psychologen, der nicht selbst „Farbenhörer" ist, eigentlich nicht möglich, zu den Fragen der Deskription entscheidende Stellung zu nehmen.

Von ihnen aber hängen auch die erklärenden Hypothesen ab. Ich muss mich darum begnügen, über die Wichtigsten lediglich zu berichten.

Als herrschende Theorie darf wohl diejenige gelten, welche die Schallphotismen darauf zurückführt, dass Schall- und Farbempfindungen die nämliche Gefühlsbetonung hätten, und dass infolgedessen feste Assoziationen zwischen deren Spuren entstünden. Gegen diese von Flournoy, Wundt u. a. vertretene Hypothese wendet Bleuler ein, dass die Photismen gar nicht immer die gleichen Gefühlstöne hätten wie die entsprechenden Klänge: „Für mich," so bemerkte er, „sind Worte mit 3 lautlich sehr schön, ihre Photismen aber ganz unansehnlich oder hässlich; Donner und Trommelschlag sind für mich akustisch sehr angenehm, anregend; ihre Photismen unschön; Worte mit io sind photismatisch schön, akustisch unangenehm."

Dieser Einwand ist allerdings durchschlagend, falls mit „Gefühl" lediglich Lust-, Unlustzustände gemeint sind. Vermutlich bezeichnen aber die Vertreter der affektiven Theorie mit dem Wort Gefühl nichts weiter als jene schwer zu beschreibende Verwandtschaft, wie sie z. B. zwischen den akustischen Empfindungen i und e und den Empfindungen von hellen Farben besteht.

9 DIE ZENTRAL ERREGTEN EMPFINDUNGEN UND DIE SYNÄSTHESIEN

Gegen die Erklärung aus zufälligen Assoziationen wendet Bleuler ein, dass trotz der individuellen Verschiedenheiten doch sehr weitgehende Regelmäßigkeiten bestünden. Solche gelten nicht nur für die Qualitäten, sondern auch für die Größen und Formen. Die Photismen tiefer Töne erscheinen größer als die von hohen; ferner werden Photismen mit scharf begrenzten und eventuell spitzen Formen durch hohe Töne erzeugt; durch dunkle das Gegenteil.

Endlich würde gegen die Erklärung aus Assoziationen der Umstand (falls er Tatsache ist) sprechen, dass die Photismen ihrem deskriptiven Charakter nach mehr den Empfindungen als den „Vorstellungen" gleichen. Sie würden ja dann nicht anders entstehen, wie alle „Vorstellungen": Aus dem aktuell werden von „Spuren", das auf assoziativem Wege herbeigeführt wird.

Bleuler vertritt darum die Hypothese: Die Sekundärempfindungen müssten (physiologisch) erklärt werden wie Empfindungen. Man müsse zu diesem Behufe voraussetzen, dass ein Sinnesreiz von unserem Gehirn nicht nur mit einer einzigen Empfindung beantwortet werde, sondern mit mehreren spezifisch verschiedenen. „Es besteht nun kein Grund zu der Annahme, dass diese verschiedenen Empfindungen dadurch zustande kommen, dass die Reize von jedem „Sinneszentrum" aus nach dem anderen Sinneszentrum geleitet werden. Im Gegenteil, die Regelmäßigkeit der entsprechenden Verbindung macht das unwahrscheinlich, und macht dafür wahrscheinlich, eine allgemeine Eigenschaft der Hirnsubstanz, auf die von den einzelnen Sinnesorganen zugeleiteten Reize mit ihren verschiedenen spezifischen Qualitäten zu antworten. Es stände aber zuweilen nur eine derselben im Vordergrund, und zwar für jedes Sinnesgebiet eine andere, während die anderen zurücktreten und als Sekundärempfindung oder gar nicht zum Bewusstsein kommen."

Man erkennt aus dieser Theorie, dass die Tatsache der Synästhesien schon deshalb eine eingehende Untersuchung verdient, weil sie unter Umständen für unsere Einsicht in die Funktion der Großhirnrinde recht bedeutsam werden kann.

10 Die Analyse der Wahrnehmung

10.1 Allgemeines über die Erlebnisse des Gegenstandsbewusstseins

Wir kommen dem wirklichen Erleben einen Schritt näher, wenn wir uns von den Empfindungen, die nur in lebensfremder, isolierender Abstraktion Forschungsobjekt werden, den Akten des Gegenstandsbewusstseins zuwenden. Zwar können wir auch sie nicht untersuchen, ohne dass wir sie künstlich aus dem kontinuierlichen Fluss des Bewusstseins herausheben und sie gleichsam zum Erstarren bringen. Ebenso müssen wir in der Regel von gleichzeitigen Erlebnissen, zumal einem gewissen Hintergrund von verschwommenen Inhalten absehen, endlich die biologische Bedeutung jener Akte als Reaktionen oder Lebensäußerungen eines organischen Individuums außer Betracht lassen.

Gleichwohl kommt den Akten des Gegenstandsbewusstseins eine gewisse relative Selbstständigkeit zu, vor allem deshalb, weil sie einen einheitlichen Sinn haben — eben durch ihre intentionale Beziehung aus Gegenstände. Nun gilt es aber vor allem, eben diese Beziehung klar und scharf zu fassen.

Eine einfache Reflexion zeigt mit Evidenz, dass die Gegenstände selbst nicht als reelle Bestandstücke zu den Erlebnissen gehören, wenn sie in ihnen auch „gemeint" sind. Das gilt für Wirkliches physischer, psychischer wie psychophysischer Art, und zwar so gut für das, was wir bei naiv-realistischem Verhalten „wirklich" nennen, wie für das, was die Naturwissenschaft aus der uns erscheinenden Wirklichkeit als das eigentlich „Reale" herausarbeitet. Es gilt aber auch für bloß fantasierte, gedachte, ideelle Gegenstände. Weder Häuser noch Bäume, weder Moleküle noch elektrische Entladungen, weder politische Ereignisse noch soziale Zustände sind reelle Bestandteile von Erlebnissen; ebenso wenig sind es Zahlen oder geometrische Figuren, olympische Götter und Nymphen, sittliche Normen und Staatsverfassungen. Wem das nicht unmittelbar einleuchten sollte, der erwäge, dass man über alle diese Gegenstände sinnvolle Aussagen machen kann, die, auf Erlebnisse oder deren Elemente bezogen, direkt sinnlos werden. Häuser sind in der Feuerversicherung, Erlebnisse nicht; Moleküle haben ein bestimmtes Gewicht, Erlebnisse nicht usw. Die Gegenstände selbst sind also dem Bewusstsein und damit allen Erlebnissen gegenüber ein prinzipiell Anderes, „Transzendentes", „Äußeres" (was aber ja nicht räumlich aufgefasst werden darf!). Darum kann die rein beschreibende Psychologie nicht nur von jeglicher Untersuchung der Gegenstände nach ihrer Beschaffenheit absehen, sie kann auch die Frage, ob sie existieren oder nicht, ganz unentschieden lassen.

Nur für die „immanente" Wahrnehmung unserer eigenen Erlebnisse gilt diese Transzendenz des Gegenstands nicht. Soweit es sich hier wirklich um Wahrnehmung in strengem Sinne handelt, soweit also das wahrgenommene Erlebnis noch da ist, bildet es mit der Wahrnehmung eine zu demselben Erlebnisstrom gehörige Einheit, in welcher „Wahrnehmung" und „Objekt" nur durch Abstrak-

10 DIE ANALYSE DER WAHRNEHMUNG

tion als unselbstständige Bestandteile voneinander zu sondern sind. Jedoch die Selbstwahrnehmung wurde bereits (Kap. 4.3) ausreichend erörtert; für alle übrigen Arten des Gegenstandsbewusstseins gilt jedenfalls die Transzendenz des Objekts.

Gleichwohl ist doch auch ein deskriptiver Unterschied in den Erlebnissen selbst, je nachdem, ob das eine einen Baum, das andere einen Menschen zum Objekt hat; ferner, ob der Gegenstand als ein wirklicher oder bloß fantasierter, als ein gegenwärtiger oder vergangener gemeint ist. Man hat dieser zum Erlebnis gehörigen „Intention auf den Gegenstand" schon in der Scholastik Rechnung zu tragen gesucht, indem man von einem „mentalen" („intentionalen" oder „immanenten") Objekt sprach, das man von dem gemeinten (z. B. wirklichen) unterschied. Aber so berechtigt die Tendenz dieser Unterscheidung ist, so sind doch die gewählten Bezeichnungen irreführend: Sie führen zu der Meinung, die Gegenstände würden durch unser Bewusstsein von ihnen verdoppelt. Dabei erblickt man im „mentalen" Objekt gern eine Abbildung des „wirklichen". Aber wenn alles Auffassen, Wahrnehmen usw. ein Abbilden wäre, so müssten wir, um das „mentale" Objekt zu erfassen, dieses wieder abbilden und sofort ins Unendliche. Auch wäre nicht abzusehen, wie wir die Charakterisierung des „mentalen" Objekts als einer Abbildung des Wirklichen rechtfertigen wollten, da wir ja an das Letztere als „außerbewusstes" gar nicht herankämen. Endlich ist zu beachten, dass unter den Arten des Gegenstandsbewusstseins auch das B i l d bewusstsein vorkommt; aber bei diesem wird eben wirklich ein Objekt als das Abbild eines anderen aufgefasst; dass dieses Bildbewusstsein jedoch bei allem Gegenstandsbewusstsein vorliege, davon kann gar keine Rede sein.

Wir werden uns also des Ausdrucks „mentales usw. Objekt" nicht bedienen, wir werden aber festhalten, dass den Erlebnissen des Gegenstandsbewusstseins eine Intention auf das jeweilige Objekt als reeller, ja als bedeutsamster Bestandteil innewohnt, und wir werden mit Bezug darauf auch vom „Inhalt" oder „Sinn" der „intentionalen Erlebnisse" oder „Akte" sprechen. Das will sagen, dass sich in diesen Erlebnissen stets Objekte für uns konstituieren; weshalb man sie auch mit gutem Grund „objektivierende" Akte nennt.

Als allgemeinste kurze Bezeichnung derselben gibt der gewöhnliche Sprachgebrauch den Ausdruck „Vorstellung" an die Hand; und wir werden diesen ebenfalls gebrauchen. Aber auch in einer zweiten engeren Bedeutung ist dieser Ausdruck kaum entbehrlich — der Zusammenhang muss dann jeweils Auskunft geben, welche Bedeutung gemeint ist. — Unter den intentionalen Erlebnissen können wir nämlich zwei Hauptklassen danach unterscheiden, ob das gemeinte Objekt durch Empfindungen (oder deren Reproduktionen) anschaulich repräsentiert ist oder nicht. Es ist nun üblich, die anschaulichen intentionalen Erlebnisse als „Vorstellungen" den u n anschaulichen als den „Begriffen" oder „Gedanken" gegenüberzustellen und in demselben Sinne „Vorstellen" und „Denken" zu scheiden.

Vorstellungen in diesem engeren Sinne können sowohl Wahrnehmungs- wie Gedächtnis- oder Fantasievorstellungen sein. Wir wenden uns zunächst der Un-

10.1 Allgemeines Über Die Erlebnisse Des Gegenstandsbewusstseins

tersuchung der Wahrnehmungsvorstellungen zu, die ja im Vergleich zu den beiden anderen Arten den Charakter „ursprünglicher", „originärer" Erlebnisse haben.

10.2 Wahrnehmung und Empfindung

Wahrnehmungen, besonders Gesichts-, Gehör- und Tastwahrnehmungen, erleben wir im Wachzustand fast unaufhörlich, freilich mit sehr verschiedenen Graden von Aufmerksamkeit. Die Eigenart der Wahrnehmung im Vergleich zu den anderen Arten intentionaler Erlebnisse liegt darin, dass sie „Bewusstsein der leibhaftigen Selbstgegenwart eines individuellen Objekts" ist. In seiner anschaulichen Gegebenheit ist aber das Objekt für uns aufgebaut in erster Linie durch die Empfindungen. Diese bilden die sozusagen „stofflichen" Bestandteile der Wahrnehmung; sie müssen aber gleichsam durchwaltet und beseelt sein von der gedanklichen Intention auf den betreffenden Gegenstand, sonst wären sie sinn- und bedeutungslose Bewusstseinselemente chaotischer Art.

Eben damit ist auch gesagt, dass die Empfindungen als solche in der Wahrnehmung (beim „natürlichen", auf die äußeren Dinge gerichteten Verhalten) nicht selbst Gegenstand unseres Wahrnehmens sind: Sie werden beim Wahrnehmen von uns erlebt, aber nicht selbst wahrgenommen. Es ist eine prinzipiell andere, künstliche Einstellung, wenn wir die Empfindungen als solche zum Objekt unseres Bewusstseins machen.

Und doch wird oft gerade bei scharfsinnigen Denkern über jener künstlichen Einstellung die natürliche vergessen. So lesen wir z. B. in Fichtes „Bestimmung des Menschen" Gedanken wie diese: In aller Wahrnehmung nehme ich zunächst nur mich selbst und meinen Zustand wahr. Ich kann nicht sagen: Ich bin mir äußerer Gegenstände bewusst, sondern nur: Ich bin mir meines Sehens und Fühlens der Dinge bewusst. Ich empfinde in mir selbst, nicht im Gegenstand, denn ich bin ich selbst und nicht der Gegenstand.

Derartige Erwägungen mögen erkenntnistheoretisch eine gewisse Berechtigung haben: Für viele aber versperren sie den Weg zu einer schlicht psychologischen Beschreibung der äußeren Wahrnehmung oder lassen deren Unterschied von der „immanenten" Wahrnehmung verkennen.

Doch darüber ist bei Erörterung der „Erlebnis- oder Selbstwahrnehmung" schon das Nötige gesagt worden; hier wird uns nur noch die „äußere" oder „sinnliche" Wahrnehmung zu beschäftigen haben.

Gar vieles darüber kann den Ergebnissen der bisher betrachteten sogenannten Empfindungsforschung ohne Weiteres entnommen werden. Ihren seitherigen Vertretern lag die feine Unterscheidung zwischen den Empfindungen als solchen und den ihnen korrelaten dinglichen Momenten zunächst fern. In der Tat bilden diese ja auch nicht eine reelle Zweiheit, noch weniger stehen sie im Verhältnis des Abbildens, sondern dasselbe Gegebene, z. B. ein Weiß, ein Glatt, ein Warm wird entweder als Eigenschaft des Dings oder als lediglich dem Individuum zugehöriger Bewusstseinsinhalt aufgefasst; also nur eine zweifache begriff-

10 DIE ANALYSE DER WAHRNEHMUNG

liche Deutung und Verarbeitung findet statt. Es soll damit nicht behauptet werden, dass dieser gedankliche Unterschied für die Beschaffenheit des anschaulichen Moments ganz gleichgültig sei: Was wir z. B. über die phänomenologische Verschiedenheit der sogenannten Flächen- und Oberflächenfärben kennengelernt haben, beweist das Gegenteil. Aber dass die Verhältnisse sonst ähnlich liegen sollten, würde zum mindesten erst eines besonderen Nachweises bedürfen. Es könnte freilich doch sein, dass die Beachtung des Unterschieds der inneren Einstellung auf gegenständliche Momente einerseits, auf Empfindungen andererseits zu manchen neuen Ergebnissen führte. Jedenfalls darf man voraussetzen, dass bei den seitherigen Untersuchungen über das Empfindungsgebiet die Versuchspersonen in der Regel sich in der „natürlichen" Einstellung auf äußere Objekte befanden; dass es sich also, streng genommen, um die Untersuchung von Wahrnehmungen mit möglichst einfachem Inhalt handelte.

Wir werden mithin auch das, was die erklärende Psychologie über Reize und physiologische Vorgänge als Bedingungen der Empfindungen feststellte, in sinngemäßer Weise auf die Wahrnehmungen anwenden dürfen. Wir nehmen darum diese Seite der Forschung kurz vorweg, indem wir bemerken, dass hier als Reize neben den relativ einfachen auch Objekte von beliebiger Kompliziertheit in Betracht kommen; und dass als physiologische „Parallele" für die gedankliche Deutung und Verarbeitung der Empfindungen mehr oder minder ausgedehnte und verwickelte „zentrale" Prozesse im Großhirn anzunehmen sind. Die experimentelle Forschung hat durch die Verwendung ganz kurz dauernder Reize, z. B. unter Benutzung des „Tachistoskops", ein Mittel, um das periphere Stadium des Vorgangs sozusagen zu isolieren.

Doch auf die mannigfachen Probleme, die hier noch der Klärung harren, können wir nicht eingehen: Wir halten es für geboten, uns auf die deskriptive Aufgabe der (äußeren) Wahrnehmung gegenüber zu beschränken.

10.3 Analysierende Beschreibung einer Gesichtswahrnehmung

Um ein Beispiel einer Wahrnehmungsanalyse zu bieten, soll hier die Gesichtswahrnehmung eines ruhenden Dings zergliedert werden.

Hering hat die wichtige Scheidung vollzogen zwischen dem „wirklichen Ding" und dem Ding, wie wir es sehen, dem „Sehding".

Von dem „wirklichen" Ding kann man sowohl im Sinne der naiven Auffassung des praktischen Lebens als auch im Sinne der Naturwissenschaft reden. Bekanntlich werden zahlreiche Eigenschaften, die wir im gewöhnlichen Leben den Dingen selbst ohne weiteres beilegen (die sogenannten „sekundären" Qualitäten, wie Farbe, Härte, Geschmack, Duft usw.) von der Naturwissenschaft als Wirkungen gewisser Bewegungsvorgänge auf unsere Sinnesorgane erklärt, sodass für die naturwissenschaftliche Auffassung nur die „primären" Eigenschaften: Raumerfüllung, Gewicht, Undurchdringlichkeit, übrig bleiben, wozu wir noch die atomistische bzw. molekulare, Struktur des Dings hinzufügen können. Dabei ist der Raum, in dem für die Physik alle Dinge sich befinden, nicht der

10.3 Analysierende Beschreibung Einer Gesichtswahrnehmung

anschauliche, stets begrenzte Raum unserer natürlichen Sinneswahrnehmung, dessen Mittelpunkt wir sind, sondern er ist nach Analogie des geometrischen Raumes gedacht, als ein dreidimensionales, unendliches, überall gleiches Kontinuum. Somit sind auch die unmittelbar wahrgenommenen räumlichen Eigenschaften (Gestalt, Ausdehnung) und Beziehungen des Dings bloße Erscheinungen des „realen" Dings. Dieses Ding, wie es die Naturwissenschaft als eine von unserem Bewusstsein unabhängig existierende Realität anerkennt und bestimmt, ist mithin für uns nicht mehr anschaulich wahrnehmbar, wir können es nur begrifflich „denken". Um idealistischen Missverständnissen vorzubeugen, sei jedoch sogleich hinzugefügt: Es ist darum kein „Begriff", sondern eine mithilfe von Begriffen bestimmte „Realität".

Aber die Existenz und Beschaffenheit des wirklichen (bzw. realen) Dings zu befinden, ist aber keine psychologische Frage. Es ist uns ohne Weiteres evident, dass ein materielles Ding — sei es naiv oder wissenschaftlich aufgefasst — nichts Psychisches, kein Bewusstsein ist, sondern einer anderen Seinsart angehört. Für die (deskriptive) Psychologie kommt es nur darauf an, das Wahrnehmungsbewusstsein vom wirklichen Ding zu beschreiben.

Hier ist nun zunächst zu beachten, dass das im eigentlichen Sinne Wahrgenommene nicht unser ganzes Bewusstsein füllt. Es ist sozusagen von einem „Hof" umgeben, oder es hebt sich von einem „Hintergrund" ab, der auch mehr oder minder verschwommen im Bewusstsein ist. (Nur auf das irgendwie Bewusste kommt es natürlich hier an, nicht auf das, was „in Wirklichkeit" den Hintergrund oder die Umgebung des wahrgenommenen Objekts bildet.) Alles wahrnehmende Erfassen ist also ein „Herausgreifen". Bei der Erörterung der Aufmerksamkeit werden wir uns noch näher damit zu beschäftigen haben; hier wenden wir uns der Zergliederung der Wahrnehmung selbst zu.

Während das Bewusstsein vom realen Ding im Sinne der Naturwissenschaft ein unanschauliches, begriffliches ist, mischt sich im Bewusstsein vom Ding im Sinne des praktischen Lebens Anschauliches und Begriffliches. Bei der Gesichtswahrnehmung des Dings (die uns ja hier beschäftigt) kann gleichzeitig gar mancherlei begriffliches Wissen über Eigenschaften, Herkunft, Preis, Verwendungsweisen usw. des Dings in unserem Bewusstsein sich befinden. Gewiss ist es vielfach von der jeweiligen Absicht unserer Betrachtung und anderen Umständen abhängig, was von diesem Wissen uns gerade gegenwärtig wird und was nicht. Es kann vieles fehlen, ohne dass deshalb unser Erlebnis aufhört, eine Wahrnehmung zu sein. Würde aber überhaupt kein begriffliches Wissen da sein, auch nicht einmal dasjenige, das gewöhnlich mit dem Namen des betreffenden Dings sich verbindet; wären wir lediglich beschränkt aus das, was wir im strengen Sinne des Wortes „sehen", so wäre eigentlich nicht mehr von einer „Wahrnehmung" zu reden. Wir hätten dann nur eine uns ganz unverständliche optische Erscheinung. Das ist aber mehr eine für die Analyse nützliche Fiktion als ein wirkliches Erlebnis. Denn selbst wenn wir unter ungünstigen Bedingungen (etwa in der Dämmerung und in uns fremder Umgebung) Wahrnehmungen machen, werden wir in der Regel in der Lage sein, das Gesehene wenigstens in unbestimmter Weise begrifflich zu fassen, z. B. als „etwas Braunes", „etwas Kleines" usw. Gelingt es uns aber, die Auffassung und Deutung bis zu der uns gerade wünschenswerten Bestimmtheit durchzuführen, so pflegen wir zu sagen: Wir haben das Ding „erkannt".

Doch wollen wir jetzt von all dem Begrifflichen in der Wahrnehmung abstrahieren und uns streng aus das Gesehene beschränken! Indessen ist das nicht ganz leicht. Wir hören z. B. Ausdrucksweisen wie die: man „sehe" es einem Ding an, dass es leicht oder schwer, glatt oder rau, heiß oder kalt sei. Und man glaubt wirklich beim bloßen Sehen derartige Eigenschaften mit ähnlicher Anschaulichkeit und Lebhaftigkeit wahrzunehmen wie etwa die Farben. Aber bei genauer Prüfung zeigt sich doch, dass das, was wir z. B. als glatt sehen, von der Tastempfindung „glatt" verschieden ist; wir sehen vielmehr eine gewisse Oberflächenbeschaffenheit, freilich eine solche, wie wir sie tastend als glatt empfunden haben, und derartige Tastempfindungen mögen dann allerdings dabei auch reproduziert werden. In ähnlicher Weise werden bei den anderen Beispielen zentral erregte Empfindungen aus anderen Sinnesgebieten mit den optischen verschmelzen. Also auch von derartigen anschaulichen Bewusstseinselementen haben wir (außer von den begrifflichen) zu abstrahieren, wenn wir zu dem im strengen Sinne „Gesehenen", zu den „Sehdingen" gelangen wollen, die nach Hering nichts anderes sind als „Farben verschiedener Art und Form".

Wie verhält sich nun dieses „Sehding" zu dem „wirklichen" Ding der naiven Auffassung? (Von dem Ding der Naturwissenschaft können wir absehen, da dieses — wie schon bemerkt — ein strenger objektiv bestimmtes Ding der naiven Auffassung ist.) Wir fassen dabei den Begriff des Sehdings als allseitig geschlossene Fläche. Wir müssen also das Ding von allen Seiten betrachten, um es in seinem vollen Bestand als Sehding aufzufassen. Das „Sehding" in dieser bestimmteren Bedeutung deckt sich aber augenscheinlich nicht mit dem „wirklichen" Ding, vielmehr entspricht jedem wirklichen Ding eine ganze Reihe von Sehdingen; denn die Gestalten und Farben der wirklichen Dinge ändern sich ja, je nachdem wir in verschiedener Entfernung uns von ihnen befinden oder sie unter verschiedenen Beleuchtungsverhältnissen wahrnehmen; damit entstehen für uns immer andere und andere Sehdinge. Nun reden wir doch von der „wirklichen" (oder „eigentlichen") Farbe, Gestalt und Größe der Dinge. Die Dinge sind uns aber anschaulich (für das Auge) nur gegeben als Sehdinge. Der Sachverhalt muss also der sein, dass wir aus der Fülle der Sehdinge, die einem wirklichen Ding entsprechen können, ein gewisses auswählen, in dem sich uns das Ding nach unserer Meinung so darstellt, wie es wirklich ist. Das Problem ist: Nach welchen Prinzipien erfolgt diese Auswahl?

Doch ehe wir auf diese Frage eingehen, wollen wir unsere Analyse noch zu Ende führen.

Wir fassten das Sehding als in sich geschlossen, als sozusagen von allen Seiten gesehen. Bei der gewöhnlichen Dingwahrnehmung wird sich uns aber das Ding nur von einigen, vielleicht nur von einer einzigen Seite zeigen. Wir können darum von dem „Sehding" zurückgehen auf die „Dingerscheinung", worunter

10.3 Analysierende Beschreibung Einer Gesichtswahrnehmung

wir das verstehen wollen, „was sich von dem Ding in jedem Augenblick sinnlich voll und ganz darbietet". Wenn wir z. B. einen Würfel in der Hand herumdrehen, um ihn nach und nach von allen Seiten zu betrachten, so „erscheinen" je nach der Haltung seine Seitenflächen bald quadratisch, bald rechteckig, bald rhombisch, und die Ecken bald recht-, bald spitz-, bald stumpfwinklig. Ähnlich wechseln die Farben, je nachdem die einzelnen Seiten bei der Drehung mehr oder minder belichtet oder beschattet sind. Um das „Sehding" zu konstituieren, müssen wir also aus diesen so verschiedenen „Dingerscheinungen" wieder auswählen. Ja, vielfach wird es so sein, dass ein (rings geschlossenes) Sehding sich für uns überhaupt nicht konstituiert, sondern dass uns nur eine oder mehrere Dingerscheinungen gegeben sind, die uns das (wirkliche) Ding in der Wahrnehmung repräsentieren.

Dass die „Dingerscheinungen" vielfach stark abweichen von dem, was wir als „wirkliche" Farbe, Größe und Gestalt des Dings ansehen, davon kann man sich an beliebigen Beispielen leicht überzeugen. Es wäre aber ein Herausfallen aus der deskriptiv-psychologischen Betrachtungsweise, wollte man etwa so schließen: Die Netzhautbilder sind zweidimensional, also können die Dingerscheinungen auch bloß zweidimensional sein. Von Netzhautbildern ist ja in der beschreibenden Psychologie überhaupt gar keine Rede, höchstens in der erklärenden. Die schlichte Erlebnisbeobachtung aber wird jedem unzweideutig zeigen, dass ihm die Dinge im Allgemeinen als dreidimensionale Gebilde erscheinen, und zwar in sinnenfälliger Anschaulichkeit.

Wenn wir nun berücksichtigen, dass wir, um die „Dingerscheinungen" übersehen und beschreiben zu können, in der Regel die Erscheinung mit unserem Blick durchlaufen müssen, so können wir in der Analyse noch weiter zurückgehen. Wir können zunächst das sinnlich-anschauliche Material, das sich bei gleichbleibender Blickrichtung, aber wechselnder Aufmerksamkeitsrichtung nach und nach darbietet, als „Anschauung" bezeichnen; wir können davon das bei gleichbleibender Blick- und Aufmerksamkeitsrichtung Wahrgenommene als „sinnliches Erlebnis" unterscheiden. Wenn ich an diesem endlich noch lediglich ein qualitativ und intensiv Gleiches beachte, so bin ich bei der optischen Empfindung angelangt, deren Behandlung wir aufgrund einer summarischen Analyse ja in Kap. 6 und 7 vorausgeschickt haben.

Man erkennt aber aus der hier gegebenen genaueren Analyse, wie aussichtslos der Versuch des Sensualismus ist, das gesamte Bewusstseinsleben aus Empfindungen aufzubauen. Schon gegenüber der Wahrnehmung muss dieser Versuch gänzlich scheitern, obwohl die Aussichten gerade hier für ihn noch die relativ günstigsten sind.

Man sieht ferner, welche Fülle analytischer Aufgaben allein die Wahrnehmung der deskriptiven Psychologie bietet. Wir haben uns ja bisher beschränkt auf die Gesichtswahrnehmung des (undurchsichtigen) Körpers. Nun wären noch andersartige Körper, auch Körperliches von wechselnder Gestalt, wie Rauch- und Dampfwolken, ferner Bewegungen, Veränderungen, Sachverhalte jeder Art als Objekte der optischen Wahrnehmung zu analysieren. Endlich kommt die

10 DIE ANALYSE DER WAHRNEHMUNG

Wahrnehmung vermittelst anderer Sinnesorgane und vermittelst gleichzeitiger Verwendung mehrerer Organe in Betracht. Um die Methode dieser Analysen zu veranschaulichen, mag jedoch das gewählte Beispiel genügen.

Um Missverständnissen vorzubeugen, sei aber das noch betont. Was wir „Sehding", „Dingerscheinung" usw. nannten, sind durch Abstraktion gewonnene Teilansichten des Wahrnehmungsinhalts; auch bilden diese nicht etwa den Gegenstand unseres (naiven) Wahrnehmens. Vielmehr ist dieses auf das wirkliche Ding gerichtet. Wir achten im gewöhnlichen Verhalten nicht auf das „Sehding" oder die „Dingerscheinung" usw. als solche, sondern auf die Dinge selbst, die wir sozusagen leibhaftig vor uns zu haben und zu erfassen meinen.

Aber wenn auch die Wahrnehmung wesensnotwendig sich auf ein wahrgenommenes Ding (bzw. dessen Eigenschaften, Zustände usw.) bezieht, dieses wahrgenommene Ding selbst gehört nicht als reeller Bestandteil zum Wahrnehmungserlebnis. Beweis: Eine ganze Fülle verschiedener Wahrnehmungen kann sich auf dasselbe Ding beziehen (z. B. wenn wir um es betrachtend herumgehen). Ferner: Das Ding ist nur möglich als Räumlich-Reales, aber nicht als Erlebnis, umgekehrt ist das Wahrnehmungserlebnis nichts den realen Raum Erfüllendes. Auch die Farben, die Härte, Glätte usw. des Dings sind prinzipiell auseinanderzuhalten von den entsprechenden Empfindungsdaten; diese werden ja erst im Wahrnehmungserlebnis von dem Akt des Gegenstandsbewusstseins sozusagen beseelt, sinnvoll gemacht, nämlich als Eigenschaften des Dinges aufgefasst.

So bleibt also das Ding selbst — nicht nur das der Naturwissenschaft, sondern auch das ihm entsprechende der gewöhnlichen Auffassung — dem Bewusstsein selbst transzendent.

11 Die Wahrnehmung des Räumlichen und der Bewegung

11.1 Vorbegriffe

Wir haben nun auf die Elemente der Wahrnehmung, die wir nicht als Empfindungen bezeichnen können, unsere Aufmerksamkeit zu lenken. Wir wollen dabei einen Überblick geben über die wichtigsten Fragestellungen und Untersuchungen, die wir in Bezug auf sie in der neueren Psychologie finden.

Von dem Empfindungsgehalt der Wahrnehmung pflegt zunächst die Tatsache unterschieden zu werden, dass wir an den Dingen räumliche Größe und Gestalt erfassen und sie als im Raum befindlich vorfinden. Berücksichtigen wir ferner noch die Wahrnehmung von Vorgängen, so treten hier gewöhnlich zeitliche Momente am Wahrgenommenen hervor z. B. die verschiedene Geschwindigkeit einer Veränderung, die wechselnde Dauer von Geschehnissen oder Pausen. Auch ist es uns selbstverständlich, dass alle Ereignisse in die eine, umfassende Zeit gehören.

Wir wenden uns zunächst der psychologischen Untersuchung des Wahrnehmungsbewusstseins von Raum und Räumlichem zu. Vorerst sind einige Grundbegriffe, die für diese Untersuchung in Frage kommen, klarzustellen. Die Psychologie als deskriptive hat es nur mit dem Raum bewusst sein zu tun, als erklärende arbeitet sie freilich auch mit der Voraussetzung des wirklichen Raumes. Jedoch bleiben wir hier vorerst bei der deskriptiven Aufgabe. Dabei müssen wir gleich feststellen, dass das Bewusstsein des einen unendlichen Raumes offenbar kein anschauliches ist, sondern ein begriffliches, gedankliches. Was uns hier zu beschäftigen hat, ist aber das anschauliche Raumbewusstsein, wie es in und mit den sinnlichen Wahrnehmungen gegeben ist. Endliche Räume, räumliche Dinge, Eigenschaften, Gestalten, Beziehungen (z. B. Entfernungen) können wir anschaulich wahrnehmen. Unsere Realwissenschaften (Natur- und Geschichtswissenschaften) setzen einen wirklichen (realen) Raum voraus und wirkliche räumliche Eigenschaften und Beziehungen des im Raum Befindlichen. Dieser Raum ist einzig, unendlich, kontinuierlich, nach drei Dimensionen gleichmäßig sich erstreckend. Die euklidische Geometrie erforscht die Gesetzmäßigkeiten der Raumgebilde, wobei sie freilich, als Idealwissenschaft davon absehen kann, ob Raum und Raumgebilde etwas Wirkliches sind. Die Erkenntnistheorie oder die Metaphysik hat die Frage zu untersuchen, ob die Überzeugung von der Wirklichkeit des Räumlichen berechtigt ist. Somit sind Lehren wie z. B. die Kants über die „Idealität" des Raumes von der Psychologie reinlich zu trennen. —

Wegen ihres anschaulichen Charakters, der ja auch das Kennzeichen der Empfindungen ist, hat man die Elemente des Raumbewusstseins gelegentlich als „Raumempfindungen" bezeichnet. Allein es fehlen hier die Unterschiede der Intensität, die wir bei den Empfindungen beobachten. Das ist ein deskriptiv-psychologischer Unterschied, der die Ablehnung des Namens „Raumempfindung" ausreichend begründet. Im Anschluss an Kant ist es vielfach auch üblich, Raum- (und Zeit-) Anschauung als „formale" Bewusstseinsinhalte von den Empfindungen als den „materialen" zu scheiden. Aber so zutreffend das für die räumlichen (und zeitlichen) Gestalten (Figuren, Rhythmen usw.) ist, Raum und Zeit selbst als Ausdehnung und Dauer bilden (wie Schmied-Kowarzik treffend betont) nicht sowohl Formen, als den „Grund, das Feld oder die Folie", auf denen die Empfindungen erscheinen. Dass endlich Raum und Zeit für die wissenschaftliche Erkenntnis der Realität „als primäre Qualitäten" eine ganz andere Bedeutung haben als die Empfindungen (und die „sekundären Qualitäten"), lässt zwar die Unterscheidung im Hinblick auf die geistige Kulturleistung: Wissenschaft, als sachgemäß erscheinen, kommt aber für die psychologische Deskription selbst nicht in Betracht.

Die terminologische Unterscheidung von den Empfindungen soll natürlich nicht die Behauptung einschließen, dass anschauliches Raumbewusstsein und Empfindungen gewöhnlich getrennt voneinander erlebt werden. Massenhafte Erfahrung zeigt, dass das nicht der Fall ist. Freilich ist nicht mit allen Empfindungsklassen der Eindruck des Räumlichen so innig verwebt wie mit denen des Gesichts- und Tastsinns, wenn auch eine gewisse Einordnung in den Raum bei allen erfolgt oder erfolgen kann. Diese beiden jedoch gelten mit Recht als die zwei Raumsinne. Die psychologische Untersuchung aber hat sich vor allem dem visuellen Raumbewusstsein zugewendet, da in den Gesichtsraum auch das Getastete eingeordnet wird.

Weil die verschiedenen Empfindungsklassen in sehr verschiedener Weise am Charakter des Räumlichen teilhaben — noch manche Frage ist hier ungeklärt —, erscheint es nicht rötlich, das Räumliche als Merkmal des Empfindungsbegriffs zu bezeichnen (wie Qualität und Intensität). Es wäre aber verfehlt, wollte man deshalb die Empfindungen als etwas Punktuelles ansehen. Punkt ist ja auch ein Raumbegriff, und wenn man die Empfindung „einfach" nennt, so bezeichnet dies die einheitliche Qualität, nicht eine räumliche Unteilbarkeit. Die Sache liegt vielmehr so, dass wir bei der Beobachtung der Empfindung von ihrem Raumcharakter einfach absehen. Wenn man einen Inhalt als Grünempfindung bezeichnet, so kommt es eben gar nicht darauf an, welche räumliche Form oder Ausdehnung er besitzt. Freilich ist er in den Raum eingeordnet, er erfüllt für unser Bewusstsein Raum und ist derart auf ihn angewiesen, dass er selbst verschwindet, wenn seine Ausdehnung verschwindet. Aber das zeigt eben nur wieder, dass wir lediglich durch künstlich isolierende Abstraktion Empfindungen als solche zum Bewusstsein bringen. Erleichtert wird uns dies aber im vorliegenden Fall dadurch, dass wir die Empfindungsqualität und ihre räumlichen Bestimmungen getrennt variieren können. Auch bedeutet der Raum einen eigenartigen Inhalt, nicht bloß ein Verhältnis von Empfindungen. Empfindungsverhältnisse sind z. B. das „Heller" oder „dunkler" von Farben, das „stärker" oder „schwächer" von Tönen; Raumverhältnisse sind: „weit und nahe", „rechts und links" usw.

11.2 Beschreibung des Sehraums

Die Lösung der deskriptiven Aufgabe hat man sich dadurch mannigfach erschwert, dass man reflektierte, statt schlicht das Erlebte zu beobachten und zu beschreiben. Insbesondere hat man sich schwere Bedenken gemacht über die Frage des anschaulichen Tiefenbewusstseins, man erklärte es geradezu für unmöglich. Schon Berkeley (gest. 1753) hatte dies getan; man ist ihm vielfach gefolgt, und noch Th. Lipps hat seine Beweisgründe weiter ausgesponnen. „Hält man es für möglich", so fragt er, „dass ein a in irgendeiner Entfernung von einem b wahrgenommen wird, ohne dass neben dem a erstlich das b und zweitens die Entfernung zwischen beiden wahrgenommen wird? Nun sehen wir unser Auge und in Sonderheit die Netzhaut weder ursprünglich noch jetzt, also können wir auch nicht in irgendeiner Entfernung vom Auge oder Netzhaut sehen", zumal da wir die Entfernung selbst, den leeren Raum, „offenbar" nicht sehen können.

Demgegenüber kann nur auf die einfache Erlebnisbeobachtung verwiesen werden. Sie wird jedermann zeigen, dass wir die Dinge in kleineren oder größeren Entfernungen von uns sehen. Dies Bewusstsein der Entfernung, der „Tiefe" ist nicht lediglich, wie Lipps meint, ein unanschauliches, begriffloses „Wissen", sondern wir erleben es bei der Wahrnehmung mit all der Anschaulichkeit, Sinnfälligkeit und Lebhaftigkeit wie z. B. die Farben.

Dass es auch ein „Wissen" um Entfernungen gibt, dass dieses sich oft von dem anschaulichen Bewusstsein der Entfernung unterscheidet (z. B. bei der Wahrnehmung des Mondes), und dass wir das Letztere danach richtigstellen, wird damit selbstredend nicht bestritten.

Auch das ist eine vom anschaulichen Entfernungsbewusstsein verschiedene Funktion, dass wir aufgrund derselben die objektive Entfernung „abschätzen". Dabei können wir beobachten, dass uns die Anschauung mit sehr verschiedenen Graden von Bestimmtheit gewisse Schätzungen nahelegt. Diese verschiedene Bestimmtheit der Tiefenlokalisation erleben wir z. B., wenn wir einen Faden einmal im leeren Gesichtsfeld, das andere Mal in einem von verschiedenen Dingen erfüllten Sehfeld beobachten. Im Allgemeinen nimmt mit der Entfernung der Dinge die Bestimmtheit der Lokalisation ab. Gewöhnlich zeigen auch bildliche Darstellungen weniger ausgeprägte Tiefenwerte als die Wirklichkeit. Skizzen kommt in der Regel größere Unbestimmtheit der Tiefenlokalisation zu als vollen Gemälden, und diese können ihrerseits wieder in sehr verschiedenem Maße plastisch wirken. Auch eine sehr bestimmte anschauliche Tiefenlokalisation kann natürlich unter Umständen beim Entfernungsschätzen berichtigt werden, da wir hierbei mannigfaches Erfahrungswissen berücksichtigen (z. B. dass bei klarem Wetter die Dinge viel näher aussehen).

Neben der Sehtiefe kommt bei der anschaulichen Lokalisation noch die Sehlage in Betracht, d. h. der Umstand, dass wir etwas nicht bloß in verschiedener Entfernung, sondern auch rechts oder links, oben oder unten, in der Mitte, endlich nach der horizontalen oder vertikalen Richtung orientiert sehen. Die

11 DIE WAHRNEHMUNG DES RÄUMLICHEN UND DER BEWEGUNG

Sehlage, z. B. die Neigung zweier gesehener Flächen zueinander, kann ebenfalls in verschiedener Bestimmtheit gegeben sein. Neben der Sehlage von Dingen zueinander, die man als die „relative" bezeichnen kann, gibt es eine „absolute" Sehlage, d. h. eine Orientierung nach den für unsere Anschauung „absolut" festgelegten horizontalen und vertikalen Richtungen. Dass diese vorhanden ist, freilich nur als ein subjektiver Maßstab, zeigt sich besonders in den Fällen, wo sie mit der objektiven Richtung nicht übereinstimmt. So oftmals bei Eisenbahnfahrten, worauf Hofmann mit Recht aufmerksam macht. „Sitzt man in der Mitte des Abteils und sieht in dem Augenblick, in dem der Zug eine Kurve durcheilt, zufällig zum Wagenfenster hinaus, so bemerkt man mit Staunen, dass die Fabrikschornsteine, auf die das Auge gerade trifft, ganz schief stehen."

Neben diesen mannigfachen Fragen der Lokalisation steht die weitere, ob wir Räume als solche „sehen". Nicht nur Lipps, sondern auch andere angesehene Psychologen bestreiten das. So sagt Stumpf z. B.: „Was keine Farbe hat, ist für den Gesichtssinn nicht vorhanden."

Hofmann dagegen ist der Ansicht, „farbig im gewöhnlichen Sinne" könnten wir den Sehraum nicht nennen. Er kann zwar unter Umständen farbig, z. B. grau sein, wenn Nebel oder Tabakdampf ihn erfüllen. Aber dann liegt gerade darin, dass wir den Sehraum nicht klar und durchsichtig sehen, der Anhalt für uns, dass Nebel oder Rauch da ist. Aber auch den klaren und durchsichtigen Raum nehmen wir wahr „mit derselben sinnenfälligen Deutlichkeit und Anschaulichkeit, wie wir nur sonst sehen".

Mir will scheinen, dass diese Erklärung lediglich eine andere begriffliche Formulierung ist für die Tatsache, dass wir die den Raum begrenzenden (farbigen) Flächen in verschiedener Entfernung sehen.

Hofmann vertritt auch die Ansicht, dass selbst Flächen ohne Farben gesehen werden können. „Betrachten wir eine vollkommen klare, durchsichtige Fensterscheibe oder die Begrenzung eines Glases ' klaren Wassers. Auch wenn alle Reflexe wegfallen, so ist es trotzdem noch möglich, die Fläche zu sehen; sie ist eben farblos, ebenso wie in der Regel der dreidimensionale Sehraum". Diesem farbenleeren Raum glaubt er sogar nicht nur eine einzige Qualität, sondern eine stetige Reihe von farblosen Qualitäten zusprechen zu dürfen. Er weist dabei auf die Bemerkung Herings hin: „Bei Tage sieht man den sogenannten leeren Raum zwischen sich und den Sehdingen ganz anders als bei Nacht. Die zunehmende Dunkelheit legt sich nicht bloß auf die Dinge, sondern auch zwischen uns und die Dinge, um sie endlich ganz zu verdecken und den Raum zu erfüllen."

Ob nun die Grade der Verdunkelung im Bereich des Farblosen liegen und zu scheiden sind von den Graden des Schwärzerwerdens, d. h. den Farbqualitäten zwischen Grau und Schwarz: Das soll hier noch als eine offene Frage der psychologischen Deskription angesehen werden.

Aber wie man diese Frage auch entscheiden mag, jedenfalls kann man nach dem Gesagten den Satz aufstellen, dass der „Sehraum" keine rein quantitative Erstreckung ist, sondern gewisse visuelle Qualitäten zeigt. Diese wechseln, je

11.2 Beschreibung Des Sehraums

nachdem wir den Raum farbig oder farblos, hell oder dunkel sehen. Dagegen denken wir den „wirklichen" Raum als gänzlich leer und somit qualitätslos.

Es bleibt aber zur Charakterisierung des anschaulich gegebenen „Sehraums" noch die Frage zu beantworten, ob und welche quantitative Abweichungen er von dem „wirklichen" Raum zeigt. Daraus ist zu antworten, dass der Erstere eine perspektivische Verkürzung und Verjüngung aufweist. Einmal sehen wir die in Wirklichkeit parallelen Raumbegrenzungen (z. B. bei Tunnelgewölben oder bei den Bäumen einer Allee) in der Ferne sich nähern; sodann erscheint der gesehene Raum in der Richtung der Sehachse (verglichen mit dem wirklichen) zusammengeschoben.

Ähnlich wie wir das Sehding in der Regel nicht mit einem Blick wahrnehmen, können wir auch „denselben" Sehraum in einer ganzen Anzahl von „Raumanschauungen" erfassen. Ob sein qualitativer Charakter sich ändert, je nachdem unser Blick wandert oder ruht, bedarf noch näherer Untersuchung.

11.3 Die räumlichen Eigenschaften und Beziehungen der gesehenen Dinge

Auch die räumlichen Eigenschaften und Beziehungen der mit dem Auge wahrgenommenen Dinge bieten Stoff für die phänomenologische Erörterung. Wie wir unterschieden haben zwischen „Sehding" und „wirklichem" Ding, so müssen wir auch unterscheiden zwischen „Sehgröße" und „wirklicher Größe". Diese Unterscheidung ist uns im gewöhnlichen Leben so geläufig, dass es unnötig ist, sie erst als tatsächlich nachzuweisen. Wie oft bemerken wir, dass etwas größer oder kleiner aussieht, als es „in Wirklichkeit ist", und wie oft reden wir von „scheinbarer" Größe! Bei alledem ist die anschaulich gegebene Größe des Sehdings gemeint, die wir als „Sehgröße" bezeichnen. Die Sehgröße kann je nach der Entfernung wechseln, ohne dass eine Änderung der „wirklichen" Größe eintritt. Schon hier sei darauf hingewiesen (obwohl es eigentlich über den Rahmen der deskriptiven Psychologie hinausweist), dass zwar die Größe der Netzhautbilder proportional zur Entfernung, die Sehgröße dagegen viel langsamer sich ändert. Infolgedessen erscheinen uns perspektivisch richtige Zeichnungen als gänzlich verzeichnet: das Nahe relativ zu groß, das Ferne zu klein. Manches spricht dafür, dass nicht für alle Individuen die Sehgröße bei Entfernung der Dinge in gleichem Maßstabe abnimmt. Der hier vorliegende Tatbestand müsste zunächst einmal deskriptiv-statistisch festgestellt werden, ehe man an Erklärungsversuche Herangehen kann.

Da wir die „wirkliche" Größe der Dinge nicht nur in begrifflichem Denken bestimmen (durch Angaben in Längenmaßen), sondern auch anschaulich in der Wahrnehmung zu erfassen glauben, so müssen wir offenbar aus der Mannigfaltigkeit der Sehgrößen eine herausgreifen, die uns als die „wirkliche" oder „natürliche" Größe gilt. Streng genommen wird es nicht eine Sehgröße sein, die wir in dieser Weise bevorzugen, sondern eine gewisse Gruppe benachbarter, die sich für uns aber nicht merklich unterscheiden.

11 DIE WAHRNEHMUNG DES RÄUMLICHEN UND DER BEWEGUNG

Es erhebt sich hier sofort die Frage: Welche Entfernung oder welcher Entfernungsbereich ist es, innerhalb dessen wir die „wirkliche" Größe der Dinge wahrnehmen? Dieser „natürliche" Entfernungsbereich lässt sich (mit Hofmann) so charakterisieren: „Man darf nur so nahe an dem Gegenstand stehen, dass man (eventuell auch nur mit Bewegungen der Augen und des Kopfes) den Gegenstand mit seinen Teilen noch leidlich übersehen kann, und man darf sich andererseits auch nur so weit von dem Gegenstand entfernen, dass dieser noch merklich in derselben Größe erscheint wie bei der eben bezeichneten größten Annäherung. Bei großen Gegenständen gehören also durchschnittlich größere Entfernungen zum natürlichen Entfernungsbereich als bei kleineren." Bin ich aber weit genug, um einen großen Gegenstand in seiner natürlichen Größe zu sehen, so bin ich freilich zu weit, um auch seine Bestandteile (z. B. die Ziegelsteine eines Laufes) in ihrer natürlichen Größe wahrzunehmen. „Die natürliche Sehgröße eines großen Gegenstandes setzt sich also nicht einfach aus den natürlichen Sehgrößen der gesehenen Teile zusammen, sie ist nicht die „Summe" der Sehgrößen der einzelnen Teile."

Mit der Entfernung von einem Ding hängt auch seine „Überschaubarkeit" zusammen, d. h. der gleichzeitig übersehbare Kreis von Sehdingen. Dass Überschaubarkeit und Sehgröße in Beziehung stehen, hat Jaensch gezeigt. Dafür sprechen hauptsächlich folgende Tatsachen: 1. Wenn die gesehenen Dinge (in Wirklichkeit und scheinbar) größer und ferner sind, so kann ein kleinerer Gesichtswinkel überschaut werden, als wenn sie kleiner und näher sind (sogenanntes Aubert-Foerstersches Phänomen); 2. Betrachtet man die Dinge durch verkleinernde Linsen (Linsenmikropsie), dann nimmt die Überschaubarkeit zu in dem Maße, als die Sehdinge kleiner werden. Neuere Untersuchungen haben Jaensch zu dem Ergebnis geführt, dass bei diesen gesetzmäßigen Beziehungen zwischen Sehgröße und Überschaubarkeit die Letztere das ausschlaggebende Moment, sozusagen die unabhängige Variable ist. Er hat darum den Satz aufgestellt: „Ein Netzhautbild wird im Sinne scheinbarer Kleinheit oder im Sinne scheinbarer Größe ausgewertet, je nachdem ein relativ großer oder ein relativ kleiner Bezirk des Objekts gleichzeitig überschaut wird."

Dass die Auffassung von Gestalten eine vom bloßen Vorhandensein von Empfindungen zu scheidende Bewusstseinstatsache sei, ist heute von den Psychologen fast ausnahmslos anerkannt. Die als räumliche Figur (oder sonst als zusammenhängendes Ganzes, z. B. als Melodie) aufgefasste Vielheit von Empfindungen unterscheidet sich von der gleichen Vielheit, die aber als solche vom Bewusstsein nicht zusammengefasst wird. Dabei sei gleich bemerkt, dass die Gestalt nicht bloß durch Synthese, sondern auch durch Analyse aus einer Mannigfaltigkeit von Eindrücken für uns entstehen kann.

Neuerdings aber erst ist die Frage diskutiert worden, ob dies Gestaltbewusstsein etwas Gedankliches, eine „intellektuelle Funktion" oder etwas „Erscheinungsmäßiges", d. h. Anschauliches sei. Für die Erstere Ansicht ist ein Schüler Stumpfs, A. Gelb, eingetreten. Er glaubt, die Gestaltauffassung restlos zurückführen zu können auf die absoluten Elemente, die Empfindungen, und das (ge-

11.3 Die Räumlichen Eigenschaften Und Beziehungen Der Gesehenen Dinge

dankliche) Bewusstsein der zwischen ihnen bestehenden Relationen. Diese durchaus deskriptive Frage kann natürlich nur durch genaue Erlebnisbeobachtung entschieden werden. Aufgrund dieser aber muss ich A. Höfler beistimmen, der im Gegensatz zu Gelb die wahrgenommene Gestalt als etwas unmittelbar anschaulich Gegebenes erklärt hat, das nicht identisch sei mit dem Bewusstsein von Relationen. Unterstützend wirkt die Erwägung, dass es zwischen einer Anzahl von Elementen ja unabsehbar viele Relationen gibt, von denen wir doch zumeist gar kein Wissen haben. Andererseits kann das Mitauffassen der Beziehungen beitragen zum Auffassen der Gestalten. So gehen, wie K. Bühler gezeigt hat, in die Auffassung komplexer Raumgestalten die Wahrnehmungen von Gleichheiten und Verschiedenheiten als Momente ein.

11.4 „Nativistische" und „empiristische" Raumtheorien

Ehe wir von der deskriptiven Betrachtung den Untersuchungen uns zuwenden, die eine Erklärung der optischen Wahrnehmungserlebnisse anstreben, sei noch kurz auf eine Frage eingegangen, die in den Lehrbüchern der Psychologie meist ausführlich behandelt wird: die Frage, ob die Raumanschauung etwas Ursprüngliches, d. h. Angeborenes, oder ob die Farben- (und Berührungs-) Empfindungen ursprünglich etwas Unausgedehntes sind und erst im Laufe der Entwicklung Raumcharakter erhalten. Wir haben nicht die Absicht, in den über diese Frage schwebenden Streit der „nativistischen" und der „genetischen" (oder „empiristischen") Theorien (z. B. Lotzes „Lokalzeichen"- und Wundts „Verschmelzungs-Theorie) uns näher einzulassen. Denn im Grunde gehört das ganze Problem in die genetische, speziell Kindespsychologie. Für das Bewusstsein des erwachsenen Individuums (das den Gegenstand der allgemeinen Psychologie bildet) haben die genannten Empfindungen unzweifelhaft Raumcharakter. Als bedeutsam zur Beantwortung jener genetischen Frage soll aber ein Zweifaches betont werden. Das Raumhafte ist etwas so Elementares und von Empfindungsqualität und Intensität (in der Abstraktion) so deutlich Trennbares, dass es von vornherein aussichtslos erscheinen dürfte, es aus „raumlosen" Empfindungen ableiten zu wollen. In der Tat erweisen sich die in dieser Richtung gemachten Versuche als Scheinableitungen. Sie sind Ausläufer der undurchführbaren sensualistischen Tendenz, alle Bewusstseinsinhalte aus Empfindungen zu erklären. Und zweitens: Wenn sich noch beim Erwachsenen vielfach eine Vervollkommnung des Raumbewusstseins zeigt (z. B. durch Erlernen von Entfernungsschätzen), so deutet das schon darauf hin, dass dieses Bewusstsein nicht als etwas Fertiges angeboren wird. Seine allmähliche Entwicklung ist denn auch durch Untersuchungen an Kindern und an operierten Blindgeborenen schon in mannigfacher Hinsicht näher erforscht worden.

11.5 Aufgaben der erklärenden Psychologie hinsichtlich der Raumwahrnehmung

Wenden wir uns nun von der deskriptiven Betrachtung den Aufgaben zu, die der erklärenden Psychologie in Bezug auf die Gesichtswahrnehmung des Räumlichen erwachsen. Die Problemstellung ist hier im Allgemeinen analog derjenigen bei der Erklärung der Empfindung. Dass es objektive Reize gibt, wird beiderseits „vorausgesetzt". In unserem Falle sind eben die „wirklichen" Räume sowie die „wirklichen" räumlichen Eigenschaften und Beziehungen der Dinge die objektiven Reize. (Dass wir diese letzteren — psychologisch betrachtet — nur „denken", nicht „anschauen" können, kommt für jetzt nicht in Frage und vermag unsere Überzeugung von ihrer „Wirklichkeit" durchaus nicht zu beeinträchtigen.) Es gilt nun die gesetzmäßigen Beziehungen zwischen dem Räumlichen, wie es „wirklich" ist, und wie es uns „erscheint", d.h., anschaulich sich darstellt, zu untersuchen und vor allem die Verschiedenheiten zwischen beiden zu erklären. Wie man die Divergenzen zwischen Reiz und Empfindung in erster Linie durch Hypothesen über das (sozusagen dazwischen geschobene) physiologische Gebiet begreiflich zu machen sucht, so gilt ein gleiches auch hier. Jedoch kommen in höherem Maße andere, „geistige" (physiologisch gesprochen: zentrale) Prozesse der Verarbeitung des anschaulichen Eindrucks in Betracht.

Um die Erforschung dieses Gebiets hat sich besonders Hering und seine Schule verdient gemacht. Jedoch finden sich in den (schon erwähnten) Schriften Jaenschs vielfach abweichende Ansichten vertreten. Ein Teilproblem, die Wahrnehmung der Gestalten, ist seit Chr. v. Ehrenfels' Aufsatz „Über Gestaltqualitäten" (1890) überaus lebhaft diskutiert worden, sodass über diese Frage allein eine ganze Literatur vorliegt. Eine gründliche experimentelle Untersuchung einiger hierher gehöriger Elementarphänomene gibt K. Bühler in seinem Buch „Über Gestaltwahrnehmungen" (I. Bd. 1913).

11.6 Sehschärfe und Augenmaß

Auch bezüglich der Wahrnehmung des Räumlichen hat man „Schwellenwerte" festgestellt. Die Frage lautet hier so: Wie groß ist der Gesichtswinkel, den ein Gegenstand haben muss, um eben noch von dem einzelnen Auge gesehen zu werden? Es zeigte sich, dass bei verschiedener Helligkeit das Ergebnis sehr verschieden war. Bekanntlich sehen wir ja auch die Fixsterne wegen ihrer gewaltigen Helligkeit ganz gut, obwohl ihr Gesichtswinkel unmessbar klein ist. Dieser Einfluss der Helligkeit auf die Wahrnehmbarkeit von Räumlichem unter kleinstem Gesichtswinkel ist wohl physiologisch zu erklären. Eine Unvollkommenheit der Strahlenbrechung im Auge dürfte die Ursache sein: Die von einem Punkt des wirklichen Raumes ausgehenden Strahlen werden nicht wieder genau auf einem Punkte der Netzhaut vereinigt. Sie breiten sich aber umso mehr aus, je größer die Helligkeit ist. Als besonders geeignet für diese Schwellenuntersuchung erwiesen sich kleine schwarze Quadrate auf weißem Papier. Sie werden bei guter Tagesbeleuchtung noch unter einem Gesichtswinkel von $^1/_2$ Winkelminute erkannt. Als kleinste Entfernung, bei der noch zwei Punkte oder Linien als räumlich getrennt gesehen werden, ergab sich unter günstigen Bedingungen ca. 1 Winkelminute.

Als „normal" wird in der augenärztlichen Praxis die Sehschärfe eines Auges bezeichnet, wenn es Buchstaben, Zahlen usw. noch unter einem Gesichtswinkel

11.6 Sehschärfe Und Augenmaß

von 5 Minuten zu erkennen vermag. Jedoch können gute Augen vielfach das Doppelte leisten.

Alles dies gilt aber nur für das Sehen mit den Netzhautgruben; nach den Seiten hin nimmt die Leistungsfähigkeit des Auges im Wahrnehmen von Raumgrößen, bzw. Zwischenräumen, sehr rasch ab. Sie beträgt in einer Entfernung von wenigen Graden vom Fixationspunkt nur noch $1/4$, in 10 Grad Entfernung $1/7$, in 50 Grad $1/50$.

Aus dieser raschen Abnahme erklärt es sich auch, dass die Fähigkeit, verschiedene Raumgrößen vergleichend zu beurteilen, das sogenannte „Augenmaß", bei ruhendem Auge geringer ist als bei bewegtem. Denn in ersterem Falle wird ein beträchtlicher Teil der zu vergleichenden Umrisse mit seitlichen Teilen der Netzhaut (d. h. peripher) gesehen, während bei bewegtem Auge alles nacheinander an die Stelle des schärfsten Sehens gebracht wird. Linien und Abstände von Punkten werden auf diese Weise noch sicher unterschieden bei einer Differenz von $1/50$ bis $1/60$ ihrer objektiven Größe. Mit derselben Feinheit werden die Unterschiede von Flächen erkannt.

11.7 Das Sehen mit zwei Augen

Eine Reihe von Fragen erwachsen für die Forschung aus der Tatsache, dass wir mit zwei Augen sehen. Der Reiz ist also einer, der ihm entsprechende Bewusstseinsinhalt ebenfalls, aber zwei physiologische Vorgänge bilden die Vermittlung. Das verlangt doch Erklärung!

Zunächst gilt es freilich auch hier das Tatsächliche festzustellen. Was auf den Außenrändern der Netzhaut sich abbildet, wird nur mit je einem Auge gesehen, und insofern ergänzen sich die beiden Gesichtsfelder. Was die übrigen Teile der Netzhaut betrifft, so hat man bekanntlich die merkwürdige Tatsache festgestellt, dass jedem Punkte der einen Netzhaut ein bestimmter der anderen derart zugeordnet ist, dass bei gleichzeitiger und gleichartiger Erregung der beiden Punkte „einfach" gesehen wird. Derartige „korrespondierende" (oder „identische") Punkte sind zunächst die Netzhautgruben und außerdem alle die Stellen, die von den Netzhautgruben in gleicher Richtung gleich weit abstehen. Davon, dass dies Gesetz nicht ganz genau stimmt, dass eine gewisse „Inkongruenz der Netzhäute" besteht, wollen wir hier absehen. Wichtiger ist die Frage, was wir erleben, wenn korrespondierende Punkte gleichzeitig von verschiedenen Reizen getroffen werden. Es tritt dann der sogenannte „Wettstreit der Sehfelder" ein, der in einer unruhigen, regellosen, gegenseitigen Verdrängung oder Mischung der beiden Bilder besteht. Wirken auf die korrespondierenden Punkte gleichgestaltete Felder von verschiedener Farbe, so kommt es zur „binokularen Farbenmischung". Es wird dabei eine Art marmorierter Fläche wahrgenommen, oder die eine Farbe liefert nur eine Art Zusatz zur anderen. So ergeben z. B. Gelb und Blau nicht wie bei der gewöhnlichen Farbenmischung Grau, sondern abwechselnd ein grünliches Gelb und ein grünliches Blau.

11 DIE WAHRNEHMUNG DES RÄUMLICHEN UND DER BEWEGUNG

Die Gesamtheit aller Stellen des Außenraums, die bei einer gewissen gegebenen Augenstellung einfach gesehen werden, nennt man den „Horopter". Er ist bei geradeaus nach vorne gerichteten Augen eine zur Stirn parallele Ebene, in der auch der fixierte Punkt liegt.

Treffen objektiv gleiche Reize auf nicht korrespondierende (d. i. „disparate") Punkte, so entstehen Doppelbilder. Freilich besteht ein gewisser geringer Spielraum, innerhalb dessen sich der Reiz auf der einer Netzhaut verschieben darf, ohne dass das Einfachsehen in ein Doppelsehen übergeht. (Diese Tatsache wird uns beim Tiefensehen noch beschäftigen.) Gegenstände, die näher liegen als der fixierte, werden in „gekreuzten" Doppelbildern gesehen, entferntere in „gleichnamigen" (d. h. das rechte Auge sieht sein Bild rechts, das linke links vom fixierten Gegenstand, was durch gesondertes Öffnen und Schließen der Augen festgestellt werden kann).

Dass wir von diesen Doppelbildern, die doch fortwährend entstehen können, kaum je im gewöhnlichen Leben etwas merken, beruht hauptsächlich darauf, dass wir in der Regel nur auf das Fixierte achten. Wir fixieren aber mit den Netzhautgruben, die als „korrespondierende Punkte" nur einfache Eindrücke liefern. Sodann mag auch durch den Wettstreit der Sehfelder von den Doppelbildern meist das eine unterdrückt werden.

Mithin funktionieren die beiden Augen normalerweise so, als ob sie ein Organ wären. Anatomisch hat dies seinen erklärenden Grund in der engen Verknüpfung der beiden Sehnerven innerhalb des Gehirns. Die von den gleichnamigen (d. i. den „korrespondierenden") Netzhauthälften ausgehenden Nervenfasern endigen gemeinsam in demselben Sehhügel, und die sie fortsetzenden Nervenbahnen in derselben Region, der „Sehsphäre", die im Hinterhauptlappen des Großhirns liegt. Infolge dieser angeborenen Beschaffenheit des Organs ist das korrespondierende Funktionieren der Sehhäute in der Hauptsache ebenfalls angeboren. Doch kann es unter besonderen Umständen zum Erlernen neuer Zuordnungen von Netzhautpunkten kommen. Dies hat man an Fällen des gewöhnlichen (sogenannten muskulären) Schielens überzeugend nachgewiesen.

11.8 Die Anordnung der Dinge im Sehraum

Die Anordnung der Dinge im Sehraum ist (nach Herings „Gesetz der identischen Sehrichtungen"), gerade so, als wenn die wirklichen Dinge mit einem Zyklopenauge über der Nase gesehen würden.

Der fixierte Punkt heißt der „Kernpunkt" des Sehraums; die durch ihn hindurch gelegte Fläche, welche zur Blickrichtung des geradeaus gestellten, ruhenden Zyklopenauges senkrecht steht, die „Kernfläche". In diese wird alles, was mit korrespondierenden Punkten gesehen wird, lokalisiert. Jaensch erblickt hierin aufgrund seiner experimentellen Untersuchungen den Spezialfall einer allgemeinen „orthogonen Lokalisationstendenz", d. h. einer Tendenz, Gesichtseindrücke senkrecht zur Blicklinie zu lokalisieren. Sie trete im Allgemeinen beim einäugigen Sehen deutlicher hervor, weil beim binokularen Sehen noch andere

11.8 Die Anordnung Der Dinge Im Sehraum

Motive gegeben seien, die auf eine andere Lokalisation hindrängten. Ein Objekt, für dessen Tiefenlokalisation keine wirksamen Anhaltspunkte gegeben sind, erscheint relativ fern oder relativ nahe, je nachdem gleichzeitig mit ihm ein bestimmt lokalisiertes fernes oder nahes Objekt aufgefasst wird. Richtung der Aufmerksamkeit in die Ferne (oder Nähe) erteilt — bei Abwesenheit anderer Lokalisationsmotive — allen gerade im Blickpunkt der Aufmerksamkeit stehenden Objekten einen Fern- oder Nahe-)wert. Da wir beim Senken der Augen jeweils nähere Stellen des Fußbodens erblicken, so entwickelt sich die Gewohnheit, den Aufmerksamkeitsort bei Verlegung nach unten zugleich auch in größere Nähe zu verlegen. Das im Gesichtsfeld unten Befindliche ist zugleich eindringlicher als das oben Befindliche. Darum ist es leichter, das Andere gleichzeitig mit dem Oberen zu sehen, als umgekehrt. Daraus erklärt sich die bei Analyse des Lesens festgestellte Tatsache, dass wir mit dem Blick längs des oberen Randes der mittelzeiligen Buchstaben Hingleiten.

Wir erinnern uns, dass für das Einfachsehen mit korrespondierenden Punkten ein gewisser Spielraum besteht. Der Reiz muss nicht ganz genau den korrespondierenden Punkt treffen, er kann ein wenig abweichen, also einen disparaten Punkt treffen, ohne dass schon ein Doppelbild entsteht. Hering hat nun gezeigt, dass dieses Einfachsehen mit (quer-)disparaten Punkten einen Tiefeneindruck bedingt. Dies zeigt sich z. B. deutlich beim Stereoskop. Durch diesen Apparat werden zwei Bilder desselben Gegenstands, die nach ihren räumlichen Abmessungen um ein Geringes in bestimmtem Sinne sich unterscheiden, getrennt den beiden Augen dargeboten, sodass die Umrisse nicht genau auf korrespondierenden Netzhautpunkten sich abbilden. Das Ergebnis ist, dass ein Gegenstand gesehen wird, aber mit dem anschaulichen Eindruck der Tiefenerstreckung, also des Körperlichen, Plastischen.

Die Lehre der heringschen Schule, dass es die primäre Funktion der Querdisparation sei, uns darüber zu unterrichten, ob ein Punkt in der Kernfläche des Sehraumes liegt oder nicht, bzw. welchen Abstand er von derselben besitzt, ist von Jaensch einer eingehenden Nachprüfung unterzogen worden. Er kommt zu dem Ergebnis, dass neben der Querdisparation andere Momente noch für den Tiefeneindruck in Betracht kommen. Insbesondere sucht er zu zeigen, dass die Wanderungen der Aufmerksamkeit, bzw. die aufs Engste damit verknüpften Blickbewegungsimpulse, der den Tiefeneindruck ursprünglich erzeugende Faktor sei. Nur sofern die Querdisparation zum Wandern der Aufmerksamkeit oder zu Konvergenz, und Divergenzimpulsen der Augen Anlass gebe, führe auch sie Tiefenwahrnehmung herbei und könne schließlich infolge Übung auch auf assoziativem Wege eine solche direkt auslösen.

Ist die Tiefenwahrnehmung aber ursprünglich nicht an einen peripheren, sondern an einen zentralen Prozess — Aufmerksamkeitswanderung oder Erteilung von Impulsen zur Augenbewegung — geknüpft, so ist es verständlich, dass nicht bloß die Querdisparation, sondern auch andere Umstände Tiefeneindruck bedingen. Die Aufmerksamkeitswanderung kann ja auch durch Akkommodation, durch lebhafte Vorstellungen (so bei umkehrbaren Zeichnungen) und andere

Motive ausgelöst werden. Dass aber gerade der durch die Querdisparation angeregte Tiefeneindruck durch seine Eindringlichkeit und quantitative Bestimmtheit sich auszeichnet, erklärt Jaensch daraus, dass in diesem Falle die Wanderung des Blickes (oder der Aufmerksamkeit) besonders häufig und lebhaft und in ihrem quantitativen Betrag bestimmt und eindeutig sei.

Da aber Aufmerksamkeit lediglich etwas sozusagen Formales, eine verschiedene Höhe des Bewusstseinsgrades bedeutet, so erscheint es doch fraglich, ob durch sie in erster Linie etwas Inhaltlich-Anschauliches wie der Tiefeneindruck bedingt sein könne. Es ist auch beachtenswert, dass Jaensch Wanderungen der Aufmerksamkeit und Blickbewegungen (oder Impulse dazu) unterschiedslos zur Erklärung verwendet, obwohl beides nicht dasselbe bedeuten, ja nicht einmal notwendig verknüpft sind. Endlich hat Jaensch, worauf Koffka hinwies, übersehen, dass in seinen Versuchen noch ganz andere zentrale Faktoren wesentlich beteiligt waren, so die kollektive Auffassung, die Gestaltauffassung. Diese können aber nicht lediglich auf Aufmerksamkeit reduziert werden, so wichtig diese dabei sein mag.

Somit bietet die Tatsache der anschaulichen optischen Tiefenwahrnehmung der erklärenden Forschung auch heute noch ungelöste Probleme genug.

11.9 Die optische Wahrnehmung der Gestalten

Das Gleiche gilt von der Gestaltwahrnehmung. Dass uns die Gestalten anschaulich an und mit den Gegenständen sich darbieten, haben wir bereits bei der phänomenologischen Erörterung festgestellt. Hier interessiert uns die Frage nach der Entstehung der Gestalten und nach ihrem Verhältnis zu den objektiven Reizen, d. h. den „wirklichen" Gestalten.

Gegenüber der naheliegenden und üblichen Auffassung, dass die Gestalten für uns durch einen synthetischen Prozess entstünden (was auch Kants Ansicht war), hat Cornelius den analytischen Charakter dieser Auffassungsprozesse vertreten. Bühler kommt zu dem Ergebnis, dass beides vorliegen könne. Gewöhnlich ist zunächst ein vorläufiger, noch unanalysierter Gesamteindruck vorhanden. Richtet sich die Beachtung erst auf ihn, so erhält die darauf folgende Auffassung des Einzelnen einen analytischen Charakter. So kann der Charakter eines Komplexes, z. B. das Moment der Divergenz zweier Linien, vorhanden sein, bevor die eine etwa als horizontal, die andere als gegen jene geneigt aufgefasst wird. Andererseits kann sich aber auch die Beachtung nicht auf jenen ersten Gesamteindruck, sondern sofort auf einzelne Momente richten; wodurch die Auffassung synthetisches Gepräge annimmt. So konstatierte z. B. bei Exposition eines Sechsecks der Beobachter deutlich, dass eine Reihe von Auffassungsakten der Teile voranging und dann erst der Gesamteindruck „Sechseck" nachfolgte.

Wie aber dieser synthetische Prozess näherhin zu bestimmen sei, ist ebenfalls eine umstrittene Frage. Man hat darin wesentlich eine Aufmerksamkeitsleistung gesehen: eine auf alle Bestandteile des Komplexes gleichzeitig gerichtete kollektive oder Simultanaufmerksamkeit oder eine kollektive Sukzessivauf-

11.9 Die Optische Wahrnehmung Der Gestalten

merksamkeit, d. h. ein schnelles Durchlaufen der Einzelglieder des Komplexes mit der Aufmerksamkeit. Diese Ansicht haben (wenn auch mit einigen Modifikationen) Schumann und von Aster vertreten. Gegen sie aber hat man eine Reihe von Bedenken geltend gemacht. Sie erklärt nur, dass alle zu einem Komplex gehörigen Elemente gleichmäßig beachtet werden. Nun zerlegen sich die Komplexe aber vielfach in Untergruppen. Führt man diese auf neue Aufmerksamkeitsakte zurück, so müsste doch erklärt werden, wie die vorangegangenen in diesen neuen sich noch bemerkbar machen, da ja über der Auffassung der Untergruppen die Wahrnehmung des Gesamtkomplexes nicht schwindet. Ferner müssten, wenn die Aufmerksamkeitstheorie im Recht wäre, alle Empfindungskomplexe, die außerhalb des engen Bereichs der Beachtung liegen, ungestaltet, chaotisch bleiben. In den Gestalteindrücken ist also wohl etwas mehr zu sehen als ein klarer bewusster Empfindungsbestand. Dieses Mehr führen die von Meinong beeinflussten Psychologen, besonders Witasek, auf „Produktion" zurück. Man will damit sagen: Es handelt sich hier nicht um Assoziation und Reproduktion, ferner gilt für das Erfassen von Gestalten nicht das Verhältnis, das zwischen Reiz und Empfindung besteht. Zur Begründung des letzteren Satzes hat man besonders auf die Tatsache hingewiesen, dass der Reizkomplex (z. B. eine Mehrheit von Punkten) konstant bleiben darf, während er teils zu verschiedenen Gestaltauffassungen Anlass geben, teils als eine bestimmte Anzahl von Punkten oder als bloßer Mengeneindruck hingenommen werden kann — alles je nach unserer Vorbereitung oder der willkürlichen oder unwillkürlichen Richtung unseres Interesses. An den Empfindungen selbst wird eine solche Vielfältigkeit nicht beobachtet.

Man hat zur Erklärung dieser mannigfachen Auffassungsmöglichkeit auf Augenbewegungen und reproduktive Ergänzungen hingewiesen. Der neueste Bearbeiter dieser Probleme, Buhler, gelangt aber aufgrund seiner experimentellen Untersuchungen zu dem Ergebnis, dass beides zwar in Betracht kommt, jedoch zur Erklärung der Gestaltentstehung nicht ausreicht. Vielmehr sei anzunehmen, dass sich an die physiologischen Prozesse, mit denen unsere Empfindungen verknüpft sind, eine Reihe anderer physiologischer Vorgänge anschließe, die die Grundlage der Gestaltungsprozesse bilden. Da unsere Gestaltanschauungen unter Umständen im Widerspruch zu unserem (unanschaulichen) Wissen über die „wirklichen" Gestalten stehen können, so dürfte, jenen Prozessen eine gewisse Selbstständigkeit sowohl gegenüber den Empfindungs- als auch den höheren (Urteils-)Vorgängen zukommen. Genaue Aufschlüsse über die Lokalisation dieser Prozesse sind von der Untersuchung pathologischer Fälle der Seelenblindheit zu erhoffen.

Bühler selbst hat die Untersuchung der Gestaltwahrnehmung in systematischer Weise in Angriff genommen. Er geht aus von dem Gedanken, dass die Gestalteindrücke, die wir bei der Wahrnehmung der uns umgebenden Dinge erhalten, sich in eine Anzahl elementarer Gestalterlebnisse psychologisch zerlegen lassen, so in die Eindrücke von Geradheit, Krümmung, Parallelität, Divergenz, Proportion, Symmetrie usw. Er stellt sich nun die Aufgabe, diese zu beschreiben und die Bedingungen ihres Entstehens aufzufinden. Er wählt dabei als Vorbild

11 DIE WAHRNEHMUNG DES RÄUMLICHEN UND DER BEWEGUNG

Schumanns „Beiträge zur Analyse der Gesichtswahrnehmungen" (1904), erweitert dessen Methode jedoch durch Einführung von Schwellenbestimmungen. Es bestehen für unsere (Gestalt-)Eindrücke genau wie für einfache Empfindungen gewisse Schwellen, deren Ermittlung überall versucht wird. Die Größe der Schwellenwerte ergibt aber objektive Anhaltspunkte zur Feststellung der Faktoren, von denen die Gestalteindrücke abhängig sind.

Die Untersuchung Bühlers bezieht sich auf Raumgestalten, die durch (schwarze oder weiße) Linien auf einem homogenen (weißen oder dunkelgrauen) Grund dargestellt sind. Die Reizeigenschaften, die für die Gestaltauffassung in Betracht kommen, sind Momente an der Fläche und solche an der Linie. Dabei wird das Eindrucksmoment der Kontinuität an Linien und (homogenen) Flächen als gegeben hingenommen; denn ein (bewusster) Ausbau des Linien oder Flächeneindrucks aus einfacheren (etwa punktuellen) Raumdaten findet nicht statt. Ein solcher Aufbau wird auch nicht durch die Tatsache erwiesen, dass man nachträglich Teile an Flächen und Linien unterscheiden kann.

Was nun die Bedeutung der Fläche (genauer: des Flächeninhalts) für die Gestaltauffassung betrifft, so ist wichtig, dass wir ein Urteil über die Größenverhältnisse der Flächen lediglich aufgrund des anschaulichen Eindrucks nur bei geometrisch ähnlichen Gestalten gewinnen. Dagegen ist dies nicht der Fall bei ganz unähnlichen Gestalten wie Dreieck, Viereck, Kreis — es sei denn, dass ihre Größe in beträchtlichem Maße verschieden ist. Wir können also Flächen auf die Größe einzelner Dimensionen gut vergleichen (wobei mehrere Dimensionsvergleichungen in einem Akt stattfinden können), aber nicht direkt auf den Flächeninhalt, da sich die Dimensionen nur in Linien darstellen. So erscheint die Linie als der elementarste Untersuchungsgegenstand.

Nach drei Momenten können Linien variieren: nach Gradheit (oder Krümmung), Größe und Richtung. Man kann zum Vergleich die drei variablen Momente der optischen Empfindungen heranziehen: Farbton, Sättigung und Helligkeit.

Damit sind nun die leitenden Gesichtspunkte für die Untersuchung unseres Gebietes gewonnen.

Es gilt diese elementaren Faktoren der Gestalteindrücke phänomenologisch zu beschreiben und die Bedingungen ihres Zustandekommens aufzusuchen. Weiterhin sind dann die komplexeren Gestalteindrücke durch das Zusammenwirken dieser einfachen verständlich zu machen.

Phänomenologisch angesehen, erscheint die Gerade als von allen krummen Linien scharf und sicher unterscheidbar. Ein Schwellenwert für den Geradheitseindruck gewann Bühler in der Weise, dass er kleine, auf geschwärzten Gläsern eingeritzte Bögen von 10 Zentimetern Sehnenlänge aus Kreisen von 3, 4, 5 und mehr Metern Radius von einer großen Zahl Beobachtern beurteilen ließ. Im durchscheinenden Tageslicht stellten sich die Kurven als ganz dünne weiße Linien auf schwarzem Grund dar. Die Gläser befanden sich in einer Entfernung von 1 Meter vom Beobachter, waren frontal-parallel aufgestellt, die Linie in Augenhöhe, vertikal orientiert. An Bögen von 3 und 4 Metern Radius wurde stets

11.9 Die Optische Wahrnehmung Der Gestalten

richtig erkannt, ob der Bogen rechts oder links konkav war. Die Schwelle, wo der Geradheitseindruck entstand, lag für die meisten Versuchspersonen zwischen 4 und 5 Metern. Für den Reiz 4,5 beträgt die Höhe des Bogens über der Sehne 0,33 Millimeter, und ihr Gesichtswinkel für die Entfernung von 1 Meter misst 69". Die Grenze der fehlerlosen, sicheren Erkennbarkeit der Krümmung und ihres Sinnes ist gerade erreicht, wenn die Bogenhöhe den Wert der normalen Sehschärfe besitzt (den man auf ansetzt).

Wie kommt nun — so fragt die erklärende Psychologie — der Eindruck des Geraden (oder Krummen) und das darauf gegründete Urteil zustande? Nach Helmholtz' Theorie bilden Augenbewegungen die physiologische Grundlage für die Entstehung des Geradheitseindrucks. Fällt ein linienhafter Gesichtseindruck auf die Stelle des deutlichsten Sehens, so erscheint er als Gerade, wenn wir ihn bei Blickbewegung in seiner eigenen Richtung verschieben können. Das Netzhautbild bleibt dann immer ein schmaler Strich. Daraus würde sich ergeben, dass beim Verfolgen einer krummen Linie eine bandförmige Strecke auf der Netzhaut gereizt würde und an die Stelle des scharfen schmalen Linienbildes der Eindruck eines Bandes im Bewusstsein entstünde. Das ist aber nicht der Fall. Bühler stellt darum die Hypothese auf: „Gewissen Reihen von Netzhautelementen (Zapfen) kommt (angeboren oder erworben) eine ausgezeichnete Art der Zusammengehörigkeit zu. Werden sie gleichzeitig gereizt, dann erhalten wir den Eindruck der geraden Linien." Die Augenbewegungen haben lediglich einen günstigen Einfluss auf die Beurteilung der Geradheit.

Die Gerade ist aber von grundlegender Bedeutung für unsere Raumanschauung. Sind nämlich drei oder mehr Punkte im (frontalparallelen) Gesichtsfeld gegeben, so ist die Angabe, ob sie in einer Geraden liegen oder nicht, die präziseste und zugleich die einzige absolute Bestimmung, die wir an ihnen treffen können. Zu allen anderen Angaben brauchen wir Relationen (nämlich zu geraden Maßstäben), so zur Angabe der „Richtung" die Beziehung auf die Vertikale, zur Bestimmung der Größe einer „Entfernung" die vergleichende Messung vermittelst einer anderen Strecke usw.

Die Wichtigkeit der Geraden für die komplexen Gestalteindrücke beruht somit nicht bloß auf der Häufigkeit ihres Vorkommens als Gestaltelement, sondern auch darauf, dass sie für alle Richtungsgestalten und alle Größeneindrücke die Grundlage abgibt. Auch Krümmungen werden am Maßstab der Geraden bestimmt. Es liegt dies an der leichten und sicheren Konstruierbarkeit der Geraden, auch dort, wo sie im Reiz selbst nicht repräsentiert ist. Wir überspinnen und durchziehen mit geraden Konstruktionslinien (in der Fantasie) alle komplexeren Raumgebilde. Dies führt nun freilich aus dem Gebiet der Wahrnehmung in das der „Vorstellung" hinüber.

11.10 Die optische Wahrnehmung von Größen und Proportionen

Weitere Probleme entstehen für die Untersuchung der optischen Wahrnehmung aus dem ebenerwähnten Vorzug der Geraden für die Größenbestimmung.

11 DIE WAHRNEHMUNG DES RÄUMLICHEN UND DER BEWEGUNG

Es erwächst die Aufgabe, den Charakter und die Entstehung des (optischen) Größeneindrucks zu untersuchen. Hier zeigt sich nun zunächst, dass der Größeneindruck ursprünglich und anschaulich nur an geraden Linien mit Exaktheit gewonnen werden kann. Unbestimmtere Größeneindrücke haben wir freilich auch von krummen Linien.

Helmholtz hat diesen Vorzug der geraden Linie physiologisch zu erklären gesucht durch Hinweis auf die Deckung der Netzhautbilder. „Die Netzhaut ist wie ein Zirkel, dessen Spitzen wir nacheinander an die Enden verschiedener Linien ansetzen, um zu sehen, ob sie gleich lang sind oder nicht." Das würde voraussetzen, dass man beim Vergleich den Fixationspunkt möglichst gleich entfernt von den Enden der beiden Strecken wählt. Neuere Untersuchungen haben aber gezeigt, dass man zu genaueren Vergleichsergebnissen kommt, wenn man den Blick frei über die Strecken wandern lässt. Die Größe des Netzhautbildes und die Blickwanderungen wirken so bei der Entstehung des Größeneindrucks zusammen. In welcher Weise jedoch, ist vorläufig noch dunkel.

Wichtig ist auch, dass der normale Größeneindruck, außer von der Größe des Netzhautbildes (bzw. des Gesichtswinkels), noch von der Entfernung abhängig ist.

Ein weiterer Faktor ist die Teilbarkeit, der im Größeneindruck (im Unterschied von dem der Intensität) angelegt ist, sofern die Orte, die die Größe in sich begreift, unterscheidbar sind. Eine eingeteilte Strecke erscheint im Allgemeinen größer als eine nicht eingeteilte.

Mit dieser Teilbarkeit hängt es zusammen, dass wir Differenzen und andere Verhältnisse von Größen auch anschaulich erfassen können.

Als ein besonders wichtiges Moment bei der Wahrnehmung von Raum-(und Zeit-)gestalten hat Bühler die „Proportionseindrücke" nachgewiesen. Er versteht darunter solche, die uns befähigen, über die Nichtigkeit oder Unrichtigkeit der Gleichung $a : b = c : d$ anschaulich Aufschluss zu gewinnen. Summen- und Differenzenbildungen stützen sich bei Raumstrecken im Allgemeinen auf Konstruktionen und führen zu recht unvollkommenen Ergebnissen. Proportionen dagegen können äußerst scharf erfasst und verglichen werden. Schumann und Bühler haben dies an der Wahrnehmung von Rechtecken dargetan. Ist a die kürze, b die lange Rechtecksseite, so liegt der Wert des Bruchs a: b zwischen 0 (der einfachen Strecke) und 1 (dem Quadrat). Was dazwischen liegt, hat man als die „Schlankheitsgrade" bezeichnet. Man hat auch hier Schwellenwerte festgestellt. Das Problem kann dabei so formuliert werden: Um wie viel muss die Höhe eines Rechtecks die eines anderen (von gleicher Basis) übertreffen, damit es schlanker als jenes erscheine? Bühler fand für die relative „Schlankheitsschwelle" überraschend kleine Werte, sogar kleinere als bei dem Vergleich zweier isolierter und nahezu gleich langer Strecken. Dieses zunächst auffällige Ergebnis stimmt aber mit der Tatsache, dass in der Raumästhetik die Proportionen, z. B. der Goldene Schnitt, überall eine hervorragende Bedeutung besitzen, und dass wir auch gegen kleine Proportionsverstöße sehr empfindlich sind. Bei jenem Vergleich der Rechtecke kommt es aber auf die Proportionseindrücke an.

11.10 Die Optische Wahrnehmung Von Größen Und Proportionen

Es bedarf keines näheren Nachweises, dass bei dieser Auffassung von Proportionen neben den Empfindungen und dem Raumbewusstsein noch ein Denkprozess, ein Urteil, stattfindet. Ein bewusstes Vergleichen geht diesem in der Regel nicht vorher. Die Auffassung der an zweiter Stelle dargebotenen Figur erfolgt sofort in Beziehung zur ersten; sie führt direkt zu dem Eindruck „schlanker" oder „plumper". Es findet ein „unmittelbares" Urteilen statt.

Dabei hat man auch beobachtet, dass schon der erste Reiz bald schlank, bald plump erschien; ähnlich wie man bei Gewichtsvergleichungen den sogenannten„ „absoluten Eindruck" von „schwer" oder „leicht" schon beim ersten Reiz konstatieren konnte.

Es ist möglich und wünschenswert, den Bewusstseinsbestand und das Zustandekommen solcher Eindrücke bzw. Urteile noch weiter zu analysieren. Jedoch würde uns das zu sehr in Einzelheiten hineinführen.

Je mehr wir einen Einblick in die Gesetzmäßigkeiten unserer Wahrnehmung von Gestalten gewinnen, umso mehr müssen uns auch die Fälle erklärlich werden, wo eine Verschiedenheit besteht zwischen Reiz und Eindruck, also zwischen der objektiven geometrischen Beschaffenheit der wirklichen Gestalten und unserer subjektiven optischen Auffassung derselben. Die Fälle einer solchen Diskrepanz, die sogenannten „geometrisch-optischen Täuschungen", haben darum mit Recht die besondere Aufmerksamkeit der Psychologen auf sich gezogen. Es handelt sich in der Tat dabei nicht um Liebhaberei' für vereinzelte Kuriositäten, vielmehr bilden diese „Täuschungen" den Prüfstein, an dem sich die Hypothesen über die Prozesse der Gestaltwahrnehmung zu bewähren haben. Indessen müssen wir uns auch hier ein näheres Eingehen versagen.

11.11 Die optische Wahrnehmung von Bewegungen

Dass man Bewegungen sehen kann, erscheint als eine einfache und unbezweifelbare Tatsache. Aber die Bewegungswahrnehmung ist gerade in der neueren Zeit Gegenstand lebhafter Diskussionen gewesen. Es hat sich auch hier als unerlässlich erwiesen, dass vor allen Reflexionen und Erklärungsversuchen zunächst einmal der phänomenologische Tatbestand schlicht und genau festgestellt und beschrieben wurde.

Unter diesem Gesichtspunkt darf zunächst gesagt werden: Wir sehen bewegte Körper, und zwar können wir deren Bewegung (bei einer gewissen mittleren Geschwindigkeit) anschaulich wahrnehmen. Diese Bewegungsanschauung ist verschieden von dem Erschließen einer Bewegung bzw. dem unanschaulichen Wissen um eine solche. Dass sich der Sekundenzeiger unserer Ahr bewegt, sehen wir, dass sich die großen Zeiger bewegen, wissen wir aufgrund eines Schlusses.

Aber wir können nicht nur bewegte Körper sehen, sondern — wie Max Wertheimers „Experimentelle Studien über das Sehen von Bewegung" (1912) gezeigt haben — wir sehen auch Bewegungen als solche ohne den bewegten Körper. Geübte Beobachter sagen ausdrücklich aus: Es ist kein Ding, nur ein

Vorgang anschaulich gegeben, etwa ein „Hinüber" oder eine Drehung, deren Richtung zutreffend bezeichnet wird.

Damit soll nicht bestritten werden, dass wir zu jeder Bewegung ein in Bewegung befindliches hinzudenken müssen. Aber es bleibt psychologisch möglich, dass nur die Bewegung bemerkt oder beachtet wird und dass über das bewegte Etwas nichts ausgesagt werden kann. Das ist eine vor aller Erfahrung feststehende Denknotwendigkeit.

Auch darum handelt es sich hier nicht, dass wir den Begriff der Bewegung für sich ohne den Begriff des bewegten Objekts „denken" können, sondern um ein wirkliches Anschauen von Bewegung. Damit, dass geübte Beobachter dieses anschauliche Erlebnis konstatieren, ist ein optischer Inhalt aufgewiesen, der sich weder als Farbe noch als Helligkeit noch als Gestalt charakterisieren lässt. (Übrigens nicht bloß „wahrnehmen", sondern auch in reproduzierter Form anschaulich „vorstellen" können wir bloße Bewegung.)

11.12 Bedingungen der optischen Bewegungswahrnehmung

Als objektiver Reiz für die optische Bewegungswahrnehmung kommen in erster Linie wirkliche Bewegungen von Körpern in Betracht. Aubert hat festgestellt, dass ein Objekt bei direkter Betrachtung eine Geschwindigkeit von 1—2 Winkelminuten in der Sekunde haben muss, um ohne Weiteres als bewegt wahrgenommen zu werden. Bei kleinerer Geschwindigkeit bedarf es einer längeren Betrachtung. Ist die Bewegung zu rasch, so hat man in der Ausgangs- und in der Endlage den Eindruck zweier Gegenstände oder den eines ruhenden Dings von einer größeren Breite, so bei vibrierenden Stäben.

Der Schwellenwert für die optische Wahrnehmung von Bewegung beträgt nur etwa von der Distanz, die ruhende Objekte haben müssen, um als getrennt wahrgenommen zu werden.

Nach der Peripherie der Netzhaut zu nimmt die Bewegungsempfindlichkeit ab, jedoch bedeutend langsamer als die Unterschiedsempfindlichkeit für Farben und Helligkeiten und die Sehschärfe für ruhende Objekte. So kann ein bewegter Körper beim indirekten Sehen bereits bemerkt werden, während derselbe in Ruhe noch nicht wahrgenommen worden wäre. Es ist also wohl begründet, dass man sich regungslos verhält, um unbemerkt zu bleiben, und lebhafte Bewegungen ausführt, um bemerkt zu werden.

Begünstigend wirkt auf die Bewegungswahrnehmung, dass gleichzeitig ruhende Objekte im Gesichtsfeld sich befinden, und dass die bewegten Dinge nahe sind.

Damit die Bewegung isolierter heller Punkte im verdunkelten Gesichtsfeld wahrgenommen werde, muss die Bewegung schon rascher sein. Es scheint, dass wir dabei reflektorisch die Augen dem Punkte folgen lassen. Wie man aber bei Fahrten leicht beobachten kann, nimmt die Geschwindigkeit eines bewegten Objekts für uns ab, wenn wir es nicht am ruhenden Auge Vorbeigehen lassen, sondern ihm mit dem Blick folgen. Die Verschiebung des Netzhautbildes, die

11.12 Bedingungen Der Optischen Bewegungswahrnehmung

hier als die periphere Bedingung der Bewegungswahrnehmung anzusehen ist, wird dann um den Betrag der Augenbewegung verkürzt.

Aber nicht nur durch bewegte, sondern auch durch ruhende Objekte kann die Bewegungswahrnehmung in aller Deutlichkeit ausgelöst werden. Wenn wir solche Bewegungen als „Scheinbewegungen" oder als „Täuschungen" bezeichnen, so liegt darin das Urteil, dass der subjektiven Bewegungsanschauung keine objektivreale Bewegung entspreche. Der phänomenologische Sachverhalt jedoch kann dabei ununterscheidbar sein von dem, der bei wirklicher Bewegung erlebt wird.

Wertheimer hat über das Zustandekommen dieser „Scheinbewegungen" folgendes festgestellt. Bei ruhendem Auge wurden zwei durch einen Abstand getrennte Netzhautstellen nacheinander gereizt, z. B. durch sukzessives Darbieten zweier paralleler oder einen Winkel bildender Striche (a, b). Folgten die zwei Nerze sehr rasch (in einem Intervall von ca. 30σ, d. i. tausendstel Sekunden), so wurden sie gleichzeitig ruhend gesehen; bei sehr langsamer Folge (bei einer Pause von ca. 200 σ) sukzessiv ruhend; dagegen war bei einem Intervall von ca. 60 σ in der Regel Bewegung von der einen zu der anderen Lage gegeben.

Der Eindruck der Bewegung ist dabei nicht notwendig mit dem der Identität von a und b verbunden; der Erstere kann bei einer gewissen Geschwindigkeit schon eintreten oder noch vorhanden sein, bei der der Eindruck der Identität fehlt. Die Richtung der Aufmerksamkeit auf das Zwischenfeld begünstigt das Zustandekommen des Bewegungseindrucks.

Das Seltsame ist, dass hier dies Bewegungserlebnis gesetzmäßig ausgelöst wird durch die Sukzession zweier ruhender Reize. Dazu kommt als weiteres Paradoxon, dass man vielfach den Eindruck bloßer Bewegung hat und nicht den eines bewegten Dings.

Dass das Phänomen nicht durch Urteilstäuschung oder durch Bewegungen der Augen oder der Aufmerksamkeit zu erklären sei, konnte klar dargelegt werden. Ebenso wenig kann es rein peripherer Natur sein; denn es trat auch ein, wenn das Objekt a durch das eine, das Objekt b durch das andere Auge wahrgenommen wurde.

Eine physiologische Erklärung muss also auf zentrale Vorgänge zurückgreifen. Wertheimer, der eine solche Hypothese ausstellt, geht aus von der neueren hirnphysiologischen Feststellung, dass mit der Erregung einer zentralen Stelle eine physiologische Wirkung auch in deren Umgebung sich verbindet. Werden nun zwei Stellen A und B erregt, so würde in dem Abstand zwischen beiden ein spezifisches Hinüber von Erregung stattfinden, eine Art physiologischer Kurzschluss, der als das physiologische Korrelat der Bewegungsanschauung anzusehen wäre. Ist die Zwischenzeit zu groß, so ist die Umkreiswirkung von A schon erloschen, ehe die von B eintritt; ist sie zu klein, so treten beide Wirkungen zu gleichzeitig auf. Aufmerksamkeit wirkt begünstigend, weil ihr physiologisch eine erhöhte Disposition für Erregungen entspricht.

11 DIE WAHRNEHMUNG DES RÄUMLICHEN UND DER BEWEGUNG

11.13 Raum- und Bewegungswahrnehmung durch andere Sinne

Es ist allgemein anerkannt, dass das anschauliche Raumbewusstsein normalerweise in erster Linie durch den Gesichtssinn vermittelt wird. Auch darüber ist man einig, dass die Tastempfindungen von Laus aus Raumcharakter haben. Bezüglich der übrigen Empfindungen nimmt man meist an, dass sie erst aufgrund von Erfahrungen, insbesondere auf Grund von Assoziationen mit räumlich bestimmten Gesichtseindrücken in den Sehraum eingeordnet werden. (Der Sehraum überwiegt nämlich beim Normalsinnigen auch den Tastraum, ja er nimmt diesen sozusagen in sich auf. Dass er mit ihm nicht ursprünglich identisch ist, zeigen Erfahrungen an operierten Blindgeborenen.)

So vermutet man z. B., dass die durch die Gelenke vermittelten sogenannten „Lageempfindungen" für sich keinen Aufschluss über die räumliche Lage der betreffenden Glieder geben, sondern lediglich einen der Berührungsempfindung ähnlichen qualitativen Inhalt besitzen. Sie assoziieren sich aber mit den optischen Eindrücken von der Lage der Glieder. Entsprechendes soll für die Vestibularempfindungen und für die übrigen Empfindungsklassen gelten; selbst für die Gehörempfindungen, durch die wir uns doch — im entwickelten Bewusstsein — vielfach über Richtung und Entfernung der Schallquelle orientieren.

Andererseits hat man aber geltend gemacht, aus der Tatsache, dass alle Empfindungen dem Seh- und Tastraum eingeordnet werden könnten, folge, dass eine Zuordnung zum Raum von Anfang an in ihnen liegen müsse. Wie vermöchten wir denn ein völlig Unräumliches auf verschiedene Stellen des Raumes zu beziehen (wie Töne und Gerüche), ja im Raume auszubreiten (wie Temperatur und Vitalempfindungen)? Gefühlen, Strebungen, Gedanken gegenüber erscheine das unmöglich, weil sie eben wirklich raumlos seien.

Wenn man nun freilich daran gehen will, den Raumcharakter der verschiedenen Empfindungsklassen (außer Gesichts- und Tast-Empfindungen) für sich sozusagen anschaulich zu erleben, so stellt sich dies geradezu als unmöglich heraus, weil sich die so eng damit assoziierte Vorstellung des Sehraumes immer wieder vordrängt.

Nur bezüglich des Tastraumes hat sich die isolierende Untersuchung als einigermaßen erfolgreich erwiesen. Insbesondere hat man die Frage zu beantworten gesucht: Wie weit zwei annähernd punktuelle Druckreize voneinander entfernt sein müssen, um als getrennt empfunden zu werden. Es ergab sich dabei, dass die sogenannte „Raumschwelle" für verschiedene Gebiete der Haut sehr verschieden ist. Auf der Zungenspitze z. B. beträgt sie 1 Millimeter, an den Fingerspitzen 2, an der Backe und an der Innenfläche der Haut dagegen 14, am Vorderarm 25, am Unterschenkel 40, am Rücken, Oberarm und Oberschenkel gar über 60 Millimeter.

Erklärlich ist dies durch die verschieden reiche Ausstattung der Haut mit Nervenendigungen, auch durch die verschiedene Übung der einzelnen Organe. Wie wichtig gerade der letzte Faktor ist, zeigt die Feststellung, dass an der Innenseite des Vorderarms nach vierwöchiger Übung die Schwellenwerte auf we-

11.13 Raum- Und Bewegungswahrnehmung Durch Andere Sinne

niger als ein Siebentel ihres Anfangswertes zurückgingen. Kleiner sind sie außerdem, wenn die Spitzen nicht gleichzeitig, sondern nacheinander aufgesetzt werden.

Auch Linien und Flächengrößen können wir aufgrund von Tastempfindungen auffassen. Dass diese an verschiedenen Hautstellen verschieden groß erscheinen, stimmt überein mit der soeben aufgewiesenen verschiedenen Empfindlichkeit für getrennte punktuelle Reize. Ebenso hat man gewisse Analoga zu den sogenannten geometrisch-optischen Täuschungen aus dem Gebiet des Tastsinns festgestellt. Jedoch ist die Zahl der auf ihn bezüglichen Untersuchungen entsprechend seiner weniger erheblichen praktischen Bedeutung weit geringer.

Ein wichtiger Beitrag erwächst dem Sehraum aus den Raumdaten anderer Sinne für die besondere Bedeutung, welche die vertikale Richtung, das Oben und Unten, für unser Raumbewusstsein hat. In ihr erstreckt sich unser Körper beim Stehen, Gehen und Sitzen (womit ja bestimmte Lage- und Bewegungsempfindungen gegeben sind); die Anstrengungs- und Schwereempfindungen sind intensivere, wenn wir unseren Körper oder einzelne Glieder aufwärts oder abwärts bewegen. Mit diesen mannigfachen Empfindungen, in denen sich der Unterschied von oben und Unten bekundet, assoziieren sich nun die Gesichtsempfindungen, so wie wir sie bei der normalen (aufrechten) Körperhaltung erleben. Ein Ding ist z. B. für mich unten, wenn ich es bei meinen Füßen sehe, und wenn ich mich bücken muss, um es zu ergreifen. Dass sich dies Ding auf meiner Netzhaut oben abbildet, widerspricht dem nicht; denn dieses Netzhautbild ist ja für mein Bewusstsein gar nicht vorhanden. Tatsache ist nur, dass die Erregung bestimmter Netzhautteile, wie auch die gewisser Nerven und Gehirnpartien, Bedingung für das Zustandekommen der betreffenden Empfindungen ist. Die Lage dieser physiologischen Vorgänge selbst aber wird nicht empfunden. Es beruhte also auf einer falschen Fragestellung, wenn man früher das Problem untersuchte, wie es zugehe, dass wir das Netzhautbild umkehrten. Da man nämlich irrigerweise voraussetzte, dass man das Netzhautbild als solches empfände, so schien diese Umkehrung nötig, um zu erklären, dass wir die Dinge aufrecht sehen.

Wie die Auffassung des ruhenden Räumlichen nicht Sache der Gesichtswahrnehmung allein ist, so können wir auch Bewegungen nicht bloß optisch wahrnehmen, wir können sie ebenso durch den Tastsinn erfassen. Das zeigt schon die gewöhnliche Erfahrung. Wir empfinden unmittelbar und anschaulich, wie etwa beim Duschen das Wasser an unserem Körper herunterläuft, wie eine uns streichelnde Hand rascher oder langsamer sich bewegt. Man hat auch hier „Schwellenwerte" aufgeführt. Man hat gefunden, dass es, um gerade einen Tasteindruck als bewegt zu erkennen, nicht sowohl auf die Geschwindigkeit als auf die Größe der durchlaufenen Strecke ankommt. Man hat z. B. am Vorderarm als Schwellenwert 6 Millimeter festgestellt. Bewegungen aufwärts (nach dem Kopfe hin) werden leichter wahrgenommen als solche abwärts.

Dass die kinästhetischen Empfindungen selbst uns Bewegungseindrücke vermitteln, besagt schon ihr Name. Für die psychologische Deskription kommt es natürlich darauf an, diese zu scheiden von ihrer Einordnung in den vorgestellten Sehraum. — Von dieser Einordnung aus Grund der Erfahrungen dürfte es doch auch wesentlich abhängen, dass wir Bewegungen zu hören glauben. Ob in den akustischen Empfindungen selbst, außer dem Stärker oder Schwächer werden, ein weiterer Beitrag zum Bewegungseindruck liegt, ist mindestens sehr fraglich. Dagegen scheint mir die Selbstbeobachtung zu zeigen, dass Schmerz- und Temperaturempfindungen (ähnlich wie Tastempfindungen) unmittelbar Bewegungseindrücke mit sich führen können.

11.14 Raum- und Bewegungsbegriff

Die Wahrnehmungen von Räumen und räumlichen Dingen, von bewegten Körpern und Bewegungen bieten die anschauliche Grundlage, aus der sich durch „Abstraktion" die unanschaulichen Begriffe des Raumes und der Zeit entwickeln. Die Entwicklung abstrakter Begriffe aus anschaulichen Vorstellungen (die wir später noch näher zu erörtern haben) stellt ja eine ganz allgemeine Gesetzmäßigkeit im Seelenleben dar. Es dürfte darum methodisch das Richtige sein, sich von erkenntnistheoretischen Ansichten über die Sonderstellung des Raum- (und des Zeit-)Bewusstseins nicht beirren zu lassen, und diese Entwicklung unter dem gleichen Gesichtspunkt zu betrachten, wie die anderer Begriffe. Sollte die genauere empirische Untersuchung Unterschiede ans Licht fördern, so müsste diesen natürlich Rechnung getragen werden.

12 Das Zeitbewusstsein

12.1 Vorbegriffe

Bei der Bewegungswahrnehmung erleben wir eine innige Verschmelzung des Raumbewusstseins mit dem Zeitbewusstsein. Die psychologische Untersuchung des Letzteren hat uns nunmehr zu beschäftigen. Vorerst sind die dabei zu verwendenden Grundbegriffe klarzustellen.

Man muss unterscheiden: zeitliche Eigenschaften und Beziehungen. Als einzige zeitliche Eigenschaft ist die Dauer zu nennen, die entweder erfüllte oder leere (d. h. Pause) ist. Die leere Dauer stellt sozusagen die Zeit selbst in abstracto dar.

Die zeitlichen Beziehungen kann man zusammenfassen unter dem Begriff der Zeitordnung. Sie bestehen in dem Miteinander und dem Nacheinander. In der Beziehung des Nacheinander stehen die drei Zeitstufen der Vergangenheit, Gegenwart und Zukunft. Auch kann an dem Nacheinander die Geschwindigkeit verschieden groß, ferner gleich oder ungleich sein. Die nacheinander folgenden Zeitinhalte können einzeln oder zu einheitlichen Gruppen zusammengefasst sein. Letzteres ist die rhythmische Gliederung.

Besonders wichtig ist die Unterscheidung der objektiven Zeit und der subjektiven oder des Zeitbewusstseins. Eine analoge Unterscheidung mussten wir ja ebenso bezüglich des Raumes vollziehen. Aber während wir den seelischen Erlebnissen keine räumlichen Eigenschaften, keine Ausdehnung und Gestalt zuschreiben (wenn sie auch solche uns zum Bewusstsein bringen), müssen wir sie wie alle realen Vorgänge in die eine objektive Zeit einordnen, ihnen objektive Dauer und (verschieden rasche) Aufeinanderfolge beilegen. Aber das ist nicht identisch mit dem subjektiven Zeitbewusstsein; ja ein solches ist durchaus nicht notwendig mit diesem objektiv-zeitlichen Charakter der Erlebnisse verknüpft. Wenn z. B. ein Erlebnis längere Zeit dauert, etwa eine aufmerksame Betrachtung, ein konzentriertes Nachdenken, die völlige Versenkung in eine spannende Lektüre, so braucht gar kein Bewusstsein einer Dauer vorhanden zu sein; der betreffende Gegenstand kann völlig unser Bewusstsein ausfüllen. Das dürfte der berechtigte Kern sein in der oft wiederholten Behauptung von der Zeitlosigkeit des Bewusstseins. Und wenn man ihm Überzeitlichkeit, d. h. zeitschaffenden Charakter beilegt, so ist dies insofern nicht unbegründet, als wir ja von objektiver Zeit nur reden können, sofern wir sie denken, sodass unser Bewusstsein von Zeit als eine Voraussetzung für unsere Behauptung von einer objektiven Zeit gelten kann. Damit ist natürlich noch nicht gesagt, dass diese objektive Zeit sozusagen ein freies Erzeugnis des Bewusstseins sei. Indessen die Frage nach dem Sinn und Recht der Voraussetzung einer objektiven Zeit ist eine erkenntnistheoretische, keine psychologische.

12 DAS ZEITBEWUSSTSEIN

Die Psychologie macht von dieser Voraussetzung, wie von der eines objektiven Raumes und einer realen Welt, Gebrauch, hat sie aber nicht selbst zu rechtfertigen. Ihr eigentlicher Gegenstand ist das Zeitbewusstsein, und ihre erste Aufgabe ist dessen Beschreibung.

12.2 Zeitanschauung und Zeitbegriff

Wie den Raum, so erleben wir die Zeit als etwas durchaus Gleichartiges und Kontinuierliches. Der Inhalt kann freilich sehr ungleichartig sein; durch ihn kann infolgedessen Sonderung in den zeitlichen Ablauf kommen. Aber die hierdurch mögliche Teilung desselben kann nur immer durch einschränkende Abgrenzung erfolgen. Die Teile bleiben Kontinua und werden nicht zu diskreten Punkten. Immerhin können wir die Zeitteilchen so klein denken, dass die Rede von Zeitpunkten im praktischen Sprachgebrauch zulässig erscheint. Gerade sie führt aber auf eine wichtige Unterscheidung — die in entsprechender Weise hinsichtlich des Raumbewusstseins vollzogen werden musste —, auf die von Zeitanschauung und Zeitbegriff. Ich kann eine Dauer oder eine Aufeinanderfolge anschaulich erleben, ich kann sie jedoch auch unanschaulich (begrifflich) denken. Die Bemerkung, dass die Zeitbegriffe aus der Zeitanschauung durch Abstraktion hervorgegangen seien, führt zwar schon über die psychologische Deskription hinaus, mag aber doch hier schon Platz finden. Dass wir die objektive Zeit „denken" und nicht „anschauen", wurde schon erwähnt. Besonders deutlich können wir diese Unterscheidung an der „Gegenwart" vollziehen. Die objektive Gegenwart „denken" wir als einen Punkt, der sozusagen auf der Zeitlinie immerfort in einer Richtung hingleitet. Die subjektive Gegenwart erleben wir anschaulich als eine Strecke von einer gewissen Ausdehnung. Was objektiv nicht mehr gegenwärtig ist, hat aufgehört zu existieren, jedoch, was wir soeben erlebt haben, das dauert noch in gewisser Weise fort, und es nimmt erst in unmerklich steigendem Maße Vergangenheitscharakter für uns an. Auch das Zukünftige wird gewöhnlich nicht in jäher Plötzlichkeit Gegenwart, sondern wird in sie durch mannigfache Erwartungen und Vorausnahmen hereingeleitet. Dabei ist die Verschiedenheit der anschaulich erlebten Zeitstufen zu unterscheiden von den qualitativen Verschiedenheiten der Bewusstseinsinhalte. Auch wenn ein gleich hoher und starker Ton andauert, kann an ihm das „früher" und „später" erlebt werden. Freilich nimmt das früher Empfundene dann allmählich den Charakter der reproduzierten Empfindung an. Man darf daraus aber nicht schließen, dass das anschauliche Zeitbewusstsein lediglich Gegenwartsbewusstsein sei; auch Vergangenes oder Zukünftiges können wir uns in seiner Dauer oder Folge anschaulich vorstellen, nicht bloß unanschaulich „denken" oder nach seinen zeitlichen Eigenschaften und Beziehungen beurteilen.

Dass wir leere Zeit „denken" können, unterliegt keinem Zweifel; jedoch eine noch strittige Frage der deskriptiven Psychologie ist es, ob wir leere Zeit (im strengen Sinne) auch anschaulich erleben. Darüber ist man zwar einig, dass wir die „leere" Zeit nur zwischen erfüllten Zeitstrecken, d. h. als Pause (Intervall), erleben; aber fraglich ist, ob die Pause nicht doch mit andersartigen Inhal-

12.2 Zeitanschauung Und Zeitbegriff

ten (z. B. Organempfindungen) ausgefüllt wird oder wirklich leer bleiben kann. Bei kürzeren Pausen erscheint mir Letzteres möglich.

Die Erfüllung der Zeit vollzieht sich nicht bloß (wie die des Raumes) durch Empfindungen, sondern sie kann durch Erlebnisse jeder Art erfolgen. Also auch Gefühle, Willensakte, Denkerlebnisse usw. können für uns den Inhalt der Zeit bilden.

Wie nun aber die verschiedenen Empfindungsklassen in verschiedenem Grade an dem Raumcharakter teilhaben, so hat man — freilich nicht entfernt in gleichem Maße — auch gewisse Unterschiede der Empfindungen in Beziehung auf das Zeitbewusstsein gefunden. Tast- und Gehörempfindungen sind in besonderer Weise geeignet, Träger des Erlebnisses (verschieden rascher Folge) zu sein, weil hier momentane Reize annähernd momentanen Empfindungen entsprechen. Da ferner bei diesen Empfindungsklassen, besonders aber bei den akustischen, falls die Reize länger dauern, die Empfindungen in annähernd unverminderter Stärke fortbestehen, so bieten sie auch am besten die Wahrnehmung deutlich begrenzter Zeitdauern.

12.3 Bedingungen für die Zeitwahrnehmung

Aber die reine Deskription hinaus greift die Untersuchung, wenn die objektiven Bedingungen, sozusagen die „Reize", für das Zustandekommen der anschaulichen Zeiterlebnisse vom Wahrnehmungscharakter festgestellt werden sollen. Die Voraussetzungen und die Fragestellung entsprechen denen bei den Empfindungen und den Wahrnehmungen des Räumlichen. Die Reize bestehen in den „objektiven" zeitlichen Eigenschaften und Beziehungen der wahrgenommenen Vorgänge.

Man hat auch hier zunächst Schwellenwerte zu bestimmen gesucht für die Wahrnehmung der erfüllten und der leeren Zeit. Das Erstere ist dadurch erschwert, dass selbst die kürzesten objektiven Reize wegen des allmählichen Abklingens der durch sie ausgelösten nervösen Erregung, Empfindungen von einer gewissen Dauer hervorrufen. Dieses Nachklingen der Empfindung macht sich natürlich auch geltend bei dem Versuch, die Schwelle für die Wahrnehmung leerer Zeit zu bestimmen. Das objektive Intervall der Reize muss deshalb größer sein, als wenn die Empfindungen nur momentanen Charakter trügen wie die Reize; es muss für akustische Reize $1/50$—$1/80$ Sekunde, für optische Reize $1/20$ (bei Dunkeladaptation sogar $1/10$) Sekunde betragen, damit die deutliche Wahrnehmung eines Intervalls zustande kommt. Andere Werte ergeben sich, wenn die beiden Reize verschiedenen Sinnesgebieten angehören.

Nicht nur diese „eben merklichen" Zeitstrecken, sondern auch längere, werden als „Gegenwart" erlebt. Die Dauer der „psychischen Präsenzzeit" kann bis auf einige Sekunden sich erstrecken.

Was die Unterschiedsempfindlichkeit betrifft, so hat man gefunden, dass die Zeiten, die von kontinuierlichen, optischen oder akustischen Empfindungen erfüllt sind, in der Ausdehnung von $1/2$ bis 2 Sekunden bei einer Verschiedenheit von $^1/_{10}$ bis $^1/_{20}$ ihrer objektiven Dauer noch als verschieden beurteilt werden können.

12.4 Zeitschätzung

Es hat sich weiter ergeben, dass bei der Unterscheidung leerer Zeiten mannigfache Faktoren die Beurteilung beeinflussen, so die Beachtung der die Intervalle begrenzenden Reize, deren verschiedene Stärke, das Eintreten von Taktierbewegungen usw. Noch verwickelter wird der Sachverhalt, wenn es sich um Vergleichung leerer und ausgefüllter Zeiten handelt, wobei die Erfüllung wieder durch kontinuierliche oder diskontinuierliche Empfindungen geschehen kann.

Dass ähnlich wie bei der Wahrnehmung von räumlichen Gebilden auch bei der von Zeitintervallen ein Proportionsvergleich stattfindet, lässt sich daraus vermuten, dass bei Musik wie bei Rezitation und Tanz eine Änderung des Tempos eintreten kann, ohne dass der Takt, also das Verhältnis der ihn bildenden Zeitteile, sich ändert. Genauere Untersuchungen über diesen Proportionsvergleich hat neuerdings Bühler angestellt. Er hat dabei gefunden, dass sich der Vergleich (wie der an räumlichen Figuren) auf einen unbewussten Einstellungsmechanismus (wodurch wir sozusagen einen Maßstab an die dargebotenen Intervalle heranbringen) und auf Eindrucksmodifikationen an einem der Proportionsglieder stützt.

Schon bei den relativ sehr kurzen Zeitstrecken (von wenigen Sekunden), die wir anschaulich wahrnehmen, hat man vielfach einen Unterschied zwischen der wirklichen und der scheinbaren Dauer festgestellt. Es erwächst damit der Forschung die Aufgabe, die Faktoren, durch die der Größeneindruck nach der einen oder der anderen Richtung verschoben wird, zu bestimmen. Dasselbe Problem besteht gegenüber umfänglicheren Zeitstrecken. Je längere wir dabei in Betracht ziehen, umso weniger ist die Frage der experimentellen Untersuchung zugänglich. Vielfältige Erfahrung aber zeigt, dass die Zeitschätzung vor allem von Art und Zahl der erlebten Inhalte abhängt. Lustvoller, fesselnder Inhalt lässt die Zeit kurz erscheinen (wenn er überhaupt ein Zeitbewusstsein aufkommen lässt); Schmerz, angstvolle Sorge, Langeweile dehnt sie aus. In der Erinnerung werden freilich Zeiten von einförmigem Inhalt, so sehr sie sich beim Durchleben hinzudehnen scheinen, relativ kurz erscheinen, während inhalts- und abwechslungsreiche Perioden den gegenteiligen Eindruck erwecken. So kann es uns nach wenigen Tagen einer an Eindrücken reichen Reise Vorkommen, als ob wir schon Wochen von zu Hause fort wären. Im Traum schauen wir gelegentlich eine so reiche Fülle sich drängender Bilder, dass wir lange Zeit durchlebt zu haben meinen, wenn wir nach einem viertelstündigen Schlaf erwachen.

Nicht nur die Größenurteile über die Dauer von Zeiten bieten Stoff für die psychologische Untersuchung, auch für das Bewusstsein der Zeitordnung gilt dasselbe. Wenn wir vergangene Erlebnisse reproduzieren, so wird die Dauer derselben beim Wiederdurchleben mehr oder minder stark zusammengedrängt; wir können so vergangene Wochen in wenigen Minuten wieder übersteigen. Wichtig ist dabei, dass die Zeitordnung der Ereignisse übereinstimmend mit

12.4 Zeitschätzung

ihrem wirklichen Ablauf erneuert wird. Die gewöhnliche Erfahrung zeigt uns aber schon, dass auch in Bezug auf die Zeitordnung leicht Irrtum und Unsicherheit eintreten. Die Masse des Vergangenen ist für uns meist gar nicht mehr zeitlich gegliedert oder nur noch in ganz summarischer Weise. Freilich macht sich hier die außerordentliche Verschiedenheit in den Gedächtnisleistungen der Individuen geltend.

Die zeitliche Folge von Ereignissen können wir nicht nur in der Gegenwart durchleben und aus der Vergangenheit wieder erneuern, wir können sie auch in die Zukunft verlegen. Hoffnung und Besorgnis lassen uns oft mehr in der Zukunft als in der Gegenwart leben. Dauer und Ordnung des Zukünftigen kann mit sehr verschiedener Anschaulichkeit und Bestimmtheit vorweggenommen werden.

12.5 Entwicklung des Zeitbewusstseins

Es bedarf keines besonderen Nachweises, dass das Zeitbewusstsein beim Individuum der Entwicklung unterliegt, dass insbesondere die Fähigkeit der Schätzung von Zeitgrößen einer großen Vervollkommnung fähig ist; dass endlich der Begriff der einen, objektiven, unendlichen Zeit erst als ein spätes Abstraktionsprodukt sich einstellt. Umstritten ist aber noch die Frage, ob das anschauliche Zeitbewusstsein (das ja am Anfang dieser ganzen Entwicklung steht) etwas Ursprüngliches, psychologisch Elementares oder aus unzeitlichen Inhalten erst Entstehendes sei. Indessen scheinen mir die mannigfachen Versuche, die Zeitanschauung als etwas Abgeleitetes zu erweisen, ebenso wenig zum Ziele zu führen als die analogen bezüglich des Raumbewusstseins. Soweit ich sehe, hat sich in der heutigen Psychologie gegenüber jenen (sogenannten „empiristischen") Theorien über die Entstehung des Zeitbewusstseins, die „nativistische" Überzeugung von seiner Ursprünglichkeit mehr und mehr durchgesetzt. Aber auch auf dem Boden dieser „nativistischen" Ansicht kann einmal die allmähliche Entwicklung des Zeitbewusstseins anerkannt werden und sodann von einer erklärenden Theorie derselben die Rede sein, sofern man versucht, es in den Zusammenhang der psychischen Leistungen einzuordnen. Als verwandt bieten sich hier die Gedächtnisvorgänge dar. Verschwände jedes Erlebnis, das nicht mehr gegenwärtig ist, sofort spurlos, so könnte es wohl gar nicht zum Bewusstsein einer Gegenwart im Unterschied von den anderen Zeitstufen kommen, und es würde jeglicher Stoff fehlen, um Vergangenheit (und Zukunft) damit auszufüllen. Andererseits ist die einfache Fortdauer oder Wiedererneuerung von Dagewesenem noch nicht identisch mit dem Bewusstsein des soeben oder früher erlebt habens. Es dürfte also (mit Ebbinghaus-Dürr) anzunehmen sein, dass die Phasen im Ablauf der Erlebnisse, die überhaupt zur Entstehung von Zeitauffassung Veranlassung geben, zeitliche Lokalisationsakte von Erinnerungscharakter Hervorrufen, in denen der Gegenstand als immer weiter zurückliegend erfasst wird.

13 Die anschaulichen Grundlagen der allgemeinsten Begriffe (Kategorien)

13.1 Bewusstsein von Verschiedenheit, Gleichheit und Ähnlichkeit

Wir wissen uns im Einklang mit dem Bemühen Humes, für alle Begriffe (ideas), auch die abstraktesten, den Ursprung in anschaulichen Eindrücken (impressions) aufzuweisen.

Für die Begriffe Raum, Zeit und Bewegung ist das bereits geschehen. Aber mit und an den Empfindungen erleben wir auch die Eindrücke Gleich, Ähnlich, Verschieden als anschaulich Gegebenes. Freilich sind diese Erlebniselemente etwas Besonderes, von den Empfindungen selbst wohl zu Unterscheidendes. Damit, dass z. B. objektiv verschiedene Empfindungen erlebt werden, ist das Bewusstsein ihrer Verschiedenheit noch nicht gegeben. Es ist auch nicht selbst etwas Empfindungsmäßiges, das sich gleichsam als Drittes zu den (ungleichen) Empfindungen hinzugesellt. Farben, Töne usw. können relativ selbstständig unserem Bewusstsein „gegeben" sein; ihre „Verschiedenheit" ist im Vergleich zu diesen Beziehungsgliedern etwas Unselbständiges, bloß „Mitgegebenes", durch sie „Fundiertes", aber doch gleichfalls Anschauliches. Das Bewusstsein kann auch ebenso wenig wie etwa das Raumbewusstsein aus Empfindungen irgendwie „abgeleitet" werden. Dasselbe gilt für das Bewusstsein von „ähnlich" und „gleich" und die konkreten Arten des Verschiedenheitsbewusstseins wie größer, kleiner; rascher, langsamer; Heller, dunkler; leiser, lauter usw.

Von den Erlebnissen des anschaulichen Gegebenseins dieser Verhältnisse verschieden und aus ihnen durch Abstraktion entstanden sind die Begriffe „Gleich" (Gleichheit), „Verschieden" usw. Ebenso ist von der anschaulich wahrgenommenen Gleichheit usw. die bloß erschlossene zu unterscheiden.

„Vergleichen" aber bedeutet, die Bedingungen für das Zustandekommen solcher Erlebnisse herbeizuführen. Diese Bedingungen näher zu untersuchen, ist eine Aufgabe erklärender Psychologie. Zu ihnen gehört z. B., dass wir die Aufmerksamkeit auf das zu Vergleichende richten; ferner, dass zwischen diesem eine gewisse Verschiedenheit besteht, wenn auch nur die des Ortes oder der Zeit. Denn ganz gleiche Empfindungen z. B. solche, die durch gleiche und gleichzeitige Reizung der Augen und Ohren in uns erregt werden, fließen zu einer einzigen zusammen. Bei sukzessiver Vergleichung ist es aber nicht nötig, dass das erste Glied noch im Bewusstsein sei; es kann trotzdem beim Eintreten des Zweiten sofort das Bewusstsein „Gleich" oder „Verschieden" sich einstellen.

Die wichtigste Bedingung für das Zustandekommen dieses Bewusstseins ist natürlich die objektive Gleichheit oder Verschiedenheit des Verglichenen. Aber auch hier können Unterschiede zwischen der subjektiven Auffassung und dem objektiven Sachverhalt bestehen. Die Untersuchungen über die Unterschieds-

13.1 Bewusstsein Von Verschiedenheit, Gleichheit Und Ähnlichkeit

schwelle haben auf allen Empfindungsgebieten den Beweis erbracht, dass Reize schon etwas verschieden sein und trotzdem noch den Eindruck der Gleichheit Hervorbringen können.

Eine Kombination von Gleichheits- oder Verschiedenheits-mit Zeitbewusstsein zeigt sich in den Erlebnissen des Gleichbleibens und der Veränderung. Zur Deskription gehört hier die Unterscheidung der anschaulichen und der begrifflichen Form dieser Erlebnisse und die Analyse des Veränderungsbewusstseins nach Umfang, Richtung und Geschwindigkeit. In die erklärende Psychologie führen hinüber die Schwellenuntersuchungen. So hat man gefunden, dass bei plötzlichen Helligkeitszunahmen der objektive Reiz um etwa $1/30$ gesteigert werden musste, damit die Veränderung gerade bemerkt wurde. Bei allmählichen Veränderungen ist der Schwellenwert bedeutend größer. Vollzieht sich eine Veränderung so langsam, dass die merklich verschiedenen Phasen mehr als eine Sekunde voneinander liegen, so wird die Veränderung nicht mehr anschaulich wahrgenommen, sondern erschlossen.

13.2   Identitäts- und Dingbewusstsein

Eine besonders wichtige Art der Veränderung, die Ortsveränderung, d. h. die Bewegung, haben wir schon in anderem Zusammenhang betrachtet. Dabei zeigte sich bereits die Wichtigkeit des Identitätsbewusstseins. Es dürfte in der Tat ein notwendiges Korrelat des Veränderungsbewusstseins darstellen. Man kann die Frage aufwerfen, ob es sich nicht zurückführen lässt auf das Erlebnis der Gleichheit in Beziehung zum Bewusstsein der Veränderung. „Derselbe" Ton wird leiser oder lauter, d. h. die Qualität wird als gleich, die Intensität als sich ändernd erlebt. Ebenso bleibt bei der Auffassung der Ortsveränderung „desselben" Dings Form und Farbe des bewegten Objekts gleich.

Eben im Dingbewusstsein dürfte die ursprüngliche und anschauliche Form des Identitätsbewusstseins gegeben oder wenigstens mitgegeben sein. Der daraus entwickelte abstrakte Begriff der Identität kann dann natürlich auf alle möglichen Objekte, auch auf ganz unanschauliche, angewandt werden.

So läutert sich der Begriff des Dings zu dem der „Substanz", jenes realen Etwas, das identisch verharrt, wenn auch das anschauliche Ding etwa durch Verbrennung und Verdampfung verschwindet. Dieses abstrakte Bewusstsein liegt in der Überzeugung von der Erhaltung der Masse und der Energie vor. Seinen psychologischen Ausgangspunkt bildet das D i n g bewusstsein.

Für dessen Entwicklung aber ist eine Reihe von Faktoren bedeutsam. Dahin gehört die schon erwähnte Tatsache, dass die Sehgröße der Dinge langsamer abnimmt, als es dem kleiner werden des Netzhautbildes entsprechen würde. Dies begünstigt den Eindruck des gleichbleibenden Dings. Ebenso wirkt die Konstanz der Gestalt. Das ist freilich zunächst ein objektives Moment, also nicht identisch mit dem Gestaltbewusstsein. Auch ist zu beachten, dass ein Ding bei gleichbleibender Gestalt in verschiedenen Entfernungen nicht gleich, sondern streng genommen nur ähnlich aussieht; ferner, dass es bei Drehung einen ganz

13 DIE ANSCHAULICHEN GRUNDLAGEN DER ALLGEMEINSTEN BEGRIFFE (KATEGORIEN)

anderen anschaulichen Eindruck hervorbringt. So sieht ein auf die Spitze gestelltes Quadrat ganz anders aus als ein auf einer Seite stehendes. Indessen wirken hier Erfahrungen korrigierend im Sinne der Identitätsauffassung. Denn wenn das Ding aus der größeren Entfernung und aus seiner Verlagerung wieder in die ursprüngliche Stellung zurückkehrt, so sieht es wieder geradeso aus wie früher, falls seine Gestalt konstant geblieben. Auch ist zu beachten, dass Kinder relativ indifferent sind gegen die wechselnde Raumlage von Figuren. Sie erkennen sie bei Verlagerung leicht wieder, oder zeichnen sie von selbst gelegentlich in ganz veränderter Stellung ab (was sich auch in der Erscheinung der Spiegelschrift zeigt). Sie orientieren sich dabei nach einer in der Figur selbst gelegenen Koordinatenachse, was sich daraus erklärt, dass die kindliche Aufmerksamkeit vorwiegend am einzelnen Ding haftet.

Ein weiterer fördernder Umstand für die Ausbildung des Dingbewusstseins ist die Entwicklung des Bewusstseins von der „eigentlichen" („wirklichen") Farbe der Dinge und die Trennung der wechselnden Beleuchtung von dem Beleuchteten.

Bei der Besprechung der optischen Empfindungen gedachten wir bereits der Unterscheidung von „Flächen"- und „Oberflächen"-farben. Die Letzteren sind es nun gerade, die für uns Eigenschaften der Dinge repräsentieren, und zwar Eigenschaften, die dauern trotz des Schwankens der Beleuchtungsstärke, trotz des Wechsels von Belichtung und Beschattung.

Führt man eine Oberflächenfarbe vermittelst Betrachtung durch einen gelochten Schirm auf eine Flächenfarbe zurück und beschattet man das durch das Loch gesehene Stück der Oberfläche, so fleht man einfach eine dunklere Farbe, aber zu einer Trennung von wirklicher Farbe und darauf fallendem Schatten (oder Licht) kommt es hierbei nicht. Nun ist jedoch gerade diese Trennung für das Wiedererkennen der Dinge und damit für die Vervollkommnung des Dingbewusstseins von großer Wichtigkeit. Wie zwischen „wirklicher" und „scheinbarer" Größe, so kann man zwischen „wirklicher" und „scheinbarer" Farbe unterscheiden. Als „wirkliche" (oder „eigentliche") Farbe kann man diejenige bezeichnen, die sich an dem Dinge bei derjenigen Beleuchtungsstärke darstellt, wie sie im Freien bei leicht bewölktem Himmel gegeben ist. Sie herrscht, bei uns wenigstens, auch zeitlich vor. Sie bildet darum das, was Hering die „Gedächtnisfarbe" genannt hat; denn die Farbe, in welcher wir ein Außending überwiegend oft gesehen haben, prägt sich unserem Gedächtnis unauslöschlich ein und wird zu einer festen Eigenschaft des Erinnerungsbildes. Die der wirklichen Farbe entsprechende normale Beleuchtungsstärke lässt — eine entsprechende Entfernung der Objekte vorausgesetzt — auch am deutlichsten deren Oberflächenstruktur hervortreten.

Die Schwankungen der Beleuchtungsstärke, wie sie im Verlauf des Tages natürlicherweise eintreten können, sind sehr beträchtlich. Bei normal gestimmtem Auge kann durch Beschattung die Beleuchtungsstärke eines weißen Papiers bis auf weniger als $1/360$ der „normalen" heruntergehen, ohne dass sich dessen

13.2 Identitäts- Und Dingbewusstsein

Helligkeitseindruck wesentlich ändert. Andererseits übertrifft das direkte Licht der Mittagssonne jene normale Beleuchtung etwa um das Hundertfache. So schwankt die Beleuchtungsstärke, bei der wir im gewöhnlichen Tageslauf mit hell adaptiertem Auge Oberflächenfarben zu betrachten und zu beurteilen pflegen, etwa zwischen den Grenzen von 1 und 36.000.

Man hat nun experimentell nachgewiesen, dass ganz unwillkürlich, ohne bewusste Reflexion, eine Berücksichtigung der Beleuchtungsverhältnisse stattfindet. Eine beschattete weiße Oberfläche z. B. erscheint auch nach ihrem unmittelbaren, anschaulichen Eindruck viel Heller, als sie nach ihrer Beleuchtungsstärke erscheinen dürfte; es bringt sich ihre „wirkliche" Farbe zur Geltung — eben als „Gedächtnisfarbe" auf dem Wege der Reproduktion.

Es findet also unter den zahllosen verschiedenartigen und wechselnden Erscheinungsweisen der Dinge durch die Bevorzugung der „wirklichen" Farbe (und der „wirklichen" Größe) eine Selektion statt, die für die Ausgestaltung des Dingbewusstseins eine große Bedeutung hat.

Nicht ganz überflüssig ist es vielleicht, darauf hinzuweisen, dass diese Unterscheidung von „wirklich" und „scheinbar" rein phänomenologisch gemeint ist. Dass sie einfach die Scheidung des naiven, realistischen Bewusstseins wiedergibt. Wenn dabei von wirklicher Farbe in dem gleichen Sinn wie von wirklicher Größe gesprochen wird, so steht das natürlich nicht entgegen jener erkenntnistheoretischen Unterscheidung der „primären" und „sekundären" Qualitäten, wobei die Größe den Ersteren, die Farbe den Letzteren beigezählt wird.

Alle die Momente, die wir als bedeutsam für die Entwicklung des Dingbewusstseins bezeichnet haben, wirken dahin, dass gegenüber den relativ beharrlichen Komplexen von anschaulich Gegebenem trotz aller Änderungen das Bewusstsein sich behaupten kann. Dieses überwiegend Gleiche in Beziehung zu den einzelnen variierenden Momenten bietet die anschauliche Grundlage für den Begriff: „Ding mit Eigenschaften".

13.3 Realitätsbewusstsein

Die Dinge (und ebenso die Eigenschaften und Vorgänge), die wir wahrnehmen, erscheinen uns normalerweise als wirkliche oder reale (welche Ausdrücke wir als gleichbedeutend verwenden). Der Begriff der Realität (der auch im Realitätsurteil das Prädikat bildet) dürfte aber ebenfalls in Erlebnissen von anschaulichem Charakter seine Grundlage haben. Zwar ist Diltheys Ansicht, dass unsere Überzeugung von der Existenz einer realen Außenwelt auf Willenserfahrungen sich gründe, anerkennenswert. Aber solche Erfahrungen, besonders die der Hemmung und des Widerstands, werden ja durch Wahrnehmungen (bzw. Empfindungen) vermittelt und tragen insofern anschaulichen Charakter. Vor allem kommen hier Schmerz-, Berührungs-, Härte-, Schwereempfindungen in Frage; auch Blickbewegungen und deren Hemmungen; denn dass wir auf hohen ' Bergen, am Meere, in weiten Ebenen uns freier, uns weniger beengt und beschwert durch eine harte Realität fühlen, das mag darin mit seinen Grund haben, dass

13 DIE ANSCHAULICHEN GRUNDLAGEN DER ALLGEMEINSTEN BEGRIFFE (KATEGORIEN)

wir die Blicke ungehemmt können schweifen lassen. Auch trägt das in der Nähe Gesehene wohl deshalb, weil es die Aufmerksamkeit stärker auf sich zieht, einen sinnfälligeren Charakter von Realität als das, was wir in der Ferne (oder sehr flüchtig, z. B. bei einer Eisenbahnfahrt) sehen. Letzteres nimmt leicht das Gepräge des Kulissenhaften an; ähnlich wie uns minder anschauliche, verblasste Erinnerungen „fast nicht mehr wahr" Vorkommen. Auch pathologische Fälle bestätigen, dass Erlebnisse von Empfindungs-(oder Wahrnehmungs-) Charakter — selbst wenn sie wie die Halluzinationen durch rein zentrale Erregung ohne äußeren Reiz zustande kommen — ihren Gegenständen das anschauliche Merkmal der „Realität" verleihen. Die Dinge sind darin „selbst", „leibhaftig", „objektiv" da. Der „Begriff" der Realität ist ein Abstraktionsprodukt aus diesen anschaulichen Realitätserlebnissen, wie sie normalerweise in allen Wahrnehmungen gegeben sind. Nun machen wir freilich auch hier die Erfahrung, dass gelegentlich der reale Sachverhalt doch nicht dem ursprünglichen anschaulichen Eindruck entspricht. Das findet besonders dann statt, wenn dieser sich nicht einordnen lässt in das, was wir durch unsere bisherige Erfahrung und durch wissenschaftliche Belehrung über die reale Welt wissen. Mit der Ausbildung der abstrakten Realitätsbegriffe haben wir aber die Möglichkeit, im reflektierten Realitätsurteil jenen unvermittelten anschaulichen Realitätseindruck nicht nur anzuerkennen, sondern auch zu berichtigen und zu verwerfen und so „Realität" von „Erscheinung" und „Schein" zu unterscheiden.

Diese drei Begriffe entwickeln sich in Korrelation miteinander. Dass alles vom Bewusstsein unabhängig Existierende (also Bewusstseinstranszendente) notwendig in „Erscheinungen" sich uns darstellen muss, haben wir bereits im Kap. 2.6 gesehen. Von „Schein" reden wir dagegen dann, wenn wir erkannt haben, dass wir Erscheinendes mit Realem verwechselten.

Als bleibende Wirkung zahlloser Wahrnehmungen und Realitätsurteile ist aber unsere Überzeugung von der Existenz der wirklichen Welt anzusehen. Dass durch den suggestiven Einfluss unserer Umgebung auch Objekte für uns Realitätscharakter gewinnen können, von denen wir in der Regel nur durch Mitteilung anderer wissen, zeigt der religiöse Glaube.

13.4 Kausalitätsbewusstsein

Hume hat bekanntlich behauptet, dass wir weder durch äußere noch durch immanente Wahrnehmung den Begriff der „Kraft oder der notwendigen Verknüpfung" (d. i. der Kausalität) haben könnten.

Aber wie unbefriedigend ist die Erklärung, die Hume selbst von der Entstehung des Kraft- und Kausalitätsbegriffs gibt! Durch die vielfach wiederholte Wahrnehmung einer Folge von Vorgängen soll sich eine Assoziation bilden und damit die psychische Nötigung, bei der Wahrnehmung oder Vorstellung des einen auch den anderen vorzustellen. Aber das Kausalverhältnis wird doch nicht als eine subjektive psychische Nötigung erlebt, sondern als ein objektiver Zusammenhang!

13.4 Kausalitätsbewusstsein

Eine unvoreingenommene schlichte Beschreibung des Wahrnehmungsbestands muss auch anerkennen: Das Erleben eines bloßen Nacheinander von Vorgängen ist tatsächlich ein anderes als das Erleben des Verursachtseins. Wenn wir wahrnehmen, wie z. B. eine Billardkugel eine andere fortstößt, oder eine Flamme ein Papier in Brand setzt, oder ein energischer Entschluss uns morgens zum Aufstehen bringt, oder ein Besinnen eine Erinnerung auftauchen lässt, so ist es eine mangelhafte Beschreibung des Erlebten, wenn wir nur ein „Nacheinander" konstatieren. In jenen Fällen erleben wir anderes und mehr, als wenn wir z. B. bloß wahrnehmen, dass nacheinander ein paar Lichter verlöschen oder nacheinander einige Schläge der Uhr ertönen.

Die einfache Beschreibung des Erlebnisses ist aber bei Hume dadurch verhindert, dass er zu viel von der Wahrnehmung eines Kausalzusammenhanges erwartet. Er meint, sie müsste uns unterrichten über die „geheime Verknüpfung, die die Ereignisse zusammenhält und unzertrennlich macht", also auch darüber, wie z. B. das Wollen es anfängt, die Glieder zu bewegen oder eine Erinnerung ins Bewusstsein zu holen; sodass wir bei Kenntnis der Ursache ohne weitere Erfahrung aus ihr ableiten könnten, welche Wirkungen sie haben müsse. Diese Voraussetzung beruht darauf, dass sich für Hume noch nicht geschieden hat: der reale Zusammenhang von Ursache und Wirkung und der logische von Grund und Folge. Diese beiden Relationen haben aber ganz verschiedene Bedeutung: Die Erstere gilt für wirkliche zeitliche Vorgänge, der zweite für (zeitlose) Gedankeninhalte. Nur bei diesem letzteren (logischen) Zusammenhang sehen wir die innere Notwendigkeit ein. Es ist uns z. B. evident, dass zwei Größen, die einer dritten gleich sind, auch untereinander gleich sind. Es heißt zu viel von der Wahrnehmung kausaler Zusammenhänge verlangen, wenn man fordert, sie müsse uns ebenfalls die Einsicht in den denknotwendigen Zusammenhang geben. Indem aber Hume mit derart übertriebenen Ansprüchen an die Analyse der Wahrnehmung herantrat, hat er unterschätzt, was sie uns tatsächlich bietet; er hat auch nicht ausreichend gewürdigt, dass vielfach schon einzelne Wahrnehmungen (und nicht erst deren öftere Wiederholung) uns von dem Vorhandensein eines Kausalverhältnisses überzeugen.

An der rein phänomenologischen Konstatierung, dass wir dieses Verhältnis anschaulich wahrnehmen, darf uns auch nicht ein naheliegender Einwand irremachen, der zur Verteidigung Humes erhoben werden wird. Man kann nämlich fragen: Wie lässt sich denn der Sinn des Kausalverhältnisses definieren, wenn es nicht innere Notwendigkeit sein soll? — Wenn es aber nicht möglich sein sollte, eine befriedigende Definition zu geben, so wäre daran zu erinnern, dass wir Grundbegriffe überhaupt nicht definieren können. Wir können z. B. von den Begriffen Raum und Zeit, Gleichheit und Verschiedenheit, keine eigentliche Definition geben, weil wir dazu noch allgemeinere Begriffe gebrauchten. Ja, wir können alle die Begriffe, welche sich auf Qualitäten der Empfindung beziehen, wie Gelb oder Sauer oder Warm nicht definieren.

Während dies aber bei den Empfindungsbegriffen niemand mehr verlangt, und während hier auch niemand mehr die anschauliche Grundlage bestreitet, ist

13 DIE ANSCHAULICHEN GRUNDLAGEN DER ALLGEMEINSTEN BEGRIFFE (KATEGORIEN)

man immer noch — infolge gewisser erkenntnistheoretischer Lehren, die in die Psychologie gar nicht hineingemengt werden dürften — geneigt, an die kategorialen Begriffe, die nicht in den Empfindungen als solchen ihre Abstraktionsgrundlage haben, ganz andere Maßstäbe anzulegen und ihnen eine viel vornehmere „Abkunft" als aus der „pöbelhaften" Sinneserfahrung zuzuschreiben. Man tut dabei so, als sei das unmittelbar Gegebene (das ja der Gegenstand der deskriptiven Psychologie sein muss) lediglich ein Chaos von Empfindungen. Man vergisst, dass diese Empfindungen erst künstlich aus dem Gegebenen herauspräpariert sind, und dass das für den Psychologen Gegebene die anschauliche Welt ist, die uns im praktischen Leben umgibt, und die an und mit dem Empfundenen zahlreiche Verhältnisse aufweist, die für uns in anschaulicher Weise mitgegeben sind. Dazu gehört aber auch das Kausalverhältnis.

Es mag sein, dass der populäre Kausalbegriff, wie er im vorwissenschaftlichen Denken aus dieser anschaulichen Grundlage sich entwickelt, manches Anthropomorphistische enthält, so eine gewisse „Einfühlung" von Kraft- und Spannungsempfindungen, die unsere Muskeln uns liefern, in die wirkenden Dinge. Aber dass ein Begriff für den wissenschaftlichen Gebrauch geläutert werden muss, beweist nichts gegen die Annahme, dass seine vorwissenschaftliche Form aus Wahrnehmungen sich entwickelte.

13.5 Zahlbewusstsein

Endlich sei in diesem Zusammenhang noch der anschaulichen Grundlagen der Zahlbegriffe gedacht.

Objektiv verschiedene Anzahlen gleicher (oder sehr ähnlicher) Dinge erwecken auch schon für die Anschauung einen verschiedenen Eindruck. Diese Verschiedenheit musste bereits für den primitiven Menschen von größter praktischer Bedeutung sein, sei es, dass es sich um verschiedene Anzahlen von Kriegern oder Herdentieren oder Früchten usw. handelte. So entwickelte sich das Zählen als ein Verfahren, diese Verschiedenheiten genauer zu vergleichen und zu bestimmen. Die Zahlen aber, mit denen dabei operiert wird, hat man wohl zu denken als Begriffe, abstrahiert aus den sich anschaulich unterscheidenden Eindrücken verschiedener Mengen. Der anschauliche Eindruck von zwei Dingen, mögen es nun Schafe oder Vögel oder Nüsse sein, ist ein anderer als der von drei oder vier. Und andererseits zeigt der Eindruck der Zweiheit eine gewisse Übereinstimmung, welcher Art auch die Gegenstände sind.

Größere Zahlen, wie z. B. 100, können uns freilich nicht in der Weise „anschaulich" gegeben sein, wie kleinere (unter zehn). Aber wir können kleinere Zahlen zu Einheiten (z. B. die Zehn) zusammenfassen und diese neuen Einheiten zählen (was durch geeignete, z. B. symmetrische Anordnung des anschaulich Gegebenen sehr unterstützt werden kann).

Dass es übrigens nur ganz allmählich zur Bildung der ganz abstrakten Zahlbegriffe kam, mit denen wir operieren, und die wir anstandslos auf alle Arten

13.5 Zahlbewusstsein

von Gegenständen anwenden, zeigen Untersuchungen über die Zahlbegriffe der Naturvölker. Bei diesen werden Zahlbegriffe, die durch gewisse natürliche Gebilde nahegelegt werden, noch nicht auf alle Gebiete übertragen. Der Begriff Zwei z. B., der auf die zwei Hände oder Füße, auf zwei Balken oder Kämpfer angewandt wird, findet noch keine Verwendung für so verschiedenartige Objekte wie Herr und Pferd, Mutter und Sohn.

Auf verschiedenen Gebieten der Wirklichkeit sind vielfach verschiedene Zählweisen im Gebrauch, und mathematische Operationen werden nur so vollzogen, wie es die natürliche Beschaffenheit der Dinge nahelegt.

Derartige Entwicklungen zu untersuchen ist freilich Sache der genetischen, nicht der allgemeinen Psychologie. Jedoch wird die Letztere auf derartige Verbindungsglieder zwischen unseren ganz abstrakten Zahlbegriffen und ihren anschaulichen Grundlagen wohl Hinweisen dürfen, da die Behauptung einer Entstehung der Zahlbegriffe auf dem angedeuteten Wege der Abstraktion noch vielfach einer Ablehnung begegnet, die freilich im Grunde nur auf einer Verwechslung psychologischer Betrachtung mit erkenntnistheoretischen Erwägungen beruht. Gewiss gehören die Zahlbegriffe, wie andere kategoriale Begriffe, zu den logischen Voraussetzungen der Psychologie, sie gelten für sie a Apriori, sofern sie dieselben als vorhanden und als gültig voraussetzt. Das steht nun aber gar nicht im Widerspruch damit, dass die Psychologie als deskriptive anschauliches und abstraktes Zahlbewusstsein unterscheidet, und dass sie als genetisch explikative untersucht, ob und wie das Letztere aus dem Ersteren sich entwickelt habe; dass sie insofern eine empirische Betrachtungsweise der Zahlvorstellungen anwendet.

Ähnliche Erwägungen dürften überhaupt gelten, um Bedenken zu widerlegen, die von philosophischer Seite wahrscheinlich von vornherein unserem Bemühen entgegengebracht werden, die Kategorien als Abstraktionen aus anschaulichen Eindrücken aufzuweisen.

13.6 Allgemeines über das Relationsbewusstsein

Dieses Bemühen findet Unterstützung in der neuerdings erfolgten Feststellung, dass das Bewusstsein von Relationen nicht sowohl synthetischen als analytischen Charakter trägt; d. h. es sind nicht zunächst die Relationsglieder isoliert da, und die Relation wird erst von dem Denken — sozusagen in freier Schöpfertätigkeit — hinzugebracht, sondern die Relationen werden vorgefunden in und mit dem anschaulich Gegebenen. Ist dann ein allgemeines, abstraktes Bewusstsein der verschiedenen Relationen entstanden, so gewinnt das Vorfinden der Relationen den Charakter einer Subsumtion des neu herantretenden anschaulichen Materials unter schon verfügbare Relationsbegriffe.

Damit soll natürlich nicht behauptet werden, dass man die Begriffe als solche, d. h. als abstrakte Denkelemente, in der Anschauung einfach vorfinde. Wir vertreten ja gerade mit aller Entschiedenheit den Unterschied zwischen den anschaulichen und den unanschaulichen (abstrakten) Bewusstseinselementen.

13 DIE ANSCHAULICHEN GRUNDLAGEN DER ALLGEMEINSTEN BEGRIFFE (KATEGORIEN)

Wenn wir überhaupt die (vielfach den Bereich der Deskription überschreitenden) Begriffe eines aktiven, schöpferischen und eines passiven, rezeptiven Verhaltens des Geistes anwenden wollen, so schreiben wir dem Geiste durchaus nicht lediglich das Letztere zu. In der Abstraktion bekundet sich Aktivität, nämlich Umformung des in der Anschauung Gegebenen. Wohl aber bezweifeln wir, dass der Geist sozusagen unbeeinflusst von aller Wahrnehmung gewisse allgemeinste Begriffe frei schöpferisch aus sich hervorbringe — eine Ansicht, die durch den Einfluss Kants auch innerhalb der Psychologie Vertretung gefunden hat. Für unsere Auffassung vollzieht sich durch Abstraktion, die ihren Ausgangspunkt und ihr Material im anschaulich Gegebenen findet, die Bildung aller Begriffe, die der sogenannten Kategorien ebenso wie die der unbestritten empirischen Begriffe. Dass in diesen Letzteren die kategorialen Begriffe stecken (so in allen Begriffen von körperlichen Gegenständen der Substanzbegriff, in allen Begriffen eines Wirkens, der Kausalbegriff usw.) spricht auch gegen eine wesenhaft verschiedene Entstehung der Kategorien im Vergleich zu anderen, konkreten Begriffen. Wenn sich aber schon für die allgemeinsten Begriffe dartun lässt, dass sie ihr anschauliches Fundament in der Wahrnehmung haben, so braucht dieser Nachweis für die weniger abstrakten Begriffe wie Pflanze, Tier, Mensch bis herab zu Individualbegriffen wie Berlin, Rhein, Schwarzwald nicht besonders erbracht zu werden.

Der Begriff der „Abstraktion" aber, den wir hier bereits benutzen mussten, soll in späterem Zusammenhang noch eingehende Behandlung finden.

14 Vorstellung und Begriff

14.1 Erinnerungs- und Fantasievorstellung

Wie der Empfindung die reproduzierte Empfindung entspricht (gewöhnlich als eine mehr oder minder verblasste Kopie gleichsam aus anderem Material), so entspricht der Wahrnehmung die „Vorstellung". Wir haben die Anwendung des Ausdrucks „Vorstellung" auf die reproduzierten Empfindungen abgelehnt; wir haben aber bei der Besprechung der reproduzierten Empfindungen schon manches über die Vorstellungen vorweg genommen. In der Tat bilden ja die reproduzierten Empfindungen das, was den Vorstellungen in erster Linie den anschaulichen Charakter verleiht. Von den Empfindungen (primären wie reproduzierten) unterscheiden sich die Vorstellungen durch ihren Charakter als Akte des Gegenstandsbewusstseins, der ihnen wie den Wahrnehmungen zukommt; durch ihren anschaulichen Gehalt andererseits sind sie verschieden von den unanschaulichen Akten des Gegenstandsbewusstseins wie vor allem von den Begriffen. (Dass der Ausdruck „Vorstellung" in seiner weitesten Bedeutung alle diese Akte bezeichnen kann, ist in diesem Zusammenhang zwar zu erwähnen, um Missverständnissen vorzubeugen, kann jedoch im Übrigen außer Betracht bleiben.)

Vorstellungen, in denen sich für unser Bewusstsein früher erlebte Wahrnehmungen (oder Vorstellungen) erneuern, bezeichnen wir als Erinnerungsvorstellungen; solche, bei denen dies nicht der Fall ist, als Fantasievorstellungen. Letztere stellen sich als mehr oder minder freie Abbildungen von Wahrnehmungen dar. Da wir aber in Bezug auf den Empfindungsbestand der Vorstellungen an die bei den Wahrnehmungen erlebten primären Empfindungen völlig (oder fast völlig) gebunden sind, so bezieht sich die schöpferische Umbildung in den Fantasievorstellungen nicht auf ihre anschaulichen Elemente, sondern auf deren Kombinationen. Ferner sind die Erinnerungsvorstellungen dadurch charakterisiert, dass ihre Gegenstände als reale oder wirkliche gefasst werden, während die der Fantasievorstellungen als bloß vorgestellt, insofern als unreal oder unwirklich, gelten, wenn auch ihre Verwirklichung vielleicht ersehnt oder erstrebt wird. Dieser verschiedene Realitätscharakter braucht freilich nicht als solcher beachtet zu werden; er kommt uns aber zum Bewusstsein, sobald wir Erinnerungs- und Fantasievorstellungen vergleichen. Wir können natürlich in Fantasievorstellungen auch reale Gegenstände im Auge haben und an diesen mannigfache Abbildungen vollziehen, oder wir können Wirkliches, das wir nicht aus eigner Wahrnehmung kennen (z. B. fremde Personen, Länder usw.) uns in der Fantasie vorzustellen suchen. Andererseits können wir Erinnerungen an Fantasievorstellungen (z. B. Traumbilder oder künstlerische Entwürfe) haben. In letzterem Fall liegt aber doch Erinnerung vor, weil es auf das vorangegangene wirkliche Erleben der Fantasievorstellungen ankommt, nicht auf deren „bloß gedachte" Objekte.

14 VORSTELLUNG UND BEGRIFF

Diese Unterscheidung der beiden Hauptarten von Vorstellungen im Einzelnen durchzuführen ist Sache der deskriptiven Psychologie. Sie darf über der Beachtung des Verschiedenen das Gemeinsame nicht übersehen. Es besteht nicht bloß in dem Vorhandensein von reproduzierten Empfindungen, sondern ebenso in dem räumlichen und zeitlichen Charakter und den begrifflichen (kategorialen) Bestandteilen beider Vorstellungsarten nur dass auch hier das verschiedene Verhältnis zur Wirklichkeit Unterschiede bedingt, z. B. die Gebilde unserer Fantasie brauchen nicht in den wirklichen Raum und in die wirkliche Zeit eingeordnet zu werden.

14.2 Verhältnis der Erinnerungsvorstellung zur Wahrnehmung

Was nun insbesondere die Erinnerungsvorstellungen betrifft, so ist ihre phänomenologische Charakterisierung nicht schon dadurch ausreichend gegeben, dass sie als Erneuerung einer früheren Wahrnehmung bezeichnet wird. Das wäre ein rein objektives Merkmal. Insofern ist der Begriff der reproduzierten oder Gedächtnisvorstellung — in diesem „objektiven" Sinne gebraucht — nicht identisch mit dem der Erinnerungsvorstellung. Vielmehr muss mit der Erinnerungsvorstellung das subjektive Bewusstsein des schon einmal Erlebthabens verbunden sein. Dieses Bewusstsein ist nicht ganz selten irrig. Solche Fälle von fausse reconnaissance bilden ein mehrfach behandeltes Problem der erklärenden Psychologie. Wir wollen hier indessen zunächst ganz bei der Deskription verbleiben. Diese hat bei der Vorstellung «eine Fülle von verschiedenen Arten und individuellen Differenzen aufgedeckt. Das gilt zunächst für die Empfindungsbestandteile derselben (worauf wir schon hinwiesen im Kap. 9.2); das gilt ferner für den räumlichen (und zeitlichen) Charakter der Vorstellungen. Wir können uns bei der Vorstellung in die ganze örtliche Situation der früheren Wahrnehmung versetzt meinen; wir können auch sozusagen an unserem tatsächlichen Standort verbleiben und von da aus den Gegenstand entweder von seinem wirklichen Platz oder als uns gegenüberstehend vorstellen. Noch eine Reihe weiterer Modifikationen hat die genauere Analyse festgestellt. In ähnlicher Weise können die zeitlichen Merkmale der Vorstellungen variieren. Je genauer die Vorstellung die anschaulichen Elemente, die örtlichen und zeitlichen Bestimmtheiten und auch die Zusammenhänge, d. h. die ganze Situation der früheren Wahrnehmung, wiedergibt, ein umso individualisierteres und konkreteres Gepräge trägt die Erinnerungsvorstellung.

14.3 Verschwommene Vorstellungen

Nun muss man bedenken, dass unsere Wahrnehmungen schon meist recht ungenau und lückenhaft sind: Einzelne Gegenstände oder Momente, auf die gerade die Aufmerksamkeit gerichtet ist, werden klar und deutlich erfasst, das übrige, das zum Bewusstsein gelangt, bleibt mehr oder minder verschwommen.

Von dieser Aufmerksamkeitsverteilung bei der Wahrnehmung ist auch das Erinnerungsbild beeinflusst, aber es trägt gewöhnlich von vornherein mehr den

14.3 Verschwommene Vorstellungen

Charakter des Verschwommenen. Ein je größerer Zeitpunkt zwischen der Wahrnehmung und ihrer Erneuerung sich einschiebt, umso blasser und schematischer wird in der Regel die Vorstellung, umso mehr büßt sie damit auch ihren anschaulichen konkreten Charakter ein. Große individuelle Unterschiede bestehen natürlich auch hier. Dazu kommt die konservierende Macht starker Gefühle für unser Gedächtnis. Ereignisse oder Situationen, die uns tief ergriffen oder innig beglückt haben, können mit ganz bestimmten Einzelheiten auch nach langen Jahren uns wieder vor die Seele treten. Aber das sind doch Ausnahmen. Man prüfe sich nur selbst: Man suche sich Personen, Bauwerke, Landschaften, von denen man weiß, dass man sie während verschieden langer Zeiträume nicht gesehen hat, möglichst anschaulich zu reproduzieren: Das Undeutlicherwerden der Erinnerungsbilder durch den Zeitverlauf wird sich doch gewöhnlich feststellen lassen.

Wir werden aber diese Verschwommenheit, wenn wir bisher darauf nicht geachtet haben, zunächst vielleicht mit einem gewissen Erstaunen konstatieren. Sie kommt uns nämlich als solche meist gar nicht zum Bewusstsein, weil wir trotz der Verschwommenheit der Vorstellungsbilder doch meist mit ausreichender Genauigkeit wissen, was wir damit meinen. Nicht die bildhaften, anschaulichen Elemente selbst sind ja beim Vorstellen gemeint, sondern (wirkliche oder fantasierte) Gegenstände, die sich in diesen Bildern gewissermaßen darstellen. Das Anschauliche muss also „aufgefasst", „gedeutet" werden, um für uns einen Gegenstand zu repräsentieren. Je verschwommener es aber wird, umso vieldeutiger wird es an und für sich. Bei experimentellem Untersuchen machten z. B. Beobachter Aussagen wie diese: „Unbestimmte Vorstellung eines Tieres, es war weder Löwe noch Tiger, am meisten war das zottige Fell im Bewusstsein; es schien braun zu sein." Oder: „Ich habe bloß etwas Langes vorgestellt." Man hat sich früher die schlichte Feststellung dieses Sachverhalts erschwert durch Erwägungen, die im Grunde aber gar nicht psychologisch waren, weil sie die Objekte unserer Vorstellungen, nicht die Vorstellungsinhalte betrafen. So hat z. B. Berkeley bereits argumentiert: Dreiecke können doch nur gleichseitig oder ungleichseitig sein; deshalb kann man nicht ein Dreieck überhaupt vorstellen, auf das beide Prädikate passen. Diese Deduktion wird aber durch zahlreiche Resultate der Erlebnisbeobachtung über den Laufen geworfen. Sie zeigen, dass man doch ein Dreieck in einer gewissen schematischen Anschaulichkeit vorstellen (ja sogar wahrnehmen) kann, ohne dass man nachher anzugeben vermag, ob es gleichseitig oder ungleichseitig war. Dieser Sachverhalt ist besonders durch die Untersuchungen der Würzburger Schule über das Denken aufgehellt worden.

Diese verschwommenen Vorstellungen sind für unser Geistesleben von der allergrößten Bedeutung. Ihre Erörterung leitet uns unmittelbar hinüber zu der Untersuchung der Begriffe.

14.4 Vorstellungen von funktioneller Unbestimmtheit als „Begriffe"

Es wäre nun freilich übereilt und irreführend, wollte man die undeutlichen Vorstellungen selbst aufgrund ihrer inhaltlichen Beschaffenheit „unbestimmt",

„abstrakt", „allgemein" nennen und sie deshalb ohne Weiteres mit den „Begriffen", denen man ja gewöhnlich Abstraktheit und Allgemeinheit zuschreibt, identifizieren. Jede Vorstellung, wie überhaupt jedes Erlebnis, mag es noch so schwer deutlich zu erkennen und bestimmt zu beschreiben sein, ist doch inhaltlich etwas Bestimmtes und Konkretes, eben dieses uns gegebene Einzelne, nicht etwas Allgemeines, eine Gattung. Genauere Beobachtung hat auch gezeigt, dass der mehr oder minder anschauliche und deutliche Gehalt einer Vorstellung nicht für sich darüber entscheidet, was wir an Gegenständlichem damit meinen. Eine Vorstellung kann völlig verschwommen sein, und doch beziehen wir sie auf einen ganz bestimmten konkreten Gegenstand; andererseits kann eine Vorstellung uns klar und deutlich ein bestimmtes Objekt veranschaulichen, und doch meinen wir — entsprechend dem gerade maßgebenden Denkzusammenhang — nicht diesen einzelnen Gegenstand, sondern seine Gattung.

Will man gleichwohl die verschwommene Vorstellung als eine „unbestimmte" oder „allgemeine" bezeichnen, so darf man damit nicht eine inhaltliche, sondern lediglich eine „funktionelle" Unbestimmtheit ausdrücken. Betrachten wir etwa eine Erlebnisbeobachtung wie diese: „Flüchtiges Bild eines Roggen- oder Weizenfeldes; die Art nicht deutlich"; oder: „Dunkle Vorstellung von einem ganz undefinierbaren Tier. Es könnte ein Ochs, Pferd, Lund gewesen sein." In derartigen Erlebnissen tritt doch deutlich auseinander: das verschwommene, aber doch noch irgendwie anschauliche Bildhafte und — seine verschiedene Deutung, d. h. seine Auffassung als dieser oder jener Gegenstand. Den Vorgang der Deutung wird man (beiläufig bemerkt) psychologisch etwa so erklären können: Aufgrund der Ähnlichkeit, die zwischen der verschwommenen Vorstellung (oder einzelnen ihrer Merkmale) und den Exemplaren der betreffenden Gattung besteht, werden durch die funktionell unbestimmte Vorstellung Reproduktionstendenzen geweckt, die Vorstellungen solcher Exemplare ins Bewusstsein zu heben geeignet sind. Indem nun in Urteilen die zuerst aufgetauchte verschwommene Vorstellung zu den Gegenständen der später auftauchenden deutlicheren in Beziehung gesetzt wird, wird sie eben dadurch gedeutet, und wenn verschiedene derartige Deutungen erfolgen, so liegt eben eine „funktionelle Unbestimmtheit" vor (um einen Ausdruck G. E. Müllers zu gebrauchen). Je verschwommener nun aber eine Vorstellung ist, desto unähnlicher ist sie den deutlichen Vorstellungen bestimmter einzelner Objekte, und desto weniger kommt ihr die Fähigkeit zu, solche ins Bewusstsein zu heben. Es bleibt dann lediglich bei der verschwommenen Vorstellung, und diese genügt auch in unzähligen Fällen vollständig unserem Bedürfnis. Es ist eben einmal eine — biologisch höchst wichtige — Tatsache, dass die Bestandteile unserer Welt nicht alle voneinander verschieden sind, sondern dass Gleiches oder Ähnliches uns massenhaft entgegentritt. Nicht minder ist es Tatsache, dass zur Befriedigung unserer Bedürfnisse oder als Mittel und Werkzeug zu unserem Handeln meist nicht ein ganz bestimmtes Ding nötig ist, sondern dass ein beliebiges (dem ursprünglich gebrauchten) gleiches oder ähnliches genügt. Damit ist es auch biologisch verständlich, dass diese verschwommenen Vorstellungen, die ganze Arten und Gattungen repräsentieren, in unserem Denken die bedeutsame Rolle spielen, wie sie

14.4 Vorstellungen Von Funktioneller Unbestimmtheit Als „Begriffe"

— nach allgemeiner Ansicht — den „Begriffen" zukommt. Denn in diesen verschwommenen Vorstellungen dürfen wir, wenn nicht die Begriffe schlechthin, so doch einen im Denken des praktischen Lebens häufigen Bestandteil der „Begriffe" sehen.

Wenn wir es vorhin ablehnten, die verschwommenen Vorstellungen selbst wegen ihrer Undeutlichkeit als „abstrakt" oder „allgemein" und damit als Begriffe zu bezeichnen, so wird unsere Erörterung klargelegt haben, dass ihnen dieser Name nicht zukommt wegen ihrer eigenen inhaltlichen Beschaffenheit, sondern wegen ihrer Beziehung auf ganze Gruppen (Arten, Gattungen) von Gegenständen. Man muss eben bei der psychologischen Beschreibung intentionaler Erlebnisse — und dazu gehören ja die Vorstellungen — stets auseinanderhalten die (mehr oder minder) anschaulichen Bewusstseinsinhalte und die damit gemeinten Gegenstände (genauer: die auf Letztere gerichteten Intentionen).

Man beachte: Wir sprechen hier von der psychologischen Analyse! Im wirklichen unreflektierten Erleben sind wir ohne Weiteres auf die Gegenstände eingestellt; hierbei repräsentiert das Anschauliche (sofern es von dieser unserer Intention auf Gegenstände sozusagen durchsetzt und beseelt ist) ohne Weiteres die Gegenstände; und je verschwommener es ist, einen umso weiteren Kreis verwandter Gegenstände kann es repräsentieren.

14.5 Relationsbegriffe

Nun ist freilich der Umstand, dass größere Gruppen von Objekten verwandte Anschauungsbilder in uns weckten, nicht das einzige Motiv der Begriffsbildung gewesen. Was für verschieden aussehende Dinge fassen wir unter Begriffen wie z. B. Nahrung, Kleidung, Wohnung, Waffe, Werkzeug zusammen! Augenscheinlich liegt hier der entscheidende Grund für die Zusammenfassung darin, dass die mit diesen Begriffen gemeinten Gegenstände jeweils demselben Zweck dienen. Und neben der Relation von Mittel und Zweck können andere Relationen für die Begriffsbildung ausschlaggebend sein. Nun haben wir aber bereits gesehen, dass auch unser Bewusstsein von Relationen sich aus konkrete Erlebnisse aufbaut, in denen die Relation nicht in abstrakter Form gegeben ist, sondern mit und an konkreten Beziehungsgliedern. Diese brauchen freilich nicht bloß der äußeren Wahrnehmung anzugehören, man denke nur an die erwähnte Relation Zweck — Mittel. Dass auch in diesen Fällen die konkreten Beziehungsglieder im Laufe der Zeit bei der Reproduktion verschwommen werden können, bedarf keines besonderen Nachweises. Somit dürfte auch für solche Begriffe, deren Kern das Bewusstsein einer Relation bildet, im Wesentlichen dasselbe gelten wie für die früher erwähnten, deren Objekte eine gewisse Übereinstimmung der räumlichen Gestalt zeigen; ja man kann sogar darauf hinweisen, dass in die Gestaltvorstellungen Relationsvorstellungen eingehen.

Es wäre zu viel behauptet, wenn man in allen Begriffen Relationen finden wollte; wie sollte das z. B. bei Begriffen von einfachen Qualitäten, wie Gelb, Bitter usw. möglich sein? Aber jedenfalls bilden die Relationen in sehr vielen Begriffen einen wichtigen Bestandteil, und mit gutem Grund hat man behauptet, sie bildeten sozusagen das Skelett der Begriffe, die feste Form, welche diese verschwommenen Gebilde zusammenhält und einigermaßen fixiert. Was ist z. B. das Charakteristische für unseren (naturwüchsigen) Begriff „Tier"? Nicht, oder wenigstens nicht in erster Linie der Farbeneindruck, wohl aber Gestalt und Anordnung der Teile (Kopf, Leib, Beine, Schwanz), also Ortsrelationen. Durch dieses Relationsbewusstsein wird aber bedingt, dass die Vieldeutigkeit der verschwommenen Vorstellungen nicht ins Beliebige geht, sondern doch aus ein gewisses Maß beschränkt bleibt. Auch hier sei aber hervorgehoben, dass die in den Begriffen uns bewussten Relationen „gegenständlich" gemeint sind, d. h. sie verknüpfen nicht ihre Beziehungsglieder, sofern sie als Bewusstseinsinhalte, sondern sofern sie als gegenständliche Bestimmungen uns vorschweben.

14.6 Entwicklung der Begriffe

Eine Erörterung der Begriffe drängt fast zwingend auf die Berücksichtigung ihrer Entwicklung im kindlichen Seelenleben. Wenn ich mit ein paar Worten hier darauf eingehe, so geschieht es aber nur, um einem naheliegenden Irrtum vorzubeugen. Die Pädagogik schärft ja immer wieder ein, dass die intellektuelle Entwicklung der Kinder von der Anschauung zum Begriff, vom Konkreten zum Abstrakten gehe und gehen solle. Dies legt die Annahme nahe, dass beim Kinde lediglich bestimmte Wahrnehmungen und Vorstellungen einzelner konkreter Objekte vorkämen und dass erst im Laufe der Zeit durch die Verschmelzung ähnlicher Vorstellungsbilder und durch ihr Undeutlichwerden jene verschwommenen Vorstellungen zustande kämen, die wir in den naturwüchsigen Begriffen finden. Nichts wäre falscher! Schon Sigwart hat mit Recht betont: „Ganz entgegen der gemeinen Lehre von der Bildung der allgemeinen Vorstellungen ist im Individuum wie in der Sprache das Allgemeine früher als das Spezielle, so gewiss die unvollständigere und unbestimmtere Vorstellung früher ist als die vollständige, die eine weitergehende Unterscheidung voraussetzt." Aus der ungenauen kindlichen Wahrnehmung erklärt es sich auch, dass die Kinder beim Spracherlernen vielfach Objekte mit demselben Wort bezeichnen, die nur ganz oberflächliche Ähnlichkeiten aufweisen, und dass ihnen auch ganz roh gearbeitete Spielsachen die wirklichen Dinge trefflich ersetzen. Beiläufig sei bemerkt, dass verschwommene Vorstellungen, die beim Erkennen als Begriffe funktionieren, im Kind schon vor dem Besitz der zugehörigen Worte in großer Zahl vorhanden sind, und dass diese kindliche Begriffswelt zunächst noch vielfach von der in unserer Sprache niedergelegten abweicht und sich dieser erst allmählich angleicht. So wäre es z. B. ganz begreiflich, wenn Kinder, denen doch die Beweglichkeit als Hauptmerkmal der Tiere sich aufdrängen muss, eine Wanduhr wegen ihres hin- und hergehenden Pendels zu den Tieren rechnen würden.

Werden die Wahrnehmungen beim Kind genauer, so werden es auch die Vorstellungen, und es kommt eine Periode, wo das Kind bei Nennung von Worten mehr individuelle Objekte oder Situationen sich vorstellt, als dies bei den Erwachsenen der Fall ist. Bei Letzteren wiegen durchaus verschwommene Vorstellungen vor, in denen eine Beziehung auf Individuelles durch das Anschauliche nicht ohne Weiteres ausgelöst wird. Das bedeutet aber nicht, dass die Erwachsenen in dieser Beziehung einfach wieder zu der Stufe des ganz jungen, erst sprechen lernenden Kindes zurückkehren, vielmehr Hai sich bei ihnen unter dem Einfluss der Schulbildung — entsprechend dem Umfang und der Eindringlichkeit derselben — eine mehr oder minder weitgehende Ersetzung der „naturwüchsigen" Begriffe durch „wissenschaftliche" (oder „logische") vollzogen.

14.7 Die wissenschaftlichen Begriffe

Was ist nun unter diesen „wissenschaftlichen" Begriffen zu verstehen? Ein Beispiel mag es zunächst veranschaulichen. Derjenige besitzt einen „naturwüchsigen" Begriff des Kreises, dem bei Nennung des Wortes mehr oder minder verschwommen die bekannte Figur auftaucht; derjenige dagegen einen „wissenschaftlichen", der auch das Urteil vollziehen kann, dass ein Kreis eine in sich geschlossene Linie ist, die von einem festen Punkte überall den gleichen Abstand hat.

So darf man überhaupt sagen, dass das vollständige Erleben wissenschaftlicher Begriffe sich im Erleben von Urteilen vollzieht, wobei Merkmale zum Bewusstsein kommen, die sich zunächst nicht der Anschauung aufdrängten, und manche anschauliche vielleicht wegfallen, so z. B. wenn bei dem Wort „Fabrik" nicht mehr der hohe Schornstein vorgestellt, sondern geurteilt wird (oder werden kann), dass Fabrik eine „Art des Großbetriebs ist, bei der zum Zwecke der Produktion für den Markt eine größere Anzahl Arbeiter gleichzeitig in einem oder mehreren einheitlich angelegten Gebäuden so vereinigt sind, dass alle an der Herstellung gewisser Arten von Gegenständen, vorzugsweise unter Anwendung von Maschinen und Motoren beschäftigt werden". (Das Urteil über die Nichtigkeit dieser Definition bleibt natürlich dem Nationalökonomen überlassen.)

Der Inhalt des naturwüchsigen Begriffs ist begreiflicherweise ganz von den zufälligen Erfahrungen des Einzelnen abhängig, die von Individuum zu Individuum verschieden sind; durch die wissenschaftlichen Begriffe werden ihm auch solche Merkmale der Objekte vermittelt, die er nicht selbst durch eigene Anschauung kennengelernt hat. Infolgedessen kann er nunmehr auch neu Wahrgenommenes mit viel mehr Anspruch auf Allgemeingültigkeit seinen Begriffen unterordnen, und diese verwirklichen in weit höherem Grade die wichtigste Aufgabe des Denkverkehrs unter den Individuen: die möglichst unzweideutige Mitteilung. Es ist beachtenswert und an unseren Beispielen leicht ersichtlich, wie in dem Inhalt wissenschaftlicher Begriffe (der sich unter Umständen nur durch eine ganze Reihe von Urteilen wiedergeben lässt), gerade Zahlen« und andere Relationsbegriffe (z. B. Kausal- und Finalbegriffe) eine bedeutsame Rolle spielen. Anderseits ist nicht zu übersehen, dass eine scharfe Grenze zwischen „naturwüchsigen" und „wissenschaftlichen" Begriffen nicht besteht, und dass auch die letzteren sehr verschiedene Grade der Vollkommenheit aufweisen. Das beruht einerseits darauf, dass der inhaltliche Reichtum der Begriffe und die scharfe Bestimmung ihrer Merkmale abhängt von dem Stand unserer Erkenntnis der Gegenstände, auf die sie sich beziehen; sodann kommt in Betracht, dass in die Urteile, die für uns den wissenschaftlichen Begriff ausmachen, doch mehr oder minder vorwissenschaftliche, naturwüchsige Begriffe eingehen. Wir können eben nicht alle Worte, die wir zu einer Begriffsbestimmung brauchen, sofort wieder definieren; wir kämen dabei an kein Ende. Selbstredend operiert auch sonst der wissenschaftlich Gebildete vielfach mit naturwüchsigen Begriffen, während andererseits die „ungebildeten" Erwachsenen durch Vermittlung der Schule und den Verkehr mit Gebildeteren von der wissenschaftlichen Begriffsbildung in gewissen Graden beeinflusst sein können. Allenthalben sind hier die Grenzen fließende.

14.8 Wort und Begriff

Aber schon längst wird sich die Frage aufgedrängt haben: Werden denn wirklich die wissenschaftlichen Begriffe stets als Urteile oder gar als ganze Komplexe von Urteilen erlebt? Dann müssten sich ja, wenn wir z. B. in einer wissenschaftlichen Diskussion uns befinden, wo es auf die genaue Fassung der Begriffe ankommt, unsere Worte mit wahren Ungetümen von Urteilskomplexen verbinden, und dazu müssten noch zahlreiche mehr oder minder verschwommene Vorstellungen kommen. Aber wir brauchen nur einmal bei einer solchen Unterhaltung plötzlich innezuhalten und zur Selbstbeobachtung überzugehen, so werden wir von einem derartigen Schwall und Tumult von Erlebnissen schwerlich etwas entdecken. Zu einem ähnlichen Ergebnis werden wir kommen, wenn wir uns bei einem nicht-wissenschaftlichen Gespräch und dem Gebrauch naturwüchsiger Begriffe beobachten. Wenn auch verschwommene Vorstellungen hierbei nicht selten sind, so kann doch nicht behauptet werden, dass solche den Sinn aller Worte in der lebendigen Rede im Bewusstsein darstellen.

Man darf sich hier nicht irremachen lassen durch das Ergebnis von Versuchen, bei denen einzelne zusammenhangslose Worte der Versuchsperson dargeboten werden, und sie lediglich die Aufgabe hat, diese Worte aufzufassen oder sie mit einzelnen (beliebigen oder irgendwie zu wählenden) Reaktionsworten zu beantworten. Kommt es hierbei zudem nicht auf möglichst schnelles Reagieren an, so werden sich gewöhnlich mit dem Auffassen der Reiz- und dem Aussprechen der Reaktionsworte mancherlei Vorstellungen und Urteile verbinden. Aber während hier bei der künstlichen Isolierung Zeit zur Entwicklung solcher Erlebnisse ist, pflegt diese beim zusammenhängenden Denken und Sprechen — und derart ist doch das natürliche — völlig zu fehlen. Dies legt aber die Frage nahe: Wie sind denn hier die Begriffe (die ja zugleich die Wortbedeutungen ausmachen) im Bewusstsein gegeben? Die Beobachtungsresultate sind recht dürftig; das gilt sogar für die erwähnten isolierenden Versuche, wenn die Reaktionsdauer kurz ist. Auch geübte Beobachter können meist nicht mehr sagen, als dass sie eben die Worte „verstanden" oder „sinnvoll" gebraucht hätten. Zu näherer Beschreibung aufgefordert, geben sie etwa an: Sie hätten gewusst, was gemeint sei, oder in welche Richtung das Wort weise, in welche Sphäre sein Gegenstand gehöre.

14.8 Wort Und Begriff

Die der sensualistischen Richtung zuneigenden Psychologen suchen mit diesem Tatbestand dadurch sich abzufinden, dass sie entweder resolut erklären, es seien nur die Worte im Bewusstsein (und diese sind ja, für sich betrachtet, nur Komplexe von primären oder reproduzierten Empfindungen) — oder aber ihre Zuflucht zu ganz verschwommenen, „uneigentlich bewussten" anschaulichen Vorstellungen nehmen.

Allein gegenüber dem ersten Beschreibungsversuch ist zu bedenken, dass doch ein deutlicher deskriptiver Unterschied besteht zwischen dem Erlebnis eines verstandenen und eines unverstandenen Wortes; lediglich für das Letztere aber trifft zu, dass nur Worte im Bewusstsein sind; der zweite Versuch unterliegt dem Einwand, dass die Behauptung von „uneigentlich bewussten" Elementen, die selbst von geübten Beobachtern nicht im Bewusstsein konstatiert werden könnten, den Charakter des Willkürlichen trägt. Wenn man die Behauptung damit begründen will, dass ja doch durch bloßes aufmerksames Erleben derartige anschauliche Vorstellungen zum Bewusstsein kämen, so beweist das nachträgliche Auftauchen solcher Vorstellungen beim Konzentrieren der Aufmerksamkeit nicht, dass sie auch im ursprünglichen Denkerlebnis als bewusst enthalten waren.

Ebenso wenig wird dies bewiesen durch die Beobachtung, dass solche „uneigentlich" bewussten Vorstellungen in gleicher Weise wirken, z. B. unser Verhalten bestimmen, wie die eigentlich bewussten, die mit jenen dem Sinn, d. h. der gegenständlichen Beziehung, nach übereinstimmen. Denn aus den „Wirkungen" eines Erlebnisses folgt nichts für seinen Bewusstseinsbestand, und nur diesen gilt es hier zunächst zu beschreiben.

14.9 Unanschauliche intentionale Akte

Unter diesen Umständen ist es begreiflich, dass die Vertreter der „Würzburger" Schule, die mit unserer Frage sich besonders eingehend beschäftigt haben, das Vorkommen eines unanschaulichen „Wissens" oder „Denkens", das von allen Empfindungen deskriptiv verschieden sei, behauptet haben. Erst durch diese unanschaulichen Akte des Gegenstandsbewusstseins erhält aller anschaulicher Bewusstseinsinhalt, d. h. alles Empfindungsmaterial, seine Beziehung auf Gegenstände und findet damit seine Auffassung, seine Deutung.

Von einer solchen phänomenologischen Feststellung ist die Frage nach der Entstehung und Entwicklung dieser gedanklichen Elemente reinlich zu scheiden. Für die phänomenologische Unterscheidung der anschaulichen und der unanschaulichen Elemente, insbesondere für das wirkliche Vorhandensein der Letzteren (das vom Sensualismus ja verkannt wird) sprechen die übereinstimmenden Ergebnisse so zahlreicher Beobachter, dass über dieses Problem schon mit großer Wahrscheinlichkeit geurteilt werden kann. Dagegen ist die genetische Frage zurzeit noch so wenig geklärt, dass hier höchstens vorsichtige Vermutungen am Platze sind.

Auf einen Umstand, der für die Aufstellung solcher Hypothesen in Frage kommt, wiesen wir früher hin; auch für die allgemeinsten dieser begrifflichen Bestimmungen, für Kategorien wie Ding, Wirklichkeit, Einheit, Vielheit usw. sind anschauliche Grundlagen aufzeigbar, die als Ausgangspunkt eines Abstraktionsprozesses dienen können. Dieser Hinweis ist nicht als ein Zugeständnis an den Sensualismus zu verstehen. Unsere Ansicht ist nicht die, dass jene begrifflichen Elemente etwa verblasste, sozusagen sublimierte Empfindungen seien. Wir haben schon das Raum- und Zeitbewusstsein selbst in seiner anschaulichen Gestalt von den Empfindungen unterschieden, so innig verwebt es auch mit diesen ist. Analoges dürfte für jene anschaulichen Grundlagen des Begrifflichen überhaupt dienen, und zwar nicht bloß für die allgemeinsten Begriffe, die Kategorien, sondern ebenso für die ganze Fülle der weniger abstrakten.

Wir denken uns das richtige methodische Verfahren zur Behandlung dieser Fragen etwa so. Die analysierende Deskription hat auszugehen von dem Gesamterlebnis der Wahrnehmung (das die explikative Psychologie aus Einwirkung von Reizen auf unsere Sinnesorgane und zentraleren Nervenpartien erklärt).

Bei genauer Analyse erkennt man, dass die Empfindungen, und dass die Bewusstseinselemente, die das Räumliche und Zeitliche der Gegenstände repräsentieren, nicht den ganzen Gehalt der „Wahrnehmung" (und ebenso wenig den der „Vorstellung") ausmachen. Gerade der „intentionale" Charakter beider als Akte des Gegenstandsbewusstseins, als Erfassung von Objekten, ist noch in der Deskription zum Ausdruck zu bringen. Und da alles Anschauliche und sozusagen handgreifliche bei der Analyse schon unter die Gattungen der Empfindungen und der Elemente des Raum- und Zeitbewusstseins eingeordnet ist, so charakterisieren wir jenen wichtigen Restbestand, jenes „Intentionale" als unanschaulich, als „begrifflich", als „Denken" (im Unterschied von „Vorstellen").

Gerade die Durchmusterung der Vorstellungen mit ihren zahllosen Graden und Variationen an anschaulichem Bewusstseinsbestand lässt das Vorhandensein und die Bedeutung jener u n anschaulichen, „begrifflichen" Elemente besonders klar hervortreten. Sie entscheiden ja darüber, wie die anschaulichen Inhalte zu deuten sind, d. h. welche Gegenstände wir eigentlich in den Vorstellungen meinen. Sie brauchen auch nichts an ihrer Bestimmtheit zu verlieren, wenn die Anschauungen unbestimmter und schematischer werden; ja sie können vorhanden sein, wenn der anschauliche Gehalt sich sehr verringert und sogar, wenn er ganz schwindet. Dabei kann vonseiten des erklärenden Psychologen sehr wohl die Annahme gemacht werden, dass die „Residuen", die „Reproduktionsgrundlagen" der entsprechenden früheren anschaulichen Erlebnisse in einer gewissen „Erregung" sein müssen als Bedingung dafür, dass jenes unanschauliche Wissen erlebt wird. Damit würde auch begreiflich, warum bei längerer Dauer (oder Steigerung) jener „Erregung" anschauliche Vorstellungen auftauchen, und dass bei weiterer Verbreitung des Erregungsprozesses mancherlei assoziierte Vorstellungen und Urteile sich einstellen.

Ebenso fände durch Hinweis auf jene Reproduktionsgrundlagen und ihre Assoziation auch die Frage ihre Beantwortung, wodurch denn dieses scheinbar

14.9 Unanschauliche Intentionale Akte

einförmige „Wissen um den gemeinten Gegenstand" in den unzähligen Fällen seines Vorkommens differenziert wird zu dem Wissen um den gerade in Betracht kommenden, bestimmten Gegenstand.

Für die genetische Betrachtung ist aber nach alledem nicht von der Voraussetzung auszugehen, dass das Unanschauliche (Begriffliche) sich aus dem Anschaulichen als etwas ganz Neues entwickle, sondern dass es sich von dem Letzteren in steigendem Maße loslösen und somit verselbstständigen könne. Die Wahrnehmung und die Vorstellung enthalten bereits die unanschaulichen, die „Denk"-elemente, und sie wären ohne sie keine Akte des Gegenstandsbewusstseins, sondern sinn- und bedeutungslose Inhalte; aber erst im abstrakten Denken haben sie sich aus ihrer innigen Verschmelzung mit dem Anschaulichen losgelöst. Freilich bedürfen sie zu dieser Entwicklung anschaulicher Stützpunkte im Bewusstsein, nämlich der — Worte.

14.10 Nochmals: Wort und Begriff

Die Worte kommen für uns hier nicht in Betracht, sofern sie selbst Gegenstände unseres Bewusstseins sind (wie z. B. bei grammatischen Untersuchungen), sondern sofern sie Zeichen sind, die wir aus Gegenstände beziehen. Dasjenige aber, was für unser Bewusstsein die Beziehung zwischen dem Wortzeichen und seinem Gegenstand herstellt, ist der Begriff. Dieser ist somit auch das, was dem Wort Sinn, Bedeutung, verleiht. Denn für sich ist das Wort, sofern wir es sprechen, ein Bewegungsvorgang, der uns durch Bewegungs- und Gehörempfindungen zum Bewusstsein kommt; sofern wir es hören oder lesen, Objekt einer akustischen oder optischen Wahrnehmung. Aber wir brauchen nur einmal das Wort (oder richtiger psychologisch ausgedrückt: Das Worterlebnis) in künstlicher Sonderung von dem Bedeutungserlebnis zum Gegenstand unserer Betrachtung zu machen, so erkennen wir sofort, dass der Sachverhalt beim gewöhnlichen Sprechen, Lesen und Verstehen ein ganz anderer ist. Hierbei ist eben das Wort nicht selbst Objekt unserer Aufmerksamkeit; es dient nur dazu, sie auf die gemeinten Gegenstände hinzulenken. Dies ist aber nur möglich, wenn mit dem Worterlebnis ein Begriffs- oder Bedeutungserlebnis verschmilzt. Worte einer uns fremden Sprache bringen uns keine Gegenstände vor das Bewusstsein. Auch die anschaulichen Sachvorstellungen, die bei den Worten gelegentlich auftauchen, finden erst durch das Begriffserlebnis ihre Deutung und Beziehung auf Gegenstände.

Je nach den Gegenständen, die mit den Worten gemeint sind, scheidet man die Begriffe in Allgemein- und Individualbegriffe. Die Ersteren sind die weitaus häufigsten. Worte wie „Tisch", „Stuhl", „Teppich", „grün", „laufen" usw. beziehen sich ja an sich nicht auf bestimmte einzelne Dinge, Eigenschaften und Vorgänge. Selbst wenn bei dem Verstehen solcher Worte anschauliche Bilder ganz bestimmter Gegenstände auftreten, hängt es noch von dem gedanklichen Erlebnis ab, ob diese nur als beliebige Beispiele der ganzen Gattung oder als Repräsentanten eines Einzelnen aufgefasst werden. Sprachlich drückt sich die letzte Beziehung am einfachsten durch Demonstrativa aus.

Auch den Individualbegriffen, wie insbesondere den Bedeutungen der Eigennamen, kommt eine gewisse Allgemeinheit zu, insofern sie ihren Gegenstand nicht in einer bestimmten Zeit und Situation, sondern überhaupt während der Dauer seiner Existenz bezeichnen.

So sehr es das Gewöhnliche ist, dass Begriffserlebnisse mit Worterlebnissen zusammen Vorkommen, so ist diese Verschmelzung doch nicht notwendig. Vieles spricht dafür, dass beim kleinen Kind selbst dann schon eine gewisse begriffliche Deutung des Empfindungsmaterials bei Wahrnehmungen stattfindet, wenn die zugehörigen Worte noch nicht zur Verfügung stehen. Andererseits kann auch beim Erwachsenen der Begriff schon da sein, während er auf das Wort sich noch besinnt. Dass das Begriffserlebnis selbst seinem Gehalt nach ein sehr Verschiedenes sein kann, braucht kaum hervorgehoben zu werden. Das Kind redet nicht selten Worte, die es irgendwie aufgeschnappt hat, wobei es nur eine ganz dunkle Ahnung von ihrer Bedeutung hat. Auch Erwachsene, selbst „Gebildete", betreffen wir gelegentlich bei der Verwendung solcher fast bedeutungsleerer Worthülsen. Andererseits ist es zur richtigen Verwendung eines Wortes durchaus nicht nötig, dass wir imstande sind, es zu definieren. Denn dazu müssen Beziehungen zwischen den vorliegenden Wortbedeutungen und anderen Begriffen erfasst werden, was meist recht schwierig ist. Es wäre aber unpsychologisch gedacht, wollte man meinen, dass all diese Beziehungen, die wir in einer Definition aussagen, im Bedeutungsbewusstsein uns schon gegenwärtig seien oder sein müssten.

Von besonderem psychologischem Interesse ist endlich die Tatsache, dass der Sprachgebrauch oft mit demselben Wort verschiedene Bedeutungen verbindet. Gerade bei solchen Worten kann die Verschiedenheit des Bedeutungs- vom Worterlebnis sehr eindringlich erkannt werden. Oft ist uns nämlich zunächst nur eine Bedeutung bewusst; dann tritt gelegentlich blitzartig das Erlebnis der zweiten oder dritten Bedeutung hinzu, und es kommt uns dabei vor, als befänden wir uns plötzlich in einer neuen Region oder als sei ein merkwürdiger Umschlag in uns erfolgt. Dass wir aber im einzelnen Fall wissen, wie das Wort gemeint ist, rührt vom Bewusstsein des Zusammenhanges unseres Sprechens und Denkens her. Wieder müssen wir uns an dieser Stelle erinnern, dass wir ja im Dienst unserer analysierenden Beschreibung den lebendigen Zusammenhang unseres seelischen Geschehens in unnatürlicher Weise zerschneiden mussten, solange wir vom einzelnen Wort und seiner Bedeutung redeten.

15 Das Urteil

15.1 Das Urteil als zweigliedriger intentionaler Akt

Es ist eine alte Lehre der Psychologie wie der Logik, dass sich das Denken in Urteilen vollziehe. Es besteht aber noch heute in der Psychologie eine große Meinungsverschiedenheit über die Definition des Urteils. Statt eine Reihe von solchen Definitionen anzuführen und zu kritisieren, soll lieber die Frage aufge-

15.1 Das Urteil Als Zweigliedriger Intentionaler Akt

worfen werden, von welchem Gesichtspunkt aus wir uns überhaupt für eine bestimmte Definition entscheiden können. Denn im Grunde scheint es ja Sache des einzelnen Forschers zu sein, festzusetzen, welche Bedeutung er mit dem Wort „Urteil" verbinden, wie er diesen Begriff also definieren will, da er ja der Wissenschaft keine allgemein anerkannte Definition entnehmen kann. Aber es wäre doch mindestens höchst unzweckmäßig, wenn der Einzelne bei solchen Definitionen rein willkürlich verfahren wollte. Er möchte ja doch von den anderen verstanden werden. Es wird also empfehlenswert sein, wenn er sich an den allgemeinen Sprachgebrauch anschließt. Dieser ist freilich auch nicht etwas bestimmt und allgemeingültig Festgelegtes. Der Einzelne ist angewiesen auf sein Sprachgefühl, sein Bedeutungsbewusstsein, wie es sich unter dem Einfluss der vulgärpsychologischen und der wissenschaftlichen Terminologie herausgebildet hat. Seine Definition kann somit nur ein Versuch sein, das, was er als die allgemein übliche Bedeutung mehr oder minder sicher vermutet, möglichst klar und bestimmt begrifflich zu fassen. In diesem Sinne ist der folgende Definitionsversuch gemeint.

Als erstes Merkmal scheint mir das festzustehen, dass wir im Urteilserlebnis auf Gegenstände gerichtet sind; dass es ein Akt des „Gegenstandsbewusstseins" ist.

Jedoch dies trifft auch für das Begriffs- oder Bedeutungserlebnis zu. Dieses ist aber sozusagen einfach, eingliedrig; d. h. lediglich eine Intention auf den Gegenstand, die diesen gleichsam in einem Strahl trifft. Dass nun verschiedene solcher „einstrahliger" Akte hintereinander erlebt werden, bedingt an sich noch keine Modifikation ihres Wesens. Dagegen haben wir es dann mit einer neuen Art von Akten zu tun, wenn zwei oder mehrere einfache Akte zu einem gleichsam „vielstrahligen" Akt sich zusammenschließen. Ein derartiger „synthetischer" (mindestens zweigliedriger) Akt liegt auch im Urteile vor.

Wie aber in allen „intentionalen" (oder „objektivierenden") Akten ein Gegenstand sich für uns konstituiert, so gilt dies ebenfalls für das Urteil; nur werden in ihm mindestens zwei gegenständliche Momente in Beziehung gesetzt, oder, zutreffender ausgedrückt: Beziehungen (Relationen) zwischen solchen Momenten werden anerkannt (oder nicht anerkannt). Diese gegenständlichen Beziehungen, d. h. die Relationen zusammen mit ihren Relationsgliedern, bezeichnet man auch als (objektive) Sachverhalte. Das Urteil ist „wahr" (vom erkenntnistheoretischen Standpunkt), wenn sein Inhalt dem Sachverhalt entspricht; falsch, wenn dies nicht der Fall ist. Jede Beziehung enthält mindestens zwei Glieder; insofern ist der Urteilsakt im Unterschied vom Begriffserlebnis zweigliedrig. Nun kann freilich eine gegenständliche Beziehung (ein Sachverhalt) auch bloß einfach gemeint sein. Wenn ich denke: Die Ähnlichkeit zwischen diesen beiden Farben ist sehr groß, so meint der Subjektsbegriff eine gegenständliche Beziehung (die der Ähnlichkeit), jedoch erst, dass diese Ähnlichkeit mit dem Begriff „groß" in Beziehung gesetzt, und diese Beziehung als gültig anerkannt wird, macht das Urteil aus.

Es ergibt sich uns aber hier mit Evidenz die Einsicht, dass alles in einem synthetischen Akt, also sozusagen „vielstrahlig". Bewusste in ein schlicht in einem Strahl Bewusstes überführt werden kann. Mit Rücksicht auf den sprachlichen Ausdruck hat man diesen im Wesen der Sache gegebenen Zusammenhang als Gesetz der „Nominalisierung" bezeichnet, sofern das in einem Satz Gemeinte auch eine nominelle Bezeichnung zulässt. Anderseits kann bei allen nicht schlechthin einfachen Gegenständen der Inhalt des Begriffs in Urteilen sozusagen aufeinander gelegt werden. (Vgl. Kap.14.7)

15.2 Bejahung und Verneinung von Relationen im Urteil

Man könnte aber aufgrund des oben betrachteten und ähnlicher Beispiele sich versucht fühlen, ein charakteristisches Merkmal des Urteilserlebnisses darin zu sehen, dass Beziehungen nicht einfach als vorliegende gemeint, sondern erst vom Denkenden „hergestellt" werden.

Allein wenn mir die gegenständliche Beziehung an Objekten sich sozusagen selbst darstellt, wie z. B. die Ähnlichkeit zweier nebeneinanderliegender Farben, so wäre es keine zutreffende Beschreibung des Urteilserlebnisses, wenn ich sagte, die Beziehung werde im Urteil: „Die zwei Farben sind ähnlich" erst „hergestellt". Wohl aber muss noch eine Anerkennung, eine Bejahung dieser Ähnlichkeit stattfinden, damit von einem Urteilsakt gesprochen werden kann. Das zufällige flüchtige Bemerken einer Ähnlichkeit z. B. ist noch kein Urteil.

Dass das bloße Beziehungsbewusstsein (sei es, dass die Beziehung als eine fertige vorgefunden oder erst erfasst wird) nicht genügt, einem Erlebnis Urteilscharakter zu verleihen, ergibt sich auch daraus, dass wir beim bloßen Anhören und Verstehen eines Aussagesatzes, ja selbst beim Aussprechen von Fragesätzen die Beziehung zwischen Subjekt und Prädikat erfasst, ohne dass wir deshalb urteilen. Das Urteilserlebnis erfolgt erst, wenn wir das Verstandene anerkennen oder verwerfen, die Frage bejahen oder verneinen.

Sogar wenn wir Aussagesätze selbst aussprechen unter Bewusstsein der darin ausgesagten Beziehungen, müssen damit nicht notwendig Urteilserlebnisse verknüpft sein. Wenn jemand z. B. bloß Auswendiggelerntes hersagt, ohne an dessen gegenständliche Gültigkeit oder Ungültigkeit irgendwie zu denken, so kann man doch nicht behaupten, dass er Urteilsakte vollziehe.

Man darf sich in diesen Fragen bei der psychologischen Deskription nicht durch die logische Betrachtung irreführen lassen. Die Logik untersucht Gedanken in halte, ganz absehend von Individuen und ihren Denkerlebnissen. Für sie ist z. B. der Satz: „Gott ist ein Geist" Ausdruck eines Urteils(inhalts).

Ein Unterschied wie der, dass dieser Satz mit voller Überzeugung von einem Erwachsenen ausgesprochen, oder als auswendig gelernter gedankenlos von einem Schulkind hergesagt wird, kommt für die Logik überhaupt gar nicht in Betracht, für die Psychologie dagegen ist er wichtig, und nur im ersten Fall wird sie einen Urteilsakt konstatieren.

15.2 Bejahung Und Verneinung Von Relationen Im Urteil

Die Psychologie redet nur da von einem Urteil (genauer Urteilsakt oder -erlebnis), wenn für das jeweilige Bewusstsein des Denkenden das Urteil (im logischen Sinn) erst zustande kommt, nicht wenn es lediglich reproduziert wird. Dieses Zustandekommen vollzieht sich aber nicht in dem bloßen Wissen um eine Beziehung, sondern darin, dass sie anerkannt oder nicht anerkannt wird.

Wenn also das Erfassen von Beziehungen nicht darüber entscheidet, ob ein Urteil vorliegt oder nicht, so kann man auf den Gedanken kommen, dieses Merkmal sei überhaupt für die Urteilsdefinition entbehrlich; vielmehr sei das Wesen des Urteilserlebnisses lediglich in jenem Akte des Anerkennens (Zustimmens) oder Verwerfens zu sehen, der sich sehr wohl auf einen Bewusstseinsinhalt beziehen könne. Das ist der Kern von Brentanos Urteilslehre, die vielfach Beifall gefunden hat.

Am sie zu würdigen, müssen wir den Sinn des im Urteilserlebnis enthaltenen Anerkennens und Verwerfens noch näher bestimmen. Ich kann die Forderung eines andern oder eine Verpflichtung, ein Gesetz anerkennen. Darin liegt ein Willensakt. Damit haben wir es hier nicht zu tun, auch sehen wir zunächst vom Anerkennen ab, sofern es ein Gefallen, eine Wertschätzung, bedeutet. Das im (theoretischen) Urteil enthaltene „Anerkennen" besagt: für wahr, für gültig halten, überzeugt sein. Laben wir nun lediglich einen Inhalt (sei es anschaulicher oder begrifflicher Art) im Bewusstsein, so gibt es keinen Sinn, zu behaupten, dass auf diesen allein eine „Anerkennung", ein „Fürwahrhalten" sich beziehe. Will man jedoch darin die Bedeutung finden, dieser Inhalt werde als wirklicher Bewusstseinsinhalt anerkannt, so wird er eben mit dem Begriff „wirklicher Bewusstseinsinhalt" in Beziehung gesetzt, und diese Beziehung wird als gültig bejaht. Das Urteil hat dann den Sinn: Der mir eben gegenwärtige Inhalt ist ein wirklicher Bewusstseinsinhalt.

Deutet man das Fürwahrhalten des einen Inhalts aber so, dass er einem (realen oder idealen) Gegenstand entspreche, so wird er eben zu diesem in Beziehung gesetzt, und somit findet ebenfalls die Anerkennung einer Beziehung statt. Das gilt z. B. für die Existenzialsätze wie: „Es gibt einen Gott", auf die Brentano seine Lehre hauptsächlich stützt. Dem mit dem Wort Gott gemeinten Gegenstand wird hiermit reale Existenz zugesprochen; der Sachverhalt, dass Gott existiert, wird anerkannt. Der Sinn des Satzes lässt sich auch so wiedergeben: Gott ist etwas real Existierendes, oder: Dem mit dem Wort „Gott" gemeinten Wesen kommt Realität zu. Hier tritt die Zweiheit der Beziehungsglieder auch in der sprachlichen Fassung deutlich hervor.

Urteile, die durch sogenannte „impersonale" Sätze, wie: Es regnet, es blitzt usw., ihren Ausdruck finden, enthalten die Beziehung zwischen einem Vorgang und dem Ort oder der Zeit seines Stattfindens.

Überhaupt darf man bei der Beschreibung der Urteilserlebnisse nicht an die sprachliche Form sich halten und durch diese sich irreführen lassen. Ein Urteilsakt kann erlebt werden, ohne dass er in Worten formuliert wird. Wenn er überhaupt Ausdruck findet, so braucht auch dies nicht in Worten zu geschehen: Ein Nicken oder Schütteln des Kopfes, eine Handbewegung kann zu seiner Kundga-

15 DAS URTEIL

be dienen. Der sprachliche Ausdruck aber braucht durchaus nicht die beiden Relationsglieder, ihre Beziehung und deren Anerkennung in besonderen Worten oder Wortformen wiederzugeben, er kann mehr oder minder unvollständig sein. Ein bloßes „Ja" oder „Nein" auf eine Frage hin kann einen vollständigen Urteilsakt ausdrücken. Die Beziehung und ihre Glieder sind dann eben durch das Verstehen der Frage im Bewusstsein des Urteilenden gegeben. Wenn ich, einem Bekannten einen Dritten verstellend, einfach dessen Namen nenne, so drückt dieser ebenfalls ein Urteil aus: Das ist Herr X. Übrigens kann das Nennen eines Namens auch anderen Sinn haben, z. B. den einer Anrede, eines Anrufs, wodurch lediglich die Aufmerksamkeit geweckt werden soll. In solchen Fällen bekundet er natürlich kein Urteil. Wenn ich beim Anblick eines Berges zu einem Begleiter sage: „Der Rigi", so kann das einen Urteilsakt ausdrücken: „Das ist der Rigi"; es kann aber auch lediglich bestimmt sein, die Aufmerksamkeit des andern auf den Berg zu lenken.

Aufgrund dieser Erwägungen können wir den Urteilsakt definieren als ein Erlebnis des Gegenstandsbewusstseins, in dem Inhalte desselben aufeinander bezogen werden, wobei diese Beziehung als wahr (d. h. für die Gegenstände gültig) bejaht oder verneint wird; oder kürzer: Urteilen ist das Erfassen von Sachverhalten, sofern wir mit diesem Wort die aufeinander bezogenen Glieder und die sie verbindende Beziehung zusammenfassend bezeichnen (was auch dem allgemeinen Sprachgebrauch gemäß sein dürfte).

Die Inhalte, die in Beziehung gesetzt werden, können Wahrnehmungen, anschauliche Vorstellungen oder Begriffe sein. Mindestens eines der Glieder, nämlich dasjenige, welches im Prädikat (bzw. Prädikatsnomen) seinen Ausdruck findet, muss begrifflicher Art sein. Im Prädikat wird ja recht eigentlich der Sachverhalt (z. B. das Grünsein eines Blattes) gedacht und eventuell ausgesagt. Dieser Sachverhalt besteht aber, wie schon bemerkt, in gegenständlichen Beziehungen. Solche sind allgemeiner Art, während der Gegenstand des Urteils (das Subjekt) etwas ganz Individuelles und Konkretes sein kann, das wir gerade anschaulich wahrnehmen oder vorstellen.

Welche Arten von Beziehungen es überhaupt gibt, die im Urteilsakt ihre Anerkennung oder Verwerfung finden können, das zu erforschen ist nicht sowohl Sache der Psychologie, als der „Gegenstandstheorie", die die allgemeinsten Beschaffenheiten und Beziehungen der Gegenstände zu untersuchen hat. Ob sich übrigens, wie Dürr meint, alle Beziehungen auf die der Gleichheit, Ähnlichkeit, Verschiedenheit und Identität zurückführen lassen, scheint mir fraglich. Ich sehe nicht ab, wie das z. B. bei der Beziehung des Zeichens zum Bezeichneten, oder des Subjekts zum Objekt, oder bei den mannigfachen Abhängigkeitsverhältnissen, z. B. den mathematischen, möglich sein sollte. Die von Dürr angeführten Beziehungen gehören alle zur Klasse der „umkehrbaren" oder „gegenseitigen" Beziehungen. Ist A dem B gleich, so ist umgekehrt auch B dem A gleich. Jedoch daneben stehen die „einseitigen" oder „nichtumkehrbaren" Beziehungen. Ist A ein Teil von B, so ist nicht auch B ein Teil von A usw. Diese zweite Klasse der Relationen kann aber nicht auf die erste zurückgeführt werden.

15.3 Aufsuchen der Relationen durch Vergleichen

Wenn die Beziehungen nicht ohne Weiteres an den Gegenständen uns als „gegeben" entgegentreten, sondern erst aufgesucht werden sollen, so dient diesem Zwecke das „Vergleichen". Das Vergleichen hat nicht nur eine ungeheure Bedeutung im praktischen Leben und in aller wissenschaftlichen Tätigkeit; es ist auch speziell in der experimentellen Psychologie von grundlegender Wichtigkeit. In den weitausgedehnten Untersuchungen über Reizschwellen und Unterschiedsschwellen, in der Anordnung der Empfindungsqualitäten nach ihrer Verwandtschaft handelt es sich stets um Vergleichungen, die der Feststellung von Identität, Verschiedenheit oder Ähnlichkeit dienen.

So haben diese Forschungen auch mannigfache Ergebnisse über die Funktion des Vergleichens selbst geliefert, und man hat diese selbst zum Gegenstand der Untersuchung gemacht. Dabei ergab sich, dass dieser scheinbar so einfache und einförmige Vorgang in zahlreichen Variationen vorkommt. Besonders die Untersuchungen von A. Grünbaum „über die Abstraktion der Gleichheit" haben dies erkennen lassen. Früher hatte man sich das Vergleichen als eine Art Messen gedacht. Wie man den Maßstab an den Gegenstand anlegt, so bringt man — das war die Auffassung — den einen Vergleichsgegenstand an den anderen heran und mit ihm womöglich zur Deckung. Jetzt weiß man, dass der Vergleich sich vielfach nicht so vollzieht, ja dass er bessere Ergebnisse liefert, wenn nicht eine Deckung, d. h. eine Verschmelzung, eintritt, sondern wenn die Vergleichsobjekte sukzessiv in das Bewusstsein treten. Dabei kann das Erste schon unbewusst sein, ohne dass die Sicherheit des Vergleichs beeinträchtigt wird. Interessant ist auch die Feststellung, dass aufgrund der uns geläufigen Eindrücke sich bei uns sozusagen unbewusste Maßstäbe ausbilden, d. h. dass schon einzelne Objekte für sich einen Akt des Vergleichsbewusstseins auslösen, uns als zu groß oder klein, zu laut oder leise, zu schwer oder leicht usw. erscheinen.

Natürlich ist vom Vergleichen selbst das (dadurch vermittelte) Erfassen von Beziehungen zu unterscheiden. Es vollzieht sich dann im Urteilsakt. Aber nicht immer gelangen wir zu einem Urteil; der Vergleich kann ergebnislos bleiben.

15.4 Bejahende und verneinende Urteile

Ebenso wenig dürfen — wie wir schon früher begründet haben — die Akte der Anerkennung oder Verwerfung mit dem Beziehungsbewusstsein verwechselt oder dieses allein für sich mit der Urteilsfunktion identifiziert werden. In diesen Akten, die auch als Bejahung und Verneinung bezeichnet werden können, scheinen mir besondere, nicht weiter analysierbare Erlebnisse, also Bewusstseinsvorgänge elementarer Art, vorzuliegen.

Das negative Urteil ist noch immer Gegenstand vieler Meinungsverschiedenheiten. Nach der bisher von uns zugrunde gelegten Auffassung stehen positives und negatives Urteil in der Weise parallel, dass in ihnen die im Urteilsinhalt gedachten Beziehungen als gegenständlich gültig (als objektiver Sachverhalt) bejaht oder verneint werden. Danach ist die Voraussetzung des Urteils der bloße

15 DAS URTEIL

Gedanke des Sachverhalts, also sozusagen ein Versuchsurteil, das in Bejahung oder Verneinung anerkannt oder verworfen, für wahr oder für falsch gehalten wird.

Dieser Auffassung steht eine andere gegenüber, die z. B. Geyser vertritt. Sie unterscheidet positive und negative Sachverhalte; sie stellt neben das Bestehen von Relationen ihr Nichtbestehen. Beides sei etwas Objektives, das im wahren Urteil seine Anerkennung finde, und wonach überhaupt das Urteil sich zu richten habe.

Indessen, das Nichtbestehen von Relationen als objektiven Sachverhalt aufzufassen, führt zu Schwierigkeiten der Ausdrucksweise, da wir in der Regel „objektiv" und „bestehend" als gleichbedeutend verwenden.

Nach diesem Sprachgebrauch würde im negativen Urteil eine nicht bestehende Relation als bestehend anerkannt. Gewiss ist auch nach unserer Ansicht, für das negative Urteil so gut wie für das positive der objektive Sachverhalt Norm. Aber wenn wir die im Urteilsinhalt gedachte Relation am Gegenstand nicht vorfinden, so besteht diese Relation eben nur in unseren Gedanken, und der Versuch, sie als im Gegenstand bestehend zu denken, wird abgelehnt. Nach jener anderen Ansicht enthielten auch alle Urteile eigentlich eine Anerkennung, entweder ein positiver oder ein negativer Sachverhalt würde anerkannt. Dem Anerkennen würde nicht mehr ein Verwerfen parallel stehen. Ebenso erscheint mir die Zurückführung des Verneinungsaktes auf ein Beziehungserlebnis, nämlich auf das der Verschiedenheit, künstlich und ohne ausreichende Bestätigung in der Selbstbeobachtung. Auch wird dieselbe nicht dem Korrelaterlebnis der Verneinung gerecht; denn auf welche Beziehung will man die Bejahung zurückführen?

Dass übrigens diese korrelaten Akte noch durchaus nicht allgemein als notwendige Momente des Urteilserlebnisses anerkannt sind, muss offen zugegeben werden. Es ist das auch wohl verständlich, denn beim bejahenden Urteil wenigstens werden wir sehr häufig einen besonderen Akt der Anerkennung in der Erlebnisbeobachtung zunächst nicht konstatieren können. Anders aber, wenn wir ein solches Urteilserlebnis mit einem bloß verstandenen oder als Meinung eines anderen referierten Satzes oder gar mit einer Frage vergleichen. In allen diesen Fällen erleben wir Akte des Beziehungsbewusstseins, aber es fehlt jenes Für-wahr-, Für-gültig-Halten, worin wir den Sinn der Anerkennung, der Bejahung erblicken.

Freilich erhebt sich hier die prinzipielle Frage, inwiefern wir Merkmale einem Erlebnis beilegen dürfen, die wir erst beim Vergleichen mit andersartigen Erlebnissen bemerken. Aber in dieser Beziehung dürfte es sich mit der Selbstwahrnehmung und Selbstbeobachtung nicht prinzipiell anders verhalten als mit der Wahrnehmung und Beobachtung äußerer Objekte. Auch an diesen bemerken wir vieles erst aufgrund von sorgfältiger Vergleichung mit anderen Dingen, und wir legen die auf solche Weise festgestellten Merkmale jenen Objekten bei ohne das Bedenken, dass wir damit etwas in sie hineinlegen, was ihnen nicht zukomme. Die Erlebnisse werden ja nun bei der Selbstbeobachtung ebenfalls unsere

Objekte. Manche ihrer Merkmale werden sich uns dabei ohne weiteres aufdrängen, andere werden uns erst aufgrund von Vergleichungen zum Bewusstsein kommen, und wir brauchen auch hier nicht zu befürchten, dass wir durch solche Vergleichung den Sachverhalt verfälschen.

Das Erlebnis der Anerkennung, des Fürwahrhaltens wird mit dem des Beziehens verschmelzen, wenn es sich um Urteile handelt, die durch den wahrgenommenen Sachverhalt uns nahegelegt werden oder die uns geläufig sind. (Nebenbei sei bemerkt: Auch ein Erlebnis des „Beziehens" wird in solchen Urteilen nur durch Vergleich mit beziehungslos nacheinander auftauchenden Bewusstseinsinhalten beobachtet werden können. Ferner dürfte der Unterschied zwischen den Urteilserlebnissen, in denen die Beziehung als solche — durch ihre Anerkennung — erst hergestellt wird, und eingliedrigen Denkerlebnissen, in denen auf eine bestehende Beziehung bloß hingedeutet wird, im Einzelfall nicht immer leicht zu konstatieren sein.)

Deutlich aber tritt das Erlebnis der Bejahung oder Verneinung im Bewusstsein hervor, wenn der Vollzug des Urteils nicht glatt und ungehemmt erfolgt, sondern wenn irgendwie Zweifel und Bedenken sich aufdrängen. Man kann derartige Urteile, die erst aufgrund prüfenden Nachdenkens vollzogen werden, von den prüfungslos vollzogenen unterscheiden und die Letzteren als „naive", die zweiten als „reflektierte" bezeichnen. Die beiden Hauptarten der ersten Klasse könnten dann „bejahend" und „verneinend", die der zweiten „bestätigend" („affirmativ") und „verwerfend" genannt werden. Das Fürwahrhalten, das schon im „naiven" Urteil liegt, tritt im „reflektierten" als ein solches auf, das nochmals kontrolliert worden ist.

15.5 Evidenzerlebnis und Erkenntnis

Eine wichtige Frage ist die nach den Bedingungen des Für-wahr- (oder Fürfalsch-) Haltens, das mit dem Urteilserlebnis gegeben ist. „Psychologisch" ist die Frage nur insoweit, als sie einfach nach den tatsächlichen Bedingungen fragt. Sobald deren Berechtigung zur Begründung der Gültigkeit eines Urteils in Betracht kommt, geht das Problem die Logik oder Erkenntnistheorie an. Auf diese letzteren Disziplinen darf aber hier in der Weise vielleicht Rücksicht genommen werden, dass wir die erkenntnistheoretisch bedeutsamste Grundlage des Fürwahrhaltens voranstellen: die Evidenz. Da man auch von einer sogenannten „objektiven Evidenz" redet, so sei hier gleich betont, dass es sich für uns in der Psychologie nur um das Evidenzerlebnis handelt. Dieses hat ebenfalls einen gegenständlichen (objektiven) Charakter, insofern ein Urteil uns dann evident erscheint, wenn wir die in ihm gedachte Beziehung am Gegenstand (oder den Gegenständen) unmittelbar vorfinden. Dabei kann der Gegenstand sinnlich wahrgenommen oder anschaulich vorgestellt oder begrifflich gedacht sein. Was wir vom Gegenstand denken oder aussagen, sehen wir nun an ihm selbst: Die Intention unserer Aussage findet ihre Erfüllung im Sehen (der Anschauung) des Gegenstands oder des Sachverhalts. Dabei ist mit „Sehen" nicht nur das sinnliche Wahrnehmen, sondern auch das „Einsehen" gemeint.

15 DAS URTEIL

Der Unterschied des nichtevidenten und des evidenten Urteilens betrifft nicht den Sinn des Satzes, also dasjenige, was wir im Gespräch mitteilen oder verstehen wollen, und worauf sich die philologische Interpretation und die logische Normierung erstrecken. Wir können „dasselbe" Urteil in einsichtiger Weise vollziehen oder in blinder. Was im Ersteren Falle hinzukommt, ist auch nicht als ein besonderes Evidenzgefühl zu bezeichnen, das uns wie eine mystische Erleuchtung offenbart, wo Wahrheit ist; sondern indem wir den Inhalt des Urteils zugleich am Gegenstand sehen oder einsehen, erfassen wir die Wahrheit des Urteils. Das Prädikat „wahr" (oder „falsch") legen wir allerdings bei logischer Beurteilung Urteilsinhalten bei, ohne auf die denkenden Subjekte Rücksicht zu nehmen. Insofern kann man von ewigen „Wahrheiten" sprechen, man kann auch sinnvoll von Sätzen reden, die wahr sind, obwohl sie den meisten Menschen niemals verständlich und evident werden (man denke an die höhere Mathematik), aber soweit wir als Subjekte Wahrheit erleben, geht sie uns in Evidenzerlebnissen am überzeugendsten auf. .

Diese können ihrerseits assertorischen oder apodiktischen Charakter tragen. Ersteres ist z. B. der Fall, wenn jemand bei der Rückkehr in die vor Langem verlassene Vaterstadt sieht, dass gewisse Erinnerungsbilder zutreffend sind, oder wenn ein Forscher oder ein Untersuchungsrichter durch neue Beobachtungen den Sachverhalt vorfindet, den er vermutet hat, oder aber einen ganz anderen. In solchen Fällen lässt sich der Sinn des Evidenzerlebnisses in die Worte fassen: „So ist es" oder „So ist es nicht". Anders bei Urteilen der reinen Mathematik oder Logik: Hier gewinnen wir die Einsicht: „Es muss so sein und kann gar nicht anders sein". Dort ist der Gegenstand etwas Individuelles und Tatsächliches, hier etwas Allgemeines, ein Wesen oder Wesenszusammenhang.

„Mittelbare" oder abgeleitete Evidenz erleben wir beim Vollziehen eines Satzes, der aus einem evidenten derart gefolgert ist, dass alle vermittelnden Urteile selbst mit Evidenz vollzogen werden. Auch die Unterscheidung von „adäquater" und „inadäquater" Evidenz kann man vollziehen im Hinblick darauf, dass gewisse Gegenstände, z. B. alle räumlichen, nie vollkommen in ihrer Totalität, sondern immer nur von gewissen Seiten, in bestimmten Erscheinungsweisen, gegeben sein können, während für andere Objekte, nämlich für die eigenen Erlebnisse, diese Beschränkung nicht besteht.

Wenn gleich bisher nur die Evidenzerlebnisse gegenüber theoretischen Wahrheiten erwähnt wurden, so gilt doch Analoges für Evidenzerlebnisse in Beziehung auf axiologische Wahrheiten (auf die wir später eingehen werden). Bei jenen sind die Gegenstände Seiendes, Sachverhalte; bei diesen Werte und „Wertverhalte". In beiden Fällen aber können wir die mit Evidenz zum ersten Mal erlebten Urteile als Akte der „Erkenntnis" bezeichnen.

Wir verstehen also unter „Erkenntnis" das neu erworbene, evidente Bewusstsein von Sach- oder Wertverhalten. Beide müssen, damit Evidenz zustande kommt, sozusagen selbstgegenwärtig, dem Subjekt unmittelbar gegeben sein. Durch Mitteilung vonseiten anderer kann Erkenntnis nur dann entstehen, wenn es ihr gelingt, im Hörer die Selbstgegenwart des Objekts zu erzeugen. Auch ver-

15.5 Evidenzerlebnis Und Erkenntnis

bindet der Sprachgebrauch mit dem Begriff „Erkenntnis" noch das Merkmal der durch Selbsttätigkeit, durch Forschen und Prüfen erworbenen Einsicht. Insofern können nur „Kenntnisse" passiv empfangen werden, „Erkenntnisse" nicht. Dass man zwischen Kenntnissen und Erkenntnissen nicht genug unterschied, war für unser Schulwesen schon recht verhängnisvoll.

15.6 Theoretisch und Praktisch motivierte Urteile

Jedoch müssen wir hier noch einiges über die theoretischen Evidenzerlebnisse hinzufügen. Wir haben sie als Bedingung des Fürwahrhaltens bezeichnet. Beim tatsächlichen Erleben wird nun der Akt des Fürwahrhaltens mit dem Evidenzerlebnis manchmal völlig verschmelzen, manchmal sich mehr oder minder deutlich von ihm abheben. Dass dieser Akt bei erlebter Evidenz ohne jegliche Willensbeteiligung eintritt, zeigt auch, dass das Bejahen (und Verneinen) nicht selbst als Willensakt aufzufassen ist. Wohl aber kann es durch ein Wollen herbeigeführt werden. Damit kommen wir auf eine Bedingung des Fürwahrhaltens, die von der eben besprochenen scharf unterschieden ist. Man kann die Urteilsakte mit gewolltem Fürwahrhalten als „praktisch motiviert" den durch Evidenz begründeten, als den „theoretisch motivierten", entgegenstellen. Die Motive für ein gewolltes Fürwahrhalten können ihrerseits außerordentlich verschieden sein. Am häufigsten werden sich geltend machen: Das Vertrauen auf eine Autorität, auch die Autorität der allgemeinen Überzeugung, der so vieles „selbstverständlich" ist; ferner Wunsch und Hoffnung, es möchte so sein, oder Abscheu und Furcht vor dem Gegenteil. Je weniger ein echtes Evidenzerlebnis zustande kommt, umso mehr muss gegenüber einmal aufgetauchten Zweifeln das Wollen nachhelfen, wenn ein Akt des Fürwahrhaltens herbeigeführt werden soll, umso mehr ist also dieser „praktisch motiviert".

Noch in ganz anderem Sinne könnte man freilich von „praktischen Motiven" des Urteilens reden. Man könnte darauf hinweisen, dass wir im wirklichen Leben doch nicht urteilen, um zu urteilen, sondern dass wir in der Regel geleitet sind von der (praktischen) Tendenz, einen Sachverhalt gegenüber eigener Unsicherheit und eigenen Zweifeln oder gegenüber fremden Bedenken oder abweichenden Ansichten bejahend oder verneinend festzustellen. Das führt darauf, dass auch unser Urteilen meist getragen ist von einem Wollen.

Dies gilt auch für dasjenige Urteilen, das wir soeben „theoretisch motiviertes" nannten. Nur ist bei ihm das Ziel des zugrunde liegenden Wollens nichts anderes als die zutreffende Erfassung des Sachverhalts, d. h. die Erkenntnis der Wahrheit. Da die Erfahrung des Einzelnen wie der Menschheit zeigt, dass Urteile, die sich mit Evidenz verbanden, doch nicht selten später als falsch sich herausstellten, so gebietet der Wille zur Wahrheit, dass wir bereit sind, auch „evidente" Urteile erneut zu prüfen, wenn sachliche Bedenken auftauchen.

Jeder andere dem Urteilen zugrunde liegende Wille (außer dem Willen zur Wahrheit) hat die Tendenz, zu „praktisch motivierten" Urteilen (im ersten Sinne) zu führen. So vor allem, wenn der Wille darauf gerichtet ist, gewisse Urteile („Überzeugungen", „Lehren") als absolut wahr festzuhalten, weil dies etwa als notwendig zum „ewigen Leid" oder zu einer sittlichen Lebensführung angesehen wird, oder weil man es für pflichtgemäß hält, seiner „Überzeugung" oder seiner „Sache", „Partei" usw. unter allen Umständen treu zu bleiben. Solche Verschiedenheit der Willensrichtung kommt auch in Betracht bei dem uralten Gegensatz zwischen „Wissen" und „Glauben", zwischen dem Verlangen nach freier Forschung und der Forderung einer demütigen Unterwerfung unter Autoritäten.

Das Evidenzerlebnis kann sich auch derart modifizieren, dass nicht sowohl seine Sicherheit als vielmehr sein gegenständlicher Charakter abnimmt. Man beruft sich dann auf sein „Gefühl" als Grund des Fürwahrhaltens. Natürlich handelt es sich hier nicht um Lust- oder Unlustgefühle, sondern um ein weniger klares und deutliches Bewusstsein des Sachverbaltes, auf den sich unser Urteil bezieht. Aus den erkenntnistheoretischen Wert oder Unwert dieser Modifikation des Urteilserlebnisses brauchen wir hier nicht einzugehen. Psychologisch bedeutsam aber ist es, daran festzuhalten, dass hier lediglich eine Varietät des Urteilserlebnisses vorliegt, also Akte des „Verstandes", wenn wir diesen populären Vermögensbegriff anwenden; dass das „Gefühl" nicht als ein vom Verstand verschiedenes Erkenntnisorgan zu gelten hat (wie das so häufig behauptet wird).

15.7 Sicherheitsgrade des Urteils

Wir haben bisher das Urteilserlebnis als ein mit Gewissheit vollzogenes Fürwahrhalten ins Auge gefasst. Denn ob mit Evidenz, mit wirklicher Einsicht in den Sachverhalt oder blind — etwa auf Autorität hin — geurteilt wird, braucht in der subjektiven Sicherheit des Urteilens keinen Unterschied zu bedingen: Das „Wissen" im strengen Sinne und das „Glauben" können gleich feste Überzeugtheit in sich schließen. Bedeutsame Modifikationen des Urteils bestehen nun darin, dass es mit geringeren Graden der Sicherheit gefällt wird; neben dem Für-gewiss-Halten steht das „Für-wahrscheinlich- oder Für-möglich-Halten", die selbst wieder sehr verschiedene Abstufungen aufweisen, bis herab zu dem ganz unsicheren Vermuten.

Diese Grade in der Sicherheit des subjektiven Fürwahrhaltens sind natürlich nicht zu verwechseln mit den Urteilen, die eine objektive Möglichkeit oder Wahrscheinlichkeit (z. B. eines zukünftigen Ereignisses) aussprechen. Solche Urteile können mit völliger subjektiver Sicherheit, auch aufgrund evidenter Einsicht, gefällt werden.

15.8 Das Schließen

In der traditionellen Logik wird der Schluss als etwas vom Urteil Verschiedenes behandelt — man schreibt wohl gar beide verschiedenen „Vermögen" zu: das Urteilen dem „Verstand", das Schließen der „Vernunft". Aber die psychologische Analyse sieht im Schließen nur eine besondere Art des Urteilens. Denn es handelt sich auch beim Schließen um das Erfassen einer Beziehung, nämlich der von Grund und Folge. Die Beziehungsglieder bilden dabei selbst Urteile im

15.8 Das Schließen

Sinne von Urteilsinhalten. Dass das Schließen sich in unserem gewöhnlichen Denken in der Regel nicht nach Ober-, Unter- und Schlusssatz vollzieht, wie es nach der Lehre der Logik scheinen könnte, das braucht kaum noch betont zu werden. Meist erfassen wir die Relation der Gedankeninhalte unmittelbar, ohne uns erst eines Mittelbegriffs bewusst zu werden. Die Logik hat auch vernünftigerweise gar nicht die Absicht, uns beizubringen, dass …

„Was wir sonst auf einen Schlag Getrieben wie Essen und Trinken frei. Eins! Zwei! Drei! dazu nötig sei."

Sie will nur feststellen, welche Sätze gelten müssen, wenn der Schlusssatz gelten soll. Über das Denkgeschehen selbst sagt sie nichts aus, und die praktischen Normen, die sich aus ihr ergeben, beziehen sich zunächst lediglich auf die Denkinhalte. Wer die Wahrheit will, muss nach diesen Normen sich richten (was ja zumeist ganz instinktiv geschieht).

15.9 Annahme

Von dem Denken, das in „Urteilen" sich vollzieht, wohl zu scheiden sind die Erlebnisarten, die man als „Sich-Denken" bezeichnet. Hier sind aber mindestens zwei Arten wohl auseinanderzuhalten.

Die erste Art wollen wir als „Annehmen" bezeichnen. Wie neben der Wahrnehmung und Erinnerung die Fantasievorstellung, neben der ernsthaften Tätigkeit das Spiel steht, so neben dem Urteil die Annahme. Das Bejahen und Verneinen ist hierbei kein ernstliches, sondern ein fiktives; die Überzeugung fehlt; oder vielmehr, sie ist durch das Bewusstsein der Ungültigkeit ersetzt. (Es bedarf wohl kaum der Bemerkung, dass hier nicht die Annahme im Sinne einer Hypothese gemeint ist; diese ist ein mehr oder minder wahrscheinliches Urteil.)

Eine andere Art des Sich-Denkens besteht darin, dass weder das Bewusstsein der Gültigkeit, wie beim Urteil, noch das der Ungültigkeit, wie bei der fiktiven Annahme, mit dem Erleben eines Gedankeninhalts verbunden ist. Man lässt ihn einfach dahingestellt. Damit wird die Frage nach wahr oder unwahr, vernünftig oder unvernünftig, gegenstandslos, da ja gar nichts als gültig behauptet wird. So ist es, wenn man bloß die Gedanken anderer versteht oder sie rein referierend mitteilt. Man „denkt", aber man urteilt nicht, man nimmt nicht Stellung.

16 Die Gedächtnisvorgänge

16.1 Beschreibung der reproduzierten Inhalte

Schon bei der Empfindung konstatierten wir, dass diese in eigenartiger Weise im Bewusstsein wieder aufleben kann, ohne dass der Reiz, der sie ursprünglich bedingte, erneut unser Sinnesorgan trifft. Entsprechendes gilt (wie wir sahen) für die Wahrnehmung. Wie der Empfindung die reproduzierte (oder zentral erregte) Empfindung, so entspricht der Wahrnehmung die reproduzierte Vorstellung, die vielfach kurzerhand „Vorstellung" genannt wird; was eine engere Bedeutung als die im Kap. 10.2 erwähnten, darstellt.

Aber nicht nur Empfindungen oder Wahrnehmungen können reproduziert werden, sondern auch Vorstellungen selbst, ferner Begriffs-, Urteils- u. a. Erlebnisse und ihr Niederschlag im Gedächtnis.

Dabei kommen die mannigfachen reproduzierten Inhalte nicht bloß als relativ selbstständige Erlebnisse vor, sondern sie können mit anderen aufs innigste verschmelzen. So wird z. B. unsere Wahrnehmung vielfach durch Reproduziertes vervollständigt: Denn die gerade peripher erregten Empfindungen werden durch reproduzierte verstärkt und ergänzt (Wundt nennt dies Assimilation und Komplikation); ferner taucht gewöhnlich der Name des wahrgenommenen Objekts im Bewusstsein auf, verbunden mit dem zugehörigen Bedeutungserlebnis und noch mancherlei Wissen von dem Gegenstand.

Die deskriptive Aufgabe auf unserem Gebiet wird sich darauf erstrecken, die reproduzierten Erlebnisse im Unterschied von den ihnen entsprechenden primären zu beschreiben. Bezüglich der Empfindungen ist dies schon früher geschehen. Die vergleichende Beschreibung von Wahrnehmungen und Vorstellungen ist von K. Koffka in seinem Werk „Zur Analyse der Vorstellungen und ihrer Gesetze" (1912) mit aller Sorgfalt in Angriff genommen worden. Ebbinghaus hatte den Unterschied der Vorstellungen im Vergleich mit den Wahrnehmungen dahin charakterisiert: sie seien 1. blass und körperlos; 2. lückenhaft und ärmer an unterscheidbaren Merkmalen; 3. unbeständig und flüchtig. Diese Charakterisierung scheint mir nach meiner eigenen Erlebnisbeobachtung wohl begründet zu sein; eine andere Frage ist, ob sie ausreicht. Koffka hat hierzu ein reiches Beobachtungsmaterial, vor allem an visuellen Sachvorstellungen (die ja in unserem Seelenleben durchaus vorwiegen) zusammengebracht, und er zeigt aufgrund desselben, dass die genannten Merkmale weder einzeln noch kombiniert genügen, um in allen Fällen einen wirklich durchgreifenden Unterschied zwischen Wahrnehmung und Vorstellung zu begründen. Das eigentlich Unterscheidende liegt nach ihm nicht in Verschiedenheiten des Anschaulichen, sondern in unanschaulichen, gedanklichen Bewusstseinselementen, in der Art, wie das Anschauliche aufgefasst, d. h. auf einen Gegenstand bezogen wird.

16.1 Beschreibung Der Reproduzierten Inhalte

Damit, dass Vorstellungen selbst, ferner Denkakte (wie Begriffs- und Urteilserlebnisse), endlich Wissenskomplexe reproduziert werden können, entstehen der psychologischen Deskription neue Aufgaben, die aber noch wenig in Angriff genommen sind.

16.2 Die der Erklärung dienenden Begriffe

Gerade gegenüber den Reproduktionsvorgängen sehen wir uns jedoch in besonders zwingender Weise veranlasst, über die Beschreibung hinauszugehen und zu Erklärungsversuchen zu greifen. Denn wenn wir Bewusstseinsinhalte haben mit dem Gedanken, dass sie schon früher einmal da waren, so legt das doch die Vermutung nahe, dass jenes frühere Erlebnis nicht spurlos verschwunden ist, sondern dass es eine „Spur" (auch „Residuum" oder „Reproduktionsgrundlage" genannt) hinterlassen hat. Wie beschaffen man sich diese „Spuren" zu denken hat, kann noch vollständig dahingestellt bleiben, hier soll nur betont werden, dass die genannten Begriffe keine „beschreibenden", sondern „erklärende" sind. Dasselbe gilt für den Begriff der „Assoziation". Darunter verstehen wir eine (irgendwie zu denkende) Verbindung zwischen den hypothetisch angenommenen Spuren. Es ist sehr unzweckmäßig, dass der Ausdruck „Assoziation" in der heutigen Psychologie auch für die Erneuerung von Erlebnissen im Bewusstsein, also für die Reproduktion, verwendet wird. Wir werden dafür „assoziative" oder „assoziativ begründete Reproduktion" sagen. Geradezu verwirrend aber wirkt es, wenn man jegliches Zusammentreffen von Erlebnissen im Bewusstsein „Assoziation" nennt. Auch den der englischen Philosophie des 18. Jahrhunderts entlehnten Ausdruck „Ideenassoziation" sollte man als antiquiert vermeiden. Ein erklärender Begriff ist endlich der des „Gedächtnisses". Wir verstehen darunter den Inbegriff der Reproduktionsgrundlagen und ihrer Assoziationen und die damit gegebene Fähigkeit, frühere Erlebnisse zu reproduzieren und ihrer sich zu erinnern.

16.3 Methoden der Gedächtnisforschung: die Methode der Beschreibung

Die Gedächtnisforschung ist in der neueren Psychologie mit besonderem Eifer und Erfolg betrieben worden. Die wichtigsten Methoden, die man dabei angewendet hat, sollen hier kurz charakterisiert und gewürdigt werden.

16.3.1 Die Methode der Beschreibung

Man erregt eine Wahrnehmung (man lässt z. B. ein Bild betrachten); nachher soll die Versuchsperson darüber Aussagen machen. Man setzt dabei voraus, dass dies nur aufgrund von Reproduktionen möglich sei. Die Wahrnehmungsobjekte, die Sinnesgebiete, die Zeit der Darbietung, die Zwischenzeit können dabei variiert werden. Die richtigen und falschen Angaben werden ausgezeichnet und bei verschiedenen Versuchspersonen verglichen. Sie bieten ein Maß für den Umfang, die Treue, die Dauerhaftigkeit der Erinnerungen.

Diese Methode ist aber nur da in exakter Weise anwendbar, wo die Beschreibung der Objekte erschöpfend und genau sein kann. Die Angaben werden dagegen sehr unbestimmt, wo es sich um Objekte handelt, die kontinuierliche Übergänge zeigen, wie Farben, Töne, Raum-, Zeitgrößen usw. Ein Grundmangel ist auch, dass sie auf der Voraussetzung ruht, die Wahrnehmung muffe das betreffende Objekt vollständig und zutreffend erfasst haben. Da diese Voraussetzung nicht zutrifft, so können wir auch vielfach nicht mit Sicherheit entscheiden, welche falsche oder fehlende Angaben aus Mängeln der Wahrnehmung oder aus solchen der Reproduktion (oder aus Fantasiezutaten) zu erklären sind.

Immerhin lassen sich diese Mängel der Methode verringern, wenn man relativ einfache und genau beschreibbare Objekte wählt. So hat denn die Anwendung dieser Methode insbesondere für die Kindespsychologie und für die (praktisch so bedeutsame) Psychologie der Zeugenaussagen beachtenswerte Ergebnisse geliefert.

16.3.2 Die Methode der Wiedererkennung

Die Methode der Wiedererkennung (oder der Wahl). Sie besteht in der Auswahl eines früher wahrgenommenen Objektes aus einer Reihe ähnlicher. Hier können die Unterschiede so klein gewählt werden, als sie überhaupt unterscheidbar sind. Die Mitwirkung der Sprache beschränkt sich auf Aussagen wie: „gleich", „verschieden". Das Sinnesgebiet, die Zeit des Eindrucks und die der Pause sind variabel. Die relative Anzahl der wiedererkannten Gegenstände kann als Maß für die Gedächtnisleistung benutzt werden.

Freilich ist damit kein sicherer Aufschluss gegeben über das, was wirklich behalten war. Zum Wiedererkennen ist ja nicht ein vollständiges und klares Bild des früher Wahrgenommenen nötig, sondern ein nebensächlicher Umstand kann den Eindruck der Bekanntheit erwecken. Da ferner die Objekte zunächst isoliert und dann zusammen mit anderen dargeboten werden, so ist es möglich, dass sie bei der zweiten Darbietung (z. B. infolge Kontrastwirkung) einen anderen Eindruck machen. Das letztere Bedenken lässt sich beseitigen durch...

16.3.3 Die Methode der Vergleichung

Nicht eine Reihe von Objekten wird hier an zweiter Stelle gleichzeitig vorgezeigt, sondern immer nur eines und dies wird als gleich (bzw. identisch) oder verschieden beurteilt. Im gerichtlichen Untersuchungsverfahren entspricht der Methode 6 die Wahlkonfrontation, der Methode die Einzelkonfrontation. Die Erstere bietet hier, wie die Erfahrung gezeigt hat, größere Sicherheit.

16.3.4 Die Methode der Reproduktion

Besonders häufig benutzt und sehr mannigfaltig sind die Methoden der Reproduktion. Bei ihnen soll das Behaltene selbst möglichst getreu wiedergegeben werden. Man kann dabei die Reproduktion von älterem Gedächtnisbesitz herbeiführen, den man bei den Versuchspersonen von früher her einfach voraussetzt als durch das praktische Leben oder die Schule erworben. So hat man den Vorstellungsbesitz von Kindern, besonders beim Eintritt in die Schule, festzu-

16.3 Methoden Der Gedächtnisforschung: Die Methode Der Beschreibung

stellen gesucht. Auch bei sogenannten Intelligenzprüfungen von Geisteskranken hat man diese Methode benutzt.

Kommt es darauf an, den Gang der Reproduktion festzustellen, den sie — lediglich von Assoziationen geleitet — nimmt, so kann man durch irgendeinen Eindruck (z. B. ein Bild oder ein Wort) einen freien Reproduktionsverlauf wachrufen, indem man die Versuchspersonen instruiert, einfach alle die Vorstellungen zu nennen, die ihr einfallen. Dass es sich hier um anschauliche wie um gedankliche (Begriffe, Urteile) handeln kann, ist klar; ebenso, dass unter Umständen das Tempo des Reproduktionsablaufs bedeutsam ist. Freilich besteht das Bedenken, ob es immer gelingt, mit dem Nennen dem wirklichen Reproduktionsverlauf gerecht zu werden; ob dieser nicht oft dafür zu rasch und zu reichhaltig verläuft.

Besonders aber hat man von den Reproduktionsmethoden Gebrauch gemacht, wenn es sich darum handelte, den Neuerwerb von Gedächtnisbesitz zu untersuchen, d. h. die Bildung von Reproduktionsgrundlagen und der sie verbindenden Assoziationen. Starken Einfluss auf die Ausgestaltung dieser Methoden in der experimentellen Psychologie hat H. Ebbinghaus durch sein Buch „Aber das Gedächtnis" (1885) geübt. Er hat zuerst sinnlose Silben (wie „get", „bol") als Einprägungsmaterial gewählt, weil sie einen einfachen, relativ homogenen, beliebig vermehrbaren Stoff darstellen, an dem die Gedächtnisleistungen genau verglichen und berechnet werden können. Es handelt sich beim Erlernen solcher (optisch oder akustisch dargebotener) Silbenreihen um Einprägung von Wahrnehmungsinhalten einfachster Art, bei denen begriffliche (Bedeutungs-) Erlebnisse möglichst ausgeschaltet sind.

Die Versuchstechnik ist besonders von G. E. Müller noch weiter ausgestaltet worden. Er trennte Versuchsleiter und Versuchsperson; bot die Silben der Letzteren nicht alle zugleich dar, sondern sukzessive; wofür zunächst das Kymographion (d. h. eine rotierende Trommel) verwendet wurde, dann eigens konstruierte Apparate, die die Silbenreihe nicht in kontinuierlicher, sondern in ruckweiser Bewegung vorführen. Er nahm auch die Herstellung der Silbenreihen mit größerer Sorgfalt vor; Silben, die an bekannte Worte erinnerten (wie „far", „wol" usw.) wurden nicht benutzt; die Wiederholung gleicher Anfangs- und Endkonsonanten in derselben Reihe vermieden. Freilich kann auch durch dieses exaktere Verfahren das Silbenmaterial nicht streng homogen gemacht werden. Einzelne Silben werden durch Klang oder Aussehen, oder indem sie doch einzelne Versuchspersonen irgendwie an sinnvolle Worte, z. B. Eigennamen, erinnern, einen gewissen Vorzug für die Einprägung vor anderen besitzen. Die Berechnung der Gedächtnisleistung bietet auch manche Schwierigkeiten, falls die Reproduktion nur fragmentarisch erfolgt. Endlich ist zu beachten, dass die Ergebnisse solcher Untersuchungen mit sinnlosen Silben durchaus nicht ohne Weiteres auf das Behalten von sinnvollem Stoff (das doch praktisch das allein Bedeutsame ist) übertragen werden dürfen. Immerhin haben diese von Ebbinghaus angeregten Untersuchungen so bedeutsame Einsichten in die Gesetzmäßigkeiten der Reproduktionen und Assoziationen erbracht, dass es berechtigt sein dürfte, bei der Methode

16 DIE GEDÄCHTNISVORGÄNGE

noch etwas zu verweilen. Es haben sich nämlich verschiedene Verfahrensweisen herausgebildet (die alle als Unterarten der Reproduktionsmethoden anzusehen sind).

a) **Die Methode der behaltenen Glieder.** Dabei werdenden Versuchspersonen die zu lernenden Silben einmal dargeboten, und sie haben sofort oder nach einer beliebigen Zeit anzugeben (z. B. niederzuschreiben), was sie davon behalten haben. Die Methode empfiehlt sich wegen ihrer Einfachheit zu Massenuntersuchungen, liefert freilich auch nur beschränkte Aufschlüsse.

b) **Die Erlernungsmethode.** Man bietet die zu erlernende Reihe so oft dar, bis sie fehlerlos hergesagt werden kann. Als Maß zur Vergleichung der Gedächtnisleistung dient hier die Zahl der nötigen Wiederholungen, daneben die gebrauchte Zeit. Mit dieser Methode lässt sich verbinden:

c) **das Ersparnisverfahren.** Ist eine Reihe einmal gelernt, so kann man nach beliebiger Zeit sie wieder lernen lassen und feststellen, wie viel Wiederholungen durch das erstmalige Erlernen erspart worden sind.

d) **Die Methode der Treffer** besteht darin, dass man nur eine bestimmte Zahl von Wiederholungen vornehmen lässt, die so klein gewählt ist, dass sie nicht zum freien Hersagen ausreicht. Man zeigt dann einzelne Silben vor und lässt sich die darauf folgenden nennen. Die Zahl der richtigen Aussagen („Treffer") ist ein Maß für die Gedächtnisleistung. Verwandt damit ist:

e) **die Methode der Hilfen**, wobei die Versuchsperson nach einer bestimmten Zahl von Wiederholungen die Reihe aufzusagen hat. Wo sie stockt, wird ihr die folgende Silbe genannt, und die Zahl dieser „Hilfen" wird notiert und dient als Maß.

Diese Methoden ergänzen sich mannigfach, und ihre Anwendung ist natürlich nicht auf sinnlose Silben beschränkt.

16.4 Die Hypothesen über „Assoziationsgesetze"

Als ein Hauptergebnis der neueren Gedächtnisforschung darf man eine wesentliche Vereinfachung der alten sogenannten „Assoziationsgesetze" konstatieren. Früher unterschied man (im Anschluss an Aristoteles) vier solcher Assoziationsformen: 1. nach Ähnlichkeit, 2. nach Kontrast, 3. nach räumlicher Berührung, 4. nach zeitlicher Folge. Da Kontrast eine Form der Ähnlichkeit ist, und räumliche und zeitliche Berührung sich leicht zusammenfassen ließen, so hatte man sich im Laufe des 19. Jahrhunderts meist auf die Unterscheidung von Ähnlichkeits- und Berührungs- (Kontiguitäts-) Assoziation beschränkt; ja es ist in neuerer Zeit die Frage viel diskutiert worden, ob man nicht die sämtlichen Assoziations- und Reproduktionsvorgänge einem Gesetz unterordnen könne.

Das Problem dürfte sich wohl befriedigend lösen lassen durch die Einsicht, dass die beiden sogenannten „Assoziationsgesetze" sich eigentlich auf verschiedene Tatbestände beziehen.

16.4 Die Hypothesen über „Assoziationsgesetze"

Was zunächst das Gesetz der Berührungsassoziation betrifft, so drückt es die Tatsache aus, dass sich zwischen den Reproduktionsgrundlagen von gleichzeitigen oder unmittelbar aufeinander folgenden Erlebnissen Assoziationen bilden, sodass die Reproduktion des einen Erlebnisses die des (oder der) anderen zur Folge hat.

Das sogenannte Gesetz der Ähnlichkeitsassoziation aber bezieht sich auf den Sachverhalt, dass nicht nur die Wiederkehr gleicher, sondern auch das Eintreten ähnlicher Erlebnisse Reproduktionen von Spuren bewirken kann.

Nur das Gesetz der Berührung ist also streng genommen ein Assoziationsgesetz, weil es die Bedingung angibt für die Bildung von Verknüpfungen zwischen Reproduktionsgrundlagen. Das Gesetz der Ähnlichkeit ist dagegen kein Assoziations-, sondern ein Reproduktionsgesetz, da es besagt, dass Reproduktionsgrundlagen nicht bloß durch gleiche, sondern auch durch ähnliche Bewusstseinsinhalte aktualisiert, d. h. zur Erneuerung früherer Erlebnisse angeregt werden. Nur der lässige Sprachgebrauch, der Assoziation und Reproduktion nicht scheidet, lässt beide als Assoziationsgesetze erscheinen oder wohl gar in Konkurrenz treten, während sie tatsächlich in der angedeuteten Weise wohl miteinander vereinbar sind. Das zweite aber steht durchaus im Einklang mit jener Grundeigentümlichkeit aller Erlebnisse, dass sie nichts Dinghaftes, Substantielles darstellen, das fortbestünde, wenn es auch aus dem Bewusstsein entschwunden ist. Infolgedessen können wir im Grunde nie mit Bestimmtheit sagen, ob gegenwärtige Erlebnisse früher da gewesenen ganz gleich seien. Gleiche Reize zwar können wiederkehren, doch bei dem steten Wandel der Gesamtdisposition des Ich ist es durchaus nicht sicher, ob sie auch gleiche Erlebnisse auslösen. Wir nennen sie dann gleich, wenn wir Unterschiede nicht bemerken. Die Übergänge zu denen, die wir ähnliche Nennen, sind aber natürlich fließende, und so ist es begreiflich, dass für die Anregung der Reproduktion ähnliche Reize ebenso wirken können wie gleiche.

Die Ähnlichkeit kann entweder materialer Art sein — wenn z. B. der Geschmack einer Speise mich an eine andere erinnert — oder sie kann in der Form liegen, z. B. wenn eine Fotografie mich an das Original erinnert.

Dürfte mithin der Streit um die sogenannten Assoziationsgesetze eine Vermittlung zulassen, die beiden Teilen gerecht wird, so muss eine weitere prinzipielle Frage hinsichtlich der Bedingungen der Reproduktion noch als eine offene bezeichnet werden. Nach der einen — wohl vorherrschenden — Auffassung erfolgt die Reproduktion lediglich aufgrund gleicher oder ähnlicher Erlebnisse und durch die Fortpflanzung der „Erregung" entlang den Assoziationsbahnen. Danach enthalten also nur aktuelle Erlebnisse aufgrund der ihnen entsprechenden Spuren und deren Assoziationen eine „Reproduktionstendenz"; sie wirken allein als „Reproduktionsmotive".

Nach der anderen Ansicht kommt den Reproduktionsgrundlagen selbst eine (allerdings bald nachlassende) Tendenz zu, das ihnen entsprechende Erlebnis im Bewusstsein wieder eintreten zu lassen. Diese von Müller und Pilzecker konstatierte „Perseverationstendenz" soll umso stärker sein, je intensiver bei dem ursprünglichen Erlebnis die Aufmerksamkeit beteiligt war, und je häufiger es bald nach seinem ersten Vorkommen wiederholt wurde. Die Perseverationstendenz soll also das bedingen, was Herbart das „freie Steigen von Vorstellungen" genannt hatte. Die Vertreter der herrschenden Ansicht suchen diese scheinbar unvermittelt auftretenden Erinnerungen und Einfälle auf assoziative Prozesse zurückzuführen, wobei einzelne Glieder nur unbewusst erregt würden, sodass es sich hier um „mittelbare" Reproduktionen handle. Damit ist freilich eine weitere Annahme nötig, für die allerdings auch andere Erfahrungen sprechen: Dass nämlich die Erregungen der Reproduktionsgrundlagen und ihrer Verbindungen in verschiedener Stärke auftreten können, und dass derselbe Erregungsvorgang manche Spuren latent (d. h. im Unbewussten) lässt und andere, aktualisiert, weil sie sozusagen in verschiedener „Bereitschaft" sind, d. h. verschieden leicht eine ihnen entsprechende Erinnerung im Bewusstsein auftritt.

Es ist bis jetzt noch nicht gelungen, zwischen der Hypothese der „Perseverationstendenzen" und der „der mittelbaren Reproduktionen" auf experimentellem Wege eine überzeugende Entscheidung herbeizuführen.

Immerhin scheinen mir zahlreiche Beobachtungen des praktischen Lebens durch die Annahme von Perseverationstendenzen eine ungezwungenere Erklärung zu finden. Probleme, die uns lebhaft beschäftigen, Sorgen, die uns beunruhigen, Hoffnungen, die uns locken: Wie drängen sie sich immer wieder unserem Bewusstsein auf! Und wie oft stehen plötzlich alte Erinnerungen wieder vor unserer Seele! In gar vielen Fällen dürfte es aussichtslos sein, nach Wahrnehmungen oder anderen Erlebnissen zu suchen, die jene Vorstellungen oder Gedanken durch assoziative Beziehungen in das Bewusstsein gehoben haben sollen! Was bleibt da übrig, als die Annahme besonderer Perseverationstendenzen?!

16.5 Das beobachtende Merken

Wenden wir uns jetzt den Einzelfragen der Gedächtnisforschung zu, so ist die Fülle der Ergebnisse, die man durch Verwendung experimenteller Methoden bisher erarbeitet hat, außerordentlich groß. Nur das Wichtigere kann hier in Kürze dargestellt werden.

Unter den Gedächtnisleistungen lassen sich (nach Meumann) drei Hauptfunktionen unterscheiden: das beobachtende Merken, das eigentliche Lernen und das denkende Auffassen und Einprägen von Vorstellungs- und Gedankenzusammenhängen.

Das beobachtende Merken findet dann statt, wenn wir uns Wahrnehmungsinhalte als solche durch Beobachtung einprägen, wie das z. B. in der Schule beim sogenannten Anschauungsunterricht, in der Naturkunde, im Geografieunterricht usw. geschieht. Hier ist dies Wahrnehmen oder Beobachten das Hauptmittel der Einprägung. Dabei versteht man unter Beobachtung aufmerksame, methodische, planmäßig nach bestimmten Gesichtspunkten ausgeführte Sinneswahrnehmung. Die genauere Analyse derselben lässt besonders die Bedeutung der Aufmerksamkeit erkennen, aus die wir in anderem Zusammenhang einge-

16.5 Das Beobachtende Merken

hen. Das beobachtende Merken verläuft verschieden, je nachdem die Bedingungen günstiger oder ungünstiger sind. Das Erstere ist der Fall, wenn das Objekt ruht und beliebig lange Zeit beobachtet werden kann; das zweite, wenn das Objekt sich rasch bewegt, nur kurze Zeit wahrnehmbar ist oder in der Ferne, in der Dunkelheit usw. sich befindet.

Bedeutsame psychologische Verschiedenheiten sind auch damit gegeben, dass die Beobachtung entweder unwillkürlich oder willkürlich sein kann. Im ersten Fall tritt das Objekt überraschend an uns heran und zieht unsere Aufmerksamkeit auf sich; im zweiten Fall sind wir vorbereitet und haben unsere Aufmerksamkeit sozusagen eingestellt. Diese Einstellung kann dann wieder mehr oder minder bestimmt sein. Die Durchführung der Beobachtung hängt in hohem Grade vom Wollen ab.

Es bekundet sich eben hier wie allenthalben das In- und Miteinander der seelischen Vorgänge, die wir bei unserer Analyse künstlich voneinander sondern. Der Wille, die beobachteten Eindrücke nicht bloß im Moment aufzufassen, sondern auch zu behalten, ist für die Einprägung von größter Bedeutung. Dasselbe gilt für das eigentliche Erlernen durch Wiederholung.

Die experimentellen Untersuchungen haben gezeigt, dass das Behalten und Reproduzieren verschiedene Verhältnisse aufweist, je nachdem es sich um einfache oder um komplizierte Sinneseindrücke handelt.

Bei Letzteren werden natürlich die Elemente ebenfalls gemerkt, aber es tritt etwas ganz Neues hinzu: die Auffassung und Einprägung eines Gesamteindrucks, als dessen Bestandteile die Elemente eingeprägt werden. Die selbstständige Bedeutung des Bewusstseins von Formen (Gestaltqualitäten) und Relationen, die sich uns schon bei der Analyse der Wahrnehmung aufdrängte, tritt also auch auf dem Gebiete des Gedächtnisses hervor. Vielfach zeigt ja schon die vorwissenschaftliche Erfahrung, dass wir gewisse Formen oder formale Verhältnisse und Beziehungen noch behalten haben, während nur der materiale Gehalt entschwunden ist.

Auch über die Bedeutung subjektiver Bedingungen haben sich mannigfache interessante Aufschlüsse ergeben: so der Gesichtspunkt der Beobachtung, der Interesserichtung, der Suggestibilität und anderer Eigenschaften der Versuchspersonen.

Wenn man die Zeit zwischen der Einprägung und der Wiedergabe des Eingeprägten mehr und mehr ausdehnt, so kann man neben der Gedächtnisleistung auch das Fortschreiten des Vergessens mit der Zeit untersuchen.

Es hat sich ebenfalls als wahrscheinlich herausgestellt, dass zu unterscheiden ist zwischen dem einfachen direkten Einprägen von Eindrücken, das eine gewisse Unabhängigkeit von der Bildung von Assoziationen besitzt, und dem Merken vermittelst der Bildung von Assoziationen, wobei die neuen Eindrücke mit geläufigen Vorstellungen verknüpft werden.

Das direkte Einprägen hat die Hauptbedeutung für die unmittelbare Wiedergabe der Eindrücke, das Bilden von Assoziationen für das dauernde Behalten.

16 DIE GEDÄCHTNISVORGÄNGE

16.6 Das eigentliche Lernen

Das eigentliche Lernen ist meist durch eine scharfe Grenze vom beobachtenden Merken geschieden. Unwillkürlich wird schon beim Letzteren leicht ein wiederholtes Durchlaufen der Sinneseindrücke zur besseren Einprägung vorgenommen werden.

16.6.1 Wiederholung, Zahl der Glieder, zeitliche Verteilung

Handelt es sich nun nicht um die Einprägung neuer anschaulicher Objekte, sondern um das Behalten sinnloser Silben oder sinnvoller Worte und Wortzusammenhänge, so wird natürlich die Bedeutung der aufmerksamen Beobachtung des Dargebotenen zurücktreten, dagegen die der Wiederholung wichtiger sein. Indessen hat man festgestellt, dass bei sinnlosen Silben die erste Lesung am Wirksamsten ist (für eine unmittelbar folgende Reproduktion). Die nächsten Lesungen tragen relativ wenig zur Verbesserung der Reproduktionsleistung bei. Aber wenn die Reihe durch wiederholtes Lesen uns vertrauter geworden ist, erfolgt gewöhnlich eine sozusagen sprunghafte Steigerung des Reproduzierbaren, später wird die Zunahme langsamer.

Sehr bedeutsam ist auch die Zahl der einzuprägenden Glieder. Kann z. B. jemand 6 sinnlose Silben nach einmaligem Durchlesen wiedergeben, so vermag er von 12 Silben nach der ersten Lesung vielleicht nur die erste und letzte Silbe (die sich überhaupt leichter einprägen) zu nennen, und er bedarf etwa 14 bis 16 Wiederholungen, um die zwölfsilbige Reihe gleich nach der Einprägung fehlerlos reproduzieren zu können.

Die Wirkung der Wiederholungen wird gesteigert, wenn man sie auf einen längeren Zeitraum verteilt. So ergaben 24 Wiederholungen von zwölfsilbigen Reihen bessere Resultate, wenn sie statt auf 4 auf 6 oder gar auf 12 Tage verteilt wurden. Folgen die Wiederholungen unmittelbar oder wenigstens bald aufeinander, so tritt Ermüdung, Abspannung, Unaufmerksamkeit ein und beeinträchtigt die Wirkung der späteren Wiederholungen.

16.6.2 Komplexbildung

Wie für das beobachtende Merken, so ist auch für das eigentliche Lernen die Komplexbildung von größter Wichtigkeit. Sie besteht in der Herstellung festerer Assoziationen zwischen einer Anzahl von Gliedern. Sie kommt zustande durch eine darauf gerichtete kollektive Totalaufmerksamkeit oder eine kollektive Sukzessivaufmerksamkeit, d. h. ein schnelles Durchlaufen der Einzelglieder des Komplexes mit der Aufmerksamkeit; sehr oft auch noch durch sofortige Wiederholung des Komplexes mittels erneuter Wahrnehmung oder Reproduktion. Die Komplexbildung wird erleichtert durch den Rhythmus. Instinktiv greifen viele Versuchspersonen beim Erlernen sinnloser Silben zu einer rhythmischen Gliederung. Man hat gefunden, dass zwischen den zu einem Takte verbundenen Silben bedeutend festere Assoziationen geschaffen werden als zwischen den aufeinanderfolgenden Silben verschiedener Takte.

16.6 Das Eigentliche Lernen

Eben deshalb aber, weil die Bestandteile eines Komplexes besonders fest miteinander, jedoch nicht in gleichem Maße mit denen des folgenden assoziiert sind, ist es nicht leicht, beim Hersagen von einem Komplex zum nächstfolgenden zu gelangen. Erleichtert wird dies, wenn die Komplexe selbst wieder zu einem größeren Komplexverband gehören. Aber die Versuchspersonen greifen, wie G. E. Müller gezeigt hat, außerdem noch zu einer Reihe von Hilfsmitteln, um den Übergang von Komplex zu Komplex zu sichern. Sie verketten z. B. die Komplexe, indem sie aus dem Endglied des einen und dem Anfangsglied des folgenden einen Verbindungskomplex Herstellen und besonders einprägen.

16.6.3 Stellenassoziation

Das wichtigste Hilfsmittel ist aber die Wirksamkeit der sogenannten „Stellenassoziativ". Da die Glieder einer Reihe in dieser gewisse Stellen einnehmen, so ist das Lernen unwillkürlich in gewissem Maße ein lokalisierendes. Diese Verknüpfung der Glieder mit ihrer Stelle wird aber durch die Komplexbildung erleichtert. Denn z. B. 5 Komplexe von je 6 Gliedern prägen sich hinsichtlich ihrer Stellen wegen der größeren Übersichtlichkeit und der geringeren Zahl müheloser ein als die 30 Einzelglieder.

Der Übergang von Komplex zu Komplex kann aber durch die Stellenassoziation in zweifacher Art begünstigt werden: sowohl durch die Verknüpfung der Komplexanfänge als auch durch die der ganzen Komplexe mit ihren Stellen. Beim visuell Lernenden taucht im ersten Fall nur das Anfangsglied des folgenden Komplexes auf und führt die übrigen Glieder ins Bewusstsein; im zweiten Fall stellt sich das Gesamtbild des Komplexes ein, und durch dessen Analyse kommen die einzelnen Glieder in ihrer Reihenfolge zum Bewusstsein.

16.6.4 Benutzung von „Diagrammen"

In diesem Zusammenhang muss auch der—ebenfalls von Müller genauer untersuchten — Tatsache gedacht werden, dass vielfach Reihen von Ziffern, Konsonanten u. dgl. mit Hilfe eines „Diagramm es" eingeprägt werden, d. h. in Gestalt eines räumlichen Schemas, das eine Anzahl bestimmt geordneter Stellen enthält. Die wichtigsten Formen von Diagrammen, die man festgestellt hat, sind — je nach dem Merkstoff, dessen Einprägung sie dienen — „Zahlendiagramme, Jahres-, Wochen- und Tagesdiagramme", in denen die einzelnen Monate, Wochentage, Tagesstunden in bestimmter Weise angeordnet sind, „chronologische Diagramme", deren verschiedene Stellen Lebensjahre oder Jahre historischer Ereignisse oder nur verschiedene Jahrhunderte oder noch größere Perioden der Geschichte repräsentieren, und „alphabetische Diagramme", welche die Buchstaben des Alphabets darstellen. Nicht bei allen Versuchspersonen, die Gebrauch von Diagrammen machen, finden sich sämtliche Arten. Gelegentlich wird für verschiedene Merkstoffe, z. B. für Zahlen, Lebensjahre und für die Jahre historischer Ereignisse, dasselbe Diagramm benutzt. Meist ist es so, dass die Diagramme ihren Besitzern seit lange vertraut sind, und sie nicht mehr wissen, wie sie dazu gekommen sind. Indessen kann die Tendenz zur Benutzung von Diagrammen auch zur Folge haben, dass gegenüber einem ungewohnten Lernstoff plötzlich ein neues Diagramm geschaffen wird. Die optischen Erscheinungsweisen können sehr verschieden sein: Das Diagramm kann durch kontinuierliche oder diskontinuierliche Linien oder Streifen repräsentiert werden, die als dunkle von hellem Grund oder als helle von dunklem sich abheben (gezeichnetes Diagramm). Es kann auch in seinen verschiedenen Teilen oder Feldern Farben- oder Helligkeitsunterschiede zeigen (nuanciertes Diagramm). Es kann aus Bildern verschiedener Gegenstände oder Szenen bestehen; so kann sich z. B. ein Zahlendiagramm in einer Leiter darstellen, auf deren Sprossen je eine Zahl lokalisiert ist, oder ein Wochendiagramm im Bilde von sieben kleinen Steinen (illustriertes Diagramm).

Wird auf dem Diagramm, das sich als Ganzes darbieten kann, eine bestimmte Stelle gesucht, so gleitet gewissermaßen die Aufmerksamkeit über das Diagramm zu jener Stelle hin, die dann (eventuell mit ihrer Nachbarschaft) besonders deutlich wird, während das übrige an Deutlichkeit verliert oder ganz verschwindet.

Was die Entstehung der Diagramme betrifft, so sind wohl viele auf Wahrnehmungen der frühen Kindheit zurückzuführen. Benutzte Tabellen, Kalender, Stundenpläne, Ähren usw. boten Ziffern, Monate, Wochentage, Stunden in gewisser räumlicher Anordnung. Aber daneben dürfte doch auch bei manchen Individuen von Kindheit an eine Tendenz zu räumlicher Symbolisierung Mitwirken.

Nicht selten werden früh entstandene Diagramme infolge neuer Bedürfnisse oder Lebensverhältnisse später ergänzt oder geändert. Auch das Neuentstehen von Diagrammen in späterem Lebensalter hat man beobachtet.

Das Lernen mithilfe von Diagrammen vollzieht sich so, dass die einzelnen Glieder des Lernstoffes mit verschiedenen Stellen des räumlichen Schemas assoziiert und die betreffenden Stellen eingeprägt werden. Das Charakteristische des diagrammatischen Lernens besteht nicht sowohl darin, dass es dem Bedürfnis nach Anschaulichkeit und leichter Erfassbarkeit der einzuprägenden Glieder mehr entspricht, als vielmehr darin, dass es in einem Einprägen und Miteinanderverknüpfen gewisser Stellen besteht, also dass es ein ausschließlich „topisches" Lernen ist (griechisch: Topos = Ort). Es gehört im Wesentlichen dem optischen Gebiet an; jedoch spielen auch Kopf- und Augenbewegungen dabei eine Rolle, weil mit Aufmerksamkeitswanderungen sich Blickbewegungen zu verbinden pflegen.

Es gibt also neben dem visuellen Farben- und Formengedächtnis ein visuelles topisches Gedächtnis, das es mit Ort und Lage von Gesichtsobjekten zu tun hat. Die Leistungsfähigkeit dieses topischen Gedächtnisses geht der des Formengedächtnisses nicht immer parallel: Diagrammatisches Lernen findet sich auch bei solchen Individuen, deren visuelle Wort- oder Zahlvorstellungen nur undeutlich sind; endlich können mit Diagrammstellen akustisch-motorische Vorstellungen assoziiert sein.

Nicht bei allen Individuen und unter allen Umständen ist die Verwendung von Diagrammen für die Lernarbeit förderlich. Jedoch wird dies in der Regel der Fall sein bei Individuen mit bevorzugtem topischen Gedächtnis und in sol-

16.6 Das Eigentliche Lernen

chen Fällen, wo die sonstigen Arten der Erlernung des Memorierstoffes auf besondere Schwierigkeiten stoßen.

Die psychologischen Beobachtungen über „Stellenassoziation" und „Diagramme" beweisen aber, wie wichtig eine übersichtliche Anordnung und Gliederung des Lernstoffes für viele Individuen ist (denn die Verwendung von Diagrammen scheint ziemlich verbreitet zu sein). Daraus ergeben sich Folgerungen für die Didaktik, die hier nur angedeutet, nicht näher ausgeführt zu werden brauchen.

16.6.5 Verschiedenheit des Lernmaterials

Das Erlernen von sinnvollem Material, von Prosastücken (oder Versen) ist bedeutend leichter als das von sinnlosen Silben. Ebbinghaus fand, dass er sinnvolle Verse neun- bis zehnmal leichter lernte als solche Silbenreihen. Es erklärt sich dies aus verschiedenen Gründen. Wie tachistoskopische Versuche zeigen, ist schon der Umfang dessen, was bei sinnvollem Stoff durch einen einheitlichen Aufmerksamkeitsakt kollektiv erfasst wird, viel größer als bei sinnlosem Material. Die Komplexbildung tritt zwar im ersteren Fall weniger ausgeprägt auf, weil schon von vornherein zu viel Assoziationen oder innere Beziehungen aller möglichen Reihenbestandteile vorhanden sind. Wichtiger als die Komplexe, d. h. als solche Gruppen, die mit einem Aufmerksamkeitsakt erfasst werden, sind bei sinnvoller Prosa „assoziative Gruppen", d. h. (nach Müller) größere Komplexe assoziierter Glieder, die gedanklich eine gewisse Einheit besitzen oder ihre besondere innere Festigkeit wesentlich dem Umstand verdanken, dass sie beim Lernen mehrmals hintereinander von Anfang bis Ende wiederholt worden sind. Auch dass wir beim Lesen in der Regel eine kleine Pause machen, wo eine gedanklich eng verknüpfte Wortgruppe zu Ende ist, fördert die Gruppenbildung. Wertvoll ist auch ein ausdrucksvolles Lesen, bei dem das Wichtigere besonders betont wird. Dadurch bilden sich dominierende Wörter oder Wortgruppen, denen beim Lernen die Aufmerksamkeit am meisten zugewandt ist. Sie prägen sich darum fester ein, und die benachbarten Wörter werden an sie angeknüpft. Aus den Gruppen können dann wieder aufgrund des inneren Zusammenhangs Gruppen höherer Ordnung gebildet werden. Die Stellenassoziation ist bei sinnvollem Material weniger bedeutsam, denn da beim Lernen die Aufmerksamkeit durch den Sinn stark in Anspruch genommen wird, ist die Beachtung der Stellen weit schwächer. Nur dann findet sie in höherem Maße statt, wenn Partien schwieriger sind und deshalb öfter wiederholt werden oder wenn sie den Anfang neuer Abschnitte bilden. Stocken wir beim Hersagen, so helfen wir uns bei sinnvollem Stoff weniger durch die Stellenassoziation als dadurch, dass wir die Bedeutung des gerade Hergesagten auf uns wirken lassen und uns fragen, was wohl nach dem ganzen Zusammenhang folgen muss. Auch besondere Hilfsmittel, z. B. eine spezielle Einprägung der gedanklichen Disposition des Ganzen, werden benutzt.

Bei poetischem Stoff gehen zwei Arten von Gruppierungen nebeneinanderher: die rein metrische nach möglichst gleichen Takten und Taktverbänden, und die gedankliche Gruppierung nach dem Sinn. Je nachdem das metrische oder das gedankliche Gruppierungsprinzip überwiegt, unterscheidet Meumann die „taktierende" oder die „phrasierende" Tendenz. Die Erstere herrscht allein bei dem sogenannten skandierenden Lesen. Die Komplex- und Gruppenbildung beim Lernen von Gedichten ist eine Art Kompromiss zwischen den beiden Tendenzen.

Erleichternd auf das Erlernen von Gedichten wirken verschiedene Umstände: Der Rhythmus, der sinnvolle Zusammenhang, der noch über Vers- und Strophenenden hinübergreift; ferner die Endreime, Assonanzen und Alliterationen, die die Gruppengrenzen deutlicher markieren und durch ästhetische und emotionelle Wirkungen die Aufmerksamkeit stärker fesseln. Auch durch die Art, wie die Gedichte in der Regel gedruckt sind, wird die Zusammenfassung der Wörter zu Gruppen (Versen, Strophen) begünstigt, und die Stellenassoziation gefördert. Andererseits kann das Erlernen poetischen Stoffes erschwert sein durch ungewöhnliche Redewendungen oder syntaktische Konstruktionen. So kann es kommen, dass Strophenteile sich schwerer einprägen als gleich lange Prosastellen.

16.6.6 Verbales, illustrierendes und logisches Lernen

Bedeutsam sind auch die Feststellungen, die man über die Art des Erlernens von Prosatexten gemacht hat, insbesondere über die Rolle, die das visuelle und andererseits das akustisch motorische Gedächtnis dabei spielen. Drei Hauptrichtungen des Lernens hat man unterschieden. Erstens die Aufmerksamkeit kann auf das sinnliche Element der Wörter gerichtet sein (verbales Lernen). Man kann zweitens — falls der Stoff sich eignet — visuelle Bilder sich entwerfen, die den Sinn direkt oder symbolisch veranschaulichen und diese einprägen (illustrierendes Lernen). Drittens kann man bemüht sein, den Sinn und Zusammenhang zu erfassen und einzuprägen (logisches Lernen).

Die erste Art des Lernens wird selbst von stark visuellen Individuen bei sinnvollem Stoff weit weniger angewendet als bei sinnlosem. Denn der Sinn und etwaige illustrierende Sachvorstellungen fesseln die Aufmerksamkeit stärker als das unmittelbar dargebotene sinnliche Element des Lernstoffes. (Die besondere Beachtung des Letzteren stört geradezu die Erfassung des Sinnes.) Auch besitzen die akustisch-motorischen Vorstellungen der gewöhnlichen Wörter und Wortverbindungen für den Visuellen eine höhere Geläufigkeit als die visuellen Wortbilder; endlich kommen die Vorteile der sinngemäßen Betonung, sowie — bei poetischem Stoff — auch des Rhythmus und Reims nur bei akustisch-motorischer Einprägung zur vollen Geltung. Wenn übrigens die Beachtung des sinnlichen Elementes der Wörter zu gering ist, so werden beim Versuche des Hersagens oft andere (gleichbedeutende) Wörter gebraucht oder weniger wichtige Worte ausgelassen oder an falscher Stelle reproduziert.

Auch bei sinnvollem Material zeigt der sensorische Gedächtnistypus doch insofern einen gewissen Einfluss, als etwa eine stark visuelle Person das visuelle Gedächtnis mehr benutzen wird als eine einseitig akustisch-motorische. In welchem Maße aber eine solche die Benutzung des visuellen Gedächtnisses auf Einprägung visueller Wortbilder und illustrierender Sachvorstellungen verteilt, das lässt sich nur durch Untersuchung des einzelnen Falles feststellen. Über-

16.6 Das Eigentliche Lernen

haupt hängt es wesentlich von der Beschaffenheit und dem Inhalt des Lernstoffes und von der Individualität und der jeweiligen Einstellung des Lernenden ab, in welcher der drei Hauptrichtungen sich sein Lernen jeweils bewegen wird.

16.6.7 Ganz- und Teillernmethode

Das Einprägen sinnvollen Stoffes wird — abgesehen von den schon erwähnten Faktoren — auch dadurch begünstigt, dass er Interesse und andere Gefühle erregt. Gefühlsbetonte Eindrücke haften aber viel leichter und fester; ebenso fesseln sie an sich die Aufmerksamkeit viel mehr.

Das Regebleiben der Aufmerksamkeit ist wohl auch ein Grund dafür, dass umfangreichere sinnvolle Stoffe im Allgemeinen leichter im Ganzen als in Teilen gelernt werden. Denn bei der öfteren Wiederholung kleinerer Teilstücke erlahmt die Aufmerksamkeit rascher. Freilich kommt noch ein zweiter Grund in Betracht: Beim Erlernen in Teilen werden die so nötigen Assoziationen zwischen Endglied einer Gruppe und dem Anfangsglied der folgenden nicht gestiftet, dagegen die störenden Assoziationen zwischen End- und Anfangsglied der einzelnen Gruppen selbst. Bietet der einzuprägende Stoff an einzelnen Stellen besondere Schwierigkeiten, so empfiehlt sich am meisten eine Kombination der Ganz- und der Teil-Lernmethode.

16.6.8 Verlauf des Lernprozesses

Der Lernprozess verläuft (nach den Feststellungen G. E. Müllers) im Allgemeinen so, dass zunächst eine gewisse Durchmusterung des ganzen Lernstücks stattfindet, wobei die Aufmerksamkeit darauf gerichtet ist, wie es sich (durch Komplexbildung oder Rhythmisierung) am besten gliedern lässt, welche Hilfen sich bieten, welche Glieder sich besonders leicht einprägen; auch gilt es dabei den Sinn (wenn ein solcher vorhanden) zu erfassen. Hierauf folgt die eigentliche Lerntätigkeit, die in einem Auffassen, Lesen oder innerlichen Vergegenwärtigen der Reihenglieder besteht, wobei gewisse, durch Stellung, Sinn oder sonst bevorzugte zunächst gewusst und die übrigen allmählich damit assoziiert werden. Dann beginnen Reproduktionsversuche, d.h., man sucht einzelne Glieder zu antizipieren, schon ehe sie der Wahrnehmung sich wieder bieten. Weil dabei die Aufmerksamkeit stark angespannt wird, ist dies Reproduzieren für das Erlernen förderlicher als das bloße Lesen. Hierin liegt auch die Stärke des Verfahrens der progressiven Rekapitulationen, wobei ein Komplex nach dem anderen eingeprägt und die vorhergehenden immer mit reproduziert werden; natürlich kommt dabei die Einprägung der gegen das Ende hin stehenden Abschnitte zu kurz.

Allmählich gelangt man zum Hersagen der ganzen Reihe. Ist eine Reihe rein visuell eingeprägt, so kann sie beim Aussprechen fremd vorkommen; ebenso kann die Reproduktion einer akustisch-motorisch eingeprägten Reihe durch ihre visuelle Wahrnehmung gestört werden. Es empfiehlt sich also, dass Schüler nach dem stillen Einprägen eines laut herzusagenden Stückes sich selbst laut prüfen.

16 DIE GEDÄCHTNISVORGÄNGE

16.7 Das Einprägen des „Sinnes"

Wenn schon beim (wörtlichen) Erlernen sinnvollen Stoffes die Aufmerksamkeit weniger an den sinnlich wahrgenommenen Worten als an ihren Bedeutungen haftet, so treten die Worte noch mehr zurück, wenn es sich lediglich um die Einprägung des sachlichen Inhalts des „Sinnes" handelt. Diese erfolgt dann im Wesentlichen durch verständnisvolle Konzentration auf die Gedanken (d. h. die in den Sätzen ausgedrückten Urteile) und wiederholtes Durchlaufen ihrer Aufeinanderfolge. Ja, auch ohne das Letztere pflegt von dem einmal mit Interesse und Verständnis Aufgenommenen der wesentliche Gehalt sich dem Gedächtnis einzuprägen. Es findet dabei eine Art Auslese des Wichtigeren statt, und indem die Einprägung der sprachlichen Fassungen der Gedanken und vieler inhaltlichen Details überflüssig wird, wird die Ansammlung eines ausgedehnten Wissens im Gedächtnis möglich, und es steht uns umso mehr jederzeit zu Gebote, je häufiger es durch immer erneute Verwendung reproduziert und aufgefrischt wird.

16.8 Die assoziative Hemmung

Bei den tausendfältig verschiedenen Folgen und Verkettungen, in denen unsere Erlebnisse sich abspielen, ist es verständlich, dass zwischen den von ihnen bleibenden Spuren die mannigfachsten Assoziationen sich bilden. Auch über diese Verwebung des Gedächtnisbesitzes hat die experimentelle Forschung einiges Licht verbreitet:

Existiert schon eine Assoziation zwischen zwei Spuren u und b, so ist die Bildung einer zweiten Assoziation a—c etwas erschwert; es besteht für sie eine „assoziative (oder „generative") Hemmung".

Ist die Assoziation trotzdem entstanden, und es wird reproduziert, so pflanzt sich die Erregung sowohl nach b als auch nach c fort.

In der Regel wird zwar nur die eine von den beiden Spuren aktualisiert; doch die Reproduktion derselben erfolgt weniger sicher und schnell. Gelegentlich kommt es aber auch zu einer Misch- oder Interferenzwirkung, so z. B. wenn gleichzeitig die Worte „Rückenmark" und „Rückgrat" reproduziert werden und zu „Rückengrat" zusammenschmelzen oder wenn durch die Reproduktion von „Bach" und „Schumann" das Wort „Schubach" entsteht. So stockt auch ein Redner oft, nicht weil ihm nichts, sondern weil ihm zu viel einfällt. (Reproduktive Hemmung.)

Die assoziative Hemmung macht die pädagogische Mahnung verständlich, dass der Anfangsunterricht und die erste Erziehung mit ihrer Bildung von Gewöhnungen besonders gut sein müsse.

Denn durch Unterricht und Erziehung werden massenhaft Assoziationen gestiftet. Es ist aber leichter, die richtigen gleich hervorzubringen, als schon bestehende durch sie erst zu verdrängen.

16.9 Das Wiedererkennen des Reproduzierten und das Richtigkeitsbewusstsein

Eine nicht bloß theoretisch, sondern auch praktisch wichtige Frage ist die, nach welchen Kennzeichen wir reproduzierte Glieder für richtig oder falsch ansehen. Solche sind (nach Müller) die Ausschließlichkeit und Hartnäckigkeit der Reproduktion, d. h. der Umstand, dass bei der betreffenden Gelegenheit lediglich ein Inhalt reproduziert wird; ferner die Promptheit des Auftretens, die Deutlichkeit, Lebhaftigkeit und „Fülle" der Vorstellung (d. h. ihr Verknüpftsein mit der Erinnerung an mancherlei Begleitumstände); endlich das Wiedererkennen. Dieses kommt hier in Betracht als einfaches (wenn z. B. eine einzelne auftauchende Silbe den Eindruck des Dagewesenseins erweckt), als gruppen- oder paarweises (wenn man z. B. eine Silbe, deren Richtigkeit zweifelhaft ist, im Anschluss an die vorgezeigte leise spricht und das Paar als da gewesen erkennt), endlich als lokales (wenn ein an bestimmter Stelle reproduziertes Reihenglied den Eindruck weckt, dass es eben an dieser Stelle da gewesen sei).

Ein Wiedererkennen gibt es übrigens nicht nur bei Wahrnehmungen, sondern auch bei Vorstellungen. Es kommt im gewöhnlichen Leben vor, dass man eine innerlich aufgetauchte Situation lediglich wegen ihrer Bekanntheitsqualität als eine früher erlebte ansieht, wenn man selbst ihre einstige Wahrnehmung nicht in einen bestimmten Zeitpunkt verlegen kann. Hat man sich beim Lernen gewisser „Hilfen" bedient, so können auch diese auf die Erinnerungsgewissheit Einfluss üben. Einmal dadurch, dass sie überhaupt das Erlernen und dadurch die richtige Reproduktion fördern, andererseits, dass sie selbst bei der Reproduktion wieder im Bewusstsein auftreten. Dabei können sie in zweifacher Weise Kriterien der Richtigkeit sein.

Zweckmäßig gewählte Hilfsvorstellungen werden durch ihre besonders charakteristische und auffallende Beschaffenheit sich im Allgemeinen fester einprägen und assoziieren und infolgedessen auch mit größerer Promptheit, Ausschließlichkeit, Deutlichkeit usw. reproduziert werden. Diese Erwägung führt darauf, in der Originalität einer Vorstellung ein weiteres Kriterium ihrer Richtigkeit als Erinnerung zu erblicken. Denn je eigenartiger ihre Beschaffenheit ist, umso weniger lässt sich ihr Auftreten aus den alltäglichen Erfahrungen erklären. Selbstverständlich gilt dies „Kriterium der Originalität" nicht bloß für „Hilfen", sondern für alle Vorstellungen.

Dasselbe lässt sich für das „Kriterium der Bestätigung" behaupten. Dies besteht darin, dass Erinnerungen, die sich gegenseitig bestätigen, auch das mit ihnen verbundene Richtigkeitsbewusstsein verstärken. Die Bestätigung ist umso gewichtiger, je ausschließlicher die zweite Erinnerung nur auf die erste passt. (Dass z. B. das Wort „rot" richtig reproduziert sei, wird stärker durch die Hilfsvorstellung „eindringliche Farbe" als durch Farbe bestätigt.)

Vielfach beruht das Richtigkeitsbewusstsein aus einem Zusammenwirken mehrerer der genannten Kriterien. Auch ist deren Einfluss von der Individualität und den Erfahrungen, die jemand mit der Benutzung der einzelnen Kriterien gemacht hat, abhängig. Dahin gehört, dass manche den Vorstellungen eines Sinnes (z. B. visuellen) mehr Zutrauen schenken als denen anderer.

Bei dem Richtigkeitsbewusstsein kann endlich die Kenntnis allgemeiner für das betreffende Gebiet geltender Gesetze (Naturgesetze, Sitten, grammatische Regeln usw.) Mitwirken. Eine Vorstellung, die diesen nicht entspricht, weckt natürlich von vornherein den Verdacht, keine Erinnerung, sondern ein Fantasieprodukt zu sein.

Schon die vorwissenschaftliche Erfahrung zeigt, dass das Richtigkeitsbewusstsein Grade besitzt. Der Nullpunkt liegt wohl in den Fällen vor, wo die Nichtigkeit der betreffenden Vorstellung für völlig ausgeschlossen gilt, von da an kann es steigen durch die zahlreichen Grade des Wahrscheinlichkeitsbewusstseins bis zur Gewissheit, richtig reproduziert zu haben. Sprachliche und andere Schwierigkeiten gestatten freilich nicht, alle diese Grade besonders zu kennzeichnen. Jedoch haben z. B. die Untersuchungen zur Psychologie der Aussage gezeigt, dass die zunächst als „sicher" bezeichneten Erinnerungen durchaus nicht sämtlich absolute subjektive Sicherheit zur Voraussetzung haben. Denn vielfach fanden sich Versuchspersonen doch nicht bereit, ihre „sicheren" Aussagen auch vor Gericht zu beschwören oder für den Fall ihrer objektiven Unrichtigkeit eine größere Summe zu zahlen. Immerhin besitzt jeder normale Erwachsene eine Reihe von Erinnerungen (zumal solche an wichtige Ereignisse seines Lebens), die er als durchaus sicher ansieht. Sie bilden zugleich ein wichtiges Kontrollmittel für unsichere Erinnerungen. Denn was mit jenen sich nicht vereinbaren lässt, das sehen wir als falsch an.

Zur Erklärung der verschiedenen Grade des Richtigkeitsbewusstseins ist zu beachten, dass seine einzelnen Kriterien in ihrer Ausgeprägtheit und in ihrem Zusammenwirken mannigfach variieren können; ferner, dass nicht selten Geneninstanzen auftreten. Diese heben nicht immer das Richtigkeitsbewusstsein völlig auf („absolutes Falschheitsbewusstsein"), sondern schwächen es nur ab, erzeugen Unsicherheit und Zweifel.

Das (subjektive) Richtigkeitsbewusstsein, auch in seinen höchsten Graden, ist freilich noch keine absolute Garantie für die objektive Richtigkeit. Es können ja manche Richtigkeitskriterien (z. B. Promptheit, Fülle, Deutlichkeit) auch bei objektiv falschen Reproduktionen vorhanden sein und das Richtigkeitsbewusstsein erzeugen. Indessen haben die Gedächtnisuntersuchungen gezeigt: Je höher das Richtigkeitsbewusstsein ist, umso wahrscheinlicher ist es im Allgemeinen, dass auch die Reproduktion objektiv richtig sei. Dass eine solche gelegentlich für falsch gehalten wird, ist psychologisch (nämlich aus dem Mangel an gewissen Nichtigkeitskriterien) wohl zu verstehen.

Unter verschiedenen Umständen (z. B. bei verschiedener Zeit zwischen Einprägen und Reproduktion) wird, wie es scheint, ein verschiedener Beurteilungsmaßstab angelegt, sodass etwa bei längerer Zwischenzeit Reproduktionen noch als richtig zugelassen werden, die es bei kürzerer nicht mehr würden. Müller spricht hier von „Schwellen" der „Zulassung", der „Sicherheit", der „Beeidbarkeit". Ob für die Verschiebung dieser „Schwellen" bestimmte Gesetzmäßigkei-

16.9 Das Wiedererkennen Des Reproduzierten Und Das Richtigkeitsbewusstsein

ten gelten, wäre noch zu untersuchen. Schon jetzt steht fest, dass bei gewissenhaften Individuen diese „Schwellen" höher liegen als bei leichtsinnigen; ferner, dass die Übung im Lernen und Reproduzieren dazu dienen kann, die Kriterien der Richtigkeit in vorteilhafterer Weise zu benutzen und die verschiedenen „Schwellen" mehr zweckentsprechend zu fixieren.

Aus den Ausführungen über die Richtigkeitskriterien ergibt sich ohne Weiteres, dass der Begriff der „reproduzierten Vorstellung" und der der „Erinnerung" nicht identisch sind. Eine Erinnerung liegt (nach der Definition Müllers) nur dann vor, wenn man das vorgestellte Objekt als ein solches auffasst, das man schon in früherer Zeit wahrgenommen, vorgestellt oder erlebt habe, und wenn man zugleich das Vorstellungsbild als eine Nachwirkung oder Folge jener früheren Erfahrung oder Erfahrungen ansieht.

Die zeitliche Einordnung in die Vergangenheit, die zum Wesen der Erinnerung gehört, kann sehr verschieden genau sein.

Als Kriterien einer Erinnerung gelten die früher erwähnten Merkmale natürlich nur dann, wenn die Möglichkeit, dass es sich um eine Erinnerung handle, nicht schon durch die ganze psychische „Konstellation" ausgeschlossen ist.

Suchen wir uns etwa bei der Lektüre eines Romans eine darin beschriebene Situation möglichst anschaulich vorzustellen, so werden wir die dabei auftretenden Bilder, wenn sie auch prompt, ausschließlich, hartnäckig, mit hoher Fülle, Deutlichkeit und Originalität auftreten, doch nicht für Erinnerungen ansehen. Nur das Wiedererkennen deutet stets auf ein Früher-dagewesen-Sein des betreffenden Gegenstands.

16.10 Mittelbare Erinnerung

Neben der (bisher allein berücksichtigten) unmittelbaren Erinnerung gibt es noch eine „mittelbare". Eine Vorstellung kann verblasst sein, aber trotzdem braucht unsere Überzeugung, das betreffende Ereignis erlebt zu haben, nicht wankend zu werden, wenn wir uns nämlich mit Sicherheit daran erinnern, dass wir früher jenes Ereignis als ein von uns erlebtes geschildert oder die Vorstellung davon als eine richtige Erinnerung charakterisiert haben. (Haben wir dagegen die Erinnerung in der Zwischenzeit immer wieder aufgefrischt mit dem Erfolg, dass sie auch jetzt noch ausreichende Gewissheitskriterien mit sich führt, so handelt es sich natürlich um eine unmittelbare Erinnerung.)

„Erinnerungsurteile", d. h. solche, in denen wir behaupten, ein bestimmtes Ereignis früher erlebt zu haben, können (wie Urteile überhaupt) durch häufiges Aussprechen gewohnheitsmäßig werden. Sie pflegen dann mit voller Überzeugung erneut ausgesprochen zu werden, ohne dass ihnen eine direkte Erinnerung an das betreffende Ereignis zugrunde liegt. Auch sie gehören zur mittelbaren Erinnerung.

Die praktische Bedeutung derselben, zumal für die Zeugenaussagen vor Gericht, ist recht beträchtlich. „Gäbe es nur die unmittelbare Erinnerung, so müssten die Wirkungen, welche die in der Presse und bei anderen Gelegenheiten laut werdenden irrigen Vermutungen oder Behauptungen über einen bestimmten Tatbestand auf die Sicherheit und Richtigkeit der darauf bezüglichen Zeugenaussagen ausüben, von geradezu verheerender Art sein." Tatsächlich ist dies aber nur bei sehr suggestiblen Individuen der Fall. Die andern assoziieren die von ihrer unmittelbaren Erinnerung abweichenden Darstellungen des Sachverhalts sofort mit der Charakterisierung als „irrig", dagegen die eigene Erinnerung mit der als „richtig", und die Reproduktion dieser Beurteilung lässt dann auch in der Folge die eigene Erinnerung als zuverlässig erscheinen, sogar wenn sie verblasst ist. Da Personen, die zum Flunkern und Ausschneiden neigen, es gewöhnlich unterlassen, ihre Aussagen mit der Charakteristik als richtig oder falsch zu assoziieren, so ist es psychologisch verständlich, dass sie nach mehrfacher Wiederholung ihrer fantastisch ausgeschmückten oder frei erfundenen Erzählungen an diese selbst glauben. Aber auch bei dem Gewissenhaften kann eine zuerst mit der Beifügung „vielleicht" gemachte Aussage später diesen Zusatz verlieren und als sicher auftreten.

16.11 Erinnerungstäuschungen

Dies führt auf die Erinnerungstäuschungen. Sie können positiver oder negativer Art sein. Das Erstere ist dann der Fall, wenn der Gegenstand einer Vorstellung irrigerweise als Gegenstand einer früheren Wahrnehmung aufgefasst wird. Übrigens können auch Erinnerungen an frühere Gedanken, Gefühle, Willensakte und sonstige Erlebnisse vorgetäuscht werden. Eine negative Erinnerungstäuschung liegt dann vor, wenn der Gegenstand eines früheren Erlebnisses uns als völlig neu erscheint.

Positive Täuschungen können in der Weise zustande kommen, dass eine (auf Assoziation oder Perseveration beruhende) Reproduktionstendenz zur Unzeit sich im Bewusstsein geltend macht und eine mit gewissen Nichtigkeitskriterien versehene Vorstellung verursacht. Wird jemanden in derartigen Fällen doch die Täuschung nachgewiesen, dann erklärt er gewöhnlich, er müsse wohl „geträumt" haben. Die Täuschung kann aber auch darauf beruhen, dass gewisse Vorstellungen, für die eigentlich kaum Kriterien der Richtigkeit sprechen, doch infolge Flüchtigkeit oder Unerfahrenheit als wirkliche Erinnerungen beurteilt werden. So wird z. B. das Zutrauen, das der wörtlich reproduzierten Beschreibung eines Erlebnisses gebührt, leicht auf alle Einzelheiten eines, durch diese Beschreibung erweckten, visuellen Bildes übertragen.

Negative Erinnerungstäuschungen können bedingt sein durch Ausfall oder Abschwächung der Erinnerungskriterien oder durch unzulängliche Beachtung oder Würdigung etwa vorhandener.

Auch Gefühle und Gemütsbewegungen spielen bei den Täuschungen eine Rolle. Denn bisweilen erinnern wir uns nur noch des Gemütseindrucks eines Erlebnisses, und dieser kann dann Vorstellungen reproduzieren, die vielleicht bei ganz anderer Gelegenheit mit ihm sich assoziiert haben. Sully bemerkt einmal treffend: „Was uns in unserem Kindesalter als schön oder schrecklich erschien, wird jetzt in der Fantasie ausgemalt als dem entsprechend, was unseren gereis-

16.11 Erinnerungstäuschungen

ten Geist in Entzücken oder Furcht versetzt." Ferner können Gemütsbewegungen, die zur Zeit der Reproduktion vorhanden sind, Täuschungen bewirken, indem sie gewisse Reproduktionen hemmen oder ihre sachgemäße Beurteilung beeinträchtigen, oder indem sie Vorstellungen, die inhaltlich zu den herrschenden Gefühlen passen, aufgrund von Assoziation mit solcher Deutlichkeit, Fülle, Hartnäckigkeit ins Bewusstsein heben, dass sie für Erinnerungen gehalten werden. Besonders bei Kindern und gewissen Geisteskranken kann man diesen affektiven Ursprung von Erinnerungstäuschungen leicht beobachten.

Dass diese auch durch suggestive Fragen bewirkt werden, haben die Forschungen zur Psychologie der Aussage mit Bestimmtheit nachgewiesen. Selbst scheinbar ganz harmlose Fragen (wie z. B. war ein Hund dabei?) können suggestiv wirken, indem sie gewisse Vorstellungen aussteigen lassen, die dann irrigerweise vielleicht für Erinnerungen gehalten werden. Eine eindringliche Fragestellung (wie sie meist bei Untersuchungen in gerichtlichem Verfahren und auch in der Schule vorgenommen wird) kann dem Befragten den Glauben suggerieren, er müsse unbedingt imstande sein, die gestellten Fragen zu beantworten, und kann dadurch zu unzulänglich fundierten Aussagen führen. Der Mensch müsste ein erstaunliches Gedächtnis haben, wenn er alle die Fragen beantworten könnte, deren Beantwortung dem Angeschuldigten oft von inquirierenden Gerichtsbeamten als etwas Selbstverständliches zugemutet wird.

Ähnlich treibender Einfluss wie von solchen Suggestionen kann ausgehen von Befangenheit, Angst, Eitelkeit, Wichtigtuerei, Missgunst, Freundschaft oder dem Wunsch, dem Befragenden willfährig zu sein oder bald vom Verhör loszukommen. Derartige Motive können das Bedürfnis nach Wahrheit weit überwiegen und eine gewissenhafte Prüfung der aufsteigenden Vorstellungen verhindern.

Besonderer Erklärung bedarf es, dass wir nicht häufiger, als es der Fall ist, Traumvorstellungen für Erinnerungen an Wirkliches halten. Denn zweifellos können reproduzierte Traumvorstellungen mit Bekanntheitscharakter und anderen Erinnerungskriterien wieder auftauchen. Tatsächlich bewirken sie auch oft Täuschungen bei Kindern, Minderwertigen und Geisteskranken. Dass sie bei normalen Erwachsenen nur relativ selten dazu imstande sind, beruht darauf, dass solche Traumvorstellungen oft unvereinbar sind mit unserer Kenntnis der Naturgesetze und sonstiger Gesetzmäßigkeiten oder mit ganz sicheren Erinnerungen. Wichtig ist, dass Traumerlebnisse im Allgemeinen sich viel weniger einprägen.

Größer ist die Gefahr, dass frühere Fantasiebilder später beim Wiederauftauchen für Erinnerungen gehalten werden, besonders wenn sie sich auf Erzählungen anderer über Tatsachen unserer eigenen Vergangenheit gründen. Man kann danach (mit G. E. Müller) „authentisch e" und „nicht-authentische" Erinnerungen unterscheiden. „Vorsichtige Personen lassen es bei mancherlei anscheinenden Zugenderinnerungen dahingestellt, ob sie authentischer Art seien oder nicht. Weniger besonnene Personen dagegen folgen auch bei der Wiedervergegenwärtigung längst vergangener Erlebnisse dem Lange, eine unter Erfüllung von Erinnerungskriterien auftretende Erlebnisvorstellung als eine authentische Erinnerung anzusehen." Zwar üben wir uns schon von Kindheit an in der Handhabung der Erinnerungskriterien, aber wir sind uns durchaus nicht stets bewusst, aufgrund welcher Momente wir eine auftretende Vorstellung für eine „Erinnerung" ansehen oder nicht. Das gilt überhaupt für unser Auffassen oder Urteilen, dass die ihm zugrunde liegenden Faktoren durchaus nicht immer bewusst zu sein brauchen. An beliebigen Beispielen zeigt sich dies, sei es, dass wir Zeitstrecken oder Raumgebilde miteinander vergleichen oder irgendein Ding als Exemplar einer bestimmten Gattung auffassen. Natürlich können unter besonderen Umständen die Erinnerungskriterien auch als solche beachtet und nach ihrer Tragweite beurteilt werden.

16.12 Erklärung der Reproduktionen im einzelnen Fall

Um zu erklären, welche Vorstellungen jeweils im konkreten Fall reproduziert werden, kommen natürlich in erster Linie die früher erwähnten sogenannten Gesetze der Ähnlichkeits- und der Berührungsassoziation in Betracht. Das erste besagt, dass Erlebnisse die „Spuren" gleicher oder ähnlicher Erlebnisse wieder zu erwecken vermögen; das zweite, dass die Erregung von „Spuren" die Tendenz mit sich führt, andere „Spuren" ebenfalls zu „erregen", die mit jenen infolge Koexistenz oder Sukzession der einstigen Erlebnisse assoziiert sind.

Nun sind aber beim Erwachsenen zahllose miteinander assoziierte Spuren vorhanden, und es entsteht die Frage, wie es sich erklären lässt, warum sich die Erregung, die von einem gegebenen Bewusstseinszustand ausgeht, nicht nach allen möglichen Seiten fortpflanzt, also nicht eine Unmenge von Vorstellungen, sondern nur ganz bestimmte zur Reproduktion bringt. Hierfür ist zu beachten, dass die Stärke grade der Assoziationen verschieden sind, je nach der Zahl und Verteilungsweise der ihnen zugrunde liegenden Wiederholungen usw. Ferner können die auf Assoziation beruhenden Reproduktionstendenzen je nach den verschiedenen vorausgehenden Erlebnissen in verschieden hohe „Bereitschaft" versetzt sein. Ist z. B. ein Wort mit verschiedenen Bedeutungen assoziiert, so wird beim Denken und Sprechen die Bedeutung in höherer Bereitschaft sein und deshalb zuerst oder allein reproduziert werden, die dem Zusammenhang entspricht. Diesen Einfluss des unmittelbar vorangehenden Bewusstseinszustandes auf die Reproduktion bezeichnet man als die Wirkung der psychischen Konstellation. Hierher ist auch die Wirkung des Wollens und seiner „Aufgaben" auf den Reproduktionsverlauf zu rechnen, die wir später noch eingehend betrachten werden.

Neben den auf Assoziation beruhenden Reproduktionstendenzen kommen weiterhin zur Erklärung der Reproduktion unter gegebenen Umständen die auf Perseveration beruhenden in Betracht — sofern man diese „Perseveration" als Ursache von Reproduktionen überhaupt anerkennt.

Endlich dürfen, ja müssen wohl auch noch außerpsychische Faktoren in Rechnung gestellt werden. Dahin gehören natürlich in erster Linie die mannigfachen äußeren und inneren Reize, die unsere Sinnesnerven treffen und die

16.12 Erklärung Der Reproduktionen Im Einzelnen Fall

Wahrnehmungen und mit diesen auch Reproduktionen anregen. Aber noch anderes ist zu berücksichtigen. Sofern wir überhaupt der Ansicht sind, dass Erregungen in gewissen Teilen der Großhirnrinde Bedingungen der Reproduktion sind, so werden wir auch physiologische Einflüsse auf diese Hirnteile für ihre Funktion und damit für den Reproduktionsverlauf verantwortlich machen müssen. Derartige Einflüsse sind: vasomotorische Vorgänge und die dadurch bedingte verschiedene Blutversorgung des Gehirns und die Lebhaftigkeit der Blutzirkulation; Temperaturänderungen der Gehirnteile, Stoffwechselprodukte (z. B. Ermüdungsgifte), Tätigkeit anderer Gebiete des Nervensystems usw. Durch derartige außerpsychische Momente können in wechselnder und für uns unkontrollierbarer Weise die Reproduktionsvorgänge gefördert oder erschwert, angeregt oder gehemmt werden.

Somit lassen sich diese Vorgänge nicht vom rein psychologischen Gesichtspunkt aus zureichend erklären. Wenn wir gleichwohl eine Reihe von psychologischen Gesetzen über Lern- und Reproduktionszeiten, Assoziationsstärken usw. festgestellt haben, so beruht das darauf, dass man diese außerpsychischen Einflüsse (die sich tatsächlich als Fehlerursachen geltend machen), dadurch einigermaßen ausschalten kann, dass wir bei möglichst gleichen Umständen eine recht große Zahl von Versuchen anstellen. Jene zufälligen Einflüsse können sich dann gegenseitig in gewissem Grade kompensieren; sie werden wenigstens das Durchschnittsergebnis nicht wesentlich ändern.

Solche anatomisch-physiologischen Momente kommen aber auch für die Erhaltung von Spuren und Assoziationen in Frage.

16.13 Das Vergessen

Das dem Gedächtnis Einverleibte stellt bekanntlich kein sicher angelegtes Kapital dar. Die einzelnen Erinnerungen werden undeutlicher und lückenhafter, die eine ruft auch nicht mehr so rasch und sicher wie früher die mit ihr verknüpften zurück; ja die Assoziationen scheinen schließlich ganz sich aufzulösen. Auch dieses allmähliche Schwächerwerden und Schwinden der Reproduktionsgrundlagen und der Assoziationen hat man durch experimentelle Untersuchungen bestimmt zu erkennen sich bemüht. Man hat z. B. Töne mittlerer Höhe oder graue Scheiben zur Einprägung dargeboten und dann nach verschieden langer Pause dieselben Reize zugleich mit ganz ähnlichen wieder beobachten lassen. Bei Tönen, von denen der eine um vier Schwingungen sich von dem zuerst gebotenen unterschied, wurde der erste richtig wiedererkannt, nach 2 Sekunden in 94 % der Fälle, nach 10 Sekunden in 78 %, nach 60 Sekunden in 60 %. Bei den Scheiben, an denen die Helligkeitsdifferenz $^1/_{15}$ betrug, wurde die zuerst gezeigte richtig angegeben, nach 5 Sekunden in allen Fällen, nach 30 Sekunden in $^5/_6$, nach 2 Minuten in etwa der Hälfte der Fälle. Bei stärker zunehmenden Zwischenzeiten hat sich freilich überraschenderweise keine entsprechende Abnahme in dem Wiedererkennen des zuerst gebotenen Reizes konstatieren lassen.

Das Wiedererkennen geschieht nicht in der Weise, dass der frühere Eindruck als besondere Vorstellung reproduziert und mit den neu gebotenen verglichen wird, sondern von diesen zeigt eben einer den Charakter des „Schon-Dagewesenen". Freilich ist dieser kein sicheres Kriterium, denn jene „Bekanntheitsqualität" tragen gelegentlich auch erstmalige Eindrücke (fausse reconnaissance), wofür noch eine ausreichende Erklärung fehlt.

Über die Lockerung und das Schwinden der Assoziationen hat man (vermittels der „Ersparnismethode") festgestellt, dass der Prozess des Vergessens zunächst sehr rasch, dann aber ganz langsam verläuft. Beim Erlernen von dreizehngliedrigen Silbenreihen fand Ebbinghaus, dass bereits nach einer Stunde die Hälfte der ursprünglichen Wiederholungen nötig war, um die Reihen wieder zu reproduzieren: Die Ersparnis betrug also nach dieser kurzen Zeit nur noch $1/2$; dagegen nach einem Monat war sie noch $1/5$.

Die Komplexbildung, die ja schon das Einprägen so sehr erleichtert, wirkt auch dem Vergessen entgegen. Sinnvoller Stoff haftet darum viel zäher als sinnloser.

Werden Assoziationen, die bereits in der Lockerung begriffen sind, erneut eingeprägt, so vollzieht sich ihre Auflösung nunmehr viel langsamer. Im Alter lässt die Fähigkeit zum Bilden neuer Reproduktionsgrundlagen und Assoziationen sehr nach; umso mehr machen sich im Geistesleben die älteren bemerkbar, die durch häufige Wiederholung sehr kräftig geworden sind.

Bei den experimentellen Untersuchungen hat sich übrigens gezeigt, dass es nicht gleichgültig für den Bestand von Assoziationen ist, wie man sich unmittelbar nach ihrer Stiftung verhält. Gönnt man sich Ruhe, so ist das für die Festigkeit der Assoziationen günstig, wendet man seine Aufmerksamkeit intensiv anderen Objekten zu, so beschleunigt dies das Vergessen. Die sogenannte „rückwirkende Hemmung" macht es auch erklärlich, dass das überhastete Einpauken von vielerlei Stoff sehr wenig erfolgreich zu sein pflegt.

Aufgrund solcher Erkenntnisse kann aber Reichtum, Sicherheit und Verfügbarkeit unseres Gedächtnisbesitzes in erfolgreicher Weise von unserem Wollen beeinflusst werden.

16.14 Individuelle Verschiedenheiten

Die individuellen Unterschiede sind auf dem Gebiet des Gedächtnisses groß und mannigfaltig. Sie zeigen sich sowohl in der Art der Einprägung, zu der die Einzelnen instinktiv greifen, wie in der verschiedenen Leichtigkeit und Dauer des Behaltens, der Zuverlässigkeit der Reproduktion, dem Umfang des Gedächtnisbesitzes usw.

Höchstwahrscheinlich spielen hier angeborene Unterschiede der Veranlagung eine Hauptrolle. Aber auch die Übung ist von größter Bedeutung. Wo hervorragende Begabung und maximale Übung zusammentreffen, da kommt es gelegentlich zu wahrhaft erstaunlichen Gedächtnisleistungen, wie sie besonders an „Blindlings"-Schachspielern und an Rechenkünstlern beobachtet wurden. Das Bedeutendste leistete in dieser Hinsicht Dr. Rückle, der auf dem ersten Kongress für experimentelle Psychologie zu Gießen 1904 großes Aufsehen er-

16.14 Individuelle Verschiedenheiten

regte und der sich auch jahrelang G. E. Müller in Göttingen zu Untersuchungen zur Verfügung stellte.

Rückle hat die früher viel genannten Rechenkünstler Inoudi und Diamondi in mancher Beziehung weit überflügelt. 192 Ziffern hat er einmal nach einer Einprägung von 5 Minuten 43,5 Sekunden, 102 Ziffern nach 2 Minuten 40 Sekunden der Reihe nach hersagen können; für 200 Ziffern brauchte er ein anderes Mal 7 Minuten 4,2 Sekunden. Diamondi bedurfte dazu 1 Stunde 15 Minuten; Inoudi vermochte diese Zahl von Ziffern überhaupt nicht einzuprägen. Über 200 eingeprägte Ziffern hat bis jetzt nur Rückle herzusagen vermocht, und zwar 288 Ziffern nach 10 Minuten 39 Sekunden; 408 Ziffern nach 26 Minuten 48 Sekunden; 504 Ziffern nach 44 Minuten 20 Sekunden Einprägungszeit.

Ein Karree von 25 Ziffern beherrschte Diamondi in 2 Minuten, Inoudi in 45 Sekunden, Rückle in 6,7 Sekunden.

Er vermag ein Karree von 7 siebenstelligen Zahlen nach einmaligem Vorsagen vor- und rückwärts und in der Spirale zu wiederholen. Drei- und vierstellige Zahlen multipliziert er oder erhebt er in das Quadrat, ehe die Aufgaben noch recht ausgesprochen sind. Spielend vermag er Kubikwurzeln von sechs- und siebenstelligen Zahlen auszurechnen und zweistellige Zahlen in die vierte bis sechste Potenz zu erheben, wobei die Resultate bis in die Milliarden gehen. Die Gleichung $x^3 - 649 x^2 - 111.009 x + 58.328.361 = 0$ löste er im Kopfrechnen in 6 Minuten. Die 17te Wurzel aus einer vierzigstelligen Zahl gab er in einer Minute an.

Die genaue psychologische Untersuchung hat zu dem Ergebnis geführt, dass die Leistungen Rückles nicht auf einem Spezialgedächtnis für Eindrücke akustischer oder visueller Art oder auf einem mechanisch wirkenden Spezialgedächtnis für Zahlen beruhen. Die sogenannten „rein mechanischen" Bedingungen des Behaltens treten bei ihm entschieden zurück gegenüber dem denkenden Erfassen. Mit einer erstaunlichen Geschwindigkeit vermag er in dem Zahlenstoff mathematische Beziehungen zu erkennen und ihn dadurch aus einem bloßen Aggregat in ein organisiertes Ganzes von einer bestimmten Struktur zu verwandeln.

So hat auch die genaue psychologische Untersuchung dieses Rechenkünstlers bestätigt, was schon die Gedächtnisforschung an durchschnittlich Begabten festgestellt hatte: Dass nicht isolierte Elemente mechanisch eingeprägt werden, sondern dass allenthalben, selbst bei sinnlichem Stoff, die Herstellung oder Auffassung von Relationen und damit die Komplexbildung der weitaus wirksamere Faktor ist. Somit stellt sich auch auf dem Gebiet des Gedächtnisses, das am meisten Analogien für mechanische Naturvorgänge zu bieten schien, der organische Charakter des Geisteslebens immer klarer heraus. Nicht psychische Elemente häufen sich in ihm zusammen und gestalten dadurch die sogenannten höheren Gebilde, sondern nur als Bestandteile von organisierten Komplexen werden die Elemente ausgenommen und reproduziert.

16 DIE GEDÄCHTNISVORGÄNGE

16.15 Die physiologische Gedächtnistheorie

Wie bei Empfindungen und Wahrnehmungen unzweifelhaft physiologische Vorgänge beteiligt sind, so darf für deren Erneuerung als reproduzierte Empfindungen und Gedächtnis- (und Fantasie-) Vorstellungen ein gleiches angenommen werden. Als herrschende physiologische Gedächtnishypothese kann folgende angesehen werden:

Jede (durch einen Reiz verursachte) physiologische Erregung in der Großhirnrinde hinterlässt daselbst eine gewisse Nachwirkung („Spur", „Residuum", „Reproduktionsgrundlage", „Engramm"). Diese Spuren sind Dispositionen zur Erneuerung eines dem ersten mehr oder minder entsprechenden Erregungsvorganges. Eine solche Erneuerung tritt ein, wenn gleiche oder ähnliche Reize die Sinne treffen. (Sogenannte „Ähnlichkeitsassoziation".) Sie erfolgt aber auch aufgrund der „Berührungsassoziation". Diese erklärt man physiologisch so, dass die Spuren gleichzeitiger oder unmittelbar aufeinander folgender Erregungen durch besonders leicht gangbare Nervenbahnen miteinander verbunden seien; die erneute Erregung einer Spur pflanze sich darum leicht auf die damit assoziierten fort. Jene leichte Gangbarkeit der Verbindungsbahnen führt man darauf zurück, dass bei gleichzeitiger oder fast gleichzeitiger Erregung zweier Stellen der Großhirnrinde diese Erregung von zwei Seiten her in die verbindenden Nervenfasern einströme und diese gleichsam „ausschleife". Bei der mangelhaften Kenntnis, die wir bis jetzt von dem Wesen der Erregungsvorgänge haben, kann die Beschaffenheit der „Spuren" und der „Ausschleifung" noch nicht näher angegeben werden. Man behilft sich darum mit Analogien, um zu beweisen, dass materielle Vorgänge Nachwirkungen hinterlassen, die eine Erneuerung jener Vorgänge erleichtern. Ein wiederholt um denselben Koffer geschlungener starker Strick behält gewisse Einknickungen bei, die es erleichtern, ihn wieder darum zu legen. Ähnlich verbleiben Spuren vom Zusammenfalten eines Papiers und ein leichter Anstoß genügt, um es wieder in derselben Weise zusammenzuklappen. Auch auf das Sicheinlaufen von Maschinen, das Sichanpassen neuer Stiefel und anderer Kleidungsstücke hat man hingewiesen. In allen diesen Fällen werden wohl gewisse Umlagerungen kleinster Teilchen stattfinden. Was insbesondere die „Ausschleifung" der nervösen Bahnen betrifft, so beruht sie wohl darauf, dass die Nervensubstanz in einen labileren Zustand versetzt wird, vermöge dessen die im Nerven enthaltenen Energiemengen verhältnismäßig leicht zu einer sich fortpflanzenden Entladung gebracht werden (ähnlich wie das Feuer an der Zündschnur entlang läuft).

16.16 Bedenken gegen die physiologische Gedächtnistheorie

Diese physiologischen Hypothesen über Assoziation und Reproduktion erscheinen vielen so einleuchtend, dass sie überzeugt sind, damit sei eine wirkliche physiologische Erklärung der Gedächtnisvorgänge gegeben. Insbesondere in der populär-psychologischen und in der pädagogischen Literatur werden diese Lehren meist als feststehende Wahrheiten vorgetragen.

16.16 Bedenken Gegen Die Physiologische Gedächtnistheorie

Bei näherer Prüfung aber zeigt es sich, dass diese Hypothesen doch nur innerhalb bestimmter Grenzen Erklärungswert besitzen, und dass ihnen noch eine Reihe ungelöster Schwierigkeiten entgegenstehen. In verdienstvoller Weise hat dies namentlich Erich Becher in seinem Buch „Gehirn und Seele" (1911) näher ausgeführt.

Zunächst muss es aus prinzipiellen erkenntnistheoretischen und metaphysischen Erwägungen (auf die wir erst später eingehen können) als eine offene Frage bezeichnet werden, ob die „Spuren" und „Assoziationen", die wir zur Erklärung der Erinnerungsvorgänge annehmen, als rein physiologisch oder auch zugleich — wie z. B. der psychophysische Parallelismus behaupten muss — als unbewusst psychisch zu denken sind. Immerhin könnte unter diesem Gesichtspunkt dieses unbewusst Psychische außer Betracht bleiben; es soll ja lediglich Parallele zum Physischen sein, d. h. in keiner kausalen Beziehung zu diesem stehen. Aber, wie wir später zeigen werden, auch die Ansicht von einer kausalen Wechselbeziehung zwischen dem Physischen und Psychischen darf heute noch als diskutabel anerkannt werden. Legen wir sie zugrunde, so muffen die „Spuren" und „Assoziationen" im physischen Sinne zwar als notwendige Teilbedingungen für die Gedächtnisvorgänge angesehen werden, aber sie dürfen nicht für mehr gelten. Ja, es wird gerade für die Ansicht von der psychophysischen Wechselwirkung sprechen, wenn es sich zeigen sollte, dass eine rein physiologische Erklärung dieser Vorgänge vielfach versagt. Dies ist in der Tat der Fall, wie hier, im Anschluss an Becher, gezeigt werden soll.

Zunächst ist eine prinzipielle Schranke aller physiologischen Erklärung unverkennbar. Die Gedächtnisvorgänge bestehen ja nicht lediglich in einer Erneuerung früherer Erlebnisse, sondern in der Erinnerung wissen wir zugleich um diese Erneuerung. Das erneute Erlebnis ist nicht einfach da wie ein primäres, sondern in und mit ihm ist eine Zurückbeziehung auf das frühere gegeben. So wird z. B. ein Gegenstand, an den ich mich erinnere, mit einem früher wahrgenommenen identifiziert; ferner jene Wahrnehmung vielfach in einen bestimmten Zeitpunkt der Vergangenheit verlegt. Alles das dürfte sich prinzipiell der physiologischen Erklärung entziehen. Eine Hauptschwierigkeit erwächst dieser weiterhin aus der Frage: Wie kommt es, dass Spuren von Erregungen, die von denselben Sinneselementen her der Großhirnrinde zugeleitet werden, sich nicht gegenseitig stören und verwischen, wie etwa mehrere Aufnahmen auf derselben fotografischen Platte? So „fixieren" wir z. B. alle Dinge, die wir aufmerksam betrachten. Zahllose Objekte bilden sich demnach auf dem Zentrum unserer Netzhaut ab, und die verschiedensten Erregungen strömen von dort durch die gleichen Nervenbahnen nach derselben Region der Großhirnrinde. Und doch können wir die Erinnerungsbilder der gesehenen Dinge getrennt voneinander ins Bewusstsein zurückrufen. Wie soll man sich diese isolierte Aufbewahrung physiologisch denken?

Wollte man hier mit Semon annehmen, dass die Residuen der zeitlich verschiedenen Eindrücke in immer neuen und neuen Engrammschichten aufbewahrt würden, die sich gegenseitig nicht stören, so würden dadurch die Residuen zu stark voneinander isoliert. Dann wäre es wieder unverständlich, wie wiederholte Eindrücke von demselben Objekt zu einem allgemeinen Wissen um dieses zusammenfließen; ja es wäre nicht einmal zu erklären, wie ein neuer Eindruck Residuen, die in älteren Schichten lagern, reaktivieren könnte.

Ein weiteres grundsätzliches Bedenken richtet sich gegen die Erklärung neuer Berührungsassoziationen durch gleichzeitige Erregung einer Bahn von zwei Seiten her. Erfolgt z. B. ein Taft-und ein Gesichtseindruck gleichzeitig, so soll sich die zwischen ihren Residuen liegende Bahn „ausschleifen"; erfolgen diese Eindrücke in zeitlichem Abstand, so soll diese Ausschleifung nicht stattfinden, auch wenn sich jene Eindrücke öfter wiederholen. Eine einmalige Erregung von zwei Seiten her soll eine dauernde Wirkung haben, während sie wiederholten Erregungen von denselben beiden Endpunkten her lediglich deshalb versagt sein soll, weil sie nicht gleichzeitig erfolgen. Wenn man ferner bedenkt, dass z. B. unsere Netzhaut nicht nur in einzelnen Punkten, sondern in ihrer ganzen Fläche fortwährend gereizt wird, so müsste man annehmen, dass alle von ihr aus erregbare Bahnen ausgeschliffen seien. Wäre da nicht zu erwarten, dass durch jeden neuen Gesichtseindruck, der irgendwelche optischen Residuen erregt, alle Residuen dieser Art erregt würden?

Nach der physiologischen Hypothese muss die räumliche Lage der „Spur" in der Großhirnrinde abhängen von der Eintrittsstelle des betreffenden Reizes. Nun werden aber diese Spuren durch gleiche (oder ähnliche) Reize reproduziert, wenn sie auch nicht auf dieselben peripheren Nervenendungen treffen. Ein Rot z. B. wird als Rot erkannt, gleichgültig, ob es mit der Netzhautmitte oder einer etwas peripheren Stelle wahrgenommen wird. Wie ist es aber möglich, dass alle qualitativ gleichen Reize, bzw. Erregungen, zu demselben Ort der Gehirnrinde hingeleitet werden, obwohl sie von ganz verschiedenen Netzhautstellen ausgehen?

Noch schwerer wiegt dieser Einwand, wenn man an das Wiedererkennen von Gestalten denkt. Dieses findet nicht nur statt, wenn bei der erneuten Wahrnehmung die Lage des Netzhautbildes verschieden ist, sondern auch, wenn Größe und Farbe der betreffenden Figur andere sind. So erkennen wir ohne Schwierigkeit dasselbe Wort wieder, wenn es auch mit größeren oder andersfarbigen Lettern gedruckt ist.

Endlich vermag die gewöhnliche Vorstellung über die Natur der Residuen nicht die bescheidenste Fantasieleistung zu erklären. Denn danach soll ja das Residuum durch Lage, Größe und Gestalt des Eindrucks ein für alle Mal bestimmt sein. An dieser Starrheit der Residuen scheitert die Erklärung der Lebendigkeit der

Fantasie. Selbst die mannigfachen Wandlungen, denen die Erinnerungsvorstellungen unterliegen (besonders ihre Verallgemeinerung), fügen sich kaum in die physiologische Hypothese ein. Ihr gegenüber ist also kritische Vorsicht durchaus am Platze, zumal da sie in ihrer bisherigen Gestalt schwerlich der großen Bedeutung gerecht werden kann, die Aufmerksamkeit, Komplexbildung

16.16 Bedenken Gegen Die Physiologische Gedächtnistheorie

(und damit das Relationsbewusstsein), ferner Wollen und die von ihm getragenen Zielvorstellungen auf die Gedächtnisleistungen haben.

17 Die Aufmerksamkeit

17.1 Verhältnis der Aufmerksamkeit zum Gegenstandsbewusstsein

Jedermann weiß, was Aufmerksamkeit ist; schon das Kind versteht die Aufforderung, aufmerksam zu sein, und doch herrscht in der heutigen Psychologie über die Begriffsbestimmung der Aufmerksamkeit und vollends gar über ihre Erklärung viel Streit. Wir beschränken uns auch hier zumeist auf die Beschreibung und suchen uns in der Ausdrucksweise möglichst im Einklang mit dem allgemeinen Sprachgebrauch zu halten.

Dieser leitet sofort zu der Feststellung, dass nicht einzelne Erlebnisse oder Bewusstseinsinhalte „aufmerksam" sind, sondern dass wir selbst es sind. Die Aufmerksamkeit wird demnach als ein Verhalten des Ich gefasst, das (wie schon die vorwissenschaftliche Erfahrung zeigt) in verschiedenem Grade vorhanden sein kann.

Ferner können wir stets die Aussage machen, dass wir unsere Aufmerksamkeit (unwillkürlich oder willkürlich) auf etwas richten. Nun haben wir bereits die überaus mannigfachen Erlebnisse, in denen wir auf etwas geistig gerichtet sind, als Erlebnisse des Gegenstandsbewusstseins zusammengefasst. Wir müssen also die Frage aufwerfen, wie sich Gegenstandsbewusstsein und Aufmerksamkeit zueinander verhalten. Linker den neueren Psychologen hat besonders Theodor Lipps sich bemüht, die Beziehung zwischen beiden bestimmt zu fassen. In freiem Anschluss an ihn möchten wir sagen: In jenem Verhalten des Ich, das wir Aufmerksamkeit nennen, konstituiert sich für uns das Gegenstandsbewusstsein: Gegenstände sind für uns erst da, sofern wir aufmerksam auf sie sind.

Dagegen darf man natürlich nicht einwenden, die Dinge seien doch da, gleichgültig, ob wir unsere Aufmerksamkeit darauf richteten oder nicht. Es handelt sich ja gar nicht um die reale Existenz der Dinge, sondern darum, dass sie für uns Gegenstände werden, d. h. dass wir sie bemerken, beachten. Wie viele Dinge, die den Umständen nach von uns wahrgenommen werden könnten, werden tatsächlich von uns ganz übersehen!

Damit ist die Möglichkeit gegeben, dass zwar Reize unsere Sinnesorgane treffen und Empfindungen in uns erregen, dass diese aber sozusagen in der Peripherie des Bewusstseins bleiben; dann stellen sie für uns auch keine Objekte dar; sie sind Bewusstseinsinhalte, werden jedoch nicht für uns zu „Gegenständen"; sie werden (um mit Wundt zu reden) „perzipiert", aber nicht „apperzipiert"; gelangen nur in das „Blickfeld", nicht in den „Blickpunkt" des Bewusstseins.

Gerade in dem hier berücksichtigten Fall, dass äußere Reize unsere Sinne erregen, ist nun das Zustandekommen eines zweifachen Gegenstandsbewusstseins möglich. Bei unserem gewöhnlichen Verhalten sind nicht die Empfindun-

17.1 Verhältnis Der Aufmerksamkeit Zum Gegenstandsbewusstsein

gen als solche die Objekte unserer Aufmerksamkeit, vielmehr die Dinge, als deren Eigenschaften oder Wirkungen die Empfindungen im naiven Bewusstsein instinktiv aufgefasst werden. Die Empfindungen selbst jedoch werden Gegenstand bei der Einstellung auf psychologische Wahrnehmung und Beobachtung, wobei sie nicht mittels Kategorien der äußeren Welt (wie „Ding", „dingliche Eigenschaft"), sondern mittels psychologischer Begriffe (wie „Bewusstseinsinhalt", „Erlebniselement") aufgefasst (apperzipiert) werden.

Diese zweite Art des Gegenstandsbewusstseins bringt uns wieder in Erinnerung, dass der Begriff „Gegenstand" nach unserem Sprachgebrauch ja viel mehr und Mannigfaltigeres bedeutet als nur physische Dinge. Aber mögen die Gegenstände auch sein, welche sie wollen, physische oder psychische, reale, ideale oder phänomenale, stets sind sie Objekt für uns nur insofern, als wir die Aufmerksamkeit auf sie richten.

17.2 Beschreibung der Aufmerksamkeit

Suchen wir nun das mit Aufmerksamkeit Erfasste, d. h. die Gegenstände unseres Bewusstseins, zu beschreiben im Unterschied von dem, was als bloß perzipierter Bewusstseinsinhalt gleichsam im Hintergrund bleibt, so finden wir bei den Psychologen Prädikate, wie klar und deutlich, lebhaft und eindringlich. Indessen dürften nur die beiden letzteren in allen Fällen zutreffend sein; denn es kann sein, dass wir auf Gegenstände unsere Aufmerksamkeit richten, die uns gar nicht klar und deutlich sind; man denke an Beobachtung in der Dämmerung, an angestrengtes Nachsinnen über eine uns unverständliche Stelle usw. Das entscheidende Merkmal dürfte eben das sein, dass das aufmerksam Erfasste für uns Gegenstand wird.

Die Übergänge zwischen dem Beachteten und Nichtbeachteten sind fließende und auch innerhalb des Beachteten kann manches noch in höherem Maße von der Aufmerksamkeit erfasst sein wie anderes. Über diese verschiedenen Bewusstseinsgrade hat neuerdings die Untersuchung von E. Westphal Licht verbreitet. Die wichtigsten Unterschiede sind: 1. das bloße Gegebensein eines Inhalts; 2. die Beachtung; 3. die Konstatierung. Das „Gegebensein" als niederster Bewusstseinsgrad würde eben beim Fehlen der Aufmerksamkeit vorhanden sein. Der Inhalt wird dann nicht zum Gegenstand (weder der äußeren noch der inneren Wahrnehmung). Die „Konstatierung" besteht darin, dass wir beim Ergebnis der Beachtung verweilen, und es eigens fixieren, z. B. durch Beilegung des Namens, womit ein Urteilserlebnis gegeben ist. Vielfach geht dem ein Stadium voraus, das des „potenziellen Wissens", indem das Urteil sich vorbereitet, und das Subjekt die Sicherheit besitzt, es fällen zu können. Diese Beobachtungen bestätigen ihrerseits die enge Zusammengehörigkeit von Aufmerksamkeit und Erlebnissen des Gegenstandsbewusstseins.

Dass der Gegenstand wirklich beurteilt und dadurch erkannt (aufgefasst, verstanden) wird, ist freilich mit dem Vorhandensein der Aufmerksamkeit nicht notwendig gegeben. Wir können auch aus ein Objekt unsere volle Aufmerksamkeit wenden, das uns dabei unverständlich und rätselhaft bleibt. Aber es ist uns dann doch „etwas", d. h. Gegenstand, freilich noch kein irgendwie bestimmter. Jedoch werden durch die Aufmerksamkeit sofort Denkprozesse angeregt, deren Ziel die nähere Bestimmung ist.

Dass wir die Aufmerksamkeit zum Gegenstandsbewusstsein in engste Beziehung setzen, besagt nicht, dass sie für andere Erlebnisgattungen keine Bedeutung habe. Vielmehr wird der Gegenstand unseres Fühlens, Wertschätzens und Wollens auch Gegenstand der Aufmerksamkeit sein; ferner können wir auf diese Erlebnisse selbst unsere Aufmerksamkeit zu richten suchen; dass sie endlich unter den Bedingungen der Aufmerksamkeit eine wichtige Rolle spielen, wird noch später zu zeigen sein.

17.3 Umfang der Aufmerksamkeit

Aus früher Gesagtem erhellt, dass der Anfang des aufmerksam Bewussten enger ist als der des Bewussten überhaupt. Zahlreiche Untersuchungen in der experimentellen Psychologie haben sich das Ziel gesetzt, den „Umfang" der Aufmerksamkeit genauer zu messen (wobei diese Frage von der nach dem Bewusstseinsumfang nicht immer reinlich geschieden worden ist).

Man hat dabei die Zahl der Gegenstände zu bestimmen gesucht, die bei sehr kurzer Darbietung (vermittels des Tachistoskops) aufgefasst und angegeben werden konnten. Es hat sich dabei für den Gesichtssinn ergeben, dass bei einer Expositionszeit von 0,01 Sekunde durchschnittlich fünf konkrete Einzelobjekte richtig erfasst werden. Dieser Umfang wird nicht wesentlich größer, wenn die Wahrnehmungszeit bis zu einer halben, ja einer ganzen Sekunde verlängert wird; acht Elemente stellen jedenfalls das meiste dar. Anderseits wird auch die Zahl der aufmerksam erfassten Objekte nicht wesentlich kleiner, wenn man statt ganz einfacher Gegenstände, wie Punkte, Striche, kompliziertere wie Ziffern, Buchstaben, Silben oder kurze Wörter wählt, sodass im letzteren Fall vier bis fünf Wörter mit 20 bis 30 Buchstaben erfasst werden können.

Wie für die Gesichtseindrücke, so glaubt man auch für Tast- und Klangeindrücke den mittleren Umfang des aufmerksamen Bewusstseins auf fünf Einheiten bemessen zu dürfen.

Derartige Feststellungen sind natürlich nicht ohne Weiteres von einem Sinnesgebiet auf andere zu übertragen oder schlechthin für jede Art von Gegenstandsbewusstsein zu verallgemeinern. Auch ist mit ihnen noch nicht erwiesen, dass gleichzeitig mehrere Akte des Gegenstandsbewusstseins erfolgen können. Manches spricht dafür, dass jeweils nur ein Akt erlebt werden kann. Ein solcher vermag aber, wie die obigen Versuchsergebnisse zeigen, mehrere Objekte zu erfassen, besonders wenn diese sich zu einem Gesamtgegenstand vereinigen lassen.

Diese Tatsache, dass der Umfang der Aufmerksamkeit ein relativ beschränkter ist, wird in der Regel auch gemeint, wenn man — allzu ungenau — von „Enge des Bewusstseins" redet. Nur ist diese keine konstante Größe; denn die Aufmerksamkeit selbst kann ja mehr oder minder angespannt sein, ebenso kann

17.3 Umfang Der Aufmerksamkeit

sie sich durch gesteigerte Konzentration auf Einzelnes verengen. Oder aber es kann eine größere Verteilung (Distribution) der Aufmerksamkeit eintreten, die ihrerseits von einem raschen Wandern derselben über eine Mehrheit von Objekten nicht ganz leicht zu unterscheiden ist.

17.4 Aufmerksamkeit und Abstraktion

Diese Enge des Bewusstseins oder richtiger der Aufmerksamkeit ist auch das Wesentliche in den Erlebnissen, die wir als (isolierende) Abstraktion und Analyse bezeichnen.

Die Gegenstände, mit denen wir es theoretisch oder praktisch zu tun haben, sind meist viel komplizierter und reicher an Bestimmungen, als dass sie in ihrer Totalität von uns jeweils erfasst würden. Der (reale oder ideale) Gegenstand „an sich" enthält also meist weit mehr, als „für uns" Gegenstand wird. Vieles mag überhaupt nicht bewusst werden; anderes, was bewusst wird, bleibt unbeachtet und infolgedessen unbestimmt und flüchtig. Von alledem wird „abgesehen", „abstrahiert", und infolgedessen wird das aufmerksam Erfasste relativ isoliert, d. h. gesondert von dem, was im Gegenstand damit zusammengehört. Deshalb dürfen wir hier von „isolierender Abstraktion" reden. Sie setzt uns in die Lage, selbst solches, was im anschaulichen Erlebnis in so innigem zusammen sich darbietet, wie Qualität und Intensität einer Empfindung oder wie Gesichtsempfindung und räumliche Ausdehnung, für unsere Beachtung zu trennen (wobei die Möglichkeit gesonderter Variation eine wichtige Unterstützung bietet). Indem wir ferner die Aufmerksamkeit sukzessive verschiedenen Momenten eines Gegenstandes zuwenden, „analysieren" wir ihn (was wieder eine Voraussetzung der Beschreibung ist). —

Wir sind nun freilich gewohnt — und der Sprachgebrauch der Logik stützt diese Gewöhnung — unter Abstraktion die Gewinnung der allgemeinen Begriffe aus den individuell konkreten Objekten der äußeren und der Erlebnis-Wahrnehmung zu verstehen. Wir haben darum bis jetzt von „isolierender" Abstraktion gesprochen und müssen noch hinzufügen, dass das Einzelne, dem wir dabei unsere Aufmerksamkeit zuwenden, durchaus seinen individuell-konkreten Charakter behält. Wenn ich z. B. an einem vor mir liegenden Blatte von seiner Figur und Ausdehnung absehe und nur die Farbe beachte, so nimmt diese deshalb keinen „allgemeinen" Charakter an.

Von der „isolierenden" Abstraktion ist also diejenige, die sich zum Allgemeinen erhebt, nämlich die „generalisierende", scharf zu unterscheiden.

Man kann aber die Frage aufwerfen, ob für diese Letztere nicht auch die Aufmerksamkeit von Wichtigkeit sei. Das ist, wie mir scheint, der Fall, doch sozusagen im negativen Sinne. Denn, wie schon bemerkt, gelangt das, was wir nicht aufmerksam erfassen, nur unbestimmt und insofern „allgemein" zu unserem Bewusstsein (wenn es nicht überhaupt ganz unbewusst bleibt).

17 DIE AUFMERKSAMKEIT

Wie häufig begegnen uns Fälle wie die, dass wir von einem Menschen, mit dem wir eben gesprochen haben, nichts Näheres angeben können über seine Kleidung, die Farbe seiner Haare oder Augen usw.

Diese Ungenauigkeit der Wahrnehmung (die mit der Enge des wirklich Beachteten gegeben ist) lässt viele Objekte, die im Einzelnen recht verschieden sind, uns ähnlich erscheinen. Nun können aber Spuren früherer Eindrücke, und alles, was damit assoziiert ist, nicht bloß durch gleiche, sondern auch durch ähnliche Wahrnehmungsobjekte erweckt werden. Die gleichen Worte können also von einem großen Kreis ähnlicher Objekte in unser Bewusstsein gerufen werden.

Diese Tatsache, die wir noch bei den Sprachen lernenden Kindern in oft überraschendem Umfang konstatieren können, dürfte auch für die Bildung der Sprache bei den primitiven Menschen von Bedeutung gewesen sein. Sie erklärt freilich nicht jenes Moment im Wesen der Sprache, dass Worte als Zeichen für Gegenstände in Verwendung kamen. Aber diese eigenartige Beziehung des Zeichens zum bezeichneten Objekt als Ergebnis einer besonderen geistigen Funktion einmal vorausgesetzt, erklärt die Unbestimmtheit der Wahrnehmung die Beziehung der Worte auf einen weiten Kreis ähnlicher Objekte. (In gleicher Richtung muss das Unbestimmtwerden der Erinnerungsvorstellungen wirken.) In dem Bewusstsein der Beziehung des Wortes auf eine Vielheit ähnlicher Gegenstände, auf ein gewisses Gebiet, eine „Sphäre" von Objekten, besteht aber in vielen Fällen das Begriffs- bzw. Bedeutungserlebnis. Ja, man darf wohl sagen: Das unbestimmt oder verschwommen Wahrgenommene und Vorgestellte bildet die anschauliche Unterlage für die in den Begriffen gemeinten „allgemeinen Gegenstände", wie z. B. Pflanze, Tier, Mensch überhaupt.

Mithin dürfte auch die Aufmerksamkeit, sofern sie uns stets von so vielem Einzelnen absehen lässt, zu der generalisierenden Abstraktion und damit zum Zustandekommen der allgemeinen Begriffe beitragen.

17.5 Begleiterscheinungen der Aufmerksamkeit

Diese Erörterung der Aufmerksamkeit als eines wesentlichen Moments bei der isolierenden Abstraktion und der Analyse, sowie bei der generalisierenden Abstraktion und der Begriffsbildung führt zwar in genetische Fragen hinein, doch sie überschreitet an und für sich nicht den Rahmen der Beschreibung; es werden ja nur die Erlebnisse des isolierenden und generalisierenden Abstrahierens durch ihre Kennzeichnung als Aufmerksamkeitsphänomene geschildert.

Die Beschreibung der Aufmerksamkeit muss auch gewisse körperliche Symptome berücksichtigen, die zwar vielfach mehr als unwesentliche Begleiterscheinungen aufgefasst werden, die aber so regelmäßig auftreten, dass wohl tiefere Zusammenhänge mit der Aufmerksamkeit selbst vermutet werden dürfen. Auf diesen körperlichen Begleitvorgängen beruht es, dass wir den Menschen ansehen, ob sie aufmerksam sind oder nicht. Wenn diese Vorgänge auch ganz unwillkürlich eintreten, so kommen sie doch durch Bewegungs-, Spannungs-

17.5 Begleiterscheinungen Der Aufmerksamkeit

und Organempfindungen zum Bewusstsein, freilich sind sie in der Regel nicht selbst beachtet, sondern verbleiben im Bewusstseinshintergrund.

Das Begleitetsein von Ausdruckssymptomen hat die Aufmerksamkeit mit Gefühls- und Willenserlebnissen gemein (was zugleich auf tiefere Zusammenhänge mit solchen hinweist). Wir werden bei Erörterung dieser der Methoden und Hilfsmittel gedenken, wodurch man eine genauere Registrierung dieser körperlichen Vorgänge versucht hat. Die Untersuchungen haben hinsichtlich der Begleiterscheinungen der Aufmerksamkeit noch zu wenig gesicherten Ergebnissen geführt. Zu diesen gehören aber gewisse Hemmungserscheinungen, so in der Atembewegung. Bekannt ist ja, dass Menschen, die in lebhafte Unterhaltung vertieft sind, leicht langsamer gehen oder stehen bleiben. Diese Hemmungsvorgänge sind von besonderem Interesse, weil sich auch die Verengung des Bewusstseins als Hemmung auffassen lässt. Sie besteht darin, dass Reize, denen die Aufmerksamkeit nicht zugewendet ist, gar nicht wirken oder nur schwach bewusste Empfindungen auslösen. Ebenso bleiben reproduzierte Vorstellungen oder Gedanken, denen die Aufmerksamkeit nicht zuteilwird, sozusagen „passiv", ihr Einfluss auf den Ablauf des psychischen Geschehens ist gehemmt.

17.6 Dauer der Aufmerksamkeit

Im Rahmen der beschreibenden Psychologie halten sich auch die Feststellungen über die Dauer der Aufmerksamkeit. Man will festgestellt haben, dass schwache Sinnesreize (Ohrticken, leise Töne), auf die wir unsere Aufmerksamkeit richten, mehr oder weniger periodisch für uns verschwinden und wieder auftauchen. Man sieht darin ein periodisches Schwächerwerden, gleichsam Ermatten, der Aufmerksamkeit, das man als „Aufmerksamkeitsschwankung" bezeichnet. Eine verwandte Erscheinung ist die, dass unsere Aufmerksamkeit nur wenige Sekunden — durchschnittlich drei bis acht — demselben Einzelgegenstand zugewandt bleiben kann; sie schweift dann ab. Dem widerspricht nicht, dass wir vielleicht stundenlang mit gespannter Aufmerksamkeit einem Schauspiel, einer Lektüre folgen; denn hierbei wechseln die Gegenstände fortwährend.

17.7 Willkürliche und unwillkürliche Aufmerksamkeit

Bemühen wir uns, derartiges Abschweifen und Ermatten der Aufmerksamkeit zu verhüten, so haben wir das Erlebnis der willkürlichen Aufmerksamkeit. Bei ihr konstatieren wir Aktivität, Selbsttätigkeit. Wo diese Merkmale im Erlebnis fehlen, wo einfach die Gegenstände eindringlich und lebhaft für uns da sind, da spricht man von unwillkürlicher und passiver Aufmerksamkeit. Es wäre aber irrig, wenn wir „passiv" hier im Sinne eines deskriptiven Merkmals fassen wollten. Nicht minder würde es andererseits über die Deskription hinausgehen, wenn man betonen wollte, dass wir ja auch bei unwillkürlicher Aufmerksamkeit äußerst „aktiv" sein können, z. B. beim Auffassen eines Lesestoffs, bei einer Beobachtung, der Lösung einer Aufgabe. Weder aktiv noch passiv fühlen wir uns bei der unwillkürlichen Aufmerksamkeit, wenigstens in ihrer konzentriertesten Form; ja man kann geradezu sagen: Wir fühlen und wissen von uns überhaupt nichts; wir sind ganz „versunken" und „verloren" in den Gegenstand; wir haben uns selbst ganz vergessen. Gegenstände sind da. Wenn wir hinzusetzen: „Für uns", so sagt das eigentlich schon zu viel, und es soll nur den Unterschied von der bloßen realen Existenz der Gegenstände andeuten.

17.8 Äußere Bedingungen der Aufmerksamkeit

An die Beschreibung der Aufmerksamkeit selbst reihen sich als weitere Aufgaben die Feststellung ihrer Bedingungen und ihrer Wirkungen. Sofern wir hierbei mehr aussagen wollen als einfach gewisse Regelmäßigkeiten in der Folge von Erlebnissen, gehen wir allerdings über die bloße psychologische Beschreibung hinaus.

Die Bedingungen dafür, dass unsere Aufmerksamkeit sich auf etwas richtet (d. h. dass es für uns Gegenstand wird), sind entweder mehr äußere (objektive) oder mehr innere (subjektive). Dass es sich nur um ein relatives Überwiegen des einen oder des anderen Merkmals handelt, wird die nähere Betrachtung zeigen.

Als „äußere" Bedingungen der Aufmerksamkeit hat man festgestellt (und teilweise in ihrer Bedeutung näher untersucht):

a) **Die relative Isolierung von Reizen**, das Sichabheben von der Umgebung. So zieht auch das Bewegte und überhaupt das sich Ändernde leichter die Aufmerksamkeit auf sich.

Natürlich spielt aber dabei die Unterschiedsempfindlichkeit für Intensitätsverschiedenheiten und die Unterscheidungsfähigkeit für qualitative Differenzen eine Rolle. Das sind jedoch Bedingungen, die im Subjekt liegen. Sie können teils auf angeborenen Anlagen oder Übung beruhen und relativ dauernd sein, teils kürzer dauernden Schwankungen unterliegen. So wird durch Ermüdung, Alkohol, Kälte die Unterscheidungsfähigkeit herabgesetzt, durch Erholung, mittlere Temperatur, Koffein u. a. gesteigert.

b) **Das besonders Starke und Große**. Ein lauter Knall oder ein gewaltiger Donner, grelle Lichtreize, die riesigen Lettern eines Plakats erregen die Aufmerksamkeit. Aber auch hier ist der Zustand des Subjekts nicht gleichgültig. Sind z. B. derartig mächtige Eindrücke einem Subjekt etwas Gewohntes, so werden sie von ihm unter Umständen gar nicht mehr beachtet. Die lauten Geräusche eines Fabrikbetriebs können von Arbeitern ganz überhört werden.

c) **Das zufällige räumliche Verhältnis der Reize zu uns** und unseren Sinnesorganen. Das Nahe findet im Allgemeinen mehr Beachtung als das Ferne; ebenso das zufällig Fixierte mehr als das nur mit der Peripherie der Netzhaut Wahrgenommene. Der Anteil des Subjekts ist hier auch unverkennbar. Noch mehr gilt dies für:

d) **das Neue (Seltene, Ungewohnte) und Unerwartete**; denn beides hat diese Eigenschaft ja nur in Beziehung auf das jeweilige Subjekt. Immerhin gibt es gar manches, was für den Durchschnitt der jeweils in Betracht kommenden Individuen als „neu" und „überraschend" bezeichnet werden kann. Bekannt ist, dass auch das Aufhören eines gewohnten Reizes als etwas Neues und Unerwartetes die Aufmerksamkeit erregen kann: z. B. „Man hört die Stille".

Diese äußeren Mittel, die Aufmerksamkeit zu erregen, finden besonders in der Reklame und bei Ausstellungen in Schaufenstern usw. praktische Verwendung.

17.9 Innere Bedingungen

Bei den „inneren" Bedingungen für das Zustandekommen von Aufmerksamkeit machen sich die individuellen Verschiedenheiten in weit höherem Maße geltend. Ebendarum verrät sich oft die Eigenart eines Menschen gerade in dem, was seine Aufmerksamkeit erregt. Besonders trifft dies zu für die erste Gruppe der inneren Bedingungen:

a) Die Interessen des Individuums. Was mit unseren Wertschätzungen, Neigungen und Strebungen zusammenhängt, für das sind wir interessiert, d. h. das erregt besonders leicht unsere Aufmerksamkeit. Man kann das Interesse in diesem Sinne geradezu als eine Disposition zu Aufmerksamkeit (eine „Beachtungsdisposition") bezeichnen. Nicht zu verwechseln mit diesem — erklärenden — Begriff ist Interesse als Deskriptionsbegriff. Es bezeichnet dann ein Lustgefühl, das oft die aufmerksame Beschäftigung mit einem Gegenstand begleitet.

Da das, was unseren Interessen entspricht, besonders geeignet ist, die sogenannte unwillkürliche Aufmerksamkeit zu erregen, so ergibt sich, dass diese durchaus nicht jegliche Willensbetätigung ausschließt, sondern nur das bewusste, absichtliche „Wollen" im eigentlichen Sinne. Dagegen kann als Bedingung der unwillkürlichen Aufmerksamkeit ein triebartiges Wollen angenommen werden, eine Annahme, die freilich über die Beschreibung des Erlebnisses hinausgeht.

b) Bedeutsam ist die Veranlagung und Übung des Individuums auch insofern, als die Fähigkeit der Konzentration überhaupt aufgrund dieser Faktoren sehr verschieden ist. Man braucht dafür nicht an das berühmte Beispiel des Archimedes zu erinnern, auch an Kindern hat z. B. Meumann beobachtet, dass sie nicht selten „unter größtem Straßenlärm, bei schlechtem Licht und schlechter Luft, bei Störungen durch andere Kinder und sogar durch die eigenen Eltern, an einem schlechten Tisch, oft nur auf einer Fensterbank, mit großer Konzentration ihre Schularbeit ausführen können".

Auch die Menschen, die der Volksmund als „zerstreut" bezeichnet, sind in der Regel solche, die auf das, was sie innerlich beschäftigt, in außerordentlichem Maße konzentriert sind, sodass sie ihre Aufmerksamkeit nicht auf das richten, was sie nach der Meinung ihrer Mitmenschen beachten sollten.

In diesem Zusammenhang sei der Versuche gedacht, das Maß der Aufmerksamkeitskonzentration experimentell festzustellen mithilfe von Reizen, die jeweils nötig sind, die Aufmerksamkeit abzulenken. Alles, was geeignet ist, die Aufmerksamkeit auf sich zu ziehen, ist auch geeignet, sie von einem anderen Gegenstand abzulenken. Man beobachte z. B. Menschen in einem Lesesaal, die auf ihre Lektüre konzentriert sind. Ein plötzliches Geräusch ertönt durch das Fallen eines Buches. Sofort fahren einige Köpfe in die Höhe.

Als besonders stark ablenkend haben sich bei den genannten Versuchen Reize erwiesen, die das Interesse erregen oder sonst geeignet sind, Gefühle auszulösen, wie z. B. starke Gerüche. Intermittierende Reize wirken stärker als konstante. Zu allgemeineren Ergebnissen haben aber diese Experimente nicht geführt, weil die Versuchspersonen sich vielfach bald an die Störungen gewöhnen, ja durch erhöhte Konzentration unter Umständen trotz der Ablenkung bessere Aufmerksamkeitsleistungen zustande bringen.

Diejenigen aber, die nur eine relativ geringe Fähigkeit besitzen, sich zu konzentrieren, und die sich sehr leicht ablenken lassen, sind deshalb nicht etwa außerstande, aufmerksam zu sein, es liegt bei ihnen vielmehr ein anderer, mehr fluktuierender Aufmerksamkeitstypus vor, wie er besonders im jugendlichen Alter überwiegt.

c) **Neben solchen relativ dauernden individuellen Fähigkeiten kommen mehr vorübergehende Zustände des Subjekts** ebenfalls als Bedingungen der Aufmerksamkeit in Betracht. So wirkt im Allgemeinen eine freudige Gesamtstimmung begünstigend, indem sie auch über Am- und Mitwelt einen verklärenden Schimmer wirft, der alles anziehender und interessanter macht. Gemütsdepression dagegen stumpft ab, lässt die Dinge trivial und langweilig erscheinen. Hier müssen auch gewisse physiologische Bedingungen erwähnt werden. Gesundheit und Frische steigern die Fähigkeit zur Aufmerksamkeit; ebenso regen einzelne Genussmittel wie Tee, Kaffee sie an. Andererseits wird sie beeinträchtigt durch alles, was die Blutbeschaffenheit schädigt, wie schlechte Luft, verkehrte Ernährung, oder durch alles, was die Blutversorgung des Gehirns herabsetzt, wie starker Blutverlust oder das Abströmen des Blutes nach dem Magen, wie es nach den Mahlzeiten eintritt. *Plenus venter non studet lebenter.* Ähnlich wirken Ermüdung und Alkoholgenuss.

d) **Die günstigste Verfassung des Subjekts** dafür, dass etwas unsere Aufmerksamkeit auf sich zieht, ist, dass wir es „erwarten", dass wir darauf „vorbereitet", auf es „eingestellt" sind. Dabei wird das Kommende sozusagen vorweggenommen, indem wir es anschaulich vorstellen oder daran denken. Diese Vorwegnahme kann in sehr verschiedenem Grade bestimmt sein: Von der ganz allgemeinen Erwartung, dass etwas kommen wird, bis zum ganz detaillierten Ausmalen des Bevorstehenden.

17.10 Die „Erwartung" oder „Einstellung"

Dieser Zustand der Erwartung (Vorbereitung oder Einstellung) ist bereits selbst ein Aufmerksamkeitszustand; er hat nur das Eigenartige, dass sein Objekt als zukünftiges bewusst ist. Tritt es ein, so wird ihm sofort die volle Aufmerk-

17.10 Die „Erwartung" Oder „Einstellung"

samkeit zuteil. Insofern gehört dieser Zustand zugleich zu den Bedingungen der Aufmerksamkeit.

Besonders Reaktionsversuche mannigfacher Art haben Gelegenheit gegeben, diese „Vorbereitung" selbst näher zu untersuchen. Bei diesen Versuchen ist den Versuchspersonen die Aufgabe gestellt, auf das Erscheinen eines Reizes hin eine bestimmte Betätigung vorzunehmen, z. B. auf einen optischen oder akustischen Reiz eine Bewegung auszuführen oder zu einem erscheinenden Wort ein anderes, in einer bestimmten Beziehung stehendes, zu suchen usw.

Damit die Aufmerksamkeit bei der Reaktion möglichst gespannt ist, hat es sich als nützlich erwiesen, dem Reiz ein Vorsignal vorauszuschicken. Etwa $1^{1}/_{2}$ Sekunden ist dafür die günstigste Zeit. Bei kürzerer Frist sind wir leicht mit der „Einstellung" noch nicht fertig, und der Reiz überrascht uns; bei längerer erlahmt unsere Aufmerksamkeit wieder.

Ferner kann bei der Vorbereitung unsere Aufmerksamkeit entweder mehr auf den kommenden Reiz oder auf die vorgeschriebene Reaktion gerichtet sein. Im ersteren Fall redet man von „sensorieller", im zweiten — falls die Reaktion in einer Bewegung besteht — von „motorischer" oder „muskulärer" Einstellung. Bei der letzteren wirkt der Reiz sozusagen nur als Auslösung. Manche Personen neigen von Laus aus mehr zur einen oder der anderen Art der Einstellung. Indessen verteilen viele auch die Aufmerksamkeit ziemlich gleichmäßig auf Reiz und Reaktion.

In der „Vorperiode" solcher Versuche (d. h. in der Zeit zwischen Vorsignal und Erscheinen des Reizes) pflegt die Vorstellung der Aufgabe im Bewusstsein aufzutauchen, wenigstens im Anfang von Versuchsreihen, solange noch keine Übung im Lösen der betreffenden Aufgabe besteht. Aber auch wenn sie mehr und mehr unbewusst wird, bleibt doch die Aufmerksamkeit der Versuchsperson auf den Reiz und die zu vollziehende Reaktion gerichtet, nämlich infolge ihres Entschlusses, der Instruktion des Versuchsleiters entsprechend die Aufgabe zu lösen. Damit vollzieht sie ja eine Willenshandlung und von ihrem Wollen ist auch die Aufmerksamkeit bedingt. Ähnlich wirken nun im Leben unsere dauernden Willensrichtungen und Interessen: Sie bedingen ebenfalls, dass wir auf gewisse Gegenstände besser eingestellt sind als auf andere und sie leichter bemerken.

17.11 Verhältnis der Aufmerksamkeit zu Reproduktionsvorgängen

Dabei wirkt nun noch ein anderer Umstand mit, nämlich die Begünstigung der Aufmerksamkeit durch Reproduktionsvorgänge. Schon die Vorbereitung enthält ja einen Reproduktionsvorgang, sofern die (anschauliche oder begriffliche) Zielvorstellung eine reproduzierte Vorstellung ist. Auf etwas absolut Neues können wir nicht (mit irgendwie bestimmter Vorwegnahme) eingestellt sein. Und wenn wir lediglich „etwas Neues" erwarten, so ist auch dieser Begriff aus unserem Gedächtnisbesitz hervorgeholt. Nun ist es eine bekannte Tatsache, dass der Fachmann an irgendeinem Objekt seines Gebietes gar vieles beachtet, was der Laie ganz übersieht. Solche Eindrücke, die wegen ihrer Gleichheit oder Ähnlichkeit mit früheren imstande sind, Reproduktionsprozessse auszulösen, erhalten dadurch einen erhöhten Bewusstseinsgrad. Es sind das aber je nach dem Gedächtnisbesitz, dem Wissen des Subjekts, sehr verschiedene.

Diese Aufmerksamkeitsbedingung steht in enger Wechselbeziehung zu einer bereits erwähnten: Den individuellen Neigungen und Interessen; denn gerade diese werden uns normalerweise veranlassen, auf bestimmten Gebieten eine reichere Fülle von Eindrücken und von Wissen uns anzueignen. Umgekehrt, wenn wir dies Letztere zunächst nur auf äußere Veranlassung, etwa unter dem Zwang der Schule getan haben, so kann dieses Wissen die Aufmerksamkeit begünstigen und Anlass geben zu weiteren lustvollen intellektuellen Prozessen, sodass daraus Interesse erwachsen kann.

Wenn wir hier konstatierten, dass es die Aufmerksamkeit begünstigt, wenn Eindrücke die Spuren früherer gleicher oder ähnlicher vorfinden, so scheint das im Widerspruch zu stehen mit unserer Angabe, dass gerade das Neue und Ungewohnte unsere Beachtung erregt, und mit der Tatsache, dass das Bekannte und Gewohnte uns gleichgültig lässt und in der Regel unbeachtet bleibt. In der Tat dürfte die Begünstigung der Aufmerksamkeit durch Reproduktionsprozessse meist nur dann eintreten, wenn aus anderen Ursachen schon die Aufmerksamkeit rege geworden ist. Wer z. B. einem Fremden seine Vaterstadt zeigen will, für den ist damit eine Anregung gegeben, dass er in den ihm ganz vertrauten Straßen vieles beachtet, woran er sonst achtlos vorbeiging. Weil er die Aufmerksamkeit des anderen darauf lenken will, so richtet er sie selbst darauf, und dabei unterstützt ihn freilich seine Vertrautheit mit der Stadt. Er steht jetzt mühelos vieles, was der Fremde leicht übersehen würde, selbst wenn er noch so aufmerksam auf alles Sehenswerte ist.

Dies Beispiel zeigt aber auch, dass durch reicheres Wissen über einen Gegenstand die aufmerksame Betrachtung desselben erfolgreicher werden kann. Dies führt uns auf die Frage nach den Wirkungen der Aufmerksamkeit.

17.12 Wirkungen der Aufmerksamkeit in Bezug auf ihren Gegenstand

Je mehr wir auf einen Gegenstand die Aufmerksamkeit lenken, umso klarer pflegt er in sich zu werden und umso deutlicher von anderen sich zu unterscheiden. So wird bei den Untersuchungen über die Empfindlichkeit und Unterschiedsempfindlichkeit in der Regel konzentrierte Aufmerksamkeit der Versuchspersonen verlangt. Da die Steigerung von Klarheit und Deutlichkeit des Gegenstandes meist mit der Konzentration der Aufmerksamkeit gegeben ist, so kann man diesen Umstand auch als ein deskriptives Merkmal der Aufmerksamkeit verwenden. Indessen gibt es Momente, die trotz vorhandener intensiver Aufmerksamkeit Klarheit und Deutlichkeit erschweren oder verhindern. Dahin gehört z. B. sehr geringe Intensität der Empfindungsreize, besonders wenn sie sich von gleichzeitig wirkenden wenig abheben; ferner allzu große Flüchtigkeit der Eindrücke. Die Erhöhung der Intensität bis zu mittlerer Stärke und die Verlängerung der Dauer von Eindrücken dürfen aber nicht, wie z. B. Ebbinghaus es

17.12 Wirkungen Der Aufmerksamkeit In Bezug Auf Ihren Gegenstand

tut, zu den Bedingungen der Aufmerksamkeit gerechnet werden; denn wir können auch auf sehr schwache und sehr flüchtige Eindrücke in höchstem Maße aufmerksam sein. Begünstigt wird durch diese Umstände vielmehr die Klarheit und Deutlichkeit. Diese sind alsdann unmittelbar mit der Aufmerksamkeit gegeben. Fassen wir sie als deren Wirkung, so ist einzuräumen, dass diese fast gleichzeitig mit der Ursache auftritt; jedoch zeigt gerade die Beeinträchtigung der Klarheit und Deutlichkeit durch starke Verkürzung der Reize, dass eine gewisse Zeit für das Zustandekommen dieser Aufmerksamkeitswirkung nötig ist.

Wir sahen schon, dass bei der Aufmerksamkeit Reproduktionsprozessse eine wichtige Rolle spielen. Sie dürften auch bei jenem Klarer- und Deutlicherwerden der Gegenstände beteiligt sein. Ob dabei die Intensität schwacher Reize durch die Reproduktion der Spuren gleicher Reize verstärkt werde, ist eine umstrittene Frage. Man kann damit in Beziehung setzen folgende Beobachtung bei der Klanganalyse. Es gilt dabei, aus den scheinbar einfachen Klängen unserer Instrumente die sogenannten Obertöne herauszuhören. Am ehesten gelingt dies, wenn wir den gesuchten Oberton zunächst isoliert auf uns wirken lassen und dann im Gedächtnis festhalten, um ihn in dem zu analysierenden Klang wiederzufinden. Für das Bewusstsein ergibt sich dabei eine ähnliche Intensitätssteigerung des Obertons, als wenn jener durch physikalische Mittel, z. B. durch einen Resonator, verstärkt würde. Durch diese Verstärkung ist aber die isolierte Auffassung des Obertones erleichtert. Bei häufiger Wiederholung solcher Beobachtung wird dies Hilfsmittel (den gesuchten Teilton vorher isoliert wahrzunehmen) allmählich überflüssig. Ja, man kann durch lange Übung so weit kommen, dass sich die Obertöne förmlich aufdrängen. Durch die häufige Wiederholung werden wohl die „Spuren", die von den wahrgenommenen Obertönen bleiben, kräftiger und leichter reproduzierbar, und sie verstärken die neu erregten gleichen Empfindungskomponenten.

Aber nicht bloß gegenüber so relativ einfachen Objekten wie Klängen, sondern auch bei komplizierteren wird die Aufmerksamkeit, die auf Analyse gerichtet ist, in ihrer Wirkung durch Reproduktionen gefördert. Bei der Beobachtung von Objekten aller Art (ob sie nun durch Hilfsmittel wie Mikroskop oder Fernrohr unterstützt ist oder nicht), auch bei der Erlebnisbeobachtung, zeigt sich, dass die Wirkung der Aufmerksamkeit bei dem am reichsten ist, der am meisten leicht verfügbare Kenntnisse auf dem betreffenden Gebiet besitzt. Er weiß viel mehr heraus zu analysieren und infolgedessen viel genauere Beschreibungen von den betreffenden Gegenständen zu liefern.

17.13 Die Bedeutung von „Gesichtspunkten" bei der Aufmerksamkeit

Durch die früher geschilderte „Vorbereitung" oder „Einstellung" werden die Reproduktionsprozessse, die in der Richtung der zu lösenden Aufgabe erfolgen können, in ihrem Eintreten begünstigt. So erklärt es sich, dass unsere Beobachtung erfolgreicher ist, wenn wir sie unter Festhaltung bestimmter „Gesichtspunkte" vornehmen. Das zeigt schon die gewöhnliche Erfahrung. Genauere Bestimmung der hierbei stattfindenden Aufmerksamkeitswirkungen haben „Abstraktionsversuche" Külpes ermöglicht. Er exponierte eine Achtelsekunde lang Komplexe, die aus zwölf Buchstaben bestanden und stellte dabei verschiedene Aufgaben. Bald waren die gesehenen Buchstaben selbst zu nennen, bald ihre Farbe, bald ihre räumliche Anordnung usw. anzugeben. Immer waren die Angaben, die in der Richtung der betreffenden Aufgabe lagen, zahlreicher, bestimmter und zuverlässiger, als diejenigen, die sonst über das Wahrgenommene gemacht werden konnten.

Man kann den Vorgang der Analyse unter einem bestimmten Gesichtspunkt auch so charakterisieren, dass das unter den betreffenden Gesichtspunkt Fallende bemerkt wird, während das nicht dazu Gehörige unbeachtet bleibt. Ein Gesichtspunkt stellt sich aber psychologisch dar als ein Begriff, der reproduziert und im Bewusstsein durch die Aufmerksamkeit festgehalten wird (oder dessen unbewusstes Korrelat in „Erregung" ist). Das gilt z. B. bei Külpes Versuchen für Begriffe, wie Farbe, Anordnung usw. Deren Beziehung auf das in den Eindrücken ihnen Entsprechende lässt sich — logisch betrachtet — als Subsumtionsurteil charakterisieren. Beim Beobachten erfolgt diese Beziehung aber so momentan, dass es zu einem bewussten Urteilserlebnis gar nicht kommt: Ein Beziehen und ein Anerkennen solcher Beziehungen können wir in der Regel wenigstens bei solchen Vorgängen analysierender Beobachtung nicht in der Selbstbeobachtung konstatieren.

Die Wirkung der Aufmerksamkeitseinstellung unter bestimmten Gesichtspunkten zeigt sich auch darin, dass bei Reaktionsversuchen Vorstellungen und Gedanken, die uns einfallen, sehr häufig unmittelbar mit dem Bewusstsein sich verbinden, dass sie zur Lösung der Aufgabe geeignet, also „hierhergehörig", „passend", „richtig" sind oder nicht. Man pflegt derartige Bewusstseinslagen vielfach als „Gefühl" zu bezeichnen. Man wird aber diesen Ausdruck besser meiden, da es sich hier nicht um Lust- und Unlustzustände handelt, sondern um Erlebnisse, in denen sich die Beziehung von Inhalten, die im Bewusstsein gerade auftreten, zu vorhandenen und durch die Aufmerksamkeit sozusagen fixierten Inhalten unmittelbar kundgibt. Man kann sie als Relationserlebnisse bezeichnen; sie sind intellektueller, nicht emotioneller Art.

Wie die Analyse, so wird auch das Erkennen und Verstehen von Objekten durch die bei der Aufmerksamkeit stattfindenden Reproduktionsprozesse bedingt. Man kann auf etwas aufmerksam sein, ohne dass wir es doch zu erkennen oder zu erklären vermögen. Hier zeigt sich deutlich der Unterschied zwischen dem Apperzeptionsbegriff Wundts und dem Herbarts. Der Erstere versteht unter Apperzeption lediglich den Eintritt in den Blickpunkt des Bewusstseins, also die Zuwendung der Aufmerksamkeit; der Letztere das verstehende Aneignen von neuen Eindrücken durch ältere „Vorstellungsmassen". Er denkt also an eine Wirkung der Aufmerksamkeit, die er mit Recht auf Reproduktionen zurückführt.

17.14 Wirkungen der Aufmerksamkeit auf die Gedächtnisvorgänge

Weitere Wirkungen der Aufmerksamkeit zeigen sich in der Bildung von Reproduktionsgrundlagen und Assoziationen und im Ablauf der Reproduktionsvorgänge selbst. Wir haben diese Prozesse bis jetzt als Bedingung der Aufmerksamkeit einfach vorausgesetzt und in ihrem Einfluss auf die Aufmerksamkeitswirkung verfolgt. Aber das Gedächtnis bedingt und fördert nicht nur die Aufmerksamkeit, sondern auch das Umgekehrte findet statt. Was nicht beachtet wird, davon bilden sich keine „Spuren", d. h. es wird sofort wieder vergessen. Gar oft begegnet es uns im gewöhnlichen Leben, dass wir über Dinge, an denen wir vielleicht hundertmal achtlos vorbeigegangen sind, keine Angaben zu machen wissen, oder dass wir sofort nach gewohnten (und deshalb ohne Aufmerksamkeit vollzogenen) Verrichtungen, wie Verschließen einer Tür, Aufziehen der Ahr usw., nicht mehr wissen, ob wir sie vollzogen haben oder nicht.

Bei den Gedächtnisversuchen hat sich auch gezeigt, dass oft wiederholtes unaufmerksames Lesen für das Behalten fast ergebnislos bleibt, dass dagegen gesteigerte Konzentration die Zahl der hierfür nötigen Wiederholungen herabsetzt. Freilich ist es dabei für das Behalten günstiger, wenn die Aufmerksamkeit, und das sie bedingende Wollen nicht allein auf das Bemerken und Verstehen, sondern auch auf das Einprägen gerichtet ist.

Nicht bloß die Bildung von Reproduktionsgrundlagen als solchen, sondern auch die der „Assoziationen", d.h., von Verknüpfungen der „Spuren", wird durch die Aufmerksamkeit wenn nicht ermöglicht, so doch wenigstens begünstigt. Wie wichtig die Bildung von Zusammenhängen für das Erlernen ist, das auf dem Zustandekommen von Assoziationen beruht, haben experimentelle Untersuchungen bewiesen. Selbst sinnlose Silben werden bei Erlernen, z. B. durch Rhythmisierung, zu Komplexen zusammengefasst. Diese Komplexbildung aber vollzieht sich in einem verknüpfenden Umfassen des gleichzeitig oder in unmittelbarer Folge Gegebenen durch die Aufmerksamkeit. Inwieweit dabei mit der Aufmerksamkeit auch Relationserlebnisse beteiligt sind, bedarf noch genauerer Untersuchung.

Als Wirksamkeit der Aufmerksamkeit auf den Reproduktionsverlauf darf es bezeichnet werden, dass bei dem Festhalten einer „Aufgabe" oder eines „Gesichtspunktes" auch die mit jenen assoziierten Spuren von Vorstellungen und Gedanken in eine erhöhte „Bereitschaft", d. h. in den Zustand leichterer und rascherer Reproduzierbarkeit, versetzt werden. Damit ist zugleich die Richtung des Reproduktionsverlaufs, wenn es zu einem solchen kommt (wie z. B. beim Eintritt des Reizes in Reaktionsversuchen), in bestimmter Weise determiniert.

Für die glatte Reproduktion von eingeübten Assoziationsreihen ist es besser, wenn die Aufmerksamkeit sich nicht auf die einzelnen Reihenglieder selbst richtet. Dies können wir z. B. feststellen beim Aufsagen eines auswendig gelernten Gedichts, beim Wiederholen eingeübter Bewegungsreihen (z. B. bei turnerischen Übungen), oder beim Vortrage eines Musikstücks. Hier handelt es sich ja ebenfalls um Reproduktion assoziierter Spuren, nur dass diese nicht von früheren Wahrnehmungen, sondern von Bewegungen herrühren. In allen derartigen Fällen wirkt ein Einlenken der Aufmerksamkeit auf einzelne Glieder der ablaufenden Reproduktionskette störend — wohl, weil dadurch leicht andere Assoziationsreihen von einzelnen Gliedern aus angeregt werden, die die begonnene Reproduktion hemmen oder sie in falsche Bahnen leiten. Die Aufmerksamkeit muss vielmehr aufs Ganze eingestellt sein, wodurch sie regulierend und kontrollierend auf die sozusagen automatisch ablaufenden Prozesse wirkt; insbesondere aber muss sie das Ziel fixieren. Gilt es etwa einen Gedanken zu formulieren, so ist dieser im Bewusstsein zu halten; die Reproduktionen, die das erforderliche Wortmaterial ins Bewusstsein bringen, erfolgen mechanisch und werden nur kontrolliert, sodass etwa weniger treffende Worte durch treffendere noch vor dem Aussprechen ersetzt oder eine unzureichende Formulierung durch eine zweite und dritte ergänzt oder berichtigt wird.

Verläuft die Reproduktion nicht so, wie wir es in der Einstellung auf ein Ziel (eine Aufgabe) antizipieren und oft schematisch schon vorwegnehmen, so tritt gewöhnlich der Zustand des Suchens oder Besinnens ein.

Wir können dabei uns darauf beschränken, die Zielvorstellung erneut ins Bewusstsein zu heben oder sie darin festzuhalten und sozusagen passiv zu warten, ob der Reproduktionsverlauf das Gewünschte ins Bewusstsein bringt. Wir können dazu auch aktiv mitarbeiten, indem wir andere Inhalte, deren Spuren mit der des Gesuchten assoziiert sind, ins Bewusstsein heben. Besinnen wir uns z. B. auf den Namen eines Menschen, so suchen wir uns an alles, was wir sonst von ihm wissen, klar zu erinnern. Doch darauf wird später noch näher einzugehen sein. Dass uns ein Gesuchtes oft einige Zeit nach der Besinnung plötzlich einfällt, ist für die Wirkung der Aufmerksamkeit besonders interessant. Es zeigt, dass durch sie Prozesse angeregt werden, die im Unbewussten weiter wirken, selbst wenn die Aufmerksamkeit sich inzwischen anderen Gegenständen zugewendet hat.

17.15 Beschleunigende Wirkungen der Aufmerksamkeit

In engem Zusammenhang mit dem Einfluss der Aufmerksamkeit auf die Reproduktion steht ihre beschleunigende Wirkung auf Reaktionen aller Art, sei es, dass diese im einfachen Bemerken und Auffassen von Sinneseindrücken bestehen, sei es, dass es sich darum handelt, auf Sinneseindrücke hin Bewegungen oder andere Betätigungen (z. B. Lösung von Aufgaben für den Intellekt) zu vollziehen.

Dass die vorherige Einstellung der Aufmerksamkeit auf einen bevorstehenden Sinnesreiz dessen Eintritt ins Bewusstsein beschleunigt, hat man in folgender Weise experimentell festgestellt. Man ließ zwei verschiedenartige Reize so schnell hintereinander auf die Versuchsperson einwirken, dass ihre wirkliche Aufeinanderfolge nur gerade noch erkannt werden konnte. Wenn dabei die Erwartung nicht auf den ersten, sondern auf den zweiten eingestellt war, so musste das Intervall größer, gelegentlich doppelt so groß gemacht werden, sonst misch-

17.15 Beschleunigende Wirkungen Der Aufmerksamkeit

te sich infolge der beschleunigenden Wirkung der Erwartung der zweite Reizeindruck mit dem ersten.

Man hat ferner beobachtet, dass bei der Aufgabe, die Stellung eines sich bewegenden Zeigers beim Ertönen eines Glockenschlages anzugeben, meist eine objektiv etwas frühere Zeigerstellung als gleichzeitig mit dem Glockenschlag angegeben wird, falls die Zeigerbewegung und die Folge der Schläge langsam ist. Diese sogenannte „negative Zeitverschiebung" erklärt sich so: Die in bestimmtem Rhythmus wiederkehrenden Glockenschläge werden sehr intensiv erwartet. Dadurch werden sie früher wahrgenommen als die weniger beachteten Zeigerstellungen, d. h. die objektiv gleichzeitige Zeigerstellung gelangt später zum Bewusstsein und es wird deshalb eine frühere als Moment des Glockenschlags angegeben. Übrigens haben diese von Wundt als „Komplikationsversuche" bezeichneten Experimente auch die Bedingungen für die Zu- und Abnahme dieser „negativen" und ebenso von „positiver" Zeitverschiebung zu unserer Kenntnis gebracht. Praktisch wichtig sind diese Untersuchungen für die Aufdeckung von Fehlerquellen bei astronomischen Beobachtungen. Dass dies für die Entwicklung der experimentellen Psychologie überhaupt von einiger Bedeutung war, haben wir bei unserem historischen Rückblick (Kap. 1.6) gesehen.

Die beschleunigende Wirkung der Aufmerksamkeit als Komponente der Erwartung zeigt sich ebenfalls, wenn es bei Reaktionsversuchen gilt, einen Sinneseindruck mit einer einfachen Bewegung zu beantworten. Ist hierbei durch ein Vorsignal Gelegenheit gegeben, vor jedem einzelnen Versuch die Aufmerksamkeit aufs Höchste zu spannen, so verkürzt dies die Reaktionszeiten von $1/4$ bis $1/6$ Sekunden um rund $1/20$ Sekunde. Den Unterschied zwischen der Einstellung auf den Reiz und der auf die Reaktion haben wir im Kap. 17.10 erwähnt, dass bei der letzteren die Reaktionszeiten wesentlich kürzer sind, ist durch zahlreiche Versuche sichergestellt. Zwar wird durch die Einstellung auf den Reiz bei den sensoriellen Reaktionen dessen Aufnahme verkürzt, aber die Einstellung der Aufmerksamkeit auf die Bewegung wirkt — wie die Versuche zeigen — noch stärker beschleunigend. Es kommt ja dabei auch gar nicht auf eine klare und deutliche Auffassung des Reizes an, sondern schon das leiseste Bemerken desselben genügt zum Auslösen der Reaktion. Deshalb treten bei muskulärer Einstellung nicht selten verfrühte Reaktionen ein, weil irgendein zufälliger Nebenreiz infolge der flüchtigen Auffassung die Auslösungswirkung an Stelle des verabredeten Reizes entfaltet.

17.16 „Negative" Wirkungen der Aufmerksamkeit

Endlich seien noch kurz ein paar Wirkungen der Aufmerksamkeit erwähnt, die man als „negative" bezeichnen kann, weil sie nicht in unserer Aufmerksamkeitsrichtung liegen und uns auch meist unerwünscht sind.

Dahin gehört, dass wir infolge starker Aufmerksamkeitskonzentration oft Wichtiges, was — räumlich oder geistig — in anderer Richtung liegt, zu unserem Schaden übersehen. Oder dass Vorgänge, die — trotz mangelnder Einstellung unsererseits — doch in unser Bewusstsein sich eindrängen, uns überraschen, verblüffen, in Verwirrung setzen; endlich dass die Aufmerksamkeit selbst relativ rasch ermüdend wirkt, was schon in den früher erwähnten „Aufmerksamkeitsschwankungen" sich bekundet.

17.17 Theorie der Aufmerksamkeit

Man hat sich eifrig bemüht, durch Ausweisung physiologischer Parallelvorgänge zu den Tatsachen der Aufmerksamkeit für diese eine erklärende physiologische Theorie zu liefern.

Bei unserer mangelhaften Kenntnis der Gehirnvorgänge ist der Bildung von Hypothesen noch sehr viel freier Spielraum geboten, aber noch keine hat den Charakter höherer Wahrscheinlichkeit erreicht; wenigstens soweit es sich um eine bestimmtere Zurechtlegung der physiologischen Vorgänge handelt. Eine Übersicht über die wichtigsten Theorien gibt E. Dürr in seinem Buch: „Die Lehre von der Aufmerksamkeit" (1907). Wir beschränken uns darauf, die von ihm — in freiem Anschluss an Ebbinghaus — vertretene Theorie kurz anzudeuten.

Sie nimmt als Ausgangspunkt einmal die Bedeutung von Reproduktionsprozessen für die Aufmerksamkeit, insbesondere deren begünstigende Wirkung bei der Erwartung; sodann die mit der „Enge" der Aufmerksamkeit gegebene Herabsetzung des Bewusstseinsgrads unbeachteter Inhalte. Das Erstere legt man sich physiologisch so zurecht, dass bestimmte Erregungen in der Hirnrinde leichter sich fortpflanzen und intensiver werden, wenn gleiche oder ähnliche schon vorher in ihr vorhanden sind. Die Erklärung für die zweite Tatsache findet man darin, dass andersartige Erregungen durch das Vorwalten einer bestimmten in ihrer Entwicklung beeinträchtigt werden.

Eine Unterstützung für die Annahme solcher gegenseitiger Förderungen und Hemmungen von Gehirn-Vorgängen findet man in der Erscheinung der sogenannten „Bahnung" und „Hemmung" bei Reflexen. Die Erstere liegt dann vor, wenn ein schwacher Reiz für sich eine Muskelbewegung nicht hervorzurufen vermag; wohl aber in Verbindung mit einem anderen. Andererseits hat man aber bei stärkeren Reizen beobachtet, dass jeder für sich eine Reaktion auslöst (z. B. bei einem Frosch ein Quaken bzw. eine Beinbewegung), dass dagegen bei gleichzeitigem Eintreten der Reize nichts erfolgt.

Die Förderung bei der „Bahnung" wird man sich zu denken haben als eine Steigerung der Intensität der Nervenerregung; die Beeinträchtigung bei der „Hemmung" als Minderung der Intensität. Freilich bleibt hier noch ein ungelöstes Bedenken: Man wird für die Intensität von Empfindungen ebenfalls in der Stärke der kortikalen Erregung die Parallele sehen; aber nicht nur intensive, sondern auch ganz schwache Empfindungen können im Blickpunkt der Aufmerksamkeit stehen!

Was ferner die mit der Aufmerksamkeit gewöhnlich verbundene Steigerung von Klarheit und Deutlichkeit der Inhalte betrifft, so soll die physiologische Parallele darin bestehen, dass die Erregungen nicht diffus nach allen möglichen Nebenbahnen ausstrahlen, sondern auf ganz bestimmte Hauptbahnen sich konzentrieren. Und dies soll eben durch das Bestehen gleicher oder ähnlicher Erregungen in den betreffenden Hauptbahnen begünstigt werden. Mithin würde nicht nur in der Intensität der nervösen Erregung, sondern auch in der Erregungsverteilung auf der Großhirnrinde ein Korrelat der Aufmerksamkeit zu erblicken sein.

18 Gefühle und Affekte

18.1 Lust und Unlust als Elementargefühle

Es hat sich als zweckmäßig herausgestellt, dem Ausdruck „Gefühl" in der wissenschaftlichen Terminologie eine viel engere Anwendungssphäre anzuweisen, als er im populären Sprachgebrauch besitzt. Darin wird ja noch heute der „fünfte" Sinn als Gefühlssinn bezeichnet. Wir haben bereits gesehen, dass dieser vor der wissenschaftlichen Analyse sich in eine Reihe von Sinnen aufgelöst hat, und dass es sachgemäß ist, die dahin gehörigen Erlebniselemente „Empfindungen" zu nennen. Vielfach werden auch dunkle, unbestimmte Erlebnisse des Gegenstandsbewusstseins Gefühle genannt. Man „fühlt", dass eine Behauptung richtig oder unrichtig ist; dass eine Sache sich so oder so entwickeln wird usw., man nennt auch wohl das verschwommene Bewusstsein einer Wortbedeutung „Begriffsgefühl". Dieser Sprachgebrauch ist zu meiden, der Ausdruck „Gefühl" ist vielmehr auf die Erlebnisse von Lust und Unlust zu beschränken. Diese dürfen natürlich nicht ihrerseits in der wissenschaftlichen Sprache als „Empfindungen" bezeichnet werden, wie in der gewöhnlichen Redeweise geschieht, wenn man von einem „tief empfundenen Vortrag", von der „Empfindung" der Trauer usw. redet.

Wenn auch manche Psychologen diesen Erlebnisarten noch andere, mehr oder minder verwandte als „Gefühle" beigesellen wollen, so herrscht doch darüber in den weitesten Kreisen der psychologischen Forscher Übereinstimmung, dass Lust und Unlust jedenfalls als Gefühle zu bezeichnen sind. Es empfiehlt sich also aus methodischen Gründen, hiervon als einem relativ sicheren Punkt auszugehen.

Wenn wir für Lust und Unlust in dieser Weise einen besonderen Namen reservieren, so soll damit gesagt sein, dass wir in ihnen eine besondere, nicht auf andere zurückführbare Klasse von Bewusstseinselementen sehen. Nun würde es freilich allzu große Unbequemlichkeiten des Sprachgebrauchs verursachen, wollte man in der wissenschaftlichen Psychologie den Namen Gefühl nur für die elementaren Erlebnisse von Lust und Unlust gebrauchen; vielmehr wird er allgemein (und mit Recht) auch auf solche Erlebnisse angewendet, in denen die Lust-, Unlustmomente zwar im Bewusstsein besonders hervortreten, aber doch zugleich innig verschmolzen sind mit Erlebnissen des Gegenstandsbewusstseins: wie bei Freude und Trauer, Furcht und Hoffnung, Mitleid, Neid, Zorn, Hass usw. Lust und Unlust kann man, wenn nötig, zum Unterschied von diesen komplexeren Gefühlserlebnissen als Elementargefühle charakterisieren.

18.2 Gefühl und Empfindung

Wenn wir diese nun als besondere Bewusstseinselemente bezeichnen, so gilt es zunächst, sie von den Empfindungen zu unterscheiden; denn ihre Sonderung von diesen ist noch nicht von allen heutigen Psychologen anerkannt.

Gegen die (z. B. von Ziehen) vertretene Ansicht, dass die Gefühle Eigenschaften von Empfindungen (eben deren „Gefühlstöne") seien, spricht vor allem die Tatsache, dass Gefühle verschwinden können, während die Empfindung bleibt. Das ist freilich richtig, dass Gefühle sehr häufig in innigster Verbindung mit Empfindungen Vorkommen. Insbesondere sind Schmerzempfindungen in der Regel mit Unlust, sexuelle Wollust Empfindungen mit Lust verschmolzen. Dies ist für K. Stumpf Veranlassung gewesen, beide zu identifizieren und (sinnliche) Lust und Unlust als „Gefühlsempfindungen" der Gattung der Empfindungen zuzuordnen. Aber dass es sich bei den erwähnten Erlebnissen doch um Verschmelzungen handelt, zeigt sich z. B. darin, dass wir unter Umständen eine schwächere Schmerzempfindung von längerer Dauer mit intensiverer Unlust erleben als einen starken, kurzdauernden Schmerz. Ferner scheinen gewisse abnorme sexuelle Erlebnisse (wie sie z. B. beim Masochismus Vorkommen) darauf hinzudeuten, dass Schmerzempfindungen von überwiegender Lust begleitet sein können.

Übrigens will Stumpf nicht bestreiten, dass in den sogenannten Gemütsbewegungen Erlebniselemente vorhanden sind, die als „Gefühle" von den „Empfindungen" zu scheiden seien.

Ein ähnliches Zugeständnis bezüglich der „feineren" Gemütsbewegungen macht W. James, während er im Übrigen die von K. Lange aufgestellte Ansicht sich aneignet, dass Lust und Unlust — Organempfindungen seien. „Welches emotionale Bewusstsein von Furcht," so fragt z. B. James, „sollte Zurückbleiben, wenn weder die Empfindung beschleunigter Herztätigkeit noch flachen Atmens, weder die Empfindung des Lippenzitterns noch die der Gliederschwäche, weder die der Gänsehaut noch die eines Aufruhrs in den Eingeweiden vorhanden wäre?"

Diese „James-Langesche Theorie" geht also von der Tatsache aus, dass Gemütsbewegungen in der Regel mit gewissen körperlichen Vorgängen (Änderungen der Gefäßinnervation, der Herztätigkeit, des Atmens, der Muskelspannung, Bewegungen usw.) verbunden sind, die ihrerseits „Organempfindungen" auslösen. Diese sollen nun den gesamten Bewusstseinsbestand der Gemütsbewegungen ausmachen; besondere „Gefühle" als Elemente derselben anzunehmen, wird als überflüssig angesehen. Ja, diese Theorie tritt in schroffen Gegensatz zu allgemein verbreiteten Ansichten, wenn James behauptet: „Wir weinen nicht, weil wir traurig sind, sondern wir sind traurig, weil wir weinen."

Man hat versucht, diese Ansicht auf experimentellem Wege zu widerlegen durch den Nachweis, dass jene körperlichen Vorgänge (die zugleich Ausdrucks Symptome der Gemütsbewegungen sind) erst aus die Erlebnisse von Lust und Unlust folgten. Indessen ist das noch eine umstrittene Frage. Gleichwohl lehnt die Mehrzahl der heutigen Psychologen aufgrund der Selbstbeobachtung die James-Langesche Ansicht ab. Dass sie dem Tatbestand des Bewusstseins nicht gerecht wird, kann man am sichersten bei den sogenannten höheren Gefühlen, den intellektuellen, ethischen, religiösen und zum Teil den ästhetischen feststellen, bei denen die physiologischen Begleitvorgänge (und damit die Ausdruckssymptome) meist schwach sind, Lust und Unlust dagegen deutlich, ja intensiv bewusst sein können.

Wenn wir aber so die Gefühle weder als Eigenschaft von Empfindungen, noch als eine besondere Klasse von solchen („Gefühlsempfindungen") anerkennen, noch endlich mit Organempfindungen identifizieren, so ergibt sich für uns die Aufgabe, wenn möglich Merkmale namhaft zu machen, die sie von den Empfindungen unterscheiden.

Als ein Solches wird ziemlich übereinstimmend angegeben, dass das Gefühl subjektiven, die Empfindungen objektiven Charakter hätten. Subjektiver Charakter bedeutet dabei freilich nicht Zugehörigkeit zu einem Subjekt, denn das ist ja ein gemeinsames Merkmal aller Erlebnisse, auch der Empfindungen, dass sie Erlebnisse eines Ich sind, also einem Subjekt zugehören. Subjektiver Charakter wird vielmehr deshalb den Gefühlen zugesprochen, weil sie im Allgemeinen unmittelbar auf das Subjekt bezogen werden, als Zustände unseres Ich uns zum Bewusstsein kommen, während die Empfindungen meist dazu dienen, die anschaulichen Objekte unserer Wahrnehmung aufzubauen. Dinge unserer Umgebung, nicht wir selbst, sind bunt oder farblos, tönend oder stumm, bitter oder süß usw.

Freilich, so ganz leicht und reinlich ist die Scheidung vermittelst der Merkmale: subjektiv — objektiv doch nicht zu vollziehen. Denn vielfach rechnen wir auch unseren Körper zu unserem Subjekt, und so werden Schmerz-, Spannungs-, Organempfindungen usw. ebenfalls als unmittelbare Ichzustände erlebt. Wenn wir ihnen also gleichwohl objektiven Charakter beilegen, so müssen wir unseren Körper zu den Objekten rechnen, was uns ja gut möglich, aber doch eigentlich nicht Sache unseres gewöhnlichen, unreflektierten Erlebens ist. Andererseits ist auch nicht zu verkennen, dass bei manchen Objektwahrnehmungen, etwa dem Sehen entzückender oder widriger Gegenstände, dem Riechen eines ekelhaften Gestankes, der Lust- oder Unlustcharakter sozusagen dem Objekt selbst anzuhaften scheint — und zwar schon für unser naives Verhalten. Auf dessen Beschreibung jedoch kommt es uns bei dieser Aufgabe analytisch-deskriptiver Psychologie an. Deshalb darf man in diesem Zusammenhang nicht als Einwand gegen den „subjektiven" Charakter des Gefühls geltend machen, dass man ja auch Gefühle bei der inneren Wahrnehmung und Beobachtung zum — Objekt machen könne. Denn unsere Reflexion kann sich schlechterdings auf alle Erlebnisse und Erlebniselemente als ihre Objekte richten; mithin darf dieser Umstand nicht zur Abgrenzung einer besonderen Klasse dienen. Wenn es indessen gegenüber den Gefühlen uns viel weniger als gegenüber den meisten Empfindungen gelingt, sie als anschauliche Objekte der inneren Beobachtung wirklich festzuhalten, wenn sie vielmehr bei einem solchen Versuch sich verflüchti-

18.2 Gefühl Und Empfindung

gen, so spricht das freilich ebenfalls für ihren subjektiven Charakter. Sie gehören dem Ich so innig an, dass sie nicht von ihm abgelöst und ihm als Objekt gegenübergestellt werden können. (Dass wir an Gefühle in u n anschaulicher Weise „denken", das bleibt uns freilich möglich.)

Obwohl sich demnach die Sonderung von Empfindungen und Gefühlen als objektiv und subjektiv nicht ganz glatt und durchgreifend vollziehen lässt', so reichen diese Merkmale doch für die Klassifizierung meist aus. Indessen kann es uns gleichwohl willkommen sein, dass noch zwei weitere Unterscheidungsmerkmale in Frage kommen, auf die insbesondere O. Külpe mit Nachdruck hingewiesen hat. Das Erste ist die Universalität der Gefühlserregung. Lust oder Unlust treten nicht nur wie die Empfindungen (und mit diesen zusammen) bei Einwirkung äußerer oder innerer Reize auf, sondern sie werden auch erlebt als bedingt durch Vorstellungen, Gedanken und Akte des Beachtens, Urteilens und Wollens usw.

Gefühle kommen ferner nicht in der zweifachen Weise vor, der „aktuellen" und der „reproduzierten", die wir bei den Empfindungen vorfanden, je nachdem sie peripher oder zentral erregt sind. Vielmehr sind die Gefühle nur aktuell. Wenn Külpe aufgrund eigener Selbstbeobachtung wie der seiner Versuchspersonen diese Lehre von der „Aktualität" der Gefühle aufstellt, so ist die Frage damit freilich noch nicht allgemeingültig entschieden. Ich halte seine Ansicht zwar ebenfalls für richtig; möchte die Frage aber doch noch als eine offene ansehen, deren vielfältige Nachprüfung wünschenswert bleibt.

Aber selbst wenn es sich bestätigen sollte, dass es keine reproduzierten Gefühle gibt, so bleibt es doch zweifellos Tatsache, dass sowohl Gefühlserinnerungen wie Erinnerungsgefühle sehr häufig vorkommen.

Die Ersteren bestehen darin, dass man an ein sicheres Gefühl denkt. Das ist, wie eben schon betont, möglich, ohne dass deshalb das Gefühl in reproduzierter Form und anschaulich gegenwärtig ist. Die Gefühlserinnerung ist kein Erlebnis des Fühlens, sondern des Denkens.

Die Erinnerungsgefühle aber sind keine reproduzierten, sondern aktuelle Gefühle, die bei Gelegenheit von Erinnerungen erlebt werden. Das wird besonders oft dann der Fall sein, wenn die Erinnerungen solche Vorgänge wachrufen, die einst lebhafte Gefühle erregt hatten. Leicht werden dann wiederum Gefühle in uns ausgelöst, aber diese sind eben aktueller Art; können freilich leicht wegen ihrer Verknüpfung mit Reproduktionsvorgängen selbst für reproduziert angesehen werden.

Wir werden somit — allerdings mit einigen Vorbehalten — die elementaren Gefühle durch die Merkmale der „Subjektivität", der „Universalität" und der „Aktualität" von den Empfindungen sondern. Im übrigen gilt auch bei ihnen, dass wir durch Angabe von begrifflich gefassten Merkmalen nie das Erleben und die Selbstbeobachtung ersetzen können.

Auf diese Erkenntnisquelle müssen wir gleichfalls verweisen, wenn wir es ablehnen, in der Lust mit Schopenhauer lediglich etwas Negatives, Nichtvorhandenes, nämlich das Aufhören von Lust zu sehen. Die Selbstbeobachtung dürfte leicht jeden Unvoreingenommenen überzeugen, dass die Lust genau in derselben Weise eine wirklich vorhandene Bewusstseinstatsache ist wie die Unlust. Damit ist natürlich wohl vereinbar, dass bei aufhörender Unlust häufig Lust erlebt wird. Schopenhauers Ansicht darf denn auch heute als abgetan gelten.

Eher findet noch eine andere Lehre Vertreter, die mir ebenfalls eine a Apriori aufgestellte Behauptung zu sein scheint, dass es nämlich keinen gefühlsfreien Bewusstseinsaugenblick gebe. Mir scheint die Selbstbeobachtung nicht selten solche aufzuweisen: Durch apriorische Konstruktion aber können derartige rein empirische Fragen offenbar nicht entschieden werden. Man darf übrigens nicht meinen, dass ein solcher gefühlsfreier Zustand passend mit dem Ausdruck „Gleichgültigkeit" bezeichnet werde. Dieser wird vielmehr meist auf ein Erlebnis von schwacher Unlust hindeuten.

18.3 Die Zahl der Gefühlsqualitäten

Allgemein zugestanden ist, dass man bei den Gefühlen ebenso wie bei den Empfindungen Qualität und Intensität unterscheidet. Von extensiven Merkmalen kommt den Gefühlen zwar zeitliche Dauer zu, aber räumlicher Charakter eignet ihnen nicht, wenigstens nicht in irgendwie deutlicher Weise. Da dieser dagegen allen Empfindungen in mehr oder minder ausgeprägter Art zukommt, so wird auch dieser Umstand von manchen Psychologen als Unterscheidungsmerkmal verwendet.

Bezüglich der Qualität haben wir nun noch zwei wichtige deskriptive Fragen zu unterscheiden: Erstens ob Lust und Unlust die einzigen Gefühlsqualitäten sind; zweitens ob Lust und Unlust nur in einer Art Vorkommen, oder ob sie Gattungen sind, die eine Vielheit von Arten einschließen.

Die Ansicht, dass es neben Lust und Unlust noch andere Gefühlsqualitäten gebe, wird hauptsächlich vertreten von Wundt und seiner Schule. Er sieht noch „Spannung" und „Lösung" einerseits und „Erregung" und „Beruhigung" andererseits als weitere „Gefühlsdimensionen" an.

Indessen dürfte eine schärfere Analyse diese angeblichen Gefühle in andere Bewusstseinselemente auflösen können. Bei der Spannung liegen wohl einerseits Spannungsempfindungen vor, die durch (meist unwillkürliche) Muskelspannungen erregt werden, andererseits Erlebnisse des Strebens (die Wundt freilich nicht als Elementarerscheinungen anerkennt — mit Anrecht, wie uns scheint). Das Erlebnis der Lösung ist wohl der Hauptsache nach Lustgefühl, das mit der vorhergehenden Spannung zu einem eigenartigen komplexen Bewusstseinsvorgang sich verbindet.

Erregung und Beruhigung bestehen wahrscheinlich in der Hauptsache aus Organempfindungen in Verbindung mit plötzlich eintretender starker Lust oder Unlust.

Dass bei Spannung und Erregung Empfindungen wesentliche Bestandteile sind, dafür spricht die Beobachtung Külpes, dass sie auch in reproduzierter

18.3 Die Zahl Der Gefühlsqualitäten

Form Vorkommen. Sieht man nun in der „Aktualität" ein notwendiges Merkmal der Gefühle, so würde dieser Umstand schon genügen, Spannung und Erregung und ihre Korrelate nicht zu den Gefühlen zu rechnen (was nicht ausschließt, dass sie solche — nämlich Lust und Unlust — als Komponenten enthalten).

Schwieriger ist die andere Frage, ob Lust und Unlust selbst singularistisch oder pluralistisch zu fassen sind. Für die Erstere Ansicht sind z. B. Ed. v. Hartmann, Ebbinghaus, Jodl, Külpe, Dürr eingetreten; für die zweite Wundt, Lipps, Stumpf, Ziehen u. a.

Bei erstmaliger Erwägung scheint zwar nichts einleuchtender, als dass es sehr verschiedene Arten von Lust und Unlust gäbe. Was erscheint verschiedenartiger als z. B. die Freude über eine elegant gelöste mathematische Aufgabe und die über ein gutes Mittagessen! Aber bei aller Verschiedenheit derartiger Erlebnisse im Ganzen könnte doch, so argumentieren die Gegner der pluralistischen Ansicht, die Lust- oder Unlustkomponente überall qualitativ gleich sein. Wären sie auch nur annähernd so sehr verschieden wie etwa die Empfindungen, so müssten sie sich wie diese in Reihen anordnen lassen, deren extreme Glieder wenigstens leicht unterscheidbar wären.

Da die Selbstbeobachtung und die psychologische Analyse gerade gegenüber Gefühlen besondere Schwierigkeiten bieten, so führt man zur Unterstützung der singularistischen Ansicht noch weitere Umstände an; vor allem die Vergleichbarkeit verschiedenartiger Lust- und Unlusterlebnisse und ihre Kompensierbarkeit durcheinander. Wir können etwa auf den Besuch eines Konzerts verzichten und uns durch die Lektüre eines interessanten Romans schadlos halten; wir können abwägen, ob wir eine bestimmte Geldsumme für die Anschaffung eines Anzugs, eines Werkes oder irgendeines anderen Gegenstands verwenden, oder ob es uns mehr Freude bereitet, wenn wir dafür einen Ausflug machen oder sie einem Armen schenken.

Allein es ist doch sehr die Frage, ob bei derartigen Vergleichungen lediglich die quantitative Seite in Betracht kommt. Wenn nämlich die Qualität der Lust überall die gleiche ist, so können nur die Intensitäten sich unterscheiden, und nur sie können dann bei der Vergleichung den Ausschlag geben. Dagegen würde bei Vorhandensein verschiedener Qualitäten der Luft eine Vergleichbarkeit doch nicht ausgeschlossen sein; es käme dann aber bei ungleichartigen Gefühlen neben der Intensität — und vielleicht mehr als diese — die verschiedene Qualität in Betracht. Auch qualitativ Verschiedenes kann den Eindruck erwecken, dass eines dem anderen vorzuziehen sei.

Die Vertreter der singularistischen Ansicht pflegen zuzugeben, dass, abgesehen von der Intensität, die Gefühle sich noch dadurch unterscheiden, dass sie mehr „peripheren", oberflächlichen oder mehr „zentralen" Charakter tragen, d. h. unsere Persönlichkeit sozusagen in ihrer Tiefe und Totalität bewegen, dass sie also mehr „Einzel-" oder „Gemeingefühle" sind. So kann ein Zahnschmerz intensive Unlust mit sich führen, die dabei doch peripheren Charakter trägt. Aber es ist trotzdem die Frage, ob nicht gewisse Gefühle, die an sich nicht besonders intensiv sind, gerade vermöge ihrer eigenartigen Qualität uns im Innersten bewegen.

Auch den weiteren Unterschied räumen die Vertreter der singularistischen Lehre noch ein, dass man bei Lust wie bei Unlust zwischen einer „aktiven" und einer „passiven" Art unterscheiden muss. Jene verbindet sich mit Betätigungsweisen des Subjekts wie Beachten, Urteilen, Wollen und Handeln; diese mit rezeptivem Verhalten des Subjekts, wobei diese Gefühle den Charakter des einfach Gegebenen, ja des sich Aufdrängenden tragen.

Die Frage, ob die singularistische oder pluralistische Ansicht dem Bewusstseinstatbestand mehr entspricht, darf heute wohl als noch nicht spruchreif bezeichnet werden. Für die letztere Auffassung scheint mir aber besonders ein Umstand zu sprechen. Wir werden noch sehen, in welch enger Beziehung zu den Gefühlen die Wertschätzungen stehen; wir werden erkennen, dass zum guten Teil unsere Gefühle es sind, welche den Gegenständen für uns Wertcharakter verleihen. Nun wird man aber wohl allgemein einräumen, dass wir unter Werten nicht nur quantitative, sondern auch qualitative Unterschiede machen. Wir erleben z. B. unmittelbar, dass ein sinnlicher Genuss, und sei er noch so intensiv, minderwertig sei gegenüber einer Tat der Hingabe. Wenigstens scheinen mir für das Erleben der verschiedenen Qualität und damit des verschiedenen Ranges der Werte nicht nur eigene Selbstbeobachtungen, sondern auch die Lehren zahlreicher Moralisten aus allen Jahrhunderten zu sprechen. Wenn z. B. Kant die „reine Achtung" vor dem Sittengesetz von allen Gefühlen und Neigungen streng sondert, spricht dies nicht dafür, dass er sie als etwas qualitativ Andersartiges erlebte? Und wenn die „geistigen" Genüsse von alters her höher bewertet werden als die sinnlichen (trotz deren höherer Intensität), sollte da nicht — abgesehen von anderem — auch ihre Schätzung als qualitativ wertvoller mitspielen, und sollte eine derartige Schätzung nicht zurückweisen auf qualitative Unterschiede der Gefühle?!

Man erkennt aus diesen kurzen Andeutungen bereits, dass die Entscheidung unserer Frage nicht bloß rein theoretisch-psychologisches Interesse hat, sondern dass ihre Konsequenzen in wichtige Probleme der Lebensauffassung und Lebensgestaltung hineinreichen. Freilich ist deshalb aus methodischen Gründen umso schärfer darauf zu achten, dass sie als rein theoretische, und zwar psychologisch-deskriptive Frage behandelt und womöglich entschieden werde. Befürchtungen wie etwa die, dass die singularistische Ansicht „gefährliche" Folgerungen für die Ethik haben könnte, dürfen dabei grundsätzlich keine Rolle spielen. —

Das Ergebnis unserer bisherigen Erörterung wäre also, dass man am zweckmäßigsten lediglich Lust und Unlust als Elementargefühle ansieht, dass man aber die Frage, ob beide nur eine oder viele Qualitäten aufweisen, als eine noch unentschiedene betrachtet.

Ehe wir nun zu weiteren deskriptiven Fragen der Gefühlslehre übergehen, die über die Elementarerlebnisse dieses Gebietes weit hinausführen, scheint es

18.3 Die Zahl Der Gefühlsqualitäten

rötlich, auf die Frage der Erklärung dieser elementaren Gefühle kurz einzugehen.

18.4 Die experimentelle Untersuchung der Gefühle, vermittelst der „Eindrucksmethode"

Zur experimentellen Untersuchung der Gefühle hat man sich sowohl der Eindrucks- wie der Aus drucks Methode bedient oder beide kombiniert.

Bei der Ersteren können die mannigfachsten Einwirkungen auf die Versuchsperson ausgeübt werden. Die Gefühlswirkung der Eindrücke wird festgestellt durch Aussagen, die die Versuchsperson auf Grund ihrer Selbstbeobachtung macht, oder durch Deutung unwillkürlicher Ausdruckssymptome oder durch beides.

Am leichtesten anwendbar sind hierbei einfache sinnliche Reize. Man hat auf diese Weise bezüglich der Stärke der Eindrücke festgestellt, dass Reize, die Empfindungen von mäßiger Intensität (abgesehen von den Schmerzempfindungen) auslösen, in der Regel Lust verursachen, dass dagegen Empfindungen von sehr geringer oder sehr großer Intensität meist mit Unlust verknüpft sind. Bedingt ein Reiz von bestimmter Intensität Unlust, so steigert sich diese bei Verstärkung und mindert sich bei Abschwächung des Reizes. Entspricht einem Reiz dagegen Lust, so kann seine Steigerung sowohl verstärkend wie abschwächend auf das Gefühl wirken.

Freilich kommt in hohem Grade unsere allgemeine Disposition in Betracht: Der gleiche Reiz kann für dasselbe Individuum je nach seiner „Stimmung" bald lustvolle, bald unlustvolle Empfindungen auslösen. Wir haben gelegentlich auch einen förmlichen Hunger nach starken Reizen, während sie ein andermal uns wehe tun. Noch größere Bedeutung als solche Schwankungen beim einzelnen Individuum haben für die Gefühlswirkung sinnlicher Reize die Verschiedenheiten der Individualitäten untereinander. Man denke nur an robuste, „dickfellige" Menschen und neurasthenische, hypersensible Naturen, an Gemüts- und Verstandesmenschen!

Diese Abhängigkeit der Gefühle von der Individualität pflegt in der Lehre von den „Temperamenten" Berücksichtigung zu finden. Külpe formuliert diese Unterschiede dahin: „Der Sanguiniker hat leicht ansprechende und rasch wechselnde, sowie zur Lustbetonung neigende Gefühle, der Choleriker starke und nachhaltige, der Phlegmatiker schwer ansprechende und schwache, der Melancholiker starke, andauernde und zur Unlustbetonung neigende Gefühle."

Genauere Untersuchungen über den Einfluss der Disposition und der Individualitäten auf die Gefühle stehen noch aus.

Für die Unlust gibt es in der Regel nur eine Reizschwelle: Diejenige Intensität des Reizes, bei der die Unlust beginnt, um sich dann bei weiterer Verstärkung des Reizes immer mehr zu steigern. Für die Lust gibt es gewöhnlich zwei Schwellen: Da wo der Reiz anfängt, lustvoll zu werden und da wo er aufhört. Dabei ist es vielfach so, dass der Übergang zur Unlust nicht durch eine neutrale

18 GEFÜHLE UND AFFEKTE

Zone hindurch erfolgt, sondern dass mit der schwächer werdenden Lust bei der Änderung des Reizes allmählich eine leise Unlust sich verbindet, die mehr und mehr zunimmt, während die Lust verschwindet.

Eine Verlängerung der Reizdauer wirkt innerhalb gewisser Grenzen ebenso wie eine Verstärkung seiner Intensität.

Bei der Wiederholung gleicher Reize kann man die Erscheinung der „Gefühlsabstumpfung" beobachten; und zwar erfolgt die Minderung der Lust rascher und in höherem Grade als die der Unlust.

Das mag im Hinblick auf den Lusterträg des Lebens betrüblich erscheinen, ist aber biologisch insofern nützlich, als die andauernde Unlust stärker antreibt zur Beseitigung ihrer lebensschädigenden Ursachen.

Dass die Gefühlswirkung der Eindrücke nicht bloß von deren Intensität, sondern in hohem Grade auch von ihrer Qualität abhängt, zeigt schon die vorwissenschaftliche Erfahrung. Bei der großen biologischen Bedeutung der Funktionen der Ernährung, Atmung und Sexualität ist es verständlich, dass die hierdurch bedingten Empfindungen von starken Gefühlen begleitet zu sein pflegen; besonders können Störungen dieser Funktionen qualvolle Unlust mit sich führen.

Die Gefühlsbedeutung von Geruch und Geschmack (die ja mit der Ernährungsfunktion in enger Beziehung stehen) ist auch recht erheblich; geringer ist im Allgemeinen die der Bewegungs-, Taft- und Temperaturempfindungen; noch schwächer ist meist die Gefühlsbegleitung der akustischen und optischen Empfindungen (wohlgemerkt: der Empfindungen als solcher).

Im Allgemeinen sind Lust und Unlust mit den Empfindungen der sogenannten niederen Sinne in konstanterer Weise verknüpft als mit denen der höheren: Gesicht und Gehör. Man spricht deshalb auch von „Perversität", wenn für einzelne Individuen gewisse Gerüche, sehr bittere Geschmäcker oder Schmerzempfindungen keine Unlust oder gar Lust erregen. Freilich fehlen die Gefühle bei den optischen und akustischen Empfindungen durchaus nicht ganz; ja sie können unter Umständen erhebliche Stärke erreichen. Welche Qual spricht z. B. aus Schopenhauers Abhandlung „über Lärm und Geräusch!" Und dass man neuerdings einen Anti-Lärm-Verein gegründet hat, mag hier auch Erwähnung finden.

Gerade das optische und akustische Gebiet mit seiner Fülle deutlich unterscheidbarer Qualitäten bietet ein dankbares Feld für experimentelle Untersuchungen nach der Eindrucksmethode. So hat man festgestellt, dass Tonempfindungen im Allgemeinen eher mit Lust verbunden sind als Geräuschempfindungen; ferner, dass die Klänge, die einen gewissen mittleren Reichtum an Obertönen besitzen, uns angenehmer sind, als die daran sehr reichen oder sehr armen; die Ersteren kommen uns schnarrend, die Letzteren zu weich und leer vor. Die Empfindungen satter Farben sind uns durchschnittlich angenehmer als die stumpfer. Über die Gefühlswirkungen der verschiedenen Farben hat schon Goethe beachtenswerte Bemerkungen gemacht. So bezeichnet er als Farben „von

245

18.4 Die Experimentelle Untersuchung Der Gefühle, Vermittelst Der „Eindrucks-Methode"

der Plusseite": Gelb, Rotgelb (Orange), Gelbrot (Mennig, Zinnober). „Sie stimmen regsam, lebhaft, strebend." „Im Gelbrot steigert sich diese aktive Seite zu ihrer höchsten Energie." Als Farben „von der Minusseite" fasst er Blau, Rotblau und Blaurot. „Sie stimmen zu einer unruhigen, weichen und sehnenden Empfindung." Es dürfte diese Unterscheidung im Wesentlichen harmonieren mit derjenigen, welche Maler zwischen „warmen" und „kalten" Farben und deren Gefühlsbegleitung machen. Die Bemerkungen Goethes beschränken sich freilich nicht auf die Lust- und Unlustkomponente der durch den Anblick der Farben ausgelösten Erlebnisse. Überhaupt werden auch schon bei relativ ganz einfachen Eindrücken der psychologischen Analyse schwierige Aufgaben gestellt. Denn bei genauerer Prüfung ergibt sich häufig, dass die Gefühlswirkung nicht allein von dem sinnlichen Eindruck als solchem herrührt, sondern von gewissen Erinnerungen oder Gedanken, die sich damit verknüpfen. Man denke z. B. an die symbolische Bedeutung der schwarzen Farbe. Auch kommen die von den Reizen oft ausgelösten motorischen Vorgänge in Betracht und die durch sie bedingten Empfindungen der Spannung, Erregung usw. Je komplizierter und damit bedeutsamer die Reize sind, umso reicher pflegen auch die Folgeerscheinungen zu sein, die sich mit dem unmittelbaren sinnlichen Eindruck verbinden.

An sich ist aber die „Eindrucksmethode" durchaus nicht auf die Verwendung ganz einfacher Reize beschränkt. Sie kann sich auch komplizierterer bedienen. Insbesondere hat man zur Untersuchung ästhetischer Gefühle von ihr Gebrauch gemacht. Dabei wurde die Bedeutung der genannten Folgeerscheinungen für Art und Intensität des Gefühls berücksichtigt, seitdem Fechner durch seinen Begriff des „assoziativen Faktors" beim ästhetischen Genuss darauf aufmerksam gemacht hatte.

Ebenso zeigt es sich bei den komplizierteren Eindrücken, dass Gefühle nicht bloß mit anschaulichen Bewusstseinsinhalten sich verbinden, sondern ebenso mit unanschaulichen Akten. „Die Leichtigkeit und Schwierigkeit, mit welcher sich ein solcher Akt vollzieht, das Gelingen und Misslingen desselben im Hinblick auf ein durch ihn zu erreichendes Ziel, die Energie, mit der er sich entfaltet und durchsetzt, seine Dauer, die Geschwindigkeit, mit der er abläuft oder wechselt, die Kontinuität und Plötzlichkeit des Überganges in andere Betätigungsweisen haben hier einen im einzelnen noch nicht genügend aufgeklärten Einfluss auf die Gefühle" (Külpe).

18.5 Verwendung der „Ausdrucksmethode"

Besonders aussichtsreich musste gerade bei den Gefühlen die Verwendung der „Ausdrucksmethode" erscheinen, da Gefühle, zumal intensivere, von deutlich wahrnehmbaren Ausdruckserscheinungen begleitet zu sein pflegen. Es kommen hier in Betracht: Änderungen des Pulses, des Atmens, der Verteilung des Blutstroms (wodurch das Volumen einzelner Körperteile sich vergrößert oder verringert), Steigerung oder Herabsetzung der Leistungsfähigkeit der Muskeln, unwillkürliche Bewegungen (wie Mienen, Gesten und Gebärden). Man hat

18 GEFÜHLE UND AFFEKTE

über alle diese Symptome in den letzten Jahrzehnten zahlreiche Untersuchungen angestellt, aber man kann nicht sagen, dass sie zu sehr befriedigenden Ergebnissen geführt hätten. Die Verhältnisse liegen außerordentlich kompliziert. Lässt man z. B. vermittelst Pneumo- und Sphygmografen die Atem- und die Pulsbewegungen aufzeichnen, so kann man feststellen, dass die Kurven beeinflusst werden nicht bloß von Gefühlen, sondern auch von rein physiologisch bedingten Schwankungen in der Innervation der Gefäße, durch unwillkürliche kleine Bewegungen der Versuchspersonen, durch Erregung ihrer Aufmerksamkeit usw. Außerdem zeigen sich außerordentlich starke individuelle Differenzen.

Folgendes kann man etwa als Ergebnisse von größerer Wahrscheinlichkeit ansehen:

a) Pulsverlangsamung bei Lust über Farben und Töne; — Beschleunigung bei Unlust (aber auch bei Lust über Geschmäcker).

b) Pulserhöhung bei Lust; — Erniedrigung bei Unlust.

c) Atemverlangsamung und -beschleunigung, — Erhöhung und Verflachung bei Lust und Unlust (individuell verschieden).

d) Armvolumsteigerung bei Lust, — Senkung bei Unlust.

e) Gehirnvolumhebung bei Unlust, Senkung bei Lust. (Man konnte das bei Individuen mit Defekten in der Schädeldecke beobachten.)

f) Steigerung der dynamometrischen Kraft der Hände bei Lust, Herabsetzung bei Unlust. (Doch scheinen auch in dieser Beziehung sich manche Individuen anders zu verhalten.)

Abgesehen von den schon erwähnten Hemmnissen der experimentellen Untersuchung steht auch der Umstand ihrer erfolgreichen Gestaltung im Wege, dass man im psychologischen Laboratorium im allgemeinen nicht in der Lage ist, stärkere Gefühle (bei denen die körperlichen Begleitvorgänge deutlicher zutage treten) an den Versuchspersonen hervorzurufen. Ferner hat man bisher noch nicht ausreichend den Unterschied der zentralen und peripheren, der aktiven und passiven Gefühle bei diesen Untersuchungen berücksichtigt.

Zu all den Schwierigkeiten und Unsicherheiten der Feststellung im Einzelnen kommen dann noch die prinzipiellen ungelösten Fragen, welche die Deutung der Beobachtungsergebnisse hintanhalten: In welchem Verhältnis stehen eigentlich die Gefühle zu diesen Ausdruckssymptomen: Sind sie deren Ursachen, Begleiterscheinungen oder gar Wirkungen? Und wenn wir sie als Begleiterscheinungen fassen: Sind die Gefühle die Korrelate der Ausdruckssymptome selbst oder der Gehirn- und Nervenvorgänge, die diese Symptome verursachen?

18.6 Versuche einer teleologischen und kausalen Erklärung der Elementargefühle

Wie wir zur Erklärung der Empfindungen den Bewusstseinsbestand überschreiten und auf physiologische Prozesse und deren physikalische und chemi-

18.6 Versuche Einer Teleologischen Und Kausalen Erklärung Der Elementargefühle

sche Ursachen eingehen mussten, so führt auch bei den Gefühlen der Versuch, zu erklären, über das Bewusstsein hinaus.

Schon Aristoteles sah in der Lust ein Symptom der wohlgelingenden Betätigung eines Lebewesens, in der Unlust das Zeichen des Gegenteils; nach Spinoza ist Lust „Übergang des Menschen von geringerer zu größerer Vollkommenheit"; Kant erklärt in seiner „Anthropologie": „Vergnügen ist das Gefühl der Beförderung, Schmerz das eines Hindernisses des Lebens"; Lotze bemerkt einmal, Lust beruhe auf einer Übereinstimmung, Unlust auf einem Widerstreit zwischen den Wirkungen eines Reizes und den Bedingungen der gesetzmäßigen körperlichen oder geistigen Lebenstätigkeit; L. Spencer stellt den Satz auf: „Unlustgefühle sind die Korrelate von schädlichen, Lustgefühle die Korrelate von förderlichen Vorgängen für den Organismus".

So hat sich Philosophen und Psychologen der verschiedensten Seiten die Hypothese aufgedrängt, dass in der Lust eine objektive Lebensförderung, in der Unlust eine Lebenshemmung unmittelbar zum Bewusstsein komme. Beobachtungstatsachen lassen sich dafür in großer Zahl anführen; besonders aus dem Bereich der Gefühle, die mit sinnlichen Eindrücken verschmolzen auftreten. Intensive Empfindungen von Hunger und Durst, Litze und Kälte pflegen mit starken Unlustgefühlen verknüpft zu sein. Mangel an Luft, Verletzungen des Organismus, Erkrankungen lösen ebenfalls zugleich mit intensiven Organ- und Schmerzempfindungen auch Unlust aus. Umgekehrt verbindet sich die Aufnahme von Nahrung, das Einatmen reiner, würziger Luft, die Ausübung angemessener Betätigung mit Lust. Der Physiologe W. Nagel äußert gelegentlich: „Der Ekel des Menschen vor den Gerüchen tierischer und menschlicher Exkremente hat unzweifelhaft den Wert, dass die Tendenz entsteht, solche Stoffe zu beseitigen, also die für den Organismus förderliche Reinlichkeit zu pflegen. Es wäre eine nicht uninteressante Aufgabe, den Versuch zu einer teleologischen Erklärung der lust- bzw. unlusterregenden Wirkung der verschiedenen Gerüche zu machen. Bis jetzt haben wir kaum die vagesten Anhaltspunkte".

Diese Bemerkung ist zugleich charakteristisch für die Art der physiologischen Erklärung der Gefühle, mit der wir es hier zu tun haben. Sie ist, wie die biologischen Theorien vielfach, teleologisch. Das Leben des Organismus, seine Förderung, Erhaltung und Fortpflanzung wird als (objektiver) Zweck vorausgesetzt und alles das im Bau und in der Funktion des Organismus gilt als „erklärt", was sich als nützlich für die Erreichung jenes Zweckes dartun lässt.

Wenn wir nun so Lust als Symptom der Lebensförderung und Unlust als das der Lebenshemmung teleologisch verstehen wollen, so müssen wir freilich noch daran denken, dass diese Gefühle motivierend auf das menschliche Verhalten einwirken. Auch ist zu beachten, dass mit diesem teleologischen Verständnis noch keine Einsicht in die Bedingungen des Auftretens der Gefühle gegeben ist. Herbart und seine Schule hatten angenommen, dass diese Bedingungen psychische Vorgänge seien. Man sah in den Gefühlen das unmittelbare Innewerden der Hemmung oder Förderung der im Bewusstsein vorhandenen Vorstellungen. Indessen hängt diese Erklärung zu eng mit dem heute aufgegebenen Vorstellungsbegriff Herbarts zusammen, der in den Vorstellungen relativ konstante, dinghafte und zugleich wirkende Wesen sah. Eine solche Erklärung kommt auch für die sinnlichen Gefühle mindestens nicht in Frage; endlich lässt sie die physiologischen Prozesse außer Betracht, die doch bei dem Zustandekommen der Gefühle eine große Rolle spielen, wie ihre körperlichen Begleiterscheinungen beweisen.

Heute verwertet man bei der Erklärung lediglich physiologische oder psychophysische Faktoren. Über die Art der physiologischen Prozesse, die das Korrelat der Gefühle bilden sollen, hat man verschiedene Theorien aufgestellt. Lehmann und Meynert gehen davon aus, dass mit starken Gefühlen Erröten und Erblassen, auch wohl Ohnmacht verbunden sein kann; sie suchen darum den in Betracht kommenden physiologischen Vorgang in Schwankungen der Blutzirkulation und in den dadurch bedingten Änderungen in der Ernährung einzelner Organe, insbesondere einzelner Gehirnpartien. Da aber die Erschöpfungszustände des Nervensystems (und wohl auch des Gehirns) mit heiteren Stimmungen verknüpft sein können, so hat Ziehen eine andere Theorie aufgestellt. Er glaubt, experimentell bewiesen zu haben, dass Lust den Verlauf des Bewusstseinsgeschehens beschleunige, Unlust ihn verlangsame. Er sieht darum den physiologischen Untergrund der Gefühle in der gesteigerten oder geminderten Tendenz der Nerven- bzw. Gehirnzellen, ihre Erregung durch die Verbindungsfasern zu entladen.

Indessen ist unsere Kenntnis der in Frage kommenden physiologischen Prozesse noch viel zu ungenau, als dass derartige Hypothesen mehr sein könnten als erste Orientierungsversuche. Wir können höchstens negativ sagen, dass es bei der „Universalität" der Gefühle sehr unwahrscheinlich ist, dass ihre Entstehung an ein bestimmtes Sinnesorgan oder ein subkortikales oder kortikales Zentrum gebunden sei. Auch hätte man dann wohl schon unter den zahlreichen pathologischen Fällen, wo die Gehirnerkrankung auf einen bestimmten „Herd" beschränkt ist, solche gefunden, in denen gerade das Gefühlszentrum zerstört gewesen wäre. Aus diesen Gründen, wie ebenso mit Rücksicht auf die „Aktualität" der Gefühle halten wir mit Külpe eine „dynamische" Theorie für die wahrscheinlichste, „welche in der Eigenart gewisser psychophysischer Vorgänge, also in funktionellen Erscheinungen, die Grundlage und den Parallelprozess für Lust und Unlust erblickt".

So stehen wir also hinsichtlich der „Erklärung" der Gefühle noch ganz in den Anfängen. Ja, nicht einmal jene uralte biologische Deutung der Gefühle ist über allen Zweifel erhaben. Denn nicht alle Tatsachen lassen sich ihr zwanglos unterordnen. Zwar darin wird man kaum einen Einwand erblicken, dass manche Einwirkungen auf den Organismus zunächst angenehm sind und in der Folge doch als schädlich sich Herausstellen — ein unerschöpfliches Thema für die Moralpredigt aller Zeiten! — Denn es kann in der Tat zunächst eine partielle Förderung des Organismus dabei vorliegen, und der betreffende Vorgang erst in seinem weiteren Verlauf schädlich wirken. Analog lässt sich das Umgekehrte erklären, dass Unlust Lust zur Folge hat. Viel schwerer zu deuten ist die Tatsache, dass manche ernste Erkrankungen oder Verletzungen der wichtigsten Organe

18.6 Versuche Einer Teleologischen Und Kausalen Erklärung Der Elementargefühle

(Lunge, Gehirn) unter Umständen gar keine oder geringe Unlust verursachen, während andererseits Schädigungen, die, biologisch betrachtet, wenig Bedeutung haben (das Abreißen eines Nagels, ein kariöser Zahn), intensive Schmerzempfindungen und damit starke Unlust auslösen.

So ist auf dem Gebiete der Gefühlslehre, selbst bezüglich der elementaren Gefühle, noch sehr vieles unsicher. Vielleicht kann durch zahlreiche Detailforschungen allmählich gesichertes Material beigebracht werden, um jene umfassenden biologischen und physiologischen Hypothesen näher auszugestalten oder abzuändern.

Solange aber die gewichtigsten prinzipiellen Probleme und so zahlreiche Detailfragen bezüglich der Elementargefühle noch ungelöst sind, solange wird auch die wissenschaftliche Bearbeitung, insbesondere die experimentelle Erforschung und die Erklärung der komplizierteren Gefühlserlebnisse nur mit größter Vorsicht in Angriff genommen werden dürfen. Im Allgemeinen wird man sich zurzeit hier auf Versuche der Klassifikation und Beschreibung beschränken müssen.

18.7 Gemischte Gefühle

Man hat nicht ohne Grund einen Unterschied der Empfindungen und Gefühle auch darin gefunden, dass die Ersteren relativ selbstständig im Bewusstsein existieren können (man denke an eine gleichzeitige Gesichts- und Tastempfindung), während die Gefühle weit mehr sich miteinander mischen. Wundt spricht darum von einem Prinzip der „Einheit der Gemütslage", das er darin erblickt, „dass alle in einem gegebenen Moment im Bewusstsein vorhandenen Gefühlselemente sich zu einer einheitlichen Gefühlsresultante vereinigen".

Es wäre jedoch eine unzulässige Hereinmengung physischer Analogien, wenn man sich diese „Gefühlsresultante" nach dem Vorbild etwa des Parallelogramms der Kräfte denken wollte; wenn man also annehmen wollte, dass sich gleiche Intensitäten von Lust und Unlust aufheben, und dass nur der Überschuss von positivem oder negativem Gefühl im Bewusstsein bleibe. Vielmehr bleiben alle Gefühle im Bewusstsein, nur gehen sie gewissermaßen als Teilgefühle in ein Gesamtgefühl ein. Sind sie verschiedener Qualität, dann resultieren eben Mischgefühle. So können wir z. B. mit zwiespältigen Gefühlen ein Gemälde betrachten: Manche Momente desselben können uns Luft, andere Unlust erregen. (Dass wir über genau denselben Umstand gleichzeitig Lust und Unlust erleben sollten, dürfte freilich ausgeschlossen sein.) Besonders leicht werden wir bei peripheren Gefühlen das gleichzeitige Vorhandensein von Lust und Unlust erleben können. Bei zentralen Gefühlen, die ja so unmittelbar als innerster Zustand des einheitlichen Ich erlebt werden, dürfte doch in der Regel die eine oder die andere Gefühlsqualität dominieren, so in dem Mischgefühl des Komischen die Lust, in dem Tragischen die Unlust.

18 GEFÜHLE UND AFFEKTE

Als andere Beispiele von Mischgefühlen seien hier Sehnsucht, Wehmut, Mitleid, Resignation, freudiger Schreck, Gefühle des Erhabenen, des Humoristischen erwähnt. In ihnen kann je nach Umständen Lust oder Unlust das im Bewusstsein vorherrschende Moment bilden.

18.8 Stimmungen

Die gesamte Gefühlslage pflegt man als Stimmung zu bezeichnen. Stimmungen haben gewöhnlich eine gewisse Dauer, jedoch können, zumal bei Jugendlichen, auch die Stimmungen verhältnismäßig rasch wechseln. Die Stimmung kann der relativ bleibende Niederschlag eines Affektes sein. Aber notwendig ist das nicht. Wichtig für den Lust- oder Unlustcharakter der vorherrschenden Stimmung pflegt der Umstand zu sein, inwieweit die gesamte Lebenslage des Individuums seinen Bedürfnissen und Wünschen entspricht. Ein besonders einflussreicher Faktor ist auch der Gesundheitszustand, insbesondere der Nervenzustand. Man bezeichnet die dadurch bedingte (mit Organempfindungen eng verschmolzene) Stimmung als „Lebensgefühl". Ist der Mensch gesund, so hat es vorwiegend Lustcharakter, vielfach selbst unter drückenden äußeren Umständen. Auch religiöse Überzeugungen, z. B. das Bewusstsein, Gott durch Sünde beleidigt zu haben oder mit ihm ausgesöhnt zu sein, können mächtigen Einfluss auf das gesamte Lebensgefühl ausüben.

Als Ausdrücke, die vorwiegend Stimmungen bezeichnen, seien genannt: Zufriedenheit, Behagen, Fröhlichkeit, Seligkeit; andererseits Sorge, Kummer, Trauer, Verzagtheit, Missmut, Verzweiflung. Vergegenwärtigt man sich solche Stimmungen, so erkennt man, dass sie den Charakter von Zentralgefühlen tragen, d. h. von solchen, die das Ich in seiner Tiefe berühren. So ist es begreiflich, dass während des Vorherrschens gewisser Stimmungen doch mehr periphere Gefühle anderer Art erlebt werden können; dass also auch ein Trauriger einmal bei einer momentanen Freude lacht oder ein Fröhlicher einmal sich ärgert, ohne dass deshalb die herrschende Stimmung sich wandelt.

18.9 Affekte und Leidenschaften

Intensivere und plötzlich eintretende Gefühle, die besonders starke körperliche Begleit-und Ausdruckserscheinungen mit sich führen, pflegen als „Affekte" oder „Schockgefühle" bezeichnet zu werden. Auch sie können einen vorherrschenden Lust- oder Unlustcharakter tragen oder einem mehr gemischten Typus angehören. Dass sie in der Regel eine starke Tendenz zeigen, unser Wollen und Handeln zu bestimmen, ist für sie charakteristisch. Die Grenze gegenüber den einfachen Gefühlen ist eine fließende, da die größere Stärke des Affekts den wesentlichen Unterscheidungsgrund abgibt. Wenn Wundt außerdem „die Verbindung wechselnder Gefühle zu einem Gefühlsverlauf" als Kriterium des Affektes nennt, so stimmt das nicht mit der Beobachtung, dass der gesamte Verlauf intensiver Gefühle lediglich lustvoll oder unlustvoll sein kann. Solche aber von der Bezeichnung „Affekt" auszuschließen, würde eine unbegründete Abweichung

18.9 Affekte Und Leidenschaften

von dem Sprachgebrauch bedeuten. Die Scheidung des Affekts von der „Leidenschaft" hat man in der Weise vorgenommen, dass man im Affekt einen akuten, in der Leidenschaft einen chronischen Zustand sieht. Dann wären Beides Bewusstseinsvorgänge. Das scheint mir aber nur für den Affekt zuzutreffen; das Chronische, was man gewöhnlich mit Leidenschaft meint, braucht gar nicht im Bewusstsein sich gerade geltend zu machen. Kurz, Leidenschaft ist wohl nicht als beschreibender, sondern als erklärender, speziell als Dispositionsbegriff anzusehen. Leidenschaft disponiert zu Affekten, aber freilich auch zu Strebungen und Willensakten. So versteht man es, wenn manche Psychologen die Leidenschaft in das Gebiet des Wollens verweisen, wenn z. B. Elsenhans die Leidenschaft definiert als „die dauernde Richtung eines intensiven Begehrens auf einen Gegenstand".

Noch vielfach üblich ist die auch bei Kant sich findende Einteilung der Affekte in „sthenische" („aus Stärke") und „asthenische" („aus Schwäche"). Zu den ersteren rechnet man Zorn, Wut, lass, Mut, Jubel; zu den letzteren Angst, Schrecken, Scham, Kummer, Trauer. Elsenhans gibt von den beiden Klassen folgende Charakteristik: „Bei den sthenischen Affekten äußert sich die Motivationskraft der plötzlich auftauchenden intensiven Gefühle in lebhaften Bewegungen, in ohne Vermittlung durch den überlegenden Verstand einsetzenden Landlungen und in außerordentlich beschleunigtem Vorstellungsverlauf; bei den asthenischen in einer plötzlich eintretenden Lähmung des Wollens und Handelns und in einer Hemmung des Vorstellungsverlaufs, die bis zu vollständiger Unfähigkeit zu vernünftigem Denken gehen kann. Auch die physiologischen Begleiterscheinungen stimmen damit überein: dort Erweiterung der Blutgefäße, Verstärkung der Puls- und Atembewegung, gesteigerte Innervation der Muskulatur, hier Blutgefäßverengerung (Erblassen), Herabsetzung oder Stocken der Puls- und Atembewegung, Schwächung der Muskelenergie."

Wundt bemängelt an der Einteilung in „sthenische" und „asthenische" Affekte, dass sie wesentlich von den körperlichen Begleiterscheinungen, also von Nebenmomenten ausgehe. Aber die angeführte Charakteristik zeigt doch, dass sich auch auf psychische Momente die Unterscheidung stützen lässt. Tatsächlich geht die von Wundt vorgenommene Zweiteilung in „exzitierende" und „deprimierende" Affekte der Kantischen vollständig parallel.

18.10 Die sinnlichen Gefühle

Da im Allgemeinen Gefühle auch in der Steigerung zum Affekt Vorkommen können, so beziehen sich die Klassifikationsversuche gleichzeitig auf die beiden Arten der Gemütsbewegungen.

Eine uralte und darum wohl sachlich nicht unbegründete Einteilung der Gefühle ist die in den beiden Hauptgruppen der „sinnlichen" und „geistigen". Freilich, bei genauerem Zusehen ist es doch nicht ganz leicht, diesem Sprachgebrauch entsprechend, die exakte psychologische Abgrenzung vorzunehmen. Naheliegend und vielfach üblich ist die Erklärung: Sinnliche Gefühle sind diejenigen, die mit sinnlichen Wahrnehmungen sich verknüpfen. Diese wird sich in

18 GEFÜHLE UND AFFEKTE

weitem Umfang auch anwenden lassen. Wenn wir z. B. eine dem Auge wohltuende Wiesenfläche betrachten oder einem angenehmen Klang lauschen, eine gute Speise kosten, einen Wohlgeruch einatmen, so erleben wir sinnliche Wahrnehmungen und mit ihnen zugleich Lustgefühle, die darum passend als „sinnliche" charakterisiert werden.

Aber wie ist es, wenn wir beim Betrachten eines Kunstwerks Lust erleben. Es ist üblich, derartige Lustgefühle als ästhetische zu charakterisieren und diese nicht zu den sinnlichen zu rechnen; und doch verknüpfen sie sich zweifellos mit einer sinnlichen Wahrnehmung.

Gleichwohl brauchen wir deshalb die Einteilung nicht aufzugeben, wir müssen nur das letzterwähnte Erlebnis genauer analysieren. Es zeigt sich dann, dass sich Gefühle sowohl an die Empfindungen selbst anknüpfen als auch auf das Gegenständliche sich beziehen können, was in den Empfindungen sich uns darstellt, und zwar auf dessen räumliche und zeitliche Bestimmungen oder auf andere Verhältnisse. So kann also z. B. irgendeine Farbempfindung, die wir beim Beschauen eines Gemäldes erleben, uns lustvoll sein, aber für den ästhetischen Genuss wird diese mit den Empfindungen als solchen gegebene Lust wenig bedeutsam sein, vielmehr werden dafür die Farbenkombinationen, die Anordnung und Verteilung der Farben und Helligkeiten (Licht und Schatten), die Linienführung, die Gruppierung, die Bedeutung der Farben und Formen vorwiegend in Betracht kommen. Das alles wird zwar auch sozusagen sinnlich wahrgenommen, aber es sind nicht die Empfindungen als solche, die es im Bewusstsein vertreten, sondern Akte des Gegenstandsbewusstseins, deren Kern als „geistige" Funktion von den Empfindungen als den „sinnlichen" Inhalten zu unterscheiden ist.

Mithin können wir den ästhetischen Erlebnissen gegenüber ebenfalls die Scheidung von „sinnlichen" und „geistigen" Gefühlen aufrechterhalten, und zwar werden wir die spezifisch ästhetischen Gefühle zu den „geistigen" rechnen. Nur das müssen wir allerdings zugestehen, dass die Definition der sinnlichen Gefühle als solcher, die sich mit sinnlichen Wahrnehmungen verknüpfen, umzugestalten ist. Diese Gefühle aber als diejenigen zu bezeichnen, die mit Empfindungen verknüpft sind („Empfindungsgefühle"), ist insofern misslich, als isolierte Empfindungen ja in der Regel nicht vorkommen. Mithin wird man die sinnlichen Gefühle wohl am besten als diejenigen definieren, die sich mit den Empfindungsbestandteilen der Wahrnehmungen verknüpfen. Wir dürfen hinzufügen: „Und der Vorstellungen", denn auch die Gefühle, die durch zentral erregte Empfindungen ausgelöst werden, gehören zu den sinnlichen. Man kann sich ja bekanntlich frühere oder bevorstehende Tafelfreuden so lebhaft vorstellen, dass einem „das Wasser im Munde zusammenläuft", d. h. dass lebhafte Gefühle mit den zugehörigen physiologischen Begleiterscheinungen eintreten. Natürlich wird man solche Gefühle dann zu den sinnlichen rechnen.

Es ist übrigens beachtenswert, dass die durch Gesicht, Gehör und Bewegungssinn vermittelten sinnlichen Gefühle im Allgemeinen wenig intensiv sind und an Bedeutung für unser Bewusstsein hinter den durch die Wahrnehmungen

18.10 Die Sinnlichen Gefühle

dieser Sinne mitbedingten geistigen (besonders ästhetischen) Gefühlen ganz zurücktreten. Dagegen kommen bei den übrigen Sinnen (man denke vor allem an Geschmack, Geruch, Vitalsinn) die sinnlichen Gefühle nahezu allein vor.

Deshalb denkt man bei der Erwähnung der sinnlichen Gefühle gewöhnlich nur an diese sogenannten „niederen" Sinne. Das entspricht aber nicht ganz den Tatsachen, da auch die „höheren" Sinne (wie wir gesehen haben) Empfindungsgefühle auslösen.

Bei dem nahen Verhältnis zwischen Begehrung und Gefühl, das die grundlegenden Triebe des Lebewesens (Nahrungs-, Geschlechtstrieb usw.) zeigen, bilden diese Triebe, die ja vielfältige Empfindungen auslösen, eine unerschöpfliche Quelle sinnlicher Lust und Unlust für das Individuum.

18.11 Die geistigen Gefühle

Im Unterschied von den bisher behandelten „sinnlichen" sind die „geistigen" Gefühle als solche zu charakterisieren, die nicht von Empfindungen als solchen bedingt sind, sondern von Akten des Gegenstandsbewusstseins. Sofern diese anschaulicher Art sind, bilden die darin enthaltenen objektivierenden Funktionen (und nicht die Empfindungen) die Träger der „geistigen" Gefühle. Bei den unanschaulichen (gedanklichen) Akten ist dies ganz selbstverständlich der Fall. Insoweit Begehrungen die Bedingung geistiger Gefühle ausmachen, sind es nicht solche, die in rein körperlichen Zuständen oder Betätigungen ihre Befriedigung finden (wie das Begehren nach einem warmen Bad oder nach Nahrungsaufnahme), sondern deren Ziel ein Zustand oder eine Betätigung geistiger Art, kurz etwas nicht Sinnliches ist. Sofern sinnliche Momente im Ziel enthalten sind, dürfen die dadurch bedingten Gefühle doch nicht von wesentlicher Bedeutung für die Befriedigung bei Erreichung des Ziels sein. So führt z. B. das Begehren nach künstlerischer Produktion oder gelehrter Tätigkeit auch zu manchen körperlichen Betätigungen, aber die dadurch etwa ausgelösten sinnlichen Gefühle sind Nebensache.

Die Klassifikation der „geistigen" Gefühle (und Affekte) stellt außerordentlich schwierige Aufgaben. Obwohl schon ältere Philosophen wie Descartes, Spinoza, Hume u. a. mit einer gewissen Vorliebe dieses Thema unter dem Namen der „Affektenlehre" behandelt haben, so ist doch auch heute noch nicht eine allgemein anerkannte Einteilung erreicht.

Jodl, der in besonders feinsinniger Weise über diesen Gegenstand gehandelt hat, unterscheidet innerhalb der geistigen Gefühle zunächst zwei große Gruppen, die er als „Formalgefühle" und als „Personengefühle" bezeichnet. Unter den Formalgefühlen versteht er diejenigen, die „von den jeweiligen Bewusstseinsinhalten als solchen ganz unabhängig sind". Sie ergeben sich nur „aus den Verhältnissen der jeweils vom Bewusstsein zu vollbringenden Leistung zur Leistungsfähigkeit des Subjekts, oder aus den Verhältnissen des Ablaufs oder der Hemmung eingeleiteter Reproduktionen". Durch diese Erwägungen gewinnt er die beiden Unterabteilungen: „Kraft- und Spannungsgefühle".

18 GEFÜHLE UND AFFEKTE

Zu den „Kraftgefühlen" gehören die Gefühle des Gelingens, des Vorwärtskommens, der Erhabenheit, Klarheit, Begreiflichkeit, Fülle; freilich auch ihr Gegenteil: Gefühle der Ohnmacht, des Unvermögens, der Unklarheit, des Platten, Alltäglichen, der Langeweile. Einen speziellen Fall des Lustgefühls, das „auf angemessener Erregung unserer reproduzierenden und logischen Tätigkeit und leicht gelingendem Ablaufe der eingeleiteten Prozesse beruht", sieht er in der Gefühlswirkung des Witzes.

Als Grundformen der „Spannungsgefühle" sind Erwartung, Enttäuschung, Geduld, Ungeduld, Überraschung, Zweifel zu nennen.

Die zweite Hauptgruppe, die „Persongefühle", beruhen auf der Tatsache, „dass das Subjekt mit den auf es wirkenden Reizen und der in ihm lebendigen Vorstellungswelt nicht isoliert, sondern in einen sozialen Zusammenhang, in eine Vielheit anderer bewusster und fühlender Wesen, eingegliedert ist". Das „eigentlich Entscheidende ist dabei die Wertung eines bestimmten Sachverhalts für die eigene Gesamtperson durch Vermittlung und unter Berücksichtigung anderer Personen". So ist z. B. die Eitelkeit in diesem Sinne ein Persongefühl: Ein bestimmter Sachverhalt, z. B. dass man schön gekleidet ist, wird dabei gewertet im Hinblick darauf, dass andere, die schlechter gekleidet sind, uns sehen und bewundern (oder auch sich ärgern).

Die „Persongefühle" werden dann weiter eingeteilt in „Eigen-" und „Fremdgefühle". Die Eigengefühle bestehen darin, „dass wir die Wirkung unserer Person auf ihre Umgebung und deren Gefühle vorstellen und mittels dieser Vorstellung im eigenen Gefühl reflektieren". So sind Ehrgefühl, Selbstliebe, Selbstgefälligkeit, Stolz, Eitelkeit, Ehrgeiz; andererseits Demut, Bescheidenheit, Reue, Scham Eigengefühle.

Fremdgefühle setzen voraus, „dass wir Beschaffenheit und Zustände eines anderen fühlen, als wären es unsere eigenen, oder dass wir die von ihnen ausgehenden Wirkungen, welche sich in unserem eigenen Gefühl reflektieren, auf andere als ihre Urheber beziehen". Zu- und Abneigung erscheinen als die eigentliche Wurzel aller Fremdgefühle. Konkretere Ausgestaltungen sind: Liebe und Hass, Mitfreude und Mitleid, Wohlwollen und Übelwollen, Vertrauen und Misstrauen, Achtung und Verachtung, Verehrung und Abscheu. Auch Schadenfreude, Neid, Missgunst, Grausamkeit gehören hierher.

Diese Einteilung schließt natürlich nicht aus, dass manche Gefühlserlebnisse vermöge ihrer Komponenten verschiedenen Gruppen angehören. So verbinden sich besonders häufig Kraftgefühle mit Persongefühlen, und zwar Eigengefühlen. Dass z. B. mir eine Sache nicht überhaupt leicht oder schwer fällt, sondern dass sie mir leicht oder schwer fällt im Vergleich zu anderen: Dies verknüpft jenes Kraftgefühl mit Persongefühlen der Selbstgefälligkeit und Selbstzufriedenheit, des Stolzes und der Demütigung, Beschämung, Kränkung.

Bei seiner Einteilung der „geistigen" Gefühle in die beiden Hauptklassen der „formalen" und „Persongefühle" hat aber Jodl von vornherein wichtige Arten von Gefühlen ausgeschieden, „welche in der größten Entfernung vom Affekte sich befinden: die höheren ästhetischen Gefühle und die ethischen Gefühle

18.11 Die Geistigen Gefühle

— jene wegen der Ablösung vom Willen überhaupt, diese wegen der Ablösung vom persönlich-individuellen Willen".

Indessen spricht gegen diese Ausscheidung, dass die ästhetischen und ethischen Gefühle, wenn überhaupt irgendwelche, zu den geistigen Gefühlen gerechnet werden. Dass sie den Grad von Affekten annehmen können, dürfte auch unbezweifelbar sein. Wenn es bei ihnen weniger oft der Fall sein sollte, als bei manchen anderen, so macht das keinen wesentlichen Unterschied aus. Was die Ablösung vom Willen bei den ästhetischen Gefühlen betrifft, so hat die Charakterisierung der ästhetischen Lust als „interesseloser", wie sie schon bei Kant und Schiller sich findet, gewiss ihren guten Grund. Dadurch sind aber nur bestimmte Beziehungen zum Wollen ausgeschlossen: Das egoistische Laben- und materielle Genießenwollen würde das ästhetische Gefallen verunreinigen. Doch ist es sehr wohl möglich, ja im künstlerisch veranlagten Menschen wird es die Regel sein, dass eben auf das „interesselose" Genießen und Schaffen ein starker Trieb sich richtet, der seinerseits eine besondere Wucht der ästhetischen Gefühle bedingt.

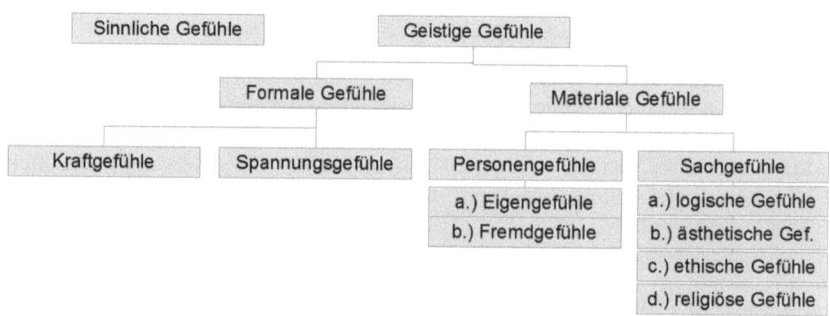

Ähnlich steht es mit der behaupteten Ablösung der ethischen Gefühle von dem „persönlich-individuellen" Willen. Diese Behauptung hat insofern Sinn, als beim ethischen Wollen nicht bewusst persönlich-egoistische Ziele angestrebt werden dürfen. Aber wenn sittliches Handeln überhaupt zustande kommen soll, so muss natürlich ein Wollen des Individuums vorhanden sein und sich eben auf die sachlichen Ziele richten, die als sittlich wertvoll unsere Billigung finden. Je stärker aber dieses sittliche Wollen des Individuums ist, umso stärkere Gefühle werden durch dasselbe ausgelöst werden können.

Mithin erscheint es zweckmäßiger, die ästhetischen und ethischen Gefühle bei der Einteilung der „geistigen" Gefühle mit zu berücksichtigen. Ihnen wird man die „logischen" und „religiösen" Gefühle zugesellen dürfen, soweit sie einen ähnlichen, „sachlichen", unpersönlichen Charakter tragen. Wie jene auf das „Schöne" und „Gute", so beziehen sich diese auf das „Wahre" und „Heilige". Endlich können wir wohl die „Person"- und „Sachgefühle" als „materiale" den Formalgefühlen entgegensetzen. Somit ergäbe sich als eine erweiternde Fortbildung der Jodlschen Einteilung in in der Grafik dargestellte Klassifikation der Gefühle.

19 Wertgefühle und Werturteile

19.1 Werte und Wertträger

Der intentionale Charakter des Bewusstseins zeigt sich auch in den Erlebnissen, in denen wir in Beziehung treten zur Welt der Werte, der positiven wie der negativen.

Bei unserem theoretischen Verhalten ist der Gegenstand das Seiende, seine Beschaffenheit und Veränderung bei unserem praktischen Wert und Unwert. So wenig es aber Aufgabe der Psychologie ist, alles Existierende zu untersuchen, so wenig hat sie die Wertprobleme schlechthin zu lösen. Das überlässt sie einer allgemeinen Philosophie der Werte und spezielleren Wertdisziplinen. Die Psychologie darf aber als allgemein zugestanden voraussetzen, dass es verschiedene Wertarten gibt, wie das Angenehme, das Nützliche, das Schöne, das Gute, das Heilige und ihr Gegenteil. Solche Werte, rein für sich genommen, sind etwas „bloß Gedachtes", „ideale Objekte". Den Charakter der Wirklichkeit gewinnen Werte nur an realen Wertträgern. So verwirklichen sich z. B. sittliche Werte an Personen, ihren Gesinnungen und Handlungen; Annehmlichkeit^ und Nützlichkeitswerte an Dingen, die als Wertträger — „Güter" heißen.

In den Wertträgern verschmilzt sozusagen Sein und Wert. Welche Werte realisiert werden; wann, wo, in welcher Weise und wie oft ihre Verwirklichung sich vollzieht, das hängt vom Gange des wirklichen Weltprozesses ab. Andererseits müssen wir unseren Standpunkt im Bereich der Werte nehmen, um zu beurteilen, ob und in welchem Sinne das Wirkliche wertvoll ist. Trotz der innigen Verschmelzung bleibt aber doch der Sphäre der Wirklichkeit und der des Wertes ihr besonderes Wesen und ihre Unabhängigkeit. Wir können Werte anerkennen, ihnen „Geltung" zuschreiben, wenn sie bis jetzt nie und nirgends realisiert worden sind; auch gehen Werte nicht unter, d.h., sie verlieren nicht ihre Geltung, wenn Wertträger vernichtet werden. Andererseits kann ein Wertträger ruhig weiterexistieren, wenn er seinen Wert verliert: Wie viele Dinge werden z. B. wertlos mit dem Wechsel der Mode oder des Geschmacks! Sie verschwinden darum nicht aus dem Dasein. Ebenso wenig aber braucht etwas deshalb zu existieren, weil wir es für sehr wertvoll halten. Es ist ein Erbfehler der Metaphysik, besonders der religiös gefärbten, dass sie Seins- und Wertfragen ineinander mengt. Die Wurzel dieser Vermischung aber bildet eine Tatsache, die uns als Psychologen interessieren muss: Nämlich auch in unserem gewöhnlichen Verhalten fließt für uns der Seins- und der Wertcharakter des Wirklichen in eins zusammen. Die Welt, auf die wir natürlicherweise eingestellt sind, unsere „Umwelt", ist nicht der Inbegriff der bloß „daseienden" physikalischen Realitäten, sondern eine wirkliche Welt von Personen, Sachen, Begebenheiten und Zuständen verschiedensten Wertes. So ist es begreiflich, dass wir die Wertträger in der Regel selbst Werte nennen, und dass wir im praktischen Leben Wert- und Seinsfragen nicht auseinanderhalten — wie es für die Zwecke der Wissenschaft, auch der Psychologie, notwendig wird. Diese darf allerdings, wenn sie auf unserem Gebiet ihre analysierende Methode anwendet, nicht vergessen, dass sie künstlich zerlegt, was im Leben untrennbar verschmilzt.

Von hier aus ergibt sich uns ebenfalls, dass wir selbst bei der Behandlung so relativ komplizierter Erlebnisse, wie Wahrnehmungen, Erinnerungen, Gedanken, immer noch im Reiche der Abstraktion weilten, wenn wir in diesen lediglich Akte des auf das Seiende gerichteten theoretischen Bewusstseins erblickten; jetzt müssen wir die Momente der Wertung, die in jenen Erlebnissen meist enthalten sind, hinzufügen. Aber ehe wir diese Synthese vollziehen, gilt es die Werterlebnisse selbst in möglichster Reinheit für sich zu erforschen. Das erfordert natürlich ein Verlassen der „natürlichen" Einstellung; denn solange wir uns in dieser befinden, ist für uns alles Wertvolle gerade so absolut und unmittelbar da wie das Wirkliche. Es bedarf des Überganges zur psychologischen Einstellung, um uns überhaupt die Erlebnisse zum Bewusstsein zu bringen, vermöge deren Werte und Wertträger sich für uns konstituieren.

19.2 Die eigentlichen Wertungsvorgänge

Zwar ist die Literatur über die Wertprobleme reich, aber in ihr gehen die Versuche, die Wertschätzung als tatsächliches, psychisches Phänomen zu beschreiben und zu erklären, andererseits die Tendenz, ihre Gültigkeit darzutun, vielfach ineinander über. Auch stützen sich die Forscher in ihren Angaben über die psychologische Seite der Wertung meist nur auf die eigene Selbstbeobachtung und bloße Reflexion. Erst neuerdings hat Th. Häring die systematische Untersuchung der Werterlebnisse vom rein psychologischen Standpunkt aus mithilfe des experimentellen Verfahrens in Angriff genommen.

Wie notwendig eine Klärung auf diesem Gebiete ist, zeigt deutlich der Umstand, dass vielfach noch die Erlebnisse der Wertung mit Lust- oder Unlustgefühlen ohne Weiteres identifiziert werden, oder dass man es als selbstverständlich hinnimmt, Lust sei der einzige positive Wert. Demgegenüber kann der gegenständliche Charakter des Wertbewusstseins im Unterschied von dem zuständlichen der Lust- und Unlustgefühle nicht scharf genug betont werden. Wenn z. B. Leibniz die Gefühle überhaupt als ein dunkles Wissen von Vollkommenheit oder Unvollkommenheit der Objekte charakterisierte, so ist darin nicht nur die intellektualistische Deutung irrig, sondern auch die Auffassung aller Gefühle als Wertgefühle.

Aber freilich, wegen dieses objektiven Gepräges der Werte können wir in recht mannigfacher Weise auf sie innerlich bezogen sein, wie ja auch unsere theoretische Beziehung zu den Objekten psychologisch verschieden zu charakterisieren ist, je nachdem wir sie sinnlich wahrnehmen, oder sie uns anschaulich vorstellen oder an sie begrifflich denken. Ja, es dürfte jedem aus seiner Erfahrung verständlich sein, dass wir auch ein rein theoretisches Bewusstsein von Werten erleben können, z. B. indem wir einfach von ihnen wissen oder — referierend — von ihnen reden, ohne uns dabei selbst irgendwie wertschätzend zu verhalten.

19.2 Die Eigentlichen Wertungsvorgänge

Als eigentliche Wertungsvorgänge im vollen Sinne des Wortes wird man darum nur solche Erlebnisse ansehen, aufgrund deren ein Wert für das jeweilige Bewusstsein erst zustande kommt; wo also ein Subjekt, ohne Zuhilfenahme einer bewussten Erinnerung an eine frühere Schätzung desselben Objekts, einem Gegenstand Wert zuerkennt. Alle Vorgänge, die zwar mit Werten zu Tun haben, aber sie nicht selbst konstituieren, haben für die Untersuchung nur sekundäre Bedeutung. So darf z. B. eine bloße Erinnerung an einen Wert nicht eigentlich als Wertschätzung aufgefasst werden. Andererseits kann eine solche aber sehr wohl vorliegen, wenn auch tatsächlich dieselbe Wertung schon von demselben Subjekt vollzogen wurde, falls dieses sich nicht daran erinnert, oder falls es die frühere Wertung in sich erneuert und bestätigt.

19.3 Gefühlsmäßige und intellektuelle Wertungen

Im Gegensatz zu der verbreiteten Ansicht, dass in allen Wertungserlebnissen notwendig ein Gefühl enthalten sei, darf es aufgrund der experimentellen Untersuchung als wahrscheinlich gelten, dass Wertschätzungen primärer Art (d.h. Wert konstituierende Erlebnisse) auch ohne jedes Gefühlsmoment als rein intellektuelle Prozesse Vorkommen können. Nicht einmal alle „unmittelbaren" Wertungen, d. h. diejenigen, die sich sofort mit dem Bewusstwerden des betreffenden Gegenstandes vollziehen, sind gefühlsmäßige; die intellektuelle Form kommt hier ebenfalls vor. Andererseits können sich gefühlsmäßige Wertungen sowohl unmittelbar wie aufgrund einer vorausgehenden intellektuellen Reflexion vollziehen.

Es gibt demnach zwei Hauptarten der Wertung: Die „gefühlsmäßige" und die „intellektuelle" („Wertgefühl" und „Werturteil"); und beide können als „unmittelbare", d. h. sofort mit dem Gegebensein des Objekts, erlebt werden oder als „mittelbare", d. h. erst aufgrund eines Nachdenkens über den betreffenden Gegenstand. Dieses Nachdenken ist dann wohl Voraussetzung für das Zustandekommen des Wertungserlebnisses, es gehört aber nicht zu diesem selbst und kann darum hier außer Betracht bleiben.

Die unmittelbare Gefühlswertung lässt sich beschreiben als ein gegenständlich gerichtetes Lust- oder Unlustgefühl. Es liegt also nicht ein einfaches theoretisches Erlebnis des Gegenstandsbewusstseins vor, d. h. ein solches, vermöge dessen der Gegenstand einfach für uns da ist, sondern es verbindet sich auf das innigste mit einem Lustgefühl; aber dieses Lustgefühl wird hierbei nicht allein als Ichzustand erlebt, sondern es hat eine Beziehung auf den Gegenstand. Eben dadurch unterscheidet es sich als Wertgefühl von dem einfachen Lustgefühl.

Eine weitere Aufgabe der psychologischen Deskription wäre, festzustellen, ob und wie sich die Gefühlswertung gegenüber verschiedenen Wertarten, insbesondere den sogenannten sinnlichen Werten des Angenehmen und Unangenehmen einerseits und den geistigen andererseits unterscheidet. Nicht unzutreffend scheint es mir, wenn man von den Letzteren gesagt hat, dass sie in der Art ihrer Gegebenheit eine eigentümliche Abgelöstheit und Unabhängigkeit gegenüber der gesamten Sphäre des Leiblichen an sich tragen; dass ferner die hedonischen

(d. h. Annehmlichkeits-) Werte in sinnlicher Lust und Unlust gekostet werden, während wir der geistigen Werte in einer Art Freude und Trauer innewerden, bei der unser Leibeszustand nicht zum Bewusstsein kommt.

Die unmittelbare intellektuelle Wertung stellt sich dar als eine ohne Weiteres eintretende Überzeugung von dem Wert oder dem Wertcharakter eines Objekts. Es handelt sich dabei hier nicht um ein Wissen schon bestehender Werte, sondern um ein Erlebnis, in dem sich, sozusagen mit unmittelbarer Evidenz, ein Wert für das betreffende Subjekt konstituiert.

19.4 Das Vorziehen

Im Akte des Vorziehens ist uns das Höhersein eines Wertes oder Wertträgers unmittelbar gegeben; entsprechend im Akte des Nachsetzens das Niedrigersein. Eine solche Rangordnung stellt sich uns so gut unter den positiven wie unter den negativen Werten dar, und wir erleben sie ebenso gegenüber Werten wie gegenüber Wertträgern. Auch im Vorziehen und Nachsetzen kann das Bewusstsein der Evidenz vorhanden sein; es kann jemand „evident" sein, d. h. ohne Beweis einleuchten, dass das sittlich Gute oder das Schöne einen höheren Rang habe als das Angenehme, oder dass Verzichten vornehmer sei als Habenwollen. Welche Bedeutung dieser Evidenz beizumessen ist für die Frage einer objektiv geltenden Rangordnung der Werte, darüber hat die Philosophie zu befinden. Der Psychologie bleibt die bescheidenere Aufgabe, zu untersuchen, inwieweit ein derartig evidentes Vorziehen sich findet, und inwieweit es — zumal bei Menschen verschiedenen Alters, Geschlechts, verschiedener Nationalität und Kulturhöhe — inhaltlich übereinstimmt oder differiert. Denn das zeigt doch schon die vorwissenschaftliche Erfahrung, dass auch Zweifel und Schwanken über den Rang von Werten Vorkommen kann, und dass diese Urteile oft recht verschieden lauten. Darüber darf man sich nicht irremachen lassen, durch die pathetischen Versicherungen und dogmatischen Behauptungen von solchen, die jene Rangordnung der Werte, die sich ihnen als evident darstellt, ohne Weiteres als allgemeingültig ansehen und es darum auch für ausgeschlossen halten, dass jemand — bei ruhiger Überlegung und voller Erfassung der in Frage kommenden Werte — anders sich entscheiden könne als sie selbst.

Es ist freilich nicht zu bestreiten, dass gewisse Werturteile aufgestellt werden können, die mit dem Wesen der Werte selbst evident gegeben sind, die infolgedessen aromatische (apriorische) Geltung haben und nicht erst der Bestätigung durch Erfahrung bedürfen. Solche Sätze sind: Dass die Existenz (oder Verwirklichung) eines positiven Wertes selbst ein positiver Wert sei; oder die Nichtexistenz eines positiven Wertes ein negativer, ebenso dass das Angenehme dem Unangenehmen (*ceteris paribus*) vorgezogen werde — womit nicht streitet, dass einem angenehm sein kann, was dem anderen unangenehm ist. Anders steht es mit Behauptungen wie die, dass überhaupt allen eine bestimmte Rangordnung der Werte (z. B. der Vorzug der geistigen Werte vor den sinnlichen) evident sei. Hier gilt es zunächst, ein möglichst umfangreiches, kritisch gewonnenes Beobachtungsmaterial zu sammeln; solange wir das nicht haben, wäre es

19.4 Das Vorziehen

vorschnell, allgemeine Behauptungen aufstellen zu wollen. Vorläufig kann nur folgendes zur Psychologie des Vorziehens gesagt werden:

Die beiden Haupttypen, der gefühlsmäßige und der intellektuelle, finden sich auch bei dem Vorziehen. Es kann ebenfalls unmittelbar und mittelbar eintreten. In dem letzteren Falle besteht die vorausgehende Reflexion gewöhnlich in einer Vergleichung. Diese ist etwas rein Intellektuelles; die Entscheidung kann sich in der Form vollziehen, dass der eine Wert sozusagen im Bewusstsein völlig dominiert, d. h. dass er vollständig die Aufmerksamkeit auf sich zieht, und der andere darüber kaum noch oder gar nicht mehr beachtet wird. Ein Vorziehen ist nur dann möglich, wenn die beiden Wertobjekte (Wertträger) unter eine Wertkategorie subsumiert werden können. Gehören sie unter zwei verschiedene Wertklassen, so sind zunächst diese zu vergleichen und die eine oder die andere vorzuziehen. Gelingt dies nicht, so sind die Wertobjekte inkommensurabel, eine Entscheidung zwischen ihnen ist nicht möglich; was unter Umständen mit lebhafter Unlust uns zum Bewusstsein kommt.

19.5 Das Bewusstsein der Wertarten

Aber nicht nur bei Wertvergleichungen kommt ein Subsumieren unter bestehende Wertklassen vor, auch bei dem einfachen Bewerten (ohne Vergleich) glaubt man, stets ein solches konstatieren zu können. Wenn diese Beobachtung sich bewähren sollte (d. h. wenn sie nicht lediglich durch die Art der bisher angewendeten Versuchsanordnung bedingt ist), so wäre sie so zu erklären, dass für den erwachsenen Kulturmenschen — und mit solchen hat es ja unsere allgemeine Psychologie zu tun — sich aufgrund seiner Erziehung und Erfahrung eine Kenntnis der möglichen Werte herausgebildet hat, und — eine „Tafel der Werte", mit Nietzsche zu reden —; dass infolgedessen bei einem Werterlebnis die Zugehörigkeit des bewerteten Objekts zu der einen oder anderen Wertart durch Reflexion oder unmittelbar zum Bewusstsein kommt. Als solche Wertarten sind zu nennen: die hedonischen Werte (d. h. das persönlich Angenehme oder Unangenehme), die ökonomischen, die ästhetischen, die ethischen, die religiösen und die logischen. Diese Werte werden dabei in verschiedenem Maße als bloß individuell gültig oder als allgemeingültig erlebt. Es hängt dies von der Erfahrung und Selbstkritik des Individuums in hohem Maße ab. Während der Naive dazu neigt, auch die hedonischen Werte als allgemeingültige zu fassen, es also z. B. nicht verstehen kann, dass seine Lieblingsspeise einem anderen nicht schmeckt, wird der Reflexionsmensch auch seine ästhetischen, religiösen, ja selbst ethischen Wertschätzungen in steigendem Maße nur als individuell gültige erleben. Bei den logischen Wertungen wird der Anspruch auf Allgemeingültigkeit am zähesten sich behaupten, und nur bei starker Hinneigung zum Skeptizismus sich abschwächen.

Übrigens scheint es mir überhaupt zweifelhaft zu sein, ob der viel gebrauchte Begriff der „logischen Wertung" zu Recht besteht. Man versteht darunter das sogenannte Evidenzerlebnis, d. h. das Erlebnis des Wahren und Richtigen oder des Falschen und Unrichtigen. Daraus aber, dass evidente Einsicht von den

Menschen meist wertgeschätzt wird, folgt nicht, dass das Evidenzerlebnis bei theoretischen Einsichten selbst ein Wertungserlebnis ist. Dass Wertungen selbst als evidente erlebt werden können, soll damit nicht bestritten werden, kommt aber für unsere Frage nicht in Betracht.

19.6 Das Zustandekommen der Wertungen

Wenden wir uns nun von der deskriptiven Betrachtung der genetischen und der erklärenden zu! Man hat hier aufgrund der Analyse den Satz aufgestellt, jede Wertung sei lediglich Subsumtion unter schon bestehende Werte. Wir können diesen nicht anerkennen; ebenso wenig die Folgerung, die man daraus gezogen hat, der Wertbegriff lasse sich psychologisch nicht restlos auflösen; ein Wert bleibe immer Voraussetzung. Das scheint uns nur für die naive Auffassung zu gelten, für welche Werte etwas Objektives, ja Absolutes, an sich Existierendes sind; und der Wertcharakter eine Eigenschaft, die den Gegenständen an sich zukommt, wie ihre Gestalt, Größe und andere Qualitäten. Aber eine einfache Erwägung zeigt, dass für die psychologische Betrachtung der Wert nicht schlechthin eine geheimnisvolle, den Objekten an sich innewohnende Eigenschaft sein kann. Wären wir nämlich nur erkennende Wesen, würden wir nichts begehren, auch nicht unsere Selbsterhaltung, und nichts verabscheuen, auch nicht unseren Tod; würde uns nichts lust- oder unlustvoll berühren, würden wir nichts lieben oder hassen, würde uns alles „kalt" lassen, so hätte eben für uns nichts Wert. Haben wir es aber in der Psychologie nicht mit Werten „an sich", sondern mit Werten „für uns" zu tun, so folgt aus diesem „relativen" Charakter der Werte, dass man in der Psychologie berechtigt ist, zu fragen, wie sich Werte für uns ursprünglich konstituieren. In diesem Sinne muss sich der Wertbegriff psychologisch auflösen lassen. Dabei kann sich sehr wohl bei dieser Analyse herausstellen, dass manche Werte uns als „absolute" gelten, sofern sie ihren Wertcharakter nicht erst von anderen empfangen, wie z. B. oft das Mittel vom Zweck.

Ferner wird natürlich nicht bestritten, dass hier auch Fragen sich erheben, die über die Psychologie hinausführen. Wenn man z. B. das physiologische Korrelat der Lust und Unlust in einer Förderung bzw. Schädigung des Organismus und seines Lebensprozesses sieht, so ist schon das keine rein psychologische Feststellung; noch weniger fällt es unter die Kompetenz der Psychologie, zu untersuchen, worin diese Förderung und Schädigung besteht. Das gleiche gilt auch für das Problem, in welcher Beziehung die Verhaltensweisen, die sittlicher Wertschätzung unterliegen, zu dem Wohl menschlicher Gemeinschaften stehen.

Für die genetisch-psychologische Bettachtung scheint es mir nun bedeutsam, festzuhalten, dass Lust (und Unlust) nicht ohne Weiteres Wertung bedeutet. Man denke nur daran, wie Lust und Unlust innig verschmolzen mit sexuellen Empfindungen einerseits, Schmerzempfindungen andererseits erlebt werden. So wenig nun derartige Empfindungen für sich schon einen „Gegenstand" für uns bedeuten, so wenig müssen sich die sie begleitenden Gefühle notwendig auf einen Gegenstand beziehen. Aber erst, wenn eine solche Beziehung bewusst

19.6 Das Zustandekommen Der Wertungen

ist, erleben wir eine Wertung; denn immer ist es etwas Gegenständliches, das positiv oder negativ gewertet wird.

Es ist aber psychologisch wohl verständlich, dass diese Wertung sich in erster Linie auf solche Objekte richtet, die uns einmal Lust oder Unlust verursacht haben. Natürlich muss nicht notwendig aufgrund jeder Erfahrung von zufällig erlebter Lust eine Wertschätzung zustande kommen. Es kann einfach bei dem lustbetonten Erlebnis sein Bewenden haben. Aber jenes Objekt, das uns einmal Lust erregte, braucht uns nur wieder zu begegnen oder in der Erinnerung aufzutauchen, so wird es gewöhnlich wieder Lust erwecken, die nun durch die gegenständliche Beziehung den Charakter der Wertung annimmt.

Eine Hauptquelle solcher lustbetonter Erlebnisse und ihres Wiederauftauchens im Gedächtnis sind unsere Triebe und Begehrungen. Was sie befriedigt oder ihrem Ziele näherbringt, das verursacht uns Lust und kann so zum Objekt unserer Wertschätzung werden. Es scheint mir also durchaus nicht psychologisch notwendig, dass das Begehren Werte (genauer: Bewusstsein von Werten) voraussetze. Damit, dass wir „logischerweise" das Begehrte zugleich wertschätzen, ist für die psychologische Analyse noch nicht erwiesen, dass alles Begehren in einem Wertungserlebnis „fundiert" sei.

Das Ursprüngliche dürfte nicht sein, dass Menschen etwas begehren, weil es für sie wertvoll ist, sondern dass es für sie wertvoll wird, weil sich ihr Begehren darauf richtet, und es durch Befriedigung des Begehrens Quelle der Lust für sie wird. Entsprechendes gilt für das Verhältnis von instinktivem Widerstreben und negativer Bewertung.

Mit dem Gesagten soll freilich nicht in Abrede gestellt werden, dass — zumal im entwickelten Bewusstsein — Wertungen ohne jegliches Streben erlebt werden können. Wir vermögen z. B. im einfühlenden Verstehen anderer Werte zu schätzen, ohne irgendwie danach zu streben, ja wir können positiven Werten, gegenüber denen wir auch positive Wertung erleben, widerstreben oder negative erstreben (wobei wir freilich gern über unsere wahren Wertschätzungen uns und andere zu täuschen suchen). Aber das alles lässt sich mit unseren früheren Ausführungen wohl vereinigen.

So dürfte sich also die Fülle der Wertungserlebnisse bei der genetischen Betrachtung zurückführen lassen auf Erlebnisse des Gegenstandsbewusstseins, der Lust und Unlust und des Begehrens und Widerstrebens.

Als primitive Form des Wertungserlebnisses aber darf wohl die gefühlsmäßige angesehen werden.

Nun haben wir bisher die Entwicklung des Wertbewusstseins im Individuum nur in künstlicher Vereinfachung betrachtet, nämlich lediglich im Hinblick auf die Frage, wie Wertschätzungen im Menschen aufgrund eigener Erfahrung, nämlich eigenen Fühlens und Begehrens, entstehen können. Der Mensch wächst aber nicht isoliert, sondern in einer Gemeinschaft auf, in der eine Masse von Wertschätzungen mehr oder minder allgemein verbreitet sind, die dem jugendlichen Menschen von früh als etwas selbstverständlich Geltendes nahegebracht werden. Dadurch erschließt sich seinem Bewusstsein eine Welt von positiven und negativen Werten, die sozusagen objektiv da sind; die durch den suggestiven Einfluss seiner Umgebung für ihn Geltung gewinnen, d. h. Gegenstand seiner Wertschätzung werden, auch ohne dass sie vielleicht dem eigenen Fühlen und Wollen derart entsprechend wären, dass sie spontane Wertung erweckt hätten.

So bildet sich ein „Wissen" um Werte. Freilich kann diese intellektuelle Form der Wertschätzung ebenso aus eigenen gefühlsmäßigen Wertungen hervorgehen, wenn sich etwa infolge häufiger Wiederholung die Gefühlsbetonung verliert. Jedoch braucht das Wissen um Werte, das nicht in dieser Weise selbst erworben, sondern von der älteren Generation einfach instinktiv übernommen ist, deshalb nicht notwendig etwas Oberflächliches, für unser Wollen und Handeln Unwirksames zu sein. Es kann, wie alles, was für uns als „selbstverständlich" gilt, mit größter subjektiver Gewissheit sich verbinden und starke Motivationskraft enthalten.

Andererseits ist es freilich eine bekannte Tatsache, dass der suggestive Einfluss der Autorität von Eltern, Lehrern usw. oft nicht ausreicht, die in der Gemeinschaft geltenden Wertschätzungen der Jugend derart zu eigen zu machen, dass sie ihr Verhalten stets danach bestimmt. Hier müssen nun Lohn und Strafe zu Hilfe genommen werden, d. h. Einwirkungen, von denen aufgrund allgemeiner Erfahrung vorausgesetzt wird, dass sie sicher Lust und Unlust und infolgedessen auch positive und negative Bewertung auslösen. Was an sich nicht gewertet wird, das wird dann als Mittel zur Erreichung von Belohnung oder Vermeidung von Strafe geschätzt.

Das führt auf den wichtigen Unterschied von „Eigenwert" und „abgeleitetem" oder „Mittelwert". Dieser Unterschied hat natürlich nicht nur für das Gebiet der Erziehung, sondern für alles menschliche Schätzen, Wollen und Handeln größte Bedeutung.

Seine psychologische Erklärung bietet aber keine Schwierigkeit. Abgesehen von den früher aufgewiesenen psychischen Faktoren der Wertschätzung kommt hier nur noch das Bewusstsein der Relation: „Mittel — Zweck" in Betracht.

Nicht minder ist der Vorgang der „Wertübertragung" psychologisch verständlich: Was zunächst nur als Mittel geschätzt wurde, kann allmählich Eigenwert für uns gewinnen — eine Tatsache, die ebenfalls für die Pädagogik von besonderer Wichtigkeit ist.

Der mächtige Einfluss, den die Umgebung auf die Entwicklung der Wertschätzungen im jugendlichen Menschen von früh an instinktiv oder absichtlich ausübt, hat aber doch nicht die Folge, dass bei den Erwachsenen, die zu der betreffenden Gemeinschaft gehören, eine völlige Übereinstimmung in den Wertungen erzielt werde. Hier macht sich eben die Verschiedenheit der angeborenen Gefühls- und Begehrungsdispositionen, aber auch die Verschiedenheit des Milieus und der individuellen Erfahrungen geltend. Besonders deutlich bekunden sich solche individuelle Schätzungen in dem, was man „Liebhaberwert" nennt,

19.6 Das Zustandekommen Der Wertungen

aber auch in allen eigenartigen Ausgestaltungen ästhetischer und sittlicher Ideale.

Indem man ferner gewisse Bewertungen als die „normalen", die „richtigen" voraussetzt, gelangt man dazu, von „Werttäuschungen" zu reden. Hierbei zeigt sich wieder die Bedingtheit des Wertens durch das Streben, insofern die Menschen das zu „überschätzen" pflegen, was sie begehren. Komplizierter ist der Vorgang, auf den das Sprichwort vom Fuchs und den sauren Trauben zielt: Güter, deren Wert wir noch fühlen, zu deren Erreichung wir uns aber ohnmächtig wissen, suchen wir instinktiv vor uns herabzusetzen. Freilich können wir auch die Wertschätzung in uns bestehen lassen und versuchen, das Streben zu unterdrücken; darin besteht die „Resignation".

20 Streben und Wollen

20.1 Streben und Wollen als Bewusstseinselemente

Dass es Streben und Wollen gibt, darüber besteht in der wissenschaftlichen Psychologie keine Meinungsverschiedenheit. Dagegen hat man sich noch nicht über die Frage (der beschreibenden Psychologie) einigen können, ob in den Erlebnissen des Strebens und Wollens Bewusstseinselemente besonderer Art enthalten sind. Eine Reihe angesehener Psychologen bestreitet dies. Wundt sieht Empfindungen und Gefühle als die einzigen Bewusstseinselemente an; Willensvorgänge bezeichnet er als „Affekte, die durch ihren Verlauf ihre eigene Lösung herbeiführen". Nach Ebbinghaus ist das, was wir Wollen nennen, nur eine eigenartige „Vereinigung des Fühlens, Empfindens und Vorstellens"; „Willensakte oder Begehrungen als besondere elementare Formen des Seelenlebens anzusetzen, besieht keine Veranlassung". Ziehen erklärt: „Das Wollen bezeichnet eine seelische Situation, welche ausschließlich durch ganz bestimmte Vorstellungen und Gefühlstöne gekennzeichnet ist."

Indessen vermag ich mich aufgrund meiner Selbstbeobachtung dieser Ansicht nicht anzuschließen. Ich stimme vielmehr Jodl, Lipps, Ach, Meumann, Geyser u. a. zu, die eine besondere Art von Erlebniselementen in den „Willensakten" sehen, und ich glaube, mit dem Letztgenannten davon noch das „Streben" unterscheiden zu müssen, als ein Elementarphänomen, das im Seelenleben eine höchst bedeutsame Rolle spielt und auch die Voraussetzung des „Wollens" im engeren und eigentlichen Sinne bildet.

Streben und Widerstreben kommen vielfach in enger Verbindung mit Lust und Unlust vor. „Weh spricht: Vergeh; doch alle Lust will Ewigkeit." Dabei ist die Beziehung von Unlust und Streben allerdings inniger; instinktiv widerstreben wir der Unlust und dem, was sie erregt, während ein Streben, die Lust festzuhalten, meist erst dann sich regt, wenn wir an ihr Aufhören denken. Da gegenständlich gerichtete Lust oder Unlust (wie wir oben im Kap. 19.6 gesehen haben) die positiven und negativen Wertungen ausmacht, so ist es begreiflich, dass auch diese in enger Beziehung zu Streben (und Widerstreben) stehen.

Doch trotz aller innigen Verschmelzung ist Streben mit Gefühl und Wertung nicht identisch. Zwar teilt es mit ihnen die doppelte Richtung nach Ja und Nein, aber es unterscheidet sich von ihnen durch das Moment der Tendenz, der Aktivität. Ferner zielt Streben immer auf etwas erst zu Verwirklichendes und weist insofern auf die Zukunft, während die Lust als lediglich gegenwärtiger Zustand erlebt wird, und die Wertschätzung auch Wirkliches in Gegenwart und Vergangenheit zum Gegenstand haben, kann.

Durchaus irrig aber scheint mir die alte, stets wiederholte Behauptung, dass alles Streben notwendig (oder wenigstens „ursprünglich") auf Luft ziele. Unvoreingenommene Selbstbeobachtung wird jeden davon überzeugen, dass die Ziele des Strebens viel mannigfaltiger sind: Betätigungen aller Art, Verwirklichung von Werten, Besitz von Gütern usw. Dass Lust selbst als Ziel angestrebt werde, ist auch so wenig das „Ursprüngliche", dass es vielmehr erst aufgrund von Erfahrung und Reflexion möglich wird. Die Erfahrung belehrt uns nämlich, dass faktisch Lust, nämlich Freude, Befriedigung eintritt, wenn ein Streben sein Ziel erreicht. Diese Tatsache ist es wohl auch, die — irrig gedeutet — die Grundlage für jene Behauptung, Lust sei das Ziel des Begehrens, abgibt. Ein tatsächliches „Ergebnis" ist aber nicht identisch mit einem „Ziel", nicht einmal im objektiven Sinne, geschweige denn in dem subjektiven des Zielbewusstseins — und nur dieses kann für die psychologische Beschreibung in Betracht kommen.

20.2 Die Unterschiede von Streben, Begehren und Wollen

Obwohl in der gewöhnlichen Sprache die Ausdrücke „Streben" und „Begehren" vielfach als gleichbedeutend gebraucht werden, so ist es doch nicht unzweckmäßig, dass manche Psychologen nur das Streben, das sich mit einer deutlichen Vorstellung seines Gegenstandes verbindet, als „Begehren" (oder „Verlangen") bezeichnen; jedoch ist es oft überflüssig, dies vom Streben zu unterscheiden.

Dagegen scheint es nicht ratsam, den Ausdruck „Wollen" nach dem Vorgang Schopenhauers auch auf das Streben und Begehren zu erstrecken. Wir gebrauchen „Wollen" im engeren Sinne, um dadurch einem bedeutsamen phänomenologischen Unterschied gerecht zu werden. Er betrifft das Verhältnis zum Ich.

Streben und Begehren treten auf ohne unser Zutun, wie etwa Empfindungen. Daneben gibt es aber Erlebnisse von aktivem Charakter, in denen das Ich sich in besonderem Maße betätigt; die zu beschreiben sind als Stellungnahme des Ich. Ihr Unterschied vom Streben und Begehren tritt besonders dann klar hervor, wenn diese Stellungnahme des Ich in einer Anerkennung oder Verwerfung von Strebungen besteht.

Dabei ist mit dieser „Stellungnahme" nicht bloß ein bewertendes Billigen oder Missbilligen der Strebungen gemeint — was das Wort an sich auch bedeuten kann —, sondern es soll hier mehr sagen. Es soll die unmittelbar erlebte Wirksamkeit der Stellungnahme des Ich auf unser Streben mitbezeichnen, insofern dieses entweder gehindert wird, unser Tun zu bestimmen, oder die Erlaubnis dazu erhält, wobei sich noch das Ich selbst für die Verwirklichung der Zielvorstellung einsetzen kann.

Diese Unterscheidung von „Streben" und „Wollen" in dem angegebenen Sinne ist nicht nur durch den phänomenologischen Tatbestand gefordert, sondern auch von großer praktischer Bedeutung. Diese tritt z. B. darin hervor, dass wir für Strebungen, die von selbst sich in jemand regen, ihn nicht verantwortlich machen, wohl aber für sein Wollen; dies wird eben in ganz anderem Maße als Akt des Ich angesehen.

Der sachliche Unterschied wird freilich durch den Sprachgebrauch insofern wieder verdeckt, als vielfach auch das vom Ich anerkannte (positive oder negative) Streben und Begehren weiterhin mit diesen Ausdrücken und nicht mit „Wollen" bezeichnet wird (z. B.: „Den Dank, Dame, begehr' ich nicht"). Auch bezeichnet „Streben" oft das Bemühen, das Gewollte zu verwirklichen.

20.3 Beschreibung der Willenshandlung

Um eine genaue Beschreibung des eigentlichen Wollens haben sich in neuerer Zeit besonders E. Meumann, N. Ach und M. Scheler bemüht.

Ich führe hier die Bestandteile einer „echten Willenshandlung" im Anschluss an Meumann vor, wobei ich die mir notwendig scheinenden Ergänzungen und Berichtigungen vornehme.

a) Zunächst muss vorhanden sein die Vorstellung eines Zieles der Handlung, welche die ganze Handlung einleitet und den Inhalt der Ausführung bestimmt;

b) damit kann sich verbinden die Vorstellung eines Zweckes, die sich nicht mit der Zielvorstellung zu decken braucht (das Ziel ist z. B. Ausgehen, der Zweck: Einen Brief zur Post bringen). Sowohl die Zielvorstellung (also die Vorstellung dessen, was ich tun will) als auch die Zweckvorstellung werden als „Absicht" bezeichnet. Man kann sagen: Er hatte die Absicht, auszugehen, zu dem Zwecke, einen Brief zur Post zu bringen; aber auch: Er wollte ausgehen, in der Absicht ... Das Letztere entspricht der Terminologie der Jurisprudenz.

Die hier gemachte Unterscheidung von Ziel und Zweck geht über den gewöhnlichen Sprachgebrauch hinaus, der „Ziel" und „Zweck" in der Regel nicht scheidet. Beide bedeuten einen Inhalt, der als zu realisierender uns bewusst ist. Dabei braucht der realisierende Faktor nicht menschliche Tätigkeit zu sein. So reden wir in der Biologie von Naturzwecken und zweckmäßigen Bildungen und Funktionen. Da- Verhältnis von Ziel- und Zweckvorstellung zum Streben und Wollen ist nicht so zu denken, dass zu einer sozusagen theoretischen Vorstellung Strebung und Willensakt einfach hinzutreten, vielmehr kann ein Objekt ebenso ursprünglich erstrebt und gewollt wie vorgestellt und gedacht sein. Immerhin ist dem Streben und Wollen irgendeine Beziehung auf Objekte immanent, und diese kann als „Vorstellung" (im allgemeinsten Sinne des Wortes) bezeichnet werden; wobei es Aufgabe der feineren Analyse sein muss, die Unterschiede dieses sozusagen „praktischen" Vorstellens vom „theoretischen" zu untersuchen. Es dürfte von vornherein zu vermuten sein, dass jenes vielfach mit „Wertungen" verschmolzen ist, sodass das gewollte Objekt zugleich als Gut, der zu realisierende Sachverhalt zugleich als wertvoll erscheint.

c) Gelegentlich kommen hinzu Gedanken an weitere Folgen, die über den Zweck noch hinausgreifen.

d) Die Zielvorstellung muss vom Ich gebilligt sein. Der Sinn dieser Billigung ist beim Wollen stets der, dass wir der Verwirklichung des Ziels und damit der ausführenden Handlung zustimmen. Und zwar muss die Zielvorstellung und die Zustimmung das sein, was die Handlung herbeiführt. „Hierdurch erklärt sich der Charakter der Aktivität der Handlung oder unser bestimmtes Bewusstsein, dass wir selbst die Urheber der Willenshandlung sind." Führt die Vorstellung ei-

20.3 Beschreibung Der Willenshandlung

nes Ziels und unsere Zustimmung nicht zur Ausführung einer Handlung, so liegt nur ein Wünschen vor, kein wirkliches Wollen. Freilich kann auch beim wirklichen Willensakt oder Entschluss die Ausführung erst für einen späteren Zeitpunkt festgesetzt werden: Das Erlebnis heißt dann „Vorsatz". In der juristischen Sprache ist dieser Ausdruck für den Willensakt schlechthin üblich. Eine „vorsätzliche" Handlung bedeutet hier einfach eine „gewollte".

e) Dem Entschluss kann vorausgehen eine Prüfung der bewussten Beweggründe der Handlung (d. i. der „Motive" im engeren und eigentlichen Sinne),

f) Daneben kommen als Bedingungen in Betracht: dunkel bewusste Vorstellungen und Gedanken; ferner die ganze psychische Konstellation und Beschaffenheit: Gefühle (vor allem auch Wertgefühle), Werturteile, frühere Gewöhnungen, angeborene oder erworbene Neigungen, endlich die ganze Vergangenheit der Persönlichkeit. (Von den körperlichen Ursachen sehen wir dabei ab.) Alle diese komplizierten Bedingungen und Mitursachen werden oft als „Motive" im weiteren Sinne bezeichnet; ein Sprachgebrauch, den wir nicht für zweckmäßig halten.

g) Die eigentliche Ausführung der Handlung, die Zustandsänderung, die infolge des Wollens eintritt und die eine äußere oder innere (oder beides) sein kann.

Manche von diesen Momenten können fehlen; als unerlässlich für eine wirkliche Willenshandlung aber müssen gelten:

1. die Zielvorstellung;

2. die Zustimmung des Ich;

3. die Bewirkung der auszuführenden Handlung.

Mit dem allem aber verbindet sich das Bewusstsein der eigenen Aktivität, der Ichtätigkeit, sowohl mit der Fixation der Zielvorstellung im Bewusstsein als auch mit der Zustimmung und mit der Herbeiführung der Handlung.

20.4 Genauere Analyse des Willensaktes selbst

Während sich diese Beschreibung Meumanns auf die Willenshandlung in ihrer Totalität bezieht, unter Einschluss ihrer Ursachen (Motive) und ihrer Verwirklichung, hat es Ach unternommen, zunächst den Willensakt selbst phänomenologisch im Einzelnen zu charakterisieren. Er hat dabei die experimentelle Methode in Verbindung mit systematisch durchgeführter Selbstbeobachtung angewendet. Ach geht von dem Gedanken aus, dass die Analyse dessen, was wir unter Wollen verstehen, da einsetzen müsse, wo wir uns des Wollens mit der größten Deutlichkeit als eines bestimmten Aktes bewusst seien, den wir von anderen bewussten Akten unterscheiden. Dies ist nach ihm dann der Fall, wenn ein „energischer Entschluss" gegenüber Widerständen erlebt wird. „Je stärker die Widerstände sind, die sich unserem Wollen entgegenstellen, desto energischer muss unsere Willensanspannung zur Überwindung der Widerstände sein. Setzen wir künstlich innere Widerstände, so lässt sich die Willenskonzentration in jedem beliebigen Grade ihrer Ausprägung hervorrufen. Die jeweilige Willensanspannung bildet einen Willensakt." Den Willensakt in seiner energischsten Ausprägung bezeichnet Ach als „primären" Willensakt, und ihn (mit seiner Wirkung) macht er zum Hauptgegenstand seiner experimentellen Untersuchung. Er verwendete dabei folgendes Verfahren. Durch wiederholtes Darbieten sinnloser Silben wurden bei den Versuchspersonen sukzessive Assoziationen von einer bestimmten Stärke zwischen den einzelnen Gliedern der Reihe gestiftet. Darauf wurden einzelne dieser Silben wieder gezeigt, die Versuchsperson hatte aber dann nicht die sich aufdrängenden, mit jenen assoziierten Silben auszusprechen, sondern entgegen diesem inneren Zwang irgendeine andere Tätigkeit auszuüben, etwa den ersten und dritten Buchstaben umzustellen oder einen Reim zu bilden. Die Stärke der gestifteten Assoziationen kann je nach der Zahl und der Verteilung der für eine Silbenreihe vorgesehenen Lesungen beliebig variiert werden. Je stärker dabei die Assoziation ist, desto stärker muss die Konzentration der Willensenergie sein, wenn sie die Wirkung der assoziativen Reproduktionstendenz überwinden soll. So kann nicht nur — wie wir später noch sehen werden — die Wirkung des Willensaktes selbst sozusagen gemessen, sondern auch dieser selbst in der beliebigen Abstufung hervorgerufen und der Analyse zugänglich gemacht werden. Diese Analyse ergab als Momente des energischen Willensaktes folgendes:

a) Sehr intensive Spannungsempfindungen, besonders im Kopf, vom Zusammenpressen der Zähne und Lippen und Zusammenziehen der Augenbrauen herrührend,

b) Die Zielvorstellung, die sowohl in innerlichem Sprechen (akustisch-kinästhetisch) wie „Reimbilden!" oder „Reim!" als auch in der Form unanschaulichen Wissens um die Aufgabe gegeben sein kann,

c) Das Erlebnis einer aktuellen Betätigung, bei der die „Ichseite" stark hervortritt. Dieses Erlebnis, das von dem Bewusstsein begleitet ist: „Ich will wirklich" (oder „ich will nicht"), bildet einen eigenartigen Elementar-Inhalt; es ist das Wesentliche am energischen Entschluss. Es stellt wohl eine kräftigere Ausprägung des Ich-Erlebnisses dar, das wir oben als „Billigung" oder „Zustimmung" bezeichneten. Das kommende Verhalten des Ich wird darin in eindeutiger Weise bestimmt. Dieses kommende Verhalten des Ich (das beim „Vorsatz" ja erst in näherer oder fernerer Zukunft sich verwirklichen soll) bildet den gegenständlichen Inhalt, die „Zielvorstellung". Sie wird im Willensakt als etwas Gedachtes erlebt. Sie ist demnach streng zu scheiden von der Betätigung selbst, dem: „Ich will", das Ach als das „aktuelle Moment" bezeichnet. Mit diesem verbindet sich oft auch der Gedanke „Ich kann", ä) Die Bewusstseinslage der Anstrengung begleitet den ganzen Vorgang des energischen Wollens. Sie tritt als eigenes Erlebnis nicht hervor, wird aber bemerkt, wenn wir Willensakte von geringerer Konzentration zum Vergleich heranziehen. Die Aufmerksamkeit ist beim energischen Wollen derart auf die Zielvorstellung konzentriert und eingeengt, dass z. B. vor der Versuchsperson stehende Gegenstände für sie ganz ver-

20.4 Genauere Analyse Des Willensaktes Selbst

schwinden. Dagegen wurde Lust oder Unlust nicht als Bestandteil des Willensaktes konstatiert.

Da die Zielvorstellung und das aktuelle Moment dies kommende Verhalten des Ich im Voraus festlegen, so enthält auch das Wollen (wie das Streben) eine Beziehung auf die Zukunft.

Wenngleich sich diese genauere Beschreibung des Willensaktes selbst in die mehr summarische der ganzen Willenshandlung, die Meumann gibt, einordnen lässt, so muss doch betont werden, dass die Beobachtungsergebnisse Achs unter ganz bestimmten Versuchsbedingungen gewonnen worden sind und deshalb nicht ohne Weiteres verallgemeinert werden dürfen. Die Willensakte, die seine Versuchspersonen erlebten, hatten den Sinn, gegenüber dem Widerstand vonseiten der gestifteten Assoziationen die Aufgabe, einen Reim zu bilden oder die Silbe umzustellen, zur Ausführung zu bringen. Den Entschluss, der Instruktion des Versuchsleiters zu entsprechen, hatten aber selbstredend die Versuchspersonen schon vor dem Erscheinen der Reizsilbe, also vor der eigentlichen Versuchs- und Beobachtungsperiode gefasst. Bei dem „aktuellen Moment", dem „Ich will", das beim Versuche selbst erlebt wurde, handelte es sich also nicht um das Fassen eines Entschlusses, sondern um das Aufrechterhalten und Durchführen eines solchen. Nun ist es ja freilich möglich, dass dies Aufrechterhalten sozusagen ein erneutes Fassen des Entschlusses darstellt und sich von dem erstmaligen nicht wesenhaft unterscheidet, aber an sich darf das nicht als selbstverständlich angesehen werden. Ferner ist nicht zu übersehen, dass es sich bei Ach lediglich um Willensakte handelte, deren Durchführung erhebliche Widerstände sich entgegenstellten. Bestehen solche Widerstände nicht, so dürfte wohl der Willensakt mehr den Charakter einer bloßen „Zustimmung" tragen, die zwar ebenfalls als ein Akt des Ich bezeichnet werden darf, bei der aber der Tätigkeitscharakter mehr zurücktritt, und Spannungsempfindungen und Bewusstseinslage der Anstrengung fehlen. Überhaupt dürfte es richtig sein, wie bei andern Erlebnisarten, so auch beim Willensakt eine reiche Mannigfaltigkeit von Varietäten vorauszusetzen.

Ach selbst hat aufgrund seiner Beobachtungsergebnisse dieser Vielgestaltigkeit Rechnung zu tragen versucht, indem er neben dem „primären" Wollen drei Formen eines „sekundären" uneigentlichen Wollens (als die wichtigeren der sehr variablen Erscheinungsformen) näher charakterisierte.

„Abgekürztes Wollen" nennt er solche Willenserlebnisse, bei denen einzelne der besonderen Merkmale in einem geringen, rudimentären Grade entwickelt sind, so etwa das Bewusstsein des Ziels, der Anstrengung und das aktuelle Moment. Das Letztere kann sich derart abflachen, dass es lediglich als „Einverständnis" zu charakterisieren ist.

„Schwaches Wollen" liegt dann vor, wenn es sich nicht um Überwindung besonderer Widerstände handelt. Spannungsempfindungen und Anstrengungsbewusstsein Pflegen hier zu fehlen. Die Zielvorstellung ist nicht selten der einzig klar hervortretende Bewusstseinsinhalt, aber sie ist mit dem aktuellen Moment verbunden, in dem Bewusstsein: Es soll dies oder jenes geschehen, wozu sich noch der Gedanke gesellen kann: Ich bin bereit, dies zu tun. Die Konzentration der Aufmerksamkeit und die Eindringlichkeit des ganzen Erlebnisses ist viel geringer, und die „Ichseite" des Geschehens tritt sehr zurück.

Dieselben Merkmale finden sich auch bei dem „geübten Wollen", wie es sich bei öfterer Wiederholung gleichartiger Willensbetätigungen herausbildet, nur dass hier selbst das Bewusstsein des Zieles immer rudimentärer wird.

Das sekundäre Wollen stellt also nach Ach ein Wollen nur insofern dar, als es entweder aus dem eigentlichen Wollen hervorgegangen ist (wie z. B. das geübte Wollen), oder als eine antizipierte Stellungnahme vorliegt, zu deren Verwirklichung aber die Ichtätigkeit nötig ist.

20.5 Die Motive des Wollens

Ob der Willensakt den Charakter eines Wahlaktes annimmt, hängt von der Art der Motivation ab. Wir wenden uns darum zunächst der Betrachtung der Motive zu. Wir beziehen dabei diesen Ausdruck lediglich auf die bewussten Beweggründe des Wollens, da es uns hier vorerst auf die bloße Beschreibung ankommt. Übrigens dürfte es überhaupt rötlich sein, den Ausdruck nicht in der weiten Bedeutung (für alle Ursachen des Wollens) zu verwenden, wie es oft geschieht; denn z. B. den Charakter eines Individuums, der doch zu den bedeutsamsten Willensursachen gehört, als „Motiv" zu bezeichnen, entspricht zu wenig dem allgemeinen Sprachgebrauch. Die Frage nach den Motiven lautet also für uns: Welche bewussten Momente bestimmen uns zu einem positiven oder negativen Willensakt?

Systematische Untersuchungen über diese Frage stehen noch aus. Aufgrund ihrer gelegentlichen Behandlung in der Literatur und der Selbstbeobachtung glaube ich, als die bedeutsamsten Klassen von Motiven für Willensakte nennen zu können: Strebungen (einschließlich Begehrungen), Wertungen und vorausgehende Willensakte. Dass vielfach auch die Gefühle als Willensmotive, ja als die einzige Art derselben namhaft gemacht werden, beruht wohl auf der Tatsache, dass sie in der Regel Streben oder Widerstreben mit sich führen. Ferner kommt in Betracht, dass ja auch Wertungen in gefühlsmäßiger Form auftreten können. Wertungen intellektueller Art sind in den häufigen Fällen als Motive anzusehen, wo die ältere Psychologie eine Bestimmung des Willens durch die „Vernunft" oder den „Verstand" konstatierte. Wir lassen solche Vermögensbegriffe hier beiseite und begnügen uns mit der Deskription. Im Rahmen dieser aber erscheint es wichtig, festzuhalten, dass nicht bloß Wertgefühle, sondern auch Werturteile von theoretischen Urteilen (oder „Urteilen" schlechthin) wohl zu unterscheiden sind. 2e reifer aber der Mensch wird, umso mehr werden bewusste Wertschätzungen — die als Gewissensgebote, Grundsätze, Maximen sich geltend machen können — dafür bestimmend sein, was überhaupt Ziel seines Wollens wird: Anerkennung oder Verwerfung der Strebungen wird in erster Linie von der Bewertung ihrer Ziele abhängen. So erhält das Wollen eine relativ bleibende Grundrichtung, die wir auch als die „Gesinnung" eines Menschen bezeichnen. Diese glauben wir in seinen Entschlüssen und Landlungen unmittelbar zu erkennen;

20.5 Die Motive Des Wollens

wie wir andererseits fordern, dass eine „echte" Gesinnung sich im Handeln „bewähren" müsse.

Werturteile können uns also dazu bringen, etwas zum Zweck oder Ziel unseres Wollens zu machen, theoretische Urteile für sich allein sind dazu nicht imstande. Wohl aber kommen sie indirekt als Motive in Betracht, wenn nämlich schon unser Wollen sich bestimmte Zwecke gesetzt hat und nun in einem theoretischen Urteil etwas als unerlässliches Mittel zur Erreichung jenes Zweckes erkannt wird. In diesem Fall kann das theoretische Urteil einen Willensakt zur Folge haben, bei dem die Erreichung oder Verwirklichung jenes Mittels Zielvorstellung ist. Somit kann ein theoretisches Urteil nur dann Motiv sein, wenn schon die Anerkennung eines Zweckes durch ein Wollen, d. h. der Entschluss zu seiner Verwirklichung, vorausgesetzt ist. Es führt also diese Erwägung auf die zuletzt erwähnte Klasse von Motiven: vorausgehende Willensakte. Das Sprichwort: „Wer A sagt, muss auch B sagen", gibt die psychologische Beobachtung wieder, dass wir häufig uns veranlasst, ja gleichsam genötigt sehen, infolge früherer Willensakte neue zu vollziehen.

Dieser Zusammenhang kann nun freilich auch die Gestalt haben, dass jene vorhergehenden Willensakte schon in Landlungen verwirklicht sind, und dass diese alsdann Folgen haben, aus denen Motive für weitere Willensakte entspringen. Diesen Fall lassen wir hier außer Betracht, weil die vorausgehenden Willensentscheidungen nur als indirekte Ursachen in Betracht kommen. Direkte Motive aber sind sie dann, wenn der in ihnen anerkannte Zweck noch nicht realisiert ist, sondern zu seiner Verwirklichung erst weitere Willensakte nötig sind. Ich habe etwa mich entschlossen, jemand ein Geschenk zu machen. Das motiviert den weiteren Willensakt, durch den ich mich für ein bestimmtes Geschenk entscheide. Hier hat also der motivierte Willensakt eine konkretere Fassung der Zielvorstellung des ersten zum Inhalt. Bestimmt mich aber jener erste Entschluss, ein Geschenk zu machen, dazu, die Wünsche oder den Geschmack dessen auszuforschen, dem das Geschenk zugedacht ist, so verhält sich der Inhalt des motivierten Willensaktes zu dem des motivierenden wie das Mittel zum Zweck.

20.6 Das Wählen

Hiermit sind wir schon auf zwei häufig vorkommende Formen des Wählens hingewiesen: Auf die Wahl zwischen verschiedenen konkreten Ausgestaltungen eines schon gewollten allgemeinen Zwecks und auf die Wahl zwischen verschiedenen Mitteln zur Erreichung eines Zwecks (der dann ebenfalls in einem Willensakt bereits anerkannt sein muss). In beiden Fällen setzt also die Wahl ein Wollen bereits voraus; die Motive drängen lediglich zu dieser oder jener Spezialisierung des Zwecks oder zu diesem oder jenem Mittel hin.

Nun kann aber auch die der Wahlentscheidung vorausgehende Überlegung sich darauf richten, ob überhaupt ein Zweck gewollt wird, oder welcher von mehreren widerstreitenden Zwecken. Hierher werden vorzugsweise die moralisch bedeutsamen Entscheidungen gehören. Denn es wird sich dabei vielfach um die Frage handeln, ob das, was zunächst als Ziel unwillkürlich aufsteigender „Begehrungen" ins Bewusstsein tritt, auch als Ziel von mir gewollt werden wird oder nicht. Dabei wird die sittliche Bewertung jenes Ziels ein bedeutsames Motiv abgeben. Dass es nicht immer das Ausschlaggebende ist, zeigt die Erfahrung. Was in der Ethik als Kampf zwischen Pflicht und Neigung oder von Vernunft (oder Gewissen) und Sinnlichkeit ein vielerörtertes Thema bildet, das stellt sich unter psychologischem Gesichtspunkt als ein Widerstreit zweier Arten von Motiven dar: von Begehrungen und von sittlichen Wertungen. (Das aber gilt uns als das „sittlich Gute", was jeweils als das im höchsten Grade Wertvolle erscheint.)

Natürlich können Wertungen anderer Art wie hedonische oder ästhetische bei derartigen Entscheidungen ebenfalls eine Rolle spielen. Handelt es sich um die Wahl zwischen verschiedenen Zwecken, so muss nicht die Entscheidung einfach die Bejahung eines einzigen unter Ablehnung aller übrigen sein. Es ist auch möglich, dass wir eine Kombination verschiedener Zwecke vornehmen, von denen dann der eine Hauptzweck wird.

Bei der Erörterung der Wertungen hat sich uns schon die Wichtigkeit der Akte des Vorziehens gezeigt. Es wird vielfach die Voraussetzung einer Wahlentscheidung sein, dass ein Vorziehen in uns zustande kommt. Gerade in solchen Fällen aber, 'wo wir uns über den höheren Wert des einen oder anderen Motivs nicht klar werden können, wird „die Wahl zur Qual". Es kann dann der Fall sein, dass eben die Unlust des fortwährenden Überlegens ein neues Motiv, nämlich das Streben, die Überlegung zu Ende zu bringen, hervorruft. Wir greisen alsdann oft dazu — und hierin liegt der die Überlegung abschließende Willensakt — die Entscheidung einem zufälligen Umstand zu überlassen, etwa an den Knöpfen abzuzählen, zu würfeln usw.

Bei neueren experimentellen Untersuchungen hat man auch beobachtet, dass zwischen dem eigentlichen Motivenkampf und der abschließenden Wahlentscheidung ein kürzeres oder längeres Zwischenstadium liegt, das durch den subjektiven Zustand der Erwartung mit dem Bewusstsein des Zweifels, Schwankens oder Zögerns charakterisiert ist. In dieser „Pause" oder „Hemmung" vor der Entscheidung fehlen Vorstellungsinhalte, dagegen besteht häufig ein Stocken des Atems, und in Verbindung damit sind deutliche Spannungsempfindungen vorhanden, die in Brust, Kopf, Hals und besonders in den Fingern lokalisiert sind. Im Augenblick der Wahl erfährt dann der subjektive Zustand der Versuchspersonen eine tief greifende Veränderung. Die Erwartungsspannung löst sich, an die Stelle des Zweifels tritt Gewissheit, und die Muskelspannung pflegt zu schwinden; zugleich wird tief eingeatmet. Dieser Umschlag vollzieht sich bald plötzlich, bald allmählich, und danach nimmt die Entscheidung einen qualitativ verschiedenen Charakter an: Sie erscheint mehr lebhaft, energisch oder kühl und ruhig.

Es wäre übrigens irrig, anzunehmen, dass alle Erlebnisse der Überlegung durch einen Willensakt ihren Abschluss fänden. Nicht selten führen Überlegungen überhaupt nicht zu einer Entscheidung; sie hören auf, indem die Aufmerksamkeit anderen Gegenständen sich zuwendet. Aber die Überlegung kann auch dadurch zu einem Ende kommen, dass ein Motiv ohne eigentliche Zustimmung die Handlung herbeiführt. Dieses Übermächtigwerden eines Motivs stellt sich psychologisch in der Weife dar, dass es die Aufmerksamkeit ganz auf sich konzentriert und die anderen Motive aus dem Bewusstsein oder wenigstens aus dessen Blickpunkt verdrängt. Kommt es in solchen Fällen doch noch zu einem Willensakt, so enthält dieser nicht sowohl das Bewusstsein: „Ich will", als vielmehr: „Ich muss".

20.7 Bewusstsein der Freiheit und des Müssens

Dies führt auf die vielerörterte Frage des Freiheitsbewusstseins. Die Psychologie hat dieses lediglich zu beschreiben und die bewussten Bedingungen seines Auftretens festzustellen. Das Problem, ob für die menschlichen Willensakte in demselben Sinne wie für die Naturvorgänge der Satz der Kausalität gelte, liegt überhaupt außerhalb der Psychologie; seine Erörterung fällt der Erkenntnistheorie und der Metaphysik anheim.

Das Freiheitsbewusstsein kann zusammenfallen mit dem Bewusstsein, dass man auszuführen vermag, wozu man sich entschlossen hat oder entschließen wird. Der Naive pflegt gegenüber der Anzweiflung seiner Freiheit dies als nächstliegendes Argument anzuführen, dass er doch könne, was er wolle — was wenigstens so viel beweist, dass hierin sein Freiheitsbewusstsein besteht. Dieses bezieht sich also in seiner primitiven Form nicht sowohl auf das Wollen als vielmehr auf das Handeln.

Dies Bewusstsein des Tun-Könnens beruht durchaus nicht etwa nur auf Erfahrungen über wirkliches Können — obwohl dies der Fall sein kann —, vielmehr pflegt gerade die Erfahrung auf dieses Bewusstsein einschränkend zu wirken. Wo es gegenüber einem Ziel aufgehoben ist, da kommt es gar nicht zum wirklichen Wollen. Die Überzeugung von der Willensunfreiheit meint vielfach nichts anderes als Willensohnmacht. So fühlt sich etwa der Fromme unfrei, der sich ohnmächtig weiß gegenüber der „Versuchung" und nicht durch eigenes Wollen, sondern nur durch die „Gnade Gottes" zum Guten, glaubt fähig zu sein. Unfrei fühlt sich auch der Determinist, der verkennt, dass das kräftige Wollen wie Ursachen, so auch Wirkungen habe, und sich einredet, es sei alles Künftige, selbst sein eigenes Handeln, wie durch ein „Fatum" bestimmt, und sein Wollen helfe doch nichts.

Aber auch die Tatsache, dass bei den Überlegungen verschiedene Entscheidungen als möglich vorschweben, kann das Freiheitsbewusstsein Hervorrufen und ihm seinen Inhalt geben. Es ist mir allerdings wahrscheinlich, dass das Freiheitsbewusstsein in diesem Sinne nicht unmittelbar mit jeder Überlegung und Wahl sich verbinde (da hierbei die streitenden Motive selbst das Bewusstsein ganz erfüllen können), sondern erst bei der Reflexion darüber entstehe, sobald wir uns eben die Tatsache, dass uns verschiedene Wege der Entscheidung offenstehen oder standen, zum Bewusstsein bringen. Ist die Entscheidung gefallen, so erhält das Freiheitsbewusstsein den Sinn des „Auch-anders-gekonnt-Habens".

Gegenüber der vielfachen Berufung auf das Freiheitsbewusstsein muss aber betont werden, dass recht häufig auch bei der Überlegung das Bewusstsein des Müssens und damit der Unfreiheit eintritt. Das findet nicht bloß in dem schon erwähnten Falle statt, dass ein Motiv — besonders ein solches, das wir eigentlich sittlich nicht billigen — übermächtig wird, sondern auch dann, wenn wir uns für das Sittliche entscheiden, aber dabei starke Begehrungen oder andere Gegenmotive zu überwinden haben. Ferner tritt das Bewusstsein des Müssens auf, wenn die vorausliegende Entscheidung für einen Zweck uns nötigt, ein Mittel zu wählen, das uns unangenehm oder zu kostspielig usw. ist. Endlich ist hier noch an solche Gelegenheiten zu denken, wo uns Entschließungen durch Befehle und Drohungen anderer abgenötigt werden sollen. Solche äußere Einflüsse können natürlich nur insofern Motive für unser Wollen werden, als sie in uns selbst Furcht oder das Streben, dem angedrohten Übel zu entgehen, erregen, oder das Werturteil, dass der Befehl berechtigt sei, Hervorrufen.

Durch rein psychologische Feststellungen kann also schon deshalb nichts über die sogenannte Frage der Willensfreiheit entschieden werden, weil man durch sie geradesogut Belege für das Bewusstsein der Freiheit wie für das der Unfreiheit findet.

Andererseits soll die Frage, ob und in welchem Sinn für die psychischen Vorgänge Kausalität gilt, nicht irgendwie gelöst werden, wenn wir hier darauf hinweisen, dass wir gerade bei den Willenshandlungen einen inneren Zusammenhang der Erlebnisse besonders deutlich wahrnehmen können. Humes Ansicht, dass wir hier ebenfalls nur ein Nacheinander konstatieren könnten, liefert freilich keine ausreichende und getreue Beschreibung des Sachverhalts. Ein bloßes Nacheinander von Erlebnissen liegt vor, wenn wir etwa die Bilder einer illustrierten Zeitschrift betrachten. Aber zwischen Motiv oder Überlegung und Entschluss ist uns nicht nur eine solche lose Folge, sondern ein Erfolgen, ein innerer Zusammenhang bewusst. Entsprechendes gilt für das Verhältnis von Willensakt und Handlung. Die Tendenz, in Handlung überzugehen, ist ja schon ein charakteristisches Merkmal des Wollens selbst; und ebenso ist das Handeln begleitet von dem Bewusstsein, dass wir, d. h. unser Wollen, es verursachen.

Dieses Bewusstsein wird selbst dann nicht beseitigt, wenn wir über seine Berechtigung zweifelhaft werden. Denn allerdings, wir wissen bis jetzt nicht, wie es unser Wollen anfängt, auch nur einen unserer Finger zu bewegen.

20.8 Die Handlung, phänomenologisch betrachtet

Was die Handlung betrifft, so ist diese für die deskriptiv-psychologische Betrachtung nicht etwa eine bloße kausale Folge des Wollens (wie wir sie später bei der Erklärung ihres Zustandekommens auffassen werden). Sie bildet vielmehr mit dem Wollen eine Erlebniseinheit, an die sich dann freilich als etwas Besonderes gewisse — ungewollte — Folgen oder gewollte und berechnete Erfolge als verursacht anschließen können.

20.8 Die Handlung, Phänomenologisch Betrachtet

Phänomenal stellt sich die Handlung dar als die im Tun erlebte Verwirklichung der Zielvorstellung. Es sind dabei verschiedene Fälle, wenn sich das Wollen — wie in der Regel — auf Verwirklichung der Zielvorstellung primär richtet und damit ein Tunwollen sich ohne Weiteres verbindet, oder wenn das Tun selbst das Gewollte ist. So will der gewöhnliche Dieb (wie Scheler treffend bemerkt) die Aneignung des fremden Gutes, der „Kleptomane" dagegen will „stehlen". „So gibt es den Typus von Geschäftsmann, der reich sein will und darum Geschäfte führt und Geld verdient; aber auch den eigentlichen „kapitalistischen" Typus, der Geschäfte machen will und Geld verdienen, und der dabei nur reich wird."

Das Wesen der „Fehlhandlung" besteht darin, „dass ich das, was ich tun will, nicht als wirklich von mir getan erlebe, nicht darin, dass ich mit meinem Tun nicht erreiche, was ich will". So ist es eine Fehlhandlung, wenn jemand bei einem Mordanschlag infolge Personenverwechslung einen Falschen tötet, nicht aber, wenn seine Kugel den Nichtigen nicht trifft.

20.9 Wollen und Wünschen

Für die genetische Betrachtung ergibt sich, dass das Wollen (in dem bisher gemeinten Sinne des Tunwollens) einerseits und das Wünschen andererseits sich herausdifferenziert haben aus einem Wollen, in dem einfach das Ziel als zu realisierendes gegeben war. So kann der primitive Mensch „wollen", dass der Nachbar vom Teufel geholt werde oder dass ihm das Vieh sterbe; er kann es ihm „wünschen", in dem Glauben, dass dadurch das Gewollte wirklich werde; ebenso kann das Kind wollen, dass ein Stern vom Himmel falle. Erst allmählich machen die Menschen die Erfahrung, dass ein Wollen, das sich nicht in ein Tun wollen umsetzt, vergeblich bleibt. Dies Tunwollen kommt aber nur zustande, wo auch das Bewusstsein des Tunkönnens vorhanden ist; mindestens darf sich nicht das entgegengesetzte Bewusstsein, das des Nichtkönnens, schon eingestellt haben. Wo dieses aber, infolge Scheiterns früherer Absichten, eintritt, da erleben wir statt des eigentlichen Wollens das bloße „Wünschen".

Die Erfahrung über unser Tun- und Nichttunkönnen wirkt also, gegenüber jenem ursprünglichen, noch undifferenzierten Wollen, auslesend: Vieles ursprünglich Gewollte wird dann nicht mehr „gewollt", auf seine Verwirklichung wird „verzichtet". Mit Recht sieht Scheler hierin eine typische Willensentwicklung sowohl beim Individuum, wie bei den menschlichen Gemeinschaften. „Das primäre Phänomen, welches alle seelische Reifung zeigt, ist eine fortgesetzte Beschränkung des Wollens auf die Sphäre des Tunlichen. Die hochsteigenden Pläne des Kindes und des Jünglings, die fantastischen Träume (die in jener Zeit aber nicht als Träume gegeben sind) gibt der Mann auf; an Stelle des Willensfanatismus tritt die stete Steigerung des Kompromisses. Dasselbe Phänomen zeigt sich auch in der Geschichte jeder politischen oder religiösen oder sozialen Partei."

Die „Erfahrung" macht „klug", aber nicht wollend; sie ist eine Schule der Resignation, doch nicht ein Quell neuer Willensziele. Solche erheben sich freilich immer wieder aus unseren Strebungen und Wertschätzungen. Und so kann es Menschen geben, die stets die Ziele ihres Wollens — trotz aller Enttäuschungen — höher stecken, als ihr Können reicht. Aber diese werden noch eher etwas leisten, als diejenigen, denen schmerzliche Erfahrungen den Willen lähmen.

21 Die Wirkungen des Wollens

21.1 Allgemeines über die Wirkungen des Wollens

Es bedarf keines besonderen Nachweises, dass die Erörterung Liber die Wirkungen des Wollens in die Rätselfrage nach dem Verhältnis von Seele und Leib unmittelbar hineinführt. Die Einzelforschung selbst kann diese Frage nicht entscheiden; sie muss sich damit begnügen, im besten Fall die regelmäßige Folge zwischen Willensakten und Veränderungen physischer und psychischer Art zu konstatieren; sie kann auch noch das Bewusstsein, dass wir selbst Ursache dieser Veränderungen sind, konstatieren, aber ob dieses Kausalverhältnis im Sinne der Wechselwirkungstheorie oder des psychophysischen Parallelismus oder noch anders zu deuten ist, das muss sie der Erkenntnistheorie und Metaphysik überlassen. Wir sprechen also hier nur unter Vorbehalt von den „Wirkungen" des Wollens.

Diese können sowohl in Handlungen wie in Unterlassungen bestehen. Über die Letzteren, die oft praktisch sehr bedeutsam sind, wollen wir hier nur weniges bemerken. Eine gewollte Unterlassung liegt dann vor, wenn wir Motive zum Handeln (die natürlich auch durch das Gebot oder das Zureden anderer angeregt sein können) durch einen (negativen) Willensakt hemmen. Die hemmende Wirkung des Willens ist das Korrelat zu der positiven und kann mit dieser zusammen behandelt werden. In der pädagogischen, moralischen und juristischen Beurteilung und Behandlung menschlichen Verhaltens ist freilich vielfach dann von Unterlassungen die Rede, wo für die psychologische Betrachtung überhaupt — nichts vorliegt. Das ist der Fall, wenn z. B. das Gesetz gewisse Vorsichtsmaßregeln fordert, aber der Handelnde an eine Gefährdung anderer überhaupt gar nicht denkt und deshalb derartige Maßnahmen unterlässt. Es ist psychologisch betrachtet eine Ungeheuerlichkeit, wenn man von juristischer Seite versucht hat, ein „unbewusstes" Wollen der Unterlassung zu konstruieren. Die Bestrafung — die als ein „Denkzettel" und Mahnung zur Vorsicht wohl angebracht ist — sollte eben durch Nachweis einer „Schuld", also eines normwidrigen Wollens, vor dem moralischen Bewusstsein gerechtfertigt werden!

Was nun die Handlungen betrifft, so können diese sowohl äußere wie auch innere oder beides zusammen sein.

21.2 Die äußeren Wirkungen des Wollens

Wir betrachten zunächst die äußeren Handlungen. Sie lassen sich als eine Folge und Kombination von Bewegungen auffassen. Ehe der Mensch gewollte Bewegungen vollziehen kann, verrichtet er zahlreiche ungewollte, und ohne diese Letzteren würde es wohl nie zu einer Herrschaft des Wollens über den Körper — die ja auch immer eine beschränkte bleibt — kommen.

Dem Kinde ist nämlich ein vererbter Reflexmechanismus angeboren, vermöge dessen äußere Reize zweckmäßige Bewegungen bedingen. Die äußeren Reize werden dabei von Anfang an Empfindungen oder primitive Wahrnehmungen auslösen, die sich natürlich erst im Laufe der Zeit zu einem wirklichen Erfassen von Objekten ausbilden. Die motorischen Reaktionen bestehen in Saug-, Greif-, Abwehrbewegungen, Hinwenden des Kopfes nach einer Licht- oder Schallquelle usw. Dass der vielfach höchst zweckmäßige Charakter dieser Betätigungen nicht auf einem Wollen, sondern auf angeborenen Zuordnungen beruht, darf mit Sicherheit angenommen werden; denn in diesem Stadium schon Zielvorstellungen (die ja zu allem Wollen gehören) im Kind vorauszusetzen, würde im Widerspruch stehen zu dem, was wir sonst über das Seelenleben des Kindes mit Grund vermuten können. Die zweckmäßige Gestaltung jener Reaktionen ist also, wenn überhaupt, dann nicht ontogenetisch, sondern phylogenetisch zu erklären.

Führen solche Reaktionen zu Folgen, die für das Kind lustvoll sind, so werden sie, so oft der Reiz wieder auftritt, wiederholt. Die Assoziation zwischen den Spuren des sensorischen und dem motorischen Teils des Reaktionsvorgangs wird dadurch fester, die Bahn wird besser „ausgeschliffen", das durch den Reiz ausgelöste Tun erfolgt leichter, bestimmter, zweckmäßiger. Wie sich diese Entwicklung im Einzelnen vollzieht, das zu untersuchen ist Sache der Kinderpsychologie.

Eine zweite Stufe dieser Entwicklung wird erreicht, wenn die Vorstellung des Erfolges für sich reproduzierbar wird und (aufgrund der Assoziation der Spuren) die zum Erfolg führenden Bewegungen auslöst. Die Vorstellung des Erfolges wird wohl deshalb sich fester im Gedächtnis einprägen und leichter reproduzierbar werden, weil die Erfolgswahrnehmung mit Lustgefühlen verbunden ist. Erlebnisse des Strebens (die wohl zum ursprünglichen Bewusstseinsbestand des Kindes gehören) werden im Zusammenhang damit sich zu Begehrungen umwandeln, indem sie sich mir der Vorstellung dessen verbinden, was sie zufällig befriedigt hat, und sie werden so gewissermaßen „sehend" werden.

Nebenbei sei bemerkt, dass im Verlauf der geistigen Entwicklung auch das Handeln selbst in steigendem Maße „sehend" wird, je komplizierter die Betätigungen werden. Wir müssen darum bei der Betrachtung der „äußeren" Wirkungen des Handelns nicht bloß an eine reine Bewegungskombination denken, sondern psychophysische Betätigungen verschiedenster Art mitberücksichtigen.

Aber auch dann, wenn Vorstellungen des Erfolges (Zielvorstellungen) und etwa noch ein auf das Ziel gerichtetes Begehren Handlungen herbeiführen, muss noch nicht von einer „willkürlichen", im Sinne einer „gewollten" Handlung gesprochen werden; denn ein eigentlicher Willensakt kann dabei noch ganz fehlen. Es ist zu vermuten, dass die wichtigste Voraussetzung für das Erlebnis des eigentlichen Wollens die Tatsache ist, dass manche Betätigungen Schmerz und Unlust zur Folge haben. Legt sich nun wieder der Drang zu solcher Betätigung oder bietet sich der Gegenstand, der sie früher ausgelöst hat, wieder dar, so wirkt die Erinnerung an die frühere Folge hemmend. Aber nur dann, wenn die

21.2 Die Äußeren Wirkungen Des Wollens

Betätigung nicht einfach reflexmäßig erfolgt, wenn das Motiv irgendwie in seiner Wirksamkeit gehemmt wird und eben damit die Zielvorstellung — wenn auch noch so flüchtig — geprüft werden kann: erst dann ist die Möglichkeit für den Akt der Zustimmung oder Ablehnung, also für ein „Wollen" im eigentlichen Sinne gegeben. Mit der Bereicherung des kindlichen Geisteslebens durch die Erfahrung wird die Zahl und Art der Hemmungen sich ebenfalls mehren. Waren es anfangs wesentlich die unlustvollen Folgen der Betätigung (wozu natürlich die Strafen zu rechnen sind), die hemmend wirkten, so werden mit der Entwicklung des Verständnisses für Gebote und Verbote diese ebenfalls zu einer Gruppe von Motiven, die oft in den Gegensatz zu den von selbst sich regenden Begehrungen treten. Auch kommt es jetzt häufiger zu einer vorläufigen Hemmung des Handelns, weil verschiedene Zielvorstellungen und Begehrungen in Widerstreit geraten, oder die steigende Erfahrung verschiedene Mittel und Wege zur Erreichung des Zieles erkennen lässt.

Damit soll aber nicht gesagt sein, dass ein Wollen nur da vorkomme, wo eine eigentliche Überlegung oder eine Wahl stattfindet. Jene Hemmung und Prüfung, die wir als Voraussetzung des eigentlichen Wollens ansehen, kann außerordentlich kurz und flüchtig sein; es ist gar nicht nötig, dass dabei Bedenken gegen die vorschwebende Handlung oder andere Entscheidungsmöglichkeiten zum Bewusstsein kommen. Jene Prüfung kann geradezu in einer Art Bewusstseinsleere bestehen. Aber gerade darin, dass nichts einfällt, dass insbesondere keine Gegenmotive sich regen, vermag die Ursache für einen zustimmenden Willensakt zu liegen.

Es gibt nun zahlreiche Handlungsweisen, die anfangs nur als gewollte verwirklicht werden, die aber durch die Erfahrung sich als wertvoll oder wenigstens unbedenklich Herausstellen, und deren Vollziehung infolge der häufigen Wiederholung immer glatter abläuft. Es ist verständlich, dass bei solchen eine Prüfung allmählich unterbleibt, und damit auch der Willensakt fortfällt.

Man pflegt Handlungen, die durch Wahrnehmung eines Reizes oder durch eine Zielvorstellung ausgelöst werden, ohne dass es zu einem Wollen kommt, als ideomotorische zu bezeichnen. Solche ideomotorische Betätigungen bringen wir gar manche von der Kindheit her in das erwachsene Alter mit; vielfach werden aber auch wirkliche Willens Handlungen durch die Übung und Gewöhnung zu ideomotorischen Handlungen. Der größte Teil unserer gewohnten Betätigungen den Tag über verläuft in dieser Weise. Es wäre psychologisch unzutreffend, in alledem Willenshandlungen zu sehen. Eigentliche Willensakte sind gar nicht etwas so sehr Läufiges; jedenfalls erleben wir sie nicht entfernt so oft wie z. B. Wahrnehmungen oder Erinnerungen. Das hängt damit zusammen, dass beim Erwachsenen vielfach Betätigungen, die über Zeiträume bis zu Monaten und Jahre sich verteilen, die Wirkung eines Willensaktes sind, dessen Verwirklichung sie dienen. Natürlich kann diese Verwirklichung im Einzelnen wieder Überlegung und Willensentscheidung nötig machen; sie kann aber auch wesentlich in eingeübten Betätigungen sich vollziehen. Man denke z. B. an die gewohnte Erfüllung der Aufgaben des Berufs, den man einmal gewählt hat.

21.3 Die Frage nach der Bedeutung der Bewegungsvorstellungen

Das alles gilt natürlich für psychische und psychophysische Betätigungen geradeso gut wie für physische. Doch müssen wir uns noch einmal zu diesen Letzteren, den sogenannten äußeren Handlungen im engsten Sinne, zurückwenden.

Die Wirkung des Willens auf die Körperbewegungen dachte man sich (in den letzten Jahrzehnten) vermittelt durch die sogenannten „Bewegungsvorstellungen". Man nahm an: Durch die Bewegungen, die sich zunächst reflektorisch vollziehen und von denen die erfolgreichen sich häufiger wiederholen, werden gewisse kinästhetische Empfindungen erzeugt, von diesen bleiben „Spuren", die ihrerseits die Grundlage für die Reproduktion von zentral erregten kinästhetischen Empfindungen bilden, die man kurzweg als „Bewegungsvorstellungen" bezeichnete. Man erklärte nun, die Ausführung einer gewollten Bewegung vollzieht sich so, dass die betreffende Bewegungsvorstellung reproduziert wird. Dieselbe löst bei entsprechender Intensität die Bewegung selbst aus. Diese Theorie stützte sich hauptsächlich auf die vermeintliche Feststellung der Gehirnphysiologie, dass die Funktion der Großhirnrinde lediglich sensorischer Art sei. Diese Ansicht wurde von manchen Psychologen umso bereitwilliger ausgenommen, weil sie ihrer Neigung zum Sensualismus entsprach. Die Bewegungsempfindungen und ihre Reproduktionen gehören zu der Gattung seelischer Elemente, die der Sensualismus als einzig vorhandene aufweisen möchte: den Empfindungen. Reichen die Bewegungsvorstellungen aus, Bewegungen zu bewirken, so scheint ein besonderes „Wollen" überflüssig zu sein. So erklärt z. B. Münsterberg: „Es gibt so wenig motorische Zentren wie einen Willen".

Aber sowohl pathologische Feststellungen wie genauere psychologische Beobachtung haben der Herrschaft dieser Theorie von den Bewegungsvorstellungen in den letzten Jahren ein Ende bereitet. Die Pathologie zeigte, dass bei Erkrankungen der Großhirnrinde der Ausfall sensorischer und motorischer Funktionen nicht in dem Maße übereinstimmt, wie jene Theorie fordern muss. Bei vollständiger Lähmung von der Gehirnrinde aus kann doch der Muskelsinn intakt sein.

Sorgfältigere Erlebnisbeobachtung aber ergab, dass den kinästhetischen Empfindungen und ihren Reproduktionen nicht entfernt eine so große Bedeutung zukommt. Manche neuere Forscher bestreiten geradezu das Vorkommen kinästhetischer Empfindungen. Wenn es auch zu weit geht, die Existenz von primären Bewegungsempfindungen zu leugnen, so lassen sich jedenfalls bei sehr vielen Individuen ihnen entsprechende reproduzierte Empfindungen, die sogenannten „Bewegungsvorstellungen", auch bei schärfster Beobachtung nicht feststellen. Freilich wird die Selbstbeobachtung hier leicht durch folgenden Umstand in die Irre geführt: Wenn wir unsere Aufmerksamkeit auf unsere Glieder und deren mögliche Bewegungen einstellen, so führen wir gewöhnlich unwillkürlich kleine Bewegungen aus. Die dadurch ausgelösten Empfindungen werden leicht für die gesuchten Bewegungsvorstellungen gehalten. Davon kann aber keine Rede sein. Latten übrigens die Letzteren die ihnen zugeschriebene

21.3 Die Frage Nach Der Bedeutung Der Bewegungsvorstellungen

Bedeutung, so müssten sie uns ein Wissen davon vermitteln, wie wir die Muskeln bei unseren Leistungen gebrauchen. Doch ein solches Wissen haben wir nicht. Wie mangelhaft sind wir z. B. von den Lagen und Bewegungen unserer Zunge oder gar der Stimmbänder unterrichtet. Und trotzdem führen wir fortwährend Sprechbewegungen richtig aus, ohne eine Spur von Bewegungsvorstellungen.

Die Theorie der Bewegungsvorstellungen vermag auch nicht die Tatsache zu erklären, dass sehr viele Menschen angegebene Töne peinlich genau nachzusingen vermögen. Sollen Bewegungsvorstellungen die richtige Anspannung der Kehlkopfmuskeln bedingen, so muss man annehmen, dass diese in früheren Erfahrungen mit den betreffenden Tönen assoziiert seien. Indessen, die meisten derer, die mühelos nachsingen, vermögen gar nicht die Höhe gehörter Töne mit Notennamen zu assoziieren, d. h. sie besitzen nicht das sogenannte „absolute Tonbewusstsein". Feste Assoziationen zwischen Tonhöhen und Bewegungsvorstellungen können sich ferner deshalb kaum bilden, weil je nach dem Druck, mit dem der Luftstrom in den Kehlkopf eintritt, eine bestimmte Spannung der Kehlkopfmuskeln ganz verschiedene Schwingungszahlen erzeugt. Endlich wirkt ja hier ein kompliziertes System von Muskeln zusammen, und für jeden einzelnen müssten sich Bewegungsvorstellungen mit allen in Betracht kommenden Spuren von Tonempfindungen assoziieren. Es darf also behauptet werden, dass die Theorie der Bewegungsvorstellungen hier wie auch sonst versagt. —

In der Regel ist bei der Ausführung der ideomotorisch sich vollziehenden Bewegungen nur das Ziel bewusst. Wir wollen z. B. einen Gegenstand fassen, einen Besuch machen, einen Gedanken aussprechen, einen Brief schreiben. Die dazu nötigen Bewegungen vollziehen sich unter der Herrschaft dieser Zielvorstellungen mehr oder minder automatisch. Freilich gilt dies nur für geübte Bewegungen. Das Erlernen von Bewegungen aber, und damit die Ausdehnung des (äußeren) Wirkungsbereichs unseres Wollens, vollzieht sich durch Probieren. Durch Sehen, Loren und Tasten kontrollieren wir, ob der uns in der Zielvorstellung vorschwebende Erfolg erreicht wird. Das Neulernen stellt sich aber dar als ein Umbilden und Ausnützen von Bewegungen, die wir bereits ausführen können, für neue Zwecke. Die Kinder würden z. B. nicht sprechen lernen, wenn sie nicht vorher schreien und lallen und mancherlei Zungen- und Lippenbewegungen ausführen könnten. Es ist beachtenswert, dass der Gedächtnisbesitz von Bewegungen, die wir so erwerben, uns nicht bloß befähigt, die früher vollzogenen und geübten Bewegungen genau und in derselben Weise zu wiederholen, sondern dass die Komponenten von Bewegungsfolgen in mannigfacher Weise neu zusammengesetzt und die Bewegungen selbst nach Größe, Richtung, Ausgangslage, ja sogar hinsichtlich der ausführenden Glieder variiert werden können. Die Schreibbewegungen können wir z. B. in sehr verschiedener Größe und Richtung vollziehen, und obwohl wir sie nur mit der rechten Hand erlernt haben, so können wir sie doch (wenngleich weit ungeschickter) einigermaßen auch mit der linken Hand oder mit den Füßen ausführen. Wir erwerben also eine Fähigkeit, nicht bloß die gleichen, sondern ebenfalls verwandte Aufgaben durch Bewegungen zu lösen.

21 DIE WIRKUNGEN DES WOLLENS

Damit, dass den Bewegungsvorstellungen ihre Bedeutung als Bewegungsursachen abgesprochen wird, soll natürlich nicht geleugnet werden, dass von den Bewegungen selbst Residuen bleiben. Es ist vielmehr ein Gedächtnis für Bewegungsimpulse und Bewegungsformen anzunehmen, das ebenso aus Reproduktionsgrundlagen, die miteinander assoziiert sind, besteht wie das sensorische Gedächtnis. Doch ist es nicht nötig, dass dem Aktuellwerden dieser motorischen (oder kinetischen) Residuen „Bewegungsvorstellungen" entsprechen. Die Bedeutung dieses Aktuellwerdens kann sich beschränken auf den wirklichen Vollzug von Bewegungen.

Auch steht nichts der Annahme im Wege, dass zwischen sensorischen und motorischen Spuren Assoziationen bestehen. Dass wir z. B. bei Wahrnehmung des Grußes eines anderen automatisch wiedergrüßen und in ähnlicher Weise unzählige ideomotorische Handlungen vollziehen, das wäre ohne Annahme solcher Assoziationen schwer zu erklären. Unterricht und Erziehung haben eine Fülle solcher Assoziationen herzustellen. Man denke an das Beibringen von Lesen, Schreiben, Singen, Turnen, Schwimmen, Musizieren, von gewissen guten Manieren, sportlichen Betätigungen usw.

21.4 Die inneren Wirkungen des Wollens; das Sichbesinnen

Wir haben jetzt noch die rein seelischen Wirkungen des Wollens, die „inneren Handlungen", zu erörtern. Die bedeutsamste dieser Wirkungen, die auch für alle inneren Handlungen mit in Betracht kommt, ist der Einfluss des Wollens auf die Aufmerksamkeit, den wir bereits oben (Kap. 17.7) besprochen haben.

Als eine relativ einfache, aber praktisch wichtige innere Handlung soll hier (im Anschluss an G. E. Müller) das Sichbesinnen näher analysiert werden. Wir weichen dabei freilich in einer prinzipiellen Frage von Müller ab. Wir erkennen Streben und Wollen (wie früher dargelegt) als besondere Arten von Bewusstseinserlebnissen an und schreiben diesen auch Wirkungen (wie auf das physische, so) auf das psychische Geschehen zu. Müller dagegen, der den Standpunkt der „Assoziationspsychologie" vertritt, sieht in dem Wollen einen „mysteriösen Faktor", von dem er weder für die Beschreibung noch für die Erklärung Gebrauch machen möchte. Er sucht die inneren Willenshandlungen lediglich aus den früher entwickelten Gesetzen der Assoziation und Reproduktion unter Heranziehung des Einflusses der psychischen „Konstellation" verständlich zu machen. Wir können unsererseits diese Erklärungsprinzipien nur dann als ausreichend betrachten, wenn Streben und Wollen als ein wichtiger Faktor in der psychischen Konstellation anerkannt würde.

Das Sichbesinnen pflegt seinen Ausgang zu nehmen von einer Sinneswahrnehmung, oder einer Vorstellung (worunter wir hier auch „Gedanken" mitverstehen), die mit der gesuchten Vorstellung assoziiert sind. Man wendet dabei ein- oder mehrmals seine Aufmerksamkeit jenem Ausgangserlebnis zu und sucht mittels der Assoziation zu dem Gesuchten zu gelangen. Man hat dabei von diesem Gesuchten schon eine gewisse Vorstellung, die man als „Ziel"- oder - da sie nur undeutlich oder abstrakt und lückenhaft das Ziel enthält — als „Rich-

21.4 Die Inneren Wirkungen Des Wollens; Das Sichbesinnen

tungsvorstellung" bezeichnen kann. So dient etwa als Richtungsvorstellung der Gedanke „der Name dieser Person" (deren Gesichtsvorstellung uns vielleicht vorschwebt), oder es ist uns bereits der Rhythmus und Tonfall des Namens gegenwärtig, vielleicht schon Buchstaben (besonders Vokale), die er enthält. Auch so allgemeine Richtungsvorstellungen wie „etwas Visuelles", „etwas Akustisches", „etwas anderes" kommen vor.

Ihr Charakter als Richtungs- oder Zielvorstellung bringt sich aber im Bewusstsein dadurch zur Geltung, dass wir ein nach dieser Richtung gehendes „Streben" oder „Suchen" erleben. Und dass dieses nicht wirkungslos ist, dass es also auch für die Erklärung des weiteren Verlaufs in Betracht kommt, bekundet sich darin, dass unter den vom Ausgangserlebnis angeregten Reproduktionstendenzen die zu jener Richtungsvorstellung passenden begünstigt werden; dass ferner gegenüber den auftauchenden Vorstellungen sofort erlebt wird, ob sie zu dem Gesuchten stimmen oder nicht, und dass endlich bei längerem Suchen sich erhebliche Unlust (Unwille, Ungeduld, Verlegenheit, Enttäuschung), bei der Erreichung des Zieles aber Lust, nämlich Befriedigung über das Finden, einstellt.

Wir können beim Besinnen einfach warten, ob die gesuchte Vorstellung auftaucht; wir können aber auch durch gewisse Hilfsoperationen ihr Auftauchen zu fördern suchen.

Man sucht in erster Linie die Ausgangsvorstellung zu vervollständigen oder zu wechseln. Man geht z. B. beim Suchen eines Namens vom Gesichtsbild der betreffenden Person über zu der Vorstellung ihres Titels, ihres Berufs, der Gelegenheit, da wir sie kennenlernten usw. Dadurch werden verschiedene Assoziationen, die zu der gesuchten Vorstellung hinführen, angeregt, und sie können sich gegenseitig unterstützen. Hierin gerade wäre die sogenannte „Konstellationswirkung" zu sehen.

Man kann auch die — als die gesuchte — in Betracht kommenden Vorstellungen nacheinander durchprobieren; oder endlich aus den bereits aufgetauchten Bruchstücken des Gesuchten auf gut Glück es konstruieren, indem man etwa Namen, die die bereits reproduzierten Vokale enthalten, bildet und ausspricht; oder in ähnlicher Weise eine Melodie probeweise rekonstruiert. Die undeutlich vorschwebenden Elemente des Gesuchten erlangen dadurch größere Deutlichkeit; wir erkennen dabei bestimmter, ob sie richtig oder falsch sind; auch können sie die mit ihnen assoziierten noch fehlenden Bestandteile eher zur Reproduktion bringen.

Ob eine auftauchende Vorstellung die gesuchte ist, entscheiden wir nach den Kennzeichen, die wir im Kap. 16.9 als Kriterien der Erinnerungsgewissheit kennengelernt haben. Dass durch Übung der Vorgang des Sichbesinnens zweckmäßiger gestaltet wird, und dass bei ihm sich individuelle Unterschiede geltend machen, braucht kaum besonders betont zu werden.

Wichtig ist es bei solchen, von einer „Richtungsvorstellung" geleiteten Reproduktionsprozessen zu beachten (was neuerdings Otto Selz nachgewiesen hat), dass die zum Bewusstsein kommenden Vorstellungen nicht lediglich auf die Konstellationswirkung isolierter Reproduktionsmotive zurückzuführen sind.

Wenn einem Schüler z. B. der Name „Nebukadnezar" nicht einfallen will, und der Lehrer bringt bei ihm die Reproduktion zustande, indem er ihm die Silbe Neb vorspricht, so reicht zur Erklärung die Annahme nicht aus, dass die einzelnen Laute dieser Silbe (in abgestufter Weise) mit den übrigen Lauten des Namens assoziiert seien, und dass sie — in gleicher Richtung reproduzierend wirksam — den ganzen Namen ins Bewusstsein gehoben hätten. Denn eine Förderung der Reproduktion wäre nicht eingetreten, wenn der Lehrer dieselben drei Laute, aber in anderer Reihenfolge (z. B. als Silbe Ben) vorgesprochen hätte.

Es kommt also nicht in erster Linie auf das reproduzierende Zusammenwirken der (isoliert gedachten) Laute, sondern auf die Reproduktionskraft des Komplexes (Neb) an, wobei auch das Wissen des Schülers zu berücksichtigen ist, dass es sich um die Erinnerung an ein Wort handle, und dass die vorgesprochene Silbe die Anfangssilbe des Gesuchten sei. Endlich ist nicht zu übersehen, dass der Name — und das gleiche gilt für alle Worte mit ihren Bedeutungen — von vornherein als „Komplex" eingeprägt wurde, d. h. als ein einheitliches Ganzes von charakteristischem Klang und Betonung, und dass die Elemente solcher Komplexe besonders fest miteinander assoziiert sind.

So ist also die „Konstellationstheorie", zu ergänzen durch eine „Komplexionstheorie", die im Gegensatz zu allen „atomisierenden" Tendenzen in der Psychologie zur Anerkennung bringt, dass das Seelenleben einen organischen Charakter trägt, dass in ihm „alles sich zum Ganzen webet", und dass vom Ganzen her das Einzelne zu verstehen ist. Von diesem Gesichtspunkt aus wird sich auch immer klarer herausstellen, dass für den geordneten, „zielstrebigen" Verlauf von Produktionsprozessen — und ein großer Teil unseres „Denkens" und „Nachdenkens" besteht in solchen — der wichtigste Faktor in einer Vorwegnahme von mehr oder minder abstraktem Anschauungsganzen oder Wissenskomplexen besteht, die dann — gleichsam wie ein leeres Schema — durch die Reproduktion mit konkretem Inhalt sich füllen.

Was wir hier die „organische" Natur des Seelenlebens nennen, wird von zahlreichen Psychologen — in Anlehnung an Kant — als sein „synthetischer" Charakter bezeichnet. Das insbesondere in allem Denken gleichzeitig Analyse und Synthese, Sonderung und Vereinigung vorliegt, haben unsere Ausführungen über das Urteil (Kap. 15.1) gezeigt.

21.5 Kompliziertere Denkvorgänge zur Lösung von Aufgaben

Weit verwickelter als die Erlebnisse des Sichbesinnens auf irgendeine einzelne Vorstellung, aber doch in den wesentlichen Zügen damit übereinstimmend sind zumeist die inneren Landlungen, die wir im Dienste der mannigfachsten Aufgaben praktischer, wissenschaftlicher, künstlerischer usw. Art vollziehen. Ob die Aufgaben von anderen uns gestellt sind, oder ob wir selbst sie uns stellen, und ob dies Letztere mit klarem Bewusstsein, etwa aufgrund einer Überlegung, oder instinktiv (als verstehe es sich von selbst) geschieht, das bedingt keinen wesentlichen Unterschied.

21.5 Kompliziertere Denkvorgänge Zur Lösung Von Aufgaben

Es ist aus naheliegenden Gründen begreiflich, dass die experimentell-psychologische Untersuchung umso mehr ausgeschlossen bleibt, je bedeutsamer derartige Ausgaben sind, und je mehr sie unsere ganze Konzentration und Kraft erfordern. Die Arbeit an unserer sittlichen Selbsterziehung, die sich nur im Ernst des Lebens vollzieht; das künstlerische Schaffen, das der Stimmung und der reflexionslosen Hingabe bedarf, kann man nicht im psychologischen Laboratorium studieren. Man ist im Allgemeinen auf intellektuelle Leistungen beschränkt.

21.5.1 Die Übernahme der Aufgabe

Wie das einfache Sichbesinnen, so sind auch die komplizierteren Vorstellungs- und Denkleistungen mithilfe von Reaktionsversuchen experimentell untersucht worden. Man hat dabei die mannigfachsten Aufgaben gestellt, die bei dem Erscheinen eines Reizes zu lösen waren, und hat zugleich die Versuchspersonen zur Selbstbeobachtung angehalten und deren Ergebnisse verwertet. Natürlich ist es mit dem Stellen der Aufgaben nicht getan, die Versuchsperson muss die Instruktion des Versuchsleiters verstehen, ihr zustimmen und sich bemühen, instruktionsgemäß die Aufgabe zu lösen. So ist auch hier Wollen und Streben Voraussetzung. Dass bei längeren Versuchsreihen dies nicht mehr zum Bewusstsein kommt, und die Reaktion einen gewissen mechanischen Charakter annimmt, ist aus der allgemeinen Übungswirkung verständlich, die sich als Entlastung des Bewusstseins darstellt.

Auch bei diesen willkürlich vorbereiteten inneren Reaktionen ist das Vorhandensein einer Richtungs-(oder Ziel-)Vorstellung anschaulicher oder unanschaulicher Art unerlässlich. In ihr wird die zu erfüllende Aufgabe, das zu lösende Problem mehr oder minder deutlich, direkt oder indirekt (mit Hilfe von Umschreibungen) gedacht.

Das Bewusstsein der Aufgabe (z. B. zu dem vom Reizwort bezeichneten Begriff einen koordinierten zu suchen), erhält erst seinen jeweiligen konkreten Inhalt durch die Auffassung des Reizwortes. Dabei zeigt sich sofort wieder die Bedeutung der Komplexbildung, insofern die Bedeutung des Reizwortes ohne Weiteres zu der Aufgabe in Beziehung gesetzt, wenn nötig dieser entsprechend modifiziert wird.

Es darf wohl als eine Wirkung unserer Bereitschaft und unseres Strebens, die Aufgabe zu erfüllen, angesehen werden, dass die Perseverationstendenz der Zielvorstellung verstärkt wird, sodass diese im Verlauf unserer Betätigung zum Zwecke ihrer Realisierung wieder im Bewusstsein auftritt, besonders dann, wenn der Vorstellungsverlauf sozusagen abzuirren droht, oder wenn sonstige Hemmungen eintreten; ferner, dass in erster Linie Vorstellungen auftauchen (oder in einen höheren Grad der Bereitschaft geraten), die mit der Zielvorstellung assoziativ zusammenhängen; endlich, dass die tatsächlich eintretenden Reproduktionen unmittelbar das Bewusstsein des Hierhergehörigen oder des Gegenteils auslösen, und dass je nachdem die Aufmerksamkeit sich zu- oder abwendet.

21 DIE WIRKUNGEN DES WOLLENS

21.5.2 Determinierende Tendenz

Man hat (nach dem Vorschlag von Ach) diesen regulierenden Einfluss des Wollens und des ihm innewohnenden Zielbewusstseins auf den Verlauf des inneren Geschehens als „determinierende Tendenz" bezeichnet.

Dabei handelt es sich nicht bloß um den Einfluss des Wollens im engeren und eigentlichen Sinn, sondern ebenso um die Wirkung des „von selbst" sich geltend machenden Strebens. „Determinierende Tendenzen" können sich demnach auch unwillkürlich bilden. Viele unserer Aufgaben im praktischen Leben verfolgen wir ja unwillkürlich als etwas Selbstverständliches, ohne in einem bewussten Willensakt uns dafür entschieden zu haben. Wenn wir uns also auch einer eigenen „Aktivität" nicht bewusst sind, so können doch „determinierende Tendenzen" in uns wirken.

Die Nächstliegende und vorsichtigste Deutung dieses Begriffes dürfte die sein, dass damit eine Verstärkung der Perseverationstendenz und der reproduzierenden Kraft der Zielvorstellung gemein sei. Unter dieser Voraussetzung würde die vom Streben und

Wollen ausgehende unwillkürliche oder willkürliche Beeinflussung des Vorstellungsverlaufs sich doch den allgemeinen Gesehen der Assoziation und Reproduktion unterordnen lassen; man würde sie eben dem Begriff der Konstellations- und Komplexionswirkung einzuordnen haben. Zurzeit muss freilich die Möglichkeit offengelassen werden, dass vielleicht noch eine besondere — von den Reproduktion-gesehen abweichende — Wirkungsweise des Wollens auf den Vorstellungsverlauf nachgewiesen werde.

21.5.3 Das assoziative Äquivalent

Dieser Nachweis ist noch nicht erbracht durch Achs interessante Feststellungen über das „assoziative Äquivalent" der determinierenden Tendenz. Ach ließ Silbenpaare durch häufige Wiederholung fest einprägen und miteinander assoziieren; sodann stellte er seinen Versuchspersonen die Aufgabe, bei Darbietung der einen Silbe nicht die damit assoziierte zu nennen, sondern eine andere, die ihr zuerst einfalle, oder eine auf die Reizsilbe reimende oder die Reizsilbe selbst unter Vertauschung des ersten und letzten Konsonanten. Ach fand nun, dass der Grad der Willensanspannung und die Stärke der Silbenassoziation sich aneinander messen lassen. Für jeden Grad der Willensanspannung lässt sich eine (auf der Zahl der Wiederholungen beruhende) Assoziationsstärke angeben, die jener sozusagen die Waage hält („assoziatives Äquivalent"). Ist die vom Willen ausgehende determinierende Tendenz zu schwach, so kommt es nicht zu der Erfüllung der Aufgabe, sondern die mit der Reizsilbe assoziierte Silbe wird (vielfach gegen die bewusste Absicht der Versuchsperson) ausgesprochen. Ist die determinierende Tendenz die stärkere, so kann doch der Widerstand der gebildeten Assoziationen sich geltend machen durch Verzögerung der Aufgabenlösung oder durch Fehler bei dieser.

In diesem Falle handelt es sich aber um einen Konflikt zweier Gruppen von assoziativen und perseverativen Reproduktionstendenzen. Dass das „assoziative

21.5 Kompliziertere Denkvorgänge Zur Lösung Von Aufgaben

Äquivalent" aus solchen besteht, bedarf keines besonderen Nachweises. Die „determinierende Tendenz" der Aufgabe aber lässt sich in mehrere Faktoren dieser Art zerlegen. Zu nächst kommt in Betracht die Perseverationstendenz der Aufgabenvorstellung, die mit der Dauer und Stärke der auf die willkürliche Vorbereitung verwendeten Aufmerksamkeit wächst. Ferner ist von Bedeutung die Zusammenfassung der Aufgabe mit dem jeweiligen Reiz, endlich die reproduktive Wirkung, die von diesem Komplex ausgeht und die auch die etwaige Lösung der Aufgabe bedingt.

21.5.4 Die Aufgabenlösung durch Reproduktion von Vorstellungen oder von Wissen

Diese letztere Behauptung bedarf freilich noch einer näheren Erläuterung, die uns zugleich weitere Einblicke gewährt in die Eigenart des willkürlich beeinflussten Vorstellungsverlaufs.

Die Aufgabenlösung kann in den einfachsten Fällen wohl so erfolgen, dass ein mit dem Reizwort assoziiertes Wort oder eine anschauliche (oder unanschauliche) Sachvorstellung auftaucht. Zugleich stellt sich oft durch Beziehung auf die Vorstellung der Aufgabe ein Bewusstsein der Richtigkeit ein.

Zumeist handelt es sich aber bei der Aufgabenlösung nicht um Reproduktion einzelner Vorstellungen, sondern ganzer „Wissenskomplexe". Wenn wir zwischen „Vorstellung" (und „Begriff") und „Wissen" unterscheiden, so erfolgt diese Unterscheidung in dem gleichen Sinne wie die zwischen Vorstellung und Begriff als den eingliedrigen Akten des Gegenstandsbewusstseins und dem Urteil als dem zweigliedrigen. Die zwei-(oder mehr-)gliedrige Natur des Urteils hat darin ihren Grund, dass in ihm eine Beziehung mit ihren Beziehungsgliedern, d. h. ein Sachverhalt, erfasst wird. (Vgl. oben Kap. 15.1) Der Ausdruck „Wissen" kann aber sowohl ein Wissens-Erlebnis wie auch die Reproduktionsgrundlage dafür bezeichnen. Das „potenzielle" Wissen wäre also sozusagen der gedächtnismäßige Niederschlag früher erlebter Urteile, das „aktuelle" Wissen dagegen das infolge von Reproduktion eintretende Bewusstsein von Sachverhalten. Unser potenzielles Wissen kann zurückgehen auf unmittelbare oder mittelbare Erkenntnis oder auf Mitteilungen. Zu Letzterem rechnen wir nicht bloß das verständnisvolle Entgegennehmen mündlicher oder schriftlicher Mitteilungen (im gewöhnlichen Wortsinn), sondern auch allen Wissenserwerb durch Unterricht, Lernen, Lesen usw.

Dass die Lösung von Aufgaben vielfach durch Reproduktion von Wissen erfolge, zeigt sich besonders deutlich in solchen Fällen, wo das hierzu nötige Wissen sukzessiv ins Bewusstsein tritt. Die Aufgabe lautet z. B.: Nebengeordneten Begriff suchen! Beim Auftreten des Reizwortes „Jagd" stellt sich dann vielleicht bei der Versuchsperson zunächst das ganz abstrakte Wissen ein, dass sie einen oder mehrere koordinierte Begriffe kennt. Überhaupt schreitet gewöhnlich die sukzessive Reproduktion des Wissens vom Abstrakten zum Konkreten fort. Das Abstrakte ist aber im Wissen von Sachverhalten das Bewusstsein der Relation. Jede Relation (z. B. Ähnlichkeit) kann ja zwischen unzähligen Gegenständen bestehen, also in zahllosen Sachverhalten sich konkret darstellen. Oft taucht uns das Gesuchte zunächst nur in der Form auf, dass eine Beziehung bewusst wird, in denen es steht. Das abstrakte Wissen ist meist das geläufigere.

Das Wissen kann aber auch mit einem Schlag wieder präsent sein. Insbesondere zeigt bei wachsender Geläufigkeit die sukzessive Wissensaktualisierung die Tendenz, in die unmittelbare überzugehen. Bei dieser ist der gesuchte Gegenstand direkt bewusst. So ist der Bewusstseinsbestand bei Reaktionen aufgrund eines geläufigen Wissens oft nicht zu unterscheiden von solchen Reaktionen, die auf Grund einfacher Vorstellungsassoziationen eintreten. Wenn aber eine Reaktion, die das erste Mal mit sukzessiver Wissensaktualisierung erfolgte, bei der Wiederholung diese verkürzte Form zeigt, so liegt doch die Annahme nahe, dass das dispositionelle Wissen, das vorher so deutlich mitgewirkt hat, auch im zweiten Fall zur Reaktion beitrage, wenngleich ohne selbst ins Bewusstsein zu treten, mithin als „erregtes Unbewusstes". Es würde eben auch hier jene allgemeine Gesetzmäßigkeit in Betracht kommen, dass geläufige Prozesse immer mehr im Bewusstsein zurücktreten, und dass sie sich darin nur bemerkbar machen, wenn Hemmungen eintreten. Immerhin kann man bei jenen unmittelbaren Aufgabelösungen aus gewissen Bewusstseinssymptomen vielfach auf die Beteiligung des dispositionellen Wissens bestimmter schließen, so aus dem oft vorhandenen Bewusstsein, dass und wie sich das Reaktionswort auf das Reizwort oder die Aufgabe beziehe, und aus dem damit meist verknüpften Eindruck der Richtigkeit oder Unrichtigkeit.

Wenn aber zur Lösung einer Aufgabe latentes Wissen uns wieder bewusst wird — Analoges gilt vermutlich für seine „unbewusste Erregung" —, so vollzieht sich diese Wissensaktualisierung in der Regel als „Komplexergänzung" — wie eine solche ja auch bei der Reproduktion anschaulicher Vorstellungen sich nachweisen lässt. Die bedeutsamste Gesetzmäßigkeit dieser Komplexergänzung ist die, dass ein den Komplex als Ganzes antizipierendes schematisches Wissen die Tendenz hat, die Reproduktion des ganzen Komplexes nach sich zu ziehen. Jenes schematische Wissen kann in verschiedener Form auftreten, die häufigste wird bei Aufgabelösungen die sein, dass einer der Gegenstände (nämlich durch das Reizwort) und die Beziehung (durch die Aufgabe) bestimmt sind, während die in Beziehung stehenden Gegenstände zunächst noch unbestimmt bleiben. Je eindeutiger die Bestimmung des Gesuchten in der schematischen Vorwegnahme ist, umso entschiedener richtunggebend wirkt sie auf den Reproduktionsprozess.

Voraussetzung dafür ist aber, dass das Bewusstsein von dem durch das Reizwort bezeichneten Gegenstand und das Bewusstsein der Aufgabe nicht isoliert bleiben, sondern aufeinander bezogen werden und eben damit einen Komplex bilden. Eine Konstellationstheorie, die beide als getrennte Faktoren gleichzeitig wirken ließe, wird hier zur Erklärung nicht ausreichen. Haben wir z. B. die Aufgabe: „übergeordneten Begriff suchen!" und das Reizwort „Pflanze", so würden der Aufgabe, isoliert gedacht, auch Begriffe, wie Baum oder Strauch entsprechen, da sie ja selbst „übergeordnete" Begriffe sind, die viele Arten unter sich haben. Erst durch die Beziehung der Aufgabe auf das Reizwort würde eine solche Reaktion als unrichtig erkannt werden. Dass aber derartige Fehlreaktionen sozusagen gar nicht vorkommen, deutet darauf hin, dass die Komplexbildung durch Beziehung von Aufgabe und Reizwort aufeinander auch da eintritt, wo sie nicht ausdrücklich zum Bewusstsein kommt, und dass sie den Reproduktionsprozess reguliert — wie sie ja ebenfalls in dem Bewusstsein, das die Reaktion begleitet, häufig sich kundtut.

21.5.5 Psychologische und logische Gesetze des Denkens

Dieses Bewusstsein ist übrigens durchaus nicht immer des Inhalts, dass die Lösung richtig sei; oft wird diese als unvollständig oder als falsch erkannt. Letzteres beruht darauf, dass ein Wissen vielfach nicht geläufig genug ist, um zur Lösung sofort mitzuwirken, dass es aber ins Bewusstsein tritt, sobald ein ihm widersprechender Lösungsversuch erfolgt. Diese — experimentell festgestellte — psychologische Gesetzmäßigkeit ist höchst bedeutsam für die Beantwortung der allgemeinen Frage, wieso denn der Vorstellungs- und Denkverlauf, der doch nach psychologischen Gesetzen sich vollzieht, zugleich geeignet sei, im Allgemeinen den Normen der logischen und sachlichen Richtigkeit zu entsprechen.

Es ist gewiss wichtig, dass man diese beiden Arten von „Gesetzen", die ganz verschiedenen Sinn haben, reinlich auseinanderhalte: Dort handelt es sich um Naturgesetze, d. h. Regelmäßigkeiten des wirklichen Geschehens, hier um Normgesetze, die ein Sollen aussprechen. Aber man übertreibt, wenn man gleichsam eine wunderbare prästabilierte Harmonie zwischen diesen beiden Gesetzmäßigkeiten glaubt, konstatieren zu können. Tatsächlich verläuft eben das Denken recht oft nicht normgemäß: Sachliche Unrichtigkeiten und logische Fehler sind doch wahrlich keine Seltenheiten. Es wäre wunderbar, wenn das anders wäre. Man bedenke doch, wie trübe oft die Quellen sind, aus denen das „Wissen" der Menschen fließt: Wie ungenau die Wahrnehmungen, wie mangelhaft der Unterricht, wie schlecht das Gedächtnis und wie fest und zahlreich die Vorurteile sind, die sich noch in weiten Volkskreisen forterben! Dementsprechend wird der Vorstellungs- und Gedankenverlauf sein, dem ein solches Wissen Stoff und Richtung gibt.

Soweit nun aber dieser Verlauf den Normen der formalen und sachlichen Wahrheit doch tatsächlich entspricht, ist dies nicht so zu erklären, dass jene Normen selbst als mysteriöse Faktoren das seelische Geschehen regulieren, vielmehr ist als richtunggebend und, wenn nötig, als verwerfend und berichtigend eben das „Wissen" zu betrachten, das — soweit es erforderlich ist — aktualisiert oder wenigstens unbewusst erregt wird. Von seiner Fülle und sachlichen Richtigkeit, seiner Dauerhaftigkeit und Geläufigkeit wird es im Wesentlichen abhängen, in welchem Maße das wirkliche Denken des Individuums jenen Normen entspricht. Diese „wirken" nur insofern, als sie selbst zum Wissen des einzelnen Subjekts gehören. Dabei ist es nicht nötig, dass die obersten logischen Normen in abstrakter Formulierung dem Individuum stets bewusst oder als solche auch nur bekannt seien. Sie stellen ja die Regeln für gewisse immer und immer wieder geübte Denkoperationen dar. Dass z. B. auch Ungebildete — wenigstens in leichter übersehbaren Zusammenhängen — offenbare Selbstwidersprüche vermeiden, zeigt, dass selbst ihnen — wohl aufgrund von ererbter Anlage und früh einsetzender Gewöhnung — das oberste Denkgesetz der Identität und des Widerspruchs „in Fleisch und Blut" übergegangen ist.

Diese Erwägungen aber führen zu der Einsicht, dass unter dem „Wissen", das den geordneten Denkverlauf bedingt, nicht bloß ein material mehr oder minder bestimmtes Sachwissen, sondern auch ein formales zu verstehen ist, und dass dieses Letztere sich zunächst darstellt in der Disposition zu gewissen Denkoperationen. Auch hierüber hat die experimentelle Untersuchung manches Licht verbreitet. Derartige Erkenntnisse sind aber von großer praktischer Bedeutung, weil sie geeignet sind zur Lösung der viel umstrittenen Fragen nach dem „formalen Bildungswert" der einzelnen Unterrichtsfächer, nach ihrem Einfluss auf die „geistige Zucht" beizutragen.

21.5.6 Verwendung gewisser Methoden zur Aufgabenlösung

Wir haben schon früher auf die abstraktive Eigentümlichkeit des Gedächtnisses hingewiesen, d. h. auf die Tatsache, dass Vorstellungen, deren konkretes Detail sich verwischt, doch nach ihrem allgemeinen Bestand reproduzierbar bleiben. Man darf nun unter „Vorstellungen" nicht bloß „Vorstellungen von Dingen" verstehen; auch von der Art, wie wir irgendeine äußere oder innere Aufgabe lösen und die Richtigkeit der Lösung kontrollieren, können wir (mindestens in der Reflexion) eine Vorstellung gewinnen, die ebenso wie jene Aufgabe beim Vergessen der Einzelheiten in abstrakter Gestalt uns lange Zeit verfügbar bleiben kann.

Eine neue Aufgabenvorstellung, die die Erinnerung an frühere ähnliche wachruft, wird nun auch die mit diesen assoziierten Vorstellungen von Arten des Denkens oder überhaupt des Vorgehens reproduzieren, die man früher erprobt hat. Bei öfterer Wiederholung bedarf es gar nicht mehr der Erinnerungsvorstellung an das gewohnte Verfahren, sondern dieses wird sofort selbst eingeschlagen (ebenso wie ja auch die Zielvorstellung bei uns geläufigen Aufgaben ganz aus dem Bewusstsein entschwinden kann, wobei doch ihre weitere Wirksamkeit zu erschließen ist aus dem für ihre Lösung zweckmäßigen Verhalten). Dahin gehört schon, dass man zu gewissen äußeren Maßnahmen greift, welche die reproduzierende Kraft der Aufgabenvorstellung fördern und vor Störungen bewahren sollen. Dass man z. B., um ruhig Nachdenken zu können, Türen und Fenster schließt oder sich die Ohren zuhält, das Problem wiederholt ausspricht oder fixiert; gewisse auftauchende Vorstellungen schriftlich festhält usw.

Aber die Verhaltungsweisen, die durch die Aufgabenvorstellung assoziativ herbeigeführt werden, stehen auch in viel unmittelbarerer Beziehung zur Lösung. War z. B. bei Reaktionsversuchen die Aufgabe gestellt, einen Teil des durch das Reizwort bezeichneten Ganzen zu nennen, so griffen Versuchspersonen dazu, das Reizwort zu einem zusammengesetzten Wort weiterzubilden: „Wagen" zu „Wagenrad", „Fuß" zu „Fußnagel". Oder die umgekehrte Aufgabe, ein Ganzes zu nennen, löste man so, dass man zum Reizwort „in" hinzusetzte und diesen Komplex reproduzierend wirken ließ: Tanne in — dem Wald; Pfarrer in — der Kirche.

21.5 Kompliziertere Denkvorgänge Zur Lösung Von Aufgaben

Was sich bei solchen Versuchen in einfachster Form zeigt, das vollzieht sich in komplizierterer Gestalt bei unserer Arbeit an wissenschaftlichen, künstlerischen, sittlichen, technischen usw. Aufgaben und Problemen, wie sie uns das Leben tausendfach stellt. Ob wir ein bestimmtes Verfahren anwenden, eine Gleichung zu lösen oder das Vorhandensein eines Stoffes in einer Flüssigkeit nachzuweisen, einen fremdsprachlichen Text zu übersetzen oder eine historische Quellenuntersuchung anzustellen, eine musikalische Komposition aufzubauen oder über unsere Pflicht uns klar zu werden: Stets wird die Zielvorstellung uns gewisse allgemeine Methoden oder konkrete analoge Fälle ins Gedächtnis rufen — andernfalls kommt es überhaupt nicht zum Versuch, der Aufgabe gerecht zu werden, oder höchstens zu einem ganz planlosen Raten und Probieren. Das Letztere kann übrigens auch gelegentlich zur Erreichung des Zieles führen; nicht minder kann demjenigen, der innerlich mit der Lösung eines Problems beschäftigt ist, eine zufällige Beobachtung oder sonstige Erfahrung den entscheidenden Aufschluss geben, insofern sie etwa die Ursache eines Vorgangs offenbart, auf dessen Herbeiführung es gerade ankommt.

21.6 Das Problem des Schöpferischen im Geistesleben

Es wäre übrigens irrig, wollte man es lediglich derartigen Zufällen zuschreiben, wenn es aufgrund unseres Nachdenkens zu neuen Erkenntnissen, Erfindungen oder sonstigen Neuschöpfungen kommt. Andererseits wird man erst dann zu der Annahme eines „schöpferischen Vermögens" seine Zuflucht nehmen dürfen (wie dies die Popularpsychologie ohne Weiteres tut), wenn die seither benutzten Erklärungsprinzipien versagen.

Freilich könnte man von vornherein einwenden: Gesetze der Assoziation und Reproduktion vermögen doch auf keinen Fall Neuschöpfungen zu erklären, da sie nur die Verknüpfung und die Wiedererregung von Gedächtnisspuren betreffen; alles Neue könnte also nur durch die Wahrnehmung in das menschliche Bewusstsein kommen!

Indessen, dass Spuren früherer Erlebnisse nicht nur durch gleiche, sondern auch durch ähnliche Erlebnisse geweckt werden, ermöglicht es schon, dass Bewusstseinsinhalte Zusammentreffen, die vorher nie zusammen gegeben waren. Wenn man bedenkt, was alles die Analogie für unser Erkennen (und darüber hinaus) bedeutet, so wird man diese Quelle des Neuen für unser geistiges Leben nicht unterschätzen. Aber die Ähnlichkeitsreproduktion führt uns nicht bloß vom einzelnen konkreten Erlebnis zum verwandten Konkreten: Auf ihr dürfte es vielmehr zumeist auch beruhen, dass das Konkrete an das zugehörige Abstrakte erinnert und umgekehrt. Neue Erfahrungsobjekte werden uns nur dann erkennbar, wenn uns allgemeine Begriffe oder Regeln einfallen, unter die wir subsumieren, oder an Land deren wir die Lücken des konkreten Erfahrungsbestandes hypothetisch ausfüllen können. Wir sahen ferner, dass es für die Lösung vieler Aufgaben von größter Wichtigkeit ist, ob uns bei der Zielvorstellung aufgrund von Assoziation die Vorstellung eines geeigneten Verfahrens einfällt. Aber der Gedanke des Verfahrens wird in der Regel abstrakt sein. Zur Lösung der Aufgabe jedoch brauchen wir gewöhnlich konkretere Vorstellungen. Dass diese aufgrund auf Grund von (Berührungs-) Assoziation sich einfinden sollten, darf in vielen Fällen als durchaus unwahrscheinlich bezeichnet werden.

Will man hier nicht an eine besondere Wirksamkeit „determinierender Tendenzen" denken, so wird man wohl die Ähnlichkeit, die zwischen dem Konkreten und dem zugehörigen Abstrakten besteht, als Grund der Reproduktion ansehen müssen.

Aber auch die Berührungsassoziation erklärt nicht nur, dass der Vorstellungs- und Gedankenverlauf in gewohnten Geleisen sich bewegt, sondern sie lässt gleichfalls neue Kombinationen als möglich erscheinen. Dieselbe Vorstellung kann ja verschiedenen Assoziationsreihen angehören, und unter besonderen Bedingungen kann die Erregung einmal an diesem Kreuzungspunkt sozusagen einen Querweg einschlagen und so Vorstellungen im Bewusstsein zum ersten Mal zusammenführen.

Man darf also die Möglichkeit, mithilfe der Assoziations- und Reproduktionsgesetze geistige Neubildungen zu erklären, durchaus nicht unterschätzen. Voraussichtlich werden wir überhaupt nicht zu einer besonderen Fähigkeit „schöpferischer Inspiration" zu greifen brauchen. Wissenschaftliche Bedeutung hätte dies übrigens nur dann, wenn es gelänge, besondere Gesetze der Entstehung des Neuen nachzuweisen, denn ohne dies bliebe die Berufung auf ein mysteriöses Vermögen nur ein *Asylum ignorantiae*.

21.7 Erlebnisse der Phantasie und die sogenannte „Intuition"

Unsere Darlegungen zeigen, dass das geistige Geschehen, soweit es den Assoziations- und Reproduktionsgesetzen untersteht, durchaus nicht auf die Sphäre beschränkt ist, die man populär dem „Gedächtnis" zuschreibt, sondern dass es auch das Gebiet der „Fantasie" mit umfasst und in das des „Verstandes" eingreift. Die Grenzen zwischen Gedächtnis und Fantasie, der Bewahrung des Alten und seiner Umbildung zu Neuem sind überhaupt völlig fließende, insofern schon an dem Gedächtnismaterial, d. h. den Erinnerungsresiduen, durch Ausfall, Unbestimmtwerden, affektive Umbildung sich Neugestaltungen vollziehen, und insofern Assoziation und Reproduktion solche ebenfalls mit sich bringen. Zwischen Gedächtnis und Fantasie zu scheiden entspringt also weniger psychologischen als praktischen und erkenntnistheoretischen Bedürfnissen.

Wenn es dabei üblich ist, die wesentliche Leistung der Fantasie im künstlerischen Schaffen zu sehen, so vergisst man, dass auch für wissenschaftliche und philosophische, praktische und technische Aufgaben die Fähigkeit, Neues zu finden oder zu kombinieren, unentbehrlich ist. Mit jener Einengung der „Fantasie" auf das Künstlerische hängt es zusammen, dass man ihr nur „anschauliche" Vorstellungen zuschreibt. Bei dem fließenden Übergang von den anschaulichen zu den unanschaulichen Vorstellungen, den „Gedanken", ist aber gar kein psychologischer Grund vorhanden, neue Gedankenkombinationen der Fantasie nicht zuzuschreiben.

21.7 Erlebnisse Der Phantasie Und Die Sogenannte „Intuition"

Zu ihr gehört — psychologisch betrachtet — auch die sogenannte „Intuition". Mystische Naturen haben von jeher ihre Einfälle — die ihnen natürlich „Eingebungen" bedeuten — dadurch vor der Kritik des Verstandes zu sichern gesucht, dass sie ein dem „kalten, nüchternen" Verstand weit überlegenes Erkenntnisorgan, eben die „Intuition", für sich in Anspruch nahmen. Auch heute gibt es viele, die enttäuscht darüber sind, dass Wissenschaft und wissenschaftliche Philosophie nicht alle Welträtsel klärend und eindeutig lösen und die darum wieder auf die „Intuition" sich berufen. Bergsons Erfolg beruht zum größten Teil hierauf.

Sofern man in der Intuition ein — oft blitzartig eintretendes — Erraten von neuen Zusammenhängen, ein Entdecken von überraschenden Analogien usw. sieht, ist sie psychologisch wohl begreiflich, d. h. wir können sie den Erlebnissen des Vorstellens, Denkens und Erkennens einordnen.

Aber sie soll ein Vermögen „überbegrifflicher" Erkenntnis sein. Nun braucht nicht in Abrede gestellt werden, dass wir Gefühle, aber auch anschauliche Eindrücke und unanschauliche Ahnungen und „Erleuchtungen" erleben können, denen gegenüber wir uns unfähig fühlen, sie in unseren geläufigen Begriffen zu fassen und in unseren Worten auszudrücken. Aber wir müssen dies dennoch versuchen, wenn anders wir diese geistigen Gebilde für uns fixieren und anderen mitteilen wollen. Tatsächlich haben dies die Mystiker aller Zeiten getan, und sie haben meist außerordentlich beredt über ihre „Gesichte" zu berichten gewusst. Analysieren wir aber diese Berichte psychologisch, und suchen wir in die ihnen zugrunde liegenden Erlebnisse einzudringen: So erweisen sie sich zusammengesetzt aus starken Gefühlen, begleitenden Organempfindungen, anschaulichen und unanschaulichen, deutlichen und undeutlichen Vorstellungen, kurz aus Elementen, die uns alle schon bekannt sind; auch der Inhalt dieser „Intuitionen" und mystischen Erlebnissen ist meist aus der Vergangenheit und dem geistigen Milieu des Begnadeten wohl erklärlich, und wo er Neues bietet, da dürften ebenfalls die (Kap. 21.6) angedeuteten Erklärungsprinzipien genügen.

Vom psychologischen Standpunkt aus darf man darauf hinweisen, dass auch im wissenschaftlichen und philosophischen Denken neue — oft schwer in Begriffe zu fassende — Ahnungen und Einfälle von Bedeutung sind und nicht selten bedeutsame Fortschritte einleiten; dass sie hier aber der Kontrolle des Verstandes unterliegen, d. h. verglichen werden mit dem, was wir über das betreffende Gebiet bereits mit Sicherheit oder Wahrscheinlichkeit festgestellt haben, und dass sie danach ihre Beurteilung finden.

Selbst damit überschreiten wir nicht die Kompetenz der Psychologie, dass wir konstatieren: Der Wille zur Wahrheit ist die Triebfeder der wissenschaftlichen und philosophischen Forschung, und er hat sich in ihr Methoden zur Feststellung des Wahrheitsgrades von Urteilen geschaffen, an denen viele Generationen kontinuierlich und mit größter Gewissenhaftigkeit gearbeitet haben. Der mystischen Intuition jedoch pflegt außer diesem Wahrheitstrieb auch der Trieb nach beseligender Vereinigung mit dem Göttlichen oder nach unmittelbarer Versenkung in das Wesen der Welt zugrunde zu liegen, und der sie begleitende Gefühlssturm ist einer ruhigen Kritik der Einfälle nicht gerade günstig.

Diese Andeutungen mögen hier genügen; die eigentliche Auseinandersetzung mit dem Anspruch, in der Intuition ein dem Verstand (d. h. dem wissenschaftlichen und philosophischen Denken) überlegenes Erkenntnisorgan zu besitzen, muss der Erkenntnistheorie überlassen werden. Nur auf ein Wort Schopenhauers über die Bedeutung unserer Frage sei noch hingewiesen. „Man kann," sagt er in seinen „Parerga", „im Großen und Ganzen betrachtet, die Philosophie aller Zeiten auch so auffassen, dass sie, wie ein Pendel, hin und her schwingt zwischen Rationalismus und Illuminismus, d. h. zwischen dem Gebrauch der objektiven und der subjektiven Erkenntnisquelle. Auf allen Stadien macht sich antithetisch gegen den Nationalismus der Illuminismus geltend, der, wesentlich nach innen gerichtet, innere Erleuchtung, intellektuelle Anschauung, höheres Bewusstsein, unmittelbar erkennende Vernunft, Gottesbewusstsein, Unifikation usw. zum Organon hat und den Rationalismus als das Licht der Natur gering schätzt. Legt er nun dabei eine Religion zum Grunde, so wird er Mystizismus. Sein Grundgebrechen ist, dass seine Erkenntnis eine nichtmitteilbare ist. Als nicht mitteilbar ist nun eine derartige Erkenntnis auch unerweislich. Allein die Philosophie soll mitteilbare Erkenntnis, muss daher Nationalismus sein."

Wenn es uns aus methodischen Gründen geboten scheint, das „Schöpferische" und das „Intuitive" im menschlichen Geistesleben des geheimnisvollen Zaubers zu entkleiden, mit dem man es gern umgibt, so sollen damit durchaus nicht die gewaltigen Begabungsunterschiede der Menschen auf diesen Gebieten geleugnet oder abgeschwächt werden. Zu erklären freilich vermögen wir im Grunde noch gar nicht, warum die verschiedenen Möglichkeiten des Neuschaffens, die sich auch von unseren psychologischen Grundanschauungen aus darbieten, sich bei den einzelnen Menschen in so verschiedenem Maße realisieren; worauf es also beruht, dass dem einen neue Gedanken zuströmen, wo der andere nur eine Bewusstseinsleere vorfindet; dass der eine überraschende Analogien oder Lösungsmöglichkeiten seiner Aufgaben entdeckt, wo der andere stumpf bleibt.

21.8 Begabungsunterschiede

Eins ist freilich unverkennbar: Die intellektuellen Begabungsunterschiede stehen in engster Beziehung zu tief greifenden Unterschieden im Gebiete des Strebens und Wollens. Die enge Verwebung des Intellekts und des Willenslebens zeigt sich der erklärenden Psychologie in nicht geringerem Grade als der beschreibenden. Die Letztere konstatiert ja, dass es eine vom Wollen festgehaltene Aufgaben- oder Zielvorstellung ist, die den sinnvollen Vorstellungs- und Gedankenverlauf innerlich zusammenhält und ihn dadurch von der (ebenfalls nach Gesetzen der Assoziation und Reproduktion verlaufenden) Ideenflucht des Irrsinnigen unterscheidet.

21.8 Begabungsunterschiede

Sie kann auch feststellen, dass vielfach die menschliche Tätigkeit im Dienste von Aufgaben mehr oder anderes zustande bringt, als eigentlich angestrebt war, und dass hieraus wieder neue Aufgaben hervorgehen. Beiläufig sei bemerkt, dass diese (von Wundt sogenannte) „Heterogonie" der Zwecke gleichfalls eine wichtige Quelle der Produktion von Neuem darstellt.

Dass nun aber bestimmte Aufgaben wissenschaftlicher, künstlerischer, moralischer, technischer Art einzelne Menschen innerlich packen, während sie andere völlig gleichgültig lassen, das weist doch auf tieferliegende Unterschiede in den Trieben, den Begehrungs- und Wertungsdispositionen, die wir zurzeit nur annehmen, jedoch nicht eigentlich erklären können, es sei denn, dass wir sie auf dem Wege der Familienforschung schon bei den Ahnen in dieser oder jener Form Nachweisen. Aber damit ist das Problem nur zurückgeschoben. Darum ist es nicht unbegründet, wenn man von einem Geheimnis der Individualität spricht. Eine Selbsttäuschung ist es nur, wenn man meint, dies Geheimnis durch tönende Worte wie „Persönlichkeit", „Unbewusstes" usw. lösen zu können. Die Individualität in ihrer Besonderheit ist überhaupt kein Problem der allgemeinen Psychologie mehr, die ja gerade das den Individuen Gemeinsame erforscht. Wie sich die differenzielle Psychologie mit diesem Problem abfindet, soll später angedeutet werden.

Hier sei nur darauf noch hingewiesen, dass die Fragen nach der Eigenart von Talent und Genie ebenfalls nicht nur über die allgemeine Psychologie, sondern zum Teil über die Psychologie überhaupt hinausreichen. Sofern sich in ihnen besondere Typen oder Stufen des Geisteslebens darstellen, ist auch hier die differenzielle Psychologie kompetent. Soweit aber Talent und Genie zugleich Wertbegriffe sind, kommen für ihre Bestimmung und Unterscheidung außerpsychologische Schätzungen in Frage. Der Kulturwert der Leistung oder gar der bloße Erfolg entscheidet meist, ob jemand als Genie anerkannt oder vielleicht als „Verrückter" beiseitegeschoben und missachtet wird. Die psychische Struktur als solche kann in beiden Fällen übereinstimmend sein.

22 Traum und Hypnose

22.1 Der Schlaf

Der eigentümlich veränderte Zustand des Bewusstseins, den wir beim Träumen erleben, ist an den Schlaf gebunden. Eine allgemein anerkannte Erklärung des Wesens und der Ursachen des Schlafes kann die Psychologie noch nicht bieten. Nicht einmal darüber sind sich die Forscher einig, ob eine Blutleere des Gehirns während des Schlafes eintritt oder nicht; ferner, ob sich diese Anämie vielleicht nur auf die Großhirnrinde, aber nicht auf die subkortikalen Zentren erstreckt. Vermutlich liegt die wichtigste physiologische Ursache des Schlafes darin, dass im Wachzustand die sehr komplizierten chemischen Verbindungen in den Ganglienzellen sich zersetzen, und dass diese Zersetzungsprodukte die Funktion des Gehirns mehr und mehr beeinträchtigen, also sozusagen eine vergiftende Wirkung ausüben. In ihnen wäre die physiologische Bedingung für das Bewusstsein der Ermüdung und der Schläfrigkeit gegeben (womit nicht geleugnet werden soll, dass dieses auch auf anderen Ursachen beruhen kann, z. B. Zuströmen des Blutes nach den Verdauungsorganen infolge Nahrungsaufnahme, neurasthenischen Zuständen usw.).

In Übereinstimmung mit dieser Verursachung wäre dann das Wesen und die biologische Bedeutung des Schlafes darin zu sehen, dass jene Ermüdungsgeste durch den Blutstrom fortgeführt und die organischen Verbindungen neu gebildet werden, womit eine Ansammlung von potenzieller Energie erfolgt.

Man hat darum nicht mit Anrecht von einem „Schlafinstinkt" gesprochen, der einer zu starken Erschöpfung und Selbstvergiftung des Organismus entgegenwirke. Es ist freilich möglich, bewusst dem Bedürfnis nach Schlaf entgegenzuwirken und seine Befriedigung ziemlich lange hinauszuschieben. Damit der Schlaf eintritt, müssen eben auch gewisse psychische Bedingungen verwirklicht sein: vor allem die möglichste Ausschließung von Sinnesreizen und das Einstellen jedes geordneten, vom Willen geleiteten Nachdenkens; kurz, ein möglichst passives, willenloses Verhalten.

Als Ursache des Erwachens kommt in erster Linie wohl der physiologische Umstand in Betracht, dass die Ermüdungsgifte in ausreichendem Maße aus dem Gehirn fortgeschafft sind, und die notwendigen Neubildungen im Gehirn- und Nervensystem stattgefunden haben: dann haben wir eben „ausgeschlafen". Weiterhin können uns erwecken: Starke Sinnesreize (auch das plötzliche Aufhören gewohnter Eindrücke), heftige Gefühle oder Affekte, die wir in Träumen erleben, besonders solche unlustvoller Art wie Angst; endlich auch schwächere Eindrücke, wenn sie geeignet sind, Vorstellungen assoziativ zu reproduzieren, die mit lebhaften Gefühlen sich verbinden, so wenn die Mutter beim leisen Weinen oder Lüsten ihres Kindes erwacht.

22.1 Der Schlaf

Man sucht vermittelst Reizen, die für die Schlafenden weiter keine „Bedeutung" besitzen (z. B. Herabfallen von Kugeln aus verschiedenen Höhen), die Schlaftiefe zu messen. Je stärker der Reiz sein muss, um das Erwachen herbeizuführen, umso tiefer der Schlaf. Man stellte hierbei zwei „Schlaftypen" fest: Bei dem einen erreicht die Schlaftiefe schon nach etwa einer Stunde ihr Maximum und nimmt dann nach einigem Schwanken ab; bei dem anderen ist die Schlaftiefe überhaupt geringer, ihr Maximum erreicht sie erst nach zwei bis drei Stunden, und sie nimmt dann in geringerem Maße ab. Die Vertreter des ersten Typus, die „Morgenmenschen", pflegen nach dem Erwachen am frischesten und am tüchtigsten zur Arbeit zu sein; die des anderen — dem auch Neurastheniker vielfach angehören — pflegen erst gegen Abend die größte Leistungsfähigkeit und geistige Beweglichkeit zu erreichen.

22.2 Das Traumbewusstsein

Ob wir im Schlaf immer träumen, lässt sich empirisch kaum mit voller Sicherheit feststellen, da wir (wie die Erfahrung zeigt) die Träume meist sehr rasch und leicht vergessen; wer also behauptet, wir träumten stets, kann Zweifeln gegenüber immer auf dieses Vergessen Hinweisen; eine ausreichende Begründung dieser Behauptung ist damit freilich nicht gegeben.

Im Traumbewusstsein selbst finden wir keine Erlebnisse, die von denen des Wachbewusstseins ganz und gar verschieden wären. Wohl aber zeigt unser Erleben Modifikationen, die umso beträchtlicher zu sein scheinen, je tiefer der Schlaf ist.

Allgemein kann man das Traumbewusstsein charakterisieren als ein partielles Wachbewusstsein. Am meisten wiegen die anschaulichen Vorstellungen vor. Fr. Hacker konstatierte bei seinen systematischen Traumbeobachtungen in hundert Träumen optische Vorstellungen in 93, akustische in 73, kinästhetische in 18, taktile in 16, Geruchs - und Geschmacksvorstellungen in je 3. Andere Forscher haben ähnliche Verhältnisse gefunden. Die Vorstellungen pflegen dabei — abgesehen vielleicht von den Träumen des tiefen Schlafs — bedeutend lebhafter und anschaulicher zu sein als die Vorstellungen des Wachbewusstseins. So berichtet der Psychiater Möbius von sich: „Ich selbst bin jeder anschaulichen Vorstellung unfähig, weder die Gesichter der Menschen, die ich alle Tage sehe, noch das Bild eines Laufes oder irgendeines Gegenstandes kann ich mir wieder Hervorrufen. Ich weiß in abstracto wie einer aussieht, ob er Helle oder dunkle Augen, eine lange oder kurze Nase hat usw., aber ich kann sein Bild nicht sehen. Und doch träume ich gerade so lebhaft wie irgendeiner, sehe im Traume die Menschen geradeso wie in der Wirklichkeit!"

In der Tat tragen die Vorstellungen im Traum meist den Charakter von Wahrnehmungen. Das Vorgestellte gilt uns im Allgemeinen als Wirkliches, das außer uns da ist, das ohne unser Zutun, ja oft überraschend oder beängstigend, uns entgegentritt. Das schließt nicht aus, dass wir im Traume selbst gelegentlich „bloße Vorstellungen" erleben, die sich von jenen Pseudowahrnehmungen unterscheiden.

Echte Wahrnehmungen dagegen fehlen so gut wie ganz. Zwar lösen gewisse Reize, besonders im leichteren Schlaf, häufig Empfindungen aus, aber diese werden in ganz fantastischer Weise aufgefasst.

In ähnlicher Weise unterscheidet sich ja auch die Deutung und Beurteilung jener anschaulichen Vorstellungen von der des Wachbewusstseins. Der gemeinsame Grund hierfür ist darin zu suchen, dass unser „Wissen" in beträchtlichem Umfang nicht aktualisiert wird, vielmehr nur ganz fragmentarisch auftritt. So berichtet Hacker, mehrmals habe er im Traum seinen Bruder oder Vater gesehen; die Bilder seien ganz der Wirklichkeit entsprechend gewesen, aber es habe das Wissen gefehlt, dass es sein Vater oder Bruder sei. Einmal träumt er: „Ich lag in der Anatomie auf einem Tisch und wurde von dem Professor präpariert. Obwohl ich tot war, sagte ich, er solle beachten, dass meine Wadenmuskulatur sehr gut entwickelt sei."

Das Absurde vieler Träume erklärt sich eben daraus, dass unser Wissen von den wirklichen Sachverhalten zumeist latent bleibt, und dass wir so kritiklos das Verwunderlichste, ja Unmögliche in den Vorstellungen hinnehmen. Bei den fließenden Übergängen, die zwischen den Träumen des leichteren Schlafes und dem Wachbewusstsein bestehen, kann es nicht wundernehmen, dass wir gelegentlich auch im Traume Kritik üben oder uns der Gedanke auftaucht, es sei nur ein Traum.

Gefühle treten im tiefen Schlaf ganz zurück, im leichteren Schlaf können sie freilich gelegentlich noch stärker sein als im Wachzustand; sind sie dann unlustvoller Art, so führen sie meist zum Erwachen. Wir können von Dingen mit lebhaften Gefühlen träumen, die uns im Wachen ziemlich gleichgültig lassen würden. Noch häufiger aber ist das Umgekehrte. Das beruht übrigens nicht immer darauf, dass das Wissen von der Bedeutung des Geträumten fehlte. So berichtet Hacker von einem Traum, wo er sich selbst mit herausgeschnittener Leber dasitzen sah. „Ich dachte darüber nach, was das für Folgen haben könnte, und trotzdem hatte ich kein beängstigendes Gefühl, während ich in einem anderen Traume darüber, dass ich nach dem Urteil des Arztes skrofulös sei, äußerst betrübt war." Er glaubte feststellen zu können, dass für alle seine Träume mit Angstgefühlen entweder unangenehme Temperaturempfindungen, schlechter Schlaf, Verdauungsstörungen oder irgendwelche Organempfindungen verantwortlich zu machen waren.

Wie die für das Wachbewusstsein geläufigen Beziehungen zwischen Vorstellungen und sachlich zugehörigem Wissen meist gelöst sind, so gilt diese Lockerung auch für die Beziehungen zu den Gefühlen.

Das Vorstellungsmaterial der Träume wird nur zum geringsten Teil von Sinnesreizen geliefert, meist träumt man im festen Schlaf von weiter zurückliegenden Dingen und Erlebnissen, während die Träume bei Einschlafen und vor dem Erwachen (nach den Beobachtungen Hackers) sich vorwiegend auf die Tagesbeschäftigung bezogen, wobei meist relativ gleichgültige Momente die Hauptrolle spielen.

22.2 Das Traumbewusstsein

Als sicheres Ergebnis glaubt Hacker konstatieren zu können, dass „bei allen Menschen die während des wachen Zustandes am meisten in Anspruch genommenen Funktionen — das Denken und Erkennen, die Aufmerksamkeit, das Ich mit den von ihm ausgehenden determinierenden Tendenzen und der Wille überhaupt — im Traume am stärksten zurücktreten, und zwar in einem umso stärkeren Maße, je tiefer der Schlaf ist".

Damit ist auch gegeben, dass für den Vorstellungsablauf wesentlich Perseverations- und assoziative Reproduktionstendenzen maßgebend sind. Eine Lenkung des Vorstellungs- und Gedankenverlaufs durch unser Wollen und seine Zielvorstellungen findet nicht statt. Es scheint nicht möglich zu sein, durch Willensakte, speziell Vorsätze des Wachbewusstseins, Inhalt und Ablauf des Traumes zu determinieren. Die Behauptung S. Freuds, dass die Träume insofern von unserem Streben und Wollen heimlich beeinflusst seien, als sie alle Wunscherfüllungen dar stellten, lässt sich ebenso wenig in ihrer Allgemeinheit empirisch beweisen wie seine weitgehenden Hypothesen über die dominierende Bedeutung der sexuellen Wünsche.

Der Mangel an leitenden Faktoren erklärt den raschen Wechsel im Auftreten und Verschwinden der Träume. Freilich finden sich hier ganz bedeutende Unterschiede. Nicht selten haben wir Träume, die einen längeren sinnvollen Zusammenhang aufzuweisen scheinen. Das ist leicht erklärlich; denn da sich unsere Assoziationen unter dem Einfluss der meist sachlich zusammenhängenden Eindrücke und Erfahrungen von der Wirklichkeit bilden, so ist es verständlich, dass lediglich nach dem Gesetze der assoziativen Reproduktion auch zusammenhängende Vorstellungskomplexe reproduziert werden können. Nur ist jede Assoziation, die gerade „überwertig" wird, imstande, dem Traumverlauf eine neue Richtung zu geben, und nicht selten sind auch Träume, die geradezu an pathologische „Ideenflucht" erinnern.

Geradeso wie der Vorstellungsverlauf schwankt die Aufmerksamkeit. In der Regel stehen nämlich die Traumvorstellungen im „Blickpunkt" der Aufmerksamkeit; ein verschwommener Hintergrund des Bewusstseins pflegt zu fehlen.

Damit aber, dass der Reproduktionsmechanismus im Traume frei wird von den determinierenden Tendenzen des Wollens, führt er uns ein Spiel auf, das aufgrund von Assoziation und Perseveration vielfach Vorstellungen zusammenführt, die im Wachbewusstsein noch nicht kombiniert waren. In diesem Schaffen von neuen Kombinationen stimmt das Traumbewusstsein mit den sogenannten Fantasievorgängen des Wachzustandes überein; und es kann vorkommen, dass dabei wertvolle Verbindungen Zustandekommen, z. B. lang gesuchte Lösungen von Aufgaben gefunden werden.

22.3 Die Hypnose

Zahlreiche Übereinstimmungen mit dem Traum zeigt das Bewusstsein im hypnotischen Zustand. Eine wirklich befriedigende physiologische Theorie haben wir hierfür noch weniger wie für den Schlaf; denn was bei ihm als Hauptbedingung in Betracht kommt: Ein Erschöpfungszustand, braucht hier nicht vorzuliegen. Gleichwohl wird man die Hypnose nicht als pathologisch ansehen müssen, da die meisten Menschen für sie zugänglich sind, wenigstens für ihre leichteren Grade.

Der künstliche hypnotische Schlaf hat nämlich das mit dem normalen gemein, dass er verschieden tief sein kann. Die nach jeder tieferen Hypnose eintretende Erinnerungslosigkeit (Amnesie) hat wenigstens eine gewisse Entsprechung an der mangelhaften Erinnerung für die Träume des tiefen Schlafes und an dem meist raschen Vergessen der übrigen.

Eine auffällige Übereinstimmung mit dem Traumbewusstsein liegt in der halluzinatorischen Lebhaftigkeit von anschaulichen Vorstellungen und in der Einengung der Aufmerksamkeit und des aktuell werdenden Wissens. Der Hypnotisierte nimmt Dinge oder Eigenschaften und Vorgänge, deren Vorstellungen in ihm erweckt werden, leibhaftig wahr. Auch das Absurdeste lässt er sich in dieser Beziehung aufreden, weil das Wissen, vermöge dessen er Kritik üben könnte, ausgeschaltet ist. Infolge der Einengung und einseitigen Konzentration der Aufmerksamkeit sieht er — trotzdem er die Augen offen hat — vorhandene Dinge nicht, oder er ignoriert sie wenigstens, wenn ihm der Glaube beigebracht ist, sie seien nicht da. (Negative Halluzinationen.) Die starke Ablenkung der Aufmerksamkeit lässt eine gewisse Empfindungslosigkeit, z. B. gegen Nadelstiche, einigermaßen erklärlich erscheinen. So merken ja auch im Wachzustand Menschen bei der völligen Konzentration auf eine Arbeit starke Schallreize nicht, oder Kämpfende haben zunächst keine Empfindung für schmerzende Wunden. Da aber bei aller Wahrnehmung von größter Bedeutung ist, wie die gegebenen Empfindungen durch reproduzierte Vorstellungen und Wissensinhalte aufgefasst und gedeutet werden, so erklärt die große Lebhaftigkeit und die einseitige Richtung des Reproduzierten auch die illusionären Wahrnehmungen des Hypnotisierten: Dass er z. B. unter dem Einfluss des Hypnotiseurs eine Zwiebel, die er isst, für eine Birne hält, Wasser als Champagner trinkt usw.

Dieser suggestive Einfluss ist nun freilich ein Umstand, der die Hypnose von dem gewöhnlichen Schlaf- und Traumzustand unterscheidet — schon von Anfang an, sofern sie ja in der Regel auf den Befehl des Hypnotiseurs eintritt, wobei freilich das Anstarren eines glänzenden Gegenstandes, Streichen der Augen usw. unterstützend wirken können. Aber so wenig wir noch die physiologische Seite dieses eigenartigen „Rapports" zwischen Hypnotiseur und Hypnotisierten erklären können: Die dabei stattfindende „Suggestion" hat doch im Wachbewusstsein gewisse Analogien.

Das Wort „Suggestion" ist freilich dadurch etwas entwertet worden, dass man vielfach jegliche Beeinflussung damit bezeichnet hat. Man sollte es auf eine solche beschränken, die das eigene Überlegen und Kritisieren, Wertschätzen, Wählen und Wollen der Beeinflussten gar nicht aufkommen lässt. Suggestiv wirken so Institutionen und Personen von ganz überragender, unumstrittener Autorität. Wertschätzung, Ehrfurcht oder Furcht hemmt alle Bedenken oder Gegenmotive, die ihren Lehren oder Befehlen gegenüber sich regen könnten. Suggestiv wirkt so der militärische Exerzierdrill, der dahin zielt, dass die befohlene Handlung ohne jede Zögerung oder Überlegung automatisch ausgeführt werde (nach Art des ideomotorischen Tuns, vgl. oben Kap. 21.3).

Ein derartiger, freilich aufs Höchste gesteigerter, suggestiver Einfluss geht auch von dem Hypnotiseur aus. Er bedingt den willenlosen Gehorsam des Hypnotisierten („Befehlsautomatismus"); er bedingt, dass Vorstellungen und Wissensinhalte, nur soweit reproduziert werden, als es der Hypnotiseur will, und im übrigen latent und wirkungslos bleiben; er bedingt endlich die Einengung und einseitige Leitung der Aufmerksamkeit.

Eben durch diesen suggestiven Einfluss kann der Vorstellungs- und Gedankenablauf während der Hypnose in viel höherem Grade als beim Traum das Gepräge des Geordneten und Zielstrebigen gewinnen. Den leitenden und regulierenden Einfluss, den im Wachzustand das eigene Wollen auf das Vorstellen und Nachdenken ausübt, hat hier ein fremdes Wollen an sich gerissen; das eigene Ich, seine Aktivität, sein selbstständiges überlegtes Wollen sind ausgeschaltet. So rätselhaft uns hier vieles noch ist, die zentrale Bedeutung des Wollens dürfte auch für die Hypnose unbestreitbar sein. Damit stimmt, dass man gegen den eigenen Willen nicht hypnotisiert werden kann, wenigstens nicht, wenn man über ein kräftiges Wollen verfügt.

Auch daran sei erinnert, dass die „determinierenden Tendenzen", die vom eigenen Wollen ausgehen, oft erst nach längerer Zeit zu einer konstatierbaren Wirkung im Bewusstsein führen, so z. B. wenn uns etwas nach längerer Zwischenzeit einfällt, worauf wir uns besonnen haben, oder wenn ein gefasster Vorsatz bei späteren Gelegenheiten zum Handeln sich geltend macht.

Nach Analogie solcher, zunächst im „Unbewusstsein" verlaufender Willenswirkungen sind wohl die „posthypnotischen" Wirkungen von Suggestionen zu deuten. Dabei bleibt freilich noch die Wirkung von „Termineingebungen" aus längere Zeit hinaus ziemlich rätselhaft. Auch sie finden übrigens eine gewisse Entsprechung in der Fähigkeit mancher Individuen, zu einer bestimmten Zeit zu erwachen, gemäß einem vor dem Einschlafen gefassten Vorsatz.

22.4 Traum und Hypnose in ihrer Beziehung zum Gegensatz des Intellektualismus und Voluntarismus

Wir haben Traum und Hypnose nicht allein um ihrer selbst willen, als interessante Varietäten des Seelenlebens, betrachtet; sondern auch deshalb, weil sie bedeutsam sind für die Bestätigung der „voluntaristischen" Grundauffassung des Seelischen, zu der die Untersuchung der Erlebnisse des Wachbewusstseins ebenfalls hinleitete.

„Intellektualismus" und „Voluntarismus" sind nun freilich zwei Schlagworte, deren Bedeutungen zum Teil über den Rahmen der Psychologie hinausreichen. So ist z. B. Thomas von Aquin Vertreter des Intellektualismus, wenn er lehrt: *Intellctus altior et nobilior est voluntate* (der Intellekt steht höher und ist vornehmer als der Wille). Solche Werturteile kann die Psychologie als solche natürlich nicht abgeben, da sie sich aller Werturteile enthält (wenn sie diese auch zum Objekt ihrer Untersuchung macht). Ebenso wenig ist sie kompetent zur Beantwortung der Frage, ob die höchste Aufgabe des Menschen im Erkennen oder Wollen liege. Zwischen Intellektualismus und Voluntarismus in diesem Sinne zu entscheiden überlässt sie der Ethik.

Metaphysisch gemeint ist es, wenn z. B. Spinoza den Satz aufstellt: *Idea primum est, quod humnae mentis esse constituit* (die „Vorstellung", d. h. die Erkenntnis ist das Erste, was das Wesen der Seele ausmacht); metaphysisch ist auch der Intellektualismus eines Leibniz oder Herbart, anderseits der Voluntarismus eines Duns-Scotus, eines Fichte, Schelling, Schopenhauer und zahlreicher neuerer Philosophen.

Indessen setzt die Beantwortung der Frage nach dem metaphysischen Wesen, d. h. der Grundbeschaffenheit der Seele, voraus, dass wir uns erst darüber einigen, ob und in welchem Sinne wir die Existenz von „Seelen" annehmen dürfen — ein Problem, zu dem wir erst im folgenden Kapitel übergehen werden. Anderseits wird freilich ein metaphysischer Intellektualismus oder Voluntarismus aufs Sorgfältigste zu beobachten haben, wofür die empirisch-psychologischen Feststellungen sprechen. Diese scheinen uns allerdings dem Voluntarismus günstiger zu sein. Nicht in der extremen Form vertreten wir diesen: Dass nämlich Streben und Wollen allein die Bezeichnung als Bewusstseinselement verdienen, und dass alle anderen Erlebnisse darauf zurückführbar seien. Davon kann nach dem Ergebnis unserer Analyse keine Rede sein. Auch die genetisch-psychologische Behauptung, dass in der Reihe der Lebewesen zuerst das Streben als primäres Bewusstseinsphänomen auftrete, und erst bei den höheren Tieren Erkenntnisvorgänge dazu sich gesellten, möchten wir als zu unsicher aus dem Spiel lassen.

Unser empirisch-begründeter Voluntarismus will nicht mehr behaupten, als dass dem Streben und Wollen insofern eine zentrale Bedeutung für das Seelenleben zukommt, als es vielfach die Voraussetzung für Gefühls- und Werterlebnisse bildet und anderseits die Aufmerksamkeit und damit Akte des Gegenstandsbewusstseins bedingt und leitet und insofern endlich für den „organischen" („synthetischen") Charakter des Seelischen von größter Wichtigkeit ist.

Bei der innigen Wechselbeziehung und Verschmelzung aller Bewusstseinsvorgänge kann es nicht wundernehmen, dass vielfach auch das Streben und Wollen selbst geleitet erscheinen durch Gefühle und Wertschätzungen, durch Wahrnehmungen, Erinnerungen und Wissen aller Art. Derartige Tatsachen werden immer wieder dem Intellektualismus Argumente liefern. Aber sein Recht dürfte sich mehr auf den Bereich der Gelegenheiten und der Mittel zur Willensbetätigung beschränken. Dagegen sind es wohl gewisse Grundrichtungen des Strebens und Wollens, die bestimmen, was uns als wertvoll und dadurch als Ziel und Zweck gilt, worauf sich unsere Aufmerksamkeit lenkt und was somit Gegenstand unseres Wahrnehmens und Nachdenkens wird. Das gilt auch für den Fall, dass das Erkennen selbst Ziel unseres Wollens ist. Wie ganz anders der Ablauf des seelischen Geschehens sich ohne diesen dominierenden Einfluss des

22.4 Traum Und Hypnose In Ihrer Beziehung Zum Gegensatz Des Intellektualismus Und Voluntarismus

Wollens gestaltet, das bekunden die Erlebnisse des Traumes, währenddessen das Ich und sein Wollen sozusagen schlummern.

Eine andere Bestätigung unseres Voluntarismus aber bietet Suggestion und Hypnose, bei der die Herrschaft über das Seelenleben einem fremden Willen anheimfällt.

23 Das Problem des Ich und des Verhältnisses von Seele und Leib

23.1 Die Bedeutungen des Wortes „Ich"

An dem Problem des Ich zeigt sich deutlich, wie das uns scheinbar Bekannteste und Vertrauteste zum dunklen Rätsel werden kann. Wenn man an die zum Teil recht wunderlichen Behauptungen denkt, die von Philosophen über das Ich aufgestellt worden sind, so wird es sich auch bei dieser Frage empfehlen, die Fühlung mit jenen allgemeinen psychologischen Überzeugungen, wie sie sich im Sprachgebrauch bekunden, nicht zu verlieren.

Dieser Sprachgebrauch zeigt zunächst, dass die Aussagen, die der Einzelne über sein Ich macht, sich zum Teil faktisch nur auf seinen Körper beziehen: z. B. ich bin so und so groß oder schwer; bin schlank oder dick, wohlgestaltet oder verkrüppelt.

Andere Aussagen beziehen sich auf das psycho-physische Individuum, z. B. ich bin frisch oder müde; ich wache, lese, spiele Klavier usw.

Nun ist es aber auch möglich, das Ich vom eigenen Körper zu unterscheiden; er gehört ihm zwar besonders innig an, aber er bildet doch nicht das eigentliche Ich; dieses ist vielmehr etwas Seelisches, Geistiges; ja die Seele, der Geist selbst.

Damit wären wir bei dem Ich angelangt, das den Gegenstand der Psychologie bildet. Doch selbst hier müssen wir nochmals eine Scheidung vollziehen. Die metaphysisch gerichtete Psychologie hat — sofern sie nicht dem Materialismus anhing — von jeher das Ich ohne Weiteres identifiziert mit einem substanziellen immateriellen Wesen, dem man auch Existenz zuschrieb, wenn Bewusstsein nicht vorhanden war (wie in der Ohnmacht und im traumlosen Schlaf), und dessen Fortdauer beim Tode man meist behauptete. Die Frage nach dem Ich in diesem Sinne müssen wir aber der erklärenden oder gar der metaphysischen Psychologie überlassen.

23.2 Das Ich in der deskriptiven Psychologie

In der beschreibenden Psychologie, mit der wir wie überall, so auch hier beginnen, sehen wir von all dem ab, worauf sich zwar der Name „Ich" ebenfalls bezieht, was wir aber nicht unmittelbar im Bewusstsein finden; also vom Körper-Ich so gut wie von einer etwaigen Seelensubstanz, weiterhin von allen Eigenschaften, Dispositionen, Anlagen usw. des Ich. Da müssen wir freilich bekennen, dass dieses Ich gleichsam etwas Leeres, Unbeschreibliches ist, besonders wenn wir zunächst noch von seinen verschiedenen Verhaltungsweisen absehen. Wir vermögen in diesem, sozusagen „reinen", Bewusstseins-Ich weder verschiedene Bestandteile noch verschiedene Eigenschaften anzugeben. Und dass man so eigentlich nichts weiter mit dem Namen „Ich" anzufangen wusste, war wohl der Hauptgrund, dass manche Psychologen es geradezu leugneten oder es auf andere Bewusstseinselemente zurückzuführen suchten.

So versichert uns z. B. Ernst Mach: „Die (Bewusstseins-) Elemente bilden das Ich. Ich empfinde, „Grün" will sagen, dass das Element Grün in einem gewissen Komplex von anderen Elementen (Empfindungen, Erinnerungen) vorkommt. Damit ist alles gesagt."

Aber diese Unbeschreibbarkeit teilt das reine Ich im Grunde mit allen Bewusstseinselementen. Auch bei einer Süßempfindung, einem Lustgefühl usw. können wir eigentlich keine Beschreibung, höchstens vergleichende, bildliche Erläuterungen geben; im Übrigen müssen wir uns darauf verlassen, dass der Einzelne weiß, was mit diesem Namen gemeint ist; dass der Name die entsprechenden Erlebnisse oder Erlebniselemente durch assoziative Reproduktion in ihm wachrufe; und dass er im aufmerksamen Hinblick auf sie völlig sich klar darüber werde, was das Wort bezeichne. Das „Ich" wird dabei freilich in besonderem Maße den Eindruck des Leeren erwecken, weil wir hier nichts Anschauliches, Greifbares vorfinden wie bei den Empfindungen; jedoch dasselbe gilt ja für alle „unanschaulichen" Bewusstseinselemente. Jedenfalls sollten wir uns durch all diese Schwierigkeiten in der natürlichen Überzeugung nicht irremachen lassen, dass mit dem Wörtchen „Ich" in sehr vielen Fällen tatsächlich ein Moment im Bewusstsein gemeint ist, und zwar ein Moment von ganz eigenartiger, zentraler Bedeutung. Dass wir bei unbefangenem Verhalten im praktischen Leben wie auch in der Wissenschaft massenhaft das Wort in diesem Sinne gebrauchen, ja gebrauchen müssen, weckt ein günstiges Vorurteil für seine sachliche Berechtigung.

An der Hand des Sprachgebrauchs können wir sofort noch etwas Weiteres, zwar Negatives, aber doch Bedeutsames konstatieren. Wenn wir bis jetzt die Gegenstände der Psychologie zusammenfassend als „Erlebnisse" bezeichnet haben, so passt doch dieser Name nicht auf das Ich selbst. Es erscheint als ungereimt, wenn Hume das Ich als ein „Bündel von Vorstellungen" schildert (d. i. Bewusstseinsinhalten). Vielmehr sind alle Erlebnisse zwar Erlebnisse des Ich, aber das Ich selbst ist kein Erlebnis.

Die vom Sensualismus gemachten Versuche, das Ich als einen Empfindungskomplex aufzufassen, vergewaltigen also den Bestand der schlichten Selbstwahrnehmung.

Dass auch die Organempfindungen, obwohl sie meist als Ichzustände erlebt werden (vgl. Kap. 7.10), nicht mit dem Ich identisch sind, zeigen pathologische Fälle, wo trotz innerer Anästhesie das Ichbewusstsein fortbesteht.

23.3 Zugehörigkeit der Erlebnisse zum Ich

Die Zugehörigkeit der Erlebnisse zum Ich macht aus diesen einen einheitlichen Komplex. „Meine" Erlebnisse sind von denen aller anderen verschieden, und zwar so scharf und deutlich, dass nicht wohl ein Zweifel darüber bestehen kann, ob ein Erlebnis meinem Ich zugehöre oder einem anderen. Dieses Ich, das als Subjekt der Erlebnisse sie alle zusammenschließt, darf aber nicht ohne Weiteres mit dem psychophysischen Individuum identifiziert werden; denn die bekannten pathologischen Fälle von „Spaltung" des Ich zeigen, dass bei demselben Individuum ein zwei- oder mehrfaches Ich Vorkommen kann, deren jedes Subjekt von Erlebnissen ist, aber nichts von dem anderen weiß.

Andererseits genügt es nicht, das Ich lediglich als den Zusammenhang der Erlebnisse zu bezeichnen. Denn Erlebnisse können auch in der Weise Zusammenhängen, dass sie sich auf denselben Gegenstand beziehen; es muss also doch zu Unterscheidung von einem derartigen Zusammenhang das spezifische Moment der Zugehörigkeit zum Ich als das einigende Band beachtet werden. Und zwar umfasst dieses nicht nur die im gegenwärtigen Moment sich abspielenden Erlebnisse, sondern erstreckt sich auf alle vergangenen, soweit sie erinnert werden. Das Ich aller dieser Erlebnisse aber weiß sich als identisch. Das Identitätsbewusstsein wird auch nicht gestört durch die Unterbrechungen der Kontinuität des Erlebens, die der Schlaf mit sich bringt und durch die Lücken, die durch Vergessen in der Kette der Erinnerungen entstehen.

23.4 Das Selbstbewusstsein

Das Bewusstsein von der Zugehörigkeit der Erlebnisse zum Ich und der Identität desselben rechtfertigt es, dass man von Ich- oder Selbstbewusstsein redet. Denn an sich ist die Frage wohl erlaubt, ob denn mit Ich etwas im Bewusstsein Aufweisbares bezeichnet sei. Die Eigenart unseres Bewusstseins, „Gegenstands"-Bewusstsein zu sein, bringt es mit sich, dass eine möglichst vorurteilslose und getreue Beschreibung der Erlebnisse zwar Gegenstände, die in anschaulicher oder unanschaulicher Art da sind, konstatiert, aber das um sie wissende Ich sozusagen gar nicht vorfindet, weil das Erlebnis vielfach ein selbstvergessendes Verlorensein in den Gegenstand darstellt. Wollte man einwenden, wo ein Objekt ist, da muss doch auch ein Subjekt sein, denn jedes Objekt ist ja für ein Subjekt da, so hieße das eine schwierige empirische Frage der Deskription durch Verwendung von Begriffsbeziehungen a Apriori lösen. Gewiss sind Subjekt und Objekt Korrelatbegriffe, und insofern muss mit dem einen auch der andere anwendbar sein. Aber die Frage ist gerade, ob diese Korrelatbegriffe zur schlichten Beschreibung aller Erlebnisse des Gegenstandsbewusstseins geeignet sind. Und wenn wir auch „Objekt" mit „Gegenstand" als gleichbedeutend gebrauchen können, so wählen wir doch das letztere Wort, weil dem Sprachgefühl seine Korrelation zum Ich nicht so lebendig ist.

Dieses Dominieren der Gegenstände im Bewusstsein kann den Gedanken nahelegen, das Ich gehöre überhaupt nicht zum Bewusstsein, sondern werde erst in nachträglicher Reflexion als ein — selbst unbewusstes — Substrat zu den Erlebnissen hinzu ergänzt, es sei also nicht Gegenstand der beschreibenden, sondern lediglich der erklärenden Psychologie. Indessen kann doch jene Ichzugehörigkeit der Erlebnisse zu ihren deskriptiven Merkmalen gehören, und nicht minder dürfte jenes Wissen um die Identität des Ich auf ein Bewusstseinsmoment

23.4 Das Selbstbewusstsein

sich beziehen; denn das unbewusste Substrat des Ich — dessen Annahme sich uns weiterhin auch als notwendig erweisen wird — werden wir als in steter Veränderung begriffen zu denken haben.

Ebendarum ist freilich die Frage berechtigt, worauf wohl jenes Bewusstsein von der Identität des Ich beruhe. — Soweit das Ichmoment zu den Erlebnissen gehört, oder darin gefunden werden kann, insoweit vermag die Erinnerungsgewissheit, die wir von unseren früheren Erlebnissen haben, uns auch der früheren Existenz des Ich versichern. Dabei ist es allerdings möglich, dass bei tief greifenden Änderungen der Organempfindungen und der Gefühle, das Ich sich anders, sich „fremd" vorkommt (was freilich ein Identitätsbewusstsein voraussetzt).

23.5 Verschiedenheiten in der Beziehung der Erlebnisse zum Ich

Übrigens ist die Ichzugehörigkeit der Erlebnisse nicht bei allen als die Nämliche anzusehen. Während bei Erlebnissen intellektueller Art das Ich sozusagen ganz im Gegenstand aufgehen kann, ist das bei manchen Erlebnissen des Wollens und Fühlens ganz anders. Wenn ein Willensentschluss im Kampf gegen anders gerichtete Motive gefasst oder trotz äußerer oder innerer Hemmnisse verwirklicht wird, so wird dabei das Wollen und Handeln in besonderem Maße als Leistung des Ich erlebt. Ferner werden die Gefühle, sofern sie nicht peripherer Natur sind vgl. Kap. 18.3), als Ichzustände uns bewusst. Das Ich aber, von dem wir bei der Beschreibung der Erlebnisse aussagen, dass es sich anstrengt, dass es traurig oder erhoben, ärgerlich oder begeistert ist, das dürfen wir doch wohl selbst zu dem in der Erlebniswahrnehmung Vorfindbaren rechnen; und der Begriff „Selbstwahrnehmung" dürfte gerade gegenüber derartigen Erlebnissen zu Recht bestehen.

Während das Ich, sofern wir es als Subjekt intellektueller Erlebnisse vorfinden oder hinzudenken, sozusagen für alle Individuen gleichen Charakter trägt, nimmt das Ich vermöge seines Wollens und Fühlens die mannigfachsten individuellen Ausprägungen an. Es ist dabei nicht nur von Individuum zu Individuum verschieden, sondern es ändert sich auch in demselben Individuum, ohne dass dies dessen Identitätsbewusstsein notwendig Eintrag tun muss. Die pathologischen Fälle der sogenannten Depersonalisation beweisen freilich, dass starke Änderungen in den Gefühlen und vielleicht auch in den (mit den Gefühlen meist so eng verschmolzenen) Gemeinempfindungen den Patienten ihr eigenes Ich fremd erscheinen lässt, und ihnen Zweifel verursacht, ob sie noch dieselben seien.

Daraus darf man nun freilich nicht, wie manche Psychologen es tun, schließen, das Ich selbst bestehe in Gefühlen oder Gemeinempfindungen. Andererseits wäre es wieder übertrieben, wollte man das Ich nur dann als zum Bewusstsein gehörig anerkennen, wenn man es abgesondert von seinen Zuständen wahrnehmen könnte. Auch bei der äußeren Wahrnehmung sehen wir ja nicht die Farben und — abgesondert davon — das Ding als „Träger" der Farben, sondern in und mit seinen Eigenschaften und Zuständen stellt sich uns das Ding dar. Entsprechendes gilt für das Ich.

23.6 Das Ich in der erklärenden Psychologie

Das Gesagte mag genügen, um die Schwierigkeiten zu veranschaulichen, die bereits der beschreibenden Psychologie an dem Ich-Problem erwachsen. Wie steht nun die Explikative dazu?

Abermals orientieren wir uns an dem Sprachgebrauch, um festzustellen, dass wir mit Ich auch Seelisches bezeichnen, das sich als solches nicht in der Selbstwahrnehmung aufweisen lässt. Hierher gehören Aussagen, wie: Ich bin gescheit, tapfer, mitleidig oder das Gegenteil usw. Kurz wir sehen in dem Ich nicht bloß das Subjekt der einzelnen Erlebnisse, sondern wir erblicken in ihm ebenso den Träger von mehr oder minder dauernden Eigenschaften und Fähigkeiten, d. h. von Dispositionen zu Erlebnissen, wobei auch das Gedächtnis als ein Inbegriff von Dispositionen aufzufassen ist. Gerade dass Erlebnisse derselben Gattung bei verschiedenen Individuen ein verschiedenes Gepräge tragen, das diese Individuen mehr oder minder dauernd charakterisiert, soll seine Erklärung darin finden, dass man ein reales Etwas annimmt, welches seine Eigenart in den Erlebnissen bekundet. Für das populäre Bewusstsein ist das freilich nicht eine bloße Annahme, sondern eine feste Überzeugung. Ferner gilt es heute noch vielen als eine Selbstverständlichkeit, dass dieses reale Etwas eine substanzielle Seele sei. War es ja doch sogar bei den philosophischen Denkern bis auf Hume fast Gemeingut, dass man die substanzielle Seele in der Selbstwahrnehmung unmittelbar erfasse.

Darüber besteht nun allerdings heute in der wissenschaftlichen Psychologie Übereinstimmung, dass die Selbstwahrnehmung nur psychische Geschehnisse und Zustände vorfinde, dass also die Frage, ob es eine substanzielle Seele gebe, nicht der Kompetenz der beschreibenden Psychologie unterliege. Aber auch die erklärende Psychologie dürfte in ihrem gegenwärtigen Stand kaum in der Lage sein, für sich allein dieses Problem zu entscheiden, denn es hängt zusammen mit weitreichenden metaphysischen und erkenntnistheoretischen Streitfragen, über die noch durchaus keine Einigung erzielt ist.

23.7 Das Verhältnis des Seelischen zu Gehirn und Nervensystem

Wir wollen uns hier deshalb darauf beschränken, in dem Seelenproblem das relativ Gesicherte vom Problematischen abzugrenzen und die Probleme selbst und die wichtigsten Lösungsversuche kurz zu skizzieren.

Wenn man sich daran erinnert, dass Plato in Kopf, Brust und Unterleib den Sitz verschiedener Seelenteile, Aristoteles im Herzen das eigentliche Seelenorgan sah, so erkennt man, dass die enge Beziehung des Seelischen zu Gehirn- und Nervensystem keine Denknotwendigkeit ist, sondern eine Tatsache, die erst durch Erfahrung sichergestellt werden musste. Allerdings darf sie heute als festgestellt bezeichnet werden. Die wichtigsten Beobachtungen, die dafür sprechen,

23.7 Das Verhältnis Des Seelischen Zu Gehirn Und Nervensystem

sind folgende: In der Tierreihe zeigt sich ein Parallelismus in der Höherentwicklung der seelischen Funktionen einerseits und des Nervensystems andererseits. Insbesondere ist die Steigerung des Gehirngewichts (im Verhältnis zum Körpergewicht) bedeutsam für die Steigerung der Intelligenz. Bei Störungen im Wachstum des Gehirns, besonders der Großhirnrinde, verbleiben auch die seelischen Funktionen auf niedriger Entwicklungsstufe. Entfernungen und Verletzungen oder Erkrankungen einzelner Gehirnteile sind bei Tieren und Menschen begleitet vom Ausfall oder der Beeinträchtigung gewisser seelischer Funktionen.

23.8 Der Materialismus

Es fragt sich nun, wie diese enge Beziehung zwischen dem Seelischen und dem Gehirn- und Nervensystem, speziell der Großhirnrinde, zu denken sei. Als wissenschaftlich überwunden darf heute gelten der Materialismus radikalster Fassung, der behauptet, das Seelische sei eine stoffliche Ausscheidung des Gehirns oder ein Bewegungsvorgang im Gehirn. Denn die Selbstbeobachtung zeigt mit zwingender Evidenz, dass die Erlebnisse weder Stoff noch Gehirnbewegung sind und auch durch die schärfste Analyse nicht darauf zurückgeführt werden können. Andererseits erweisen sich diese Erlebnisse als etwas so unzweifelbar Wirkliches, dass die von manchen Materialisten aufgestellte Behauptung, es käme ihnen nur eine Scheinexistenz zu im Vergleich zu den allein realen körperlichen Vorgängen, hinfällig ist. Denn wenn man etwas als „Schein" bezeichnet, so muss man den ihm zugrunde liegenden wahren Sachverhalt angeben können. Die seelischen Erlebnisse erweisen sich aber vor der Selbstwahrnehmung und der Analyse als ein wirklicher und feststellbarer Sachverhalt.

Meist beschränkt sich heute der Materialismus auf die Behauptung, dass die seelischen Vorgänge Wirkungen oder — wie man noch vorsichtiger, doch zugleich unklarer sich ausdrückt — „Funktionen" von Gehirnvorgängen seien. Damit sind aber die seelischen Prozesse in ihrer spezifischen Verschiedenheit von materiellen anerkannt und der Materialismus aufgegeben. Denn dieser besteht seinem wesentlichen Gehalt nach in der metaphysischen Ansicht, dass alles Seiende Materie und alles Geschehen Bewegung von Materie sei.

23.9 Aktualitäts- und Substanzialitätstheorie

Räumt man die Existenz des Seelischen als eines vom Materiellen oder Physischen verschiedenen Wirklichkeitsbereichs ein, so erhebt sich die weitere Frage, ob das Seelische lediglich als Prozess zu fassen sei wie die von Wundt, Paulsen u. a. vertretene „Aktualitätstheorie" behauptet oder ob — bei aller Anerkennung seelischer Prozesse — doch auch der Substanzbegriff auf das Seelische Anwendung finden dürfe — wie dies die traditionelle Ansicht annimmt. Die Erörterung dieses Gegensatzes führt in weitere Streitfragen hinein. Denn dass das Seelische, sofern es bewusst ist, durchaus das Gepräge des Fließenden, des bloßen Geschehens zeige, wird eigentlich von keiner Seite bestritten. Der substanzielle Charakter wird lediglich für das — zur Erklärung des Bewussten angenommene — unbewusst Psychische vertreten. Freilich wird die Berechtigung des Begriffs eines „unbewusst Psychischen" selbst hart angefochten. Außerdem fragt es sich: Wie ist das Verhältnis des Psychischen (sei es nun identisch mit dem Bewussten oder umfasse es auch Unbewusstes) zu den Physischen, speziell zu Gehirn und Gehirnvorgängen, zu denken: als ein kausales oder nicht. Hier begegnen wir dem Streit der Vertreter von „Wechselwirkung" zwischen Leib und Seele und denen des sogenannten „psychophysischen Parallelismus".

Nur dann, wenn die Annahme eines unbewusst Psychischen als berechtigt dargetan ist, kann die Hypothese einer „substanziellen" Seele ernsthaft diskutiert werden. Der Sinn dieser Hypothese besteht freilich nicht darin, dass man die seelischen Prozesse an ein „starres Wirklichkeitsklötzchen" anheftet (wie Paulsen spottet). Die Seele ist nicht als etwas Starres, Totes, sondern als etwas Lebendiges, Tätiges zu denken. Sie ist auch nicht schlechthin einfach, sondern Einheit des Mannigfaltigen. Mit der Lehre von dem substanziellen Charakter soll, abgesehen von dieser Einheitlichkeit, die relative Selbstständigkeit und Dauer der Seele behauptet werden. So definiert Geyser die Seele als „ein vom Gehirn verschiedenes, einheitliches, dauerndes, reales Etwas, das zum Bewusstseinsstrom in einem dreifachen Verhältnis steht, in dem des Substrats, des wissenden Subjekts und der immanenten Ursache".

23.10 Die Unsterblichkeitsfrage

Bei der innigen Beziehung zwischen Leib und Seele ist mit der Anerkennung einer substanziellen Seele natürlich noch nichts über die Frage eines Fortlebens nach dem Tode entschieden. Zwar bietet jene Anerkennung die Möglichkeit, diese Frage zu bejahen, aber eine Entscheidung derselben kann nicht durch bloße Zergliederung des Seelenbegriffs unabhängig von Erfahrung („a Apriori") erfolgen. Man wird freilich die Seelensubstanz — im Unterschied vom Physischen — als immateriell, als unräumlich denken müssen. Sie kann also auch nicht in der Weise ihr Ende finden, wie der organische Körper, dass er sich in seine Teile auflöst. Aber sie könnte ja beim Tode einfach zu existieren aufhören. Ob die Seele den Tod des Leibes überdauere, kann höchstens auf empirischem Wege entschieden werden. Die Spiritisten und Okkultisten behaupten, den empirischen Beweis dafür erbringen zu können. Mischte sich nur nicht in diese angeblichen Beweise so viel kritiklose Fantasie oder gar absichtliche Täuschung! Die Menschen sind eben an der Frage der Fortexistenz nach dem Tode so stark praktisch interessiert, dass eine ruhige, sachliche und rein theoretische Behandlung des Problems vielen unmöglich ist. Gerade deshalb aber sollte die wissenschaftliche Psychologie sich von ihm nicht so völlig fernhalten, wie es in Deutschland bisher geschehen ist. Das Material vor allem, das die englische *Society for psychical research* gesammelt hat, sollte einer vorurteilslosen Prüfung unterzogen und Versuche mit Medien auch von ernsten wissenschaftlichen Forschern bei uns vorgenommen werden. Es muss sich durch geeignete Versuche mit Bestimmtheit entscheiden lassen, ob die angeblichen Bekundungen Verstorbener aus dem Unbewussten der Medien selbst stammen oder nicht. Ist letzteres der Fall, so müsste weiterhin der Inhalt jener Manifestationen daraufhin geprüft werden, ob er nur von dem betreffenden Verstorbenen herrühren kann. Dass einzig bestimmt organisierte Personen solchen „Mitteilungen aus dem Jenseits" zugänglich wären, würde bei den starken Unterschieden unter den Menschen nicht allzu verwunderlich sein.

Übrigens handelt es sich bei allen diesen Andeutungen nur um Möglichkeiten, die sich eröffnen, wenn man dem Seelischen einen substanziellen Charakter zuerkennt. Dass mancherlei dafür spricht, haben wir bereits gesehen.

23.11 Wechselwirkung oder psychophysischer Parallelismus

Diese Frage hängt aber auch zusammen mit der Entscheidung der Alternative: Wechselwirkung oder psychophysischer Parallelismus? Lehnt man mit dem Letzteren jede kausale Beziehung zwischen Seelischem und Körperlichem ab, so ist es natürlich unmöglich, die relativ dauernden Dispositionen, die wir zur Erklärung von Bewusstseinsvorgängen anzunehmen haben, als materiell zu denken; sie müssen selbst psychischer Natur sein. So spricht faktisch eine Entscheidung für den psychophysischen Parallelismus auch zugunsten der Substanzialitätstheorie, wenngleich manche Wortführer des Parallelismus dies nicht gern einräumen werden.

Was aber den Streit zwischen Parallelismus und Wechselwirkung betrifft, so scheint bereits die vorwissenschaftliche Erfahrung unzweideutig auf die Letztere hinzuweisen, wie sie denn auch von angesehenen Philosophen und Psychologen aller Zeiten angenommen worden ist. In der Tat: Zeigt nicht die Erfahrung, dass materielle Reize und die durch sie ausgelösten Erregungen in Nerven und Gehirn Empfindungen und Wahrnehmungen verursachen? Und bewirken nicht Gefühle und Affekte Ausdruckserscheinungen aller Art und Willensakte körperliche Bewegungen? Freilich, Hume hat uns vorsichtiger gemacht gegenüber dem Glauben, dass ein Kausalverhältnis selbst direkt wahrgenommen werden könne; und wenn regelmäßige Folge ein Kriterium für das Vorhandensein einer ursächlichen Beziehung sein soll, so kann doch in den hier in Betracht kommenden Fällen nicht mit Sicherheit entschieden werden, ob zwischen Bewusstseinsvorgängen und den fraglichen Prozessen in der Großhirnrinde zeitliche Folge oder strenge Gleichzeitigkeit besteht.

Aber immerhin werden wir bei der gegebenen Sachlage an der Annahme einer Wechselwirkung festhalten dürfen, wenn nicht entscheidende Gründe dagegen sprechen. Über solche glauben allerdings die Vertreter des Parallelismus zu verfügen. Wir wollen die wichtigsten anführen und dabei auch die Einwendungen der Gegenseite berücksichtigen.

Wechselwirkung, so erklärt man, kann nur zwischen Gleichartigem sein; zwischen materiellen und immateriellen Vorgängen ist sie undenkbar. — Diesem Argument hält man entgegen, dass für die Anwendung des Kausalgedankens nach den überzeugenden Darlegungen Humes und Kants nur Voraussetzung sei: die regelmäßige Folge und eine gewisse quantitative Korrelation, derart, dass der stärkeren Ursache auch die stärkere Wirkung entspreche.

Man wendet ferner gegen die Wechselwirkung ein: Die Kausalität innerhalb der körperlichen Natur sei eine geschlossene; materielle Vorgänge könnten nur durch materielle Ursachen hervorgebracht werden und nur materielle Wirkungen haben. Diese Voraussetzung der geschlossenen Naturkausalität preisgeben, bedeute an der strengen Gesetzmäßigkeit der materiellen Vorgänge zweifeln und unkontrollierbare spukhafte Eingriffe von Geistern in die Natur für möglich halten. — Demgegenüber betont man, die kausalen Beziehungen zwischen dem Psychischen und Physischen könnten sehr wohl als gesetzmäßige und insofern als erkennbare und kontrollierbare gedacht werden. Ferner hat man die Kritik, die der „Neovitalismus" an der rein mechanischen Deutung der Lebensvorgänge übt, und das Beweismaterial, das er zugunsten der Annahme psychischer Faktoren in den organischen Wesen anführt, im Interesse der Wechselwirkungstheorie ausgebeutet. Wenn aber schon große Schwierigkeiten bestehen, die Lebensäußerungen der Tiere rein mechanisch, also ohne psychische, zweckvoll wirkende Faktoren, zu erklären, so wachsen diese gegenüber den menschlichen Wandlungen noch beträchtlich. Es muss doch als eine schier unlösbare Aufgabe erscheinen, wenn z. B. alle die Schreibbewegungen, die ein Kant ausgeführt hat, um seine „Kritiken" zu schreiben, ohne Berücksichtigung der Gedanken, die durch sie Ausdruck fanden, erklärt werden sollen; ja, wenn die ganze Menschheitsgeschichte nach ihrem äußeren Verlauf als ein Produkt von — Automaten sich darstellt.

Diesen schwerwiegenden Bedenken setzen aber die Anhänger des Parallelismus eine Erwägung entgegen, die sie schon allein für entscheidend halten: die Annahme einer Wechselwirkung verstoße gegen das Grundprinzip der ganzen modernen Naturforschung, das Prinzip von der Erhaltung der Energie. Werde Psychisches durch physische Prozesse verursacht, so gehe ein gewisses Quantum physischer Energie verloren; andererseits müssten seelische Einwirkungen auf das Getriebe der Gehirnvorgänge die Summe der physischen Energie vergrößern. — Um diesen Einwand zu entkräften, haben die Verteidiger der Wechselwirkung verschiedene Wege eingeschlagen. So haben manche sich dafür ausgesprochen, den von der Naturwissenschaft anerkannten Energieformen, wie chemische, elektrische, thermische Energie, eine physische als besondere Energieform zur Seite zu stellen, die in jene nach bestimmter Gesetzmäßigkeit umsetzbar sei. Freilich könnte diese Annahme von der Forschung erst dann fruchtbar gemacht werden, wenn es gelänge, jene angebliche psychische Energie zu messen und ihr physisches Äquivalent festzustellen. — Ferner erklärt man: Das Psychische wirkt auf die physischen Energien im Gehirn nur auslösend und regulierend, und dies ist denkbar, ohne dass das Quantum derselben vermehrt wird. Aber dann bleibt die Frage, ob nicht bei der Verursachung von Psychischem durch Physisches ein Verlust von physischer Energie eintritt, noch offen. — Endlich macht man zugunsten der Wechselwirkung Folgendes geltend. In dem sogenannten Energieprinzip mussten zwei Bestandteile unterschieden werden: das Äquivalenz- und das Konstanzgesetz. Ersteres besage lediglich: Wenn

23.11 Wechselwirkung Oder Psychophysischer Parallelismus

physische Energien in Austausch treten, vollzieht sich dieser nach gesetzmäßigen Verhältnissen, und es geht dabei nichts verloren; über das absolute Quantum der Energie überhaupt ist dabei nichts bestimmt. Das Konstanzgesetz erst füge die weitere Voraussetzung hinzu: Dieses Quantum sei endlich und konstant. Konstant sei aber die Energiesumme nur in einem „geschlossenen" System. Dass die Welt ein solches sei, liege in ihrem Begriff; ob aber die körperliche Natur dafür zu gelten habe, sei gerade eine offene Frage. Gegen ihre Bejahung spreche all das, was sich gegen den Gedanken der geschlossenen Naturkausalität anführen lasse.

Allerdings ist die Voraussetzung, dass die Natur ein geschlossenes System bilde, nicht ein bloßes Produkt von Voreingenommenheit oder lediglich Modesache, sondern sie hat sich in der Durchforschung der anorganischen Welt als sehr fruchtbar erwiesen und sich stets bewährt, aber im eigentlichen Sinne denknotwendig ist sie nicht. Man hat freilich auch versucht, die Gültigkeit dieser Voraussetzung und damit die des Konstanzprinzips für die organische Welt ebenfalls empirisch zu erweisen. Rubner hat an Tieren, Atwater an Menschen den Nachweis geliefert, dass während Wochen der Energievorrat der assimilierten Nahrung und der abgegebenen Wärme fast ganz genau übereinstimmen. Aber selbst gegenüber derartigen Versuchsergebnissen bleiben den Verteidigern der Wechselwirkung gewisse Einreden möglich. Die kleinen Differenzen zwischen der aufgenommenen und der abgegebenen Energie (welche jene Forscher auf die unvermeidlichen Fehler solcher Untersuchungen zurückführen) bieten die Möglichkeit, kleine Energieeinbußen oder -Zunahmen dem Austausch mit dem seelischen Gebiet zuzuschreiben, wobei auch die Annahme gemacht wird, dass bei jenem Austausch Umwandlung von physischer Energie in psychische und Rückverwandlung sich ungefähr die Waagschale halten.

Entschieden soll mit dem allem die große Streitfrage nicht werden. Nur so viel wird man behaupten dürfen: Zwar ernst und gewichtig, aber nicht von zwingender Überzeugungskraft sind die Einwände, die man gegen die Annahme einer Wechselwirkung vorgebracht hat; andererseits stehen auch der parallelistischen Theorie starke Bedenken entgegen. Die Psychologie ist von sich aus nicht in der Lage, das Problem zu lösen; ob es die Metaphysik jetzt schon oder in absehbarer Zukunft vermag, muss nach unseren Ausführungen als zweifelhaft gelten.

Die in der Gegenwart herrschende monistische Geistesrichtung begünstigt die parallelistische Theorie. Dieser Monismus lässt zudem mehrere nähere Ausgestaltungen zu, sodass Menschen von recht verschiedenen Überzeugungen sich zu ihm bekennen können. Entweder man sieht (mit Spinoza) im Körperlichen und im Seelischen zwei gleich reale Darstellungen des einen Weltwesens, oder man erblickt im Seelischen nur eine Art Begleiterscheinung des Körperlichen (womit der Monismus sich dem Materialismus nähert); oder endlich man gibt dem Monismus eine Wendung zum Spiritualismus, indem man das Körperliche für eine bloße Erscheinungsweise eines im Grunde psychischen Weltprinzips ansieht, das wir in den seelischen Vorgängen direkter und in adäquaterer Weise erfassen — eine Auffassung, als deren bedeutendste Vertreter in der Gegenwart Wundt und Heymans genannt seien.

Es ist übrigens zu beachten, dass man mit Monismus nicht nur die Überzeugung von einem einheitlichen Weltprinzip meint, sondern auch die von der prinzipiell gleichartigen Beschaffenheit der organischen und der unorganischen Natur und von der Einheit von Gott und Welt. Ans geht hier nur die erste Bedeutung des Monismus an. In Hinsicht auf sie wird aber vielfach von den Monisten der Gegensatz, in dem sie zu den Dualisten stehen, für schroffer angesehen, als er tatsächlich ist. Denn auch sie müssen den in der Erfahrung gegebenen Unterschied des Körperlichen und Seelischen als irgendwie im Weltprinzip wurzelnd anerkennen; aus einem schlechthin einfachen und absolut einförmigen Prinzip lässt sich keine Zweiheit oder Mannigfaltigkeit ableiten oder nur begreiflich machen. Andererseits suchen die Dualisten ebenfalls durch die Lehre von der Wechselwirkung und die (übrigens schon von Aristoteles vertretene) Annahme, dass die Seele zugleich das formende und belebende Prinzip des Leibes sei, der monistischen Forderung, das Wirkliche einheitlich zusammenzufassen, Rechnung zu tragen.

Der Gegensatz ist also nicht so unausgleichbar, wie es oft aussieht, und der Dualismus verdient nicht eigentlich die geringschätzige Behandlung, die ihm in der Gegenwart vielfach zuteilwird.

24 Psychologie und Weltbild

24.1 Psychologie und Weltanschauung

Die Erörterungen über das Verhältnis von Seele und Leib, von Psychischem und Physischem leiten uns zu der Frage, welchen Beitrag die Psychologie zu unserem Weltbild leistet, d. h. was sie selbst als wesentlichen Erkenntnisertrag liefert, und was sie für die anderen Wissenschaften bedeutet.

Auf den ersten Teil der Frage gibt eigentlich dies ganze Buch Antwort, aber hier sei doch noch einmal auf das Wichtigste kurz hingewiesen. .

Die Psychologie erschließt dasjenige Gebiet der Wirklichkeit, das für uns das Nächstliegende und bedeutsamste ist, und das doch über dem einseitigen Interesse für die materielle Welt so leicht vergessen oder verkannt wird, weil diese so wuchtig und greifbar dasteht, und weil der Kampf ums Dasein unser Sinnen und Trachten fortwährend auf sie lenkt. So sehr uns aber auch die Psychologie die Hinneigung zum Materialismus verstehen lässt, so ist sie es zugleich, die ihn aufs Gründlichste widerlegt.

Sie bewahrt uns außerdem vor jener einseitigen Überschätzung des physikalischen Weltbilds, die in ihm die „wahre Wirklichkeit" (wenigstens der Außenwelt) erblickt.

Es kommt uns nicht in den Sinn, die Berechtigung und den Wert der physikalischen Forschungsarbeit zu bestreiten, aber es darf doch nicht übersehen werden, dass sie nur eine ganz einseitige und unvollständige Weltansicht liefert. Das ist kein Vorwurf gegen sie, nur eine Mahnung für die, welche ihre Ergebnisse übertreibend missdeuten. Jede Wissenschaft muss einseitig sein, muss von einem bestimmten Gesichtspunkt aus ihr Objekt betrachten. So ist es das gute Recht der Physik, wenn sie einseitig ihren Blick lenkt auf das, was unabhängig von den erkennenden Individuen in Raum und Zeit existiert, und dass sie dieses Reale — unter Abstraktion von seiner Erscheinung im Bewusstsein — objektiv zu bestimmen unternimmt. Eben darum muss sie von all dem abstrahieren, was durch das sinnliche Wahrnehmen, das Fühlen, Begehren und Wertschätzen der Menschen erst an und in dieser Welt Wirklichkeit erhält.

Aber ist nun jene Realität der Physik, die durch diese grundsätzliche Abstraktion allen Wert und alles Leben, und dazu Wärme und Farbe, Duft und Klang eingebüßt hat — ist sie die „wahre Wirklichkeit"? Nein, zur „wahren", d. h. zur vollständigen Wirklichkeit gehört auch all das, wovon die Physik abstrahiert, und was sie der Psychologie überlassen hat; so verwandelt diese erst die leblose und eintönige „Nachtansicht" der Physik in die „Tagesansicht" der wirklich erlebten Welt. Nicht mehr blicken wir auf diese in falschem Wissenschaftsstolz wie auf eine Ausgeburt unbelehrbarer Naivität herab, sondern wir freuen uns, von den wirklichkeitsfremden Abstraktionen der Wissenschaft heimkehrend, nun mit vertiefter und geklärter Einsicht die Wunder des Lebens und seiner Wirklichkeit schauen zu können.

Aber nicht nur wider jenen einseitigen Naturalismus, der das Psychische vergisst und das Physikalische überschätzt, hat die Psychologie den Kampf zu führen: Sie hat auch dagegen Einspruch zu erheben, dass man die psychologische Betrachtungsweise ausschließlich anwendet und so aus der Psychologie in den „Psychologismus" gerät.

Hat man sich einmal gründlich von allem Materialismus bekehrt durch die Einsicht, dass alle materielle Wirklichkeit für uns nur da ist, sofern wir Bewusstsein, also eine Vorstellung von ihr haben, so liegt der Fehlschluss nahe: Die Welt ist meine Vorstellung; Vorstellung ist etwas Psychisches, also ist die ganze Welt psychisch. So gelangt man zum „Psychomonismus", dem grotesken Gegenstück des Materialismus.

Es ist kein erfreuliches Zeichen für die in naturwissenschaftlichen Kreisen herrschende psychologische und erkenntnistheoretische Einsicht, dass vorwiegend bei Naturforschern diese beiden extremen Ansichten Wortführer und Anhänger gefunden haben. Begünstigend wirkte hier noch ein an sich berechtigter Tatsachensinn in seiner Verengung zum „Bewusstseinspositivismus" („Konszientialismus"). In der Überzeugung, dass nur Bewusstseinsinhalt das uns unmittelbar und positiv Gegebene sei, lehnte man alle bewusstseinstranszendente Realität als „metaphysisch" ab — ein Schlagwort, das noch heute für viele „naturwissenschaftlich" Denkende zur Widerlegung vollkommen genügt. Und indem man im Bewusstsein nur die anschaulichen Inhalte, die sozusagen greifbaren und massiven Elemente erfasste, gelangte man zu der Behauptung, die Wirklichkeit bestehe eigentlich nur aus Empfindungen. Dass diese Lehre Machs so paradox war, steigerte nur noch ihre imponierende Wirkung, und dass ein positivistischer Naturforscher sie vortrug, zerstreute jeden Verdacht, dass sie nur — philosophische Spekulation sei.

Eine sorgfältige Analyse und zutreffende Charakterisierung der Akte des „Gegenstandsbewusstseins" reicht aus, um vor solchen psychologistischen Abwegen zu behüten. Kein Zweifel: Von allem, was überhaupt im praktischen Leben wie in der Wissenschaft bemerkt und erkannt wird, müssen wir ein Bewusstsein haben, aber wollte man daraus schließen, dass alles deshalb nur Bewusstseinsinhalt, also „Psychisches" sei, so darf man auch vor der Konsequenz nicht zurückscheuen, dass die Psychologie die Universalwissenschaft schlechthin darstelle, dass dann z. B. Mineralogie und Astronomie ebenfalls — psychologische Disziplinen seien; denn auch ihre Objekte müssen Bewusstseinsinhalt werden, um für uns da zu sein. Gegenüber einem derart radikalen Psychologismus erinnern wir an die notwendige Scheidung von Bewusstseinsinhalt und bewusstseinstranszendentem Objekt (vgl. Kap. 10.1). Die Psychologie hat lediglich die Bewusstseinsakte (mit ihrem Inhalt) zu untersuchen, in denen wir auf die Objekte uns beziehen: Die Wahrnehmungen und Erinnerungen, die Begriffe und Urteile, die Wertungs- und Willenserlebnisse; jedoch die Untersuchung der

24.1 Psychologie Und Weltanschauung

Objekte selbst überlässt sie anderen Wissenschaften, mögen diese Objekte nun reale oder ideale sein.

24.2 Psychologie und Einzelwissenschaften

Ist aber einmal das Recht und das Forschungsgebiet der Psychologie gegen materialistische und naturalistische Ansprüche und die Kompetenz der anderen Wissenschaften gegen psychologistische Übergriffe geschützt, dann muss allerdings die Frage aufgeworfen werden, in welchem Verhältnis die Psychologie zu den anderen Wissenschaften steht.

24.2.1 Das Verhältnis zu den Idealwissenschaften

Was zunächst die Idealwissenschaften, wie allgemeine Wertphilosophie, Logik, Ethik, Ästhetik, betrifft, so haben diese es mit Objekten zu tun, denen wir keine vom Bewusstsein unabhängige reale Existenz beilegen, die wir aber doch von den Erlebnissen, in denen sie erfasst oder verwirklicht werden, unterscheiden. So bleibt es z. B. das ausschließliche Recht der Ethik, sittliche Ideale und Normen aufzustellen und danach den sittlichen Wert von menschlichen Gesinnungen, Landlungen, Einrichtungen zu bestimmen. Wollen wir jedoch die Frage untersuchen, in welcher Weise solche Ideale und Normen in unserem Bewusstsein erfasst, und wie und warum sie von Menschen verwirklicht oder nicht verwirklicht werden, so müssen wir von psychologischen Gesichtspunkten aus und mit psychologischen Methoden forschen.

24.2.2 Die Frage der Einteilung der Realwissenschaften

Schwieriger ist es, das Verhältnis der Psychologie zu den zwei Hauptgruppen der Realwissenschaften, den Natur- und Geisteswissenschaften, zu bestimmen, ja man muss vorher zu der Frage Stellung nehmen, ob man diese überkommene Zweiteilung überhaupt als zu recht bestehend ansieht.

Windelband und Rickert haben bekanntlich vorgeschlagen, die Realwissenschaften danach zu unterscheiden, ob sie „generalisierend" oder „individualisierend" verfahren, ob sie also auf die Erkenntnis von allgemeinen Gesetzmäßigkeiten des Seins und Geschehens gerichtet sind, oder ob sie das Einzelwirkliche untersuchen. So wollte Windelband die beiden Gruppen der Natur- und Geisteswissenschaften ersetzen durch die der „nomothetischen" und „biographischen"; Rickert wollte wenigstens an der Stelle des Begriffs „Geisteswissenschaften" den der „Kulturwissenschaften" einführen, da die Beziehung auf Kulturwerte für diese Wissenschaftsgruppe maßgebend sei.

Gegen die letztere Ansicht möge nur das kurz bemerkt werden, dass wir noch kein allgemein anerkanntes System von Kulturwerten haben, von dem aus in unzweideutiger Weise abgegrenzt und ausgewählt werden könnte, was als Objekt bestimmter Wissenschaften zu gelten habe.

Was aber die Unterscheidung nach der generalisierenden (naturwissenschaftlichen) und der individualisierenden (historischen) Methode betrifft, so lassen sich allerdings zahlreiche Belege dafür beibringen, dass in den Naturwissenschaften das Denken von der Feststellung des Individuellen, Besonderen zur Erfassung des Allgemeinen, stets sich Wiederholenden vorschreitet und dabei mit Art- oder Gattungsbegriffen und den sogenannten Naturgesetzen arbeitet; während man in den Geschichtswissenschaften bei der Betrachtung des Individuellen und damit des Wirklichen verbleibt (denn nur Individuelles ist wirklich). Das Fallgesetz z. B. ist etwas Allgemeines, was für beliebig viele Einzelfälle gilt (wenn es sich auch in keinem einzigen Fall in seiner abstrakten Reinheit verwirklicht); die historischen Begriffe dagegen, wie Friedrich der Große, die Schlacht von Sedan, die „Aufklärung" bezeichnen Einmaliges, mag dieses nun aus einem einzigen Individuum oder Ereignis oder aus einer Anzahl solcher bestehen (denn auch Kollektiva sind Einzelnes).

Aber bei genauer Erwägung zeigt sich doch, dass auf diese Weise eine reinliche Scheidung der beiden Wissenschaftsgruppen nicht vollzogen werden kann, weil weder die Naturwissenschaften lediglich auf Allgemeines, noch die Geistes- (bzw. historischen oder Kultur-) Wissenschaften lediglich auf Einzelnes gehen. Die ganze Entwicklung unseres Sonnensystems z. B. vom Urnebel bis zu seinem heutigen Zustand, ist ein Einmaliges; nicht minder die einzelnen Stadien seiner Entwicklung. Auch muss die Naturforschung bei der Erkenntnis des Allgemeinen vom Individuell-Wirklichen ausgehen, um durch Induktion Gesetzmäßigkeiten zu erkennen. Aber diese in ihrer abstrakten Reinheit (die als solche sich nie realisiert) sind doch für sie nicht Selbstzweck, sondern mit Hilfe der allgemeinen Einsichten soll eben das Besondere, d. h. das Wirkliche, erklärt werden.

Andererseits geht man in den Geisteswissenschaften ebenfalls auf die Erkenntnis von allgemeinen Beziehungen aus; man denke nur an Disziplinen wie allgemeine (oder vergleichende) Sprach-, Religions-, Rechtswissenschaft; man denke an die Versuche, all- gemeine Gesetze der geschichtlichen Entwicklung, der staatlichen, wirtschaftlichen und gesellschaftlichen Bildungen aufzustellen. Freilich haben diese historischen „Gesetze" zumeist nicht den Erkenntniswert von Naturgesetzen; sie sagen nicht, wie diese Letzteren, etwas aus über Zusammenhänge von elementaren Erscheinungen, sondern halten sich gewissermaßen an der Oberfläche; sie konstatieren hier rein empirisch — besonders mithilfe der Statistik — gewisse Regelmäßigkeiten, die zwar unserem Bedürfnis nach Erklärung (im Sinne der Naturwissenschaft) noch wenig Genüge leisten, die aber für eine gewisse Übersicht und erste Orientierung über das geschichtliche Leben dienlich sind und zugleich Anregungen bieten für spezielle Fragestellungen, die allmählich den elementaren Zusammenhängen im individuellen Handeln sich nähern.

Zuzugeben ist freilich, dass vielfach die Vertreter der Geistes-, speziell der Geschichtswissenschaften dieses Suchen nach allgemeinen Gesetzen als aussichtslos belächeln oder als Konsequenz einer falschen „naturwissenschaftlichen" Methode bekämpfen; dass sie das Ziel der historischen Wissenschaft erreicht sehen mit der Erforschung des Individuellen. Sie hören dann gewisserma-

24.2 Psychologie Und Einzelwissenschaften

ßen damit auf, womit der Naturforscher beginnt, mit der Feststellung des Tatsächlichen, das ja immer ein Einmaliges, Individuelles ist.

Aber tatsächlich gehen doch die Historiker, zumal bei der Darstellung geschichtlicher Vorgänge, weiter: Sie wollen ebenfalls „er- klären". „Erklären" bedeutet aber auch hier, den Einzelfall, etwa die einzelne Handlung, unter ein allgemeines Gesetz unterordnen. Dass die psychologischen Erklärungen, mit denen die Historiker auf Schritt und Tritt operieren, nicht als eine derartige Subsumtion (wie sie ebenso in der Naturwissenschaft geübt wird) zum Bewusstsein kommt, das liegt daran, dass gewisse Gesetzmäßigkeiten, vermittelst deren „erklärt" wird, einfach als selbstverständlich vorausgesetzt und infolgedessen meist gar nicht beachtet werden, z. B. dass Menschen der Knechtung und Ausbeutung widerstreben, dass sie nach Macht, Ehre und Ruhm verlangen, dass sie lieber reich als arm sein wollen, dass gegenüber Schädigung und Kränkung der Trieb nach Rache oder Vergeltung sich regt, dass Hunger und Liebe das menschliche Treiben beherrscht: Das sind solche psychologische Selbstverständlichkeiten. Ist die Handlung eines Individuums oder einer Gruppe auf derartige Motive zurückgeführt, so ist sie für uns „verständlich" gemacht.

Dass aber hier faktisch ein Erklären nach Analogie des naturwissenschaftlichen vorliegt, wird umso weniger bemerkt, als der Historiker meist nicht die wissenschaftliche Psychologie bewusst heranzieht, sondern mit der Popularpsychologie, der praktischen Menschenkenntnis, sich begnügt.

Wenn wir den Mitmenschen, den wir beobachten oder mit dem wir zu tun haben, sozusagen intuitiv verstehen, so sind wir uns nicht bewusst, dass dieses instinktive, blitzartige Verstehen nach seiner logisch-erkenntnistheoretischen Bedeutung sich als Subsumtion des Einzelfalles unter eine allgemeine Regel auffassen lässt. Aber wenn uns wirklich einmal ein Mensch vorkäme, für dessen Handeln wir keine Motive fänden, die wir in uns selbst nachzufühlen vermöchten, so wäre uns sein Handeln gänzlich unerklärbar. Seelische Zusammenhänge, die wir in uns nachzuerleben vermögen, erfassen wir damit als gesetzmäßige — wenn auch das Vorkommen vielleicht nur auf eine kleinere Zahl von Individuen — etwa geistig besonders hochstehende — beschränkt ist. Vielleicht würde es uns für die Menschenerkennung und Menschenbehandlung im praktischen Leben und ebenso dem Historiker für sein Verständnis geschichtlicher Persönlichkeiten und Vorgänge wenig helfen, wenn bewusstermaßen die wissenschaftliche Psychologie herangezogen würde. Denn diese steht — verglichen mit den Naturwissenschaften — noch in den Anfangsstadien ihrer Entwicklung; auch ist das menschliche Tun und Treiben meist viel verwickelter und in seinen inneren Triebfedern schwerer zu erfassen als Vorgänge in der äußeren Natur, zumal der anorganischen. Aber wenn man überhaupt Psychologie als mögliche Wissenschaft ansieht und wenn man überzeugt ist, dass wissenschaftliche Methode die vorwissenschaftliche Erkenntnis des praktischen Lebens zu vervollkommnen vermöge, so wird man prinzipiell der Psychologie für die Aufgaben des praktischen Lebens wie für den Historiker positiven Wert zu sprechen müssen, wenn auch der Letztere die nähere Analyse und Bestimmung der populär-psychologischen Begriffe, mit denen er arbeitet, dem Psychologen überlassen kann und darf.

Insbesondere würde derjenige Historiker seine eigenen Aufgaben und sein eigenes Erklärungsverfahren missverstehen, der die wissenschaftliche Psychologie, weil sie nach allgemeinen Gesetzen forscht, zu den Naturwissenschaften verweisen und ihr jede Bedeutung für die Geisteswissenschaften, speziell für die historischen Disziplinen, absprechen wollte. Derartige Vorurteile haben aber ihre Quelle in jener Ansicht, dass nur die Naturwissenschaften das Allgemeine, die historischen dagegen lediglich das Individuelle erforschten.

24.2.3 Psychologie und Geisteswissenschaften

Unsere Ausführungen haben, wie wir hoffen, dargetan, dass diese Ansicht unbegründet ist. Wir lehnen es darum ab, die alte Einteilung in Natur- und Geisteswissenschaften durch die in Natur- und historische Wissenschaften als zwei nach ganz verschiedener Methode verfahrende Wissenschaftsgruppen zu ersetzen. Wir bestimmen die Natur- und Geisteswissenschaften in erster Linie nach ihrem Gegenstand und bezeichnen als Objekt der Geisteswissenschaften (im Einklang mit Wundt und Külpe) die menschlichen Verhaltensweisen und die daraus hervorgehenden Produkte und Einrichtungen. Wie verschiedenartig diese sind, leuchtet ein, wenn wir an die Hauptarten des menschlichen Verhaltens denken: das wirtschaftliche, politische, soziale, ethische, religiöse, künstlerische, ästhetische, wissenschaftliche. Damit ergeben sich zugleich die Objekte für eine Reihe geisteswissenschaftlicher Disziplinen. Die Geschichtswissenschaft im weitesten Sinne aber hat das zeitliche Werden und die Entwicklung dieses menschlichen Verhaltens und seiner Wirkungen und Erzeugnisse zu erforschen.

Da alles menschliche Verhalten „beseelt" ist von psychischen Faktoren, so wird eben der Psychologie eine grundlegende Bedeutung für alle Geisteswissenschaften zukommen; sie alle werden die Psychologie als Hilfsdisziplin heranzuziehen haben. In welchem Maße die „Anwendung" der Psychologie auf Pädagogik, Jurisprudenz, Nationalökonomie, Religions-, Sprachwissenschaft, Ethik usw. gerade in den letzten Jahren eingesetzt hat, das auch nur andeutungsweise zu beschreiben, dazu fehlt hier der Raum.

Da ferner fast alles menschliche Verhalten als ein psychophysisches sich charakterisiert, so wird nicht die „reine" Psychologie, sondern nur die „physiologische" Psychologie den Ansprüchen der Geisteswissenschaften genügen; und zwar darf sie nicht bloß Individualpsychologie sein. Wo immer das Verhalten menschlicher Gemeinschaften oder das der Einzelnen als Gemeinschaftsglieder zu erklären ist, da wird die Sozialpsychologie herangezogen werden müssen.

24.3 Psychologie und Persönlichkeit

Soweit es aber speziell die historischen Wissenschaften mit Individuen und der Erklärung ihres Verhaltens zu tun haben, wird für sie die allgemeine Psychologie meist nicht unmittelbar in Betracht kommen, sondern die auf ihr ruhende differenzielle Psychologie. Diese stellt ja die Beziehung zwischen den wirklichkeitsfremden Abstraktionen der allgemeinen Psychologie und der konkreten Fülle des Individuellen im wirklichen Leben wieder her; sie beschäftigt sich nicht mit dem Verhalten eines konstruierten „allgemeinen", eines Durchschnittsmenschen, sondern mit dem der konkreten Individuen; sie schlägt so die Brücke zwischen der „Psychologie" schlechthin genannten Wissenschaft, die allgemeine Gesetzmäßigkeiten feststellt, und der Geschichtswissenschaft, sofern sie sich mit realen, lebendigen Persönlichkeiten befasst und in deren Erkenntnis ihr Forschungsziel erblickt.

Man lasse sich nicht imponieren durch die pathetische Versicherung, die menschliche Persönlichkeit sei etwas Undurchdringliches, Geheimnisvolles.

Es ist seltsam, dass meist dieselben, die nur mit mystischem Schauer von der „Persönlichkeit" als einem Unbegreiflichen reden, immerfort bereit sind, mithilfe des Begriffs der Persönlichkeit und des „Schöpferischen" der Persönlichkeit historische Vorgänge zu „erklären". Als ob mit schlechthin Unerkennbaren, einem X — „erklärt" werden könnte!

Wer immer in die Schule der wissenschaftlichen Psychologie gegangen ist, der wird sich durch solche Schlagworte nicht mehr erschüttern lassen in der Voraussetzung — an der überhaupt alle Wissenschaft hängt —, dass das Wirkliche für uns begreiflich sein müsse. Er wird nicht leugnen, dass im Begriff der Individualität, der Persönlichkeit, etwas Singuläres und zugleich etwas Einheitliches und Ungeteiltes liegt. Aber den „singulären" Charakter teilt sie mit allem Wirklichen, das nur für die oberflächliche oder Inexakte Betrachtung sich so darstellt, als bestehe es auf weiten Gebieten aus absolut gleichen Exemplaren. Graduelle Verschiedenheiten gelten natürlich in dieser Hinsicht. Dass die Eigenart des Einzelnen unter Menschen im — Allgemeinen — beträchtlich größer ist als unter Exemplaren der gleichen Tierspezies, wird nicht leicht jemand bestreiten.

Die Einheitlichkeit aber darf nicht (wie das freilich oft geschieht) verwechselt werden mit Einfachheit: Sie schließt nicht die größte Mannigfaltigkeit von Merkmalen aus: Körperlichen, seelischen, psychophysischen, gleichzeitigen und sukzessiven, konstanten und wechselnden. So bedeutet für die Psychologie die individuelle Persönlichkeit Einheit in der Mannigfaltigkeit. Und während die allgemeine Psychologie unter Absehen von den konkreten Individuen sich mit den Merkmalen und ihren Zusammenhängen beschäftigt, hat die differenzielle Psychologie zu untersuchen, „wie sich das Bild einer tatsächlich vorhandenen Individualität aus der Fülle ihrer Merkmale, und wie sich die Struktur der Individualität aus den Beziehungen der Merkmale untereinander darstellen lässt." (Stern.)

24.4 Psychologie und Willensfreiheit

Aber noch ein anderes außer dem Geheimnis der Persönlichkeit führt man ins Feld gegen die Auslieferung des wirklichen und also auch des historischen Menschen an die psychologische Forschung.

Diese setzt ja (wie die naturwissenschaftliche) die kausale Determiniertheit alles Geschehens voraus. Sie sieht allen Ablauf wirklicher Vorgänge in der Natur wie in der menschlichen Sphäre als einen eindeutig bestimmten an, sie lässt für Unbestimmtheit und darum für Freiheit im indeterministischen Sinne keinen Raum. Heißt das nicht den Menschen zum Naturobjekt herabwürdigen, ihm alle Aktivität und Spontaneität, alle sittliche Verantwortlichkeit und Würde rauben?!

Aber auch hier muss man sich über die Alternative klar sein: Entweder man verzichtet auf Psychologie als Wissenschaft, man erklärt wenigstens eine wissenschaftliche Erkenntnis der Willensvorgänge — und das sind die zentralen im Menschen — für unmöglich: Dann mag man an indeterministische Freiheit glauben. Oder man glaubt an die Möglichkeit einer Psychologie als der Wissenschaft von allen psychischen und psychophysischen Geschehnissen: Dann muss man die durchgängige Determiniertheit dieses Geschehens voraussetzen. Dass aber auch der Determinist sinnvoll von Freiheit reden kann, darüber kann ein Blick in die ethische Literatur belehren. Und wenn der Mensch, zum Objekt der psychologischen Untersuchung und Erklärung gemacht, leicht als ein seiner Aktivität und Spontaneität beraubtes Wesen erscheint, so beruht dieser Irrtum auf der Tatsache, dass wir nicht gleichzeitig uns psychologisch beobachten und praktisch uns entscheiden und betätigen können. Jede sorgsame psychologische Beschreibung aber wird zur Anerkennung bringen, dass das Bewusstsein der Aktivität und Spontaneität zu den sichersten Tatbeständen des Erlebens gehört. Und nicht minder wird die experimentelle Untersuchung wie die tägliche Erfahrung bestätigen, dass der Glaube an die Freiheit im Sinne der Überzeugung, dass man tun kann, was man soll, jedem wirklichen, kräftigen Wollen innewohnt und nicht wirkungslos bleibt.

Das Leben selber sorgt dafür, dass wir nicht über uns psychologische Beobachtungen und Reflexionen anstellen, wenn es gilt, wollend sich zu entscheiden und zu handeln. Falls aber jemand durch Beschäftigung mit der Psychologie zu einem tatlosen Reflexionsmenschen würde, so wäre der Psychologie als Wissenschaft dafür nicht die Schuld beizumessen; denn ihre Aufgabe ist es nicht, das konkrete seelische Erleben in seiner Ursprünglichkeit und Unmittelbarkeit zu verändern oder gar zu ertöten, sondern es zu erkennen. Eine ihrer sichersten Einsichten aber besagt, dass nicht in erster Linie theoretisches Erkennen die Funktion des Menschen sei, sondern Stellungnahmen, Wollen und Handeln.

25 Stichwortverzeichnis

Absicht......13, 26, 29, 53, 128, 138, 190, 269, 278, 289
Abstraktion....67, 72, 124, 131, 133, 138, 153, 155, 158f., 163, 165ff., 177, 184, 222f., 230, 259, 318, 324
Adaptation................89f., 93, 105
Affekt......22, 27, 53, 55, 237, 251f., 254ff., 267, 299, 314
Ähnlichkeitsassoziation......196, 215
Aktualitätstheorie...................312
Annahme. 17f., 40ff., 47, 57, 69, 71, 93f., 104, 111, 113f., 123, 165, 173, 177, 190, 197, 226, 235, 285, 287, 291, 294, 310f., 313ff.
Apperzeption.............27ff., 31, 231
Äquivalenz..............................335
Aristoteles.....17, 20f., 76, 195, 248, 311, 317
Assimilierung..........................92f.
Assoziation. 19ff., 28f., 31, 47, 122f., 144, 151, 163, 177, 192, 194ff., 198f., 202, 204f., 209ff., 215f., 232f., 271f., 281, 284ff., 289, 294f., 297, 302
Assoziationsgesetz................195f.
Assoziationspsychologie....19ff., 29, 31, 285
Aubert-Foerster......................137
Aufmerksamkeit. 27f., 52ff., 59, 68f., 71ff., 113ff., 126, 128, 130, 132, 142ff., 148, 150, 159, 161, 163, 169, 176, 178, 183, 197ff., 201ff., 213, 217, 219ff., 247, 262, 271, 273, 275f., 283, 285, 288, 290, 302ff.
Auge......................................335
Augenmaß...................109, 139f.
Ausdrucksmethode......60f., 63, 246
Avicenna..................................17
Bain..21
Befragung...........................58, 62
Begabungsunterschied............297
Begehren65ff., 252, 254, 264, 268f., 281, 318
Beobachtung......19, 22, 26, 30f., 41, 44, 51ff., 57f., 62ff., 73, 78, 120, 133, 171, 175f., 185, 187, 191, 197ff., 202, 220, 224, 230f., 234, 239, 241, 247f., 251, 261f., 272, 274, 283, 294, 301, 311, 325
Bergson...........................31, 296
Berkeley........................134, 170

Berührungsassoziation21, 196, 211, 215, 217, 295
Beschaffenheit 14, 24f., 27f., 30, 37, 41, 44, 46, 54, 57f., 60, 88f., 91f., 101ff., 124, 127f., 141, 148, 166, 170, 172, 183, 204, 206, 215, 255, 258, 270, 317
Bewegung. 16f., 26, 46, 60f., 65, 74, 76, 85ff., 95f., 101, 117, 121, 127, 130, 132, 137, 148ff., 159f., 178, 194, 223, 228, 232ff., 238, 245ff., 252f., 280f., 283ff., 312, 314
Bewegungsbegriff..................153
Bewegungsvorstellung...........283ff.
Bewegungswahrnehmung.....148ff. 154
Bewusstseinstatsachen 33f., 41, 44, 46, 49, 51, 54, 58, 66f., 107
Bewusstseinstranszendenz........37
Beyle..14
Bildbewusstsein......................125
Billigungsvermögen...................65
Bleuler.................................121ff.
Blickpunkt...27, 142, 219, 231, 235, 276, 302
Brentano...........29f., 54f., 80, 182
Bruyère....................................14
Bühler..................138f., 143ff., 157
Chamfort...................................14
Chopin..................................120
Denken 29, 31, 36, 53, 70, 117, 125, 136, 165f., 170ff., 175ff., 181f., 190, 211, 240, 252, 287, 292f., 296f., 302, 319, 321
Descartes........17, 19, 23ff., 36, 254
Dilthey.......................30, 68, 162
Dingbewusstsein..................160ff.
Dingerscheinung..................129ff.
Dissimilierung........................92f.
Doppelbilder..........................141
Drobisch..................................22
Dualismus........................18f., 317
Dunkeladaptation............105, 156
Duplizitätstheorie.....................93
Dürr........31, 158, 183, 235, 242
Ebbinghaus......28, 31, 35, 70, 111f., 116, 158, 191, 194, 202, 213, 229, 235, 242, 267
Ehrenfels.........................29, 139
Eindruck....13, 26, 29, 53, 128, 138, 190, 269, 278, 289

Eindrucksmethode....60f., 63, 244f.
Eingebung.............................296
Einstellung......40, 52, 61, 73, 126f., 157, 198, 204, 220, 227f., 230, 233f., 259
Elementargefühle.....237, 243, 247, 250
Elsenhans..............................252
Empfindung....25f., 36, 47, 50ff., 56, 61, 65, 67f., 70ff., 83ff., 129ff., 137ff., 144f., 148, 151ff., 155ff., 159ff., 168f., 176f., 179, 184, 191, 215, 219f., 222, 224, 229f., 235, 237ff., 244ff., 250, 253f., 263, 267f., 281, 283, 301, 303, 308, 314, 319
Empfindungsbegriff......70f., 74, 122, 133, 164
Empfindungsforschung....79, 113ff., 126
Empfindungsklassen. 67, 76, 87, 96, 120, 133, 151, 156
Empfindungsqualität...86, 133, 138, 184
Empirismus..............................25
Energie...104ff., 111, 160, 215, 246, 299, 315f.
Erinnerung......16, 20, 33, 35, 37, 41, 45f., 53, 62f., 118, 122, 157f., 161, 163f., 168ff., 187, 190, 192, 197, 206ff., 216f., 220, 223, 240, 246, 259f., 264, 281f., 286f., 293, 295, 303, 305, 308ff., 319
Erinnerungstäuschung............209f.
Erinnerungsvorstellung....168f., 217, 223, 293
Erkenntnis...2, 14f., 19, 22, 24f., 32, 40, 43, 45ff., 50, 53f., 57f., 63ff., 91, 102, 113, 118, 132f., 174, 186ff., 213, 240, 276, 280, 290, 293f., 296f., 305, 318, 320ff., 324f., 335f.
Erkenntnisquellen................50, 63
Erklärungsprinzip. 27, 285, 294, 296
Erlebnis...22, 27ff., 31ff., 39ff., 44ff., 50ff., 61f., 71ff., 89, 101, 108, 114ff., 120, 124ff., 128, 130f., 134, 138, 149, 154, 156ff., 162ff., 170f., 175f., 181, 183ff., 190ff., 194, 196f., 205, 209ff., 216, 219ff., 230f., 237ff., 246, 253, 258ff., 264, 267f., 270ff., 275, 277, 281, 283, 287, 290, 294ff., 300f., 304ff., 308ff., 320

25 STICHWORTVERZEICHNIS

Erlebniselement....52, 73, 75f., 116, 159, 220, 237ff., 267, 308
Erlebniswahrnehmung. 39, 51ff., 57, 72, 310
Erlernungsmethode................195
Erscheinung. 14ff., 18, 35f., 39f., 51, 54, 57, 59, 68, 70, 77f., 89ff., 94f., 98, 103f., 111, 114, 120f., 128, 130, 137, 161ff., 187, 200, 224, 235, 245, 249, 272, 316, 318, 321
Ersparnisverfahren................195
Erwartung...42, 58, 155, 227, 233ff., 255, 275
Ettlinger................104
Evidenz....38, 56f., 124, 181, 186ff., 261ff., 312
Evidenzerlebnis............186ff., 262f.
experimentelle Verfahren. 20, 25, 59
Fantasie. .26, 41, 53, 57f., 118, 125, 146, 168f., 190, 193, 207, 209f., 215, 217, 295, 302, 313
Fantasievorstellung....125, 168, 190
Farb................91, 145
Farbempfindung.....72, 76ff., 85, 88, 90, 93, 105, 122, 253
Farben 35f., 38, 50, 65, 74, 77ff., 82, 87ff., 105f., 116, 118, 120ff., 129ff., 133ff., 138, 140, 149, 159, 173, 180f., 193, 201, 245ff., 253, 310
Farbenhören................120
Farbenhörer................120ff.
Farbenoktaeder................77, 79
Fechner.......18, 25f., 61, 109f., 113, 119, 246
Formalgefühle................254, 256
Fragebogenmethode.....58, 117
Freiheit................47, 86, 276f., 325
Freud...33, 66f., 107, 237, 242, 251, 261, 268, 302
Fühlen...35, 37, 65ff., 69, 126, 221, 240, 264f., 267, 310, 318
Galilei................25, 36
Gedächtnis 23, 41f., 125, 158, 161f., 169f., 191ff., 197f., 201, 203, 205, 207, 210, 212ff., 218, 228ff., 232, 264, 281, 284f., 292ff., 311
Gedächtnisforschung 192, 195, 197, 214
Gedächtnistheorie................215
Gedächtnisvorgänge........158, 191, 215f., 232
Gedächtnisvorstellung......23, 169
Gefühl. .13, 27, 34, 39, 46f., 55f., 61, 65, 67f., 73, 76, 81, 84ff., 122, 151, 156, 170, 189, 204, 209f., 224, 227, 231, 237ff., 259f., 263, 265, 267,
270, 273, 296f., 299, 301, 305, 310, 314
Gefühlsqualität................241, 250
Gegenstandsbewusstsein...56, 66f., 69, 71, 74f., 124f., 131, 168, 176ff., 180, 183, 219ff., 237, 253f., 260, 264, 290, 305, 309, 319
Gehirn....18ff., 23f., 27, 41f., 51, 70, 75, 87, 91, 94, 110, 123, 141, 152, 212, 216f., 227, 235, 247, 249f., 283, 299, 311ff.
Gehörempfindungen.....67, 82f., 96, 151, 156, 178
Gehörnerven................98
Gemeinempfindung............86, 310
Gemüt...41, 53, 63, 209f., 227, 238, 244, 250, 252
Genie................58, 256, 298
Geruch..50, 76, 84f., 98, 103, 106f., 117, 245, 254, 300
Geruchsempfindungen........84f., 98
Geschmack.......50, 76, 85, 99, 103, 127, 196, 245, 254, 258, 274, 300
Geschmacksempfindung. 50, 85, 99
Gesichtspunkt...21, 37, 49f., 66, 73, 86, 110, 113, 145, 148, 153, 180, 197f., 212, 216, 230ff., 275, 287, 318, 320
Gesichtssinn...25, 81, 86f., 90, 105, 135, 151, 221
Gesichtswahrnehmung...24, 58, 71, 121, 127f., 130, 138, 145, 152
Gestalt................336
Gestaltauffassung............137, 143ff.
Gestaltbewusstsein.........137, 160
Gestaltelement................146
Gestalten...129, 132f., 137ff., 143ff., 148, 217
Gestaltwahrnehmung.....139, 143f., 148
Geyser................32, 185, 267, 313
Glauben.......20, 189, 210, 278, 314
Gleichförmigkeit................44
Goethe............14, 119, 245f.
Gracian................14
Guyon................14
Hacker................300ff.
Hafferberg................14
Halluzination. 57, 117, 122, 163, 303
Handlung 28f., 45, 258, 269f., 276f., 280ff., 285, 304, 322
Hartley................20
Hartmann................18, 242
Hauptrichtungen........27, 31, 203f.
Hegel................18, 21
Helmholtz........25, 83, 92, 97, 146f.
Hemmung...22, 162, 205, 213, 224, 235, 248, 252, 254, 275, 282, 288, 291
Henning................84
Herbart.....21f., 197, 231, 248f., 305
Hering........92f., 127, 129, 135, 139, 141f., 161
Hobbes................25, 36
Höffding................21
Höfler................29, 138
Hofmann................70, 135, 137
Homer................16
Huartes................14
Hume 20, 159, 163f., 254, 277, 308, 311, 314
Husserl................30, 38, 40, 56, 70
Hypnose............299, 302ff., 306
Ich 27f., 34f., 45, 51ff., 55f., 59, 68ff., 73ff., 122, 126, 155, 170, 182f., 196, 219, 239f., 250f., 260, 267ff., 276, 300ff., 304, 306ff.
Ignatius von Loyola................14
Illusion................16, 57, 117
Immanenz................37, 39
indeterministisch................47, 325
Information................335
Intellektualismus................304f.
intentional. 56, 66, 124ff., 172, 176f., 179f., 258
Jaensch................137, 139, 141ff.
Jodl 31, 70, 73, 242, 254f., 257, 267
Kant....15, 25, 65ff., 107, 132f., 143, 167, 243, 248, 252, 256, 287, 314f.
kausal..18, 20, 28, 45, 47, 164, 216, 247, 277, 313ff., 325
Kausalbegriff................165, 167
Kausalität...18, 46, 163, 276f., 315
Kausalitätsbewusstsein............163
Kinderpsychologie................23, 281
Klangempfindung................80, 96
Koffka................51, 117, 143, 191
Köhler................82f., 114, 120
Kompromiss................203, 278
Konstanzgesetz................315f.
Kries................93f.
Krüger................97
Külpe 31, 231, 240ff., 244, 246, 249, 323
Langley................105f.
Lazarus................22, 48
Lebenserklärung................13, 16, 20
Lehmann................21, 249
Leibniz................18, 65, 259, 305
Leidenschaft................14, 251f.

327

Lernen.....197, 199ff., 206, 208, 290
Lichtintensität................88, 95, 111
Lichtreiz....................81, 105, 225
Lipps...29, 34, 73ff., 113, 134f., 219, 242, 267
Locke............25, 36, 51, 213, 301
Lockes..................................25
Logik........20, 179, 181, 186f., 189f., 222, 320
Lokalisationshypothese...............19
Lösung von Aufgaben 233, 287, 290
Lotze............................138, 248
Lust 34, 52, 65, 69, 76, 86, 117, 122, 157, 189, 226, 231, 237ff., 253ff., 259ff., 263ff., 267f., 272, 281, 286, 308
Mach................170, 308, 319, 322
Materialismus......33, 307, 312, 316, 318f.
Mathematik..............................2
Menschenkenntnis...13, 19, 64, 322
Merkaptan..........................106f.
Metaphysik.....15, 18ff., 25, 33, 132, 258, 276, 280, 316
metaphysisch.....15f., 18ff., 25f., 28, 32, 216, 305, 307, 311f., 319
Minimalempfindung................105
Monismus.....................18f., 316f.
Moritz..................................14
Motive. 13, 66, 142f., 188, 210, 270, 273ff., 280, 282, 310, 322
Mozart................................120
Müller 25, 28f., 31, 51, 93, 102, 104, 111, 113, 117f., 171, 194, 196, 200, 202, 204, 206ff., 210, 214, 285
Müller-Freienfels.....................117f.
Müssen..............................276f.
Nachbild..........................89f., 93
Nagel...........................248, 250
Nativismus............................25
Natur..............................2, 335
Naturalismus...................47, 319
Naturauffassung................42, 67
Naturvölker......................48, 166
Naturwissenschaft.....................2
Neovitalist............................19
Nervensystem......19, 41, 212, 249, 299, 311f.
Netzhautbild....24, 130, 136f., 146f., 149, 152, 160, 217
Neuschöpfung.....................294
Okkasionalisten.....................17f.
Organempfindung.....53, 67, 74, 84, 86, 101, 156, 224, 238f., 241, 251, 296, 301, 308, 310

Parallelismus...18f., 216, 280, 312ff.
Pathopsychologie...........48, 58, 91
Paulsen......................18, 312f.
Perseveration.........196f., 209, 211, 288ff., 302
Persongefühle.......................254f.
Persönlichkeit.....29, 242, 270, 298, 322ff.
Phänomen............................335
Philosoph............................335
Photismen..........................120ff.
Phrenologie...........................19
Physik.................................2
Plato.................15, 17, 20, 311
Popularpsychologie.....22, 294, 322
Proportionen.......................146ff.
Psyche........................16, 23
Psychomonismus....................319
purkinjesche Phänomen............94
Querdisparation....................142f.
Ratorps..............................68f.
Raum 25, 38, 40, 42, 51, 61, 65, 68, 72, 74, 78, 87, 97, 107ff., 127f., 131ff., 138ff., 145ff., 151ff., 158f., 161, 164, 169, 177, 193, 211, 318, 323, 325
Raumbegrenzung.................136
Raumerfüllung................42, 127
Raumtheorien.....................138
Raumvorstellung...................25
Reaktion..21, 26, 28, 45, 61, 70, 98, 103, 115, 124, 175, 228, 231ff., 281, 288, 291ff.
Realität.........38f., 41, 114, 128, 133, 162f., 168, 182, 258, 318f., 335
Realitätsbewusstsein..............162
Regelmäßigkeit...30, 44f., 123, 225, 292, 321
Reiz....26ff., 31, 60f., 63, 70, 75, 81, 84, 86ff., 98ff., 108ff., 117, 120, 122f., 127, 139ff., 148ff., 152, 156f., 159f., 163, 175, 177, 184, 191, 196, 211ff., 215, 217, 219, 224ff., 230, 232ff., 240, 244ff., 248, 255, 272, 281f., 288ff., 300f., 314
Reizschwelle.....105, 108, 112, 115, 184, 244
Relation......73, 138, 146, 164, 166, 172f., 180f., 183ff., 190, 198, 214, 218, 231f., 265, 290
Relationsbegriff............166, 172, 174
Relationsbewusstsein 166, 173, 218
Reproduktion....20, 29, 31, 47, 52f., 67, 117f., 122, 125, 144, 162, 171f., 177, 192ff., 199, 204ff., 209ff., 215,

228ff., 235, 240, 254, 271, 283, 285ff., 294f., 297, 302, 308
Reproduktionsgrundlage...177, 192, 194, 196f., 212f., 215, 232, 285, 290
Reproduktionsvorgänge....192, 195, 212, 228, 232, 240
Resignation...............251, 266, 278
Richtigkeitsbewusstsein..........206f.
Rickert.............................320
Schelling..................20f., 26, 305
Schlaf......116, 157, 299ff., 307, 309
Schließen..............74, 141, 189f.
Schmerzempfindung.....76, 85, 100, 238, 244ff., 248, 250, 263
Schmied-Kowarzik............30, 133
Schopenhauer. 14, 18, 21, 25, 240f., 245, 268, 297, 305
Schwellenwert....107, 139, 145, 147, 149, 151f., 156, 160
Schwereempfindung............152, 162
Seele....13ff., 21ff., 28, 30ff., 41, 48, 58ff., 63ff., 68, 70f., 117f., 144, 153, 170, 173, 191, 197, 216, 267, 280f., 287, 304ff., 311, 313, 317f.
Seelenglaube.................13, 15, 19
Seelensubstanz.....15, 21, 307, 313
Sehding...............127, 129ff., 135ff.
Sehgröße.....................136f., 160
Sehnsucht......................63, 251
Sehraum..........134ff., 141f., 151ff.
Sehschärfe.............139, 146, 149
Selbstbeobachtung...13, 29ff., 52f., 57ff., 61ff., 66, 69, 153, 175, 185, 231, 239ff., 259, 267, 270, 273, 283, 288, 312
Selbstbewusstsein................309
Selbstwahrnehmung.....41, 44, 51f., 56f., 65, 71, 125f., 185, 308, 310ff.
Selz...................................286
Sensualismus...67, 130, 176f., 283, 308
Sicherheitsgrad...................189
Sigwart.............................173
Sinnesenergien.................25, 101ff.
Sinnesnerven........25, 91, 102, 211
Sinnesphysiologie...............23ff., 27
Sinnesreiz. 103, 123, 224, 233, 299, 301
Sinneswahrnehmung 22, 37, 61, 65, 128, 197, 285
Spektrum.................88ff., 91, 94
Spencer.........................21, 248
Spinoza........18, 248, 254, 305, 316
Steinthal.......................22, 48

25 STICHWORTVERZEICHNIS

Stendhal..................................14
Stimmung 13, 42, 60, 244, 249, 251, 288
Streben......42, 46, 241, 264, 266ff., 272f., 275, 277, 281, 285f., 288f., 297, 302, 305
Stuart.......................................20
Stumpf....30, 35, 86, 135, 137, 238, 242
Subjekt.....33ff., 37f., 50, 55, 57, 74, 80, 108, 116, 180f., 183, 187, 220, 225, 227, 229, 239f., 243, 254f., 260f., 292, 309ff., 313
Substanzbegriff................167, 312
Substanzialitätstheorie......312, 314
Suggestion.......114, 210, 303f., 306
Sulzer.......................................65
Synästhesien..........116, 119ff., 123
Synthese......44f., 68, 137, 259, 287
Tachistoskop....................127, 221
Talbot-Plateausches Gesetz........95
Talent.............................41, 298
Tastempfindung....50, 76, 85f., 129, 151ff., 250
Tastraum................................151
teleologisch..........................247f.
Temperamentenlehre...............13f.
Temperaturempfindung...74, 76, 85, 100f., 153, 245, 301
Tendenz..29, 52, 67, 125, 138, 141, 188, 196, 200f., 203, 211, 248f., 251, 259, 267, 277, 287, 289ff., 295, 302, 304
Terminologie.....47, 50, 58, 65, 180, 237, 269
Tetens......................................65
Theosophie...............................17
Tiefeneindruck.......................142f.
Tiefenwahrnehmung...............142f.
Tierpsychologie..................23, 58
Töne.....36, 45, 50, 65, 72, 74, 82f., 96ff., 106, 116, 120f., 123, 133, 151, 159, 193, 212, 224, 247, 284
Tonempfindung 25, 45, 72, 81ff., 96, 108, 121, 245, 284
Traum....15, 57, 116, 118, 157, 168, 210, 299f., 306
Traumbewusstsein...........300, 302f.
Triebe....................254, 264, 298
unbewusst 18, 25, 40f., 55, 75, 157, 184, 197, 216, 222, 228, 231, 280, 291f., 309f., 313
Unbewusstsein........................304
Unlust......52, 65, 76, 85f., 117, 122, 189, 231, 237ff., 254, 259ff., 267, 272, 275, 281, 286
Unsterblichkeitsfrage...............313
Urempfindung...........................68
Ursache.................................335
Ursachenbewusstsein................66
Urteil......26, 30, 57, 62, 65, 68, 108, 112ff., 144ff., 148, 150, 171, 174f., 177, 179ff., 194, 205, 208, 211, 220, 231, 240, 243, 261, 273f., 287, 290, 296, 301, 319
Varolsbrücke............................24
Veränderungsbewusstsein........160
Vergessen........198, 212f., 293, 300, 303, 309
Vernunftprinzip........................17
Verschiedenheitsbewusstsein....159
Verstand 41, 65, 181, 189, 244, 252, 273, 295ff.
Versuchsergebnis. 64, 119, 221, 316
Versuchsperson.....56, 59, 61ff., 73, 106, 112ff., 117, 127, 146, 175, 192ff., 198ff., 207, 227ff., 233, 240, 244, 247, 271f., 275, 288ff., 293
Vestibulum.............................101
Vitalempfindung...............85f., 151
Völkerpsychologie..............22, 48
Volkmann................................22
Voluntarismus......................304ff.
Vorgänge..............................335
Vorstellung......13, 20ff., 25, 28f., 40, 45, 50, 86, 107, 116f., 121ff., 125, 142, 146, 151, 153, 163, 168ff., 175ff., 183, 191ff., 197f., 201, 203, 206ff., 215, 217, 224, 228, 231f., 240, 248f., 252f., 255, 267ff., 275, 281, 285ff., 299ff., 308, 319
Vorstellungstypen....................118f.
Wählen..........................274, 303
Wahrnehmung........18, 25, 33ff., 46, 50ff., 54ff., 61, 66f., 71ff., 78f., 89, 107, 113ff., 117, 120, 124ff., 134, 136, 138f., 143f., 146ff., 153, 156f., 162ff., 167ff., 172f., 177ff., 183, 185, 190f., 197f., 201, 204, 206, 209, 212, 215ff., 220ff., 233, 239, 252f., 259, 281f., 285, 292, 294, 300f., 303, 305, 310, 314, 319
Waitz......................................22
Webersche Gesetz..............109ff.
Wehofer.................................120
Wellenlänge........87f., 92, 94, 105
Weltanschauung.....................318
Wertarten.................258, 260, 262
Werte......147, 156, 187, 243, 258ff., 268, 305
Wertträger......................258f., 261f.
Wertung...59, 255, 259ff., 267, 269, 273, 275, 298, 319
Wertungsvorgänge............59, 259f.
Werturteil......258, 260f., 270, 273f., 277, 304f.
Westphal..............................220
Willen...18, 21f., 27f., 31, 40, 45, 47, 55, 59, 61, 67, 69, 156, 162, 182, 188f., 209, 224, 226, 228, 252, 256, 267, 269ff., 285, 289, 297, 299, 302, 304ff., 310, 314, 319, 324f.
Willensakt 18, 22, 40, 45, 47, 55, 69, 156, 182, 188, 209, 252, 267, 269ff., 280ff., 289, 302, 314
Willensfreiheit..................277, 324
Willenshandlung......228, 269f., 272, 277, 282, 285
Windelband...........................320
Wirklichkeit 33, 42, 44, 52, 124, 128, 132, 134, 136f., 139, 166, 169, 177, 258, 300ff., 312f., 318f.
Wirth...............................97, 113
Wissen. 3, 13ff., 20, 31, 33f., 40, 42, 44ff., 47, 55ff., 63f., 66, 71, 76, 86f., 95, 108, 113, 128, 133f., 138, 144, 148, 176ff., 180, 182, 189, 191f., 205, 217, 220, 229, 258f., 261, 265, 271, 284, 287, 290ff., 295f., 301, 303ff., 308f., 318ff.
Wolff.....................................65
Wollen...28, 31, 35, 37, 47, 66ff., 73, 75, 164, 188, 198, 211, 213, 218, 221, 226, 228, 232, 240, 243, 251f., 256, 265, 267ff., 276ff., 288f., 297, 302ff., 310, 320, 325
Worthülsen............................179
Wundt..18, 23, 27f., 31, 37, 48, 59f., 68, 71, 73, 103f., 110, 112f., 122, 138, 191, 219, 231, 234, 241f., 250ff., 267, 298, 312, 317, 323
Wünschen.............35, 251, 270, 278
Würzburger Schule.............31, 170
Young....................................92
Zahlbewusstsein....................165f.
Zeitanschauung...............155, 158
Zeitbegriff............................155
Zeitbewusstsein. 68, 89, 154ff., 160, 177
Zeitschätzung........................157
Zeitwahrnehmung..............61, 156
Zerknirschung.........................63

329

Zielvorstellung 218, 228, 233, 268ff., 274, 278, 281f., 284, 286, 288f., 293f., 297, 302

Zwaardemaker 84

Naturwissenschaft, Physik und Astronomie

- **Äquivalenz von Information und Energie.** Von: K.-D. Sedlacek.
- **Das Gesetz im Zufall:** Wie sich verborgene Gesetzlichkeit manifestiert. Von: Moritz Cantor u. K.-D. Sedlacek (Hrsg.).
- **Der Widerhall des Urknalls:** Spuren einer allumfassenden transzendenten Realität jenseits von Raum und Zeit. Von: K.-D. Sedlacek.
- **Einsteins Relativitätstheorie ganz ohne Mathematik.** Spezielle und allgemeine Relativitätstheorie. Von: Prof. Dr. Paul Kirchberger u. K.-D. Sedlacek (Hrsg.).
- **Freizeitvergnügen Sternenhimmel mit bloßem Auge:** Wie man Sternbilder auffindet ohne Instrumente. Von: Prof. Dr. Paul Kirchberger u. K.-D. Sedlacek (Hrsg.).
- **Phänomen Naturgesetze:** Das Geheimnis hinter den Erscheinungen der Welt. Von: K.-D. Sedlacek.
- **Supervereinigung:** Wie aus nichts alles entsteht. Von: K.-D. Sedlacek.
- **Die Natur psycho-physikalischer Phänomene.** Erforschung telekinetischer Vorgänge. Von: Schrenck-Notzing, A. u. Klaus D Sedlacek (Hrsg.).
- **Giganten der Physik.** Die Top10-Physiker der Menschheitsgeschichte. Von: Klaus-Dieter Sedlacek (Hrsg.).

Chemie

- **Der Stein der Weisen:** Wie die Alchemie zur Chemie wurde. Von: Wilhelm Ostwald et. al. u. K.-D. Sedlacek (Hrsg.).
- **Durchblick Chemie:** Praktische Grundlagen und Einführung in die anorganische, organische und Biochemie. Von: Prof. Dr. Lassar-Cohn, Prof. Dr. W. Löb, K.-D. Sedlacek.

Natur- und Philosophie

- **Die letzten Ursachen.** Das Buch der Naturerkenntnis. Von: K.-D. Sedlacek.
- **Gebundener Wille:** Wie frei ist menschlicher Wille tatsächlich? Von: K.-D. Sedlacek, G.F. Lipps et. al.
- **Jenseits der Erscheinungen:** Erkennbarkeit und Realität der Quantennatur. Von: Prof. Dr. M. Schlick u. K.-D. Sedlacek (Hrsg.).
- **Kleines Wörterbuch der Natur-Philosophie:** 1200 Begriffe, die man kennen sollte, kurz und prägnant. Von: K.-D. Sedlacek.
- **Naturphilosophie:** Das Wesen von Naturgesetzen und die Erklärung des Lebens. Von: Prof. Dr. M. Schlick u. K.-D. Sedlacek (Hrsg.).
- **Vereinbarkeit von Religion und Naturwissenschaft.** Von: Kurd Laßwitz u. K.-D. Sedlacek (Hrsg.).
- **Das Konzept des Guten.** Sinnliches Empfinden – Der Ursprung unserer Wertvorstellungen. Von: Klaus-Dieter Sedlacek (Hrsg.)
- **Ist echte Erkenntnis möglich?** Einführung in die Erkenntnistheorie. Von: Prof. Dr. Erich Becher u. K.-D. Sedlacek (Hrsg.).
- **Das individuelle Ich:** Was ist der Kern des Selbstbewusstseins? Von: Th. Lipps u. K.-D. Sedlacek (Hrsg.).

Bewusstsein

- **Leben nach dem Leben:** Befreiung des Bewusstseins von den Fesseln der Zeit. Von: K.-D. Sedlacek.
- **Quantenbewusstsein.** Von: N. Wrobel u. K.-D. Sedlacek.
- **Synthetisches Bewusstsein.** Von: K.-D. Sedlacek.
- **Unsterbliches Bewusstsein:** Raumzeit-Phänomene, Beweise und Visionen. Von: K.-D. Sedlacek.

Leben und Medizin

- **Leben aus Quantenstaub.** Von: N. Wrobel u. K.-D. Sedlacek.
- **Was ist Krankheit?** Von: N. Wrobel u. K.-D. Sedlacek.
- **Bewusstsein und Unsterblichkeit.** Von: C. L. Schleich u. K.-D. Sedlacek (Hrsg.).
- **Die Lebenskraft:** Wie Enzyme, Bewusstsein und quantenbiologische Effekte das Leben regulieren. Von: K.-D. Sedlacek u. N. Wrobel.

—

– **Die verborgene Ordnung des Weltsystems.** Neue Erkenntnisse über die schöpferischen Kräfte der Natur. Von: Dr. h. c. Raoul Francé u. K.-D. Sedlacek (Hrsg.).

PSYCHOLOGIE

– **Gestalt-Psychologie:** Einführung in die neue Psychologie vom Begründer der Gestaltpsychologie. Von: Prof. Dr. Kurt Koffka u. K.-D. Sedlacek (Hrsg.).

– **Die ersten Spuren psychischer Erscheinungen:** Das psychische Leben von Mikroorganismen – Eine Studie in experimenteller Psychologie. Von Alfred Binet u. K.-D. Sedlacek (Übers.)

BIOLOGIE

– **Wie intelligent sind Pflanzen?** Sensationelle Einblicke in die geheime Seite des pflanzlichen Wesens. Von: Prof. Dr. phil. Adolf Wagner u. K.-D. Sedlacek.